Holger Floeting (Hrsg.)

Sicherheit in der Stadt

Rahmenbedingungen – Praxisbeispiele – Internationale Erfahrungen

Edition Difu – Stadt Forschung Praxis   Bd. 14

Deutsches Institut für Urbanistik

Impressum

Herausgeber:
Dr. Holger Floeting

Redaktion:
Klaus-Dieter Beißwenger

Textverarbeitung, Graphik und Layout:
Nadine Dräger

Umschlaggestaltung:
Elke Postler

Umschlagmotiv:
Elke Postler

Druck und Bindung:
BGZ Druckzentrum GmbH

Dieser Band ist auf Papier mit dem Umweltzertifikat PEFC gedruckt.

ISBN: 978-3-88118-534-9 • ISSN: 1863-7949

© Deutsches Institut für Urbanistik gGmbH 2015

Bibliografische Information der Deutschen Nationalbibliothek
Die Deutsche Nationalbibliothek verzeichnet diese Publikation in der Deutschen Nationalbibliografie; detaillierte bibliografische Daten sind im Internet über http://dnb.d-nb.de abrufbar.

Deutsches Institut für Urbanistik gGmbH Telefon: +49 30 39001-0
Zimmerstraße 13-15   E-Mail: difu@difu.de
D-10969 Berlin   Internet: www.difu.de

Inhalt

Holger Floeting
Sicherheit in der Stadt. Einführung in den Band 5
Urban Security. Abstract/Introduction 15

Grundlagen und Rahmenbedingungen

Holger Floeting
Urbane Sicherheit 21

Sebastian Bloch, Manfred Bornewasser, Anne Köhn und Stefanie Otte
Sichere Städte unter veränderten demografischen Bedingungen 93

Marie-Luis Wallraven-Lindl
Planungsrechtliche Grundlagen städtebaulicher Kriminalprävention 121

Manfred Rolfes
Räumliche Beobachtung und Verräumlichung von (Un-)Sicherheit und
Kriminalität 141

Joachim Häfele
Macht Devianz Angst? Oder: Was haben Incivilities mit sicheren Städten
zu tun? 163

Beispiele aus der Praxis

Bernhard Frevel
Kooperationen für sichere Städte 199

Katja Striefler
Sicherheit für Fahrgäste im öffentlichen Personenverkehr 215

Michael Isselmann, Sabine Kaldun und Detlev Schürmann
Kommunale Kriminalprävention in der Praxis 235

Herbert Schubert
Die Sicherheitspartnerschaft im Städtebau in Niedersachsen 263

Frederick Groeger-Roth
Urbane Sicherheit durch entwicklungsorientierte Prävention 291

Erfahrungen aus anderen Ländern

Caroline L. Davey und Andrew. B. Wootton
„Design for Security" in Greater Manchester
Entwicklung eines Dienstes zur Integration von Kriminalitätsprävention in Urban
Design und Stadtplanung... 313

Udo W. Häberlin und Barbara Kopetzky
Die sichere Stadt – Sicherheit und Lebensqualität in Wien................................ 331

Julia Mölck
Sicherheitshäuser als Baustein urbaner Sicherheit... 353

Tillmann Schulze, Lilian Blaser und Maurice Illi
Die Luzerner Sicherheitsberichte: umfassend, integral und praxisbezogen.......... 369

Holger Floeting

Sicherheit in der Stadt. Einführung in den Band

Städte sind vor allem durch Vielfalt und Gegensätze geprägt. So werden große Städte oszillierend zwischen Weltstadt mit Flair und unübersichtlichem Moloch wahrgenommen. Die Ambivalenz der Wahrnehmung urbaner Erscheinungen im Kontext von Ordnung und Sicherheit wird am Beispiel Graffiti besonders plastisch. Was der eine als urbane „Streetart" schätzt, die mittlerweile auch Eingang in den Kunsthandel gefunden hat und in der Werbung ebenso eingesetzt wird wie in der Stadtraumgestaltung, sieht die andere als abweichendes Verhalten und Sachbeschädigung an – und je nach Ausprägung tragen Graffiti vielleicht sogar zum Entstehen von Räumen bei, in denen sich Menschen unsicher fühlen.

Nach baulichen Verfallserscheinungen in den Innenstädten, dem Verlust von industriellen Arbeitsplätzen und der „Flucht" in die Wohnsiedlungen der Vorstädte wird seit einigen Jahren eine Renaissance der Städte, gerade auch der Innenstädte, als Orte für Wohnen, Arbeiten, Kultur, Freizeit und Tourismus beschworen. In einer „schrumpfenden Gesellschaft" sind *wachsende* Städte für die einen Erfolgsmodelle der Entwicklung im globalisierten Wettbewerb um Investitionen, Arbeitsplätze und hochqualifizierte Arbeitskräfte. Für die anderen sind sie Treiber von Aufwertungsprozessen einzelner Stadtteile, oft verbunden mit der Abwanderung ärmerer und dem Zuzug wohlhabenderer Bewohnerinnen und Bewohner, verstärkter sozialer Ungleichheit und Entmischung der Bevölkerung.

Städte bieten eine Vielfalt an Möglichkeiten: unterschiedliche Wohnformen, Arbeitsmöglichkeiten, Kultur- und Freizeitangebote, Verkehrs- und Telekommunikationsnetze usw. Deutlich wird: Es kommt auf die persönliche Wahrnehmung und den gesellschaftlichen Diskurs an, wie Veränderungen in der Stadtlandschaft und den Städten als sozialem Raum wahrgenommen werden. Gleiche oder ähnliche Entwicklungen werden unterschiedlich beurteilt. Manchmal bestehen unterschiedliche oder gegensätzliche Entwicklungen im Städtischen auf kleinstem Raum und können damit als Chancen des Städtischen gedeutet werden oder sind Anlass für Konflikte.

Grundsätzlich sind Städte vergleichsweise „unübersichtliche Orte". Sie stehen teilweise unter dem Verdacht, Versteck für alle möglichen Formen von Bedrohung für Sicherheit und Ordnung zu sein: Sie bieten beispielsweise umfassende Tatgelegenheitsstrukturen für „gewöhnliche Kriminelle", gelten aber etwa auch als Rückzugsraum zur Vorbereitung terroristischer Aktivitäten und sind daher auch Einsatzort unterschiedlichster Überwachungstechniken. Wenn in der Öffentlichkeit über Sicherheit diskutiert wird, werden häufig Beispiele aus städtischen Räumen genannt. Gerade Zeiten, die durch erhebliche soziale Veränderungen gekennzeichnet sind, laden dazu ein, die Verunsicherung dafür zu nutzen, die (Un-)Sicherheit in den Städten zu thematisieren und zu instrumentalisieren.

Städtische Sicherheit herzustellen und zu gewährleisten umfasst eine große Vielfalt von Aufgaben. Diese reichen vom Umgang mit Naturgefahren, technischen Gefahren und Kriminalität bis hin zu Fragen der Stärkung subjektiver Sicherheit. An Schaffung und Erhalt sicherer Städte ist eine Vielzahl von Akteuren beteiligt. Wenngleich Sicherheit im Grundsatz eine staatliche Aufgabe ist, sind für viele Bürgerinnen und Bürger und damit auch in der öffentlichen Diskussion Städte und Gemeinden die ersten Ansprechpartner, wenn es um Missstände im Bereich von Sicherheit und Ordnung geht. Nicht zuletzt durch die schleichende Verlagerung von Aufgaben, die früher von der Polizei wahrgenommen wurden, auf die kommunale Ebene spielen städtische Akteure eine zunehmend wichtige Rolle für die urbane Sicherheit. Integrierte Ansätze kommunaler Sicherheitspolitik beziehen eine Vielzahl von Handelnden – vom Stadtplanungsamt bis zum Jugendamt – ein, die für das Schaffen sicherer Städte wichtig sind, deren Kernaufgaben aber in anderen Bereichen liegen. Nicht zuletzt durch die Privatisierung (z.B. von Teilen der Infrastruktur oder des ehemals öffentlichen Wohnungsbaus) wird es nötig, zusätzlich neue private Akteure einzubinden.

Sicherheit und Ordnung in der Stadt werden kontrovers diskutiert. Wenngleich angestrebt wird, bei möglichst geringen Einschränkungen das Leben in den Städten für die Bürgerinnen und Bürger so sicher wie möglich zu gestalten, kann es keine absolute Sicherheit geben. Was ist eine „sichere Stadt"? Über diese Frage gehen die Meinungen in Theorie und Praxis weit auseinander. Wie Sicherheit und Ordnung bewertet werden und welche Handlungsoptionen bestehen, wird häufig ideologisch geprägt diskutiert: Setzt man eher auf das solidarische Verhalten der Bürgerinnen und Bürger, gegenseitige Rücksichtnahme, das Gewähren von Spielräumen und Aushandlungsprozesse im Umgang miteinander oder auf das Schaffen und Durchsetzen von Regeln, verstärkte Kontrolle und Ahndung von Regelübertretungen? Werden eher Top-down- oder Bottom-up-Ansätze favorisiert? In welchem Maß hält man Prävention für notwendig und das Zusammenwirken von Prävention und Repression für sinnvoll? Wie werden Störungsfreiheit einerseits und Lebendigkeit andererseits in einer Stadt bewertet?

In dem Band werden wissenschaftliche Erkenntnisse und praktische Erfahrungen zum Themenfeld „Sicherheit in der Stadt" zusammengefasst. Die Beiträge können dabei nur einen Ausschnitt urbaner Sicherheit beleuchten und konzentrieren sich auf Themen urbaner Sicherheit im Bereich von Kriminalität und Ordnungsstörungen sowie den Umgang mit diesen Phänomenen. Nicht nur die „gemessene" oder objektivierte Kriminalität, wie sie die offiziellen Statistiken abbilden, und das Dunkelfeld, das in den Daten nicht abgebildet wird, werden betrachtet, sondern auch die gesellschaftliche und individuelle Kriminalitätsfurcht und damit Phänomene der subjektiven (Un-)Sicherheit. Die Veränderung von Rahmenbedingungen urbaner Sicherheit wird erläutert, Praxisbeispiele werden aufgezeigt und internationale Erfahrungen vorgestellt. Die Autorinnen und Autoren des Bandes kommen aus dem Bereich der zivilen Sicherheitsforschung ebenso wie aus der kommunalen und polizeilichen Praxis. Ihre Beiträge spiegeln die unterschiedlichen (manchmal gegensätzlichen) Betrachtungsweisen wider, mit denen urbane Sicherheit diskutiert wird, und geben die Auffassungen der Verfasserinnen und Verfasser wieder.

Die Beiträge im ersten Abschnitt des Bandes beschäftigen sich mit ausgewählten Grundlagen und Rahmenbedingungen urbaner Sicherheit. Dazu zählen die Vielgestaltigkeit urbaner Sicherheit, die Veränderung der demografischen Bedingungen und die planungsrechtlichen Grundlagen städtebaulicher Kriminalprävention, ebenso Ansätze für kontroverse Diskussionen um die Sicherheit und Unsicherheit in Städten wie die Rolle der „Verräumlichung" von Fragen der Sicherheit und Ordnung und von „abweichendem Verhalten". Im zweiten Abschnitt werden Beispiele aus der Praxis vorgestellt. Sie befassen sich mit Formen der Zusammenarbeit im Bereich der Prävention, mit Konzepten, Ansätzen und Maßnahmen für die Sicherheit im öffentlichen Personennahverkehr, in der sozialen Stadt, im Wohnquartier und im Umgang mit Kindern und Jugendlichen. Im dritten Abschnitt werden Beispiele und Erfahrungen aus anderen Ländern vorgestellt. Dazu zählen situative Ansätze wie der Design-against-Crime-Ansatz aus Großbritannien oder die Gestaltung des öffentlichen Raumes im Spannungsverhältnis zwischen Sicherheit und Urbanität in Wien, ebenso wie die Sicherheitshäuser in den Niederlanden und die integrierte Sicherheitsberichterstattung in der Schweiz.

Der Eingangsbeitrag „Urbane Sicherheit" stellt die Vielfalt der Aufgaben und die Vielzahl der direkt und indirekt beteiligten Akteure dar, die an Schaffung, Gewährleistung und Aufrechterhaltung von Sicherheit und Ordnung in den Städten mitwirken. Der Beitrag setzt sich mit der Rolle der Prävention für die urbane Sicherheit auseinander und nimmt dabei auch die Problematik der „Versicherheitlichung" städtischer Problemlagen und der „Verräumlichung" von Sicherheitsfragen in den Blick. Er thematisiert, vor dem Hintergrund sich verändernder Ansprüche an die Sicherheit in den Städten, die Rolle der Zusammenarbeit unterschiedlicher Akteure und die gesellschaftliche Verantwortung für sichere Städte und gibt einen Ausblick auf zukünftige Themen urbaner Sicherheit.

Der demografische Wandel wird die urbane Sicherheit in den kommenden Jahren erheblich beeinflussen. Am Beispiel ausgewählter Städte in Mecklenburg-Vorpommern schildert der Beitrag von *Anne Köhn, Stefanie Otte, Sebastian Bloch und Manfred Bornewasser* Veränderung der Kriminalität und mögliche Veränderung der Kriminalitätsfurcht vor dem Hintergrund der demografischen Entwicklungen. Die Kriminalitätsfurcht hängt sowohl von der Deliktart als auch vom Alter ab. Durch die zunehmende Alterung der Gesellschaft wird in den nächsten Jahren eine generelle Zunahme der Kriminalitätsfurcht erwartet. Eine mit dieser Entwicklung verbundene Zunahme der Furcht, Opfer einer Straftat zu werden, und eine stärkere Verbreitung des Empfindens bedrohlicher Ereignisse geben auch Anlass, ein verstärktes Vermeidungsverhalten anzunehmen. Dieses könnte mit erheblichen Auswirkungen für die Städte verbunden sein, wenn eine größere Zahl von

Bürgerinnen und Bürgern vor der aktiven Nutzung des öffentlichen Raumes grundsätzlich oder zu bestimmten Tageszeiten zurückscheute. Der Beitrag analysiert die aktuelle Situation, zeigt zukünftige Entwicklungen auf und erläutert mögliche Ansätze für (kommunalpolitische) Maßnahmen zur Erhöhung der Sicherheit und des subjektiven Sicherheitsempfindens.

Das Sicherheitsgefühl der Bürgerinnen und Bürger wird stark davon bestimmt, ob sie sich in einem städtischen Raum wohlfühlen oder nicht. Stadtplanung kann damit das subjektive Sicherheitsgefühl erheblich beeinflussen. Obgleich eine Vielzahl von Planungsentscheidungen die Lebensqualität und damit auch das Sicherheitsgefühl in der Stadt beeinflusst, trägt nur ein Teil der Aufgaben im engeren Sinne zur Sicherheit in der Stadt bei. Stadtplanung kann vor allem präventiv durch das Schaffen baulich-räumlicher oder sozialräumlicher Angebote mit Fragen von Sicherheit und Ordnung in der Stadt umgehen. Städtebauliche Kriminalprävention wurde damit in den letzten Jahren zu einem wichtigen Feld präventiver kommunaler Arbeit. Die Möglichkeiten planungsrechtlicher Eingriffe setzen aber weit davor an. Der Beitrag von *Marie-Luis Wallraven-Lindl* erläutert die planungsrechtlichen Grundlagen städtebaulicher Kriminalprävention systematisch: von den Planungszielen und -leitlinien des Baugesetzbuchs über die Abwägung in der Bauleitplanung und die Darstellungen und Festsetzungen in den Bauleitplänen, die kriminalpräventiv wirken, bis hin zu den Instrumenten, die der Durchsetzung der Kriminalprävention in der Planung dienen.

Mit räumlichen Aspekten von Kriminalität und Unsicherheit setzen sich die kriminologische Forschung und die polizeiliche Praxis systematisch vor allem auf städtischer Ebene auseinander, weil davon ausgegangen wird, dass sich Kriminalität und Unsicherheit örtlich manifestieren. Der Beitrag von *Manfred Rolfes* befasst sich mit den „Tücken eines räumlichen Blicks" auf Sicherheit und Unsicherheit im städtischen Raum: Mit dem Verorten von Unsicherheit kann auch das Stigmatisieren bestimmter Räume verbunden sein. Gleichzeitig kann dies den Blick auf tiefergehende Ursachen von Kriminalität und Unsicherheit verstellen und lenkt die Aufmerksamkeit nur auf bestimmte raumbezogene Formen der Kriminalität. Delikte, die mit großem Schaden für die Gesellschaft verbunden sein können, verlieren damit möglicherweise an gesellschaftlicher Aufmerksamkeit. Der Beitrag setzt sich kritisch mit raumbezogenen Kriminal- und Sicherheitspolitiken auseinander, die aus der räumlichen Betrachtung abgeleitet werden, und zeigt beispielhaft, wie sich ehemals auf Unsicherheit bezogene Raumlogiken, die stigmatisierend wirken können, positiv umdeuten lassen.

Die Diskussion um tatsächlich oder vermeintlich unsichere Orte begründet sich nicht immer in räumlichen Konzentrationen von Straftaten und Kriminalitätsschwerpunkten an bestimmten Orten in der Stadt. Sie hebt häufig ab auf die Wahrnehmung einer Vielzahl von unterschiedlichsten Störungen der öffentlichen Ordnung unterhalb der Strafwürdigkeit sowie Verfallserscheinungen der gebauten Umwelt oder der sozialen Ordnung. Mit solchen „Incivilities" beschäftigt sich der

Beitrag von *Joachim Häfele*. Er verweist darauf, dass es zu einer Aufschaukelung zwischen der Wahrnehmung von Störungen und der Entwicklung der Kriminalitätsfurcht kommen kann, bei gleichzeitig sinkendem Niveau der informellen sozialen Kontrolle. Auch werden Incivilities von Bürgerinnen und Bürgern unterschiedlich wahrgenommen: Menschen, deren Kriminalitätsfurcht höher ist, berichten in Untersuchungen auch von mehr Incivilities. Auch beeinflussen ökonomische und soziale Unsicherheiten deren Wahrnehmung. Auf Basis eigener empirischer Ergebnisse kommt Häfele zu dem Schluss, dass einfache Erklärungsmodelle dem komplexen Zusammenspiel unterschiedlicher Wirkmechanismen auf Individual- und Stadtteilebene nicht gerecht werden.

Sicherheit und Ordnung in den Städten zu schaffen und aufrecht zu erhalten ist eine komplexe Aufgabe, die starker Vernetzung bedarf. In dem Maß, wie es nicht nur um die Aufklärung von Straftaten und deren Ahndung geht, sondern um Prävention und die Schaffung robuster räumlicher, baulicher, sozialer und organisatorischer Strukturen, die sich widerstandsfähig gegenüber unterschiedlichsten Risiken, Bedrohungen und Schadensereignissen zeigen, gewinnt das Einbeziehen einer Vielzahl von Akteuren an Bedeutung, die direkt oder indirekt zur Sicherheit in den Städten beitragen können. Mit der Rolle von Kooperationen für die urbane Sicherheit befasst sich der Beitrag von *Bernhard Frevel*. Er zeigt die Kompetenzen und Kompetenzgrenzen lokaler Sicherheitsakteure auf, beschreibt Formen der Sicherheitskooperationen und benennt „Stolperstellen" der Zusammenarbeit. Ausführlich analysiert er die praktische Gestaltung lokaler Sicherheitskooperationen und formuliert auf dieser Basis Thesen zur Weiterentwicklung der Zusammenarbeit für sichere Städte. Zwar haben sich unterschiedliche Formen der Kooperation entwickelt und sind mittlerweile weit verbreitet, die sich mit Fragen der Sicherheit in der jeweiligen Stadt befassen. Es bestehen aber noch deutliche Konzeptions-, Struktur- und Prozessprobleme in der Zusammenarbeit.

Sicherheit im öffentlichen Personennahverkehr (ÖPNV) ist ein zentrales Element der öffentlichen Diskussion um die Sicherheit in den Städten. Meist angestoßen durch Einzelfälle massiver Gewaltkriminalität werden reflexartig möglichst schnell umsetzbar erscheinende Maßnahmen wie mehr Polizeipräsenz, Videoüberwachung oder flächendeckende Alkoholverbote diskutiert. Dabei wird versäumt, kritisch zu fragen, ob damit die „richtigen" Fragen mit Blick auf sicheren Personennahverkehr gestellt werden und dem Sicherheitsempfinden der Bürgerinnen und Bürger wirklich gedient ist. Durch die bundesweite Berichterstattung kann der Sicherheitsdiskurs eventuell sogar auf Themen gelenkt werden, die in der jeweiligen Stadt möglicherweise von geringerer Relevanz für die tatsächliche Sicherheitslage sind. Sicherheitsakteure sehen sich gezwungen zu handeln, um das subjektive Sicherheitsgefühl zu stärken, auch wenn die Sicherheitslage dies nicht erforderlich erscheinen lässt. *Katja Striefler* setzt sich in ihrem Beitrag mit der Frage auseinander, warum Sicherheit im ÖPNV eine derart große Bedeutung besitzt, und leitet daraus eine Strategie ergebnisorientierter Prävention ab, die sie am Beispiel ausgewählter Instrumente erläutert.

Die Kriminalprävention im Städtebau hat sich in den letzten Jahren erheblich weiterentwickelt und verbreitet. Im Mittelpunkt der Aktivitäten in den Städten stehen das Schaffen und Gewährleisten sicherer öffentlicher Räume, die Belebung der Räume ebenso wie der Umgang mit Nutzungskonflikten. Für unterschiedliche Stadtbereiche von Großwohnsiedlungen über Einfamilienhausgebiete bis zu Gewerbegebieten wurden kriminalpräventive Konzepte entwickelt. Trotz dieser positiven Entwicklung werden Sicherheitsbelange in der Stadtentwicklung, die über die bauliche Sicherheit hinausgehen, immer noch nicht ausreichend berücksichtigt. An Fragen von Ordnung und Sicherheit zu denken ist keine Selbstverständlichkeit im Planungsprozess, wenngleich es mittlerweile eine Fülle von Ansätzen gibt. *Michael Isselmann, Sabine Kaldun und Detlev Schürmann* schildern in ihrem Beitrag die Praxis kommunaler Kriminalprävention in der Stadtplanung. Sie gehen dabei auf die polizeiliche Kriminalprävention als Querschnittsaufgabe in der sozialen Stadt und deren Umsetzung ebenso ein wie auf die Untersuchungsmethode des integrierten Sicherheitsaudits. Der Beitrag macht deutlich: Die Schaffung sicherer Stadtquartiere ist eine komplexe Aufgabe, und eine Vielzahl von Maßnahmen kann dazu beitragen – seien es Gestaltung der öffentlichen Räume, Partizipation im kriminalpräventiven Kontext, Sicherung der Teilhabe am Erwerbsleben, Förderung der lokalen Ökonomie und weitere Ansätze der sozialen Primärprävention. Man sollte „Sicherheit" also nicht verkürzt betrachten, zugleich aber auch nicht in jedem sozialräumlichen Planungsansatz eine kriminalpräventive Intervention sehen.

Sichere Wohnbereiche sind zentrale Bausteine städtischer Lebensqualität. Grundsätzlich fühlen sich Bürgerinnen und Bürger in ihrer vertrauten Umgebung meist sicherer als in anderen öffentlichen Räumen, die sie weniger kennen oder nutzen. Im Wohnbereich kann es am ehesten gelingen, Verantwortung für Fragen der Ordnung und Sicherheit zu teilen und Bürgerinnen und Bürger zu beteiligen. In den vergangenen Jahren ist im Rahmen von Ansätzen zur städtebaulichen Kriminalprävention eine Reihe von Initiativen zur Zusammenarbeit zwischen Polizei, Wohnungswirtschaft, Mietervertretungen, Kammern und Verbänden, Verkehrsunternehmen, Hochschulen, Universitäten und Akademien, zivilgesellschaftlichen Akteuren der Präventionsarbeit vor Ort und kommunalen Fachämtern entstanden. Der Beitrag von *Herbert Schubert* zeigt beispielhaft, wie sich Ansätze in den letzten Jahren weiterentwickelt haben – von ersten Initiativen für ein sicheres Wohnquartier und gute Nachbarschaften über die Entwicklung konkreter Handreichungen für Angebote sozialer Infrastruktur und Sozialmanagement, städtebauliche Maßnahmen und Möglichkeiten der lokalen Selbstorganisation von Bürgerinnen und Bürgern bis hin zu interdisziplinären Netzwerken der Sicherheitspartnerschaft. Er zeigt, wie sich Zertifizierungsinitiativen entwickelten und die Befassung mit Fragen der Sicherheit im Quartier über den unmittelbaren Wohnbereich hinaus auch in der Planung sicherer Infrastrukturen zum Zuge kommt. Dabei bettet Schubert die Darstellung ein in die aktuellen Fachdiskussionen: zur Sicherheit als Grundbedürfnis und deren räumlicher Dimension, zur Rolle von Risiko- und Kontrollsignalen für die Herausbildung subjektiver Unsicherheitsgefühle und zur Bedeutung eines interdisziplinären Orientierungs- und strategischen Handlungsrahmens für die Debatte über die Möglichkeiten städtebaulicher Intervention.

Neben der situativen Kriminalprävention, die sich darauf konzentriert, Tatgelegenheitsstrukturen für strafbares oder abweichendes Verhalten zu vermindern, sind in den letzten Jahren Ansätze entstanden, welche die sozialen Bedingungen städtischen Lebens thematisieren. Ein wichtiger Ansatzpunkt dabei sind die Bedingungen des Aufwachsens von Kindern und Jugendlichen. Besonders im angelsächsischen Raum ist eine Vielzahl von Forschungsarbeiten zu den Potenzialen entwicklungsorientierter Prävention entstanden, die grundlegende Erkenntnisse über Risiko- und Schutzfaktoren einerseits und die Effektivität von Präventionsprogrammen andererseits liefern. *Frederick Groeger-Roth* erläutert in seinem Beitrag am Beispiel der Methode von „Communities That Care" entwicklungsorientierte Ansätze urbaner Sicherheit. Er schildert „Communities That Care" in der Praxis und zeigt, wie wichtig es ist, dass kommunale Präventionsaktivitäten sich auf die in der Forschung ermittelten Risiko- und Schutzfaktoren konzentrieren und auf Basis effektiver und geprüfter Präventionsprogramme qualitativ weiterentwickelt werden. Dazu benennt er Erfolgsfaktoren des Ansatzes und beschreibt auf Basis wissenschaftlicher Evaluationen dessen Wirkungen hinsichtlich Prozessgestaltung, Qualität der Zusammenarbeit von Akteuren, erzielten Verringerungen von Risikofaktoren und Verstärkungen von Schutzfaktoren sowie messbaren Verhaltensänderungen. Abschließend zeigt der Beitrag zukünftige Perspektiven des Ansatzes.

Im angelsächsischen Raum wurden Ansätze städtebaulicher Kriminalprävention frühzeitig vorangetrieben. So stammt beispielsweise einer der für die städtebauliche Kriminalprävention auch in Deutschland zentralen Ansätze, der „Crime-Prevention-Through-Environmental-Design"-Ansatz (kriminalpräventive Siedlungsgestaltung) aus dem angloamerikanischen Raum. Durch nationale Sicherheits- und Ordnungsgesetzgebung sind die lokalen Akteure Ende der 1990er-Jahre in Großbritannien unter Handlungsdruck geraten. Dieser führte dazu, dass Prävention und Kooperation auf lokaler Ebene verstärkt wurden. In der Folge konnte die städtebauliche Kriminalprävention vorangetrieben werden. Veränderungen in Planungsprozessen und Einsparungen im Polizeibereich stellen diese Fortschritte zurzeit teilweise wieder in Frage, und es müssen neue Wege gefunden werden, um die städtebauliche Kriminalprävention stärker in Konzepte nachhaltiger Entwicklung zu integrieren. Mit den „Architectural Liaison Officers" verfügen englische Polizeibehörden zum Teil über Mitarbeiterinnen und Mitarbeiter, die explizit die Aufgabe haben, städtebauliche Planungen, die im Zuge von Baugenehmigungsverfahren den kommunalen Planungsämtern vorgelegt werden, auf ihre Belange hinsichtlich der Sicherheit in der Stadt zu überprüfen. Der Beitrag von *Caroline L. Davey* und *Andrew B. Wootton* beschreibt diesen Ansatz und die praktischen Schritte des Architectural Liaison Service am Beispiel der Greater Manchester Police. Davey und Wootton verweisen darauf, dass es nicht ausreicht, gute Beispiele städtebaulicher Kriminalprävention zu kopieren. Es muss vielmehr darum gehen, die Mechanismen und Strukturen ihrer Entwicklung und Etablierung zu verstehen und unter den spezifischen lokalen Bedingungen umzusetzen.

Städtebauliche Gestaltungsmöglichkeiten, die besonders das subjektive Sicherheitsempfinden der Bürgerinnen und Bürger beeinflussen können, beziehen sich neben dem Wohnbereich auf die Vielzahl unterschiedlicher öffentlicher Räume mit ihren verschiedenen Raumangeboten, Nutzungsmöglichkeiten, Nutzeranforderungen und Nutzungsmustern. Öffentliche Räume sollen Mobilität ermöglichen, Aufenthaltsqualität haben, Erholungsorte und Begegnungsräume sein und viele weitere Funktionen übernehmen. Dabei kommt es zwangsläufig zu Nutzungskonkurrenzen und Nutzungskonflikten. Aber nicht jeder Nutzungskonflikt ist eine Incivility, und nicht jede Incivility trägt zur Verunsicherung der Bürgerinnen und Bürger im öffentlichen Raum bei. Der Beitrag von *Udo W. Häberlin und Barbara Kopetzky* fragt, was öffentliche Räume in der Stadt leisten können und sollen. Er stellt Maßnahmen, welche die Lebensqualität in öffentlichen Räumen und damit die Sicherheit verbessern, als Wirkungskette dar, bei der die Planung auf Nutzungsanforderungen mit Hilfe von Grundlagenanalysen eingehen sollte. Der Beitrag sieht die „sichere Stadt" als eine physische und soziale Herausforderung an, die Lösungen für Verunsicherungen durch Randgruppen und Restflächen sowie für Integration bieten muss. Am Beispiel neuer konzeptioneller Ansätze in Wien zeigen Häberlin und Hetzmannseder, wie der öffentliche Raum als stabiler Stadtraum entwickelt werden kann.

Neben kriminalpräventiven Ansätzen, die auf situativer Ebene ansetzen, spielen sozial intervenierende Ansätze und täter- oder opferbezogene Konzepte im Bereich der urbanen Sicherheit eine wichtige Rolle. In den Niederlanden gehören „Sicherheitshäuser" zu den wichtigsten erfolgreichen Neuerungen der letzten Jahre im Bereich der urbanen Sicherheit. Sie zielen darauf ab, Kriminalität zu bekämpfen, Opfern zu helfen und die Sicherheit in der Wohnumgebung zu verbessern. Sicherheitshäuser sind kommunale Einrichtungen, die durch eine institutionalisierte Kooperation zwischen Justiz, Polizei, Ordnungs- und Jugendämtern und anderen Akteuren fallbezogen intervenieren, aber auch grundsätzlich die Kriminalprävention verbessern sollen. *Julia Mölck* erläutert in ihrem Beitrag das Konzept der Sicherheitshäuser und deren Methoden. Sie legt Ergebnisse der Arbeit von Sicherheitshäusern dar und gibt Hinweise zur Übertragbarkeit des Ansatzes und seiner Elemente. Wenngleich Resultate und Effekte der Zusammenarbeit in Sicherheitshäusern nur schwer messbar sind, so wird doch deutlich, dass beispielsweise die Rückfallquoten bei Tätern in den niederländischen Regionen, die über Sicherheitshäuser verfügen, in den letzten Jahren zurückgegangen sind und

Jugendliche weniger schnell in Verhaltensmuster zurückfallen, die sie wieder in Gefahr bringen, kriminell zu werden.

Kriminalität, wie sie in der polizeilichen Statistik gemessen wird, bietet – so die Erfahrung in vielen Städten – kaum Anlass dafür, von wachsender Unsicherheit zu sprechen; dennoch fühlen sich viele Bürgerinnen und Bürger zunehmend unsicher. In Luzern war diese Entwicklung der Anlass dafür, einen integrierten Sicherheitsbericht zu entwickeln. Dieser analysiert sowohl die „gemessene" Sicherheitslage der Stadt als auch die subjektiven Sicherheitswahrnehmungen und erfüllt neben der Berichterstattung die Aufgabe, den zuständigen Fachämtern der Stadt als Arbeitsinstrument zu dienen. Integrierte Sicherheitsberichterstattung steht vor der Herausforderung, sehr unterschiedliche Gefährdungen einbeziehen zu müssen. Ein risikobasierter Ansatz soll dies möglich machen. Damit können auch selten auftretende Gefährdungen, die aber ein großes Schadenspotenzial haben, stärker berücksichtigt werden. *Tillmann Schulze, Lilian Blaser und Maurice Illi* erläutern in ihrem Beitrag Entstehung, Konzeption und Inhalte eines solchen Sicherheitsberichts und gehen dabei besonders auf das Konzept der Risikoanalyse und Risikomatrix ein. Dabei wird Mehrerlei deutlich: Urbane Sicherheit ist ein dynamisches Phänomen, das sich laufend verändert. Bei der Maßnahmenkonzeption und -umsetzung muss das richtige Maß an Sicherheit gefunden werden. Gefährdungen sind voneinander abhängig. Das Sicherheitsempfinden der Bürgerinnen und Bürger ist immer zu berücksichtigen.

Eine Publikation, die sich mit Fragen urbaner Sicherheit auseinandersetzt, kann notgedrungen nicht alle Facetten des Themas behandeln. Der vorliegende Band versammelt daher eine Auswahl von Beiträgen zu Kriminalität und abweichendem Verhalten, für die gilt: Sie sind an der Schnittstelle zwischen situativen, sozialräumlichen und entwicklungsorientierten Ansätzen der Prävention angesiedelt und haben gleichermaßen die „objektivierte" Sicherheit wie das Sicherheitsempfinden der Bürgerinnen und Bürger im Blick. Eine Vielzahl wichtiger Themen urbaner Sicherheit – Stichworte: Terrorismus, Naturkatastrophen, Großveranstaltungen, internationale Vergleiche usw. –, die einer genaueren Betrachtung wert sind, bleibt damit hier unbehandelt. Dies bleibt auch Ansporn für zukünftige Veröffentlichungen.

Abstract/Introduction:

Urban Security: Framework Conditions – Practical Examples – International Experience

Urban security covers a wide range of tasks. Many stakeholders are involved in creating and maintaining safer cities. Even if public safety is generally a governmental task, cities and towns are the first point of contact when it comes to many citizens' grievances – and therefore take on an important role in the public discussion. Integrated approaches to local security policy involve a large number of decision-makers in local government, from town planning and youth welfare offices to local administration, among others, who are vital for the creation of safer cities, even if their core tasks may be in other areas.

Public safety and order in the city are controversial topics. How they are evaluated and which options exist are often ideological questions. Should united behaviour and mutual respect between citizens be stressed, ensuring leeway and negotiation processes in dealing with one another – or should the creation and enforcement of rules, tougher controls and punishing infringements be focused upon? Should a top-down or a bottom-up approach be favoured? To what degree is crime prevention considered necessary and the combination of prevention and suppression sensible? How does one evaluate the absence of disturbances on the one hand and urban vitality on the other?

"Urban security: Framework Conditions – Practical Examples – International Experience" is the title of this new publication, summarising current academic findings and practical experience on the topic of "urban security". Authors from academia and from within the field present their different perspectives on the topic.

The opening essay presents the many tasks involved in urban security, as well as the range of stakeholders who are directly and indirectly involved in creating, enforcing and maintaining safety and order in the cities. The essay examines the role of crime prevention in urban security and also takes up the issue of "securing" urban problem areas and the "spatial organisation" of safety issues. In the light of changing security requirements in cities, it brings up the significance of collaboration between different stakeholders, as well as the social responsibility for safe cities, and provides an outlook on future topics in the field of urban security.

Demographic change will have a significant effect on urban security in upcoming years. Based on the example of selected cities in Mecklenburg-Vorpommern, *Anne Köhn, Stefanie Otte, Sebastian Bloch* and *Manfred Bornewasser* examine shifts in crime and possible changes in the fear of crime in light of socio-demographic developments.

In her article, *Marie-Luis Wallraven-Lindl* systematically explains the basics of legal planning in urban crime prevention: from the planning objectives and guidelines of the German Federal Building Code through its consideration in urban land-use planning to representations and stipulations in development plans designed to prevent crime. She also examines the means of enforcing crime prevention in urban planning.

With the spatial aspects of crime and vulnerabilities, criminological research and police practice systematically work on a city level, in particular, as it is generally assumed that crime and the lack of security manifest themselves locally. In his report, *Manfred Rolfes* addresses the "pitfalls of a spatial overview" in terms of safety and the lack of safety in urban areas. Localising criminal vulnerabilities can lead to the stigmatisation of certain urban spaces. At the same time, this can obscure the deeper causes of crime and a lack of safety, while solely drawing attention to specific space-related forms of crime.

The discussion pertaining to real or perceived unsafe places cannot always be explained by the spatial concentration of criminal offences and priorities at specific points in the city. It is often based on a variety of public disturbances that are not deemed punishable, as well as on signs of deterioration in man-made environments, or those in the social order. The report by *Joachim Häfele* examines these "incivilities".

Bernhard Frevel's article focuses on the role collaboration plays in urban security. He examines the competences – and limits to these competences – on the part of local security stakeholders, describes the various forms of security partnerships and identifies the "stumbling blocks" involved in cooperation. He also analyses the practical organisation of collaborative local security approaches in detail and formulates theories on the development of these approaches to ensure safer cities.

Safety in public transport is a central element of the public discussion on citywide security. In her essay, *Katja Striefler* examines the question of why public transport safety carries such great meaning and derives a strategy for goal-oriented crime prevention, which she explains on the basis of selected instruments.

In their article, *Michael Isselmann, Sabine Kaldun* and *Detlev Schürmann* describe the practice of municipal crime prevention in urban planning. They not only take into account the criminal prevention tactics of the police as a cross-sectional task in social cities and its concrete implementation, but also the research methods involved in an integrated safety audit. The article makes it clear that creating safer urban neighbourhoods is a complex task; a range of measures can help bring this about – be it the design of public spaces, participation in crime prevention activities, securing gainful activity, promoting the local economy, or other approaches to primary prevention in a social context.

Secure living areas are central components in the urban quality of life. Recently, in the context of approaches to urban crime prevention, a number of initiatives have emerged promoting collaboration between police, the housing industry, tenants' associations, chambers of commerce and associations, transport companies, colleges, universities and academies, non-governmental actors in local crime prevention work and municipal authorities. In his essay, *Herbert Schubert* evaluates examples of evolving approaches in recent years: from first initiatives for safe residential areas and good neighbourhoods through the development of specific guidelines for social infrastructure provisions and social management, urban planning measures and the possibilities of local civic self-organisation to interdisciplinary security partnership networks.

In addition to situational crime prevention, which focuses on reducing structural opportunities for criminal or deviant behaviour, different approaches have emerged in recent years that focus on the social conditions of urban life. In his report, *Frederick Groeger-Roth* looks at the example of the methods used by "Communities That Care" in examining development-oriented approaches to urban security. He describes the practices of "Communities That Care" and shows how important it is for local prevention activities to be focused on research-identified risk and protective factors, while, at the same time, being developed qualitatively on the basis of effective and proven prevention programmes.

In recent years, creating and maintaining safe urban environments in German municipalities has included a range of preventive approaches from other countries. In their essay, *Caroline L. Davey* and *Andrew B. Wootton* outline the theoretical approach and practical steps involved in an architectural liaison service, using the example of the Greater Manchester Police. They point out that it is not enough to simply copy good examples of urban crime prevention. Rather, the aim must be to understand the mechanisms and structures of its development and establishment and to implement these under the specific local conditions.

In their article, *Udo W. Häberlin* and *Barbara Kopetzky* ask what type of public spaces can and should be provided in the city. Using Vienna as an example, they outline measures for improving the quality of life in public spaces, thereby presenting safety-improving measures as a chain of effects in which usage requirements should be planned with the help of basic analyses. The report envisions the "secure city" as a physical and social challenge that must provide solutions not only to the problem of uncertainties caused by marginalised groups and residual areas, but also to their integration.

In the Netherlands, "safe houses" are among the most important and successful innovations of the past few years in the area of urban security. They aim to combat crime, help victims and improve security in the home environment. In her essay, *Julia Mölck* explains the concept of safe houses and their methodology. She analyses the results of the work accomplished in safe houses and indicates how elements of this model can be transferred to other countries.

In many cities, it has been discovered that criminality as measured by police statistics offers little reason to speak of cities as having become more unsafe. Yet citizens themselves still feel unsafe. For this reason, an integrated safety report has been developed in Lucerne that analyses both the "measured" state of security in the city and subjective security perceptions. In their article, *Tillmann Schulze, Lilian Blaser* and *Maurice Illi* examine the formation, conceptualisation and content of such security reports and specifically focus on the risk analysis and risk matrix concept.

Grundlagen und Rahmenbedingungen

Holger Floeting

Urbane Sicherheit

Einführung

Dieser Beitrag stellt – in neun Kernaussagen gefasst, die jeweils genauer ausgeführt werden – die Vielfalt von Handlungsfeldern und involvierten Akteuren dar, die sich direkt oder indirekt mit Fragen der urbanen Sicherheit befassen. Er umreist damit das umfassende Feld urbaner Sicherheit, wenngleich er besonders die kommunale Seite in den Blick nimmt: Ordnungsämter als kommunale Akteure, die sich im Kern mit Fragen der Sicherheit und Ordnung in der Stadt beschäftigen, und Stadtplanungsämter, deren Aktivitäten häufig die Voraussetzung für sichere Stadträume schaffen und die bei der situativen Prävention und im Bereich sozialräumlicher Maßnahmen eine wichtige Rolle spielen. Folgerichtig spielt damit das Thema Prävention eine besondere Rolle, sind die Kommunen im Umgang mit Themen urbaner Sicherheit doch gerade im Bereich Prävention engagiert. Innerhalb der Prävention konzentriert sich der Beitrag auf die Kriminalprävention – im Bewusstsein, dass es sich dabei zwar um einen wichtigen Ausschnitt, aber eben auch nur um einen Ausschnitt aus dem möglichen präventiven Handeln der Kommunen im Umgang mit Fragen und Aufgaben der urbanen Sicherheit handelt –, weil die Kriminalprävention den Bereich darstellt, der sich in den letzten Jahren vor allem durch seine kommunale Prägung weiterentwickelt hat.

Bei der Betrachtung der kommunalen Kriminalprävention kommt dem Quartier eine besondere Bedeutung zu. Prävention setzt Informiertheit über die Sicherheitslage und die Möglichkeiten präventiven Handelns voraus. Am Beispiel der städtebaulichen Kriminalprävention zeigt der Beitrag Fortschritte der letzten Jahre ebenso wie noch bestehende Umsetzungslücken in der Praxis auf. Fort- und Weiterbildung spielen bei der Verankerung von Fragen der sicheren Stadt im Verwaltungshandeln eine besonders wichtige Rolle. Der Beitrag durchleuchtet die Weiterbildungssituation zu Themen urbaner Sicherheit mit Blick vor allem auf die kommunalen Zielgruppen und konstatiert trotz der Fülle von Angeboten einen Mangel an integrierter Befassung mit Sicherheitsthemen. Zwar wurden in den letzten Jahren Fortschritte dadurch gemacht, dass einerseits bei Bürgerinnen und Bürgern, in der Kommunalpolitik, bei Verwaltungsakteuren und in der öffentlichen Diskussion das Bewusstsein für das Thema „Sicherheit in den Städten" gewachsen ist, andererseits eine Vielzahl von präventiven wie repressiven Handlungsansätzen entwickelt wurde, um die Sicherheit in den Städten zu gewährleisten und zu verbessern. Dies ist aber immer auch mit der Gefahr verbunden, dass Stadtentwicklung „versicherheitlicht" wird: Nicht jeder Nutzungskonflikt ist eine Sicherheits- oder Ordnungsaufgabe, nicht jede Planungsentscheidung sollte vordringlich unter dem

Blickwinkel der urbanen Sicherheit gesehen werden, und nicht jede Jugend-, Sozial- und Bildungsmaßnahme in den Städten sollte in Zusammenhang mit kriminalpräventiven Aktivitäten gebracht werden. Die Möglichkeiten integrierten Handelns sollten dennoch genutzt werden.

Vollständige Sicherheit kann es nicht geben. Sicherheit in den Städten hat dennoch als Anspruch und Ziel zu gelten, jedoch nicht als Primat der Stadtgestaltung und des städtischen Lebens. Damit integrierte Strategien, Konzepte, Ansätze und Maßnahmen entwickelt und umgesetzt werden können, muss die Zusammenarbeit der Akteure „gelernt" werden. Dazu gehört das Bewusstsein, dass die eigenen Aktivitäten ebenso relevant sind für die Sicherheit in der Stadt wie die Erfahrungen in der Zusammenarbeit, die das gegenseitige Vertrauen der Akteure stärken. Sicherheit in der Stadt ist eine gesamtgesellschaftliche Aufgabe, in die nicht nur die direkten und indirekten professionellen Sicherheitsakteure eingebunden werden müssen. Vielmehr spielt hier die Zivilgesellschaft eine wesentliche und zukünftig noch an Bedeutung gewinnende Rolle. In den Städten müssen sich daher – unbeschadet der Verfolgung und Gleichbehandlung von Vergehen und Verstößen sowie der flächendeckenden Gewährleistung von gleichwertigen Sicherheitsniveaus – an die lokale Situation angepasste Sicherheitskulturen entwickeln. Urbane Sicherheit ist ein dynamisches, oft von „Themenkonjunkturen" angetriebenes Aufgabenfeld. Der Beitrag gibt abschließend einen Ausblick auf möglich zukünftige Themen urbaner Sicherheit.

1. Sicherheit in der Stadt beschränkt sich nicht auf den Schutz vor Terrorismus und Kriminalität

Urbane Sicherheit zu schaffen und zu gewährleisten umfasst eine Vielfalt von Aufgaben. Städte sind als Räume dichter Besiedlung, Verkehrs- und Infrastrukturknoten, kulturelle Zentren, Wirtschaftsschwerpunkte und Entscheidungszentren besonders anfällig für Bedrohungen und Gefährdungen unterschiedlichster Art. Der Vielfalt der Möglichkeiten, die städtische Räume bieten, steht naturgemäß eine Vielfalt von Risiken gegenüber.

1.1 Naturgefahren

Städte müssen wie andere Räume auch vor Naturgefahren geschützt sein. Naturgefahren werden üblicherweise mit Naturräumen in Verbindung gebracht. Dabei sind die Gefährdungen und Schadensdimensionen gerade in verdichteten Siedlungsräumen besonders groß. Städte an Flüssen mit hochwassergefährdeten Lagen sind nur ein Beispiel hierfür. Naturgefahren sind eben nicht allein Gefahren, die von natürlichen Ereignissen ausgehen, sondern in einer vom Menschen überformten Landschaft auch immer anthropogene Gefahren, deren Schadensdimensionen durch Planungsentscheidungen, Infrastrukturausstattung, installierte Sicherungssysteme usw. beeinflusst werden. Die Anpassung der Städte an die Anforderungen, die aus dem Klimawandel resultieren, und die damit verbundenen veränderten Vulnerabilitäten werden die Aufgabe, urbane Sicherheit zu schaffen und zu gewährleisten, erheblich verändern. Besonders Frequenz und Ausmaß von Extremereignissen in natürlichen Prozessen wie dem Wetter, Veränderungen bei der Anzahl gefährdeter Personen, den Ausbreitungsmustern übertragbarer Krankheiten, beim Wasserhaushalt usw. stellen die Städte vor neue Herausforderungen im Umgang mit Naturgefahren (vgl. Die Bundesregierung 2008; MUNLV-NRW 2009; BMVBS 2010), die sowohl technisch als auch sozial orientierte Lösungen notwendig machen.

1.2 Technische Gefahren

Städte sind verdichtete Räume von Wohn-, Arbeits- und Freizeitorten mit umfassenden Verkehrs-, Kommunikations- und Energieversorgungsinfrastrukturen. Großtechnische Systeme erhalten die technischen und infrastrukturellen Funktionen der Städte. Neben Naturgefahren muss man sich in Städten daher mit technischen Gefahren unterschiedlichster Art auseinandersetzen. Dies reicht von Kraftwerksunfällen über Großbrände und Havarien von Industrieanlagen bis zum Ausfall von Versorgungseinrichtungen und Gefahrgutschadensereignissen. Die Reaktion auf einen möglichen Massenanfall von Verletzten und Erkrankten z.B. bei Havarien, aber auch bei Unglücken im ÖPNV, in großen Wohnanlagen, bei Großveranstaltungen oder terroristischen Anschlägen benötigt besondere Vorkehrungen hinsichtlich der Organisation, der medizinischen Anforderungen usw., da reguläre Rettungsdienste in einem solchen Fall schnell an die Grenzen ihrer Leistungsfähigkeit gelangen könnten (vgl. Arbeitsgruppe der Hilfsorganisationen im Bundesamt für Bevölkerungsschutz und Katastrophenhilfe 2006). Der technische Fortschritt ist einerseits damit verbunden, dass bekannte technische Risiken minimiert und die Eintrittswahrscheinlichkeiten bekannter technischer Gefahren damit verringert werden können, andererseits mit größeren Gefahrenpotenzialen gerade in Räumen mit größerer Vulnerabilität, womit sich auch das Schadensausmaß erhöht, wenn ein Unfall eintritt. Auch ist der technische Fortschritt mit einer Verschiebung von Risiken verbunden: Während individuelle Risiken durch technische und organisatorische Schutz- und Vorsorgemaßnahmen sowie professionalisiertes Risikomanagement sinken, steigen kollektive Risiken.

1.3 Sicherung kritischer Infrastrukturen

Infrastruktur umfasst die „Summe der materiellen, institutionellen und personalen Einrichtungen und Gegebenheiten … , die den Wirtschaftseinheiten zur Verfügung stehen und mit beitragen, den Ausgleich der Entgelte für gleiche Faktorbeiträge bei zweckmäßiger Allokation der Ressourcen, d.h. vollständige Integration und höchstmögliches Niveau der Wirtschaftstätigkeit, zu ermöglichen" (Jochimsen 1966, S. 100). Dabei wird zwischen materiellen (personalen und institutionellen) und immateriellen Infrastrukturen unterschieden. Kritische Infrastrukturen bilden einen Ausschnitt aus dieser sehr weit gefassten Definition ab. Unter kritischen Infrastrukturen werden „Organisationen und Einrichtungen mit wichtiger Bedeutung für das staatliche Gemeinwesen" verstanden, „bei deren Ausfall oder Beeinträchtigung nachhaltig wirkende Versorgungsengpässe, erhebliche Störungen der öffentlichen Sicherheit oder andere dramatische Folgen eintreten würden" (BMI 2009, S. 3). Bei den kritischen Infrastrukturen wird zwischen technischen Basisinfrastrukturen wie der Wasser- oder Energieversorgung, den Transport- und Telekommunikationssystemen und sozioökonomischen Dienstleistungsinfrastrukturen wie dem Gesundheitswesen und den Notfalldiensten, Behörden- oder Bankdiensten, Medien usw. unterschieden. Dabei wird deutlich, dass es sich in der Regel nicht um Organisationen und Einrichtungen unter staatlicher Regie handelt, sondern um Infrastrukturen, die von privatrechtlich organisierten Unternehmen betrieben werden. Die Privatisierung in Sektoren, die bis vor wenigen Jahren von staatlichen Einrichtungen und Organisationen dominiert wurden (z.B. in Verkehr und Telekommunikation), aber in jüngerer Zeit gerade auch im kommunalen Bereich hat zu einer Vervielfachung der für deren Betrieb notwendigen Akteure und zu komplexen Akteursgeflechten geteilter Verantwortung geführt, die im Notfall in ein Krisenmanagement involviert sind. Kritische Infrastrukturen zu sichern gehört zu den essentiellen Bestandteilen urbaner Sicherheit. Gerade urbane Räume sind auf großtechnische Systeme der Infrastrukturversorgung und institutionelle Sicherungsstrukturen angewiesen. In dem Maß, in dem die Privatisierung im Infrastrukturbereich voranschreitet, kommt den öffentlichen Akteuren vor allem die Aufgabe zu, Rahmenbedingungen zu schaffen, die funktionierende Infrastrukturen gewährleisten, und im Krisenfall die Versorgung zu sichern.

1.4 Bedrohung durch Terrorismus

Die Bedrohung durch Terrorismus spielt in der jüngeren sicherheitspolitischen Diskussion eine wesentliche Rolle. Wenngleich diese Bedrohung keine neue Entwicklung ist, wie ein Blick nach Lateinamerika, Asien oder in den Nahen Osten zeigt – und auch in Europa werden Städte schon lange mit terroristischen Bedrohungen konfrontiert, wie etwa die Beispiele der ETA oder der IRA belegen –, haben doch erst der Terroranschlag vom 11. September 2001 in New York und die späteren Anschläge in Madrid und London die Verwundbarkeit von Städten mit ihren konzentrierten Baumassen, Großinfrastrukturen und hohen Bevölkerungsdichten stärker ins Bewusstsein der Öffentlichkeit gerückt (vgl. Floeting 2006). Terrorismus wird seitdem zunehmend als sicherheitspolitisches Risiko konzeptualisiert, wobei die verschiedenen Dimensionen von Unklarheit oder Unsicherheit der Bedrohung („known unknowns" und „unknown unknowns"[1]) eine besondere Rolle spielen (vgl. Daase/Kessler 2007).

Die Art der Bedrohung hat sich in den letzten Jahren gewandelt: Terrorismus agiert transnational und sucht sich symbolische Anschlagsziele. Terroristische Anschläge zielen auf große Opferzahlen und sind in der Opferauswahl willkürlich. Die Anschlagsereignisse werden für die „mediale Kriegsführung" genutzt. Damit rücken Ziele in großen Metropolen und städtischen Raumstrukturen in den Mittelpunkt. Städtische Sicherheit muss sich daher in zunehmendem Maß mit terroristischer Bedrohung auseinandersetzen, wenngleich die Zahl der Schadensereignisse bisher verglichen mit anderen Bereichen urbaner Sicherheit äußerst gering ist. Die Bedrohung durch Terrorismus ist aber besonders dadurch gekennzeichnet, dass die Bestimmung möglicher Schäden und damit die Risikokalkulation schwierig sind. Diese Ungewissheit kann dazu führen, dass Sicherheitsszenarien sich grundsätzlich am größten anzunehmenden Schadensereignis orientieren, einfache Lösungsansätze (oft auch punktuelle technische Lösungen statt integrierter Lösungsansätze) präferiert werden, der Zwang, vor unsicherem Entscheidungshintergrund handeln zu müssen, zu Aktionismus führt, und man vor der vermeintlichen Ungeheuerlichkeit der Bedrohung bereit ist, umfassend in bestehende Freiheiten einzugreifen (vgl. Schneckener 2013).

1.5 Verkehrssicherheit

Neben den elementaren Bedrohungen urbaner Sicherheit sind es aber vor allem die alltäglichen Bedrohungen der Sicherheit und die Störungen der öffentlichen Ordnung, die das Handeln der kommunalen Akteure urbaner Sicherheit bestimmen. Hierzu gehört beispielsweise die Verkehrssicherheit einschließlich der Straßenverkehrssicherheit und der Verkehrsüberwachung. Die Zahl der Verkehrsunfälle, bei denen Menschen zu Schaden kommen oder getötet werden, geht erfreulicherweise seit Jahren zurück. Von 1992 bis 2012 verringerte sich die Zahl der Unfälle mit Personenschaden um rund 24 Prozent, die Zahl der Unfälle mit Verkehrstoten ging um 66 Prozent zurück (vgl. Statistisches Bundesamt 2013). Diese positiven Entwicklungen konnten sowohl durch verkehrsrechtliche Regelungen

---

1 "As we know, there are known knowns. There are things we know we know. We also know there are known unknowns. That is to say: We know there are some things we do not know. But there are also unknown unknowns, the ones we don't know we don't know" (Donald Rumsfeld auf der Pressekonferenz des US Department of Defense am 12. Februar 2002, zit. n. Daase/Kessler 2007, S. 411).

wie die Senkung der Höchstgrenze für den Blutalkoholkonzentrationswert als auch durch kontinuierliche technische Verbesserung der Fahrzeuge erreicht werden. Aber auch die Gestaltung der Straßen, eine intelligente Verkehrssteuerung und mehr Verkehrskontrollen haben dazu beigetragen. Verbesserte medizinische Erstversorgung hat besonders dafür gesorgt, dass die Zahl der Verkehrstoten so deutlich zurückgegangen ist. Die Zahl der polizeilich erfassten Unfälle insgesamt stieg dagegen im gleichen Zeitraum um fast 6 Prozent. Knapp 73 Prozent der 2,4 Mio. polizeilich erfassten Unfälle in Deutschland (2012) ereigneten sich innerorts. Wenngleich das Todesrisiko auf Landstraßen deutlich höher liegt als innerorts, wurden zwei Drittel der tödlich verletzten Fußgänger und Fahrradfahrer innerhalb von Ortschaften getötet (vgl. ebenda). Verkehrssicherheit in den Städten bleibt damit ein wichtiges Thema. Gerade der Schutz besonders gefährdeter Verkehrsteilnehmer spielt dabei eine Rolle. In einer ganzen Reihe von Kommunen wurden in den letzten Jahren beispielsweise Radverkehrskonzepte entwickelt, die dies berücksichtigen. Auch der demografische Wandel ist mit neuen Aufgaben für die Verkehrssicherheit in den Städten verbunden. Zwar sind Menschen ab 65 Jahren seltener als andere Altersgruppen an einem Unfall mit Personenschaden beteiligt; jene aus dieser Altersgruppe, die im Straßenverkehr verunglücken, haben laut Unfallstatistik aber schwerere Unfallfolgen zu erleiden. So war beispielsweise mehr als jeder zweite getötete Radfahrer oder Fußgänger 65 Jahre oder älter (2012) (vgl. ebenda).

Auch der ruhende Verkehr ist ein Thema, das immer wieder zu Kontroversen führt. Die zunehmende individuelle Motorisierung in den Städten hat dazu geführt, dass der Parkraumbedarf in Teilen deutscher Innenstädte nicht mehr ausreichend im öffentlichen Straßenraum gedeckt werden kann. Parkraumbewirtschaftung soll zumindest teilweise Abhilfe schaffen, führt aber zwangsläufig zu individuellen Kostenbelastungen. Auch wenn aussagekräftige bundesweite Statistiken nicht vorliegen, ist doch davon auszugehen, dass die Ahndung von „Falschparkern" den größten Teil der verteilten „Strafzettel" ausmacht. Verkehrsüberwachung umfasst auch die Überwachung des ruhenden Verkehrs. Besonders dann, wenn Fahrzeuge im öffentlichen Straßenraum abgestellt werden, so dass sie andere behindern oder gefährden, ist die Parkraumüberwachung nicht nur ein Ordnungs-, sondern auch ein Sicherheitsthema.

1.6 Störungen der öffentlichen Ordnung

Der Umgang mit einer Vielzahl von Störungen der öffentlichen Ordnung unterhalb der Strafwürdigkeit beeinflusst besonders die öffentliche Diskussion zur Sicherheit in den Städten und kann sich auf das subjektive Sicherheitsempfinden der Bürgerinnen und Bürger auswirken. Verfallserscheinungen der gebauten Umwelt oder der sozialen Ordnung – heute in der Forschung zusammenfassend als *Incivilities* bezeichnet – werden oft als Zeichen sozialer Desorganisation gedeutet.

Sie reichen von Belästigungen wie Hundekot auf dem Bürgersteig oder Abfallablagerung in öffentlichen Anlagen bis zu Vandalismusschäden oder dem störenden Alkoholkonsum im öffentlichen Raum. Gerade der Alkoholkonsum im öffentlichen Raum, die damit zum Teil verbundenen Störungen und die (eingeschränkten) Handlungsmöglichkeiten der Kommunen sowohl im präventiven (Gesundheitsförderung, Suchtvorbeugung, Prävention anlässlich lokaler Veranstaltungen usw.) wie im restriktiven Bereich (Anwendung des Jugendschutzgesetzes, Verfügungen auf Basis des Gaststättengesetzes, Alkoholverbot in der Öffentlichkeit, Testkäufe, kommunale Werbebeschränkungen usw.) sind ein viel diskutiertes Thema urbaner Sicherheit.

In stadträumlich orientierten Forschungsarbeiten zur urbanen Sicherheit spielen Incivilities eine wichtige Rolle (vgl. Beitrag von Häfele in diesem Band und Häfele/Lüdemann 2006, S. 273 ff.). Der „Broken-Windows"-Ansatz (vgl. Wilson/Kelling 1982) geht davon aus, dass Unordnung und Verwahrlosung in bestimmten städtischen Gebieten als Zeichen für den Verlust der sozialen Kontrolle interpretiert werden. Darauf aufbauende „Zero-Tolerance"-Strategien gehen davon aus, dass abweichendes Verhalten auch unterhalb der Schwelle zum strafbaren Verhalten langfristig zu mehr schweren Straftaten führt (vgl. Greene 1999). Um die Verbrechensrate zu minimieren, solle dementsprechend schon bei kleineren Störungen interveniert werden. Die viel diskutierten und kritisierten Ansätze (vgl. Thacher 2004) zum Umgang mit Unsicherheiten in den Städten bilden häufig die Grundlage für die zunehmende Beschäftigung mit städtebaulicher Kriminalprävention. Eine weitere Grundlage bildet der „Defensible-Space"-Ansatz (vgl. Newman 1996). Das Konzept wurde erstmals in den späten 1960er-Jahren in den USA entwickelt. Es bildet den theoretischen Hintergrund für viele städtebauliche Präventionsansätze und die Integration von Sicherheitsfragen in die räumliche Planung (vgl. unten 5.). Den Kern des Ansatzes bildet die Forderung, die gebaute Umgebung (besonders Wohngebiete) baulich-räumlich so zu gestalten, dass die Bewohnerinnen und Bewohner in der Lage und bereit sind, Verantwortung für bestimmte Bereiche zu übernehmen und die soziale Kontrolle in den betreffenden Bereichen zu erhöhen. Die bauliche Gestaltung soll dazu beitragen, funktionsfähige Nachbarschaften zu schaffen. Robuste Strukturen der Selbsthilfe sollen die Notwendigkeit staatlicher oder kommunaler Interventionen verringern. Gleichzeitig wird eine solche Verräumlichung der Kriminalprävention auch deutlich kritisiert: wegen ihrer vereinfachten kausalen Verbindung von Raum und abweichendem Verhalten und wegen der Betonung baulich-räumlicher gegenüber sozialen Lösungen (vgl. Belina 2006; Schreiber 2011).

1.7 Kriminalität

Städte werden in der medialen Berichterstattung und öffentlichen Diskussion oft als Brennpunkte der Kriminalität dargestellt. Tatsächliche oder behauptete zunehmende Kriminalitätsfurcht bestimmt die Argumentation oft in stärkerem Maß als die tatsächliche Kriminalitätsentwicklung. Diese wird statistisch auch nur unzureichend abgebildet, sodass eine umfassende Darstellung der Kriminalitätsentwicklung innerhalb der Städte (auch ein Vergleich zwischen den Städten) allein anhand der polizeilichen Kriminalitätsstatistik nicht sinnvoll ist. Die polizeiliche Kriminalstatistik bietet nur wenige Anhaltspunkte für die räumliche Verteilung der Kriminalität. Im Jahr 2012 entfielen rund 28 Prozent der registrierten Straftaten auf Städte mit 500.000 und mehr Einwohnern, rund 20 Prozent auf Städte mit 100.000 bis 500.000 Einwohnern, rund 27 Prozent auf Städte mit 20.000 bis unter 100.000 Einwohnern und knapp 24 Prozent auf kleinere Gemeinden (vgl. BKA 2013). Für die Zuordnung der registrierten Straftaten gilt das Tatortprinzip. Es wird also gemessen, an welchen Orten sich die registrierten Straftaten ereignet haben, nicht, wo die Straftäter wohnen oder gemeldet sind. Die Zuordnung der Tatorte berücksichtigt allein die Gemeindegrößenklassen. Sozial- und Wirtschaftsstruktur sowie die räumlich-funktionale Lage der Gemeinden werden nicht erfasst, sodass beispielsweise kleine verstädterte Gemeinden in Verdichtungsräumen statistisch genauso behandelt werden wie kleine Gemeinden in ländlich peripheren Räumen. Betrachtet man die Häufigkeitszahl, also die Zahl der bekanntgewordenen Fälle berechnet auf 100.000 Einwohner, ergibt sich mit zunehmender Stadtgröße eine stärkere Belastung. Dies gilt besonders für Aggressions-, Diebstahls- und Vermögensdelikte. Lag die Häufigkeitszahl dieser Delikte in Gemeinden mit weniger als 20.000 Einwohnern bei knapp 4.200 (2012), so betrug sie in Großstädten mit 500.000 und mehr Einwohnern rund 12.500 (vgl. BKA 2012). Man könnte also zum Schluss kommen, Kriminalität sei vor allem ein (groß-)städtisches Phänomen. Dies wäre aber eine unzulässige Vereinfachung. Betrachtet man die Tatortverteilung registrierter Straftaten nach Gemeindegrößenklassen für unterschiedliche Delikte, wird deutlich, dass sich die Gemeinden gerade auch in der Struktur der registrierten Straftaten unterscheiden. Wurden in kleinen Gemeinden beispielsweise überdurchschnittlich oft z.B. „Straftaten gegen die Umwelt", „Verletzung der Unterhaltspflicht" sowie „Brandstiftung und Herbeiführen einer Brandgefahr" registriert, waren es in den großen Großstädten überdurchschnittlich häufig „Straftaten gegen das Aufenthalts-, Asylverfahrens- und das Freizügigkeitsgesetz/EU", „Raubdelikte" sowie „Wettbewerbs-, Korruptions- und Amtsdelikte" (BKA 2013).

Die Aussagekraft der Häufigkeitszahl und der Tatortverteilung nach Gemeindegrößenklassen ist deutlich eingeschränkt: Es können nämlich nur registrierte Straftaten berücksichtigt werden; die entsprechenden Werte werden bei einzelnen Delikten auch erheblich durch das unterschiedliche Anzeigeverhalten und die unterschiedliche Kontrollaktivität der Sicherheitsbehörden beeinflusst. Auch werden

Touristen, Gäste und grenzüberschreitende Berufspendler, Nichtdeutsche, die sich illegal im Bundesgebiet aufhalten, in der Einwohnerzahl nicht erfasst und gehen daher nicht in die Berechnung ein. Die größere sog. Tagbevölkerung von Großstädten und die damit verbundenen Tatgelegenheitsstrukturen werden damit in der Statistik nicht abgebildet. Auch beeinflusst die Tätermobilität die räumliche Verteilung der Tatorte erheblich. Schließlich ist bei der Interpretation der Daten – auch darauf verweist die polizeiliche Kriminalstatistik – zu berücksichtigen, dass „urbane Lebensformen und Lebensstile ... partiell abweichendes Verhalten begünstigen" (BKA 2013, S. 24).

Auch in den Aufklärungsquoten der Straftaten existieren zwischen den Delikten und zwischen den Städten erhebliche Unterschiede, für die es nur teilweise erklärende Hinweise gibt. In den Großstädten mit 200.000 und mehr Einwohnern wurden 2012 mindestens drei Viertel der Mord- und Totschlagstaten aufgeklärt, in vielen Großstädten sogar alle Fälle. Die Aufklärungsquote von Raubtaten liegt dagegen in diesen Städten deutlich darunter, differiert aber stark (zwischen 32 und 66 Prozent). Bei Diebstählen unter erschwerenden Umständen lagen die Aufklärungsquoten sogar noch deutlich darunter (zwischen 6 und 23 Prozent) (vgl. BKA 2012). Die Aufklärungsquoten von bestimmten Kontrolldelikten (z.B. Verstößen gegen das Betäubungsmittelgesetz) liegen hingegen zwangsläufig deutlich höher, weil die Aufdeckung der Tat gleichzeitig mit ihrer Aufklärung verbunden ist. Die Aufklärungsquoten können auch davon beeinflusst werden, wie stark die Kriminalitätsbelastung in einem bestimmten Bereich und damit verbunden die Arbeitsbelastung der Ermittlungsbehörden ist. So wird beispielsweise bei einer Auswertung der Aufklärungsquoten bei schwerem Diebstahl im Vergleich der Großstädte ab 200.000 Einwohner deutlich, dass hohe Aufklärungsquoten besonders in Städten mit niedrigem Straftatenanteil zu finden sind (vgl. BKA 2012).

Grundsätzlich lässt sich aber feststellen: Die Sicherheitslage in den deutschen Verdichtungsräumen ist „weit weniger kritisch als in den meisten Städten Europas und der Welt" (DST 2011, S. 5). Allerdings gibt es gerade im Bereich der Metropolregionen „klare Signale dafür, dass unser Sicherheitssystem weiterentwickelt und ausgebaut werden muss" (ebenda), um neuen Sicherheitsanforderungen gerecht zu werden.

1.8 Übergreifende Problemlagen

Neben diesen traditionellen Aufgabenfeldern urbaner Sicherheit entwickeln sich zudem neue übergreifende Problemlagen, mit denen die Akteure urbaner Sicherheit in den kommenden Jahren verstärkt umgehen müssen. Sie „liegen quer" zu den dargestellten Aufgabenfeldern urbaner Sicherheit und verlangen das Zusammenwirken unterschiedlichster Akteure und langfristige Strategien.

Die Gefahr von räumlicher Segregation „anstatt objektiv und subjektiv sicherheitsfördernder Integration" (DST 2011, S. 5) ist eine solche andauernde Herausforderung. Dass sich unterschiedliche Bevölkerungsgruppen in unterschiedlichen Stadtteilen ansiedeln, ist keine neue Entwicklung. Nicht nur in den Städten feudaler Gesellschaften, in denen eine räumliche Trennung nach Standes- und Berufsgruppen zu finden war, sondern auch in den Städten des Industriezeitalters, in denen es Arbeiterquartiere und bürgerliche Quartiere gab, lebten die Menschen in „ihren" Vierteln. Mit Einführung der sozialen Wohnungspolitik wurde es Ziel städtischer Wohnungspolitik, die Wohnbedingungen für weite Teile der Gesellschaft zu verbessern und die Quartiere stärker sozial zu mischen. Segregation ist damit eine typische städtische Erscheinung. Sie „wird dann zum Problem, wenn Mechanismen des Wohnungsmarktes und Diskriminierungen bei der Wohnungsvergabe dazu beitragen, dass Armut und Perspektivlosigkeit in bestimmten Stadtvierteln dominieren" (Häußermann 2007). Deshalb ist zwischen gewählter und erzwungener Segregation zu entscheiden. Von Segregation gehen also nicht zwangsläufig Integrationsprobleme oder Sicherheits- und Ordnungsprobleme aus. Allerdings gibt es Hinweise, dass beispielsweise „Jugendliche, für die die Nachbarschaft ein wichtiger Sozialisationsraum ist, … im depravierten Milieu des Quartiers Normen lernen und Vorbildern folgen, die sie zu deviantem Verhalten verleiten" (ebenda) und „benachteiligte Bewohner, die sich ihren Wohnort nicht selbst aussuchen können, … in einen Kreislauf der Ausgrenzung [geraten], der aus eigener Kraft kaum mehr zu durchbrechen ist" (ebenda). Eine integrierte Quartierspolitik soll dem entgegenwirken. Ansätze integrierter Quartierspolitik sind damit präventiv wie kurativ mittelbar auch sicherheits- und ordnungsrelevant, ohne dass jede Form der integrierten Quartierspolitik sofort unter Sicherheits- und Ordnungsaspekten betrachtet werden muss. Der Aspekt der Segregation wird besonders im Kontext von Sicherheits- und Ordnungsfragen auch häufig mit einer vermeintlichen Entwicklung von Parallelgesellschaften in Verbindung gebracht, also einer räumlichen wie sozialen Abgrenzung und bewusst gemiedenen Kontakten zu anderen Teilen der Gesellschaft. Wenngleich städtischen Gesellschaften die Gefahren einer solchen Entwicklung bewusst sein müssen, sollte besonders die Integrationskraft des lokalen Umfeldes (gerade auch für Zuwanderer, an deren Beispiel das Thema häufig festgemacht wird) nicht unterschätzt werden.

Organisierte Kriminalität und Korruption (vgl. DST 2004; DST 2011) sind Formen der Kriminalität, die tiefgreifende Bedrohungen darstellen. Hauptaktivitätsfelder organisierter Kriminalität sind Rauschgifthandel und -schmuggel, Eigentumskriminalität und Kriminalität im Zusammenhang mit dem Wirtschaftsleben. Organisations- und Handlungsformen sowie Handlungsfelder der organisierten Kriminalität verändern sich. Damit verändern sich auch die von ihr ausgehenden Gefährdungen. Als Auftraggeber für große öffentliche Projekte, als Nachfrager von unterschiedlichen Gütern und Dienstleistungen der Daseinsvorsorge und als hoheitlich tätige Behörden, die rechtsverbindliche Bescheide erstellen, sind auch öffentliche Verwaltungen potenzielle Angriffsziele für organisierte kriminelle Aktivitäten.

Rund ein Viertel der abgeschlossenen Ermittlungsverfahren aus dem Bereich der organisierten Kriminalität betrafen Straftaten unter Einflussnahme auf Politik, Medien, öffentliche Verwaltung, Justiz oder Wirtschaft. Zielrichtung organisierter Tätergruppen war in rund 70 Prozent dieser Fälle die öffentliche Verwaltung (vgl. BKA 2012). Der öffentliche Sektor ist aber – entgegen dem manchmal in der medialen Berichterstattung erweckten Eindruck – nicht vor allem durch Bestechlichkeit und Vorteilsnahme gefährdet. Vielmehr stellen gerade Vermögensdelikte, Urkundenfälschung und wettbewerbswidrige Absprachen Gefährdungen für die öffentlichen Verwaltungen und deren ordnungsgemäße Aufgabenwahrnehmung dar (vgl. Bussmann u.a. 2010).

Es bestehen Gefahren für die Entwicklung von Teilräumen der Städte, so beispielsweise für die Innenstadtentwicklung „etwa durch einseitige Entwicklungen, wie die Ansiedlung von Spielhallen und ähnlichen Betrieben" (DST 2011, S. 5): Die Genehmigungsanträge für gewerbliche Spielstätten haben bei den unteren Baurechtsbehörden bundesweit deutlich zugenommen. Die Zahl der Spielhallenstandorte stieg von knapp 7.900 (2006) auf rund 9.300 (2012) (vgl. Arbeitskreis Spielsucht 2012). Stadtentwicklungs-, Jugendschutz-, Sicherheits- und Ordnungsfragen, die damit in Zusammenhang stehen, werden in der Öffentlichkeit ebenso wie in der Kommunalpolitik zunehmend diskutiert. Zwar ist der derzeitige Spielhallenboom nicht der erste in den Städten; neuere Entwicklungen sind aber mit einer Vielzahl neuer Probleme verbunden. So drängen einerseits seit Mitte der 2000er-Jahre große Betreiber die Städte dazu, immer größere Objekte mit Mehrfachspielhallen zu genehmigen (vgl. Tassilo 2011). Andererseits breiten sich schlecht kontrollierbare Kleinstspielhallen aus, und Spielangebote verbreiten sich in Imbissen, Kleinstgastronomie, Kiosken usw. *Trading-Down*-Prozesse in Innenstadtquartieren als Folge der Verdrängung von Einzelhandels- und Dienstleistungsbetrieben und der Verzerrung des Boden- und Mietpreisgefüges werden ebenso befürchtet wie Fehlnutzungen von Gewerbegebieten. In der Folge verändert sich die Stadtgestalt: durch geschlossene Erdgeschosszonen, verklebte Schaufenster usw. Es können nachbarschaftliche Konflikte mit bestehenden anderen Nutzungen oder kulturelle und soziale Konflikte mit Anwohnern und Nutzern des öffentlichen Raums auftreten. Langfristig können Imageverluste für bestimmte Stadtquartiere die Folge sein. Bei langen Öffnungszeiten der Spielstätten sind häufig Probleme mit Lärm festzustellen. Die Handlungsfähigkeiten der Kommunen sind begrenzt. Ein grundsätzliches Verbot von Spielhallen im Stadtgebiet ist verfassungsrechtlich nicht möglich. Ein partieller Ausschluss ohne fundierte städtebauliche Begründung ist anfechtbar. Beschränkungen in bestimmten Stadtteilen können zur Verdrängung in andere Quartiere führen (vgl. Acocella 2011).

Neue Sicherheitsprobleme entstehen in Gebieten mit negativer demografischer Entwicklung: „Wohnungsleerstände ebenso wie hohe Arbeitslosigkeit führen zu bedenklichen Schwächen sozialer Nahräume" (DST 2011). Der demografische Wandel kann sich (z.B. in schrumpfenden Regionen) zu einem erheblichen Problem für Sicherheit und Ordnung entwickeln. Leerstehende Gebäude sind Ziel von Fehlnutzungen, Vandalismus, Brandstiftung, Müllablagerungen usw. Langfristig kann (flächenhafter) Leerstand mit einem erheblichen Imageverlust ganzer Stadtteile verbunden sein. Zukünftig wird es daher noch stärker darum gehen, mit Leerständen sinnvoll umzugehen. Dabei gibt es eine ganze Reihe von positiven Ansätzen, die leerstehende Immobilien vom Problem zum Potenzial umwerten können. Das in Leipzig entwickelte Konzept der Wächterhäuser, die Vergabe von Nutzungsrechten für aktuell nicht vermarktbare Immobilien für einen begrenzten Zeitraum an Initiativen und Nutzer, die zur Belebung der Quartiere beitragen und gleichzeitig einen (weiteren) Verfall der Häuser verhindern, ist ein Beispiel hierfür. Mittlerweile werden solche Ansätze in dieser oder ähnlicher Form auch in anderen Kommunen umgesetzt. Von der so vorangetriebenen Belebung der Quartiere erhofft man sich auch positive Wirkungen auf die Sicherheit und gegen die Kriminalitätsfurcht der Bürgerinnen und Bürger.

Akteure urbaner Sicherheit (gerade auch in den Kommunen) nehmen eine gewachsene Erwartungshaltung der Bürgerinnen und Bürger im Bereich der öffentlichen Ordnung und der allgemeinen Gefahrenabwehr wahr (vgl. DST 2004, S. 1): „Von den Bürgerinnen und Bürgern wird ... durchgängig die saubere und sichere Stadt ohne sog. Angsträume als prioritäres Ziel eingefordert." (DST 2011, S. 5) Inwieweit, so ist zu fragen, kann man auf diese Erwartungen eingehen? Werden dadurch nicht „Welten der Sicherheit" erzeugt, die versuchen, Bedrohungen und Gefahren weitgehend auszuschließen, was zwangsläufig mit erheblichem Aufwand verbunden und trotzdem vermutlich zum Scheitern verurteilt sein wird, statt eine „Kultur des Risikos" zu fördern (vgl. Münkler 2010).

Obwohl sich Risiken und Bedrohungen natürlich lokal auswirken und Unsicherheitsgefühle vor allem lokal wahrgenommen werden, existiert bisher keine umfassende kommunale Sicherheitspolitik, die sich mit übergreifenden Problemlagen auseinandersetzt. Bestenfalls entwickeln sich aus pragmatischem Handeln neue urbane Sicherheitskulturen in diesen Bereichen (vgl. Floeting 2006).

2. Sicherheit in der Stadt muss eine Vielzahl von Handelnden einbeziehen

Eine Vielzahl von Akteuren trägt direkt oder indirekt dafür Verantwortung, dass die Städte von den Bürgerinnen und Bürgern als sicher wahrgenommen werden. Im Folgenden werden die Rollen ausgewählter zentraler Akteure mit Blick auf die urbane Sicherheit näher beleuchtet.

2.1 Polizei und Stadtverwaltung

Zu den vorrangigen öffentlichen Aufgaben gehört „die Gewährleistung der Sicherheit und Ordnung" (DST 2011, S. 5). Schutz und Sicherheit der Bürgerinnen und Bürger werden in Deutschland in erster Linie durch die Polizei gewährleistet, also durch Bund und Länder. Die kommunale Ebene nimmt in diesem Zusammenhang vor allem Aufgaben der Gewährleistung von Ordnung und der Prävention von Gewalt und Kriminalität wahr. Die Gewährleistung von Sicherheit in den Städten ist also eine staatliche Aufgabe, die von Bund und Ländern wahrgenommen wird. Gleichwohl richten sich die Erwartungen der Bürgerinnen und Bürger hinsichtlich Schaffung und Gewährleistung sicherer Lebensräume gerade an die Städte und Gemeinden: „Die Bürger fragen nicht nach gesetzlichen Zuständigkeiten bei der Kriminalitätsbekämpfung" (DST 2011, S. 4). Vor dem Hintergrund begrenzter kommunaler Finanzmittel muss aber diskutiert werden, wie wichtig den Bürgerinnen und Bürgern Sicherheit und Ordnung für die Lebensqualität in ihrer Stadt ist und welche Mittel man dafür aufzuwenden bereit ist. Schließlich geht es dabei um eine Aufgabe für die Bürgerinnen und Bürger, die quasi in finanzieller Konkurrenz zu anderen öffentlichen Aufgaben steht. Die kommunalen Aufgaben in Bezug auf die Sicherheit in der Stadt sind in den letzten Jahren nicht zuletzt dadurch angewachsen, dass in der Praxis Aufgaben auf die kommunale Ebene verlagert wurden. Die kommunalen Aufgaben konzentrieren sich im Wesentlichen auf folgende Bereiche:

- Gefahrenabwehr (Erteilung und Entziehung von Gewerbeerlaubnissen für Gaststätten, Spielhallen usw., Festlegung von Sperrbezirken usw., Unterbringung von Obdachlosen, Regelung der Polizeistunde, Umgang mit Jugendschutz und Versammlungsrecht) (vgl. auch Wohlfahrt 2007);
- Maßnahmen der Städtebaupolitik (Festlegung von Nutzungsstrukturen, Vermeidung von städtebaulichen Angsträumen usw.) (vgl. DST 2006; Innenministerium des Landes Schleswig-Holstein 2006; ILS 2007);
- Gestaltung von Rahmenbedingungen zur Kriminalprävention (etwa Sozial-, Jugend-, Familien-, Wohnungs-, Bildungs-, Kultur-, Beschäftigungspolitik usw.) (vgl. beispielsweise Baier u.a. 2009; Biewers/Kaldun/Schubert 2005; Ministerium für Bauen und Verkehr des Landes Nordrhein-Westfalen 2009).

Sicherheits- und Präventionsmaßnahmen als eigenständige Aufgaben wurden in diesen Kontexten noch bis zur Jahrtausendwende erst langsam thematisiert. „Was dabei an sicherheitsspezifischen und kriminalpräventiven Wirkungen entsteht, wurde jedoch von der kommunalen Praxis über lange Zeit, von wenigen Teilbereichen abgesehen, keineswegs ausdrücklich angestrebt, oft genug nicht einmal als Nebenwirkung der eigentlichen Aufgabenerfüllung zur Kenntnis genommen" (v. Kodolitsch 2003, S. 6).

In den letzten Jahren hat sich die Zahl der Akteure, die direkt oder indirekt Verantwortung für die Sicherheit in den Städten tragen, noch weiter vergrößert: Strukturelle Veränderungen wie die fortschreitende internationale Vernetzung, die Privatisierung und Aufteilung ehemals staatlicher Infrastrukturen sowie mono- und oligopolistischer Anbieter (z.B. der Energie-, Telekommunikations- und Wasserversorgung oder des Transports) und die zunehmende Abhängigkeit von Informationstechnik machen es nötig, neue Akteure einzubeziehen und Schutzkonzepte insgesamt neu zu formulieren (vgl. Floeting 2006). Allein ein Blick auf die kommunale Ebene macht deutlich, welche erheblichen Aufgabenzuwächse im Bereich urbaner Sicherheit und Ordnung sich entwickelt haben: Die Aufgaben der Ordnungsämter haben sich beispielsweise in den letzten Jahren deutlich erweitert. Dies ist teilweise darin begründet, dass immer mehr ehemals polizeiliche Aufgaben von den kommunalen Ordnungsämtern wahrgenommen werden müssen (vgl. DST 2011). So zeigt eine vom Difu durchgeführte, durch das Bundesministerium für Bildung und Forschung geförderte Befragung der Ordnungsämter deutscher Städte mit 50.000 und mehr Einwohnern: Zwar geben weit über 90 Prozent der Ordnungsämter an, die Zusammenarbeit mit der Polizei funktioniere grundsätzlich gut. Zugleich wird aber von rund drei Vierteln der Ordnungsämter beklagt, dass die Polizei immer mehr Aufgaben an das Ordnungsamt abgibt. Besonders Kommunen mit eigenen kommunalen Ordnungsdiensten sind davon betroffen: Während nur rund die Hälfte der Kommunen ohne eigenen Ordnungsdienst dieser Ansicht ist, beklagen dies mehr als 80 Prozent der Kommunen mit Ordnungsdienst[2].

Neben der Polizei auf staatlicher Ebene und den Ordnungsämtern auf kommunaler Ebene ist eine Vielzahl weiterer Akteure mit Aufgaben betraut, die der urbanen Sicherheit und Ordnung dienen. Allein ein Blick auf die Kooperationspartner der Ordnungsämter macht dies deutlich; zu ihnen gehören: andere städtische Ämter wie Jugendamt, Schulamt, Gesundheitsamt, aber auch die Bauverwaltung und das Stadtplanungsamt sowie, über die Stadtverwaltung hinaus, Kammern und Verbän-

---

[2] Die dargestellten Befragungsergebnisse beziehen sich auf zwei schriftliche Befragungen, die vom Deutschen Institut für Urbanistik im Rahmen des vom Bundesministerium für Bildung und Forschung geförderten Forschungsprojekts „Dynamische Arrangements städtischer Sicherheitskultur (DynASS), Teilvorhaben „Kommunale Ansätze städtischer Sicherheitspolitik", durchgeführt wurden. Die Grundgesamtheit der Befragungen umfasste alle 188 deutschen Städte und Gemeinden mit mehr als 50.000 Einwohnern sowie die Bezirke der Stadtstaaten Berlin und Hamburg (Stand 2010). Zum Thema „Sicherheit in deutschen Städten" wurden die Amtsleiterinnen/Amtsleiter bzw. Fachbereichsleiterinnen/Fachbereichsleiter von Ordnungsämtern und Stadtplanungs- bzw. Stadtentwicklungsämtern befragt. Die schriftlichen Befragungen der Ordnungsämter und Stadtplanungsämter wurden nacheinander in einem jeweils fünfwöchigen Zeitraum zwischen Februar und Juni 2011 durchgeführt. Der Fragebogen für Ordnungsämter bzw. Stadtplanungsämter umfasste geschlossene und offene Fragen. Die Rücklaufquoten der Ordnungsämter und Stadtplanungsämter lagen bei 49 bzw. 44 Prozent. Nähere Informationen zu den Befragungen sind zu finden in Floeting/Seidel-Schulze (2012).

de, Einzelhandel, Wohnungswirtschaft, Vereine und Bürgerinitiativen, einzelne Bürgerinnen und Bürger, die sich engagieren. Nicht zuletzt ist urbane Sicherheit eine wichtige Aufgabe für die Kommunalpolitik (vgl. Floeting/Seidel-Schulze 2012).

Das Verhältnis zwischen den Hauptakteuren städtischer Sicherheit, Polizei und Stadtverwaltung, hat sich mehrfach gewandelt: "Seit 1975 die Münchner Polizei als letzte der nach 1945 wieder eingerichteten Großstadtpolizeien verstaatlicht worden" war, war "auch die innere Sicherheit endgültig zur staatlichen Aufgabe geworden" (v. Kodolitsch 2003, S. 5). Die meisten Polizeigesetze nannten fortan als Schutzgut neben der öffentlichen Sicherheit auch die öffentliche Ordnung. In den 1980er- und 1990er-Jahren strichen einige Bundesländer (z.B. Bremen, Saarland, Schleswig-Holstein und Niedersachsen) die öffentliche Ordnung aus ihren Polizeigesetzen. Seit den 2000er-Jahren gingen einige Bundesländer (z.B. Saarland, Niedersachsen und Nordrhein-Westfalen) (wieder) den umgekehrten Weg und nahmen das Schutzgut der öffentlichen Ordnung in die Polizeigesetze auf. Lange Zeit konnte man den Eindruck bekommen, "bei den (…) Hauptakteuren, also Stadtverwaltung und Polizei, [waren] die Fragen nach den formalen Zuständigkeiten und die kritische Beäugung von Aktivitäten anderer Akteure im eigenen Wirkungskreis häufig handlungsprägender als die Suche nach sachgerechten Lösungen für offenkundige Probleme" (Frevel 2012, S. 22). Mittlerweile erscheint allerdings die Zusammenarbeit zwischen Stadtverwaltung und Polizei eher an pragmatischen Lösungen interessiert, lassen sich doch Sicherheits- und Ordnungsprobleme nicht immer deutlich voneinander trennen, sondern sind im Gegenteil oft eng miteinander verflochten.

Ein leitender Polizeibeamter schildert die konkrete Zusammenarbeit so:

"Ich bin dafür, dass Niederschwelliges niederschwellig bearbeitet wird, und das funktioniert auch. (…) Die [Stadt A] (…) [ist] momentan sehr bemüht, alle Dienststellen kennenzulernen, um auch direkte Kontakte zu den Dienststellen herzustellen. … Zum Beispiel [in einem] Diskothekenviertel, da sind immer Jugendschutzkontrollen, das sind ja gemeinsame Kontrollen von Stadt und Polizei. Das sind immer die gleichen Ansprechpartner, die treffen sich und wissen ganz genau, wenn irgendwas ist, rufen wir uns zusammen. (…) Dann ruft der Sachbearbeiter ‚Jugendschutz' vom Jugendamt den Sachbearbeiter ‚Ordnung' bei der Polizeiinspektion an."[3]

Selbst die hierarchische Organisationsstruktur der Polizei behindert die pragmatische Kooperation auf Arbeitsebene nicht, wenn die Führung dies zulässt. Ein leitender Polizist beschreibt dies so:

---

3 Die im Beitrag verwendeten Zitate von direkten oder indirekten Sicherheitsakteuren sind, wenn nicht anders gekennzeichnet, anonymisierte Äußerungen von Befragten, die im Rahmen des vom BMBF geförderten Forschungsprojekts DynASS interviewt wurden. Die Zitate wurden zwecks besserer Lesbarkeit gekürzt und sprachlich leicht geglättet.

„Mein Führungsanspruch ist (...), dass ich mich wirklich der Führung widme und kleinere Geschichten bilateral abgesprochen werden."

Auch die Einführung kommunaler Ordnungsdienste hat die Zusammenarbeit zwischen Polizei und Stadtverwaltung nicht negativ beeinflusst, wenngleich sich Kooperationskulturen unter der Bedingung eines neu hinzutretenden Akteurs erst herausbilden müssen und sich Vertrauen zwischen den Akteuren entwickeln muss. Der Ordnungsamtsleiter einer Stadt schildert dies so:

„Plötzlich fischt natürlich ein neuer Angler im Teich. Die ... Polizisten draußen (...) wussten natürlich nicht: ‚Was sind das für Leute? Zusätzlich neue Leute, die haben eine blaue Uniform und Ordnungsamt ... Hm, was tun die?' Das erste Jahr war das noch so ein bisschen – ich will nicht sagen kompliziert –, aber dann haben wir uns zusammengesetzt. [...] Das erste Jahr war es halt eben: ‚Beschnüffeln!' Weil die Polizisten nicht wussten: ‚Was machen wir, was dürfen wir, was können wir?'".

Es lassen sich keine generalisierenden Aussagen dazu machen, inwieweit Unterschiede im Bereich des Umgangs mit Fragen der inneren Sicherheit auf Landesebene und auf der kommunalen Ebene bzw. parteipolitische Unterschiede die Zusammenarbeit im Bereich städtischer Sicherheit beeinflussen. So gibt es Hinweise auf Konflikte zwischen Polizei und Stadtverwaltung, die auch auf unterschiedliche Politikansätze zurückzuführen sein können, ebenso wie Fälle, in denen die Unterschiede zwischen Landespolitik und Kommunalpolitik die Zusammenarbeit nicht negativ beeinflussten. Im Portrait eines leitenden Polizeibeamten mit kommunalpolitischen Ambitionen wird dies beispielsweise folgendermaßen beschrieben: Als [Person A] seinen fünften oder sechsten Zigarillo raucht, ist er bei dem angekommen, was er den 'Zustand der (...) Verwaltung' nennt. Er zeichnet das Bild einer laschen Rathausspitze, die Ordnung und Sicherheit vor die Hunde gehen lasse. Den Amtsinhaber ... hat er mal verspottet als einen, ‚der am liebsten die Amtskette spazieren führt'. [Person A] ist der Mann mit der Befehlskette. Seit mehr als vier Jahrzehnten arbeitet er in einer Institution, in der eine Weisung mehr zählt als das Werben um Konsens. Führen, sagt er, das könne er. Von dem Thema Ordnung und Sicherheit aus erklärt [er] sein ganzes politisches Programm: Die Schulpolitik erfasst er über die Zahl der Schulabbrecher, die eine potenzielle Gefahr für die öffentliche Ordnung darstellten, die Sportförderung über die Zahl der Jugendlichen, die in Vereinen organisiert und, durch vernünftige Freizeitgestaltung ‚von der Straße weg' seien. Vor einiger Zeit attackierte [er] die Drogenpolitik der Stadt – sein bisher größter Angriff auf das Rathaus. Er warf dem Sozialbürgermeister vor, dessen Angebote zum Spritzentausch seien eine ‚Wohlfühlpolitik' für Suchtkranke, die immer mehr Abhängige in die Stadt locke und so die Zahl der Beschaffungsdelikte, der Einbrüche und Überfälle, in die Höhe treibe. Die Botschaft: Das Problem, das ich auf dem Tisch habe, ist rathausgemacht" (Schimke 2012).

Andererseits zeigen zahlreiche Erfahrungen, dass (partei-)politische Unterschiede auf kommunaler Ebene pragmatischen Lösungen und der Kooperation nicht im Wege stehen müssen. Der Leiter eines Ordnungsamtes schildert dies knapp so:

„Auch wenn [Stadt A] traditionell [Partei ABC] ist und der Staat [Partei XYZ], hat das der Zusammenarbeit nicht geschadet."

In viel stärkerem Maß wird die Zusammenarbeit zwischen Ordnungsämtern und Polizei beeinflusst von den unterschiedlichen organisatorischen Regelungen in den einzelnen Bundesländern: Wird ein Trennsystem verfolgt, das deutlich zwischen den Kompetenzen staatlicher Polizei und der kommunalen Ordnungsverwaltung unterscheidet, oder gibt es ein Mischsystem, bei dem die Polizei für alle Aufgaben der Gefahrenabwehr zum Schutz der öffentlichen Sicherheit und Ordnung zuständig ist (vgl. Lange/Schenck 2004, S. 125 und S. 300)?

Vergleicht man die am häufigsten von Ordnungsämtern und Stadtplanungsämtern genannten Kooperationspartner, so ähneln sich die Kooperationsstrukturen im Themenfeld „städtische Sicherheit" deutlich: Neben dem jeweils anderen Amt werden von den Befragten (gemessen an der Häufigkeit der Nennungen) auf vorderen Plätzen Polizei und Feuerwehr, Jugendamt, Sozialamt und Schulamt, einzelne Bürgerinnen und Bürger sowie Vertreterinnen und Vertreter der Kommunalpolitik genannt (vgl. Floeting/Seidel-Schulze 2012). Kooperationsstrukturen sind stark geprägt von persönlichen Kontakten der Akteure. Erfolge und Probleme der Zusammenarbeit lassen sich daher oft eher auf Personen als auf Regelungen und Institutionalisierungen zurückführen. Ein Ordnungsamtsleiter beschreibt dies so:

„Es hindert niemand jemanden, mit anderen zusammenzuarbeiten. Es ist keine systemische Frage."

Auffällig ist die geringe Häufigkeit der Nennungen von Sport- und anderen Vereinen als Kooperationspartner durch beide Ämter, obwohl diese Vereine in der öffentlichen Diskussion häufig als wichtige Akteure organisierten zivilgesellschaftlichen Engagements in den Städten genannt werden: Weniger als ein Viertel der Stadtplanungsämter und weniger als ein Fünftel der Ordnungsämter nennen diese Kooperationspartner (vgl. Floeting/Seidel-Schulze 2012, S. 10 f.). Dies kann auf eine mangelhafte Einbindung der Zivilgesellschaft in die städtische Sicherheitsproduktion und Präventionsarbeit hinweisen, die auch seit Längerem in der kritischen Auseinandersetzung mit Präventionsgremien beklagt wird. Der „funktionslose Bürger" ist in den kommunalen Präventionsgremien nie beteiligt (vgl. Pütter 2002, S. 64 ff.; Steffen 2005, S. 154 ff.; Schreiber 2011, S. 20 und 26 f.; Frevel 2012, S. 24 f.).

Sehr unterschiedlich häufig wird die Wohnungswirtschaft als Kooperationspartner im Themenfeld „städtische Sicherheit" genannt: von mehr als der Hälfte der Stadtplanungsämter, aber von weniger als einem Fünftel der Ordnungsämter. Hier wirkt sich offensichtlich die Nähe der Professionen untereinander und die Ähnlichkeit der Aufgaben (Raumbezug, baulicher und planerischer Zugang statt „ordnendem" Zugang) auf die Kooperationsstrukturen im Themenfeld aus (vgl. Floeting/Seidel-Schulze 2012, S. 10 f.).

Die Kooperationsmuster der kommunalen Kernakteure sind für die Zusammenarbeit aller Akteure, die sich für die Schaffung und Erhaltung einer sicheren Stadt einsetzen, auch deshalb von so großer Bedeutung, weil „Netzwerke in einigen Fällen eher durch Kooptationen seitens der Hauptakteure entstanden sind ..., als dass interessierte Gruppen von sich aus um Aufnahme und Berücksichtigung baten" (Frevel 2012, S. 24). Dies kann bedeuten, dass Akteursgruppen, die nicht „auf dem Radar" der Hauptakteure erscheinen, nicht einbezogen werden. Auch können so Themenfelder, die von diesen nicht behandelt werden – sei es, weil sie sie für weniger wichtig erachten, sei es, dass sie nicht in ihrem eigenen Aufgabenfeld liegen –, kaum Beachtung finden, da „die Zusammensetzung der Akteure die Zielsetzung und Themenstellung der Gremien prägt" (Frevel 2012, S. 24). Gerade die bisher wenig eingebundenen Akteure könnten auch eine wichtige „Voice-Funktion" übernehmen und spezifische Interessen artikulieren, die im Sicherheitsdiskurs der Städte bisher noch nicht repräsentiert werden (vgl. Schulze 2012, S. 304).

Durch die pragmatische Zusammenarbeit an konkreten Problemen und Aufgaben kann ein oft bestehendes Mistrauen zwischen Akteuren, die wenngleich unter einem gemeinsamen Oberziel („sichere Stadt") zum Teil aber unterschiedliche Arbeitsziele verfolgen, verringert oder überwunden werden. Ein Ordnungsamtsleiter schildert dies für den Bereich von Polizei und Sozialarbeit so:

„Es ist ein Geben und Nehmen. Vor zehn Jahren wäre es zum Beispiel kaum denkbar (...) gewesen, dass Sozialpädagogen und Polizei an einem Tisch gemeinsam in Problemlösungen machen, aber nachdem ja jetzt alle davon partizipieren, die Polizei und die Stadt (...). Großveranstaltungen zum Beispiel, da hat die Stadt ihren Part und die Polizei ihren Part, und jeder muss ja daran interessiert sein, dass das gemeinsam gemeistert wird. Da muss ich ehrlich sagen, gerade durch die Veranstaltungsdichte und die vielen Berührungspunkte (...) wächst man auch eng zusammen und entwickelt auch eine enge Philosophie, und es wird auch nichts gemacht [...] gegen den Willen des anderen. [...] Es gibt manche Sachen, da habe ich keinen Spielraum – Legalitätsprinzip, Straftatenverfolgung. Aber in manchen Sachen – Auflagen, Bescheide [...] – hat man gewisse Spielräume, die man abgleichen muss, und es muss jeder mit einem guten Gefühl dabei sein."

Positive Erfahrungen in der Zusammenarbeit und genauere Kenntnisse über die Tätigkeit des jeweils anderen erleichtern die weitere Kooperation und helfen, Vorurteile zu überwinden (vgl. unten 8.). Sicherheitskulturen entwickeln sich daher langsam. Sie bezeichnen die Gesamtheit der Überzeugungen, Werte und Praktiken von Individuen und Organisationen, die darüber entscheiden, was als Gefahr anzusehen ist und mit welchen Mitteln dieser begegnet werden soll. Diese

Sicherheitskulturen sind stark geprägt von der Zusammenarbeit der beteiligten Personen. Sie sind Veränderungen unterworfen und mit Personen verbunden, die gelernt haben, miteinander zu arbeiten, auch wenn etablierte Sicherheitskulturen sich dadurch auszeichnen, dass sie langfristig stabil sind und beim Wechsel der Akteure tradiert werden. *„Die Wertschätzung und der Respekt sind ... eine wichtige Grundlage dafür"*, sagt ein Ordnungsamtsleiter. Selbst oft konfliktbehaftetes Zusammenwirken zwischen Akteuren kann damit erleichtert werden, zumindest können grundsätzliche Bedenken ausgeräumt werden, z.B. bei der Zusammenarbeit zwischen „klassischen" Sicherheitsakteuren und Akteuren der Sozialarbeit. Ein Ordnungsamtsleiter hält es für wichtig,

„dass man wirklich auch die Profession mal richtig kennengelernt hat, und dass man dann auch Vorbehalte, Vorurteile abgebaut hat, die [...] gerade auch im Bereich Polizei-Sozialarbeit im Allgemeinen sehr groß waren. Das kann man sich heute gar nicht mehr vorstellen, dass ein Sozialarbeiter [...] oder ein Lehrer gesagt hat: ‚Der Polizist kommt mir nicht in meine Schule!'".

Schließlich kommen „Sozialarbeit und Polizei ... mit unterschiedlichen Befugnissen und Kompetenzen und meist zu verschiedenen Zeiten mit dem gleichen Personenkreis in Kontakt. Die Probleme, die sich den beiden Berufsgruppen ... präsentieren, haben verschiedene Gesichter, aber die gleichen Hintergründe und Ursachen" (Feltes 2010, S. 30). In dem Maß, in dem Konflikte zunehmend moderiert werden, „neue Formen der kollektiven Regelung gesellschaftlicher Sachverhalte" (Frevel 2012, S. 38) wie Verhandlungslösungen für Ordnungsprobleme gesucht werden sowie Sicherheits- und Ordnungsprobleme miteinander verknüpft sind, sind auch zunehmend Kooperationen zwischen unterschiedlichen Akteuren und pragmatische Lösungen notwendig. Damit verbunden stellen sich in einem Feld wie der urbanen Sicherheit, das bisher in besonderem Maß hoheitlich geprägt ist, gleichzeitig Fragen nach der Legitimität von kooperativen Gremien und Verhandlungslösungen.

2.2   Kommunalpolitik

In den letzten Jahren hat sich gezeigt, dass kriminalpräventive „Projekte dort erfolgreich sind, wo der Bürgermeister offensiv hinter der Idee steht und sie unterstützt. Die Projekte scheitern dort, wo die kommunale Spitze entweder unentschieden ist oder sogar den Projekten ablehnend gegenüber steht" (Feltes 2008, S. 258). Kommunalpolitischen Akteuren und Entscheidungen fallen also zentrale Funktionen für das Gelingen von Präventionsarbeit zu. Vertreterinnen und Vertreter der Kommunalpolitik sind für die mit Themen der urbanen Sicherheit beschäftigten Verwaltungsbereiche in den Städten wichtige Kooperationspartner. In der Difu-Kommunalbefragung der Ordnungsämter werden in knapp 67 Prozent der Städte Vertreterinnen und Vertreter der Kommunalpolitik als Kooperationspartner

„für die urbane Sicherheit genannt. Rund 54 Prozent der Stadtplanungsämter bewerten dies in der Difu-Kommunalbefragung entsprechend. Die Art der Zusammenarbeit wird von den Mitarbeiterinnen und Mitarbeitern aus Ordnungs- bzw. Stadtplanungsämtern unterschiedlich bewertet. Ein Mitarbeiter eines Ordnungsamtes fasst es so zusammen:

„Politik als Kooperationspartner ist sehr schwierig, aber unverzichtbar."

Die Leiterin eines Ordnungsamtes erläutert das Wechselverhältnis zwischen Kommunalpolitik und Verwaltung in Ordnungsfragen so:

„Politik als Kooperationspartner würde ich begrüßen. Das passiert aber nur in Wellen, in denen die Politik ruft: ‚Das Ordnungsamt muss machen!'. Aber das Ordnungsamt hat keine entsprechenden Instrumentarien, da muss die Politik handeln. Politik sollte sich stärker beraten lassen."

Der eigene Umgang mit kommunalpolitischen Entscheidern und die Möglichkeit, auf kommunalpolitischer Ebene zugunsten der eigenen Sache zu intervenieren, werden aber auch kritisch hinterfragt. Ein Ordnungsamtsleiter gibt zu bedenken:

„Wir haben die Möglichkeit, Anträge einzubringen und Beschlüsse herbeizuführen. Hier ist auch Eigenkritik nötig. Ich sehe mich als Verwalter und als Gestalter. Man braucht den [kommunalpolitischen Entscheider] auf seiner Seite, um zu gestalten."

Eine Vielzahl kommunalpolitischer Entscheidungen beeinflusst die städtische Sicherheit. In den Difu-Kommunalbefragungen wurden die Befragten um eine Einschätzung gebeten, welche kommunalpolitischen Entscheidungen in den letzten fünf Jahren den größten Einfluss auf die Tätigkeit des jeweiligen Amtes im Bereich urbaner Sicherheit hatten. Genannt wurden:

- organisatorische Entscheidungen (z.B. Einführung eines kommunalen Ordnungsdienstes, verstärkte Präsenz von Ordnungsdienstmitarbeitern im öffentlichen Raum, mehr Kontrollen in den Abend- und Nachtstunden, verbesserte Ausrüstung des Ordnungsdienstes, Personalverstärkung oder -einsparung, Einrichtung von Ordnungspartnerschaften, Übertragung weiterer Aufgaben auf Ordnungsämter im Jugendschutz, Nichtraucherschutz und im Kontext von Änderungen der Bundes- und Landesgesetzgebung etwa beim Waffengesetz, Straßengesetz);
- rechtliche Entscheidungen (Erlass und Änderung von Straßenverordnungen, Polizeiverordnungen, Gefahrenabwehrverordnungen und -satzungen, Änderung von Sperrzeitregelung);
- städtebauliche Entscheidungen (Stadtumbaumaßnahmen, Schaffung von attraktiven Aufenthaltsräumen, planungsrechtliche Beschränkungen von Spielhallen, Maßnahmen des Quartiersmanagements und der Sozialen Stadt) und

- Entscheidungen zu inhaltlichen Schwerpunktsetzungen (Aufgreifen von Themen der Alkoholprävention, verstärkte Aufgabenzuweisung im Bereich „subjektives Sicherheitsempfinden", Beseitigung von Angsträumen, Sicherheitskonzepte bei Großveranstaltungen, Videoüberwachung von kritischen öffentlichen Orten, Einsatz von Streetworkern) (vgl. Floeting/Seidel-Schulze 2012).

Politische Entscheidungen in Bezug auf die urbane Sicherheit sind häufig anlassbezogen, aber nicht zwangsläufig lokal anlassbezogen. Beispiele hierfür sind etwa die Fokussierung auf Gefährdungslagen durch Terrorismus, die nach den terroristischen Anschlägen in New York, London und Madrid stattfand, die Verschärfung des Waffenrechts mit den damit verbundenen Aufgaben auch für kommunale Akteure nach Amokläufen an Schulen, die Diskussion der Sicherheit im öffentlichen Nahverkehr nach Gewalttaten usw. Auch wenn die Tätigkeit kommunaler Akteure im Wesentlichen von pragmatischen Lageeinschätzungen bestimmt wird, hat der politische Auftrag eine besondere Relevanz. Kommunalpolitik fungiert dabei auch als Schnittstelle zwischen Bürgerinnen und Bürgern sowie der Verwaltung: Bürgeranliegen in Fragen der urbanen Sicherheit werden von der Kommunalpolitik aufgenommen und als möglicher Handlungsauftrag an die Verwaltung weitergegeben.

Probleme bestehen in der möglichen parteipolitischen Instrumentalisierung und in der – auch von der Medienberichterstattung beeinflussten – Bewertung von Fragen der urbanen Sicherheit. So werden zum Teil über die mediale Vermittlung auch überlokale Sicherheitsthemen in den lokalen Sicherheitsdiskurs aufgenommen. Grundsätzlich gibt es aber gegenseitige Rückkopplungen zwischen Kommunalpolitik und Verwaltung in Bezug auf die Beurteilung von Sicherheit und Ordnung an bestimmten Orten in den Städten und den notwendigen Handlungsbedarf.

2.3 Medien

Die Wahrnehmung von Sicherheit und Unsicherheit verändert sich im Zeitverlauf, abhängig u.a. von der eigenen Verwundbarkeit und den eigenen Bewältigungsstrategien. Was erlaubt, geduldet oder verboten ist, ist häufig Ergebnis eines gesellschaftlichen Aushandlungsprozesses, wie etwa das Beispiel des veränderten Umgangs mit legalen und illegalen Drogen besonders deutlich macht.

Aktuelle Ereignisse und ihre mediale Vermittlung können die Wahrnehmung massiv beeinflussen. Die Bilder, die Medien von der Sicherheit in Städten zeichnen, sind Teil der öffentlichen Diskussion von Sicherheit und wirken sich auch auf das subjektive Sicherheitsempfinden aus. Von den meisten Fällen von Kriminalität erfahren Bürgerinnen und Bürger durch Medien, glücklicherweise nicht durch eigenes Erleben. Wie sicher eine Stadt wahrgenommen wird, hängt also auch davon ab, wie über Kriminalität und Verstöße gegen die öffentliche Ordnung berichtet wird. Dadurch dass in der Regel nicht über den vorfallslosen Alltag, sondern über das Abweichende, Singuläre und damit Interessante berichtet wird, entsteht zwangsläufig ein Ausschlag zugunsten der Darstellung von Unsicherheit.

Im Gegensatz zur registrierten Kriminalität nimmt die Gewaltkriminalität in der Berichterstattung der Medien den breitesten Raum ein. Je nach Art des Mediums (Print, Hörfunk, Fernsehen, Web) und des Formats (Nachrichten, Boulevard usw.) kann dieser Ausschlag stärker oder weniger stark ausfallen – und die Sicherheit in den Städten bezogen auf die gemessene Kriminalität realistischer oder weniger realistisch abbilden. Ob es sich um ein öffentlich-rechtliches Medium oder ein privates handelt, war vor Jahren noch ein Unterscheidungskriterium mit Blick auf die Art der Berichterstattung über Themen der öffentlichen Sicherheit. Am Beispiel der Fernsehberichterstattung wird in den letzten Jahren aber besonders deutlich, dass solche Unterschiede abnehmen, sich in Teilbereichen sogar umgekehrt haben. Wurde Anfang der 2000er-Jahre beispielsweise noch eine „Boulevardisierungskluft" zwischen öffentlich-rechtlichem und privatem Fernsehen diagnostiziert (vgl. Krüger/Zapf-Schramm 2001) und gilt auch heute noch, dass „die Nachrichten im Privat-TV […] fünfmal so ausführlich über Gewaltkriminalität im Inland [berichten] wie ihre öffentlich-rechtliche Konkurrenz" (Hestermann 2011, S. 44), kommen jüngere Untersuchungen auch zu dem Ergebnis, dass sich „ein völlig anderes Bild […] ergibt […], wenn man die quotenstarken Boulevardmagazine betrachtet – kein Format enthält […] so viel Gewaltberichte wie die öffentlich-rechtlichen Magazine Brisant (ARD) und hallo deutschland (ZDF)" (ebenda). Die Boulevardisierungskluft verläuft also nicht mehr zwischen den privaten und öffentlich-rechtlichen Medien, sondern innerhalb dieser wie jener. Die zitierte Untersuchung stellt fest: „Wie das Fernsehen über kriminelle Gewalt berichtet, hat wenig mit der Kriminalstatistik zu tun, umso mehr damit, was hohe Quoten verspricht. Fernsehschaffende setzen vor allem auf Emotionen – dafür stellen sie ein idealisiertes Verbrechensopfer in den Mittelpunkt, während Tatverdächtige als Randfiguren für das Schattenreich des Bösen stehen" (ebenda). In Teilen des öffentlich-rechtlichen Fernsehens findet die Thematisierung von Kriminalität nunmehr hauptsächlich in Boulevardformaten statt (ARD), während in anderen Teilen des öffentlich-rechtlichen Fernsehens und im Privatfernsehen nach einer starken Boulevardisierung der Berichterstattung zur Mitte der 2000er-Jahre eine breitere Verteilung auch auf andere Sendeformate festzustellen ist. Insgesamt hat in den letzten Jahren bei allen Fernsehsendern eine Ausweitung der Berichterstattung über Kriminalitätsthemen stattgefunden (vgl. Krüger 2012). Es wird seit langem festgestellt, dass bei der medialen Berichterstattung über Kriminalität nur Ausschnitte von Kriminalfällen dargestellt werden, die offensichtlich sind: „Die Komplexität eines gesamten Falles, gerade auch die Hintergründe für die Tat oder weitgehende soziale Ursachenforschung finden selten Eingang in die Berichterstattung" (Obermöller/Gosch 1995). Beispiele dafür in den letzten Jahren sind etwa Berichterstattungen über Terrorismus, Gewalt im ÖPNV, Unsicherheit bei

Großveranstaltungen, Alkoholkonsum von Jugendlichen (im öffentlichen Raum) oder über „Ordnungsstörungen" durch Zuwanderer.

Videoüberwachung und Öffentlichkeitsfahndung liefern Bilder, die das subjektive Sicherheitsgefühl der Bürgerinnen und Bürger, die öffentliche Diskussion und die politischen Entscheidungen sowie sicherheitspolitischen Schwerpunksetzungen erheblich beeinflussen können. Mit der Videoüberwachung können auch weitere unerwünschte Nebeneffekte verbunden sein: Videoaufnahmen können gezielt zur Öffentlichkeitsfahndung genutzt werden oder auf anderen Wegen an die Öffentlichkeit gelangen. Sie können das subjektive Sicherheitsgefühl der Bürgerinnen und Bürger gerade durch die realistische Darstellung von Gewalt negativ beeinflussen. Eine undifferenzierte Berichterstattung kann diesen Effekt verstärken. Insbesondere kann ein verzerrtes Bild über die Häufigkeit und Schwere von Straftaten entstehen und bei Bürgerinnen und Bürgern dazu führen, dass sie ihr Viktimisierungsrisiko falsch einschätzen (vgl. Wyant 2008, S. 39 ff.), weil Menschen sich bei ihrer Wirklichkeitskonstruktion in Fragen der Sicherheit und Ordnung in hohem Maß auf die Berichterstattung in den Medien verlassen (vgl. Reuband 1998, S. 125 ff.). Der Betriebsleiter eines kommunalen Verkehrsbetriebs schildert die Folgen einer bundesweiten Berichterstattung am Beispiel eines Gewaltdelikts an einem S-Bahnhof in München, über das bundesweit berichtet wurde, folgendermaßen:

„Wenn da eine (...) Schlagzeile über München ist (...), der tragische S-Bahn-Vorfall, wo der zu Tode geprügelt worden ist, Sie glauben nicht, was da bei uns los war. Die Bahn hat überhaupt keine Auskunft gegeben, und dann haben sie [...] uns [...] die Bude eingerannt. Da wird auch nicht mehr differenziert zwischen S-Bahn und U-Bahn, sondern das wird alles in die gleiche Schublade gesteckt. Und dann ist man drin in der Mühle.... Und dann gab es ja da einen Notruf an der Haltestelle. Der [...] hat [...] nicht funktioniert. Dann müssen wir uns rechtfertigen, ob unsere Notrufe gehen und lauter solche Sachen. Das zieht dann Kreise. (...) Und auf den normalen Fahrgast [...] wirkt das subjektiv. (...) Man kann in den Medien immer wieder mal Bilder finden von [...] Kameras aus U-Bahnen, manchmal sogar ganze Filmsequenzen. [...] Es ist eine schwierige Aufgabe überhaupt, das subjektive Sicherheitsempfinden zu verbessern. Aber solche [...] Videosequenzen dann an die Öffentlichkeit zu tragen, das muss nicht sein."

Durch die bundesweite Berichterstattung kann der Sicherheitsdiskurs in der jeweiligen Stadt auf Themen gelenkt werden, die dort möglicherweise von geringerer Relevanz für die tatsächliche Sicherheitslage sind. Sicherheitsakteure sehen sich gezwungen zu handeln (z.B. Präsenz zu zeigen), um das subjektive Sicherheitsgefühl zu stärken, auch wenn die Sicherheitslage dies nicht erforderlich erscheinen lässt.

3. Prävention kann zu sicheren Städten beitragen

3.1 Präventionsansätze

Präventionsansätze, die der urbanen Sicherheit dienen, sind so vielfältig wie die Aufgaben und Akteure, die sich mit Themen urbaner Sicherheit auseinandersetzen. Im Kontext von Sicherheit und Ordnung werden darunter üblicherweise Ansätze der Kriminalprävention verstanden. Kriminalprävention umfasst „die Gesamtheit aller staatlichen und privaten Bemühungen, Programme und Maßnahmen, die Kriminalität als gesamtgesellschaftliches Phänomen oder als individuelles Ereignis verhüten, mindern oder in ihren Folgen gering halten soll" (Zentrale Geschäftsstelle polizeiliche Kriminalprävention der Länder und des Bundes zit. n. Mensching 2005, S. 18). Sie soll dazu dienen, Kriminalität zu reduzieren und Lebensqualität zu erhöhen (vgl. ebenda). Die Vielgestaltigkeit der Ansätze setzt sich in den einzelnen Handlungsfeldern fort. Zu den kriminalpräventiven Ansätzen gehören beispielsweise sowohl Konzepte und Maßnahmen der situativen Kriminalprävention (z.B. städtebauliche Maßnahmen zur Reduzierung von Tatgelegenheiten), als auch entwicklungsorientierte Kriminalpräventionsansätze, die z.B. Risiko- und Schutzfaktoren in der sozialen Entwicklung von Jugendlichen identifizieren und Schutzfaktoren stärken sollen, oder auch umfassende sozialräumlich orientierte Programme, die Verbesserungen der baulichen Strukturen in den Städten mit nicht-investen sozialen Maßnahmen kombinieren (z.B. Quartiersmanagement im Rahmen von städtebaulichen Programmen).

Neben der Kriminalprävention sind aber auch Präventionsansätze in anderen Bereichen für die urbane Sicherheit wichtig. Zu diesen zählen etwa Folgende:

- Strategien, Konzepte und Maßnahmen zur Terrorprävention, die vom „Härten" potenzieller Ziele – also der baulichen Gestaltung und technischen Ausrüstung – über die Gewinnung von Erkenntnissen z.B. über die sozialen Bedingungen und individuellen Entwicklungsprozesse, die zur Radikalisierung führen, bis zur Überwachung von Räumen und Datenströmen sowie Sicherheitskontrollen an gefährdeten Orten reichen;
- Schutz vor Naturkatastrophen durch planerische Eingriffe (z.B. die Ausweisung von Hochwasserschutzzonen), bauliche Eingriffe (z.B. Deichbau), aber auch durch Öffentlichkeitsarbeit, um stärker auf die individuellen Schutzmöglichkeiten des einzelnen Bürgers hinzuweisen, oder durch langfristige Strategien zur Anpassung städtischer Strukturen an den Klimawandel usw.;
- Schutz vor technischen Risiken beispielsweise durch die Anpassung technischer Normen und Standards und Kontrolle von deren Einhaltung, durch die Aufstellung von Notfallplänen und die Durchführung von Übungen im Umgang mit Havarien oder Ausfällen der Infrastruktur (z.B. Stromausfällen).

Damit greift der Begriff der urbanen Sicherheit mit seinen Aufgabenfeldern und Akteuren weit über die Behandlung von Problemen der Kriminalität hinaus. Prävention im Bereich urbaner Sicherheit ist also deutlich weiter gefasst als Kriminalprävention und bezieht sich auf eine umfassende Risikovorsorge im Bereich von Aufgabenfeldern und Problemlagen urbaner Sicherheit. Sie berücksichtigt die Verwundbarkeit städtischer Strukturen und unterstützt die Schaffung resilienter Strukturen in den Städten (vgl. Floeting 2013) auf unterschiedlichen Ebenen, beispielweise bei

- der baulich-räumlichen Gestaltung (Bebauung, öffentliche Räume, soziale und technische Infrastrukturen usw.),
- sozialräumlichen Dynamiken (Wohlstand, Teilhabe, Integration, Konflikte, Kriminalität usw.),
- der Gestaltung von Nutzungsmustern städtischer Räume (Raumnutzung, Mobilitäts- und Kommunikationsstrukturen usw.),
- Governance-Ansätzen (Akteurskonstellationen sowie Strategien, Verfahren und Instrumente der Steuerung und Koordination) (vgl. Resilience Alliance 2007).

Für die Abwehr von Naturgefahren, technischen Gefahren und die Sicherung kritischer Infrastrukturen sind in Deutschland hauptsächlich die Feuerwehren, das Technische Hilfswerk, das Bundesamt für Bevölkerungsschutz und Katastrophenhilfe, die Ordnungsbehörden, aber auch Hilfsorganisationen wie das Deutsche Rote Kreuz zuständig. Kommunale Akteure sind in diesem Bereich also in ein umfassendes Akteursnetzwerk eingebunden. Präventive Ansätze werden hier sowohl auf staatlicher als auch auf kommunaler Ebene entwickelt. Die kommunalen Aufgaben konzentrieren sich im Wesentlichen (wie oben ausgeführt) auf die Gefahrenabwehr.

Seit Anfang der 1990er-Jahre „begannen die Kommunen, Sicherheit als Querschnitts- und gesamtgesellschaftliche Aufgabe zu entdecken" (v. Kodolitsch 2003, S. 7). Ausgangspunkt für die Beschäftigung mit dem Thema Kriminalprävention auch außerhalb von Polizei und Justiz war die Gründung des ersten kriminalpräventiven Rates auf Bundesländerebene in Schleswig-Holstein 1990 nach skandinavischem Vorbild (vgl. Steffen 2014). Allerdings haben sich anfangs „nicht wenige Städte und Gemeinden gegen diese Idee und ihre Umsetzung gewehrt, da sie befürchteten, Bund und Länder würden so Aufgaben und Kosten auf sie abwälzen" (Feltes 2008, S. 257). Heute liegt der Schwerpunkt der kriminalpräventiven Programme eindeutig im kommunalen Bereich und trägt der Tatsache Rechnung, „dass es sich bei Kriminalität in allen ihren Ausprägungen im Schwerpunkt um ein lokales Phänomen handelt" (Steffen 2014, S. 20).

Es hat sich in den letzten zweieinhalb Jahrzehnten eine breit aufgestellte institutionelle Landschaft der Kriminalprävention auf lokaler Ebene entwickelt (vgl.

Schreiber 2007). Eine wichtige Rolle dabei spielt die starke Ausrichtung kommunaler kriminalpräventiver Gremien auf die Kinder- und Jugendarbeit. Sie hängt einerseits damit zusammen, dass die Kinder- und Jugendhilfe ebenso wie viele Schulträger ohnehin in kommunaler Verantwortung liegen (Steffen 2014), und andererseits damit, dass die kommunalpräventiven Gremien ihre Mitglieder meist über Kooptation finden, ihre Ziele eng an den primären Aufgabenfeldern der Mitglieder orientieren und viele Akteure aus dem Bereich der Kinder- und Jugendhilfe sowie der Schulen in den Gremien vertreten sind (vgl. Frevel 2012). Die thematische Konzentration auf diesen Bereich, eine tatsächliche oder vermeintliche Ausrichtung von Kinder- und Jugendarbeit auf die Kriminalprävention, das biografisch immer frühere Einsetzen von entwicklungsorientierten Präventionsprogrammen und eine damit befürchtete Kriminalisierung der Entwicklung von Kindern und Jugendlichen, die mit der Art der Zielfindung der Kooperationsgremien verbundenen Zufälligkeiten sowie die häufig fehlende Evaluation der Aktivitäten kriminalpräventiver Gremien wurde schon früh kritisiert (vgl. Schreiber 2007; 2011). Auch wird kritisiert, dass kommunale Kriminalprävention „zu stark polizeiorientiert, überwiegend behörden- und institutionenzentriert sei und Kooperation und Gemeinsinn der Bürgerinnen und Bürger zu wenig gefördert würden" (Steffen 2014, S. 34). Steffen kommt daher in ihrem jüngsten Gutachten für den Deutschen Präventionstag zu dem Ergebnis: „Trotz ihrer langjährigen Existenz und stetigen Weiterentwicklung bietet die Praxis der kommunalen Kriminalprävention noch viel Optimierungspotenzial" (ebenda, S. 6).

Es wird seit geraumer Zeit von „einem unaufhaltsam wachsenden Sicherheitsbedürfnis" und einer „gestiegenen Sensibilität der Gesellschaft gegenüber Beeinträchtigungen der sozialen Ordnung" (Stummvoll 2003, S. 2) ausgegangen. Kriminalprävention schließt immer stärker „nicht nur Vorkehrung und Vermeidung von kriminellen Handlungen, sondern […] auch Maßnahmen zur Reduktion von Verbrechensfurcht mit ein" (ebenda, S. 10). Die tatsächlichen oder vermeintlichen Aufgaben präventiven Handelns wachsen auch dadurch, dass die „Erhebung der subjektiven Defizitanmeldung aus der Bevölkerung […] zunehmend zum Handlungsauftrag für die Polizei [wird], womit eine lange Liste mit Ordnungsvorstellungen und spezifischen Sicherheitsnachfragen zu erstellen" (ebenda) ist. Auch aus der kommunalen Praxis wird von einer „deutlich gewachsenen Erwartungshaltung der Bürgerinnen und Bürger, im Bereich der öffentlichen Ordnung und der allgemeinen Gefahrenabwehr" (DST 2011, S. 4) berichtet und ein weites Feld von potenziellen Aufgaben im Bereich der Prävention genannt: „Ordnungsstörungen, wie Alkohol- und Drogenkonsum mit ihren Folgen, sowie Verwahrlosungen von Straßen und Plätzen durch wildes Plakatieren, Schmutz und Unrat beeinträchtigen das Sicherheitsempfinden der Bürgerinnen und Bürger in den Städten erheblich. Hinzu kommt die Gefahr einer Verödung der Innenstädte etwa durch einseitige Entwicklungen, wie die Ansiedlung von Spielhallen und ähnlichen Betrieben." (ebenda, S. 4 f.) Den antizipierten Erwartungen stehen begrenzte personelle wie finanzielle Ressourcen gerade auch im kommunalen Bereich gegenüber.

Dabei geht es nicht nur um ausreichende Personalbemessung – für die es im Bereich der kommunalen Ordnungsämter anders als beispielsweise bei Polizei, Feuerwehr und Rettungsdiensten keine anerkannten Bemessungsgrundlagen gibt –, sondern gerade auch um die Qualifizierung des Personals. Beklagt wird, dass „Einsparungen im Personalbereich [...] regelmäßig unter dem Druck organisatorischer Effizienzsteigerung vorgenommen werden", die technische Ausstattung beispielsweise damit aber nicht Schritt halte (ebenda, S. 14).

Prävention ist eine langfristige Aufgabe, deren Erträge im Vermeiden und Verhindern unerwünschter Entwicklungen urbaner Sicherheit (Terrorismus, Kriminalität, Naturkatastrophen, Havarien usw.) liegen. Sie spielt gerade bei integrierten Ansätzen urbaner Sicherheit eine wichtige Rolle (vgl. ISIS-Modell in 3.3). Gerade bei begrenzten Ressourcen stellt sich die Frage, ob sich Prävention „lohnt", wieviel Prävention man sich leisten kann und muss. Die Erträge präventiver Arbeit lassen sich nur schwer beziffern. Während bei technischen Risiken häufig nachvollziehbare Kausalketten und Kaskadeneffekte identifiziert, Risikovorsorge getroffen und deren Wirkungen geschätzt oder berechnet werden können, sind präventive Maßnahmen, die auf Veränderungen von individuellem Verhalten und sozialen Dynamiken setzen, komplexer, deren Zusammenhänge zwar plausibel erklärbar, aber meist nicht eindeutig zuzuordnen und zu quantifizieren. Je komplexer der Wirkungszusammenhang und je langfristiger die Interventionen, desto schwieriger werden Wirkungsaussagen. Schließlich geht es auch um die Frage, wieviel es uns wert ist, unerwünschte Entwicklungen zu verhindern, und ob wir bereit sind, die Aufwendungen für Risikovorsorge und Prävention zu tragen, auch wenn die Erträge präventiver Arbeit erst mittel- oder langfristig sichtbar werden. Dies bedeutet nicht, dass Präventionsprogramme und -maßnahmen nicht evaluiert werden und damit Aussagen über Eignung, Aufwand und mögliche direkte wie indirekte Wirkungen möglich sind. Dies gilt sowohl für den Bereich der situativen Kriminalprävention als auch für Ansätze, die auf die Verbesserung der sozialen Bedingungen städtischen Lebens gerichtet sind. Gerade die Effektivität von entwicklungsorientierten Präventionsprogrammen war in den letzten Jahren Gegenstand zahlreicher Untersuchungen (vgl. Beitrag Groeger-Roth in diesem Band).

Schließlich geht es bei den verschiedenen Präventionsansätzen auch um das Dilemma zwischen präventivem Handeln und der Gefahr der Stigmatisierung von Personen, Gruppen, Stadtteilen usw. Die Gefahr einer „Kriminalisierung der Sozialpolitik" wird von der Kriminalprävention erkannt. Das jüngste Gutachten des deutschen Präventionstages fasst diese Kritik an der Kriminalprävention zusammen: „Das Zauberwort ‚Prävention' scheine Türen und – vor allem – Haushaltstöpfe zu öffnen, das Verhältnis von allgemeiner Sozialpolitik und spezieller Kriminalpolitik werde fraglich und unsicher, folglich aber auch die Bestimmung dessen, was denn ein kriminalpräventives Projekt gegenüber einer allgemeinen sozialpolitischen Maßnahme, z.B. der Jugendförderung, auszeichne" (Steffen 2014, S. 34 f.).

3.2 Kommunale Konzepte und Maßnahmen

Kommunale Aktivitäten zu urbaner Sicherheit konzentrieren sich vor allem auf die Sicherheit im öffentlichen Raum. In den Difu-Kommunalbefragungen wurden daher neben den Ordnungsämtern auch Stadtplanungsämter befragt, die mit der Gestaltung des öffentlichen Raums befasst sind. In den Städten wird von kommunaler Seite eine breite Palette von Maßnahmen und Konzepten zur Verbesserung der Sicherheit im öffentlichen Raum eingesetzt[4]. Sie umfasst:

- ordnungsrechtliche Maßnahmen wie beispielsweise rechtliche Vorschriften (etwa zum Umgang mit Alkohol) und die Ahndung von Ordnungswidrigkeiten;
- personelle Maßnahmen wie die Präsenz vor Ort, den Einsatz ehrenamtlicher Sicherheitskräfte oder den Einsatz privater Sicherheitsdienste;
- technische Maßnahmen wie Investitionen in Beleuchtung oder Videoüberwachung/CCTV (Closed Circuit Television);
- baulich-gestalterische Maßnahmen wie die Verbesserung der Einsehbarkeit von Räumen, die Pflege und Instandhaltung des öffentlichen Raumes oder die Berücksichtigung von Mindestanforderungen für Sicherheitsaspekte in der Bauleitplanung bzw. beim Einsatz von Instrumenten des Baurechts;
- sozialräumliche Maßnahmen wie gezielte Investitionen in soziale Infrastruktur, die Förderung der sozialen Mischung der Bewohnerschaft im Quartier, die Belebung des Raumes durch Förderung von Aktivitäten, die Förderung von Partizipation, Aktivierung, Empowerment der Bürgerinnen und Bürger, Quartiersmanagement, Jugendarbeit und sozialpädagogische Angebote sowie das Angebot sozialer Dienstleistungen (z.B. Schuldnerberatung);
- Kommunikation mit der Bürgerschaft und Information der Öffentlichkeit in Form von Veröffentlichung von Informationsbroschüren, Durchführung von Informationsveranstaltungen, Bereitstellung von Ordnungstelefonen oder Hotlines für Bürgermeldungen, Internetangebote für Bürgermeldungen sowie Präsentation von Aktivitäten des Ordnungsamtes in den Medien.

Die in der Difu-Kommunalbefragung befragten Ordnungsämter sehen Schwerpunkte bei ordnungsrechtlichen und sozialräumlichen Maßnahmen und Konzepten sowie im Bereich Kommunikation und Information der Öffentlichkeit. Gerade eine aktive Öffentlichkeitsarbeit ist einigen Ordnungsämtern wichtig. Bei den personellen Maßnahmen werden von den Ordnungsämtern besonders häufig die Präsenz vor Ort, bei den baulich-gestalterischen Maßnahmen Pflege und Instandhaltung des öffentlichen Raumes genannt. Nach Angaben der Ordnungsämter wird eine Vielzahl von sozialräumlichen Maßnahmen zur Verbesserung der Sicherheit

---

4   Andere Ämter konnten in die Untersuchung aus forschungspraktischen Gründen nicht einbezogen werden. Die Aussagen zu kommunalen Konzepten und Maßnahmen haben damit einen Ausschlag zugunsten der Aufgabenbereiche der befragten Ämter, umfassen im Grundsatz aber auch viele andere Aufgabenbereiche.

im öffentlichen Raum eingesetzt. Wie häufig einzelne Konzepte und Maßnahmen aus Sicht der Ordnungsämter genutzt wurden, ist in Abbildung 1 dargestellt.

Abbildung 1 Einsatz von Maßnahmen und Konzepten zur Verbesserung der Sicherheit im öffentlichen Raum aus Sicht der Ordnungsämter

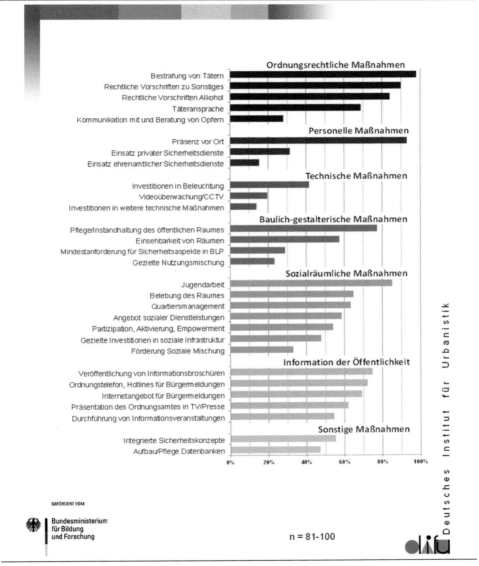

Quelle: Difu-Kommunalbefragung „Sicherheit in deutschen Städten", Ordnungsämter 2011.

Die Angaben der Stadtplanungsämter in der Difu-Kommunalbefragung weichen teilweise von denen der Ordnungsämter ab. Dies ist auf unterschiedliche Sichtweisen und Einschätzungen, aber auch auf unterschiedliche Zugänge zu Themen und Informationen zurückzuführen. Die Stadtplanungsämter wurden (abweichend von den Ordnungsämtern) auch ausführlicher zu baulich-gestalterischen Maßnahmen und Konzepten befragt.

Abbildung 2 Einsatz von Maßnahmen und Konzepten zur Verbesserung der Sicherheit im öffentlichen Raum aus Sicht der Stadtplanungsämter

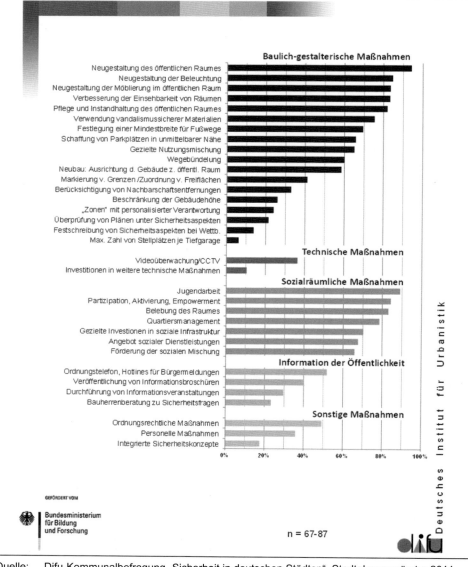

Quelle: Difu-Kommunalbefragung „Sicherheit in deutschen Städten", Stadtplanungsämter 2011.

Von den Stadtplanungsämtern werden vor allem baulich-gestalterische und sozialräumliche Maßnahmen und Konzepte zur Verbesserung der Sicherheit im öffentlichen Raum angeführt. Als baulich-gestalterische Maßnahmen wurden besonders die Neugestaltung des öffentlichen Raumes, Beleuchtung und Möblierung, die Verbesserung der Einsehbarkeit sowie Pflege und Instandhaltung des öffentlichen Raumes, Verwendung vandalismussicherer Materialien, Markierung von Grenzen und Beschränkung von Gebäudehöhen genannt. Auch unterschiedliche sozialräumliche Maßnahmen werden eingesetzt, die aus Sicht der Stadtplanungsämter der Sicherheit im öffentlichen Raum dienen. Wie häufig unterschiedliche Konzepte und Maßnahmen aus Sicht der Stadtplanungsämter genutzt werden, ist in Abbildung 2 dargestellt.

Gerade umfassende baulich-gestalterische sowie sozialräumliche Maßnahmen erfordern das Zusammenwirkungen unterschiedlichster Akteure und die Verknüpfung verschiedener investiver und nicht-investiver Maßnahmen. Das Zusammenwirken kann dann auch Handlungsdruck auf andere Akteure entfalten.

Obgleich die Städte unabhängig von ihrer Stadtgröße eine Vielzahl von sozialräumlichen Maßnahmen einsetzen, wird deren Wirksamkeit in Bezug auf die Sicherheit besonders von den Befragten aus den Großstädten sehr zurückhaltend eingeschätzt. Dies betrifft besonders gezielte Investitionen in soziale Infrastruktur sowie Angebote sozialer Dienstleistungen und Jugendarbeit. Als eher wirksam werden von fast allen Stadtplanungsämtern bei den baulich-gestalterischen Maßnahmen die Neugestaltung der Beleuchtung, die Verbesserung der Einsehbarkeit von Räumen, die Neugestaltung des öffentlichen Raumes sowie dessen Pflege und Instandhaltung eingeschätzt. Mehr als drei Viertel der befragten Stadtplanungsämter sehen eher wirksame Maßnahmen (in der Reihenfolge nach absteigender Häufigkeit der Nennung) in der adäquaten Ausrichtung der Gebäude zum öffentlichen Raum bei Neubauten, der Festlegung einer Mindestbreite für Fußwege, der Neugestaltung der Möblierung im öffentlichen Raum, der Wegebündelung, in der Schaffung von „Zonen" mit personalisierter Verantwortung, der gezielten Nutzungsmischung und der Verwendung vandalismussicherer Materialien. Rein quantitative Begrenzungen (z.B. der Gebäudehöhe oder der Stellplatzzahl in Tiefgaragen) werden dagegen nur von einer Minderheit der Stadtplanungsämter als eher wirksam für die Sicherheitslage vor Ort angesehen (vgl. Floeting/Seidel-Schulze 2012).

Eine besondere Rolle in der öffentlichen Diskussion von Fragen der Sicherheit in den Städten spielt seit Jahren das Thema „Videoüberwachung". Einerseits werden damit positive Wirkungen auf die Kriminalitätsentwicklung und die Entwicklung des Sicherheitsempfindens verbunden. Andererseits werden Freiheitsverluste und zunehmende Kontrollierbarkeit städtischen Lebens befürchtet. Weniger als ein Fünftel der Ordnungsämter gibt an, dass in ihrer Stadt Videoüberwachung genutzt wird. Demgegenüber sind mehr als 36 Prozent der befragten Stadtplanerinnen und Stadtplaner dieser Auffassung. Die Diskrepanz kommt einerseits dadurch zustande, dass nur für einen Teil der Städte Antworten aus beiden Ämtern vorliegen, andererseits wird der Einsatz von Videoüberwachung von den Stadtplanungsämtern häufiger vermutet, als dies tatsächlich der Fall ist. Selbst im direkten Vergleich der Städte, aus denen beide Ämter geantwortet haben, geben mehr Stadtplanungsämter als Ordnungsämter an, dass eine Videoüberwachung stattfände. Die „gefühlte" Videoüberwachung ist stärker als die tatsächliche. Auch bestehen für die Befragten Abgrenzungszweifel (zwischen Videoüberwachung zur Verkehrssicherheit oder zur allgemeinen Sicherheit, zwischen privaten und öffentlichen Räumen usw.). Wenn Videoüberwachung eingesetzt wird, wird sie von fast allen Stadtplanungsämtern wie Ordnungsämtern als für die Sicherheitslage vor Ort eher wirksam eingeschätzt. Dabei wurden nur Befragte um eine Einschätzung gebeten, die angaben, dass Videoüberwachung in ihrer jeweiligen Stadt genutzt wird (vgl. Floeting/Seidel-Schulze 2012). Angesichts der vagen Angaben zur Verbreitung der Videoüberwachung sollte auch die vorgenommene Wirkungseinschätzung in dem Sinn interpretiert werden, dass Akteure in den wenigen Städten, in denen Videoüberwachung gezielt eingesetzt wird, von der Wirksamkeit der Maßnahme mit Blick auf die Verbesserung der Sicherheitslage vor Ort überzeugt sind, ohne einen konkreten Wirkungsnachweis führen zu können. In Gesprächen mit Sicherheitsakteuren wird deutlich, dass man sich der begrenzten Wirksamkeit durchaus bewusst ist und die Wirksamkeit von Videoüberwachung im Kontext anderer Maßnahmen, die die Sicherheit bestimmter Orte verbessern sollen, bewerten muss. Oft bleiben die Wirkungszusammenhänge zwischen Videoüberwachung und veränderter Sicherheitslage unklar, weil die Videoüberwachung im Zusammenhang mit anderen Maßnahmen oder situativen Veränderungen eingeführt wurde und daher keine isolierte Wirkungsbetrachtung erlaubt. Der Betriebsleiter eines kommunalen Verkehrsbetriebs schildert dies so:

„Manchmal gibt es Phänomene, die kann man sich einfach nicht erklären (…). Wir hatten lange Zeit das Problem des Scheiben-Scratchens wie in anderen Verkehrsbetrieben auch (…) und dann haben wir nachgerüstet und haben die [Fahrzeuge] mit Videokameras ausgerüstet und das Problem war trotzdem nicht gelöst. … Dann haben wir eine neue Serie von Fahrzeugen in Betrieb genommen. Die sind auch mit Videokameras ausgerüstet, und plötzlich war dieses Phänomen weg. Liegt es an der Gestaltung, dass die transparenter und offener und heller gestaltet sind? Man kann eigentlich nur im Nebel stochern. Man weiß es nicht, warum dieses Phänomen jetzt plötzlich weg ist."

Grundsätzlich gilt: „Es können keine Verallgemeinerungen über die Ausmaße, Natur und Auswirkungen von Videoüberwachung anhand der bloßen Existenz eines solches Systems angestellt werden. Videoüberwachungssysteme werden für verschiedene Zwecke eingesetzt, haben unterschiedliche technologische Level, Arbeitsweisen und Personalpolitiken. Der Betrieb und die Auswirkungen müssen als Ergebnis eines Zusammenspiels von technologischen, organisatorischen und kulturellen Faktoren gesehen werden" (Hempel/Töpfer 2004/2007, S. 7). Hinsichtlich der Wirkungen von Videoüberwachung auf die Entwicklung der Gesamtkriminalität wie einzelner Deliktarten ergibt sich ein ausgesprochen heterogenes

Bild: „Eine grundsätzlich positive Auswirkung auf die allgemeine Kriminalität lässt sich [...] nicht feststellen" (Ott/Müller/Ackerschott 2013). Neben den Möglichkeiten, die sich für die Aufklärung von Straftaten ergeben, gehen von der Videoüberwachung gerade auch Verdrängungs- und Verlagerungseffekte aus. Der Geschäftsführer eines kriminalpräventiven Gremiums beschreibt einen konkreten Fall:

„Man muss sagen, hier ist eine Videoüberwachung installiert worden, seit ca. eineinhalb Jahren, um eben ein gewisses Kriminalitätsaufkommen zu verdrängen. Man kann natürlich gewisse Delikte nicht mit Videoüberwachung erreichen."

Verlagerungseffekte, die bei der Wirkungseinschätzung von Videoüberwachung eine wichtige Rolle spielen, aber grundsätzlich für die Einschätzung der Effekte situativer Kriminalprävention gelten, können die zeitliche und örtliche Dimension betreffen. Sie können aber auch darin bestehen, dass Ort und Zeit der Tat unverändert bleiben, die Art der Tatbegehung sich aber verändert, andere Zielobjekte für die Tat gesucht werden, sich die Deliktart ändert oder schlicht der abgeschreckte Täter durch einen anderen ersetzt wird (vgl. Riedel 2002).

Die bisherigen empirischen Befunde sind aber sehr unterschiedlich. Während Erfahrungen bei Betäubungsmitteldelikten kaum Wirkungen nachweisen oder von einer Verdrängung ausgehen, sind bei Eigentumsdelikten durchaus positive präventive Effekte zu verzeichnen (z.B. bei der Videoüberwachung von Kraftfahrzeugen auf Großparkplätzen). Auf Gewaltkriminalität, die nicht geplant wird, sondern affektiv begründet ist, wird von geringen oder keinen präventiven Wirkungen der Videoüberwachung ausgegangen. Noch ambivalenter sind die Einschätzungen der Videoüberwachung hinsichtlich ihrer Wirkungen auf die Kriminalitätsfurcht der Bürgerinnen und Bürger. Es gibt empirische Ergebnisse (vor allem aus Großbritannien, wo Videoüberwachung frühzeitig besonders verbreitet war), die auf eine Verbesserung des subjektiven Sicherheitsgefühls von Bürgerinnen und Bürgern durch den Einsatz von Videoüberwachung im öffentlichen Personennahverkehr hinweisen (z.B. London, Southwark), ebenso wie Untersuchungen, die solche Effekte nicht feststellen konnten (z.B. Glasgow, Brighton). Es konnten auch gegenteilige Effekte festgestellt werden, wonach Menschen, die sich der Videoüberwachung bewusst waren, eher verunsichert waren, weil sie davon ausgingen, dass verstärkte Überwachung nur mit verstärkter Kriminalität einhergehe (vgl. Ott/Müller/Ackerschott 2013). Ähnliche Effekte wurden auch in Bezug auf polizeiliche („polizierende") Präsenz festgestellt.

Um die Breite neuer Ansätze zur Verbesserung der urbanen Sicherheit zu erfassen, wurde in den Difu-Kommunalbefragungen nach neuen Ansätzen und Projekten gefragt. Die Antworten umfassten sowohl Maßnahmen zur internen Organisation und Kooperation mit anderen Partnern im Aufgabenfeld urbaner Sicherheit als auch nach außen gerichtete Maßnahmen. Als neue Ansätze wurden von den Befragten solche genannt, die in der jeweiligen Stadt neu sind – also nicht zwangsläufig grundsätzlich besonders innovative Ansätze. Die benannten Ansätze sind in der nachfolgenden Übersicht zusammengefasst.

Übersicht 1 Neue Ansätze zur Verbesserung der urbanen Sicherheit

Organisatorische Ansätze	Organisationsanpassungen
	Gründung von und Mitarbeit in Präventionsgremien
	Gründung von und Mitarbeit in Arbeitsgruppen und an Runden Tischen
	Gründung von und Mitarbeit in Ordnungspartnerschaften
	Einführung kommunaler Ordnungsdienste
	Einsatz privater Sicherheitsdienste
	Ausbildung von Fachkräften
Präventive Ansätze	Gewaltpräventionsprojekte
	Allgemeine Präventionsveranstaltungen
	Alkoholverbote im öffentlichen Raum
	Alkoholpräventionsprojekte
	Alkoholtestkäufe
Intervenierende Ansätze	Polizierende Präsenz
	Aufsuchende Sozialarbeit, Einsatz von Streetworkern
	Aktionen gegen auffälliges Verhalten
	Gezielte Kontrollen
Stadtplanerische Ansätze	Allgemeine städtebauliche Maßnahmen
	Neugestaltung des öffentlichen Raumes
	Konfliktmanagement, Quartiersmanagement, Soziale Stadt
	Sicherheitskonzept Innenstadt
	Berücksichtigung von Fragen urbaner Sicherheit in Planungsdokumenten, Konzepten, Leitlinien
	Städtebauliche Kriminalprävention
	Lichtkonzepte
Andere Ansätze	Verkehrssicherheitsmaßnahmen
	Videoüberwachung
	Crime Mapping, Kriminalitätsdatenanalysen
	Sicherheitskonzepte für Großveranstaltungen

Quelle: Dynamische Arrangements städtischer Sicherheitskultur (DynASS), Teilvorhaben „Kommunale Ansätze städtischer Sicherheitspolitik, Kommunalbefragungen".

Besonders häufig werden von den Ordnungsämtern neue organisatorische Ansätze (etwa Ordnungspartnerschaften), intervenierende Ansätze (etwa die Präsenz im öffentlichen Raum) und Ansätze im Umgang mit Alkoholkonsum in der Öffentlichkeit erwähnt. Von den Stadtplanungsämtern wird neben stadtplanerischen Ansätzen (besonders städtebauliche und gestalterische Maßnahmen) vor allem die Mitwirkung an Präventionsgremien als neuer organisatorischer Ansatz genannt.

Die Initiative zu neuen Ansätzen geht im Wesentlichen von den Kommunalverwaltungen selbst aus, oder die Ansätze entstehen aus der Zusammenarbeit von Kommunalverwaltungen und Polizei. Kriminalpräventive Gremien werden als Initiatoren neuer Ansätze von den befragten Stadtplanungsämtern in nur neun Prozent der Städte, von den Ordnungsämtern sogar nur von rund drei Prozent der Städte genannt. Die Wohnungswirtschaft spielt für die Initiierung neuer Ansätze im Umgang mit urbaner Sicherheit nach Ansicht der befragten Ordnungsämter praktisch keine Rolle. Auch die Stadtplanungsämter sehen die Wohnungswirtschaft in weniger als fünf Prozent der Städte als Initiator neuer Ansätze im Umgang mit urbaner Sicherheit, wohl aber als wichtige Kooperationspartner (vgl. Floeting/Seidel-Schulze 2012).

3.3 Integrierte Ansätze

Das Manifest von Saragossa für urbane Sicherheit und Demokratie des Europäischen Forums für urbane Sicherheit – es wurde von Vertreterinnen und Vertretern verschiedener Länder, Städte und Gemeinden im Rahmen der Saragossa-Konferenz „Urbane Sicherheit und Demokratie" 2006 unterzeichnet – stellte fest, dass „die Politik der Städte innovativ sein [kann], wenn sie die Sicherheit nicht ausschließlich in die Hände von Justiz und Polizei legt", sondern sich „mit der Entwicklung integrierter, bereichsübergreifender Ansätze" befasst, und verstand darunter „die Schaffung eines sicheren Umfelds für die Einwohner, das den sozialen Zusammenhalt fördert" (EFUS 2006, S. 2). Gefordert wurde, „im Rahmen von Strategien zur städtischen Erneuerung und zum städtischen Wiederaufbau, aber auch bei der Bereitstellung der Grundversorgung in den Bereichen Bildung, Soziales und Kultur [...] auf Ursachen und Folgen der Unsicherheit Einfluss [zu] nehmen" (ebenda). So wichtig einzelne Maßnahmen zur Schaffung und Gewährleistung urbaner Sicherheit sind, so sehr kommt es auf deren Zusammenwirken an, will man unnötige Redundanz, sich widersprechende Maßnahmen und Verfahren, unerwünschte Nebeneffekte und Widersprüche zwischen Maßnahmen, die einen sicheren Betrieb gewährleisten, und solchen die Angriffssicherheit bieten sollen („Safety"- und „Security"-Maßnahmen), vermeiden.

Integrierte städtische Sicherheitspolitik muss entsprechend der oben dargestellten Vielfalt der Aufgaben und Akteure Aussagen deshalb zu einer breiten Palette von Maßnahmen und Konzepten treffen, um die unterschiedlichen Adressaten in ihren Handlungsbereichen anzusprechen. Mehr als die Hälfte der Ordnungsämter gab in der Difu-Kommunalbefragung an, dass man in ihrer Stadt über integrierte Sicherheitskonzepte verfügt, während weniger als ein Fünftel der Stadtplanungsämter entsprechend antwortete. Dies lässt sich zum Teil aus Rücklaufunterschieden erklären. Auch wird der Begriff „integrierte Konzepte" unterschiedlich verstanden. Von den befragten Stadtplanungsämtern werden (integrierte) Stadtentwicklungskonzepte nur dann genannt, wenn in ihnen Aussagen zu Sicherheit und Ordnung enthalten sind. Da dies eher seltener der Fall ist, gibt es vergleichsweise wenige Stadtplanungsämter, die ein integriertes Konzept angeben. Ordnungsämter fassen darunter sehr unterschiedliche Konzepte im Aufgabenfeld urbaner Sicherheit zusammen, so z.B.

- Konzepte, die viele Akteure einbeziehen;
- Konzepte als Leitlinie des Handelns im Bereich Sicherheit und Ordnung;
- Konzepte, die ein Thema oder eine spezifische Problemlage aus unterschiedlichen fachlichen Zusammenhängen beleuchten (z.B. zu Fragen der Sicherheit und Ordnung im Zuge der Zuwanderung aus Südosteuropa), die stadtweit gelten und vom Gemeinderat beschlossen werden;
- quartiersbezogene, kleinräumliche Konzepte;
- operative Handlungskonzepte (z.B. integrierte Sicherheitskonzepte für Großveranstaltungen, im Umgang mit „Kofferraumtrinkern" oder mit „Drogen im Bereich von Schulhöfen und Parkplätzen");
- Konzepte in Zusammenarbeit mit anderen Kommunen.

Nach den Ergebnissen der Difu-Kommunalbefragung verstehen Stadtplanungsämter unter integrierten Ansätzen ebenfalls die Einbeziehung unterschiedlicher Akteure, quartiersorientierte Konzepte und die konkrete Stadtteilarbeit, aber auch Planungen, in die sicherheitsrelevante Themen und Aspekte integriert sind. Grundsätzlich spielt das Thema „Sicherheit und Ordnung" häufig eine Rolle bei Planungen und deren Umsetzung, bleibt dabei aber oft diffus und wird selten gezielt adressiert (vgl. Floeting/Seidel-Schulze 2012).

In der städtebaulichen Kriminalprävention sind integrierte Modelle schon länger eingeführt und bewährt. Ein Beispiel dafür ist das vom Forschungsschwerpunkt Sozial-Raum-Management der Fachhochschule Köln entwickelte ISIS-Modell, mit dem der situative und der sozialpolitische Ansatz in Deutschland, im Gegensatz zu enger situativ ausgerichteten Präventionsansätzen im angelsächsischen Raum, zusammengeführt wurde. Der Ansatz umfasst ein Zusammenspiel von Integrationsmaßnahmen (sozialpädagogische Präventionsansätze zur Integration und Aktivierung gefährdeter Personen und Personengruppen), Maßnahmen des Sozialmanagements (Belebung der Nachbarschaften, soziale Kontrolle), intermediäre Kooperation (Zusammenarbeit zwischen Professionellen, Organisationen und Institutionen, Entwicklung eines präventiven Milieus im Wohnquartier) sowie die städtebauliche Gestaltung (zur Minimierung von Tatgelegenheiten und Vermeidung von Angst erzeugenden Bereichen) (vgl. Schubert/Spieckermann/Veil 2007). Mittlerweile gibt es eine Vielzahl von Beispielen, die belegen, dass integrative Ansätze der Kriminalprävention in unterschiedlichsten Deliktbereichen erfolgreich eingesetzt werden können (vgl. Landeshauptstadt Düsseldorf 2002) und „die Wirksamkeit von Kriminalprävention bei integrierten Programmansätzen besonders günstig ausfällt, weil mehrere Maßnahmen und Ebenen komplementär ineinander greifen" (Schubert/Spieckermann/Veil 2007, S. 35). Dieser Befund deckt sich auch mit Erkenntnissen aus der Polizeipraxis (vgl. Ministerium für Bauen und Verkehr des Landes Nordrhein-Westfalen 2009).

Integration im Bereich von Strategien, Konzepten und Maßnahmen zur urbanen Sicherheit kann aber deutlich über den Bereich der Auseinandersetzung mit Kriminalität in städtischen Räumen im Allgemeinen und der städtebaulichen Kriminalprävention im Besonderen hinausgehen. Sie hat sich mit den vielfältigen Wechselwirkungen zwischen den unterschiedlichen Handlungsfeldern urbaner Sicherheit auseinanderzusetzen. Dabei geht es darum, „sicherheitsrelevante Probleme zu identifizieren und zu priorisieren, geeignete Maßnahmen umzusetzen und deren Wirksamkeit zu messen" (vgl. Beitrag Schulze/Blaser/Illi in diesem Band). Integrierte Ansätze urbaner Sicherheit müssen sich damit stärker in Richtung eines Risikomanagements entwickeln, wie es in der Privatwirtschaft zu finden ist, ohne zu vernachlässigen, dass es sich bei der Schaffung und dem Erhalt sicherer Lebensbedingungen in den Städten um eine öffentliche Aufgabe handelt, die allen Bürgerinnen und Bürgern gleichermaßen dienen soll.

4. Sicherheit setzt Informiertheit voraus

4.1 Statistiken, Lageberichte und Informationsquellen

Sicherheit in den Städten setzt Informiertheit der professionellen Sicherheitsakteure wie der Bürgerinnen und Bürger voraus. Informiertheit soll dabei verstanden werden als Informiertheit über die Sicherheitslage wie über die Möglichkeiten, die Sicherheitslage beispielsweise durch Maßnahmen der städtebaulichen Kriminalprävention zu beeinflussen.

Urbane Sicherheit ist ein dynamisches Phänomen. Die Sicherheitslage verändert sich ständig. Für die urbane Sicherheit verantwortliche Akteure – an erster Stelle die Polizei – führen Beurteilungen der Sicherheitslage als „ständige oder aus bestimmtem Anlass vorgenommene Analyse und Bewertung des aktuellen Lagebildes" (Wessel 2013, zit. n. Verbundprojekt transit 2014, S. 6) durch und richten ihr Handeln dementsprechend aus. Die Gefahrenlage wird dabei umfassend analysiert, „einschließlich aller gefahrenbegründenden Umstände und Faktoren" (Wessel 2013, zit. n. Verbundprojekt transit 2014, S. 12), und zu Lagebildern verdichtet, die für die Sicherheit in einem definierten Raum bedeutsame Erkenntnisse zu einem bestimmten Zeitpunkt zusammenführen.

Die Vielfalt der oben dargestellten Handlungsfelder und Akteure urbaner Sicherheit bringt es mit sich, dass eine Vielzahl unterschiedlicher Lagebilder für die Sicherheit in Städten eine Rolle spielt. Allein im Bereich der Kriminalität wird eine große Zahl von Lagebildern und -berichten erarbeitet: langfristige, bundesweit gültige des Bundeskriminalamts (z.B. für Rauschgiftkriminalität, Kfz-Kriminalität, Korruption, Wirtschaftskriminalität usw.), für die Bundesländer durch die Landeskriminalämter, aber eben auch kleinräumige und kurzfristige Lagebilder für bestimmte Räume (z.B. Kriminalitätsschwerpunkte im öffentlichen Raum), Ereignisse (z.B. angemeldete Veranstaltungen, Versammlungen usw.) oder Deliktbereiche (z.B. zum Alkohol-, Drogen- und Medikamenteneinfluss im Straßenverkehr). Lagebilder werden auch zur Bewältigung von Naturkatastrophen, Havarien usw. erarbeitet.

In den Vorgangsbearbeitungssystemen der Polizeien (der Eingangsstatistik) stehen im Gegensatz zur polizeilichen Kriminalstatistik (der Ausgangsstatistik) aktuelle kleinräumige Informationen (z.B. zum Tatort) zur Verfügung, die zur Einsatzplanung genutzt werden können und schon heute z.B. zur Identifizierung von Einsatzschwerpunkten genutzt werden, aber zukünftig auch stärker im Rahmen eines „predictive policing" genutzt werden könnten. „Predictive policing" (auch „smart policing") beschreibt eine Polizeistrategie, die das bisher reaktive Handeln von Sicherheitsbehörden durch proaktives Handeln ergänzen soll. Anhand von automatisierten Analysen großer Datenmengen soll vorhergesagt werden, zu welchem Zeitpunkt und an welchen Orten die Wahrscheinlichkeit für eine kriminelle Handlung oder auch abweichendes Verhalten hoch ist. Die zugrundeliegenden Daten stammen meist aus den Polizeiaufzeichnungen vergangener Einsätze und werden um weitere Daten aus sozialen Netzwerken und zu Rahmenbedingungen (Wetter, Jahres- und Tageszeit, außergewöhnliche Ereignisse, Sozialdaten usw.) ergänzt. Entsprechend der so erstellten Vorhersage kann die Polizei ihre Einsätze planen. Vorreiter bei der Einführung war die Polizei in Los Angeles in Zusammenarbeit mit Forscherinnen und Forschern der University of California, Los Angeles (UCLA). Mittlerweile werden derartige Konzepte auch stärker im angelsächsischen Raum genutzt, und deutsche Länderpolizeien (z.B. in NRW) interessieren sich ebenfalls stark für das Thema (vgl. Proll 2014). Mit dem Konzept sind einerseits massive datenschutzrechtliche Bedenken und die Befürchtung verbunden, dass im Zuge des „predictive policing" bestimmte Nachbarschaften diskriminiert und stigmatisiert werden könnten (vgl. Greengard 2012). Andererseits sind angesichts begrenzter finanzieller und personeller Ressourcen der Sicherheitsbehörden die von den Technologieanbietern gemachten Effizienzversprechen verlockend.

Auch die mit Fragen der urbanen Sicherheit auf kommunaler Ebene befassten Akteure nutzen unterschiedliche Quellen, um Informationen zur Lage zu erhalten und ihr Handeln entsprechend auszurichten. An vorderer Stelle werden sowohl von Ordnungsämtern als auch von Stadtplanungsämtern in den Difu-Kommunalbefragungen erfahrungsgestützte Informationsquellen (Bürgerinnen und Bürger, Polizei, Mitarbeiterinnen und Mitarbeiter des eigenen Amtes, die politische Ebene und Erfahrungen aus anderen Ämtern) genannt. Informationen anderer

Akteure über die Situation an bestimmten Orten sind für die Ordnungsämter von besonderer Bedeutung. Ein Ordnungsamtsleiter beschreibt dies so:

„Der Austausch findet institutionalisiert statt, ... [es] finden Absprachen statt, da die Polizei viel mehr Informationen hat als wir. ... Wir arbeiten auch mit dem Quartiersmanagement zusammen. ... Die Bürger [melden] sich bei uns und beschweren sich."

Erst danach folgen (gemessen an der Häufigkeit der Nennungen) datenbasierte Informationsquellen (polizeistatistische Daten und amtliche Statistiken). Kommunale Bürgerumfragen und wissenschaftliche Studien werden in weniger als einem Viertel der befragten Ordnungsämter genutzt. In den Großstädten werden Medien und kommunale Bürgerumfragen von den Ordnungsämtern signifikant häufiger als verwendete Quelle genannt. Auch die Stadtplanungsämter ziehen nur in 29 Prozent der Fälle kommunale Bürgerumfragen und lediglich in 15 Prozent der Fälle wissenschaftliche Studien zu Rate (vgl. Floeting/Seidel-Schulze 2012). Wie häufig unterschiedliche Quellen zur Beurteilung der Sicherheitslage von Ordnungsämtern und Stadtplanungsämtern genutzt werden, zeigt Abbildung 3.

Abbildung 3   Verwendete Quellen für die Beurteilung der Sicherheitslage

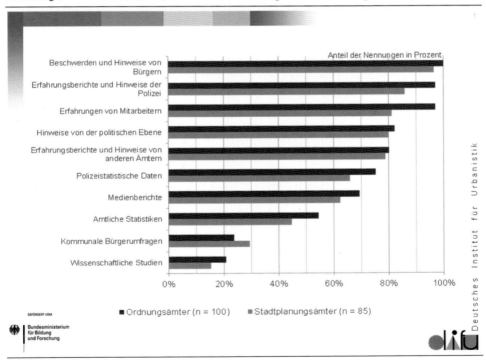

Quelle: Difu-Kommunalbefragung „Sicherheit in deutschen Städten", Ordnungsämter 2011.

Informationen und Spezialwissen sind neben dem Zielgruppenzugang die wichtigsten Tauschgüter in kriminalpräventiven Gremien und interdisziplinär zusammengesetzten Arbeitsgruppen, die sich mit Fragen der Sicherheit und Ordnung in der Stadt auseinandersetzen (vgl. Miesner 2012, S. 61 ff.).

4.2 Empfehlungen, Verfahren und Standards

Wie oben dargestellt gibt es eine Vielzahl von Möglichkeiten, die Sicherheit in der Stadt präventiv zu beeinflussen. Gerade im Bereich der städtebaulichen Kriminalprävention existieren dafür Beispiele. In den vergangenen Jahren wurde eine Reihe von Empfehlungen, Verfahren und Standards im Kontext der städtebaulichen Kriminalprävention in den Bundesländern, von der Wohnungswirtschaft und auf internationaler Ebene entwickelt (vgl. Übersicht 2).

Den in der Difu-Kommunalbefragung befragten Stadtplanungsämtern sind unterschiedliche Standards, Verfahren und Empfehlungen zur städtebaulichen Kriminalprävention bekannt. Genannt werden nahezu ausschließlich Standards, Verfahren und Empfehlungen aus Deutschland. Allerdings sind selbst die am stärksten verbreiteten Empfehlungen nur in knapp einem Drittel der Stadtplanungsämter bekannt. Ebenfalls in der Befragung zur Auswahl gestellte internationale Standards und Empfehlungen werden praktisch nicht genutzt und sind auch kaum bekannt. Auch die Europäische Vornorm „Vorbeugende Kriminalitätsbekämpfung – Stadt- und Gebäudeplanung" (ENV 14383-2) ist nur in knapp acht Prozent der Stadtplanungsämter bekannt (vgl. Floeting/Seidel-Schulze 2012). Handreichungen, Leitfäden und Prüfvorschriften, die urbane Sicherheit zu einem (weiteren) formalen Prüfschritt in Planungsverfahren machen, werden von kommunalen Planungsakteuren eher kritisch eingestuft. Der Mitarbeiter eines Stadtplanungsamtes schätzt dies beispielsweise so ein:

„Die Verwaltung muss sich den Themen auch ohne Checkliste annehmen. ... Es muss in den Köpfen sein."

Die Zahl der formal notwendigen Prüfungen im Rahmen von Planungsverfahren nimmt ohnehin zu. Zusätzliche formalisierte Sicherheitsaudits, die Teil von Planungsverfahren sind, werden daher von einigen Stadtplanerinnen und Stadtplanern kritisch eingeschätzt. Der Mitarbeiter eines Stadtplanungsamtes beschreibt dies so:

„Es wir standardisiert zu viel abgefragt und dann von niemandem angeschaut. Daher wäre eine Sicherheitscheckliste nicht wirkungsvoll."

Übersicht 2   Beispiele für Verfahren und Empfehlungen zur städtebaulichen Kriminalprävention

Verfahren und Empfehlungen aus Deutschland

Hessen	Empfehlungen des Gütesiegels „Sicher Wohnen in Hessen"[1]
Niedersachsen	Handreichung „Sicheres Wohnquartier – gute Nachbarschaft"[2]
Nordrhein-Westfalen	Handbuch „Städtebauliche Kriminalprävention"[3]
Rheinland-Pfalz	Leitfaden „Städtebau und Kriminalprävention"[4]
Sachsen	Standards der „Sicherheitsplakette – Sicher wohnen in Sachsen"[5]
Detmold	„Checkliste für Neubaugebiete im ländlichen Raum"[6]
GdW	Leitfaden „Sichere Nachbarschaften. Konzepte – Praxis – Beispiele"[7]

Internationale Standards, Verfahren und Empfehlungen

„Defensible Space: Crime Prevention through Environmental Design"[8]

Europäische Vornorm ENV 14383-2[9]

Politiekeurmerk Veilig Wonen (Polizeisiegel sicheres Wohnen)[10]

1 http://www.polizei.hessen.de/icc/internetzentral/nav/225/binarywriterservlet?imgUid=e5808a3c-b3ac-e017-288b-5edad490cfa4&uBasVariant=11111111-1111-1111-1111-111111111111 (16.2.2012).
2 http://www.sicherheit-staedtebau.de/downloads/Sicheres%20Wohnquartier-gute%20Nachbarschaft.pdf (16.2.2012).
3 http://www.google.de/url?sa=t&rct=j&q=Handbuch+St%C3%A4dtebauliche+Kriminalpr%C3%A4vention&source=web&¬cd=1&ved=0CCUQFjAA&url=http%3A%2F%2Fwww.polizeinrw.de%2Flka%2Fkriminalpraevention%2FThemen%2Farticle%2FKriminalpraevention_in_der_Stadt.html&ei=VuU8T-feFcaSswaRle3PBA&usg=AFQjCNFI_NvdUkLuz4GS2VB_sHGxkEtaPA (16.2.2012).
4 http://www.polizei.rlp.de/internet/med/185/1855f189-a99d-0014-4b94-615af5711f80,22222222-2222-2222-2222-222222222222,isDownload.pdf (16.2.2012).
5 http://www.polizei.sachsen.de/zentral/dokumente/plakette.pdf
6 http://www.veilig-ontwerp-beheer.nl/publicaties/checkliste-fur-neubaugebiede-im-landlichtem-raum (16.2.2012).
7 Bundesverband deutscher Wohnungs- und Immobilienunternehmen (2005): Sichere Nachbarschaften. Konzepte – Praxis –Beispiele. Ein Leitfaden für Wohnungsunternehmen. GdW Informationen 111.
8 http://www.huduser.org/publications/pdf/def.pdf (16.2.2012).
9 DIN Deutsches Institut für Normung e.V. (Hrsg.): DIN V ENV 14383-2, April 2004. Vorbeugende Kriminalitätsbekämpfung – Stadt- und Gebäudeplanung – Teil 2: Stadtplanung; Deutsche Fassung ENV 14383-2:2003, Berlin 2004.
10 http://www.politiekeurmerk.nl/ (16.2.2012).

Niedrigschwellige Weiterbildung, Sensibilisierung für Fragen der Sicherheit in der städtebaulichen Gestaltung und das Monitoring von Maßnahmen wird von befragten Stadtplanerinnen und Stadtplanern als wichtiger angesehen als weitere Leitfäden und Standards. Ein Mitarbeiter eines Stadtplanungsamtes nennt ein Beispiel:

„Vor einigen Jahren gab es ein Monitoring in der Bauleitplanung, bei dem gefragt wurde, wie sich die Planungen bewährt haben. Solch ein Reflektieren ist wichtig, da die Praxis oftmals von Zielstellungen abweicht."

Wenn Handreichungen und Empfehlungen von den Planungsakteuren akzeptiert werden sollen, müssen sie die spezifischen Anwendungskontexte in der jeweiligen Stadt berücksichtigen. Daher zeigt sich auch insgesamt eine deutliche Konzentration der Kommunen auf eigene Standards, Verfahren und Empfehlungen, die von fast einem Viertel der Städte genutzt werden. Auch orientiert man sich stark an den Empfehlungen aus dem eigenen Bundesland. Allein der Leitfaden „Sichere Nachbarschaften. Konzepte – Praxis – Beispiele" des Bundesverbands deutscher Wohnungs- und Immobilienunternehmen findet etwas stärkere Verbreitung über Bundesländergrenzen hinweg, ist rund zwölf Prozent der Stadtplanungsämter bekannt und wird vergleichsweise häufig von den Kommunen genutzt.

Es existiert eine Vielzahl von Informationsinstrumenten. Gerade über die bundesweite langfristige Lage sind die Sicherheitsakteure gut informiert. Polizeiliche Lagebilder sind auch für kleinräumige Analysen weit entwickelt, da sie für die Einsatzplanung in der Polizei notwendig sind. Systematische Lageanalysen auf kommunaler Ebene gibt es dagegen nicht regelmäßig, nur in ausgewählten Bereichen und eher als aktuelle Lagebilder denn als systematische Analysen mit prädiktiver Qualität. Der Austausch von Informationen mit der Polizei ist für kommunale Sicherheitsakteure daher besonders wichtig. Während einsatzbezogene Informationen weit entwickelt sind, ist die Informiertheit über Möglichkeiten präventiven Handelns am Beispiel der städtebaulichen Kriminalprävention dagegen bisher weniger verbreitet, vor allem weniger genutzt und in konkrete kommunale Aktivitäten umgesetzt, wenngleich implizit präventive Maßnahmen von den Akteuren in den Kommunen in unterschiedlichem Maß mitgedacht werden. Auch die systematisierte Aufnahme der Anregungen und Hinweise von Bürgerinnen und Bürgern auf Missstände kann weiter vorangetrieben werden. Hierbei können auch die neuen technologischen Möglichkeiten (Portale, soziale Netze usw.) stärker genutzt werden.

5. Stadtentwicklung darf nicht „versicherheitlicht" und Kriminalität nicht allein „verräumlicht" werden

5.1 Defensible Space und CPTED

Sicherheit und Stadtentwicklung in einem thematischen Kontext zu betrachten, geht auf Ansätze zurück, die sich zunächst vor allem in den USA entwickelt haben. Dort hatte in den 1970er-Jahren in den Städten die Kriminalität so zugenommen, dass neben repressiven Maßnahmen auch eine Vielzahl von städtebaulichen Ansätzen ausprobiert wurde, um die Kriminalität nachhaltig einzudämmen. Besonders in den sozialen Brennpunkten der Großwohnsiedlungen kam es zu zum Teil brachialen städtebaulichen Interventionen. Die Sprengung der Wohnblöcke von Pruitt-Igoe in St. Louis, Missouri, steht dafür ikonisch, war aber bei weitem nicht der einzige städtebauliche Eingriff. Beklagt wurde vor allem, dass die baulichen Strukturen der Großwohnsiedlungen durch fehlende halböffentliche Räume und einen Mangel an sozialer Infrastruktur die Voraussetzung dafür schufen, dass die informellen sozialen Strukturen sich auflösten, die in den Quartieren bestanden hatten, aus denen die Bewohnerinnen und Bewohner der Großwohnsiedlung zugezogen waren, und ein Rückzug auf den Privatraum der eigenen Wohnung stattfand. Damit verbunden wurde auch ein Verlust an sozialer Kontrolle im Wohnumfeld und von Engagement für den Schutz und die Entwicklung des Wohnumfeldes diagnostiziert (vgl. Yancey 1971; Newman 1996). Den theoretischen Hintergrund für derartige städtebauliche Interventionen bildete der „Defensible-Space"-Ansatz (vgl. oben 1.6). Die Strukturierung der Räume durch Schaffen von Barrieren gegenüber Fremden, der Einsatz von Symbolen und Zeichen, die Teilräume gut ablesbar für alle Bewohnerinnen und Bewohner als privat, halbprivat, halböffentlich und öffentlich kennzeichnen und damit die soziale Kontrolle des Raumes erleichtern, bauliche Maßnahmen, die die Wachsamkeit der Bewohnerschaft fördern, städtebauliche und architektonische Mittel, die das Image eines Quartiers verbessern, Sichtbarkeit im Raum und Überschaubarkeit des Raumes waren Prinzipien dieses Ansatzes, aus dem sich der CPTED-Ansatz („Crime Prevention through Environmental Design") der raumorientierten Konzepte der Kriminalprävention entwickelte. CPTED folgte in seiner ersten Generation stark Newmans Prinzipien und setzte auf dessen Raumkonzepte, formelle und informelle Kontrolle, Zugangsbarrieren und -kontrollen sowie eine Stärkung der Robustheit der baulichen Strukturen gegenüber Beschädigung und Zerstörung. Die zweite Generation der CPTED-Konzepte bezieht neben der Analyse der baulich-räumlichen Strukturen gerade auch Befunde zur sozialen und demografischen Entwicklung von Quartieren ein und nutzt Methoden der Risikoanalyse und des Risikomanagements. Sie setzt in stärkerem Maß auch auf die Stärkung positiver sozialer Aktivitäten im Quartier, Vielfalt und die Aneignung der Räume durch ihre Bewohnerinnen und Bewohner (vgl. Saville/Cleveland 2008). Die zweite Generation der CPTED-Ansätze greift damit grundsätzliche Überlegungen zur Gestaltung der Städte als lebendige Räume auf, wie sie in den frühen 1960er-Jahren als Reaktion auf geplante und durchgeführte Flächensanierungen in den USA formuliert wurden (vgl. Jacobs 1961) und eine breite Rezeption in der Städtebau- und Stadtentwicklungsdiskussion fanden. Vor allem im angelsächsischen Raum haben sich diese Ansätze etabliert (vgl. Beitrag von Davey/Wootton in diesem Band).

Neben dem „Defensible-Space"-Ansatz hat vor allem der „Broken-Windows"-Ansatz die Diskussion um die Rolle der städtebaulichen und räumlichen Interventionsmöglichkeiten geprägt (vgl. oben 1.6). Die städtebauliche Kriminalprävention hat dabei vor allem den vermuteten Zusammenhang von physischem Verfall von Quartieren, sozialen Incivilities und dem Auftreten von kriminellem Verhalten aufgegriffen. Positiv gewendet bedeutete dies, dass frühzeitiges Eingreifen bei baulichen Verfallserscheinungen dazu beitragen kann, den baulichen und sozialen Niedergang von Quartieren zu verhindern.

In Deutschland hat sich die Kriminalprävention im Städtebau in den letzten Jahren erheblich weiterentwickelt und verbreitet. Basierend auf den CPTED-Ansätzen und getragen von der kommunalen Kriminalpräventionsarbeit und zum Teil der sozialen Stadtentwicklung fanden die Erkenntnisse der Diskussion im angelsächsischen Raum Eingang in zahlreiche Publikationen aus dem Bereich der Stadtentwicklung (vgl. Niedersächsisches Ministerium für Soziales, Frauen, Familie und Gesundheit 2005; ILS 2007; LPR 2008; Ministerium für Bauen und Verkehr des Landes Nordrhein-Westfalen 2009) und der Polizei (LKA Rheinland-Pfalz 2002; Zentrale Geschäftsstelle Polizeiliche Kriminalprävention der Länder und des Bundes o.J.), die sich mit der Sicherheit in den Städten beschäftigten.

Im Mittelpunkt der Aktivitäten in den Städten stehen die Schaffung und Gewährleistung sicherer öffentlicher Räume, die Belebung der Räume ebenso wie der Umgang mit Nutzungskonflikten. Für unterschiedliche Stadtbereiche von Großwohnsiedlungen über Einfamilienhausgebiete bis zu Gewerbegebieten wurden kriminalpräventive Konzepte entwickelt (vgl. Beitrag Isselmann/Kaldun/Schürmann in diesem Band). Trotz dieser positiven Entwicklung ist die Berücksichtigung von Sicherheitsbelangen in der Stadtentwicklung, die über die bauliche Sicherheit hinausgehen, immer noch nicht in der Breite verankert. An Fragen von Ordnung und Sicherheit zu denken ist keine Selbstverständlichkeit im Planungsprozess, wenngleich es mittlerweile eine Fülle von Ansätzen gibt (zu den Standards, Verfahren und Empfehlungen zur städtebaulichen Kriminalprävention und ihrer Umsetzung vgl. 4.).

5.2 Sicherheits- und Ordnungsthemen in der Städtebauförderung

Investitionen in städtebauliche Maßnahmen z.B. im Rahmen der städtebaulichen Sanierung und nicht-investive Maßnahmen der sozialen Städtebauförderung haben in den vergangenen Jahren erheblich zur Stadtentwicklung in Bereichen mit besonderem baulichem Erneuerungsbedarf oder spezifischen sozialen Problemlagen beigetragen. Besonders durch die quartiersbezogene Bündelung von Fördermöglichkeiten aus dem städtebaulichen wie dem sozialen Bereich ergeben sich Ansatzpunkte für die Entwicklung und Umsetzung von Präventionsprojekten, wenngleich der Kurzschluss vermieden werden sollte, dass die zur sozialen Stabilisierung von Quartieren entwickelten Projekte vor allem kriminalpräventiven Charakter hätten. Vielmehr ist häufiger der Wunsch zu registrieren, auch Ansätze, die kriminalpräventiv wirken könnten, nicht unter diese Überschrift zu stellen, um einer befürchteten Stigmatisierung der betreffenden Quartiere vorzubeugen. Ansätze werden anscheinend eher dann als kriminalpräventiv „gelabelt", wenn sich damit Fördermittel erschließen lassen, was zu einem Dilemma zwischen Stigmatisierungsfurcht und Begründungsnotwendigkeit von Förderung führt, wie weiter unten noch ausgeführt wird.

Das wichtigste Beispiel für die Förderung sozial orientierter Ansätze der Stadtentwicklung ist das Städtebauförderungsprogramm „Stadtteile mit besonderem Entwicklungsbedarf – Soziale Stadt". Es wurde im Jahr 1999 von Bund und Ländern mit dem Ziel aufgelegt, der „Abwärtsspirale" aus zunehmender sozialer und räumlicher Polarisierung in den Städten entgegenzuwirken, indem die Lebensbedingungen vor Ort umfassend verbessert und die Lebenssituation von Quartiersbewohnerinnen und -bewohnern stabilisiert werden sollten. Es ging also nicht nur darum, bauliche Missstände zu beseitigen, sondern auch Engagement, soziale Aktivitäten sowie nachbarschaftliches Zusammenleben in benachteiligten Stadtquartieren zu fördern.

Konkrete Beispiele für die Berücksichtigung von Themen der Ordnung und Sicherheit im Kontext der Städtebauförderung umfassen ganz unterschiedliche Bereiche (vgl. http://www.staedtebaufoerderung.info, 15.11.2013). Dazu gehören:

- der kontrovers diskutierte Zusammenhang von Sicherheit, Ordnung und Sauberkeit (z.B. Bausteine für einen Quartierservice, der Aufgaben der Integration in Arbeit mit solchen der Verbesserung des Stadtteilbildes und des Wohnumfeldes verbindet);
- Anregungen aus dem Gender Mainstreaming, also der Berücksichtigung von Interessen und Lebenssituationen unterschiedlicher Bevölkerungsgruppen in Planungsverfahren (z.B. hinsichtlich der Gestaltung von Beleuchtung, Übersichtlichkeit und Sicherheit öffentlicher Räume), die als Ausgangspunkt für den planerischen Umgang mit Angsträumen gelten können (vgl. Bauer et al. 2007);
- die Sensibilisierung und Schaffung von Bewusstsein für die Sicherheit von Kindern (z.B. der Aufbau eines unterstützenden Umfeldes, um den Schulweg für Kinder sicherer zu gestalten);
- der Umbau von Tiefgaragen unter sicherheitsrelevanten Aspekten (z.B. Konzepte, die die Anlagen freundlicher und sicherer machen, mehr Tageslicht hereinlassen, zusätzliche Nutzungen in der Tiefgarage ermöglichen, die den Raum beleben und ihm das Image eines Angstraumes nehmen);
- die Erarbeitung von beispielhaften Gestaltungsempfehlungen für den Geschosswohnungsbau (z.B. um den privaten Grundstückseigentümern Möglichkeiten aufzuzeigen, wie Sicherheit erhöht werden kann);
- die Schaffung von mehr Sicherheit im öffentlichen Raum (z.B. durch die Bündelung von Aktivitäten an kleinen Plätzen, positive Außenraumgestaltung, die Entwicklung von Gestaltungskriterien, die Beseitigung von Barrieren und insgesamt eine stärkere Berücksichtigung sozialer Kontrolle des öffentlichen Raumes bei der Gestaltung);

- die Erleichterung der Orientierung in Siedlungen, durch die Offenheit und Sicherheit signalisiert werden kann und eine positive Identifikation ermöglicht wird;
- die Stärkung der sozialen Kontakte der Bewohnerschaft untereinander und damit eine Stärkung von Verantwortung und Sicherheit im Quartier.

Anlässe für die Entwicklung von Konzepten und Projekten der Stadtentwicklung, die Themen der Ordnung und Sicherheit berücksichtigen, sind vielfältig. Problembeschreibungen zielen meist auf die in Übersicht 3 dargestellten Bereiche ab.

Übersicht 3   Anlässe für die Entwicklung von sicherheitsorientierten Konzepten und Projekten der Stadtentwicklung

- Entwicklungsrückstände der Quartiere in den Bereichen Wirtschaft, Soziales, Städtebau, soziale Integration und politische Beteiligung;
- anhaltende „Trading-Down-Prozesse"[1], die die Funktionsfähigkeit (z.B. von Stadtteilzentren infolge der Schließung von Verkaufseinrichtungen, Leerstand usw.) beeinträchtigen;
- soziale Brennpunkte, die gekennzeichnet sind durch „Armut, Marginalisierung und soziale Ausgrenzung"[2];
- Belegung von Sozialwohnungen mit sogenannten schwierigen Personengruppen wie Sozialhilfeempfängern, Spätaussiedlern und in geringem Maße Ausländern;
- überdurchschnittlich hohe Anteile an Langzeitarbeitslosen, Sozialhilfeempfängern sowie Migranten[3];
- Abwanderungen insbesondere von Besserverdienenden und Unternehmen des Einzelhandels mit höherwertigen Warenangeboten[4];
- schlechtes Image des Fördergebietes[5];
- soziale Spannungen, Unzufriedenheit, Ängste, Vandalismus, Aggressionen[6];
- hohe Anteile an Abhängigen von Transferleistungen der öffentlichen Hand, rechtsradikale Tendenzen, Armut, Dauerarbeitslosigkeit, Gewalttätigkeit, Drogenkonsum, Kriminalität, Verwahrlosungstendenzen bei Kindern, Jugendlichen und Erwachsenen[7].

1 http://www.staedtebaufoerderung.info/nn_486358/StBauF/DE/AktiveStadtUndOrtsteilzentren/Praxis/Massnahmen/HH__Langenhorn/Langenhorn__inhalt.html, 14.11.2013
2 http://www.staedtebaufoerderung.info/nn_1146914/StBauF/DE/SozialeStadt/Praxis/NI/Beispiele/0299__kulturecke/0299__inhalt.html, 14.11.2013
3 http://www.staedtebaufoerderung.info/nn_1146914/StBauF/DE/SozialeStadt/Praxis/SH/Beispiele/0200__stadtteilmarketing/0200__inhalt.html, 14.11.2013
4 http://www.staedtebaufoerderung.info/nn_1146914/StBauF/DE/SozialeStadt/Praxis/SH/Beispiele/0200__stadtteilmarketing/0200__inhalt.html, 14.11.2013
5 http://www.staedtebaufoerderung.info/nn_1146914/StBauF/DE/SozialeStadt/Praxis/SH/Beispiele/0200__stadtteilmarketing/0200__inhalt.html, 14.11.2013
6 http://www.staedtebaufoerderung.info/nn_1146914/StBauF/DE/SozialeStadt/Praxis/SH/Beispiele/0200__stadtteilmarketing/0200__inhalt.html, 14.11.2013
7 (http://www.staedtebaufoerderung.info/nn_1146914/StBauF/DE/SozialeStadt/Praxis/SH/Beispiele/0310__conciergeprojekt/0310__inhalt.html, 14.11.2013)

Quellen: Projektbeschreibungen in http://www.staedtebaufoerderung.info, 15.11.2013.

Die Problembeschreibungen machen deutlich: Gefährdungen der Ordnung und Sicherheit werden häufig im Kontext schwieriger sozialer und ökonomischer Entwicklungen der Quartiere wahrgenommen, ohne auf einfache Kausalitäten abzuzielen. Dennoch besteht die Gefahr der Stigmatisierung von Stadtbereichen, die basierend auf den entsprechenden Problemdarstellungen als förderungswürdig angesehen werden. Seit Längerem und häufig werden die unterschiedlichen Defizite beim Umgang mit den aus sozialen und ökonomischen Problemen resultierenden Anforderungen unter dem Begriff der „überforderten Nachbarschaften" zusammengefasst. Der Begriff verweist einerseits zu Recht darauf, dass man mit bestimmten sozialen wie ökonomischen Problemlagen auf Quartiersebene nur umgehen kann, wenn die strukturellen Voraussetzungen dafür bestehen: Bestimmte Probleme überfordern die Nachbarschaft. Andererseits kann der Begriff mit einer Stigmatisierung bestimmter Nachbarschaften verbunden sein: Bestimmte Nachbarschaften sind überfordert.

Das Dilemma zwischen der Notwendigkeit, Förderung zu begründen, und der Gefahr, langfristig damit unter Umständen zu stigmatisieren, ist in der Planungspraxis klar. In den Worten eines Stadtplaners stellt sich dies so dar:

„Zum Beispiel ‚sozialer Brennpunkt'. Was bringt es, wenn ich sage, der Ort ist ein sozialer Brennpunkt. […] Ich glaube, da macht man manchmal mehr kaputt, gerade wenn es in der Zeitung steht. Es ist was anderes, wenn man Förderkonzepte beantragt. Da muss man die Sprachregelungen entsprechend ändern."

Auflösen kann man das beschriebene Dilemma nicht durch veränderte Wortwahl, sondern nur, wenn man anerkennt, dass die Idee von der befristeten Förderung von Quartieren, die damit den „Aufstieg" schaffen und nicht mehr der Förderung bedürfen, für einige Quartiere zutrifft – für andere aber nicht. In der stadtentwicklungspolitischen Diskussion befinden wir uns gerade auf dem Weg zu einem Paradigmenwechsel: von der Idee des zeitlich begrenzt förderungsbedürftigen „benachteiligten Stadtteils" über die Beobachtung, dass Stadtteile häufig die Funktion eines „Durchlauferhitzers" – wie es der Mitarbeiter eines Stadtteilbüros nennt – übernehmen, in dem die Ankommenden oder Benachteiligten wechseln, der Problemzustand des Quartiers aber erhalten bleibt, hin zur Figur eines „Stadtteils mit dauerhafter Integrationsfunktion für die Gesamtstadt". Der Erkenntnisprozess verläuft langsam. Der Mitarbeiter einer Kommunalverwaltung aus dem Bereich Jugend/Soziales beschreibt es so: „‚Uns geht es gut, wir ziehen jetzt aus!' Das ist eher der Effekt. Das hat eine Zeit lang gebraucht, bis das alle realisiert haben." Immer mehr setzt sich die Erkenntnis durch, dass es in den Städten Bedarf an Orten gibt, die diese Integrationsfunktion dauerhaft übernehmen können – oder mit den Worten eines Mitarbeiters aus einem Stadtteilbüro ausgedrückt: „Für die Stadt ist es gut, dass es solche Quartiere gibt."

Ist damit die sozial-integrative Stadtentwicklung gescheitert – das Ziel verfehlt? Sozialräumliche Ansätze der Stadtentwicklung sind immer angesiedelt zwischen dem Ziel der Schaffung räumlich konzentrierter Hilfsangebote einerseits und der Gefahr der Marginalisierung von Bewohnerinnen und Bewohnern sowie der Stigmatisierung von Stadtteilen andererseits. Sie sind immer der Frage ausgesetzt, ob es ihnen gelingt, „organising capacities" aufzubauen – also die Verantwortlichen zusammenzubringen, neue Ideen und Konzepte zum Umgang mit umfassenden Problemlagen zu entwickeln und umzusetzen – oder ob sie einer Service-Mentalität Vorschub leisten, die die Akteure vor Ort aus ihrer Verantwortung entlässt, weil andere Gremien und Institutionen die Aufgaben übernehmen. Sozialräumliche Ansätze der Stadtentwicklung im Allgemeinen ebenso wie kriminalpräventive Ansätze auf Quartiersebene im Besonderen müssen als gesamtgesellschaftliche Daueraufgabe verstanden werden. Soziale Stadtentwicklung und quartiersorientierte Kriminalprävention ergänzen einander und haben viele Überschneidungsbereiche. Ansätze der Kriminalprävention können in Ansätze der sozialen Stadtentwicklung integriert werden (und werden dies zum Teil wie oben gezeigt auch schon), ohne eine grundsätzliche „Versicherheitlichung" sozialräumlicher Ansätze zu forcieren. Dabei muss beispielsweise klar sein, dass nicht jeder Nutzungskonflikt eine „Incivility" ist, nicht jede „Incivility" eine Bedrohung. Soziale Aufgaben können nicht mit Mitteln urbaner Sicherheit gelöst werden, müssen aber angegangen werden, wenn sie nicht langfristig auch zu Ordnungs- und Sicherheitsaufgaben werden sollen. Am Beispiel des Umgangs mit Jugendlichen im öffentlichen Raum – die Zielgruppe für sozialräumliche Intervention und kriminalpräventive Maßnahmen und in Gestalt von Jugendsozialarbeit ein wichtiger Fördergegenstand sozialer Stadtentwicklung sind und deren Verhalten immer wieder zum Anlass für Diskussionen über Sicherheit im öffentlichen Raum genommen wird – lässt sich kritisch prüfen, ob dies gelingt.

Sozialräumliche Ansätze der Stadtentwicklung und quartiersorientierte Kriminalprävention müssen sich zukünftig noch stärker folgenden Fragen zuwenden: Wie kann es gelingen, die nötige Aufmerksamkeit für die Probleme des Quartiers zu erzeugen, um Unterstützung zum Handeln zu generieren, ohne zu stigmatisieren? Wie kann man dem Thema „Sicherheit im Quartier" gerecht werden, ohne Quartiersentwicklung zu „versicherheitlichen"? Und wie kann man sozialräumliche Ansätze verstetigen, ohne soziale Benachteiligung zu verfestigen? Der Wandel im Umgang mit Nutzungskonflikten, der in den letzten Jahren punktuell festzustellen ist und der frühzeitige Planung, Transparenz von Planungsprozessen, Beteiligung der Bewohnerinnen und Bewohner, Mediation statt Regelung und Repression in den Vordergrund des Handelns bei Konflikten im Stadtraum rückt, kann dies unterstützen. Auch ist eine kritische Auseinandersetzung mit Regelungen und der Regelungstiefe nötig, die berücksichtigt, dass diese meist nur sinnvoll sind, wo ihre Einhaltung auch durchgesetzt werden kann.

Integriertes Handeln in der Stadtentwicklung – gerade auch in Bezug auf die Schaffung und Erhaltung sicherer Stadträume – macht besonders deutlich: Stadtentwicklung ist mehr als Städtebau, und es bedarf der Investition in verfallende

Baustrukturen ebenso wie der Investition in soziale Strukturen der Städte. Die Ergebnisse der Difu-Kommunalbefragungen von Akteuren urbaner Sicherheit in den deutschen Städten zeigen deutlich: Bei aller Unterschiedlichkeit beispielsweise der Handlungsansätze von Ordnungsämtern, die sich im Kern mit Fragen der Sicherheit und Ordnung in den Städten befassen müssen, und Stadtentwicklungsämtern, bei denen Fragen der Sicherheit und Ordnung nur am Rande ihrer Tätigkeit eine Rolle spielen, sind die sozialräumlichen Ansätze der Bereich, in den beide Akteursgruppen Hoffnungen setzen. In ihm könnten sie sich im Handeln treffen, könnten die Integrationspunkte für eine Vielzahl von Akteuren sein, die sich mit der urbanen Sicherheit beschäftigen. Die Integration von Fragen der Sicherheit in die Stadtentwicklung darf aber nicht dazu führen, dass Sicherheitsprobleme grundsätzlich „verräumlicht" werden. Dies würde viele Bereiche der urbanen Sicherheit aussparen und könnte beispielsweise im Bereich der Bekämpfung der Kriminalität dazu führen, dass die Aufmerksamkeit für Delikte, die das Leben in den Städten massiv beeinträchtigen können (z.B. Umwelt- oder Wirtschaftskriminalität und organisierte Kriminalität), zumindest in der öffentlichen Diskussion verlorengeht, während Delikte, die im Vergleich dazu nur von untergeordneter Bedeutung für die Sicherheit in den Städten sind, wie etwa eine Vielzahl von Incivilities, zu stark in den Blick gerieten. Auch ist Sicherheit weiterhin nur ein Aspekt der Stadtentwicklung unter vielen und sollte nicht das gestalterische Primat für eine integrierte Stadtentwicklungspolitik bilden.

6. Vollständige Sicherheit kann es nicht geben

6.1 „Sichere Städte" als Ziel

Sichere Städte sind Wunsch, Anspruch und Versprechen, aber im Ziel (ähnlich wie andere übergeordnete Ziele, etwa „soziale Gerechtigkeit" oder „gleichwertige Lebensbedingungen") nie vollständig erreichbar. Wenngleich die Ansprüche an ein sicheres Leben anscheinend wachsen, gilt es immer wieder klar zu machen, dass es vollkommene Sicherheit nicht geben kann. Umso wichtiger ist es, eine urbane Kultur zu entwickeln, die Unsicherheiten nicht verleugnet, sondern akzeptiert.

Unerwartetes, das in einem gewissen Maß immer mit Unsicherheit verbunden ist, macht für viele auch den Reiz des Urbanen aus. Neue technologische Möglichkeiten samt ihren Auswirkungen (z.B. Facebook-Parties, Flashmobs), die meist zuerst in den Städten größere Verbreitung finden, sowie neue Lebens-, Arbeits- und Freizeitkulturen (z.B. die neue Eventkultur im öffentlichen Raum) sowie Raum für temporäre und informelle Nutzungen (z.B. auf städtischen Brachen) gehören zur urbanen Vielfalt und machen es notwendig, Handlungsmuster im Umgang mit ihnen zu entwickeln.

Gleichzeitig sollte die Diskussion über urbane Vielfalt und urbane Sicherheit nicht dazu führen, dass Sicherheit und Freiheit als diametral entgegengesetzt wahrgenommen werden. Es geht darum, dass Bürgerinnen und Bürger im Zusammenleben ihre Freiheiten in den Städten nutzen können, Vielfalt möglich ist und dennoch deutlich wird, dass das Ausleben der eigenen Freiheit potenziell auch immer Freiheitsräume anderer beschneidet und zu Nutzungskonflikten führt, die von Menschen unterschiedlich wahrgenommen werden, beispielsweise als Incivilities, oder die auch Regelübertretungen sein können, die strafbar sind.

6.2 Aushandlungsprozesse und Einbettung in gesellschaftliche Bedingungen

Regeln und deren Durchsetzung bilden den Rahmen für mögliche Aushandlungsprozesse in Bereichen von Unsicherheit unterhalb der Strafbarkeit. Bei den meisten Straftaten besteht ein gesellschaftlicher Konsens darüber, dass man es mit strafbaren Handlungen zu tun hat (z.B. bei Taten gegen Leib und Leben). Bei anderen Straftaten oder Ordnungswidrigkeiten findet eine gesellschaftliche Diskussion statt: Was der eine beispielsweise als Street Art ansieht, ist für den anderen nur Sachbeschädigung. Was von der einen als Teil der Jugendkultur angesehen wird, wird von dem anderen als Belästigung im öffentlichen Raum wahrgenommen. Was der eine als soziales Problem ansieht, ist für die andere ordnungswidriges Verhalten.

Gerade am Beispiel der Nutzung des öffentlichen Raumes wird klar, dass es häufig der Aushandlungsprozesse bedarf. Die Konfliktfelder bei der Nutzung des öffentlichen Raumes bestehen in unterschiedlichen Bereichen, z.B. im Umgang mit offenen Szenen, Alkoholkonsum im öffentlichen Raum, offiziellen und informellen Veranstaltungsnutzungen im öffentlichen Raum, halbprivater Nutzung des öffentlichen Raumes, einzuhaltenden Standards der „Aufgeräumtheit" des öffentlichen Raumes, Brachflächen und Leerräumen, Pflege und Unterhaltung des öffentlichen Raumes oder Lösungen für Teilräume bei eigentlich gesamtstädtischen Problematiken. Verschiedene Nutzer(gruppen) nutzen öffentliche Räume sehr unterschiedlich, und es bestehen daher unterschiedliche, zum Teil gegensätzliche Ansprüche an den Raum, die zu Nutzungskonkurrenzen und Nutzungskonflikten führen können. Dabei wird es immer Nutzungen und Nutzer(gruppen) geben, die von anderen als „Störung" wahrgenommen werden. Unterschiedliche Nutzungsansprüche und Nutzergruppen sollten aber im Sinne eines vielfältigen städtischen Lebens akzeptiert werden. Nutzungskonkurrenzen und Nutzungskonflikte werden immer dann zu einem Problem, wenn sie das Miteinander im öffentlichen Raum stark gefährden oder unmöglich machen. Bekanntheit und Vertrautheit können die Toleranz gegenüber vermeintlichen „Störungen" fördern. Klar ist aber auch, dass bestimmte Nutzungen nicht miteinander vereinbar und bestimmte Nutzungskonflikte nicht moderierbar sind.

Deutlich wird, dass urbane Sicherheit nicht losgelöst von den gesellschaftlichen Bedingungen diskutiert werden kann. Soziale Gerechtigkeit beeinflusst die Sicherheit in der Stadt massiv. Auch dies lässt sich am Beispiel des Umgangs mit dem öffentlichen Raum und den entstehenden Konfliktfeldern illustrieren: Die Durchsetzung von Sicherheits- und Ordnungsbelangen kann mit der Verdrängung von Nutzungen, Personen und Gruppen aus dem öffentlichen Raum, Privatisierungs- und Kommerzialisierungsprozessen des öffentlichen Raumes, Raumaneignungsphänomenen (Verantwortung, Inklusion) oder Raumbesetzungsphänomenen (Durchsetzung, Ausgrenzung) und Nutzungskonkurrenzen zwischen „Randgruppen" verbunden sein. Dabei geht es um folgende Fragen: Inwieweit ist es sinnvoll, den öffentlichen Raum für die Nutzungsbedürfnisse des *Mainstream* der Gesellschaft aufzubereiten, unerwünschte Nutzungen zu unterbinden oder zu verdrängen? Inwieweit müssen widersprüchliche Nutzungsanforderungen akzeptiert werden?

6.3 Sicherheit als begrenzte und zu begrenzende Ressource

Sicherheit kann sowohl als begrenzte wie als zu begrenzende Ressource angesehen werden (vgl. Ammicht-Quinn 2014). Daher spielen bei der Aufrechterhaltung und Schaffung sicherer Städte Fragen der Verteilungsgerechtigkeit nicht zuletzt in dem Maß eine zunehmend wichtige Rolle, wie die öffentlichen Hände Kosten sparen müssen, die Effizienz des Mitteleinsatzes geprüft und versucht wird, über Verfahren der Prädiktion Sicherheit schaffende Maßnahmen zu „verteilen". Wenn es eine Wunschvorstellung ist, Sicherheit flächendeckend auf gleichem Niveau zur Verfügung zu stellen (zu unterschiedlich sind die Tatgelegenheitsstrukturen, notwendigen Bereitstellungszeiten für Einsatzkräfte, sozialen, finanziellen und personellen Rahmenbedingungen), dann stellt sich die Frage nach der Definition von Schutzzielen und Sicherheitsstandards, wie dies in Teilen der urbanen Sicherheit (z.B. beim Rettungswesen oder bei der Feuerwehr) bereits der Fall und akzeptiert ist. In der Konsequenz geht es um die Grundfrage, wieviel Sicherheit wir uns leisten wollen und leisten können, und wer sich wieviel Sicherheit leisten kann.

Am Beispiel der Naturgefahren wird deutlich: Absolute Sicherheit kann es nicht geben. Dies wird auch weitgehend von der Allgemeinheit akzeptiert, wenngleich es über Sicherheitsstandards immer wieder Diskussionen gibt. Die Gesellschaft konzentriert sich darauf, Städte so gut wie möglich vor Naturgefahren zu schützen, entwickelt Präventionskonzepte und Präventionsstrukturen, um den Gefahren vorzubeugen, sorgt dafür, dass nach Schadensereignissen eine schnelle Reaktion möglich ist, und sorgt für die Wiederherstellung der zerstörten Bereiche. Maßnahmen und Strukturen sind dabei differenziert gestaltet, je nach Eintrittswahrscheinlichkeit- bzw. -häufigkeit und dem zu erwartenden Schadensumfang. Die Gesellschaft erwartet keine absolute Sicherheit, aber eine adäquate Vorbereitung seitens der relevanten Akteure auf mögliche Schadensereignisse. Es ist gesellschaftlicher Konsens, dass ein – wenn auch für Laien wie Experten oft schwer einzuschätzendes – Restrisiko verbleibt.

Technische Gefahren waren der Anlass für die Ende der 1970er-Jahre im bekannten „Kalkar-Urteil" zum Atomgesetz erfolgte rechtliche Auslegung des Bundesverfassungsgerichts (Beschluss vom 8. 8. 1978 – 2 BvL 8/77, BVerfGE 49, 89), nach welcher der Grundsatz der bestmöglichen Gefahrenabwehr und Risikovorsorge gelte. Es müssten aber nur solche Schäden verhindert werden, die nach den Maßstäben der praktischen Vernunft überhaupt eintreten könnten. Es gebe ein unentrinnbares Restrisiko, das von den Bürgerinnen und Bürgern als sozialadäquate Last zu tragen sei. Auch in anderen Bereichen urbaner Sicherheit muss es darum gehen, mit „Restrisiken" umzugehen.

Am Beispiel der Bedrohung urbaner Ziele durch Terrorismus wird deutlich, dass nach abgewehrtem, vermeintlichem oder tatsächlichem Schadenseintritt die Bereitschaft bei Politik, Bürgerinnen und Bürgern anscheinend wächst, auch erhebliche Einschränkungen der Freiheit in Kauf zu nehmen, um weiteren Schadenseintritt zu verhindern. Das tatsächliche Schadensausmaß ebenso wie die Ungeheuerlichkeit der tatsächlichen oder vermeintlichen Bedrohung fördern Entscheidungen zugunsten massiv einschränkender Maßnahmen. Die Bereitschaft zu vorsorgendem, verhütendem und verhinderndem Verhalten wächst. Die Aufmerksamkeit nimmt mit der Zeit aber auch wieder ab. Bestimmte Regelungen verfestigen sich, auch wenn sie ursprünglich nur aufgrund der „Ausnahmesituation" getroffen wurden. „Ausnahmesituationen" werden damit auch genutzt, um besonders restriktive Regelungen und Eingriffe in individuelle Freiheiten durchzusetzen, die sonst vielleicht den gesellschaftlichen Aushandlungsprozessen nicht standgehalten hätten. Bestimmte präventive Verhaltensweisen werden in alltägliche Verhaltensmuster übernommen, andere nicht. Professionelle Sicherheitsakteure ebenso wie Bürgerinnen und Bürger wägen ab: Wieviel Aufwand erfordert präventives Handeln und welchen Nutzen bringt es?

6.4   Sicherheit zwischen Transparenz und Vertraulichkeit

Schließlich geht es bei der Frage, wie sicher wir in den Städten leben wollen, nicht nur um die Abwägung zwischen Freiheit und Sicherheit, sondern auch um jene zwischen für die Sicherheit notwendiger Diskretion und für die demokratische Stadtgesellschaft notwendiger Transparenz. Da wir „über keine Prinzipien verfügen, um über die Verteilung von Sicherheit zu entscheiden", kommt „der Sichtbarkeit von Sicherheitsmaßnahmen ein unangemessenes Gewicht in der öffentlichen Diskussion" (Nagenborg 2013) zu. Sichtbarkeit ist dabei nur ein Teil der Transparenz. Sichtbar wird für Bürgerinnen und Bürger beispielsweise die „polizierende Präsenz" im Stadtraum. Nicht sichtbar sind die Einsatzkonzepte. Gefordert wird in der öffentlichen Diskussion daher zwangsläufig mehr sichtbare Polizei auf den Straßen – auch wenn für die Bekämpfung von Kriminalität eventuell andere Einsatzkonzepte sinnvoller sind und Schwerpunktsetzungen in der Präsenz Teil des Sicherheitskonzepts sind, *weil* keine Transparenz über das Sicherheitskonzept besteht. Das Dilemma besteht darin, dass Sicherheitskonzepte nicht in allen Teilen transparent sein können, wenn sie Wirkung entfalten sollen. Wenn potenzielle Täterinnen und Täter wissen, wo die Polizei ist und wie sie vorgeht, werden sie andere Tatgelegenheiten suchen und andere *modi operandi* bevorzugen. Diese notwendige Diskretion hinterlässt aber bei Bürgerinnen und Bürgern nur einen unvollständigen Eindruck vom Handeln der Sicherheitsakteure. Vollständige Transparenz kann es beim Sicherheitshandeln daher nicht geben. Wohl aber ist es sinnvoll und notwendig, 1.) den Bürgerinnen und Bürgern soweit wie möglich Einblick in das Sicherheitshandeln zu geben, 2.) deutlich zu machen, dass neben dem sichtbaren Handeln auch andere Strategien, Konzepte und Maßnahmen der Sicherheit in der Stadt dienen und zum Einsatz kommen, 3.) Maßnahmen zu begründen und mehr Bewusstsein für das alltägliche Handeln der Akteure zu schaffen. Beispielsweise kann – neben der Information in komprimierten Polizeiberichten oder ausgewählten Pressemeldungen – Öffentlichkeit auch durch eine intensivere Nutzung sozialer Medien geschaffen werden. Mit der Intention, einen besseren Einblick in die alltägliche Polizeiarbeit in einer Stadt zu vermitteln und Nachwuchskräfte für die Polizeiarbeit zu interessieren, hat beispielsweise die Berliner Polizei 24 Stunden lang per Twitter-Meldungen von ihren Einsätzen berichtet und damit viel positive Resonanz erzielt (vgl. Hasselmann/von Törne 2014) – sowie mittlerweile Nachahmer gefunden (vgl. von Törne 2014).

7. Zusammenarbeit muss gelernt werden

7.1 Zusammenarbeit und Sicherheitskultur

Wie bereits mehrfach ausgeführt sind neben der Polizei auf staatlicher Ebene und den Ordnungsämtern auf kommunaler Ebene viele weitere Akteure direkt oder indirekt mit Aufgaben der urbanen Sicherheit und Ordnung befasst. Die Difu-Kommunalbefragungen haben gezeigt: Die Muster der Zusammenarbeit in den Städten ähneln sich je nach dem rechtlichen und organisatorischen Rahmen in den einzelnen Bundesländern sehr. Die verschiedenen Akteure sind in sehr unterschiedliche Organisationsstrukturen, formelle wie informelle Netzwerke, Kommunikations- und Entscheidungswege eingebunden. Sie bedienen sich sehr unterschiedlicher Arbeits- und Kommunikationskulturen und folgen unterschiedlichen Handlungslogiken, welche die Zusammenarbeit erschweren können, dies aber nicht zwangsläufig müssen. Am Beispiel der Zusammenarbeit zwischen Polizei und Ordnungsämtern oder Ordnungsämtern und Jugendämtern wurde dies oben dargestellt und ausgeführt, dass für die Zusammenarbeit auf Arbeitsebene die Unterstützung der Führung eine wichtige Voraussetzung ist. Während für einige Bereiche der Zusammenarbeit Regelungen über Zuständigkeiten, Aufgabenteilung und zum Teil auch Zusammenarbeitsformen (z.B. zwischen Landespolizeibehörden und kommunalen Akteuren, Sicherheits- und Ordnungspartnerschaften) bestehen, bilden sich andere Formen der Zusammenarbeit über Aushandlungsprozesse und Handlungsroutinen (z.B. im Bereich kommunaler Präventionsgremien), die teilweise formalisiert werden. Dass diese Formen der Zusammenarbeit und die Zusammensetzung entsprechender Gremien oft durch Kooptation geprägt sind (vgl. Frevel 2012), kann die Zusammenarbeit erleichtern – weil diejenigen Akteure zusammenarbeiten, die sich ohnehin kennen –, ist aber mit der Gefahr verbunden, dass andere professionelle Akteure bis hin zu Bürgerinnen und Bürgern (zur mangelnden Einbeziehung der „funktionslosen" Bürger vgl. 3.1) von der Zusammenarbeit ausgeschlossen werden und bestimmte Aufgaben- und Fragestellungen damit unberücksichtigt bleiben. Es hat sich gezeigt, dass gute Erfahrungen bei bestehenden Kooperationen und genauere Kenntnisse über die Tätigkeit des jeweils anderen die weitere Zusammenarbeit erleichtern und helfen, Vorurteile (z.B. zwischen Sicherheits- und Ordnungsakteuren und Akteuren der Jugendarbeit) zu überwinden. Gerade bei informellen Kooperationen sind persönliche Kontakte zwischen den beteiligten Akteuren für den Erfolg der Zusammenarbeit wichtig.

Trotz im Grundsatz guter Zusammenarbeit unterschiedlicher Akteure urbaner Sicherheit ergeben sich immer wieder Probleme an den Schnittstellen. Häufig ist dies auf unklare Zuständigkeiten zurückzuführen. So sind Zuständigkeitsgrenzen bei notwendigem integriertem Handeln bisweilen nicht klar definiert oder für das Alltagshandeln zu komplex (beispielhaft dafür ist etwa die verteilte Verantwortung für den Umgang mit Graffiti in Bahnhofsbereichen), manchmal bestehen Doppelzuständigkeiten oder temporär begrenzte Zuständigkeiten bzw. temporär begrenzter Vollzug (z.B. begrenzte Einsatzzeiten kommunaler Ordnungsdienste). Es können sich Abweichungen zwischen festgelegten und „gelebten" Zuständigkeiten entwickeln. Zuständigkeiten werden nicht ausreichend kommuniziert oder sind scheinbar zu komplex, um sie gegenüber den Bürgerinnen und Bürgern adäquat zu kommunizieren. Allein die Unterscheidung zwischen Fragen der Sicherheit und solchen der Ordnung ist im Alltag für Bürgerinnen und Bürger schwierig. Im schlechtesten Fall entwickelt sich eine organisierte Unverantwortlichkeit, d.h., viele sind mit der Aufgabe betraut, aber jeder meint, der andere würde sich schon kümmern. Schließlich bestehen auch Zielkonflikte zwischen den Akteuren (z.B. zwischen Akteuren aus dem Bereich Sicherheit und Ordnung und solchen aus dem Bereich Jugend und Soziales), die sich aus den unterschiedlichen Aufgabenfeldern der Kooperationspartner ergeben. Für Bürgerinnen und Bürger erschwert dies im günstigsten Fall die Kontaktaufnahme mit den zuständigen Akteuren, schlimmstenfalls versickern ihre Anliegen in intransparenten Strukturen. Gerade in

Fragen der Sicherheit in der Stadt wenden sich Bürgerinnen und Bürger an ihnen bekannte zentrale Akteure – „die Polizei" oder „die Stadt": „Die Bürger [...] richten ihre Forderungen und Sicherheitserwartungen an die Politiker und Verwaltungsfachleute vor Ort, d.h. insbesondere an die Ratsmitglieder und die Bürgermeister" (DST 2011, S. 4).

Sicherheit in den Städten zu gewährleisten ist eine Aufgabe, die sich ständig wandelt. Dies erfordert besondere Flexibilität auch in der Zusammenarbeit der Beteiligten. So kann sich aufgabenabhängig auch der Kreis der Beteiligten verändern, oder Veränderungen in den jeweiligen Organisationen haben Auswirkungen auf die Zusammenarbeit. Kooperationskulturen müssen sich beispielsweise unter der Bedingung eines neu hinzutretenden Akteurs (etwa wenn die Kommune einen Ordnungsdienst einführt) erst herausbilden, und Vertrauen zwischen den Akteuren muss sich erst entwickeln. Aus dem pragmatischen Handeln der unterschiedlichen Beteiligten entstehen langsam neue urbane Sicherheitskulturen, die immer wieder Veränderungen unterworfen sind (vgl. Floeting 2006). Diese Sicherheitskulturen sind stark geprägt von der Zusammenarbeit der beteiligten Personen. Etablierte Sicherheitskulturen sind aber auch über den Wechsel der Akteure hinaus langfristig stabil.

Deutlich wird, dass Zusammenarbeit gelernt werden muss. Dazu gehört das Wissen über die Rolle der jeweils anderen Partner in der Zusammenarbeit. Fort- und Weiterbildung können dabei eine wichtige Rolle spielen.

7.2 Fort- und Weiterbildung

Die Ansprüche an die Qualifikation des Personals im Bereich Sicherheit und Ordnung, in den Polizeien, in den Kommunalverwaltungen und städtischen Betrieben sowie an die Qualifikation der politischen Mandatsträgerinnen und Mandatsträger, die sich mit Fragen von Sicherheit und Ordnung beschäftigen, und damit auch an deren Fort- und Weiterbildungsbedarf sind einem permanenten Wandel unterworfen und steigen aufgrund der Komplexität vieler Problemlagen in den Städten stetig. Zu den Gründen dieser Entwicklung zählen die aus den eingeschränkten finanziellen Handlungsspielräumen resultierenden veränderten quantitativen und zum Teil qualitativen Personalstrukturen und die damit zusammenhängende kontinuierliche Arbeitsverdichtung. Hinzu kommt die Übernahme neuer Aufgaben infolge sich wandelnder sozio-demografischer, sozio-ökonomischer und technologischer Rahmenbedingungen sowie Veränderungen bei Gesetzen und untergesetzlichen Regelwerken. Darüber hinaus ist eine allgemeine Zunahme der Komplexität der Aufgaben gerade im kommunalen Bereich festzustellen. Auch veränderte Erwartungen der Bürgerinnen und Bürger an die Aufgabenerfüllung von Organisationen mit Schwerpunkten im Bereich der Sicherheit und Ordnung bilden die Grundlage für den Fort- und Weiterbildungsbedarf der Mitarbeiterinnen und Mitarbeiter. Schließlich sind organisatorische Veränderungen (z.B. veränderte Zuständigkeiten für Fragen der Sicherheit und Ordnung) und die Abschichtung von Aufgaben auf nachgeordnete Behörden oder Aufgabenverlagerungen zwischen staatlichen und kommunalen Behörden und Organisationen Anlass für das Entstehen neuer Fort- und Weiterbildungsbedürfnisse. In den Kommunalverwaltungen wird mehr denn je ein hohes Maß an fachlichen, sozialen und methodischen Kompetenzen benötigt.

Allgemeinfachliche wie fachspezifische Fortbildung sind seit Jahren Gegenstand von Polizeireformen. Innerhalb der Polizei findet eine Umorientierung von angebotsorientierter hin zu bedarfsorientierter und zu dezentraler Fortbildung statt (vgl. Wesemann 2001). Auch eher akademisch orientierte Bildungsangebote halten Einzug in den Polizeibereich. Fort- und Weiterbildung findet sonst in Polizeiakademien, Fachhochschulen der Polizei oder der Deutschen Hochschule der Polizei statt. Mit Ausnahme allgemein zugänglicher Fortbildungsangebote an öffentlichen Hochschulen (z.B. zum Sicherheitsmanagement) sind die Angebote bisher in der Regel allein auf Mitarbeiterinnen und Mitarbeiter der Polizei ausgerichtet, wenngleich in jüngerer Zeit sich „in einigen der Studiengänge bisweilen […] staatliche und private Akteure [vermischen]" (Gerhold/Schiller/Steiger 2014, S. 18) und an Polizeihochschulen und durch Polizeifachkräfte auch private Sicherheitskräfte ausgebildet werden (vgl. ebenda).

Im akademischen Bereich existiert mittlerweile eine große Zahl von Sicherheitsbezogenen Studienangeboten in Deutschland. Ein aktueller Studienführer nennt 82 Studienmöglichkeiten im Themenfeld Sicherheit, davon zwei Drittel Master- und ein Drittel Bachelorstudiengänge. Grundständige Studiengänge werden vor allem in den Bereichen Risiko- und Sicherheitsmanagement, Sicherheits- bzw. Rettungsingenieurausbildung, Sanitäts- und Rettungsmedizin sowie IT-Sicherheit angeboten. Die Masterstudiengänge sind schwerpunktmäßig auf Studienangebote in den Bereichen Sicherheitsmanagement, IT-Sicherheit, Umweltgefahren, naturwissenschaftliche und naturwissenschaftlich-technische Schwerpunkte ausgerichtet (vgl. Gerhold/Schiller/Steiger 2014). Kritisch angemerkt wird, dass mit Ausnahme der wenigen kriminologischen, humanitären und friedensorientierten Studienangebote selbst in den geistes- und sozialwissenschaftlichen Studiengängen, die über sicherheitsbezogene Studienangebote verfügen, Managementstudiengänge dominieren und „kritische Perspektiven auf das, was unter Sicherheit zu verstehen ist, d.h., wie diese gesellschaftlich-sozial konstruiert wird und warum auch Unsicherheit ausgehalten werden muss, […] bislang kaum Gegenstand des Studienangebotes [sind]" (ebenda, S. 18).

Auch speziell für Kommunen wurde im Bereich urbaner Sicherheit in den letzten Jahren eine Reihe von Weiterbildungsangeboten entwickelt. Der Fortbildungsmarkt für Kommunen in Deutschland ist insgesamt sehr heterogen. Fortbildungen werden sowohl verwaltungsintern als auch -extern durchgeführt. Viele Großstädte haben eine eigene „Aus- und Fortbildungseinheit", dabei sind zentrale Fortbildungsbereiche oder Verantwortlichkeiten häufig in dezentrale Fachbereichsleitungen verlagert. Zentral werden weiterhin Fortbildungsangebote organisiert, die fachbereichsübergreifend von Interesse sind. Verwaltungsextern werden Fortbildungsveranstaltungen von in meist öffentlicher Trägerschaft organisierten Studieninstituten, Verwaltungsschulen, Fachhochschulen für öffentliche Verwaltung, Verwaltungs- und Wirtschaftsakademien sowie kommunalen Spitzenverbänden durchgeführt, außerdem vom Deutschen Beamtenbund, Gewerkschaften und privaten Anbietern. Die Angebote im Bereich urbaner Sicherheit folgen dem Anschein nach weniger einer konsistenten Weiterbildungssystematik mit aufeinander aufbauenden Weiterbildungsmodulen als dem Abdecken des aktuellen Weiterbildungsbedarfs, häufig getrieben von Themenkonjunkturen. So hat beispielsweise in Folge der Duisburger Love-Parade-Ereignisse von 2010 das Angebot öffentlicher und privater Anbieter im Themenfeld Großveranstaltung deutlich zugenommen. Eine Ausnahme stellen die (zum Teil nach Bundesländern allerdings sehr unterschiedlich ausdifferenzierten) Fort- und Weiterbildungsangebote der kommunalen Fort- und Weiterbildungseinrichtungen (Verwaltungsschulen, kommunale Bildungswerke, kommunale Akademien und Studieninstitute) im Bereich Sicherheit und Ordnung dar, die sich in erster Linie an die Ordnungsverwaltungen der Kommunen richten. Wenn überhaupt von einer Verstetigung von Angeboten in anderen Bereichen (beispielsweise im Bereich von Angeboten für Stadtplanerinnen und Stadtplaner) gesprochen werden kann, dann am ehesten im Rahmen der mittlerweile auf unterschiedlichen Ebenen institutionalisierten städtebaulichen Kriminalprävention.

Die Weiterbildungssituation stellt sich im Vergleich zwischen den Ordnungsämtern und den Stadtplanungsämtern sehr unterschiedlich dar. Während knapp 86 Prozent der Ordnungsämter in der Difu-Kommunalbefragung angaben, Weiterbildungsangebote im Bereich „Sicherheit in der Stadt" zu nutzen, waren es nur 27 Prozent der befragten Stadtplanungsämter. Das Ergebnis ist nicht weiter verwunderlich, gehören Sicherheitsthemen im weiteren Verständnis doch zu den Kernaufgaben der Ordnungsämter, während sie für die Stadtplanungsämter eher ein nachrangiges Thema darstellen, mit dem meist Spezialistinnen und Spezialisten befasst sind oder das aus einer spezifischen Betroffenheit in den Fokus gerät. 25 Prozent der Ordnungsämter, die sich an der Befragung beteiligten, nutzen kommunale Fort- und Weiterbildungsangebote. Dies sind Angebote von Verwaltungsschulen, kommunalen Bildungswerken, kommunalen Akademien und Studieninstituten sowie anderen Einrichtungen in kommunaler Trägerschaft oder mit kommunaler Beteiligung. Ebenso hoch ist der Anteil der Städte, die Fort- und Weiterbildungsangebote der Polizei oder von Einrichtungen der Polizei (z.B. Fachschulen) nutzen. Fort- und Weiterbildungsangebote privater Träger werden von 44 Prozent der Ordnungsämter genutzt. Diese Angebote haben eher den Charakter von spezialisierten Schulungen (z.B. zur Ausbildung an Messtechnik, zum Team- oder Verhaltenstraining). Rund 28 Prozent der Ordnungsämter nutzen Angebote der Länder (z.B. von Landesministerien, Hochschulen, Landesbetrieben).

In vielen Kommunen werden fachspezifische Weiterbildungsangebote für die Angestellten der Ordnungsämter dezentral über das jeweilige Amt oder den Fachbereich organisiert. Daneben existieren häufig noch zentrale fachübergreifende Weiterbildungsangebote, die über die Personalämter abgewickelt werden und eher auf bestimmte persönliche Fähigkeiten abzielen (z.B. Selbstverteidigungs- oder Rhetorikkurse). Tritt die Polizei als Weiterbildnerin auf, handelt es sich zumeist um spezifische Kooperationen zwischen der Kommune und der lokalen Polizei. Dabei fungiert die Polizei meist nicht als Anbieterin bestimmter Weiterbildungsprogramme, sondern stellt auf Anfrage der Kommune Einsatztrainerinnen und -trainer zur Schulung von Außendienstmitarbeiterinnen und -mitarbeitern zur Verfügung.

Stadtplanungsämter nutzen demgegenüber – wie dargestellt – Fort- und Weiterbildungsangebote im Themenbereich urbane Sicherheit insgesamt weit weniger. Auch hier überwiegen kommunale Angebote, die von 40 Prozent der Stadtplanungsämter, die dazu Angaben machten, genutzt wurden. Dabei dominieren interne Angebote oder Angebote anderer Städte. Genannt wurden vor allem Angebote der Landespräventionsräte oder von Arbeitskreisen unter Beteiligung der Polizei. Hierbei ist allerdings davon auszugehen, dass es sich nicht ausschließlich um explizite Weiterbildungsmaßnahmen handelt, sondern auch verschiedene Arten des Informationsaustausches umfasst sind. 32 Prozent der Stadtplanungsämter nutzten Angebote der Länder. Weitere wichtige Anbieter von Fort- und Weiterbildung im Bereich urbane Sicherheit sind für die Stadtplanungsämter die Berufsverbände. Eine ergänzende Recherche bei den befragten Stadtplanungsämtern hat gezeigt, dass Weiterbildung im Bereich städtebaulicher Kriminalprävention beispielsweise weniger über Veranstaltungen als über Veröffentlichungen zum Thema stattfindet. Weiterhin ist der Austausch mit den verschiedenen Akteuren im Bereich urbane Sicherheit bedeutsam, zentral sind hierbei die kommunalen Präventionsräte oder Arbeitskreise. Einige der Ämter, die aktuell keine Angebote nutzten, berichteten auf Nachfrage, dass das Thema vor mehreren Jahren stärker im Fokus stand.

Für den Bereich Sicherheit und Ordnung gibt es eine Vielzahl an sicherheitsrelevanten Fortbildungsseminaren, die von Studieninstituten, Verwaltungs- und Wirtschaftsakademien angeboten werden. Neben den Mitarbeiterinnen und Mitarbeitern der Ordnungsämter werden auch weitere städtische Angestellte als Zielgruppe geführt (z.B. Mitarbeiterinnen und Mitarbeiter von Straßenverkehrsbehörde, Gewerbeamt, Umweltamt). Ein Großteil der Angebote differenziert bei der Festlegung der Zielgruppe nicht dahingehend, ob bereits Vorkenntnisse im entsprechenden Themengebiet vorliegen oder nicht. Das Themenspektrum ist breit gestreut, konzentriert sich aber auf folgende Bereiche:

- Prävention und Gefahrenabwehr,
- Schulung des Außendienstes bzw. des kommunalen Ordnungsdienstes oder der Stadtwacht,

- verschiedene rechtliche Bereiche (z.B. Ordnungswidrigkeiten-, Gaststätten- sowie Gewerbe-, Waffen- und Straßenverkehrsrecht),
- Kommunikation (umfasst Strategien zur Deeskalation, Konfliktmanagement, interkulturelle Kommunikation und den allgemeinen Umgang mit Bürgerinnen und Bürgern) sowie
- Selbstverteidigung und unmittelbarer Zwang (umfasst die Eigensicherung, Sicherheitstraining, Einsatzlehre, Umgang mit Hunden).

Auch methodisch ist das Angebot vielfältig, konzentriert sich aber auf das Bearbeiten von Beispielfällen, den klassischen Theorieinput per Vortrag sowie auf Diskussionen und Gespräche. Eingesetzt werden aber durchaus auch andere Methoden, z.B. Rollenspiele und das Erarbeiten von Szenarien.

Mittlerweile sind zahlreiche Angebote für die einzelnen Ämter und Fachbereiche vorhanden, wenngleich das Fort- und Weiterbildungsangebot nach Bundesländern stark differiert. Dies spiegelt einerseits zum Teil die im Vergleich zwischen den Bundesländern unterschiedliche Aufgabenverteilung in den kommunalen Ordnungsverwaltungen und damit auch unterschiedliche fachliche Fort- und Weiterbildungsbedürfnisse wider. Andererseits bildet sich darin auch die unterschiedliche Ausdifferenzierung der Fort- und Weiterbildungslandschaft im kommunalen Bereich ab. Während für die kommunalen Ordnungsverwaltungen in einigen Bundesländern umfassende modular aufgebaute Fort- und Weiterbildungsangebote bestehen, sind die von den Befragten genutzten Angebote für Stadtplanerinnen und Stadtplaner eher weniger umfassend, systematisch und stark an aktuellen Fragestellungen ausgerichtet.

Eingangs wurde bereits ausgeführt, dass die Zusammenarbeit unterschiedlicher Akteure im Aufgabenfeld urbaner Sicherheit für die erfolgreiche Arbeit in der Praxis besonders wichtig ist und diese Zusammenarbeit gelernt werden muss. Dies ließe sich auch durch entsprechende Fort- und Weiterbildungsangebote unterstützen. Bisher fehlt es jedoch an solchen integrierten Angeboten, die urbane Sicherheit als gemeinschaftliche Aufgabe unterschiedlicher Akteure verstehen und dies in der Fort- und Weiterbildungskonzeption umsetzen. Solche Angebote werden von Praktikerinnen und Praktikern aber vehement gefordert. Integrierte Angebote können fachspezifische Angebote für die einzelnen Ämter nicht ersetzen, sie können sie aber ergänzen. Sie tragen besonders zur Sensibilisierung für Fragestellungen und Aufgaben zur Herstellung und zum Erhalt sicherer Städte und zum Verständnis zwischen den Ämtern und Organisationen bei. Sie ermöglichen den fachlichen Austausch zwischen den Ämtern, Fachbereichen und Organisationen losgelöst von möglichen Restriktionen des Verwaltungshandelns in einzelnen Strukturen und befördern den Transfer guter Lösungsansätze. Insbesondere vor dem Hintergrund des New Public Management, knapper kommunaler Kassen und geringer Personalressourcen ist dieses Fördern von integriertem Handeln sinnvoll und notwendig, um erfolgreiches Sicherheitshandeln fortzuführen. Der Erfahrungsaustausch zwischen Polizeien und kommunalen Dienststellen im Rahmen von Fort- und Weiterbildungsveranstaltungen kann verbessert und stärker systematisiert werden. Dies ist umso wichtiger, als sich zeigt, dass auf Basis bestehender gesetzlicher und untergesetzlicher Regelungen erfolgreiche Problemlösungen und Handlungsansätze in lokal spezifische Sicherheitskulturen, Akteursfelder und Akteurskonstellationen eingebettet sein sollten (vgl. Blieffert/Floeting 2014).

8. Sicherheit in der Stadt ist eine gesellschaftliche Aufgabe

8.1 Bewusstsein für Fragen der sicheren Stadt schaffen

Für sichere Städte zu sorgen umfasst wie gezeigt viele verschiedene Aufgaben und involviert eine Vielzahl von Akteuren. Doch viele Akteure sind sich ihrer Wirkung auf Sicherheitsfragen in der Stadt kaum bewusst. Daher ist es zunächst einmal notwendig, das Bewusstsein für Fragen von Sicherheit und Ordnung bei den unterschiedlichen Akteuren zu wecken, nicht nur kooperative Strukturen aufzubauen, sondern auch praktisch kooperativ zu handeln. Urbane Sicherheit – die einen wesentlichen Teil der Lebensqualität für die Bürgerinnen und Bürger der Städte ausmacht – darf nicht nur als Handlungsfeld für „Ad-hoc-Interventionen", sondern muss als kontinuierliche Aufgabe und ein gemeinschaftliches Ziel der Stadtgesellschaft begriffen werden. Es geht nicht nur darum, Missstände zu beseitigen, sondern Sicherheitsbelange bei städtischen Prozessen frühzeitig und angemessen zu berücksichtigen.

Die Beschäftigung mit Sicherheit und Ordnung als Phänomenen, die sich unterschiedlich ausgeprägt in städtischen Räumen zeigen, sollte nicht zur verkürzten Schlussfolgerung führen, dass Probleme mit Sicherheit und Ordnung in der Stadt primär über stadträumliche Interventionen gelöst werden könnten. Zu vielschichtig sind die sozioökonomischen Problemlagen, die als Ursache von Fehlentwicklungen gelten können und die letztlich als Erscheinungsformen von Unsicherheit in den Städten wahrgenommen werden. Für den Erhalt sicherer Städte müssen räumliche Entwicklungen berücksichtigt werden, ohne Fragen von Sicherheit und Ordnung simplifiziert zu verräumlichen.

Wenngleich professionelle Akteure (Polizei, Ordnungsämter, Rettungswesen, Katastrophenschutz usw.) für unterschiedliche Facetten urbaner Sicherheit zuständig sind, tragen doch alle Mitglieder der Stadtgesellschaft dafür Verantwortung, dass wir uns in der Stadt sicher fühlen. Der Begriff urbaner Sicherheit umfasst nicht nur den Umgang mit Kriminalität, sondern greift weiter aus. Von den Bürgerinnen und Bürgern her gedacht beinhaltet er alle Umstände, die das Leben in der Stadt sicherer machen. Dementsprechend gewinnen die professionellen Akteure, die sich indirekt mit Fragen der sicheren Stadt beschäftigten (beispielsweise die Fachbereiche Stadtplanung, Jugend, Soziales, Schulen usw.) ebenso wie die zivilgesellschaftlichen Akteure an Bedeutung, wenn es sichere Städte zu schaffen und zu gewährleisten gilt. Gerade, wenn in verstärktem Maß Prävention und Aushandlungsprozesse zur Sicherheit in den Städten beitragen sollen, muss die Zivilgesellschaft besser in die Prozesse eingebunden werden. Die Kooperation der professionellen direkten und indirekten Sicherheitsakteure sollte verbessert werden. Dabei muss klar sein, dass jeder seine Rolle spielt. Dies bedeutet: Obwohl planerische Kompetenz in der Polizei für die städtebauliche Kriminalprävention sinnvoll ist, bleibt die Verantwortung für die Planung bei der kommunalen Stadtplanung, die nicht nur Belange der Sicherheit berücksichtigen darf. Beispielsweise kann Straßensozialarbeit zur Sicherheit im öffentlichen Raum beitragen, indem sie Jugendlichen klar macht, welche verunsichernde Wirkung bestimmtes Verhalten auf andere Nutzer des öffentlichen Raums haben kann. Die Verantwortung für Sicherheit und Ordnung im öffentlichen Raum der Städte verbleibt aber bei der Polizei und den kommunalen Ordnungsämtern. Straßensozialarbeit kümmert sich in erster Linie um die Belange der Personen und Gruppen, die im öffentlichen Raum ihre Hilfe benötigen. Wichtig ist aber das Bewusstsein, dass gemeinsames Handeln auch den eigenen Aufgaben dienen kann. Beim gemeinsamen Handeln geht es darum, Polarisierungen – Freiheit des Handelns der Bürgerinnen und Bürger in den Städten versus Sicherheit und Ordnung – zu vermeiden. Sicherheit kann nicht das Hauptkriterium jeden Handelns in der Stadt sein.

8.2 Zivilgesellschaftliches Engagement und professionelle Akteure

Bürgerinnen und Bürger können viel für sichere Städte tun. Die subjektive Sicherheit in besonderem Maß, aber auch die tatsächliche Sicherheit des Einzelnen wird stark von der eigenen Verwundbarkeit beeinflusst, ebenso davon, wie er auf Störungen und Ereignisse, welche die eigene Sicherheit gefährden könnten, vorbereitet ist, oder welche Möglichkeiten er hat und nutzt, um mit solchen Störungen und Ereignissen umzugehen. Bürgerinnen und Bürger können auf vielfältige Weise Prävention betreiben: Dies reicht vom Bevorraten von Lebens- und Gebrauchsmitteln für Notfalllagen über den Einbruchschutz in der eigenen Wohnung bis hin zum Training im Umgang mit Aggression und Gewalt im öffentlichen Raum. Gerade vor dem Hintergrund des demografischen Wandels, der sich z.B. in der Alterung der Bevölkerung und in einer stärkeren räumlichen Polarisierung zwischen schrumpfenden und wachsenden Räumen zeigt, und bei begrenzten finanziellen wie personellen Ressourcen der öffentlichen Haushalte wird es auf verstärktes zivilgesellschaftliches Engagement auch für Sicherheitsbelange in den Städten ankommen.

Zivilgesellschaftliches Engagement kann professionelle Akteure nicht ersetzen, aber ergänzen. Die Verantwortung für sichere Städte stärker zu teilen, indem eine Vielzahl direkter und indirekter Sicherheitsakteure sowie die Zivilgesellschaft einbezogen werden, darf auch nicht dazu führen, dass Aufgaben von der staatlichen auf die kommunale Ebene oder von den professionellen Akteuren auf die zivilgesellschaftlichen abgewälzt werden. Es geht vielmehr darum, ein in der Praxis stärker aufeinander abgestimmtes Handeln zu unterstützen. Viele unterschiedliche Handlungsfelder (Sozial-, Jugend-, Familien-, Wohnungs-, Bildungs-, Kultur-, Beschäftigungspolitik usw.) beeinflussen die Lebensverhältnisse in den Städten und nehmen damit direkt oder indirekt in unterschiedlichem Maß auch Einfluss darauf, wie sicher diese sind. Während eine Reihe von Rahmenbedingungen, welche die Sicherheit in der Stadt bestimmen, durch die Städte selbst kaum oder nicht beeinflussbar ist, können Städte in den genannten Handlungsfeldern gezielt aktiv werden und damit präventiv sichere Lebensbedingungen unterstützen.

9. Die Themen urbaner Sicherheit werden sich fortlaufend ändern – wie die Städte selbst

Städte verändern sich fortlaufend. Dynamische Entwicklung ist ein Kennzeichen von Städten. So ist auch urbane Sicherheit ständigem Wandel unterworfen. Dynamische Entwicklungen schließen Wachstums- und Schrumpfungsprozesse ein, zeigen sich in Form von gesellschaftlichen Polarisierungen ebenso wie in der Wahrnehmung gemeinsamer Verantwortung.

9.1 Demografischer Wandel und Zuwanderung

Gerade der demografische Wandel, vor allem die Alterung unserer Gesellschaft, bringt neue Herausforderungen für die urbane Sicherheit mit sich. Strukturelle Veränderungen der Kriminalität und der Kriminalitätsfurcht gehen mit diesen Entwicklungen ebenso einher wie neue Herausforderungen für die Entwicklung von Personalstruktur und Personalgewinnung in den Behörden und Organisationen mit Sicherheitsaufgaben. In wachsenden wie in schrumpfenden Räumen werden neue Einsatzkonzepte notwendig. Die Alterung stellt die Sicherheitsakteure vor neue Aufgaben der Versorgung von Bürgerinnen und Bürgern. Auch Möglichkeiten und Notwendigkeiten, zivilgesellschaftliches Engagement einzubinden, verändern sich vor diesem Hintergrund. Schrumpfung und Wachstum sind mit neuen Konfliktpotenzialen – etwa gesellschaftlicher Polarisierung, freiwilliger und erzwungener Segregation – verbunden, die Auswirkungen darauf haben können, wie sicher wir in den Städten zukünftig leben. Ohne jede Maßnahme der Sozial-, Jugend-, Familien-, Wohnungs-, Bildungs-, Kultur- und Beschäftigungspolitik in den Dienst der urbanen Sicherheit stellen zu wollen, ergeben sich daraus doch viele Möglichkeiten der Prävention, die zur Sicherheit in den Städten beitragen und die vor dem Hintergrund des demografischen Wandels angepasst werden müssen.

Die Zuwanderung, die unsere Gesellschaft „bunter" macht, und der Umgang mit ihr sind auch mit neuen Herausforderungen für die Sicherheit in den Städten verbunden. Dies betrifft zum einen die Sicherstellung von Lebensumständen für Zuwanderer, die es ihnen ermöglichen, am gesellschaftlichen Leben so teilzunehmen, dass sie als Bereicherung für die Städte und nicht als Bedrohung oder Unsicherheitsfaktor wahrgenommen werden. Dabei ist „besonderes Augenmerk [...] darauf zu richten, dass nicht rechte, fremdenfeindliche Kräfte die Situation als Reflexionsfeld erkennen und die Entwicklungen zusätzlich erschweren" (DST 2013, S. 4). Dies gilt besonders im Umgang mit Fragen von Ordnung und Sicherheit in der Stadt. Zum anderen betrifft das Thema „Zuwanderung" auch die notwendige interkulturelle Kompetenz bei Behörden und Organisationen mit Sicherheitsaufgaben sowie neue Anforderungen, die auf diese zukommen.

9.2 Digitaler Datenraum und gebaute Stadt

Das stetige Zusammenwachsen des digitalen Datenraums mit dem physischen Raum der Städte, die Mobilisierung der Nutzung des Internet und dessen Erweiterung vom Internet der Menschen, das wir in Form von Mails und Websites nutzen, um das Internet der Dienste mit seinen sozialen Netzen zum Internet der Dinge, in dem Geräte autonom miteinander kommunizieren, Infrastrukturen, Wohnungen, Gebäude und die ganz Stadt „smart" werden – all dies ist mit einer exponentiellen Steigerung der Zahl der vernetzten menschlichen wie maschinellen „Akteure" verbunden und erhöht damit die Komplexität von Handlungen und Aktionen, die sich auf die urbane Sicherheit auswirken können. Darüber hinaus verändern sich durch diese Entwicklungen die Rahmenbedingungen urbaner Sicherheit erheblich. Es entstehen neue (fließende) Übergänge zwischen Öffentlichkeit und Privatsphäre, Globalem und Lokalem. Jede Bürgerin und jeder Bürger – professionelle Sicherheitsakteure einbezogen –, die oder der ein Smartphone nutzt, kann zu jeder Zeit und an jedem Ort in der Stadt zugleich privat und öffentlich agieren, vor Ort sein und dennoch global handeln. Umgekehrt beeinflussen globale Entwicklungen unmittelbar auch die Entwicklung der Sicherheit in den Städten. Die zeitlich und räumlich stetig verfügbare kommunikative Vernetzung ist mit einer Beschleunigung verbunden, die zu erheblichen Veränderungen auch der Sicherheitskommunikation führen wird. Dies reicht von der veränderten Rolle von Ad-hoc-Helfern im Krisenfall und der damit notwendigerweise verbundenen veränderten Krisenkommunikation über die Funktion unbestätigter Informationen aus sozialen Netzen für die Sicherheitswahrnehmung und Lagebeurteilung bis hin zu neuen Kommunikationswegen und -formen, die Behörden und Organisationen mit Sicherheitsaufgaben entwickeln und nutzen müssen.

Die kommunikative Vernetzung und Anreichung unseres Alltags mit digitaler Technik („augmented reality") ist damit verbunden, dass eine Fülle von Daten entsteht. Diese können für analytische Zwecke genutzt werden und auch der urbanen Sicherheit dienen. Daraus ergeben sich neue Potenziale für die Lagebeurteilung („big data"), aber auch für Strategien und Einsatzkonzepte von Sicherheitsakteuren („predictive policing"). Während in der Öffentlichkeit noch darum gestritten wird, wieviel Videoüberwachung sinnvoll ist und welchen Regeln sie sich zu unterwerfen hat, um übermäßige Eingriffe in die Privatsphäre zu verhindern, zeigt etwa das Beispiel der Aufklärung des Anschlags auf den Boston Marathon im Jahr 2013 bereits, dass die Praxis schon viel weiter ist: Nicht mehr öffentlich kontrollierte Videokameras liefern die Bilder, die zur Aufklärung des Verbrechens führen, sondern große Bilddatenmengen, die von Bürgerinnen und Bürgern in soziale Netzwerke gestellt wurden, werden ausgewertet – Bilddaten, die für die Aufklärung des Anschlags entscheidend waren, bei deren Erstellung Fragen von Privatsphäre, Schutzrechtsverletzungen und öffentlicher Kontrolle der Überwachung des öffentlichen Raumes aber vermutlich keinerlei Rolle spielten. Es bestehen also in diesem Bereich sowohl Regelungs- als auch Vollzugsdefizite. Dies gilt besonders für den Datenschutz und dabei vor allem für zentrale Grundsätze wie Datensparsamkeit und Zweckbindung von Daten.

9.3 Zugänglichkeit und Verteilung von Sicherheitsleistungen

Vor dem Hintergrund eines erweiterten Aufgabenspektrums urbaner Sicherheit und begrenzter finanzieller wie personeller Ressourcen wird die Zugänglichkeit und Verteilung von Sicherheitsleistungen in Zukunft noch stärker in den Blick öffentlicher Diskussionen geraten, als dies beispielsweise im Kontext der Diskussion um die Rolle privater Sicherheitsdienste und die Entwicklung von „gated communities" in den Städten schon länger der Fall ist. Die Frage der Verteilungsgerechtigkeit von Sicherheit als begrenzter und zu begrenzender Ressource wird dabei eine größere Rolle spielen. In der Praxis wird es vor dem Hintergrund der oben dargestellten Veränderungen – Schrumpfung, Wachstum, Alterung und Zuwanderung – darum gehen, Priorisierungen vorzunehmen, wo welche Sicherheitsniveaus in welcher Form angeboten oder aufrechterhalten werden können. Zu stellen ist auch die Frage, welche Rückwirkungen die exponentielle Zunahme von Straftaten, bei denen das Internet Tatmittel ist, auf die Gewährleistung von Sicherheit im physischen Raum der Städte haben wird.

9.4 Sicherheit im öffentlichen Raum

Die Sicherheit im öffentlichen Raum wird dennoch eine der wichtigsten Aufgaben urbaner Sicherheit bleiben. In der öffentlichen Diskussion werden die Übergänge zwischen Nutzungskonflikten, Incivilities und Kriminalität häufig nicht klar genug formuliert. Oftmals wird ein vermeintlicher *common sense* für die Nutzung des öffentlichen Raums zum Maßstab der Abgrenzung zwischen erwünschter und unerwünschter Nutzung gemacht, ohne zu berücksichtigen, dass von verschiedenen Gruppen und Einzelpersonen öffentliche Räume sehr unterschiedlich genutzt werden und daher unterschiedliche, zum Teil gegensätzliche Ansprüche an den Raum bestehen, die leicht zu Nutzungskonkurrenzen und -konflikten führen.

Auch das Verhältnis von tatsächlicher Kriminalität und Kriminalitätsfurcht ist mit Blick auf die Sicherheit im öffentlichen Raum besonders ambivalent. Es gibt Hypothesen, in denen davon ausgegangen wird, dass mit der zunehmenden Alterung der Gesellschaft auch eine stärkere Verbreitung von Kriminalitätsfurcht verbunden sein könnte. Dem müssen sich die Sicherheitsakteure stellen. Es wird besonders darum gehen, wer in welcher Art und mit welcher Durchsetzungsfähigkeit Nutzungsansprüche auf den öffentlichen Raum formuliert und welche Rolle soziodemografische und ökonomische Faktoren sowie Governance-Strukturen für die Entstehung von Nutzungskonflikten im öffentlichen Raum und bei der Entwicklung von Lösungsansätzen im Umgang mit ihnen spielen.

Nicht nur zwischen dem digitalen Raum und dem physischen öffentlichen Raum in den Städten findet eine Vermischung von Privatem und Öffentlichem statt. Auch im öffentlichen Raum in den Städten finden sich immer stärker fließende Übergänge zwischen privaten und öffentlichen Räumen, für deren Sicherheit zum Teil unterschiedliche Akteure zuständig sind, deren Zuständigkeitsgrenzen den Bürgerinnen und Bürgern aber nicht klar und zum Teil auch nur schwer vermittelbar sind. Auch hat in den letzten Jahren eine zunehmende Privatisierung ehemals öffentlicher oder von den Bürgerinnen und Bürgern als öffentlich wahrgenommener Räume stattgefunden. Schließlich sind Privatisierungen damit verbunden, dass neue Akteure hinzutreten, die in Sicherheitsarchitekturen und -konzepte einbezogen und mit denen Modi der Zusammenarbeit vereinbart werden müssen.

9.5 Technologische, soziale und personale Lösungen

Neue technologische Möglichkeiten, veränderte Rahmenbedingungen, neue Aufgabenbereiche und begrenzte Ressourcen machen eine erneute Klärung des Verhältnisses von technologischen, sozialen und personalen Lösungen für Aufgaben urbaner Sicherheit notwendig. So wie neue Betriebssysteme und die Verbreitung der Videoüberwachung in weiten Teilen des schienengebundenen öffentlichen Personennahverkehrs dazu führten, dass Personal von den Bahnhöfen abgezogen wurde – Personal, das zunächst der Zugabfertigung diente, aber auch Sicherheitsaufgaben auf den Bahnhöfen wahrnahm und von den Nutzerinnen und Nutzern des ÖPNV als Ansprechpartner wahrgenommen wurde – und eine deutlichere Aufgabenteilung zwischen dem Betrieb der Infrastruktur und der Verantwortung für Sicherheit stattgefunden hat, so werden sich technologische Veränderungen auch in anderen Bereichen und unter Einsatz anderer Technologien auf Organisation, Personalstruktur, Einsatzkonzepte usw. auswirken. Unklar ist oft, in welcher

Form neue technische, personelle und soziale Lösungen sich ergänzen, substituieren oder integriert werden können.

9.6 Integrierte Sicherheitsberichterstattung

An vielen Stellen dieses Beitrags wurde auf Grundlegendes aufmerksam gemacht: Bei der urbanen Sicherheit bedarf es des gemeinsamen Handelns einer Vielzahl von Akteuren. Die urbane Sicherheit umfasst eine große Vielfalt von Aufgabenfeldern. Die Furcht vor Bedrohungen, die bei der öffentlichen Diskussion von Fragen der urbanen Sicherheit einen zunehmend breiten Raum einnimmt, ist in hohem Maß unabhängig von Gefährdungen, die tatsächlich dokumentiert und gemessen und in der Sicherheitsberichterstattung dargelegt werden. Alle diese Befunde sind Argumente dafür, sich zukünftig stärker um eine integrierte Sicherheitsberichterstattung zu bemühen. Diese bündelt die Erfassung und Beurteilung von Sicherheit, „neuen" Gefährdungen, sicherheitsrelevanten Entwicklungen und Maßnahmenplanungen, um den professionellen Sicherheitsakteuren ebenso wie den Bürgerinnen und Bürgern, wenngleich in unterschiedlicher Tiefe und Schwerpunktsetzung, mehr Einsicht in Fragen der urbanen Sicherheit zu gewähren. Die Transparenz, die besonders für eine stärkere Einbeziehung der Zivilgesellschaft in Lösungen der urbanen Sicherheit notwendig ist, darf der nötigen Diskretion im Handlungsfall nicht entgegenstehen: Informationen, die für erfolgreiche Schaffung und Gewährleistung von Sicherheit in der Stadt vertraulich sein müssen, haben trotz stärkerer Transparenz für Beteiligung von Bürgerinnen und Bürgern auch vertraulich zu bleiben – wenngleich sich Vertraulichkeit in Zeiten allgegenwärtiger digitaler Präsenz immer schwerer gewährleisten lässt.

9.7 Neue Wege der Prävention

Schließlich lässt sich auch das präventive Handeln im Umgang mit der urbanen Sicherheit weiterentwickeln. Es muss darum gehen, unterschiedliche transdisziplinäre Sicherheitsstrategien, bei denen wissenschaftliches und praktisches Wissen verbunden werden, in den verschiedenen Aufgabenfeldern urbaner Sicherheit zu entwickeln und in das alltägliche Handeln der Sicherheitsakteure zu integrieren. Gerade in Bezug auf den Umgang mit Kriminalitätsfurcht oder mit Incivilities, aber auch im Katastrophenschutz und anderen Feldern urbaner Sicherheit eröffnet die Möglichkeit, Probleme unter Einbeziehung außerwissenschaftlicher und gesellschaftlicher Perspektiven zu bestimmen und Lösungen unabhängig von den Disziplinen zu entwickeln, neue Chancen, alltagstaugliche Lösungen zu erarbeiten, die dennoch den aktuellen Erkenntnis- und Forschungsstand einbeziehen. Transdisziplinäre Sicherheitsstrategien könnten zu mehr Transparenz und Beteiligung der Bürgerinnen und Bürger beitragen. Sie könnten auch ein wichtiger Baustein für die Abklärung der Grenzen präventiven Handelns und für die Entwicklung einer Risikokultur sein, welche die bisherigen Sicherheitskulturen ergänzen, vielleicht sogar ersetzen kann.

Literatur

Acocella, Donato (2011): Die planerische Steuerung von Vergnügungsstätten. Vortrag beim Difu-Seminar „Spielhallen: Trends – Probleme – Steuerungspotenziale", 9.–20. Januar 2011 in Berlin.

Ammicht-Quinn, Regina (2014): Die gerechte Verteilung von Sicherheit in der Stadt. Vortrag beim 2. BMBF-Innovationsforum „Zivile Sicherheit" am 8.5.2014 in Berlin.

Arbeitsgruppe der Hilfsorganisationen im Bundesamt für Bevölkerungsschutz und Katastrophenhilfe (2006): Konzept zur überörtlichen Hilfe bei MANV, Bonn-Bad Godesberg, http://www.bbk.bund.de/SharedDocs/Downloads/BBK/DE/Downloads/GesBevS/Hilfekonzept_bei_MANV.pdf (4.11.2014).

Arbeitskreis Spielsucht (2012): Angebotsstruktur der Spielhallen und Geldspielgeräte in Deutschland, http://akspielsucht.de/wp-content/uploads/2012/06/2012-Ergebnisse.pdf (2.4.2014).

Baier, Dirk, Christian Pfeiffer, Julia Simonson und Susann Rabold (2009): Jugendliche in Deutschland als Opfer und Täter von Gewalt, Hannover (Forschungsbericht Nr. 107, Kriminologisches Forschungsinstitut Niedersachsen e.V.).

Bauer, Uta, Stephanie Bock, Ulrike Meyer und Heike Wohltmann (2007): Gender Mainstreaming in der Bauleitplanung. Eine Handreichung mit Checklisten, Berlin (Difu-Papers).

Belina, Bernd (2006): Raum, Überwachung, Kontrolle. Vom staatlichen Zugriff auf städtische Bevölkerung, Münster.

Biewers, Sandra, Sabine Kaldun und Herbert Schubert (2005): Präventives Sozialraummanagement: Soziales Frühwarnsystem und städtebauliche Prävention im Wohnquartier, in: Kerner, Hans-Jürgen, und Erich Marks (Hrsg.): Internetdokumentation Deutscher Präventionstag Hannover, http://www.praeventionstag.de/html/GetDokumentation.cms?XID=130 (4.5.2010).

Blieffert, Hanna, und Holger Floeting (2014): „Urbane Sicherheit – Fort- und Weiterbildung in der öffentlichen Verwaltung", in: Abt, Jan, Leon Hempel, Dietrich Henckel, Ricarda Pätzold und Gabriele Wendorf (Hrsg.): Dynamische Arrangements städtischer Sicherheit. Akteure, Kulturen, Bilder, Wiesbaden S. 177–192.

BKA – Bundeskriminalamt (2013): Polizeiliche Kriminalstatistik 2013, Wiesbaden.

BKA – Bundeskriminalamt (2012): Organisierte Kriminalität Bundeslagebild 2012, Wiesbaden.

BMI – Bundesministerium des Innern (2012): Polizeiliche Kriminalstatistik 2011, Berlin, http://www.bka.de/nn_193232/SharedDocs/Downloads/DE/Publikationen/PolizeilicheKriminalstatistik/ImkKurzberichte/pks2011ImkKurzbericht,templateId=raw,property=publicationFile.pdf/pks2011ImkKurzbericht.pdf

BMI – Bundesministerium des Innern (2011): Schutz Kritischer Infrastrukturen – Risiko- und Krisenmanagement. Leitfaden für Unternehmen und Behörden, Berlin.

BMI – Bundesministerium des Innern (2009): Nationale Strategie zum Schutz kritischer Infrastrukturen (KRITIS-Strategie), Berlin, http://www.bmi.bund.de/cae/servlet/contentblob/544770/publicationFile/27031/kritis.pdf

BMVBS – Bundesministerium für Verkehr, Bau und Stadtentwicklung (2010): Raumentwicklungsstrategien zum Klimawandel. Ein MORO-Forschungsfeld, Berlin, http://www.bbsr.bund.de/BBSR/DE/Veroeffentlichungen/BMVBS/MORO/7/moro7__2,templateId=raw,property=publicationFile.pdf/moro7_2.pdf

Bussmann, Kai-D., Rainer Heck, Oliver Krieg, Steffen Salvenmoser, Andreas Schroth und Frank Weise (2010): Kriminalität im öffentlichen Sektor 2010. Auf der Spur von Korruption & Co., Frankfurt a. M./Halle/Saale.

Daase, Christopher, und Oliver Kessler (2007): Knowns and Unknowns in the 'War on Terror': Uncertainty and the Political Construction of Danger, in: Security Dialogue 38 (4), S. 411–434.

DST – Deutscher Städtetag (2013): Positionspapier des Deutschen Städtetages zu den Fragen der Zuwanderung aus Rumänien und Bulgarien, Köln/Berlin.

DST – Deutscher Städtetag (2011): Sicherheit und Ordnung in der Stadt. Positionspapier des Deutschen Städtetages, Köln/Berlin.

DST – Deutscher Städtetag (2006): Strategien für den öffentlichen Raum, Köln/Berlin.

DST – Deutscher Städtetag (2004): Sicherheit und Ordnung in der Stadt. Positionspapier des Deutschen Städtetages, Köln/Berlin, http://www.staedtetag.de/imperia/md/content/dst/pp_sicherheitordnung_mai_2011.pdf

Die Bundesregierung (2008): Deutsche Anpassungsstrategie an den Klimawandel, Berlin, http://www.bmu.de/files/pdfs/allgemein/application/pdf/das_gesamt_bf.pdf

EFUS – Europäisches Forum für urbane Sicherheit (2006): Manifest von Saragossa, Saragossa.

Feltes, Thomas (2010): Polizei und Soziale Arbeit – die polizeiwissenschaftlich-kriminologische Sicht, in: Möller, Kurt (Hrsg.): Dasselbe in grün? Aktuelle Perspektiven auf das Verhältnis von Polizei und Sozialer Arbeit, Weinheim/München, S. 28–36.

Feltes, Thomas (2008): Kriminalprävention, in: Lange, Hans-Jürgen (Hrsg.): Kriminalpolitik, Wiesbaden, S. 251–266 (Studien zur Inneren Sicherheit, Band 9).

Floeting, Holger (2013): Von harten Zielen und weichen Maßnahmen – Sind „resiliente" Städte „sichere" Städte?, in: Beckmann, Klaus J. (Hrsg.): Jetzt auch noch resilient? Anforderungen an die Krisenfestigkeit der Städte, Berlin, S. 14–22 (Difu-Impulse 4/2013).

Floeting, Holger (2006): Sicherheitstechnologien und neue urbane Sicherheitsregimes, Wien (Österreichische Akademie der Wissenschaften).

Floeting, Holger, und Antje Seidel-Schulze (2012): Sicherheit in der Stadt – eine Gemeinschaftsaufgabe. Ergebnisse aus zwei Kommunalbefragungen, Berlin (Difu Papers).

Frevel, Bernhard (2012): Kooperation in der lokalen Sicherheitsarbeit, in: Ders. (Hrsg.): Handlungsfelder lokaler Sicherheitspolitik. Netzwerke, Politikgestaltung und Perspektiven, Frankfurt a. M., S. 21–40.

Gerhold, Lars, Jochen Schiller und Saskia Steiger (Hrsg.) (2014): Sicherheit studieren. Studienangebote in Deutschland, Berlin (Forschungsforum Öffentliche Sicherheit: Schriftenreihe Sicherheit Nr. 15).

Greene, Judith A. (1999): Zero Tolerance: A Case Study of Police Policies and Practices in New York City, in: Crime & Delinquency 45 (2), April 1999, S. 171–187.

Greengard, Samuel (2012): Policing the Future, in: Society 55 (3), S. 19–21.

Häfele, Joachim, und Christian Lüdemann (2006): Incivilities und Kriminalitätsfurcht im urbanen Raum, in: Kriminologisches Journal 38 (4), S. 273–291.

Hasselmann, Jörn, und Lars von Törne (2014): #24hPolizei: „Keine Fahndungshinweise vom Papagei". Twitter-Aktion der Polizei in Berlin, in: Der Tagesspiegel v. 7.6.2014.

Häußermann, Hartmut (2007): Segregierte Stadt, in: Dossier Stadt und Gesellschaft. Bundeszentrale für politische Bildung, http://www.bpb.de/gesellschaft/staedte/stadt-und-gesellschaft/64391/einfuehrung (2.4.2014).

Hempel, Leon, und Eric Töpfer (2004/2007): Videoüberwachung in Europa. Abschlussbericht, Zentrum Technik und Gesellschaft, Technische Universität Berlin, http://www.ztg.tu-berlin.de/pdf/URBANEYE_Abschlussbericht_Zusammenfassung_dt.pdf (17.6.2014).

Hestermann, Thomas (2011): Gewaltberichterstattung im Fernsehen: Wie die Medien ihre eigene Wirklichkeit schaffen, in: Kerner, Hans-Jürgen, und Erich Marks (Hrsg.): Internetdokumentation des Deutschen Präventionstages, Hannover, www.praeventionstag.de/Dokumentation.cms/1335 (4.6.2014).

ILS – Institut für Landes- und Stadtentwicklungsforschung und Bauwesen des Landes Nordrhein-Westfalen (Hrsg.) (2007): Stadtentwicklung und Kriminalprävention. Planungen, Möglichkeiten, Chancen, Dortmund (ILS NRW Materialien 1/07).

Innenministerium des Landes Schleswig-Holstein, Landeskriminalamt (2006): Sachstandsbericht Kriminalprävention im Städtebau, Kiel.

Jacobs, Jane (1961): The Death and Life of Great American Cities, New York.

Jochimsen, Reimut (1966): Theorie der Infrastruktur. Grundlagen der marktwirtschaftlichen Entwicklung, Tübingen.

Krüger, Udo Michael (2012): Themenprofile im Nonfictionangebot deutscher Fernmsehsender, in: MediaPerspektiven 10, S. 499–519.

Krüger, Udo Michael, und Thomas Zapf-Schramm (2001): Die Boulevardisierungskluft im deutschen Fernsehen, in: MediaPerspektiven 7, S. 326–344.

Kunst und Seife – Wie in Leipzig mit einer simplen Idee leerstehende Gründerzeithäuser vor dem Verfall bewahrt werden, in: Süddeutsche Zeitung v. 2.9.2011.

Landeshauptstadt Düsseldorf (2002): Düsseldorfer Gutachten. Empirisch gesicherte Erkenntnisse über kriminalpräventive Wirkungen, Düsseldorf.

Landeskriminalamt Rheinland-Pfalz (2002): Städtebau und Kriminalprävention, o.O.

Landespräventionsrat Niedersachsen (LPR), Niedersächsisches Justizministerium und Niedersächsisches Ministerium für Soziales, Frauen und Gesundheit (2008): Die Sichere Stadt als interdisziplinäre Aufgabe. Deutsche und europäische Perspektiven, Hannover.

Lange, Hans-Jürgen, und Jean-Claude Schenck (2004): Polizei im kooperativen Staat, Wiesbaden.

MBV-NRW – Ministerium für Bauen und Verkehr Nordrhein -Westfalen (2009): Stadt und Sicherheit im demographischen Wandel. Bericht über die Ergebnisse der Arbeitsgruppe des Landespräventionsrates Nordrhein-Westfalen, Düsseldorf.

Mensching, Anja (2005): Ist Vorbeugen besser als Heilen? Aus Politik und Zeitgeschichte, 46/2005.

Ministerium für Umwelt und Naturschutz, Landwirtschaft und Verbraucherschutz des Landes Nordrhein-Westfalen (2009): Anpassung an den Klimawandel, Eine Strategie für Nordrhein-Westfalen, Düsseldorf, http://www.umwelt.nrw.de/umwelt/pdf/klimawandel/Klimawandel_Anpassungsstrategie_Gesamt.pdf (4.11.2014).

Münkler, Herfried (2010): Strategien der Sicherung: Welten der Sicherheit und Kulturen des Risikos. Theoretische Perspektiven, in: Ders., Matthias Bohlender und Sabine Meurer (Hrsg.): Sicherheit und Risiko. Über den Umgang mit Gefahr im 21. Jahrhundert, Bielefeld, S. 11–34.

Nagenborg, Michael (2013): Sicherheit und Verteilungsgerechtigkeit. Vortrag bei der Konferenz „Das Versprechen der ‚sicheren' Stadt". Akteure, Bilder und Kulturen in der Sicherheitsproduktion. 12. und 13. April 2013, Berlin.

Newman, Oscar (1996): Creating Defensible Space. U.S. Department of Housing and Urban Development, Washington DC.

Niedersächsisches Ministerium für Soziales, Frauen, Familie und Gesundheit (2005): Sicheres Wohnquartier. Gute Nachbarschaft. Handreichung zur Förderung der Kriminalprävention im Städtebau und in der Wohnungswirtschaft, Hannover.

Obermöller, Bernd, und Mirko Gosch (1995): Kriminalitätsberichterstattung als kriminologisches Problem, in: Kritische Justiz 1, S. 45–59.

Oc, Taner, und Steven Tiesdell (2000): Urban Design Approaches to Safer City Centers: the Fortress, the Panoptic, the Regulatory and the Animated, in: Gold, J.R., und G. Revill (Hrsg.): Landscapes of Defense, Upper Saddle River, S. 188–208.

Ott, Florian Philipp, Nico Müller und Stephan Ackerschott (2013): Kameras gegen Gewalt. Wie effektiv ist die öffentliche Videoüberwachung?, München.

Proll, Uwe (2014): Feiner als das Bauchgefühl. „Predictive Policing" in NRW, in: Behörden Spiegel, Juli 2014, S. 48.

Pütter, Norbert (2002): Kommunale Kriminalprävention. Probleme, Projekte, Perspektiven, in: Prätorius, Rainer (Hrsg.): Wachsam und kooperativ? Der lokale Staat als Sicherheitsproduzent, Baden-Baden, S. 64–79.

Resilience Alliance (2007): Research Prospectus. A Resilience Alliance Initiative for Transitioning Urban Systems Towards Sustainable Futures. CSIRO/Arizona State University/Stockholm University.

Reuband, Karl-Heinz (1998): Kriminalität in den Medien. Erscheinungsformen, Nutzungsstruktur und Auswirkungen auf die Kriminalitätsfurcht, in: Soziale Probleme 9, S. 125–153.

Riedel, Claudia (2002): Situationsbezogene Kriminalprävention: Kriminalitätsreduzierung oder lediglich Deliktsverlagerung?, Frankfurt a. M.

Saville, Gregory, und Gerard Cleveland (2008): Second-Generation CPTED: The Rise and Fall of Opportunity Theory, in: Randall I. Atlas: 21st Century Security and Cpted. Designing for Critical Infrastructure and Crime Prevention, Boca Raton, S. 79–90.

Schimke, Robert (2012): Sein größter Einsatz, in: Die Zeit 44 v. 24.10.2012.

Schneckener, Ulrich (2013): Bedingt abwehrbereit: Politische und administrative Reaktionsmuster auf das „Terrorrisiko", in: Daase, Christopher, Stefan Engert und Julian Jung (Hrsg.): Verunsicherte Gesellschaft, überforderter Staat. Zum Wandel der Sicherheitskultur, Frankfurt a. M., S. 35–56.

Schreiber, Verena (2011): Fraktale Sicherheiten. Eine Kritik der kommunalen Kriminalprävention, Bielefeld.

Schreiber, Verena (2007): Lokale Präventionsgremien in Deutschland, Frankfurt a. M.

Schubert, Herbert, Holger Spieckermann und Katja Veil (2007), in: Aus Politik und Zeitgeschichte 12, S. 32–38.

Schulze, Verena (2012): KoSiPol und Governance, in: Frevel, Bernhard (Hrsg.): Handlungsfelder lokaler Sicherheitspolitik. Netzwerke, Politikgestaltung und Perspektiven, Frankfurt, S. 282– 317.

Statistisches Bundesamt (2013): Unfallentwicklung auf deutschen Straßen 2012, Wiesbaden.

Steffen, Wiebke (2014): Kriminalprävention braucht Präventionspraxis, Präventionspolitik und Präventionswissenschaft. Gutachten für den 19. Deutschen Präventionstag. 12. und 13. Mai 2014 in Karlsruhe, Heiligenberg (Baden)/München.

Steffen, Wiebke (2005): Gremien kommunaler Kriminalprävention – Bestandsaufnahme und Perspektive, in: Bannenberg, Britta, Marc Coester und Erich Marks (Hrsg.): Kommunale Kriminalprävention. Ausgewählte Beiträge des 9. Deutschen Präventionstages, Mönchengladbach, S. 154–168.

Stummvoll, Günter (2003): Kriminalprävention in der Risikogesellschaft, Wien (Institut für Höhere Studien, Reihe Soziologie 58).

Tassilo, Heike (2011): Spielhallen in den Städten zwischen privatem Vergnügen und öffentlichem Verdruss – Rolle und Situation der örtlichen Genehmigungsbehörden. Vortrag beim Difu-Seminar „Spielhallen: Trends – Probleme – Steuerungspotenziale", 19.–20. Januar 2011, Berlin.

Thacher, David (2004): Order Maintenance Reconsidered: Moving Beyond Strong Causal Reasoning, in: The Journal of Criminal Law and Criminology 94 (2), S. 381–414.

Verbundprojekt transit/Difu (2014): Sicherheit im Wohnumfeld – Glossar, Berlin.

von Kodolitsch, Paul (2003): Einführung: Sicherheit in der Stadt, in: Deutsche Zeitschrift für Kommunalwissenschaften (DfK) 42 (1), S. 5–10.

von Törne, Lars (2014): Twitter-Aktion der Berliner Polizei könnte Schule machen. #24hPolizei, in: Der Tagesspiegel v. 8.6.2014.

Wesemann, Manfred (2001): Strukturwandel in Staat und Gesellschaft – Konsequenzen für die Fortbildung der Polizei, in: Die Polizei, 92 (10), S. 295–299.

Wilson, James Q., und George L. Kelling (1982): Broken Windows. The Police and Neighborhood Safety, in: The Atlantic Monthly 249 (3), S. 29–39.

Wohlfahrt, Jürgen (2007): Handlungsinstrumente örtlicher Gefahrenabwehr, in: der städtetag 60 (2), S. 173–175.

Wyant, Brian R. (2008): Multi-Level Impacts of Perceived Incivilities and Perceptions of Crime Risk on Fear of Crime: Isolating Endogenous Impacts, in: Journal of Research on Crime and Delinquency 45, S. 39–64.

Yancey, William L. (1971): Architecture, Interaction, and Social Control: The Case of a Large-Scale Public Housing Project, in: Environment and Behavior 3, S. 3–21.

Zentrale Geschäftsstelle Polizeiliche Kriminalprävention der Länder und des Bundes (o.J.): Städtebau und Kriminalprävention. Eine Broschüre für die planerische Praxis, Stuttgart.

Der Autor

Dr. Holger Floeting

Foto: Difu.

Dr. Holger Floeting ist seit 1991 als Wissenschaftler am Deutschen Institut für Urbanistik, der Forschungs-, Fortbildungs- und Informationseinrichtung für deutsche Städte und Gemeinden, in Berlin tätig. Seine Forschungsthemen im Bereich „Urbane Sicherheit" konzentrieren sich auf kommunale Akteure und Institutionen, Sicherheitstechnologien und Sicherheitswahrnehmung. Er ist für die Konzeption und Durchführung von Fortbildungsveranstaltungen für Führungs- und Fachpersonal aus Kommunen, Polizei, Kammern und Verbänden sowie Ratsmitglieder im Themenfeld „Urbane Sicherheit" verantwortlich.

Sebastian Bloch, Manfred Bornewasser, Anne Köhn und Stefanie Otte

Sichere Städte unter veränderten demografischen Bedingungen

Einleitung

Der demografische Wandel ist vor dem Hintergrund der Kriminalitätsentwicklung sowie der Kriminalitätsprävention ein Thema von zunehmender Bedeutung. So ist in der hoch entwickelten Dienstleistungsgesellschaft der Bundesrepublik Deutschland aufgrund der konstant niedrigen Geburtenrate sowie der sinkenden Sterblichkeit infolge der verbesserten medizinischen Versorgung eine zunehmende Überalterung der Bevölkerung absehbar. Die Folgen sind sehr heterogen. Zum einen resultiert daraus die bereits vielfach diskutierte offensichtliche Problematik der sich (nicht mehr) selbst tragenden Solidargemeinschaft. Zum anderen ergeben sich jedoch auch Veränderungen, die auf den ersten Blick nicht gleichermaßen evident sind und einer näheren Hinwendung und eingehenden Analyse bedürfen. Dies trifft beispielsweise auch auf den Zusammenhang zwischen Demografie und Kriminalität bzw. Demografie und Kriminalitätsfurcht zu. So begründet sich die Furcht vor spezifischen Delikten nicht notwendigerweise aus der objektiven Wahrscheinlichkeit, sondern divergiert je nach Alter, Geschlecht und Deliktart. Die künftige Verschiebung der Anteile der einzelnen Altersgruppen wird folglich auch eine Verschiebung der Kriminalitätsfurcht hervorrufen. Besonders stark wird dies zunächst die neuen Bundesländer betreffen, wobei auch hier zwischen unterschiedlichen Regionen differenziert werden muss. Exemplarisch sollen im Folgenden Modelle für die künftige demografische Entwicklung in drei ausgewählten Städten Mecklenburg-Vorpommerns vorgestellt und die daraus resultierenden Veränderungen in Bezug auf die Kriminalität und die Kriminalitätsfurcht prognostiziert werden. Es werden die Zusammenhänge in den beiden Universitätsstädten Greifswald und Rostock denen in der für jüngere Menschen vergleichsweise wenig attraktiven Stadt Neubrandenburg gegenübergestellt. Daraus lassen sich wiederum Empfehlungen ableiten, welche Maßnahmen in den unterschiedlichen Städten geeignet und erforderlich erscheinen, um künftig sowohl die Kriminalität als auch die Kriminalitätsfurcht weiter zu reduzieren und ein höheres Maß an Sicherheitserleben zu schaffen.

1. Demografische Entwicklung in Städten am Beispiel Mecklenburg-Vorpommerns

Die Überalterung der Bevölkerung in Deutschland stellt eine Problematik dar, deren Relevanz bereits seit langer Zeit nicht mehr zu leugnen ist. Strukturschwache

Bundesländer und Regionen, in denen die zunehmende Überalterung der Bevölkerung zusätzlich durch die Abwanderung der jungen Bevölkerung verschärft wird, sind besonders früh und intensiv von der demografischen Problematik betroffen (vgl. Bundesinstitut für Bau-, Stadt- und Raumforschung 2007). Dies betrifft ganz besonders die neuen Bundesländer und deren Landkreise und kreisfreien Städte, wobei die Spitzenreiter der Negativentwicklung Hoyerswerda, Frankfurt/Oder und Suhl sind. Erst auf Platz 59 kommt mit Bremerhaven die erste westdeutsche Stadt. Wie sich die negative Bevölkerungsentwicklung darstellt, soll am Beispiel dreier Städte in Mecklenburg-Vorpommern aufgezeigt werden. Bevor jedoch ein Ausblick auf deren Bevölkerungsentwicklung bis 2030, die damit verbundene Kriminalitätsentwicklung und das daraus resultierende Sicherheitsempfinden gegeben wird, sollen diese drei Städte kurz vorgestellt werden. Ganz bewusst werden Rostock und Greifswald als Hanse- und Universitätsstädte mit besonderer Bevölkerungsentwicklung beispielhaft der Kreisstadt Neubrandenburg gegenübergestellt, deren Bevölkerungsentwicklung langfristig eine Negativbilanz aufweist. Dies mag bereits als Hinweis darauf verstanden werden, dass es keine einheitliche Entwicklung der objektiven Sicherheit oder des subjektiven Sicherheitserlebens in den Städten gibt und zukünftig geben wird.

Die Universitäts- und Hansestadt Greifswald ist die Kreisstadt des Landkreises Vorpommern-Greifswald und bildet eines der vier Oberzentren Mecklenburg-Vorpommerns. Dies liegt unter anderem darin begründet, dass Greifswald mit etwa 70 Instituten, Zentren und Forschungseinrichtungen, von denen 55 innerhalb der Universität angesiedelt sind, als ein international bedeutsamer Standort der Lehre und Forschung gilt. Folglich ist die Wirtschaft der Stadt vornehmlich von innovativen technologieorientierten, mit der Universität und außeruniversitären Forschungsinstituten vernetzten Unternehmen geprägt. Die etwa 12.000 an der Universität immatrikulierten Studierenden, von denen viele ihren ersten Wohnsitz in Greifswald angemeldet haben, senken das durchschnittliche Alter der ca. 60.000 Einwohner, sodass sich etwa jeder vierte Einwohner im Alter zwischen 18 und 30 Jahren befindet und Greifswald damit als die jüngste Stadt in Ostdeutschland gilt (vgl. Greifswald 2013).

Die Hansestadt Rostock ist eine kreisfreie Stadt im Landesteil Mecklenburg und bildet mit etwa 200.000 Einwohnern die größte Stadt des Landes Mecklenburg-Vorpommern. Darüber hinaus trägt Rostock den Status eines Oberzentrums und wird sowohl in wirtschaftlicher als auch in kultureller Hinsicht als die bedeutendste Stadt Mecklenburg-Vorpommerns erachtet. Wirtschaftlich dominieren aufgrund der Lage an der Ostsee Schiffbau, Schifffahrt, Tourismus und Servicesektor. Ferner trägt unter anderem die Universität mit ca. 15.000 Studierenden als größter Arbeitgeber der Stadt zum wirtschaftlichen Erfolg bei (vgl. Rostock 2013).

Neubrandenburg ist die Kreisstadt des Landkreises Mecklenburgische Seenplatte und mit 65.000 Einwohnern die drittgrößte Stadt Mecklenburg-Vorpommerns. Sie trägt – wie auch Greifswald und Rostock – den Status eines Oberzentrums. Aufgrund der sehr ländlichen Lage ist hier kaum Industrie angesiedelt, so dass die Stadt wirtschaftlich vornehmlich durch mittelständische Unternehmen geprägt ist (vgl. Neubrandenburg 2013).

1.1 Die bisherige Entwicklung der Bevölkerung in den ausgewählten Städten

Den Angaben in Tabelle 1 ist zu entnehmen, dass die Bevölkerungszahlen von 1990 bis zum Jahr 2005 in allen drei Städten insgesamt rückläufig sind. Seither konnten sich die Jahresendbestände jedoch sowohl in Rostock als auch in Greifswald stabilisieren. Demgegenüber hält der negative Trend in Neubrandenburg bis in die Gegenwart an.

Tabelle 1   Absolute Jahresendbestände in Rostock, Greifswald, Neubrandenburg sowie Mecklenburg-Vorpommern

	1990	1995	2000	2005	2010
Rostock	248.088	227.535	200.506	199.288	202.735
Greifswald	66.251	60.772	54.236	52.669	54.610
Neubrandenburg	89.284	80.483	73.318	68.188	64.090
M/V	1.906.678	1.823.084	1.775.703	1.707.266	1.642.327

Quelle: Statistisches Amt Mecklenburg-Vorpommern (2012).

Die in der Tabelle dargestellten absoluten Angaben lassen sich grafisch als relative Anteile darstellen (siehe Abbildung 1). So wird deutlich, dass in Rostock und Greifswald von 1990 bis 2005 Verluste von 19,3 Prozent bzw. 18,2 Prozent zu verzeichnen waren. Der Rückgang konnte in den beiden Hansestädten zu Beginn des Jahrtausends jedoch gestoppt werden, seither ist ein leichter Aufwärtstrend zu beobachten. In Neubrandenburg ist bis zum Jahr 2000 ein ähnlicher Rückgang ersichtlich. Im Gegensatz zu den beiden Hansestädten setzte sich dieser in Neubrandenburg jedoch beinahe ungebremst fort, sodass sich die Bevölkerung dort in den letzten 20 Jahren um etwa 28,2 Prozent reduzierte. Die Gründe für diesen gravierenden Bevölkerungsverlust sind vielschichtig. So kann neben der sinkenden Geburtenrate zu Beginn der 1990er-Jahre ein negativer Nettowanderungssaldo angeführt werden. Hintergrund ist eine steigende ausbildungs- und arbeitsplatzmotivierte Abwanderung insbesondere jüngerer Menschen in der Altersklasse zwischen 18 und 25 Jahren (vgl. Dinkel 2008a).

Abbildung 1   Relative Entwicklung der Bevölkerungszahl Rostocks, Greifswalds, Neubrandenburgs und Mecklenburg-Vorpommerns 1990 bis 2010 (1990 = 1)

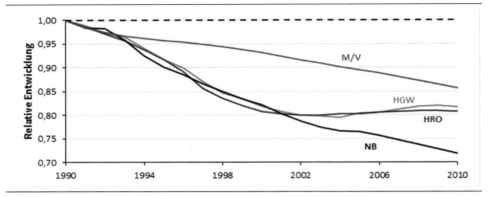

Quelle: Statistisches Amt Mecklenburg-Vorpommern (2012), eigene Berechnungen.

1.2   Bevölkerungsprognose für die drei ausgewählten Städte

1.2.1   Prognose der Bevölkerungszahlen insgesamt

Auf der Basis der bisherigen Daten zur Bevölkerungsentwicklung wurden eigene Berechnungen angestellt, um eine Prognose für die zukünftige Entwicklung der Bevölkerung in den drei vorgestellten Städten Mecklenburgs-Vorpommerns abgeben zu können. Dabei wird in verschiedenen Szenarien eine Vielzahl von Faktoren berücksichtigt, die Einfluss auf die Bevölkerung nehmen können. Hierzu zählen insbesondere Fertilität, Mortalität und Migration. Für diese drei Prognoseparameter müssen in Abhängigkeit von vergangenen Trends, den Lebendgeburten und Sterbefällen des letzten Jahres und den künftig zu erwartenden Zu- und Fortzügen begründete Annahmen darüber getroffen werden, wie sich die Bevölkerung innerhalb einer definierten Region entwickeln wird (vgl. Dinkel 2008a). In Greifswald ist bis zum Jahr 2030 mit einem Zugewinn der Bevölkerungszahl von gegenwärtig 54.610 auf 59.429 Personen zu rechnen. Zieht man das Jahr 1990 als Basis heran, entspricht dies einem Rückgang von etwa 10 Prozent; wird hingegen das Jahr 2010 als Basis zugrunde gelegt, ist ein Zuwachs von etwa 8 Prozent ersichtlich. Für Rostock wird nach der starken Abnahme der Bevölkerungszahl in den 1990er-Jahren in den kommenden 20 Jahren ebenfalls ein Anstieg um rund 5.000 Personen auf 205.380 Einwohner prognostiziert; das entspräche einem Rückgang um etwa 17 Prozent gegenüber 1990 und einem Zuwachs von etwa 3 Prozent gegenüber 2010.

Diesen positiven Trends stehen die Entwicklungen der Stadt Neubrandenburg gegenüber. Der mit Rostock und Greifswald vergleichbare Rückgang zu Beginn der 1990er-Jahre wird sich im Gegensatz zu den erstgenannten Städten künftig weiter fortsetzen. Gegenüber dem Basisjahr 1990 wird Neubrandenburg daher bis zum

Jahr 2030 etwa 41,6 Prozent seiner einstigen Bevölkerung verloren haben (etwa 28 Prozent bis 2010, noch einmal etwa 13 Prozent bis 2030). Solche Rückgangstendenzen sind auch immer eng mit der Bereitstellung von attraktiven Arbeitsplätzen verbunden. Wo sie verloren gehen – etwa in vielen Städten des Ruhrgebiets, aber auch z.B. in Bremerhaven, Salzgitter, Hagen, Pirmasens oder Hof –, reduziert sich bis zum Jahr 2025 die Bevölkerung um bis zu 20 Prozent.

Abbildung 2 Relative Entwicklung der Bevölkerungszahl in Rostock, Greifswald, Neubrandenburg und Mecklenburg-Vorpommern 1990 bis 2030 (1990 = 1)

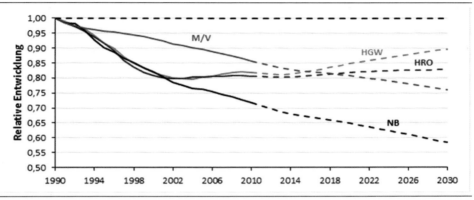

Quelle: Statistisches Amt Mecklenburg-Vorpommern (2012), eigene Berechnungen.

1.2.2 Prognose für einzelne Bevölkerungsanteile

Bevölkerungspyramiden dienen der grafischen Darstellung der Altersverteilung einer Bevölkerung zu einem bestimmten Zeitpunkt und zeigen den Entwicklungsstand der entsprechenden Region auf. Aufgrund der demografischen Veränderungen lässt sich die ursprüngliche, namengebende Pyramidenform vornehmlich in Entwicklungsländern nachweisen, in denen aufgrund der gleichermaßen hohen Geburten- und Sterberate die jüngeren Bevölkerungsgruppen sehr viel stärker vertreten sind als die älteren; die Pyramide verjüngt sich nach oben hin. In hoch entwickelten Dienstleistungsgesellschaften hingegen findet sich insbesondere die sogenannte Urnenform; in ihnen steht den schwächer vertretenen jüngeren Bevölkerungsgruppen ein größerer Anteil älterer Menschen gegenüber, sodass eine leichte Verjüngung von oben nach unten festzustellen ist.

Doch ist auch Letzteres nicht für alle Städte innerhalb einer Dienstleistungsgesellschaft zu verallgemeinern. So nehmen beispielsweise auch kleinere Universitätsstädte wie Ilmenau, Greifswald, Jena und Rostock eine Sonderstellung ein, denn durch die Attraktion primär junger Menschen im Ausbildungsalter zwischen 18 und 35 Jahren wird der Anteil dieser Altersgruppe deutlich verstärkt, sodass die Altersverteilung eine sogenannte Tannenbaumform widerspiegelt (siehe Abbildung 3). Ab der Altersgruppe der 35- bis 39-Jährigen verlieren sich jedoch zunehmend die positiven Effekte der Zuwanderung.

Für die zukünftige Entwicklung der Bevölkerungsanteile in den drei hier näher untersuchten Städten spielen verschiedene Faktoren eine zentrale Rolle. In beiden Universitätsstädten ist anzunehmen, dass ein Teil der dort ausgebildeten Personen in der jeweiligen Stadt verbleibt, um im Anschluss an das Studium dort beruflich tätig zu sein und sesshaft zu werden. Die Anteile der 20- bis 29-Jährigen werden dennoch in beiden Städten sinken. Dieser Effekt potenziert sich zusätzlich durch den Wegfall der derzeitigen Doppelabiturjahrgänge, die eine verstärkte Zuwanderung von Studierenden bewirkt hatten (vgl. Statistisches Amt Mecklenburg-Vorpommern 2012). In Greifswald, wo 2010 noch 22,1 Prozent Personen dieser Altersklasse lebten, reduziert sich der Anteil im Jahr 2030 auf 13,4 Prozent. Demgegenüber steigt die Zahl der über 65-Jährigen bis zum Jahr 2030 auf 22,5 Prozent an. Diese Verschiebungen führen dazu, dass sich die derzeitige Tannenbaumform der Altersverteilung in Greifswald etwas relativiert und tendenziell eher in eine Tropfenform übergeht. Vergleichbare Entwicklungen zeigen sich auch in der Stadt Rostock.

Abbildung 3 Bevölkerungspyramiden der Stadt Greifswald 2010 und 2030 (schwarz: Differenz)

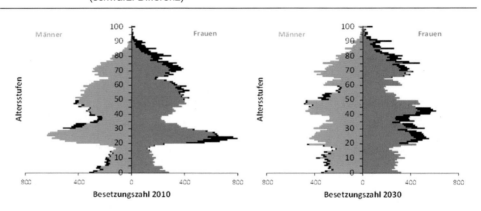

Quelle: Statistisches Amt Mecklenburg-Vorpommern (2012), eigene Berechnungen.

In Neubrandenburg hingegen belief sich der Anteil der 20- bis 29-Jährigen bereits im Jahr 2010 auf nur 15 Prozent (vgl. Abbildung 4). Dieser Anteil wird sich aufgrund des andauernden negativen Wanderungssaldos und der weiterhin niedrigen Geburtenrate bis zum Jahr 2030 voraussichtlich um weitere 5 Prozent reduzieren, sodass der Wert von 10,1 Prozent sogar noch unter dem ohnehin schon geringen Wert für Greifswald liegt. Gleichzeitig wird sich in Neubrandenburg der derzeitig starke Anteil der Bevölkerungsgruppen der etwa 40- bis 65-Jährigen in die oberen

Altersklassen verschieben, sodass der Anteil der über 65-Jährigen von 21,2 Prozent auf 35,7 Prozent im Jahr 2030 um mehr als die Hälfte ansteigt und damit wiederum deutlich über den Werten für Greifswald und Rostock liegt. Die derzeitige Urnenform verjüngt sich zum Fuß hin zusehends.

Abbildung 4   Bevölkerungspyramiden von Neubrandenburg 2010 und 2030

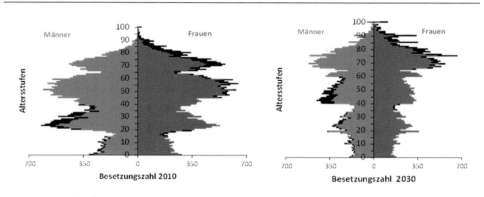

Quelle: Statistisches Amt Mecklenburg-Vorpommern (2012), eigene Berechnungen.

1.2.3 Prognose der Entwicklung des Durchschnittsalters

Analog zur Entwicklung der unterschiedlichen Bevölkerungsanteile wird sich auch das Durchschnittsalter in den drei Städten verändern. Abbildung 5 zeigt, dass sich das durchschnittliche Alter der Menschen in Neubrandenburg von 44,7 Jahren im Jahr 2010 auf 51,0 Jahre im Jahr 2030 verschieben wird, während das Durchschnittsalter der Bevölkerung in Greifswald in den kommenden 20 Jahren weiterhin auf dem vergleichsweise niedrigen Niveau von 42,7 Jahren stagnieren wird (2010: 42,3 Jahre). Das Durchschnittsalter in Rostock wird zum Ende des Prognosezeitraums voraussichtlich bei 46,8 Jahren liegen und sich damit zwischen den Werten von Neubrandenburg und Greifswald befinden. Gegenüber dem Jahr 2010 entspricht dies einem marginalen Anstieg von rund zwei Jahren (2010: 44,5 Jahre). In der Gesamtbetrachtung über alle Bundesländer zeigt sich, dass das Durchschnittsalter in den Kreisen und Städten in den neuen Bundesländern deutlich über dem Durchschnitt der alten Bundesländer liegt (was nicht ausschließt, dass einzelne Ausreißer aufgrund spezifischer regionaler Bedingungen signifikant unterhalb der Landesmittelwerte liegen können). Der geringste Mittelwert liegt im Jahr 2020 in Hamburg bei 43,3 Jahren, der höchste Mittelwert in Sachsen-Anhalt bei 49,8 Jahren; zum Jahr 2025 wird in Hamburg ein Wert von 43,8 Jahren sowie in Sachsen-Anhalt ein Wert von 50,9 Jahren erwartet. In diesem Sinne wird Hamburg in der Tendenz immer eine Stadt mit vielen jungen Einwohnern bleiben, während Magdeburg oder Halle auch zukünftig eher Städte mit vielen alten Bewohnern sein werden.

Abbildung 5   Entwicklung des Durchschnittsalters in Rostock, Greifswald, Neubrandenburg und Mecklenburg-Vorpommern zwischen 1990 und 2030

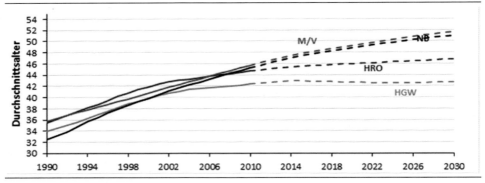

Quelle: Statistisches Amt Mecklenburg-Vorpommern (2012), eigene Berechnungen.

2. Veränderung der Kriminalität vor dem Hintergrund der demografischen Entwicklung

Sicherheit stellt für viele Städte ein zentrales Thema dar. Dabei umfasst Sicherheit vielfältige Aspekte und reicht von der Gestaltung des öffentlichen Raumes über die Kriminalität bis hin zur Vorsorge gegen Umweltgefahren und Naturkatastrophen. Es ist anzunehmen, dass mit der Größe der Städte das Spektrum der Gefährdungen zunimmt. Ferner spricht einiges dafür, dass spezifische Gefährdungen wie etwa ein Stromausfall oder eine Überschwemmung weitgehend unabhängig von der demografischen Entwicklung sind.

Eine Studie des Schweizerischen Städteverbandes zeigt, dass es vornehmlich gesellschaftliche Fehlentwicklungen und Gefährdungen sind, die in den Städten als für die Sicherheit bedrohlich erlebt werden und gegen die angegangen werden sollte. Es dominieren Ordnungswidrigkeiten wie Verschmutzungen, vandalistische Sachbeschädigungen und Alkoholmissbrauch im öffentlichen Raum, gefolgt von Körperverletzungen sowie Diebstahls- und Vermögensdelikten. Inzivilitäten werden hier offensichtlich als Frühindikatoren für Kriminalität und damit als Hinweise auf die Notwendigkeit von Prävention wahrgenommen. Zwischen Inzivilitäten und Kriminalität „schiebt" sich allein der Stromausfall als wichtiges Sicherheitsrisiko (vgl. Blaser/Schulze 2013; auch: Schulze/Blaser/Illi in diesem Band). Vergleichbare Ergebnisse finden sich in deutschen und internationalen Studien (vgl. Edwards/Hughes/Lord 2013; Frevel 2013).

Auch Wiebke Steffen (2013) verweist auf die vielfältigen Bedeutungsinhalte von Sicherheit, wenn sie die innere Sicherheit von der sozialen Sicherheit und der Sicherheit im öffentlichen Raum trennt. Mit der inneren Sicherheit assoziiert sie die Facetten der Kriminalität, der Kriminalitätsfurcht und der Verfolgung von Straftaten, während sie die soziale Sicherheit mit Konzepten wie soziales Unrecht, Ungleichheit, Exklusion sowie mangelnder Verlässlichkeit und Planbarkeit des eigenen Lebens verbindet. Dabei geht auch sie davon aus, dass die soziale und öffentliche Unsicherheit mit einer Einbuße an innerer Sicherheit verbunden ist und zu mehr Kriminalität und Kriminalitätsfurcht führen kann.

Kriminalität steht im Zentrum vieler Erörterungen zur Sicherheit. Es stellt sich damit die Frage, wie sich die Kriminalität und die Kriminalitätsfurcht in den Städten angesichts der demografischen Entwicklung mit den Komponenten des Geburtenrückgangs, der Überalterung und der Migration zukünftig entwickeln werden. Eine solche Prognose betrifft die Kriminalität als ganzheitliches Phänomen einer Region oder einer Altersgruppe, nicht die Vorhersage individueller Vorkommnisse.

Die Prognose der Kriminalität basiert auf demografischen Daten und auf solchen der polizeilichen Kriminalstatistik. Beide liefern im Verbund die Grundlagen für eine Vorhersage der Kriminalitätsentwicklung. Hierzu müssen einerseits die Entwicklungen der Bevölkerungsanteile in den einzelnen Altersklassen prognostiziert werden, um sodann auf dieser Basis wiederum Prognosen darüber abzugeben, wie sich die Kriminalität in diesen einzelnen Altersklassen verändern wird. Mit dem Hintergrundwissen darüber, welche Delikte vornehmlich von Tätern welcher Altersgruppen verübt werden, können dann wohlbegründete Vermutungen darüber angestellt werden, wie sich die Kriminalität etwa im Land Mecklenburg-Vorpommern künftig verändern wird (vgl. Bornewasser/Weitemeier/Dinkel 2008), sofern alle wesentlichen Randbedingungen konstant bleiben. Wo Änderungen dieser Randbedingungen absehbar sind, können sie in das Prognosemodell eingearbeitet werden. Wo sie nicht beachtet werden konnten, führen sie zu Prognosefehlern.

Grundsätzlich ist anzunehmen, dass sich die Kriminalität parallel zur Abnahme der Bevölkerungszahl rückläufig entwickelt, da es entsprechend weniger Menschen gibt, die potenziell Straftaten begehen können. So wird für das gesamte Bundesland Mecklenburg-Vorpommern ein Rückgang der Bevölkerung von rund 24 Prozent und somit ein Rückgang der Gesamtkriminalität von 220.393 Straftaten im Jahr 1995 auf 103.100 Delikte im Jahr 2030 prognostiziert. Wenn folglich für Greifswald bis 2030 eine Abnahme der Einwohnerzahl um etwa 10 Prozent, in Rostock um etwa 17 Prozent und in Neubrandenburg um mehr als 40 Prozent prognostiziert wird, ist theoretisch davon auszugehen, dass sich auch in diesen Städten die Kriminalität um etwa vergleichbare Anteile reduzieren wird (wobei die Kriminalitätsbelastung in Städten in der Regel höher ausfällt als auf dem Land). Entscheidend ist dabei aber auch die Abwanderung: Das Land Mecklenburg-Vorpommern haben vornehmlich junge Männer und Frauen im Alter zwischen 20 und 35 Jahren verlassen. Gerade diese Altersgruppe ist für einen hohen Prozentsatz der Kriminalität in Deutschland verantwortlich (vgl. auch Baier u.a. 2011).

Fasst man die soeben beschriebenen Fakten zusammen, so wird die Prognose nachvollziehbar, die besagt, dass die Gesamtkriminalität in Mecklenburg-Vorpommern auch in den nächsten Jahren deutlich sinken wird. Sicherlich kann diese Annahme nicht auf alle Gemeinden und Städte generalisiert werden, zumal sich in Greifswald, Rostock und Neubrandenburg die Bevölkerungsverhältnisse grundlegend unterscheiden. Neben der Alterung der Bevölkerung werden gerade die Fortzüge der vornehmlich jüngeren Bevölkerung einen spürbaren Rückgang der Kriminalität und insbesondere der Jugenddelinquenz bewirken. Hierunter fallen beispielsweise die Diebstahlsdelikte, die einen Großteil aller Straftaten ausmachen. Diese werden sich als Resultat des Zusammenwirkens des Bevölkerungsrückgangs sowie der Abwanderung insbesondere junger Menschen im Vergleich zum Basisjahr 1995 von 146.000 bis zum Jahr 2030 auf voraussichtlich 36.000 Delikte reduzieren (vgl. Dinkel 2008b). Diese Annahme wird dadurch gestützt, dass die Fallzahl im Jahr 2012 bereits auf 48.980 Delikte gesunken ist und Diebstahlsdelikte nur noch 38,7 Prozent aller Straftaten ausmachen. Ähnliches kann auch für Rohheitsdelikte – sie umfassen Körperverletzung sowie Raubdelikte – angenommen werden. Analysen der Fallzahlen zeigen, dass von 1995 bis 2005 die Raubdelikte von 2.075 auf 1.214 Fälle gesunken sind. Im Jahr 2012 wurden sogar nur noch 783 Raubdelikte verzeichnet. Da die Raubdelikte in Mecklenburg-Vorpommern vorrangig von jungen männlichen Personen begangen werden (gewaltsame Wegnahme von Taschen, Mobiltelefonen, Fanartikeln oftmals im Umfeld von Discos), der schwere Raub hingegen eher von älteren Personen, ist künftig von einer Abnahme des einfachen, jedoch einer Stagnation des schweren Raubs auszugehen. Auch für die Körperverletzungsdelikte wird angesichts der seit 1995 stagnierenden Fallzahlen von etwa 11.000 bis 12.000 Delikten pro Jahr eine Konstanz der Fallzahlen prognostiziert, zumal sich die strukturellen und sozioökonomischen Bedingungen etwas verschlechtern werden.

Doch nicht nur der Abnahme der jüngeren Bevölkerung, sondern auch der damit verbundenen stärkeren Besetzung der höheren Altersklassen kommt eine entscheidende Rolle bei der künftigen Kriminalitätsentwicklung zu. Durch den Anstieg der Teilpopulation der über 60-Jährigen steigt automatisch auch der relative Anteil der von diesen Personen begangenen Straftaten. Aufgrund ihres tendenziell jedoch eher konformen Sozialverhaltens beschränken sich die von diesen Personengruppen verübten Delikte vornehmlich auf leichtere Verstöße. Demgegenüber werden schwere Gewalt- und Rohheitsdelikte äußerst selten begangen. Da sich die Anteile auf marginale Fallzahlen belaufen, stellt die Alterskriminalität kein Phänomen dar, welches einer besonders intensiven polizeilichen Intervention bedarf. Andersherum schafft das zunehmende Alter hinsichtlich verschiedener Deliktarten gänzlich neue Tatgelegenheiten, die neuartige Konzepte der Kriminalprävention erforderlich machen (z.B. hinsichtlich Trickbetrügereien oder der Internetkriminalität). Hier ist insbesondere auch der gesamte Bereich der Pflege mit allen Gefahren von Misshandlungen und Vernachlässigungen zu nennen (vgl. Görgen/Rabold/Herbst 2007; Kreuzer 2011).

Aus den soeben geschilderten bisherigen Entwicklungen und den daraus abgeleiteten Prognosen für die Zukunft wird deutlich: Ostdeutsche Bundesländer wie Sachsen-Anhalt, Thüringen und Mecklenburg-Vorpommern werden zunehmend sicherer, da sich infolge der rückläufigen Bevölkerungszahlen auch die Deliktzahlen verringern werden und damit wiederum die Wahrscheinlichkeit sinkt, Geschädigter oder Opfer einer Straftat zu werden. In diesem Sinne nimmt die objektive Sicherheit im Land und in den Städten zu, was nicht ausschließt, dass einzelne Deliktarten in einzelnen Städten je nach Besetzungszahlen konstant bleiben oder gar leicht ansteigen (z.B. Diebstahlsdelikte in Greifswald, Wohnungseinbrüche in Berlin), während sie in anderen Städten weiter absinken (z.B. Raubdelikte in Neubrandenburg). Ein genereller Trend im Land könnte dahin gehen, dass die jugendspezifischen Delikte weiter absinken und solche Delikte zunehmen, die sich speziell gegen Ältere richten oder vornehmlich im Umfeld der (häuslichen Pflege) auftreten.

3. Veränderung der Kriminalitätsfurcht vor dem Hintergrund der demografischen Entwicklung und der Verschiebung der Kriminalität

3.1 Objektiv registrierte und subjektiv wahrgenommene Kriminalität

Die bisherigen Überlegungen richteten sich auf die objektive Entwicklung der Kriminalität im sogenannten Hellfeld, wie sie in der polizeilichen Kriminalstatistik dargelegt ist. Unklarheit herrscht hinsichtlich aller Delikte, die nicht zur Anzeige gebracht wurden. Sie beschreiben das sogenannte Dunkelfeld, das nur über subjektive Dunkelfelduntersuchungen zu erschließen ist. Anzunehmen ist, dass das Dunkelfeld deliktspezifisch erheblich größer ist als das Hellfeld.

Im Gegensatz zu den objektiven Kennzahlen zur Kriminalitätsentwicklung steht die sogenannte wahrgenommene Kriminalitätsentwicklung, also die subjektive Einschätzung darüber, wie ausgeprägt das Kriminalitätsaufkommen in einer Region ausfällt und wie es sich positiv oder negativ über die Zeit hinweg verändert. Diese subjektive Einschätzung basiert letztlich auf selektiv verarbeiteten Informationen über Kriminalität, auf Vermutungen (dass sich z.B. die Angaben über Vorkommnisse in Berlin auch auf Vorkommnisse in Rostock übertragen lassen) sowie auf direkten und indirekten Erfahrungen von Kriminalitätsvorkommnissen im eigenen Umfeld, die im Verlauf des Lebens oder auch sehr aktuell gemacht wurden. Dabei bleibt weitgehend unklar, über welche Mechanismen diese subjektiven

Wahrnehmungen zustande kommen und wie sehr diese Mechanismen im konkreten Urteilsvorgang etwa von Medienkonsum, Bildung, spezifischen Persönlichkeitsmerkmalen oder eigenen Viktimisierungen geprägt sind. Generell zeigt sich, dass die Kriminalitätsentwicklung im Allgemeinen und hinsichtlich spezifischer Deliktgruppen im negativen Sinne überschätzt wird. Gut zwei Drittel der Bevölkerung geben in einer Repräsentativbefragung des Kriminologischen Forschungsinstituts Niedersachsen (KFN) an, dass Straftaten etwa in 2010 häufiger geworden sind als in einem spezifischen Referenzjahr (Baier u.a. 2011). Dabei zeigt sich über die gebildeten Altersgruppen hinweg ein deutlicher Anstieg der wahrgenommenen Zunahmen. Diese weichen teilweise beträchtlich von den tatsächlichen Entwicklungen ab: So werden etwa der Wohnungseinbruch und der Handtaschenraub deutlich überschätzt, während etwa Körperverletzungen und Betrug relativ realistisch eingeschätzt werden. Eigene Untersuchungen zeigen zudem, dass zwischen dem objektiven Kriminalitätsaufkommen und der Kriminalitätsfurcht kein Zusammenhang besteht (vgl. Bornewasser/Köhn 2013).

In der Literatur wird immer wieder eine enge Verknüpfung von wahrgenommener Kriminalitätsentwicklung und Kriminalitätsfurcht angenommen: Wer eine Zunahme an Kriminalität wahrnimmt, wird sich auch davor fürchten, selbst Geschädigter oder Opfer einer kriminellen Handlung zu werden. Da insbesondere Ältere solche Zunahmen konstatieren, ist davon auszugehen, dass mit deutlichen Verschiebungen der Besetzungszahlen hin zu älteren Altersgruppen auch eine Zunahme der Kriminalitätsfurcht einhergeht. Damit ist die sog. *personale Kriminalitätsfurcht* gemeint, in der die von den befragten Personen geäußerte Wahrscheinlichkeit zum Ausdruck kommt, selbst Opfer einer Straftat zu werden (vgl. Landeskriminalamt NRW 2006; wobei hier darauf verzichtet wird, die in der Polizeilichen Kriminalstatistik [PKS] vorgenommene Trennung von Geschädigten und Opfern aufrechtzuerhalten). In dem vorliegenden Beitrag wird der Fokus ausschließlich auf die personale Kriminalitätsfurcht gelegt, die auf drei Dimensionen erfasst wird. Man differenziert zwischen der affektiven Komponente der Kriminalitätsfurcht, die das *Gefühl* der Angst bzw. der Furcht erfragt, der kognitiven Komponente, die demgegenüber die von der betroffenen Person angenommene *Wahrscheinlichkeit* bezeichnet, selbst Opfer einer Straftat zu werden, sowie der konativen Komponente, die das aus den ersten beiden Dimensionen resultierende Vermeidungsverhalten beschreibt (vgl. Bornewasser/Köhn 2012). Während die beiden erstgenannten Dimensionen miteinander korrelieren, wird Letztere tendenziell eher als ein verhaltensnahes Resultat der Ausprägungen auf den beiden ersten Komponenten betrachtet.

3.2 Erklärungsansätze für die Kriminalitätsfurcht

Für die Kriminalitätsfurcht existiert eine Vielzahl von Erklärungsansätzen. Eine umfassende und detaillierte Übersicht findet sich beim Landeskriminalamt NRW

(2006) sowie bei Bornewasser und Köhn (2012). Ausgangspunkt für diese Theorien sind externe Bedrohungen für die eigene Person, wobei Bedrohungen als faktische Gefährdungen für das eigene Wohlbefinden gelten, die eine Person auch mit einer gewissen Wahrscheinlichkeit treffen können. Diese Bedrohungen lösen spezifische Befürchtungen aus, als Person selbst Opfer einer solchen Straftat zu werden.

Eine erste Gruppe von Ansätzen basiert auf der Annahme extern feststellbarer sozialer Probleme, die seitens der Bürgerinnen und Bürger Furcht auslösen. Bekannte Vertreter dieser Gruppe sind die *Theorie der sozialen Desorganisation* (vgl. Shaw/McKay 1969) sowie die *Broken-windows-Theorie* (vgl. Lewis/Salem 1986; Wilson/Kelling 1982). Während der erste Ansatz Kriminalitätsfurcht letztlich auf das Unvermögen einer Kommune zurückführt, durch hinreichende Sozialkontrolle eine gewisse Ordnung im öffentlichen Raum zu schaffen und aufrechtzuerhalten, erklärt der zweite Ansatz Kriminalitätsfurcht als Resultat der Wahrnehmung baulicher Verfallserscheinungen und mutwilliger Zerstörungen, beispielsweise zerbrochener Fensterscheiben, beschädigter Bushaltestellen, Telefonhäuschen oder Sitzgelegenheiten in einem bestimmten Stadtteil. Dabei kommt es nicht entscheidend darauf an, ob eine Person die Zeichen der Desorganisation (z.B. in der Schweizerischen Untersuchung das Littering oder verschiedene Formen inzivilen Verhaltens, vgl. Blaser/Schulze 2013; Schulze/Blaser/Illi in diesem Band) selbst direkt wahrnimmt oder aber diese indirekt durch die Medien vermittelt werden (vgl. Boers 1993). Medieneffekte werden von Dowler (2003) empirisch bestätigt (vgl. auch den Beitrag von Schubert in diesem Band).

Eine zweite Gruppe von Theorien konzipiert die Kriminalitätsfurcht als Folge eines subjektiven psychologischen Stresserlebens. Kriminalitätsfurcht kann demzufolge als ein alltäglicher Stressor begriffen werden (vgl. Nasar/Jones 1997). Ein erster Ansatz betont die *Viktimisierung* als solche: Direkte (aber auch indirekte) Opfererfahrungen einer Person führen zu weiter steigender Kriminalitätsfurcht. Deshalb ist zu erwarten, dass Personen, die in der Vergangenheit bereits Opfer einer Straftat wurden, eine höhere Kriminalitätsfurcht aufweisen als diejenigen, die bisher noch keinerlei derartige Erfahrungen gemacht haben. Dieser Unterschied zeigt sich jedoch fast ausschließlich auf der kognitiven, kaum aber in der affektiven Dimension der Kriminalitätsfurcht (vgl. Schwind u.a. 2001). Dieser einfache Viktimisierungsansatz wird von Boers (1995) mit detaillierten stresstheoretischen Annahmen verknüpft und zum *interaktiven Verständnismodell* weiterentwickelt, dem zufolge Personen nach der ersten Einschätzung einer Bedrohung (dem sogenannten *primary appraisal*) eine Analyse der eigenen zur Verfügung stehenden Abwehrressourcen vornehmen (das sogenannte *secondary appraisal*). Dem Modell zufolge ist somit nur dann mit dem Aufkommen von konkreter Kriminalitätsfurcht zu rechnen, wenn die eigenen Ressourcen für eine adäquate Bewältigung der Situation unzureichend sind. Dieses Modell zeigt eine auffällige Ähnlichkeit zum *Vulnerabilitätsansatz*. Dieser geht davon aus, dass diejenigen Personen, die ihre eigenen körperlichen Abwehrfähigkeiten als nur marginal vorhanden wahrnehmen oder sich bestimmter Handicaps bewusst sind und ein niedriges Selbstvertrauen haben, eine höhere Kriminalitätsfurcht verspüren. Der Vulnerabilitätsansatz fokussiert somit eher die eigenen subjektiv wahrgenommenen Bewältigungsfähigkeiten als die tatsächlich vorhandenen Ressourcen, sich in einer gefährlichen Situation verteidigen zu können (vgl. Bals 2004).

Auffällig und weitgehend bestätigt ist das Phänomen, dass ältere Menschen objektiv weniger Risiko laufen, Opfer einer Straftat zu werden, aber dennoch deutlich mehr Furcht vor Kriminalität äußern. Dieser Widerspruch wird als das *Kriminalitätsfurcht-Paradoxon* bezeichnet. Paradox erscheint, dass ältere Menschen trotz ihres objektiv betrachtet geringen Viktimisierungsrisikos eine erhöhte Kriminalitätsfurcht zeigen und jüngere Männer, deren Viktimisierungsrisiko deutlich höher ist, eine sehr viel geringere Furcht, Opfer einer Straftat zu werden, aufweisen. Dieser Ansatz galt über mehrere Jahre hinweg als plausible Erklärung, wurde jedoch in einigen neueren Arbeiten kontrovers diskutiert (vgl. Greve 2004). Es konnte aufgezeigt werden, dass die Kriminalitätsfurcht mit zunehmendem Alter nicht generell, sondern lediglich für spezifische Delikte, wie etwa Wohnungseinbruch oder Raub, ansteigt, die Furcht vor sexuellen Übergriffen hingegen sinkt. Dem pauschalen Postulat, ältere Personen zeigten generell eine höhere Kriminalitätsfurcht, ist folglich mit Vorsicht zu begegnen. Auch kann nicht generell davon ausgegangen werden, dass z.B. städtebauliche Präventionsmaßnahmen zu einer direkten Senkung der Kriminalitätsfurcht führen (vgl. Marzbali u.a. 2012).

Bereits diese sehr kurze überblicksartige Darstellung der unterschiedlichen Erklärungsansätze für Ursachen und Entstehung der Kriminalitätsfurcht verdeutlicht die Vielfalt der möglichen Einflussfaktoren, die das Ausmaß der empfundenen Furcht bestimmen. So wie Brantingham und Brantingham (1993) betonen, dass die Begehung einer Straftat von vielfältigen Faktoren der Umwelt, des Täters und seiner Tatbegehungsmöglichkeiten sowie des Opfers abhängt, so kann auch für die Entstehung der Kriminalitätsfurcht ein breites Portfolio von möglichen Ursachen benannt werden. Somit erscheint es auch fragwürdig, ob mit nur einer Theorie alle Erscheinungsformen der Kriminalitätsfurcht erklärt werden können. Dies könnte auch für den im Folgenden zu beschreibenden Zusammenhang zwischen Kriminalitätsfurcht und Alter zutreffen.

3.3 Ausprägung der Kriminalitätsfurcht in Abhängigkeit von Alter, Geschlecht und Deliktart

Der Zusammenhang zwischen Kriminalitätsfurcht, Alter und Deliktart wurde in einer umfangreichen Untersuchung des Landeskriminalamtes NRW (2006) an 69.000 Personen untersucht. Hierbei wurde ersichtlich, dass die Kriminalitätsfurcht sowohl von der Deliktart als auch vom Alter abhängt (siehe Abbildung 6).

Abbildung 6　　Alter und deliktsdifferenzierte Kriminalitätsfurcht (in Prozent, sexuelle Belästigung und Vergewaltigung nur für Frauen erhoben)

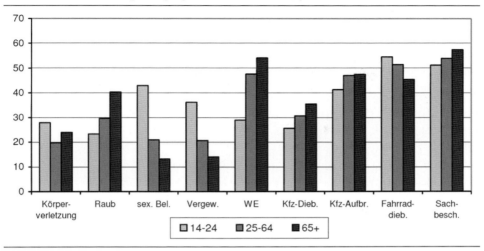

Quelle:　Landeskriminalamt NRW (2006).

Das Diagramm zeigt zum Ersten, dass ältere Bürgerinnen und Bürger in der Tendenz höhere Kriminalitätsfurcht aufweisen. Jedoch zeigen sich zum Zweiten auch auffällige Differenzen im Gesamtmuster: Die höchste Furcht besteht hinsichtlich Wohnungseinbruch und Sachbeschädigung, sehr geringe Furcht besteht hinsichtlich Körperverletzungen sowie – allein bei Frauen erfasst – sexuellen Belästigungen und Vergewaltigungen. Hinsichtlich Körperverletzung, Fahrraddiebstahl und Sexualdelikten kehrt sich das Muster sogar um: In all diesen Fällen zeigen die älteren Probanden geringere Furcht als die jüngeren. Dieser Befund zeigt nicht nur Parallelen zwischen subjektiver und objektiver Realität, sondern er verdeutlicht auch, dass ältere Personen (und hier meist Frauen) sich gerade im Bereich des Taschenraubes und des Wohnungseinbruchs als sehr vulnerabel wahrnehmen bzw. ihre Abwehrressourcen bezüglich dieser Straftaten als gering einschätzen. Hinter dieser Vulnerabilität können auch starke Verlustängste stecken.

Vergleichbare Befunde ohne direkten Bezug zu spezifischen Deliktarten liefern auch Baier u.a. (2011). Die personale Kriminalitätsfurcht (Bedrohung mal Wahrscheinlichkeit) der weiblichen Probanden liegt signifikant höher als die der männlichen Probanden (17,5 vs. 14,7). Noch auffälliger sind hingegen die Unterschiede bei den Handlungskonsequenzen, die aus der Furcht resultieren (konative Furcht 51,0 vs. 33,0). Frauen schränken sich deutlich stärker in ihrem Verhalten ein und gehen beispielsweise abends weniger aus, sind früher wieder zu Hause oder meiden öffentliche Verkehrsmittel und Plätze. Hinsichtlich des Alters zeigen sich im Bereich der personalen Furcht vor allem stärkere Zunahmen ab dem 60. Lebensjahr. Bei der konativen Furcht fallen diese Zunahmen deutlich ausgeprägter auf.

Tabelle 2   Kriminalitätsfurcht für verschiedene Subgruppen

	insgesamt	männlich	weiblich	15-30 Jahre	30-60 Jahre	> 60 Jahre
Furcht am Tag	3,55	3,52	3,58	3,65	3,59	3,40
Furcht in der Nacht	2,83	2,93	2,71	2,84	2,94	2,64

Quelle: Bornewasser/Köhn (2012).

In eigenen, deutschlandweiten Untersuchungen an über 4.000 Befragten aus Städten und Kreisen konnten diese Befunde weitgehend repliziert werden (vgl. Bornewasser/Köhn 2012). Zur Erhebung der Kriminalitätsfurcht kam der Standardindikator zum Einsatz, gemessen wurde mittels Likertskalen (1 = sehr unsicher, 4 = sehr sicher). Wie Tabellen 2 und 3 zeigen, resultiert ein vergleichbares Ergebnismuster:

1. Insgesamt fühlen sich die Menschen eher sicher als unsicher, am Tag deutlich sicherer als bei Nacht.
2. Männer und Frauen unterscheiden sich am Tag nicht, wohl aber in der Nacht, wobei Frauen mehr Furcht zeigen als Männer.
3. Die Altersgruppen unterscheiden sich deutlich, wobei insbesondere die über 60-Jährigen höhere Kriminalitätsfurcht zeigen.
4. Männliche und weibliche Probanden über 60 Jahre zeigen die höchsten Furchtwerte.

Tabelle 3   Alters- und geschlechtsspezifische Unterschiede in der Kriminalitätsfurcht

Männlich			Weiblich		
Unter 30 Jahre	30-60 Jahre	Über 60 Jahre	Unter 30 Jahre	30-60 Jahre	Über 60 Jahre
3,68	3,57	3,37	3,63	3,62	3,46
3,08	3,05	2,68	2,62	2,82	2,56

Quelle: Bornewasser/Köhn (2012).

3.4 Prognose der Entwicklung der personalen Kriminalitätsfurcht

Bestimmend für das Ausmaß der durchschnittlichen Kriminalitätsfurcht sind somit die Anteile der älteren und der weiblichen Bevölkerung. Da sich das Geschlechterverhältnis über viele Altersklassen hinweg gleich verteilt und erst zum höheren Alter hin ein leichter Frauenüberschuss festzustellen ist, kann das Geschlecht hinsichtlich einer Prognose der Kriminalitätsfurcht vernachlässigt werden. Durch den anteiligen Zuwachs der Besetzungszahlen im höheren Alter wird in den nächsten Jahren eine generelle Zunahme der Kriminalitätsfurcht erwartet. Dabei werden sich differentielle Effekte einstellen: Wo die Zuwächse der älteren Bevölkerung stark ausfallen, wird auch die Kriminalitätsfurcht stärker anwachsen, wo die Anteile der bis zu 30-Jährigen höher sind, werden nur geringfügige Veränderungen eintreten. Daher ist zu erwarten, dass sich die Kriminalitätsfurcht insbesondere in Neubrandenburg stärker entwickeln wird als in Greifswald und Rostock, wobei weitere Differenzierungen über die Deliktarten zu beachten sind.

Die erhöhten Ausprägungen auf der affektiven und kognitiven Dimension der Kriminalitätsfurcht geben auch Anlass zu der Annahme eines verstärkten Vermeidungsverhaltens bzw. einer erhöhten Ausprägung der Furcht auf der konativen Komponente. So werden sich insbesondere ältere Leute aus Angst vor körperlichen Übergriffen im öffentlichen Raum zunehmend in ihre Wohnung zurückziehen und darauf verzichten, besonders in den Abend- und Nachtstunden am sozialen Leben außerhalb der sicheren Umgebung, etwa in der Nachbarschaft, teilzunehmen. Ältere werden sich folglich darauf beschränken, das Haus nur noch am Tag und eventuell ausschließlich in Begleitung Angehöriger oder Bekannter zu verlassen. Dies führt einerseits zu einer erheblichen Einschränkung des eigenen sozialen Lebens, andererseits zu einer verstärkten Abhängigkeit von anderen Personen. Ferner ist zu vermuten, dass man seine Besorgungen auf Geschäfte und Institutionen begrenzt, die sich in einem sehr kleinen Umkreis erledigen lassen, um zu vermeiden, sich zu weit von der eigenen (sicheren) Wohnung zu entfernen. Diese selbstgewählte Beschränkung der Mobilität trägt auch dazu bei, dass die öffentlichen Verkehrsmittel weniger stark genutzt und öffentliche Plätze, Einkaufsstraßen und Parks weniger stark frequentiert werden. Für die Kommune bedeutet dies zugleich eine Einschränkung der sozialen Kontrolle, da insbesondere abends und nachts nur noch wenige Personen auf öffentlichen Straßen und Plätzen präsent sind, wodurch sich die Hemmschwelle für potenzielle Täter deutlich absenkt (vgl. Bornewasser/Köhn 2012). Vor diesem Hintergrund wird verständlich, dass gerade ältere Menschen einerseits ihren Bewegungsradius einschränken und Vorsicht bei Sozialkontakten walten lassen, andererseits aber auch nach einer verstärkten Präsenz der direkten oder indirekten formellen Sozialkontrolle rufen. Die Problematik der zum Teil steigenden Kriminalitätsfurcht insbesondere älterer Bürgerinnen und Bürger und das damit verbundene Vermeidungsverhalten bilden in zunehmendem Maße auch eine politische Angelegenheit, da die Bevölkerungsgruppen der über 65-Jährigen stetig anwachsen und somit auch an politischem Einfluss gewinnen werden. Infolgedessen wird die Kommunalpolitik künftig verstärkt darauf bedacht sein, den Forderungen der älteren Bewohner Rechnung zu tragen, da diese einen weiter wachsenden Großteil der Wählerschaft stellen.

4. Allgemeine (kommunalpolitische) Maßnahmen zur Erhöhung der Sicherheit und des subjektiven Sicherheitsempfindens

Viele der vorliegenden Befunde zur objektiven Kriminalitätslage und zur subjektiven Kriminalitätsfurcht lassen einen eigentümlichen Widerspruch erkennen: Seit Jahren nimmt die objektiv registrierte Kriminalität ab (z.B. ist die Häufigkeitszahl in Deutschland seit 1998 bis heute um etwa 7 Prozent auf einen Wert von 7.327 Fällen pro 100.000 Einwohner gefallen; in Mecklenburg-Vorpommern gab es in diesem Zeitraum sogar einen Rückgang der Häufigkeitszahl um etwa 25 Prozent; vgl. BMI 2012), und dieser Trend wird sich fortsetzen. Dennoch zeigen sich kaum Abnahmen in den Ausprägungen der Kriminalitätsfurcht (wobei allgemein zu beachten ist, dass die eingesetzten Indikatoren kaum Furcht und Unsicherheit, sondern vielmehr eingeschränkte Grade an Sicherheit anzeigen). In diesem Sinne stellt sich keine Erleichterung ein, und immer noch wird überwiegend angenommen, die Kriminalität nehme zu. Objektiv gesehen ist Deutschland wie auch das Land Mecklenburg-Vorpommern im Jahr 2012 unter dem Eindruck eines erheblichen demografischen Wandels insgesamt ein sicheres Land, und die Kriminalitätsfurcht kann nicht als ein chronischer Stressor begriffen werden. Kriminalität prägt nicht das alltägliche Bewusstsein. Dieser Zustand wird sich in den nächsten Jahren voraussichtlich auch nicht dramatisch verändern.

Dieser generelle Befund verdeutlicht, dass die immer wieder gemessene subjektive Kriminalitätsfurcht kaum mit der objektiven Kriminalitätslage korreliert (so wie auch die mediale Berichterstattung nicht mit der objektiven Lage übereinstimmt). Die subjektive Lage ist zum einen vermutlich sehr viel stärker von verschiedenen Indikatoren geprägt, die lediglich Hinweise auf potenzielle Gefährdungen wie Anpöbeleien und Übergriffe durch randalierende Gruppen von Jugendlichen oder Ansammlungen von alkoholisierten Obdachlosen oder Bettlern liefern, zum anderen auch von direkten Vorkommnissen in der überschaubaren Umgebung, die das eigene Handeln vorübergehend beeinträchtigen (z.B. häufigere Kontrollen an Türen und Fenstern oder Einbau von besseren Schlössern, wenn in der Umgebung eine Einbruchsserie bekannt wurde). Dieser letztgenannte Faktor macht die Kriminalitätsfurcht zu einem höchst volatilen Phänomen, das mal mehr und dann auch wieder mal weniger ausgeprägt ist. Dabei bleibt zudem festzuhalten, dass sich die Vulnerabilitätseinschätzung oder die Furcht davor, Opfer einer Straftat zu werden, nicht verändert, wenn einmal über eine längere Zeit hinweg z.B. kein Fall von Wohnungseinbruch oder Taschenraub aufgetreten ist. Kriminalität ist dann kognitiv kaum präsent, gewinnt aber sofort wieder an Bedeutung, wenn ein neuer Fall auftritt oder alte Fälle z.B. durch eine Befragung kognitiv neu belebt werden. Vor diesem Hintergrund stellt sich die Frage, wie die Kriminalitätsfurcht zuverlässiger und valider ermittelt werden kann.

Die Zusammenhänge zwischen sich verändernder Kriminalitätslage und Kriminalitätsfurcht sind offensichtlich sehr komplex und keineswegs kausal eindeutig darstellbar. Hierbei spielen das Erscheinungsbild des öffentlichen Raumes, z.B. Formen der Verwahrlosung, Vorkommnisse von Inzivilitäten (zum Beispiel: Übernachtungen auf Bänken oder öffentliches Urinieren), ebenso ein wichtige Rolle wie die im Alter generell zunehmende Furcht der Menschen, die letztlich auf Einbußen der Kontrollierbarkeit und eine zunehmende Schwächung der Abwehrressourcen zurückzuführen ist. Gerade auch der zunehmende soziale Rückzug und die ansteigende Isolation tragen mit dazu bei, dass die externe Umwelt vermehrt als Quelle von Bedrohungen wahrgenommen wird. Dass diese Einschätzung nicht völlig irreal ist, wird durch zahlreiche neuartige Begehungsformen von Delikten belegt, die explizit auf ältere Menschen ausgerichtet sind und deren kognitive Einschränkungen oder soziale Kontaktbedürfnisse ausnutzen (z.B. beim sog. Enkeltrick). Es ist zu vermuten, dass die Zahl der gegen ältere Menschen gerichteten Eigentums- und Betrugsdelikte weiter wachsen wird, zumal Ältere mittlerweile oftmals über beträchtliches Eigentum verfügen, leichter zu beeinflussen sind und häufig auch keine Anzeige erstatten, weil sie gegenüber ihrer sozialen Umwelt ob ihres Unglücks zusätzlich auch noch Scham empfinden.

Trotz der theoretischen Schwächen bleibt praktisch für alle Kommunen die Aufgabe bestehen, die Kriminalitätsfurcht gering zu halten und sie nicht zu einem belastenden, chronischen Stressor werden zu lassen, der die Lebensqualität gerade älterer Menschen beeinträchtigt. In diesem Sinne argumentierte bereits die Gewaltkommission, als sie feststellte: „Die in der Bevölkerung festzustellende Verbrechensfurcht stellt (…) bereits als solche, d.h. in ihrer bloßen Existenz, ein sozial- und kriminalpolitisches Problem dar, weil sie die Lebensqualität der Bürger beeinträchtigt. Von daher gehört es auch zu den staatlichen Aufgaben, dafür zu sorgen, ‚dass die Bürger nicht nur tatsächlich abends auf die Straße gehen können, sondern auch glauben, dass sie es können'" (Schwind u.a. 1990, zit. nach Heinz 2004, S. 3). Auch wenn sich die objektiven Verhältnisse seit 1990 deutlich verbessert haben, so deuten die subjektiven Befunde nach wie vor darauf hin, dass gerade ältere Menschen den angesprochenen Glauben noch nicht durchgängig erworben haben. Vermutlich stellt dies auch eine kaum überwindbare Hürde dar. Dies mag auch damit zusammenhängen, dass sich seit 1990 die Zahl der Älteren deutlich vermehrt hat und diese auch sehr viel häufiger noch ein weit höheres Alter erreichen als 1990. Wenn nun aber die objektive Kriminalitätslage nicht durch die „Verbrechensfurcht" gespiegelt, sondern scheinbar dauerhaft überschätzt wird, dann stellt sich die Frage, welche Präventionsmaßnahmen angezeigt sind, die einerseits das tatsächliche Kriminalitätsaufkommen auf niedrigem Stand halten, andererseits die Kriminalitätsfurcht der Bürgerinnen und Bürger weiter absenken können (wobei hier eher die generelle personale Kriminalitätsfurcht und weniger eine anlassbezogene, situativ bedingte Furcht etwa nach einem Einbruch in der Nachbarschaft gemeint ist). Dabei ist zu beachten, dass eine gewisse Furcht auch positive Auswirkungen etwa im Bereich der selbstverantwortlichen Prävention hat. Es geht also nicht darum, generell Furcht zu beseitigen, sondern unangemessene Befürchtungen und Ängste zu vermeiden. Ferner ist zu beachten, dass diese Maßnahmen jeweils auf die Rahmenbedingungen in den einzelnen Kommunen zugeschnitten werden müssen. Allgemeine Empfehlungen können angesichts der aufgezeigten Differenzen in so unterschiedlichen Städten wie Greifswald oder Neubrandenburg kaum fruchten.

Kriminalprävention ist schon seit Jahren nicht mehr allein eine Angelegenheit der Polizei, sondern obliegt auch und verstärkt den Kommunen (vgl. Frevel 2013; Frevel in diesem Band). Von diesen gemeinsam mit der Polizei zu ergreifende kriminalpräventive Maßnahmen, die nicht nur, aber auch stark auf den demografischen Wandel zugeschnitten sind, umfassen alle Vorkehrungen, die ein höheres Maß an subjektiver Kontrolle ermöglichen und unnötige Verweise auf die eigene Vulnerabilität unterdrücken. Hierzu gehören generell die verbesserte Beleuchtung im öffentlichen Raum, die Herstellung von Übersichtlichkeit und die Schaffung von Alarmierungs- und Fluchtmöglichkeiten. Häufig frequentierte Plätze oder auch Parks und Parkplätze sollten so gestaltet werden, dass sie hell, gut überschaubar und im Zweifel leicht zu verlassen sind (vgl. Sailer 2004; Kube 2006). Einen geeigneten Kompromiss zwischen finanziellen Aufwendungen und zusätzlichem Sicherheitsgewinn könnten Projekte darstellen, die neue Technologien nutzen, um dunkle Straßen begrenzt für die Zeit des Passierens durch gesteuertes An- und Ausschalten der Straßenbeleuchtung zu erhellen. Denkbar wären auch videogestützte Monitoring-Systeme, die auf Wunsch von Passanten eingeschaltet werden und eine Interaktion mit wachhabendem Personal ermöglichen.

Präventive Angebote, die auf die Erhöhung der eigenen Handlungsfähigkeit zielen, sollten sich gemäß der Annahmen der Viktimisierungstheorie direkt an Frauen, Alte und Personen mit Opfererfahrungen richten. Durch die Stärkung des Selbstwertgefühls und der Verteidigungsfähigkeit, besonders bei ängstlichen Bevölkerungsgruppen, könnte versucht werden, das Ausmaß der Kriminalitätsfurcht zu senken. Alle Formen der Aktivierung und der sozialen Vernetzung sind zu fördern. Aus kontrolltheoretischer Sicht liegt ein hohes sicherheitsstiftendes Potenzial zudem in der weiteren Stärkung sozialer Eingebundenheit. Initiativen, die z.B. gemeinschaftliche Aktivitäten im Bereich von Begleitungs-, Unterstützungs- oder Sanierungsaktionen organisieren, sollten gefördert werden. Auch regelmäßig stattfindende Straßen- oder Stadtteilfeste können helfen, das soziale Umfeld und die Nachbarschaft besser kennenzulernen und wechselseitiges Vertrauen zu entwickeln. Insgesamt sind alle Maßnahmen zu empfehlen, die das Ziel haben, die soziale Kohäsion zu erhöhen, da sie die soziale Kontrolle stärken und Sicherheit spenden (vgl. Renauer 2007). Daraus können sich auch dauerhafte Paten- oder Mentorenschaften entwickeln: Getauscht werden hierbei z.B. Unterstützungen etwa im Bereich der Schularbeitshilfe gegen Begleitung am Abend. Auf diese Weise kann die Resilienz der Kommunen erhöht werden.

Furcht kann auch durch die Vermittlung eines realistischen Bildes hinsichtlich des tatsächlichen Kriminalitätsaufkommens sowie der geringen Viktimisierungswahrscheinlichkeit einzelner Bevölkerungssegmente gesenkt werden. Diese Vermittlung kann durch Broschüren erfolgen oder durch verstärkte Öffentlichkeitsarbeit zu bestehenden und geplanten Präventionsmaßnahmen. Gute Beispiele liefern die vom Landes-Innenministerium herausgegebene Zeitschrift „Impulse" des Landesrats für Kriminalitätsvorbeugung in Mecklenburg-Vorpommern oder die Handreichungen der Metropolregion Hamburg zu verschiedenen Delikten, denen sich vermehrt ältere Menschen ausgesetzt sehen. Aber Vorsicht ist geboten: Wird zu viel über Kriminalprävention berichtet, kann dies auch einen negativen Effekt hervorrufen. Denn die Bürgerinnen und Bürger sehen dies als Indiz dafür an, dass gerade in dem Bereich viel Kriminalität herrscht, in dem Präventionsmaßnahmen ergriffen werden.

Sicherheit in der Stadt und im öffentlichen Raum betrifft zu Recht in erster Linie die Kriminalitätsbekämpfung und die Kriminalprävention. Allerdings wäre es zu kurz gegriffen, Sicherheit allein hierauf zu beschränken. Jede Stadt liefert vielfältige Anlässe, über Sicherheit nachzudenken. Gerade unter dem Aspekt des demografischen Wandels erscheint es angebracht, ein umfassenderes Sicherheitskonzept zu entwickeln, um vor allem dem anwachsenden Teil älterer Menschen generell ein höheres Maß an alltäglicher Sicherheit zu vermitteln, etwa im Straßenverkehr, in öffentlichen Verkehrsmitteln, in Behörden, in Krankenhäusern oder in Dienstleistungseinrichtungen. Dabei gilt es, die Interessen verschiedener Akteure gegeneinander abzuwägen und miteinander vereinbar zu machen. Ältere Menschen empfinden häufig Unsicherheit, weil ihre Sinnesorgane nicht mehr so gut funktionieren wie in jungen Jahren, weil sie langsamer und reaktionsschwächer sind, weil sie im Umgang mit ihrer Umwelt mehr Mühe und Aufmerksamkeit aufbringen müssen, weil ihnen vieles schwerfällt und weil sie sich schlechter veränderten Bedingungen anpassen können. Dabei ist zu beachten, dass alle diese Einschränkungen zur zunehmenden Vulnerabilität und Viktimisierung beitragen können: Ältere mit Handicaps sind oftmals auf enge körperliche Kontakte angewiesen und können dabei leicht geschädigt werden. Daher dient auch die Forderung nach Barrierefreiheit im öffentlichen Raum der Kriminalitätsprävention. Vergleichbar präventiv wirken alle Maßnahmen, soziale Isolation – das ist auch ein Zustand reduzierter Sozialkontrolle – zu umgehen und ältere Menschen so lange wie möglich in soziale Verbände zu integrieren. Der nachvollziehbare Wunsch nach mehr sozialem Kontakt wird von Täterinnen und Tätern immer wieder ausgenutzt. Umgekehrt werden ältere Menschen auch zusätzlichen Risiken ausgesetzt, wenn man ihnen längere Wege zu Arztpraxen, Ärztehäusern oder Einkaufszentren in der Peripherie zumutet.

Ältere Menschen bedürfen eines gewissen Schutzes durch die soziale Gemeinschaft (wobei die Rolle des Wächters [guardian], wie sie in der Routine-Aktivitäts-Theorie von Cohen und Felson (1979) beschrieben wird, eine stärkere Aktivitätskomponente erhalten muss). Es reicht vermutlich nicht aus, erkennbare Defizite (etwa bei der Internetnutzung) nur ausgleichen zu wollen. Man muss sie vielmehr (zumindest vorübergehend) als gegebene Fakten anerkennen und die physisch-materiellen wie sozialen Verhältnisse z.B. in Stadt- und Verkehrsplanung entsprechend anpassen. Dies kann nur vor Ort durch vielfältige detaillierte Maßnahmen geschehen. Diese werden teilweise in Greifswald nicht viel anders aussehen als in Neubrandenburg, aber auch keine größeren Abweichungen gegenüber vergleichbaren Herangehensweisen in Flensburg oder in Garmisch-Partenkirchen aufweisen (wenn es z.B. um die Einrichtung von Mehrgenerationenhäusern oder die Gestaltung von Zusteigemöglichkeiten im ÖPNV geht). Sie werden teilweise aber auch spezifisch auf die jeweiligen Gegebenheiten anzupassen sein. Generell gilt auch hier wie in jeder Prävention: Benötigt werden mehr konkrete Maßnahmen, die auf spezifische Ziele an spezifischen Gefährdungsorten zugeschnitten sind. Das wird in vielen deutschen Städten immer wieder der Bahnhof oder das wenig beleuchtete Parkhaus sein, es kann aber in Rathenow eine spezielle Disco, in Aachen eine innerstädtische Brunnenanlage oder in Nürnberg ein Supermarkt mit anrainenden Parkplätzen sein. Universelle Prävention für Alte wird kaum Erfolge zeitigen, gefragt sind raumspezifische Konzepte, die unter Beteiligung von Betroffenen zu erarbeiten und umzusetzen sind. Diese werden in einer Stadt mit einem bis in die späten Abendstunden belebten Zentrum wie Würzburg anders aussehen als in einer Stadt, in der man sich am Abend in die stadtrandnahen Wohngebiete wie in Bremen zurückzieht.

Der demografische Wandel wird das Erscheinungsbild der Städte verändern. Darauf stellen sich die Kommunen verstärkt ein, wobei die überall spürbaren finanziellen Restriktionen auch zu Neueinschätzungen des öffentlichen Gutes der Sicherheit und zu neuartigen Formen des Schutzes führen werden (Stichworte sind hier Sicherheitspartnerschaften und Privatisierung). Allerdings sollten diese Anpassungsmaßnahmen nicht den Blick für die Tatsache verstellen, dass Kriminalität im Wesentlichen nach wie vor von jüngeren Tätern begangen wird und auch die aktuelle demografische Entwicklung eine Umkehr durch steigende Geburtenzahlen und Zuwanderung erfahren kann (wie in Mecklenburg-Vorpommern bereits in Ansätzen, aber aktuell auch in Freising [Bayern] oder in Cloppenburg [Niedersachsen] zu beobachten). Daher müssen auch weiterhin die jüngeren Täter im Blick bleiben, müssen Programme für spezifische Täter- und Risikogruppen (z.B. überforderte Pflegerinnen und Pfleger) vorgehalten werden und muss beachtet werden, dass sich Kriminalität weiterentwickelt und neue Formen der Aufklärung erforderlich macht. Deshalb wird im Präventionsbereich auch weiterhin an allen bekannten „Fronten" zu arbeiten und zu investieren sein.

Literatur

Baier, Dirk, Stefanie Kemme, Michael Hanslmaier, Bettina Doering, Florian Rehbein und Christian Pfeiffer (2011): Kriminalitätsfurcht, Strafbedürfnisse und wahrgenommene Kriminalitätsentwicklung. Ergebnisse von bevölkerungsrepräsentativen Befragungen aus den Jahren 2004, 2006 und 2010, Hannover.

Bals, Nadine (2004): Kriminalität als Stress – Bedingungen der Entstehung von Kriminalitätsfurcht, in: Soziale Probleme, 15. Jahrgang, Heft 1 (2004), S. 54–76.

Blaser, Lilian, und Tillmann Schulze (2013): Sichere Schweizer Städte 2025. Ergebnisse einer Studie zur zukünftigen Sicherheitslage in 33 Städten der Schweiz, in: Forum Kriminalprävention, Zeitschrift der Stiftung Deutsches Forum für Kriminalprävention, Heft 3 (2013), S. 29–33.

BMI – Bundesministerium des Innern (2012): Polizeiliche Kriminalstatistik, Berlin.

Boers, Klaus (1993): Kriminalitätsfurcht. Ein Beitrag zum Verständnis eines sozialen Problems, in: Monatsschrift für Kriminologie und Strafrechtsreform 76, Heft 2 (1993), S. 65–82.

Boers, Klaus (1995): Kriminalitätseinstellungen und Opfererfahrungen, in: Günther Kaiser und Jörg-Martin Jehle (Hrsg.): Kriminologische Opferforschung. Neue Perspektiven und Erkenntnisse, Teilband 2: Verbrechensfurcht und Opferwerdung, Heidelberg, S. 3–36.

Bornewasser, Manfred, und Anne Köhn (2012): Subjektives Sicherheitsempfinden, in: Bernhard Frevel (Hrsg.): Handlungsfelder lokaler Sicherheitspolitik. Netzwerke, Politikgestaltung und Perspektiven, Frankfurt/Main, S. 190–226.

Bornewasser, Manfred, und Anne Köhn (2013): Subjektives Sicherheitsempfinden – von soziodemografischen Unterschieden zu konkreten Handlungsempfehlungen. Vortrag auf dem Workshop zur Messbarkeit von Kriminalitätsfurcht und wahrgenommener Unsicherheit der Akademie für politische Bildung, Tutzing.

Bornewasser, Manfred, Ingmar Weitemeier und Rainer Dinkel (Hrsg.) (2008): Demografie und Kriminalität – Eine Prognose zur Kriminalitätsentwicklung in Mecklenburg-Vorpommern, Frankfurt/Main.

Brantingham, Paul J., und Patricia L. Brantingham (1993): Environment, Routine and Situation. Toward a pattern theory of crime, in: Ronald V. Clarke und Marcus Felson (Hrsg.): Routine Activity and Rational Choice. Advances in Criminological Theory, 5. Edition, New Brunswick.

BBSR – Bundesinstitut für Bau-, Stadt- und Raumforschung (2007): Raumordnungsprognose des BBSR, Bonn.

Cohen, Lawrence, and Marcus Felson (1979): Social Change and Crime Rate Trends. A Routine Activity Approach, in: American Sociological Review 44 (4) (1979), S. 588–608.

Dinkel, Rainer (2008a): Die Prognose der Bevölkerung und der Kriminalität. Methodische Grundfragen am Beispiel Mecklenburg-Vorpommerns, in: Manfred Bornewasser, Ingmar Weitemeier und Rainer Dinkel (Hrsg.): Demografie und Kriminalität. Eine Prognose zur Kriminalitätsentwicklung in Mecklenburg-Vorpommern, Frankfurt/Main, S. 81–104.

Dinkel, Rainer (2008b): Die Ergebnisse der Kriminalitätsprognose, in: Manfred Bornewasser, Ingmar Weitemeier und Rainer Dinkel (Hrsg.): Demografie und Kriminalität. Eine Prognose zur Kriminalitätsentwicklung in Mecklenburg-Vorpommern, Frankfurt/Main, S. 349–358.

Dowler, Kenneth (2003): Media Consumption and Public Attitudes Toward Crime and Justice. The relationship between fear of crime, punitive attitudes and perceived police effectiveness, in: Journal of Criminal Justice and Popular Culture, 10 (No. 2) (2003), S. 109–126.

Edwards, Adam, Gordon Hughes und Nicholas Lord (2013): Urban Security in Europe. Translating a concept in public criminology, in: Adam Edwards and Gordon Hughes (Hrsg.): Special issue. Urban Security in Europe. European Journal of Criminology 10 (No. 3) (2013), S. 260–283.

Frevel, Bernhard (2013): Managing Urban Safety and Security in Germany. Institutional responsibility and individual competence, in: European Journal of Criminology, Volume 10 (No. 3) (2013), S. 354–366.

Görgen, Thomas, Susann Rabold und Sandra Herbst (2007): Ist die Hand, die pflegt, auch die Hand, die schlägt? Ergebnisse einer Befragung ambulanter Pflegekräfte zur Misshandlung und Vernachlässigung älterer Menschen in der häuslich-professionellen Pflege (KFN-Materialien für die Praxis, Nr. 4), Hannover.

Greifswald (2013): Ausgewählte Standortvorteile im Überblick, http://www.greifswald.de/standort-greifswald.html (Zugriff am 16.1.2014).

Greve, Werner (2004): Kriminalitätsfurcht bei jüngeren und älteren Menschen. Paradoxien und andere Missverständnisse, in: Michael Walter, Harald Kania und Hans-Jörg Albrecht (Hrsg.): Alltagsvorstellungen von Kriminalität (Kölner Schriften zur Kriminologie und Kriminalpolitik, Band 5), Münster, S. 249–270.

Heinz, Wolfgang (2004): Kommunale Kriminalprävention aus wissenschaftlicher Sicht, in: Hans-Jürgen Kerner und Erich Marks (Hrsg.): Internetdokumentation Deutscher Präventionstag, Hannover, http://www.praeventionstag.de/html/GetDokumentation.cms?XID=58 (Zugriff am 16.1.2014).

Kreuzer, Arthur (2011): Kriminalität und Kriminalitätsfurcht im Leben älterer Menschen. Vortrag auf einer Regionalkonferenz über „Senioren und Sicherheit" am 07. Juli 2011 in Chemnitz, http://www.lpr.sachsen.de/download/landespraeventionsrat/Kreuzer_Kriminalitaet_und_Kriminalitaetsfurcht_im_Leben_aelterer_Menschen.pdf (Zugriff am 16.1.2014).

Kube, Edwin (2006): Kriminalprävention durch bauliche Gestaltung der räumlichen Umwelt, in: Thomas Feltes, Christian Pfeiffer und Gernot Steinhilper (Hrsg.): Kriminalpolitik und ihre wissenschaftlichen Grundlagen. Festschrift für Professor Dr. Hans-Dieter Schwind zum 70. Geburtstag, Heidelberg, S. 1009–1020.

Landeskriminalamt NRW (2006): Individuelle und sozialräumliche Determinanten der Kriminalitätsfurcht. Sekundäranalyse der Allgemeinen Bürgerbefragungen der Polizei in Nordrhein-Westfalen (Forschungsberichte der Kriminalistisch-Kriminologischen Forschungsstelle Nr. 4.), Düsseldorf.

Lewis, Dan A., und Greta W. Salem (1986): Fear of Crime. Incivility and the Production of a Social Problem, New Brunswick.

Marzbali, Massoomeh H., Aldrin Abdullah, Nordin A. Razak und Mohammad J. Maghsoodi Tilaki (2012): The Influence of Crime Prevention through Environmental Design on Victimization and Fear of Crime, in: Journal of Environmental Psychology 32 (2012), S. 79–88.

Nasar, Jack L., und Kym M. Jones (1997): Landscapes of Fear and Stress, in: Environment and Behavior, 29 (No. 3) (1997), S. 291–323.

Neubrandenburg (2013): Stadt Neubrandenburg, http://neubrandenburg.de/index.php?option=com_content&view=article&id=112&Itemid=125 (Zugriff am 16.1.2014).

Renauer, Brian C. (2007): Reducing Fear of Crime: Citizen, police, or government responsibility? in: Police Quarterly 10 (No. 1) (2007), S. 41–62.

Rostock (2013): Zahlen und Fakten, http://www.rostock.de/rostock-warnemuende-ostsee/zahlen-und-fakten-hansastadt-rostock.html (Zugriff am 16.1.2014).

Sailer, Kerstin (2004): Raum beißt nicht! Neue Perspektiven zur Sicherheit von Frauen im öffentlichen Raum, Frankfurt/Main.

Schwind, Hans-Dieter, Jürgen Baumann, Ursula Schneider und Manfred Winter (1990): Gewalt in der Bundesrepublik Deutschland. Endgutachten der Unabhängigen Regierungskommission zur Verhinderung und Bekämpfung von Gewalt (Gewaltkommission), in: Hans-Dieter Schwind und Jürgen Baumann u.a. (Hrsg.): Ursachen, Prävention und Kontrolle von Gewalt – Analysen und Vorschläge der Unabhängigen Regierungskommission zur Verhinderung und Bekämpfung von Gewalt (Gewaltkommission), Bd. I: Endgutachten und Zwischengutachten der Arbeitsgruppen, Berlin.

Schwind, Hans-Dieter, Detlef Fechtenhauer, Wilfried Ahlborn und Rüdiger Weiß (2001): Kriminalitätsphänomene im Langzeitvergleich am Beispiel einer deutschen Großstadt, Bochum 1975–1986–1998, München.

Shaw, Clifford R., und Henry D. McKay (1969): Juvenile Delinquency and Urban Areas, Chicago.

Statistisches Amt Mecklenburg-Vorpommern (2012): Aktualisierte 4. Landesprognose zur Bevölkerungsentwicklung in Mecklenburg-Vorpommern bis 2030. Aktualisierung der 4. Landesprognose auf das Basisjahr 2010, Schwerin.

Steffen, Wiebke (2013): Deutschland ist eines der sichersten Länder der Welt – tatsächlich? Gutachten zum 17. Deutschen Präventionstag, http://www.kriminalpolizei.de/ausgaben/2013/maerz/detailansicht-maerz/artikel/deutschland-ist-eines-der-sichersten-laender-der-welt.html (Zugriff am 16.1.2014).

Wilson, James Q., und George L. Kelling (1982): The Police and the Neighbourhood Safety: Broken windows, in: The Atlantic Monthly 3 (1982), S. 29–39.

Autorinnen und Autoren

Sebastian Bloch, Dipl.-Demograph

Foto: Privat.

1980 in Rostock geboren; absolvierte von 2003 bis 2008 in Rostock den bundesweit einmaligen Studiengang der Diplom-Demographie. Seit September 2009 ist Sebastian Bloch wissenschaftlicher Mitarbeiter am Lehrstuhl für Sozialpsychologie/Arbeits- und Organisationspsychologie der Universität Greifswald bei Prof. Dr. Manfred Bornewasser. Er vertritt dort gegenwärtig das vom Bundesministerium für Bildung und Forschung (BMBF) geförderte Projekt „derobino", welches die Bildung von Innovationsteams unter demografischen Restriktionen zum Gegenstand hat.

Prof. Dr. Manfred Bornewasser

Foto: Privat.

Studium der Psychologie und Soziologie in Hamburg, Düsseldorf und Bielefeld. Manfred Bornewasser habilitierte an der Universität Münster zum Thema einer konstruktivistischen Analyse der Aggression. Seit 1995 ist er Professor für Sozialpsychologie/Arbeits- und Organisationspsychologie an der Universität Greifswald. Aktuelle Arbeitsschwerpunkte liegen im Bereich der Sozialpsychologie in den Feldern Kriminalität, Gewalt und Gewaltprävention, subjektives Sicherheitsempfinden und Videoüberwachung. Im Bereich der Arbeits- und Organisationspsychologie befasst sich Manfred Bornewasser mit Belastungen und Commitment bei der Zeitarbeit sowie der Teamdiversität und der Dienstleistungsproduktivität.

Dr. Anne Köhn, Dipl.-Psych.

Studium der Psychologie an der Universität Greifswald bis 2005 mit Abschluss Diplom. Anschließend wechselte Anne Köhn in die Betriebswirtschaftslehre und promovierte 2010 zum Thema „Führung und Innovation". Neben ihrer Tätigkeit als wissenschaftliche Mitarbeiterin am Institut für Psychologie arbeitete sie im BMBF-geförderten Projekt „KoSiPol" zum Thema Kriminalitätsfurcht und Sicherheitsempfinden. Aktuell ist sie im Projekt „derobino" (gefördert vom BMBF und dem Europäischen Sozialfonds ESF) tätig und befasst sich mit dem Thema „Diversität in Innovationsteams".

Foto: Privat.

Dr. Stefanie Otte, Dipl.-Psych.

Foto: Privat.

Studium der Psychologie an der Ernst-Moritz-Arndt-Universität Greifswald bis 2009. Frau Otte promovierte 2013 am Lehrstuhl für Sozial-, Arbeits- und Organisationspsychologie der Universität Greifswald im Rahmen des DFG-finanzierten internationalen und interdisziplinären Graduiertenkollegs „Baltic Borderlands 1540 – Shifting Boundaries of Mind and Culture in the Borderlands of the Baltic Sea Region". Aktuell ist sie als Wissenschaftliche Mitarbeiterin am Lehrstuhl für Forensische Psychiatrie und Psychotherapie der Universität Ulm am Akademischen Krankenhaus Günzburg tätig.

Marie-Luis Wallraven-Lindl

Planungsrechtliche Grundlagen städtebaulicher Kriminalprävention

1. Vorbemerkung

Es bedarf vieler unterschiedlicher Schritte und Maßnahmen, um eine Stadt zu einer sicheren Stadt zu machen. Nicht zuletzt hat die Stadtplanung hieran einen wesentlichen Anteil, sie kann das Sicherheitsgefühl der Bewohnerinnen und Bewohner positiv beeinflussen und sie kann Angst, zumindest Angsträume, vermeiden helfen. Für die Lebensqualität und das Sozialleben in der Stadt ist die städtebauliche Kriminalprävention ein bedeutender Bestandteil im Bündel möglicher Präventionsmaßnahmen.

Sicherheit gilt als Qualitätsmerkmal im Städtebau des 21. Jahrhunderts. „Sicherheit", „öffentliche Sicherheit und Ordnung" und das „subjektive Sicherheitsempfinden" sind inzwischen alltägliche Themen in der Stadtplanung. Die besondere Rolle, die dem städtebaulichen Umfeld bei den Anlagen des öffentlichen Raums und insbesondere dem unmittelbaren Wohnumfeld für die objektive und subjektive Sicherheit zukommt, wird zunehmend auch über die Balance zwischen Sicherheit und Freiheit diskutiert (vgl. Sievers 2010).

Die EU[1], mehrere Staaten[2], einige Bundesländer[3] und Städte[4] haben der Erkenntnis, dass Städtebau und Architektur verhaltensrelevante Größen darstellen, die Menschen im sozialen Nahraum zu steuern vermögen, durch besondere Regularien oder Initiativen nochmals Gewicht verliehen. Auch wenn etwa in Bayern (wie in einigen weiteren Bundesländern) die präventive Stadtgestaltung noch kein Qualitätsstandard des Planungsprozesses ist, sollte daraus nicht geschlossen werden, dass dies auch für die Städte und Kommunen im Freistaat gilt. In vielen Städten und Gemeinden ist die präventive Stadtgestaltung seit Langem ein selbstver-

---

1 Vgl. ENV 14383-3 „Prevention of crime – Urban planing and design", April 2004.
2 Beispielsweise Großbritannien, „crime and disorder act" (1998), der Grundlage für die Verpflichtung der Gemeinden ist, jede Planung auf kriminalpräventive Aspekte hin zu überprüfen, und Anlass für das Projekt „secured by design" war; Niederlande, die die überwiegend objektbezogene Sicherheitsverträglichkeitsprüfung (SVP) entwickelten, die der europäischen ENV ähnelt.
3 Zum Beispiel hat Baden-Württemberg eine Checkliste entwickelt (2000), Niedersachsen die Broschüre „Sicheres Wohnen – gute Nachbarschaft" (2002) herausgegeben; Nordrhein-Westfalen hat ein „Handbuch „Städtebauliche Kriminalprävention" für die Polizeiinspektionen erarbeitet (2000) und Rheinland-Pfalz einen Leitfaden „Städtebau und Kriminalprävention" flächendeckend an alle Kommunen verteilt.
4 Beispielsweise Landeshauptstadt München: Stand der städtebaulichen Kriminalprävention in München, Beschluss des Ausschusses für Stadtplanung und Bauordnung v. 12.10.2011; Augsburg hat einen „Kriminalpräventiven Rat" installiert, der Planungen begutachtet und seine Stellungnahme in das Bauleitplanverfahren einbringt.

ständliches Qualitätsmerkmal der Planung, insbesondere der Bauleitplanung[5]. Allerdings wurde das Thema Sicherheit nicht unter „Kriminalprävention" subsumiert, sondern unter „Frauenbelange" und später unter „Gender Mainstreaming"[6].

Frauen in Planung und Wissenschaft sind seit den Siebzigerjahren (vgl. Dörhöfer/Naumann 1979) des letzten Jahrhunderts ein besonderer „Motor" dieser Entwicklung. Sie haben mit Publikationen[7], Kriterienkatalogen[8], Seminaren[9], Beiräten[10], Arbeitshilfen[11] und in (Gleichstellungs-)Kommissionen[12] die Themen rund um die Sicherheit für Frauen und Mädchen in der städtebaulichen Planung verankert und die heutige Diskussion wesentlich beeinflusst. Dabei wurden die frauengerechte Stadtplanung nach Einführung des Gender Mainstreaming weitergeführt und der breite Ansatz der Frauenbelange ergänzt (vgl. Zibell/Schröder 2007, S. 258 ff.). Es muss aber immer klar sein, dass auch die präventive Stadtgestaltung wiederum nur ein Baustein im Bündel der Maßnahmen der geschlechtersensiblen, frauengerechten Planung ist, die Städte bewohnbar, lebens- und liebenswert halten sollen.

Kriminalprävention darf nicht allein auf die kommunale Planung reduziert werden. Jede räumliche (Fach-)Planung muss das objektive und subjektive Sicherheitsbedürfnis der Nutzerinnen und Nutzer in die Abwägung einstellen. Sie muss

---

5   Vgl. z.B. für die Landeshauptstadt München das Planungsgebiet „Nordhaide", bei dem bereits 1993 das Thema Sicherheit Bestandteil der Auslobung des städtebaulichen und landschaftsplanerischen Wettbewerbs war. Nach Abschluss der Bebauung wurde bei einer Befragung der Bewohnerschaft eine hohe Zufriedenheit auch hinsichtlich der Sicherheit festgestellt, vgl. Beschl. v. 12.10.2011 (Fn. 5), S. 25 mit weiteren Beispielen. In vielen anderen Gemeinden wurde ebenso verfahren.
6   Gender bezeichnet die gesellschaftlich geprägte und damit veränderbare Rolle von Frauen und Männern. Gender Mainstreaming ist eine Strategie, die mit entsprechend reflektierten Entscheidungen und fachlichen Maßnahmen mehr Entwicklungsoptionen für beide Geschlechter eröffnen will (vgl. Humpert 2006).
7   Beispielsweise Schreyögg, in: Bauwelt 1989, S. 196; diese „Bauwelt" stand unter dem Thema Angst; Rau (1990, S. 74 ff.); Wallraven-Lindl/Beller-Schmidt (1992, S. 549); Simonsen/Zauke (1991).
8   Zum Beispiel: Frauenbelange in der Stadtplanung, Kriterienkatalog der Stadt Minden v. Mai/Juni 1995; Frauenbelange in der verbindlichen Bauleitplanung, Leitfaden für die Praxis, Frankfurt, August 1996; eine Übersicht und Auswertung der Kriterienkataloge der unterschiedlichen Kommunen findet sich in: Zibell/Schröder (2007), Auswertung zum Thema Sicherheit vgl. S. 242; Bauer u.a. (2007).
9   Beispielsweise: Frauen und Männer im Dialog. Ansätze zur Veränderung in der Planung, Fachtagung des Ministeriums Kultur, Jugend, Familie und Frauen, Rheinland-Pfalz, November 1996, Mainz; Fachtagung der Landeshauptstadt München und des Deutschen Städtetages zum zehnjährigen Bestehen der Fachkommission „Frauen in der Stadt", 2001, München; Gender Mainstreaming in der kommunalen Praxis, Difu-Seminar, September 2011, Berlin.
10 Zum Beispiel: Beirat für frauenspezifische Belange, Frauenbeirat, Berlin.
11 Arbeitshilfen der Kommission „Frauen in der Stadt" des Deutschen Städtetages zu den Themen: Frauen verändern ihre Stadt: Wohnungspolitik (1994), Frauen verändern ihre Stadt: Verkehrsplanung (1995), Frauen verändern ihre Stadt: Stadtentwicklung (1998), Frauen verändern ihre Stadt: Indikatoren (2005).
12 Zum Beispiel Stadtratskommission zur Gleichstellung von Frauen, Landeshauptstadt München; Kommission „Frauen in der Stadt" des Deutschen Städtetages.

sich insoweit mit der klassischen Stadtplanung abgleichen, denn Fachplanung findet ihren Niederschlag in den Kommunen und beeinflusst zwangsläufig auch die Stadtplanung.

Die Deutsche Bahn Aktiengesellschaft (DB AG) hat als Verantwortliche für die Bahnanlagen festgehalten[13]: Angst und Unbehagen im öffentlichen Raum entstehen durch viele Faktoren, durch Unübersichtlichkeit, mangelnde Orientierung oder auch Baustellen und Schmutz. Hiergegen vermöge nie eine einzige Maßnahme etwas zu bewirken, sondern immer nur ein „durchdachtes Paket". Dem kann nur beigepflichtet werden, allerdings mit Ergänzung: Es braucht ein durchdachtes und „koordiniertes" Maßnahmenpaket.

Die städtebauliche Kriminalprävention ist in der Stadtplanung schon lange kein „Neuland" mehr. Es gibt umfangreiche Literatur[14] und, wie eingangs dargestellt, viele Handreichungen. Dennoch sucht man in den juristischen Großkommentaren vergebens nach diesem Stichwort oder nach einer Behandlung bei den einschlägigen Paragrafen des Baugesetzbuches (BauGB). Dies erstaunt bei einem so wichtigen Thema.

Nachstehend sollen nun die planungsrechtlichen Grundlagen der städtebaulichen Kriminalprävention dargelegt und soll aufgezeigt werden, wie die Regularien des Planungsrechts und weitere damit im Zusammenhang stehende Regeln für das Thema nutzbar gemacht werden können.

2. Die Planungsziele und -leitlinien des BauGB und die städtebauliche Kriminalprävention

Die Bauleitplanung hat die Aufgabe, die bauliche und sonstige Nutzung der Grundstücke in der Gemeinde vorzubereiten und zu leiten. Diese in § 1 Abs.1 BauGB definierte gesetzliche Rolle der Bauleitplanung macht deutlich, dass es nicht ausschließlich um eine bauliche Nutzung in den Bauleitplänen geht. Ebenso wenig beschränkt sich die Kriminalprävention in den Planungen auf bebaute Gebiete.

Da die örtliche Planung in der Regel „nach Maßgabe" des BauGB erfolgen muss, ist sie zunächst an die Planungsziele des § 1 Abs. 5 BauGB und die Planungsleitlinien des § 1 Abs. 6 BauGB[15] gebunden.

---

13 Vgl. Gerd Neubeck, Chef der Konzernsicherheit bei der DB, „Mit guten Gefühlen unterwegs", in: DB mobil, 05.2013, S. 42.
14 Beispielsweise jüngst Detlev Schürmann (2012, S. 359) mit vielen aktuellen Nachweisen.
15 Die Terminologie stimmt nicht immer überein, auch wenn sich die von Hoppe geprägten Begrifflichkeiten weitestgehend durchgesetzt haben, vgl. Hoppe, in: Hoppe/Bönker/Grotefels: Öffentliches Baurecht, 4. Aufl. 2010, München, § 7 Rn. 18 ff.

2.1 Planungsziele

Die generellen Planungsziele legt § 1 Abs. 5 BauGB fest. Danach sollen Bauleitpläne unter anderem eine nachhaltige städtebauliche Entwicklung gewährleisten, die die sozialen und umweltschützenden Anforderungen auch in Verantwortung gegenüber künftigen Generationen miteinander in Einklang bringt. Zudem soll sie eine dem Wohl der Allgemeinheit dienende sozialgerechte Bodenordnung gewährleisten und neben anderem eine menschenwürdige Umwelt sichern.

Es kann kein Zweifel bestehen, dass die städtebauliche Kriminalprävention ein Bestandteil der „Nachhaltigkeit" ist und der „Sicherung einer menschenwürdigen Umwelt" dient. Auch wenn diese Begriffe in der Kommentarliteratur[16] häufig ausschließlich auf die Themen Umwelt- und Klimaschutz reduziert werden, so stellt man wenigstens vereinzelt fest, dass sich Bauleitplanung auch mit „dem Umfeld der Wohnungen"[17] auseinandersetzen muss. Die „Sicherung einer menschenwürdigen Umwelt" kann sich nicht auf den Umweltschutz beschränken, sondern es sollen allgemein Städte und Orte geschaffen, entwickelt und erhalten werden, die den menschlichen Bedürfnissen entsprechen[18]. Es steht außer Frage, dass hierzu die Sicherheit vor Kriminalität gehört, da eine Norm ständig im Kontext der sozialen Verhältnisse und gesellschaftlich-politischen Anschauungen steht, auf die sie wirken soll[19].

Insoweit ist es nur konsequent, dass zum Beispiel die Landeshauptstadt München die Kriminalprävention in der Bauleitplanung als Bestandteil der Nachhaltigkeit begreift. In ihren Aufstellungs- und Eckdatenbeschlüssen wird inzwischen regelmäßig darauf hingewiesen, dass sich die Planungsbegünstigten in der Auslobung des städtebaulichen und landschaftsplanerischen Wettbewerbs verpflichten müssen, bis „zur Architekturqualität die Themen der Nachhaltigkeit und Energieeffizienz auf ganzheitliche Weise von der Auslobung bis zur Preisrichtersitzung über alle Phasen des Verfahrens"[20] zu berücksichtigen. Folgerichtig findet sich neben den Kriterien, die eine Segregation der unterschiedlichen Einkommensgruppen verhindern sollen[21], im Auslobungstext zum städtebaulichen und landschaftsplanerischen Wettbewerb häufig die nachstehende Formulierung: „Sicherheit kann durch baulich-räumliche Gestaltung mit Blick auf das subjektive Sicherheitsgefühl erhöht werden, durch Schaffung gut einsehbarer öffentlicher Bereiche und belebter Wege, durch Sichtverbindungen dorthin und zu Orientierungspunkten sowie

---

16 Zum Beispiel: Schrödter, in: Schrödter, BauGB, 7. Aufl. München 2006, § 1 Rn. 87–92; Krumb, in: Rixner/Biedermann/Steger: PK-BauGB/BauNVO, § 1 Rn. 43–44.
17 Dirnberger, in: Spannowsky/Uechtritz: BauGB Komm. 2009, München, § 1 Rn. 87.
18 Söfker, in: Ernst/Zinkahn/Bielenberg/Krautzberger: BauGB Komm. Lfg. 103, § 1 Rn. 106.
19 BVerfG, Beschl. v. 14.2.1973-1BvR, 112/65, DVBl. 1973, 748 ff.
20 Änderung des Flächennutzungsplans mit integrierter Landschaftsplanung und Bebauungsplan mit Grünordnung Nr. 2076, Regerstraße (nordwestlich), Welfenstraße (südlich) und Ohlmüllerstraße (westlich), Aufstellungsbeschluss v. 17.10.2012.
21 Vgl. Verfahrensgrundsätze zur Sozialgerechten Bodennutzung in der Fassung vom 26.7.2006.

durch ausreichende Beleuchtung dieser Bereiche". Selbstverständlich ist dieses Thema seit Jahrzehnten auch Bestandteil der von der Stadt ausgelobten Wettbewerbe, allerdings unter dem Gesichtspunkt der Frauenbelange[22] oder des Gender Mainstreaming[23].

Dieses Vorgehen ist nur konsequent, weil Sicherheit ein existenzielles menschliches Bedürfnis ist, welchem die Bauleitplanung in ihrer Verantwortung gegenüber künftigen Generationen gerecht werden muss. Planungen für Siedlungsgebiete, aber auch andere Planungen, bleiben in ihren städtebaulichen Aussagen regelmäßig für mehrere Generationen wirksam. Aus diesem Grund wurde das Thema für die Münchner Stadtplanung als verbindliche Arbeitshilfe formuliert (Punkt 06 Kriterien und Indikatoren) und dem Stadtrat am 10.10.2012 bekanntgegeben[24].

Das in § 1 Abs. 5 BauGB niedergelegte Planungsziel der Gewährleistung der dem Wohl der Allgemeinheit dienenden „sozialgerechten Bodennutzung" soll eine soziale Segregation verhindern, bezahlbaren Wohnraum gewährleisten und für breite Kreise der Bevölkerung die Möglichkeit der Eigentumsbildung schaffen[25]. Auch hierin ist die Kriminalprävention festzumachen. Eine Nichtbeachtung kann zur Segregation führen, die unter anderem zur Unsicherheit oder gar Kriminalität führen kann. Sattsam bekannt ist dies aus den Vorfällen in den Vororten von Paris und Lyon oder auch aus den vorwiegend von Migrantinnen und Migranten bewohnten Stadtvierteln in Stockholm.

2.2 Planungsleitlinien

§ 1 Abs. 6 BauGB enthält Planungsleitlinien. Diese konkretisieren die allgemeinen Planungsziele des § 1 Abs. 5 BauGB, die bei der Aufstellung der Bauleitpläne zu berücksichtigen sind. Die Planungsziele gelten als unbestimmte Rechtsbegriffe, die bei der gerichtlichen Kontrolle der Abwägung (§ 1 Abs. 7 BauGB) sowohl in ihrer Auslegung als auch ihrer Anwendung uneingeschränkt überprüft werden dürfen.

Auch in diesen nicht abschließend aufgezählten Abwägungsbelangen finden sich folgende Hinweise auf kriminalpräventive Aspekte:

---

22 So enthielt bereits 1993 die Auslobung des städtebaulichen und landschaftsplanerischen Wettbewerbs zur Panzerwiese (heute Nordhaide) umfangreiche Anforderungen an das Thema Sicherheit, welche der Siegerentwurf (Engel/Jötten/Prechter) auch im Wesentlichen erfüllte, vgl. Wallraven-Lindl (2013, S. 107).
23 Zum Beispiel bei der Auslobung der städtebaulichen und landschaftsplanerischen Wettbewerbe Funkkaserne, Prinz Eugen-Kaserne, Bayernkaserne.
24 Nachhaltigkeitsaspekte in Bebauungsplänen, Sitzungsvorlage Nr. 08-14/V09592, v. 10.10.2012.
25 Söfker, in: Ernst/Zinkahn/Bielenberg/Krautzberger, ebenda, § 1 Rn. 104.

- Ziffer 1
  (die allgemeinen Anforderungen an gesunde Wohn- und Arbeitsverhältnisse und die Sicherheit der Wohn- und Arbeitsbevölkerung),
- Ziffer 2
  (die Wohnbedürfnisse der Bevölkerung, die Schaffung und Erhaltung sozial stabiler Bewohnerstrukturen …) und
- Ziffer 3
  (die sozialen … Bedürfnisse der Bevölkerung, insbesondere die Bedürfnisse der Familien, der jungen, alten und behinderten Menschen, unterschiedliche Auswirkungen auf Frauen und Männer …).

Der in § 1 Abs. 6 Ziffer 1 BauGB aufgeführte Planungsgrundsatz „Sicherheit der Wohn- und Arbeitsbevölkerung" stellt nach herrschender Meinung[26] nicht unmittelbar auf Maßnahmen der Kriminalprävention ab. Er wird vielmehr dahingehend verstanden, dass das BauGB hier vor allem solche Konstellationen planerisch ausgeschlossen wissen will, die latent zu Unfällen neigen. So werden als Beispiele fehlende Rettungswege für Notfallfahrzeuge, die Anordnung von Schulen und Altenheimen an viel befahrenen Straßen mit schmalen Bürgersteigen, auf engstem Raum kollidierende Nutzungen und unfallanfällige Straßenführungen angeführt.

Dies hat alles seine Berechtigung in der Abwägung, schließt aber die Sicherheit vor Übergriffen anderer und die Vermeidung von Angsträumen nicht aus, auch wenn diese Belange noch nicht in den Fokus der juristischen Kommentatoren gerückt sind. Alle allgemeinen Anforderungen des BauGB werden von den jeweiligen Anschauungen und Bedürfnissen bestimmt, und diese sind im Laufe der Zeit dem Wandel unterworfen, was – und das dürfte auch in der juristischen Literatur anerkannt sein – für die Zwecke der Planung, eine lebenswerte Umwelt zu gewährleisten, unschädlich ist.

Mit den in Ziffer 2 aufgegriffenen Belangen „Wohnbedürfnisse der Bevölkerung" und „Schaffung und Erhaltung sozial stabiler Bewohnerstrukturen" soll die Stadtplanung angehalten werden, durch städtebauliche Maßnahmen Segregationserscheinungen entgegenzuwirken, wie sie sich zwischen verschiedenen Altersgruppen oder sozial stärkeren oder schwächeren Gruppen ergeben könnten. Die weitaus herrschende Meinung versteht unter den Wohnbedürfnissen der Bevölkerung lediglich die Ausweisung von ausreichenden Wohnbauflächen, auch für Eigenheime[27].

Auch dies ist wiederum zu eng interpretiert. Angesichts der Stärkung der Innenentwicklung und Nachverdichtung durch das BauGB wird zunehmend erkannt, dass zu den Wohnbedürfnissen nicht nur die Versorgung mit Wohnraum für ver-

---

26 Söfker, ebenda, § 1 Rn. 119.
27 Krautzberger, in: Battis/Krautzberger/Löhr: Baugesetzbuch, 11. Aufl. 2009; Schrödter, ebenda, § 1 Rn. 55.

schiedene Bedarfe (etwa von Alten oder Familien) gehört, sondern die Befriedigung der privaten Wohninteressen, die in der Schaffung von ausreichender Privatheit und Intimität und der Gestaltung des Wohnumfeldes zu sehen sind[28].

Der „Schaffung und Erhaltung sozial stabiler Bewohnerstrukturen" sind im Rahmen der Festsetzungsmöglichkeiten in konkreten Bauleitplänen Grenzen gesetzt. In *Städtebaulichen Verträgen* können diese Belange jedoch ihren Niederschlag finden, sei es durch die Ermöglichung von sog. Einheimischenmodellen oder die Verpflichtung zur Schaffung eines Anteils geförderter Wohnungen oder Wohnungen mit Mietpreisbindung. Damit werden soziale Schichten gemischt und Ghettobildung verhindert.

Der in Ziffer 3 genannte Begriff der „sozialen Bedürfnisse der Bevölkerung" ist nach herrschender Meinung[29] weit gefasst. Er kann sich in vielfältiger Weise auf die Bauleitplanung auswirken. Unmittelbar für die Erfüllung dieser Bedürfnisse in Betracht kommt z.B. die Ausweisung von Flächen für Einrichtungen und Anlagen zur Versorgung mit Gütern und Dienstleistungen des öffentlichen und privaten Bereichs, des Gemeinbedarfs und für Versorgungsanlagen.

Die „Bedürfnisse der Familien" beziehen sich ebenso wie die „Bedürfnisse der jungen, alten und behinderten Menschen" über die speziellen Wohnbedürfnisse hinaus auf spezifische Anforderungen dieser Personengruppen, wie z.B. kurze überschaubare Wege zu Infrastruktureinrichtungen wie Schulen und Kindergärten, Altenbegegnungsstätten und Anlagen sowie Einrichtungen zur ärztlichen Versorgung. Dazu gehört auch eine bestimmte Verkehrsinfrastruktur, nicht zuletzt die Bedienung mit öffentlichen Verkehrsmitteln, aber auch die Sicherheit im Verkehr, besonders für Kinder.

Nachdem der öffentliche Belang der geschlechterdifferenzierten Planung, die gemäß § 1 Abs. 6 Nr. 3 BauGB zu berücksichtigenden „unterschiedlichen Auswirkungen auf Frauen und Männer" ausdrücklich Eingang ins BauGB und damit in die Bauleitplanung gefunden haben, muss die städtebauliche Kriminalprävention in die Abwägung aller Belange eingestellt werden[30]. Auch hier findet sich in der Kommentarliteratur kaum Konkretes, so, als gäbe es die Publikationen des Deutschen Städtetages oder des Difu oder die Literatur zu Frauenbelangen nicht. Dabei könnte z.B. ohne weiteres festgestellt werden, dass es zu den Phänomenen des öffentlichen Raums gehört, dass die Kriminalitätsfurcht oft größer ist als die tatsächliche Bedrohung. Wenn es dann noch dunkel ist und alkoholisierte Jugendgruppen unterwegs sind, fühlen sich besonders Frauen und ältere Menschen unsicher. Die Folgerung, dass die Stadtplanung hier Einfluss nehmen kann, liegt doch auf der Hand.

---

28 Söfker, ebenda, § 1 Rn. 121.
29 Söfker, ebenda, § 1 Rn. 121–122.
30 Vgl. Bauer u.a. (2007), mit allen Elementen, die bei einer geschlechtersensiblen Planung hinsichtlich der Kriminalprävention zu berücksichtigen sind.

Schließen also die im BauGB verwendeten Begriffe „Sicherheit" und „soziale Bedürfnisse" sowie die Verpflichtung zur Geschlechtergerechtigkeit der Planung kriminalpräventive Aspekte in der Bauleitplanung ein, dann haben sie Gegenstand der sachgerechten Abwägung zu sein.

Zu einem funktionierenden Gemeinwesen, in dem sich die Bürgerinnen und Bürger wohlfühlen und mit dem sie sich identifizieren, gehört auch die städtische Lebensqualität. Das Gefühl von Sicherheit ist dabei ein zentrales Element. Es ist entscheidend für das ganz persönliche Wohlempfinden am Lebensort. Insofern ist die Stadtplanung nicht nur legitimiert, sondern geradezu verpflichtet, im Rahmen der Aufstellung von Bebauungsplänen die kriminalpräventiv wirkenden Aspekte zu beachten, diese in die Abwägung nach § 1 Abs. 7 BauGB einzustellen und somit die Grundlage für einen tragbaren Rahmen für die kriminalpräventive Gestaltung der räumlichen Umwelt zu legen.

3. Abwägung und Kriminalprävention

Die Abwägungslehre ist das Kernstück der gesamten Bauleitplanung. Das Abwägungsgebot ist eine Ausformung des Rechtsstaatsprinzips (Art. 20 GG) und gilt für jede Planung, ob sie nun förmlich ist oder nicht. Ist die Sicherheit vor Kriminalität ein Abwägungsbelang, der wie vorher festgestellt sowohl in den Planungszielen als auch in Planungsleitlinien verankert ist, muss er ohne Wenn und Aber in die Abwägung eingestellt werden. Das Bundesverwaltungsgericht hat in seinem Grundsatzurteil vom 5.7.1974 die Anforderungen an eine rechtmäßige Abwägung wie folgt definiert:

„Das Gebot der gerechten Abwägung ist verletzt, wenn eine (sachgerechte) Abwägung überhaupt nicht stattfindet. Es ist verletzt, wenn in die Abwägung an Belangen nicht eingestellt wird, was nach Lage der Dinge in sie eingestellt werden muss. Es ist ferner verletzt, wenn die Bedeutung der betroffenen privaten Belange verkannt oder wenn der Ausgleich zwischen den von der Planung berührten öffentlichen Belangen in einer Weise vorgenommen wird, der zur objektiven Gewichtigkeit einzelner Belange außer Verhältnis steht. Innerhalb des so gezogenen Rahmens wird das Abwägungsgebot jedoch nicht verletzt, wenn sich die zur Planung berufene Gemeinde in der Kollision zwischen verschiedenen Belangen für die Bevorzugung des einen und damit notwendig für die Zurückstellung eines anderen entscheidet. Innerhalb jenes Rahmens ist nämlich das Vorziehen oder Zurücksetzen bestimmter Belange überhaupt kein nachvollziehbarer Vorgang der Abwägung, sondern eine geradezu elementare planerische Entschließung, die zum Ausdruck bringt, wie und in welcher Richtung sich eine Gemeinde städtebaulich fortentwickeln will."

Neben vielen anderen öffentlichen und privaten Belangen muss sich die Bauleitplanung dem Thema Sicherheit widmen, die Sicherheitssituation und die allgemeinen Erkenntnisse hierzu ermitteln und mit dem gebotenen Gewicht in die Abwägung einstellen. Geschieht dies ersichtlich nicht, kann dies zu einem Abwägungsfehler und zur Rechtswidrigkeit des Bauleitplans führen.

Da gemäß § 2 Abs. 3 BauGB bei der Bauleitplanung die Belange, die für die Abwägung von Bedeutung sind (Abwägungsmaterial), zu ermitteln und zu bewerten sind, stellt sich die Frage, ob dies für die Kriminalprävention beim Regelverfahren auch in der Umweltprüfung zu geschehen hat.

3.1 Kriminalprävention in der Umweltprüfung der Regelverfahren

Das Ergebnis der Umweltprüfung ist gemäß § 2 Abs. 4 Satz 4 BauGB in der Umweltprüfung zu berücksichtigen. Insoweit spielt es eine Rolle, ob die Kriminalprävention ein Bestandteil der Umweltprüfung ist – dies nicht zuletzt auch deshalb, weil der Umweltbericht unter anderem auch die Maßnahmen für eine Überwachung der erheblichen Umweltauswirkungen, die aufgrund der Durchführung der Bauleitpläne eintreten (Monitoring, § 4 c), festlegt.

Wie eingangs dargestellt ist die Kriminalprävention Bestandteil des Planungsziels „Sicherung einer menschenwürdigen Umwelt" in § 1 Abs. 5 BauGB. Fraglich ist, ob sie auch vom Begriff Umwelt in § 1 Abs. 6 Nr. 7 BauGB umfasst ist oder ob dieser Begriff enger auszulegen ist. Entsprechen sich die Begriffe, ist die Kriminalprävention Bestandteil der Umweltprüfung und somit auch Bestandteil des Umweltberichts. Der Katalog der Umweltbelange in § 1 Abs. 6 Nr. 7 BauGB wurde mit dem EAG-Bau[31] dem Anhang I der Plan-UP-Richtlinie[32] angepasst. § 1 Abs. 6 Nr. 7 c BauGB hatte dem Anhang I f) zu entsprechen, der als zu berücksichtigenden Belang die Auswirkungen der Planung auf den Menschen, seine Gesundheit sowie die Bevölkerung insgesamt vorzusehen hatte.

Betrachtet man diesen Wortlaut, so fällt auf, dass im Gegensatz zu Art. 3 der Richtlinie zur Umweltverträglichkeitsprüfung (UVP-Richtlinie)[33] das Schutzgut „Mensch" in der Plan-UP-Richtlinie um die Begriffe „seiner Gesundheit" und „die Bevölkerung im Allgemeinen" ergänzt wurde. Aus dieser neuen Begriffsregelung wird deutlich, dass das Schutzgut „Mensch" in der Panumweltprüfung in einer weitreichenden Auslegung des Umweltbegriffs zu sehen ist. Dies bestätigt auch

---

31 Bekanntmachung zum Gesetz zur Anpassung des Baugesetzbuchs an EU-Richtlinien, Europarechtsanpassungsgesetz (EAG-Bau) vom 24. Juni 2004, BGBl. I S. 1459.
32 Richtlinie 2001/42nEG v. 27. Juni 2001 über die Prüfung der Umweltauswirkungen bestimmter Pläne und Programme.
33 Richtlinie 85/337/EWG vom 27. Juni 1985 über die Umweltverträglichkeitsprüfung bei bestimmten öffentlichen und privaten Projekten, Stand 1.6.2009.

die Gesetzesbegründung[34]. Der Hinweis auf den Menschen, seine Gesundheit und die Bevölkerung insgesamt diene einer europarechtskonformen Umsetzung der Plan-UP-Richtlinie. Es handele sich dabei vorrangig um einen sozialen Belang, der von den formalen Anforderungen der Richtlinie an die Erstellung eines Umweltberichts erfasst wird, da der Richtlinie ein Umweltbegriff im weiteren Sinne zugrunde liegt. Der genannte Belang sei daher gezielt unter Umweltgesichtspunkten zu untersuchen.

Der soziale Belang ist im Sinne von § 1 Abs. 6 Nr. 2 und 3 BauGB auszulegen, der sich mit den Belangen der Bevölkerung auseinandersetzt. Um die Prüfung und damit den Abwägungsschritt anschaulich zu machen, kann ein Vergleich zu den Orientierungswerten der DIN 18005 gezogen werden. Bei der Einhaltung dieser DIN ist unter den Aspekten des Lärmschutzes von gesunden Wohn- und Arbeitsverhältnissen auszugehen. Bezogen auf die Kriminalprävention kann man die aus der Literatur bekannten Kriterien (vgl. z.B. Bauer/Bock/Meyer 2007) heranziehen. Wenn in puncto Sicherheit von diesen erarbeiteten Grundsätzen abgewichen wird, sind – vergleichbar zur DIN 18005 – erhebliche Umweltauswirkungen auf den Menschen zu erwarten. Damit ist eine Festlegung weiterer Maßnahmen zur Vermeidung und Verminderung nötig. In diesem Fall aber wäre diese Thematik umfassend im Umweltbericht als Teil der Begründung des Bebauungsplans (§ 2 a Satz 2 BauGB) und im Gesamtkomplex der Abwägung zu behandeln.

3.2 Kriminalprävention in den Bauleitplanverfahren ohne Umweltprüfung

Nicht anders ist zu handeln, wenn im vereinfachten (§ 13 BauGB) oder beschleunigten (§ 13 a BauGB) Verfahren – den Verfahren ohne Umweltprüfung – die Sicherheitsbelange in die Abwägung einzustellen sind. Allerdings wird man die Aussagen hierzu ausschließlich in der Begründung (§ 9 Abs. 8 BauGB) treffen, da ein Umweltbericht nach Anlage I des BauGB mangels Umweltprüfung nicht vorgesehen ist. Damit werden auch keine Angaben zu Maßnahmen zur Überwachung der erheblichen Auswirkungen der Durchführung des Bebauungsplans auf die Umwelt, also auch zur Sicherheit, festgelegt, und das Monitoring entfällt.

3.3 Konsequenzen einer fehlerhaften Abwägung für den Bauleitplan

Werden Fehler bei der Ermittlung und Bewertung gemacht, so liegt nach § 214 Abs. 1 Satz 1 Nr. 1 BauGB ein beachtlicher Fehler vor, der aber, sofern er nicht nach § 215 BauGB innerhalb eines Jahres gerügt wird, durch Zeitablauf unbeacht-

---

34 Vgl. auch Mustereinführungserlass zum Gesetz zur Anpassung an EU-Richtlinien (EAG Bau-Mustererlass), S. 15.

lich wird. Entsteht ein Fehler im Abwägungsvorgang, so ist dieser nur erheblich, wenn er offensichtlich und auf das Abwägungsergebnis von Einfluss gewesen ist.

4. Darstellungen und Festsetzungen, die in den Bauleitplänen kriminalpräventiv wirken

4.1 Flächennutzungsplan

Im vorbereitenden Bauleitplan, dem Flächennutzungsplan (FNP), richten sich die Darstellungen nach § 5 BauGB, der hinsichtlich der Darstellungen nicht abschließend ist. Dies belegt die Formulierung „können insbesondere dargestellt werden". Kriminalpräventiv kann hier z.B. die Anordnung der Darstellung der Grünflächen im Verhältnis zu den Bauflächen/-gebieten sein. Der Schwerpunkt der Kriminalprävention liegt jedoch in der konkreten Bauleitplanung, dem Bebauungsplan und gegebenenfalls in den Festsetzungen/Bestimmungen über die Zulässigkeit von Vorhaben in den städtebaulichen Satzungen nach §§ 34 Abs. 4 Satz 1 Nr. 2 und 3, 35 Abs. 6 BauGB (vgl. Strunz/Wallraven-Lindl 2013, S. 63).

4.2 Bebauungsplan

Die Festsetzungen des Bebauungsplans richten sich nach dem „Numerus clausus" des § 9 BauGB. Ohne eine Rechtsgrundlage in § 9 BauGB ist eine Festsetzung rechtswidrig. Es werden folgende mögliche Tätigkeitsfelder für kriminalpräventive Maßnahmen gesehen, die entsprechend den Regularien des § 9 BauGB gegebenenfalls in Verbindung mit der Baunutzungsverordnung (BauNVO) oder den Landesbauordnungen (§ 9 Abs. 4 BauGB) auch gesetzlich zugeordnet werden können.

4.2.1 Gestaltung des Wohnumfeldes sowie Art und Maß der baulichen Nutzung

Wichtig hierfür ist die Sicherstellung von Nutzungsvielfalt und -qualität des Wohnquartiers. Dies kann erreicht werden durch

- Nutzungsmischung bei der räumlichen Verteilung verschiedener Nutzungen, wie Wohnen, Arbeiten, Freizeit, Erholung,
- Verdichtung, die Vitalität und Vielfalt eines Quartiers sicherstellt,
- ein ausgewogenes öffentliches Verkehrsnetz,
- eine Gestaltung von Wohngebieten gemäß den Anforderungen aller Nutzerinnen und Nutzer,
- Begegnungs- und Aufenthaltsmöglichkeiten im öffentlichen Raum.

Hierfür eignen sich folgende Maßnahmen:

- Bevorzugung allgemeiner Wohngebiete (WA) oder Mischgebiete (MI) vor reinen Wohngebieten (WR). Begründung: Nutzungsmischung führt zu einer Belebung des Gebietes zu den unterschiedlichen Tageszeiten und fördert daher die subjektive und objektive Sicherheit;
- bei der Festsetzung der Kinderspielplätze: Orientierung an den Kriterien Sichtnähe zu Wohnungen, Einsehbarkeit und gefahrlose Erreichbarkeit;
- Kommunikationsbereiche/multifunktional nutzbare Freiflächen in der Nähe von Wohngebäuden, z.B. Fuß- und Radwege oder sog. Westentaschenparks;
- übersichtliche Anordnung öffentlicher Räume, Herstellung von Transparenz, Orientierung und Blickbeziehungen;
- Bevorzugung kleiner Plätze, Bündelung von Aktivitäten bei der Neuplanung von Wohngebieten.

4.2.2 Gebäudestellung und Freiflächengestaltung

Planungsziel ist hier die Schaffung von Sicherheit durch die Gestaltung des öffentlichen Raums, die Festsetzung überschaubarer Größen der Bauräume (überbaubare Grundstücksflächen) sowie die aufeinander abgestimmte Stellung der Gebäude und Gestaltung der Freiräume. Dies kann erreicht werden durch

- Vermeidung von Angsträumen, indem die Bauräume so angeordnet werden, dass durch die Ausbildung von Baufluchten zum öffentlichen Raum keine nicht einsehbaren Bereiche geschaffen werden;
- Gewährleistung der sozialen Kontrolle, indem durch Stellung, Ausrichtung, Gestaltung und Größe der Gebäude belebende Nutzungen gefördert werden und der öffentliche Raum von den Wohnungen einsehbar ist;
- Gestaltung von Stellplätzen und Tiefgaragen in der Art und Weise, dass ein hohes Maß an objektiver und subjektiver Sicherheit gewährleistet wird;
- entsprechende Freiflächengestaltung, die durch strategische Baum- und Strauchpflanzungen Übersichtlichkeit und Einsehbarkeit schafft.

Hierfür kommen folgende Maßnahmen infrage:

- Bevorzugung einer raumbildenden Bebauung, Sichtkontakt zum öffentlichen Bereich. Nicht definiert gestaltete Bereiche sind unter Sicherheitsaspekten problematisch. Bereiche, die nicht eindeutig privat sind, werden von den Bewohnerinnen und Bewohnern nicht kontrolliert (Letzteres in positivem Sinne). Gebiete, die nicht eindeutig öffentlich sind, werden von Passanten nicht genutzt;

- übersichtliche Anlage von Zugängen und Zufahrten, gute Zuordnung der Stellplätze zum Haus, Erschließung der Tiefgarage auf kurzem Weg vom Haus oder von der Straße aus;
- Vermeidung langer, hoher Mauern oder Hecken als Einfriedung.

4.2.3 Gestaltung des öffentlichen Raums

Planungsziel ist hier die Schaffung von Sicherheit durch eine entsprechende Gestaltung des öffentlichen Raums (Verkehrsflächen, Plätze, Grünanlagen). Dies kann erreicht werden durch

- Straßen, Rad- und Gehwege sowie die Wege zu Parkplätzen, zu Parkhäusern und Haltestellen des Öffentlichen Personennahverkehrs (ÖPNV); Stellplatzanlagen und Parkhäuser sollen so angelegt sein, dass ein hohes Maß an objektiver und subjektiver Sicherheit gewährleistet wird, z.B. durch die Möglichkeit sozialer Kontrolle, übersichtliche Gestaltung, Sichtbeziehungen zu belebten Flächen etc.;
- Straßengestaltung, die eine größtmögliche Verkehrssicherheit gewährleistet.

Hierfür eignen sich folgende Maßnahmen:

- Freihaltung von Sichtflächen;
- Anordnung der Erschließung für Pkw, Fußgänger, Radfahrer (Fahrbahn, Bürgersteig, Radweg) in einem gemeinsamen Straßenraum;
- Erschließung von Wohngebieten möglichst über Stichstraßen;
- Festsetzung von verkehrsberuhigten Verkehrsflächen;
- öffentlicher Verkehrsraum mit Aufenthaltsraum für die Anwohnerschaft, Kommunikation als Gemeingebrauch der Straße;
- frühzeitige ÖPNV-Anbindung (bereits bei Beginn der Baumaßnahme), Positionierung der Haltestellen in Hör- und Sichtweite der Bebauung;
- im Bebauungsplan/Grünordnungsplan: Festsetzung von niedrig wachsenden Pflanzen als Straßenbegleitgrün, insbesondere an Kreuzungspunkten und in der unmittelbaren Umgebung von Haltestellen;
- ausreichend Abstand zwischen Baumbepflanzungen und Beleuchtungskörpern;
- Vermeidung von Unterführungen.

Die oben genannten Kriterien können alle durch Festsetzungen erreicht und auf eine gesetzliche Grundlage zurückgeführt werden (vgl. Wallraven-Lindl/Beller-Schmidt 1992, S. 549). Wenn sie sich für eine Festsetzung im Bebauungsplan mangels Rechtsgrundlage nicht eignen, können sie in einem städtebaulichen Vertrag vereinbart werden.

Einfacher ist es für die der Kriminalprävention dienenden Regelungen, wenn der Bebauungsplan gemäß § 12 BauGB als Vorhaben- und Erschließungsplan (VEP) aufgestellt wird, da diese nicht dem „Numerus clausus" des § 9 BauGB unterworfen sind und als einzige Einschränkung den Bodenbezug nachweisen müssen. Die jeweiligen Festsetzungen und Satzungsbestimmungen können hinsichtlich der Kriminalprävention also deutlich weiter, umfassender und schon konkreter sein. Auch können sie eine bessere Abstimmung mit der Umgebung gewährleisten, da sie ein bekanntes Vorhaben zugrunde legen. Im „normalen" Bebauungsplan müssen die abstrakten Festsetzungen noch durch ein Vorhaben ausgefüllt werden.

5. Instrumente zur Durchsetzung der Kriminalprävention in der Planung

Um die objektive und subjektive Sicherheit zum selbstverständlichen Thema in der Bauleitplanung zu machen, reicht es nicht aus, die Ziele zu kennen. Diese müssen von Anfang an konsequent durchgesetzt werden. Dies beginnt mit dem Schritt, der entsprechend der Planungskultur der jeweiligen Gemeinde immer am Anfang steht, sei es nun der Aufstellungsbeschluss oder sei es die Beauftragung zur Auslobung eines städtebaulichen und landschaftsplanerischen Wettbewerbs.

5.1 Aufstellungsbeschluss

Der Aufstellungsbeschluss sollte die Verpflichtung enthalten, unter anderem auch die Kriminalprävention im gesamten Verfahren mit dem entsprechenden Gewicht in die Abwägung einzustellen und diese bereits bei der Konzeptgewinnung zu beachten, gegebenenfalls in die Ausschreibung für den städtebaulichen und landschaftsplanerischen Wettbewerb aufzunehmen. Soweit die Investorin sich in einem städtebaulichen Vertrag verpflichtet (§ 11 Abs. 1 Nr. 1 BauGB), die Konzeptgewinnung in Abstimmung mit der Gemeinde über einen solchen Wettbewerb durchzuführen, sollte der Aufstellungsbeschluss die Vorgaben für den Wettbewerb als Eckdaten festlegen und die Verpflichtung zur Kriminalprävention als eine Aufgabe des Wettbewerbs festlegen. Insoweit kann dem eingangs erwähnten Münchner Beispiel gefolgt werden.

5.2 Städtebaulicher und landschaftsplanerischer Wettbewerb

Im oben genannten Wettbewerb sollte die Kriminalprävention Gegenstand der Ausschreibung (vgl. Humpert 2006[35]) sein. Dies genügt aber keineswegs. Damit

---

35 Bezug: Zentrum Frau in Beruf und Technik, Erinstr. 6, 44575 Castrop-Rauxel.

die am Wettbewerb Teilnehmenden sich mit dem Thema auseinandersetzen, muss es unbedingt Gegenstand der Vorprüfung sein. Ist unter den sog. verpflichtenden Beurteilungskriterien die Kriminalprävention nicht festgehalten, werden die eingereichten Arbeiten daran nicht zwingend gemessen. Eine wirklich gute Prüfung des Umgangs mit der Sicherheit wird auch dann gewährleistet, wenn die Fachpreis- oder Sachpreisgerichte über entsprechend nachgewiesene Kompetenzen verfügen. Sollte man diese Prüfung aber aus verschiedenen anderen Gründen nicht bei den Fachpreis- oder Sachpreisgerichten ansiedeln wollen, empfiehlt es sich, eine Sachverständige oder einen Sachverständigen hinzuzuziehen[36]. Auch eine paritätische Besetzung des Preisgerichts mit Männern und Frauen wird diesen Aspekt befördern.

Die GRW 1995[37] und die RPW 2008[38] stehen dem Vorgeschlagenen jedenfalls nicht im Weg.

5.3 Beteiligungsverfahren

Das Bauleitplanverfahren sieht regelmäßig die zweimalige Beteiligung der Behörden und Träger öffentlicher Belange (TÖB) nach § 4, 4 a BauGB und der Öffentlichkeit nach § 3, 4 a BauGB vor. Man unterscheidet diese Beteiligungen, die nach § 4 a Abs. 1 BauGB parallel stattfinden können, in die frühzeitige und die förmliche Beteiligung. Neben der Partizipation und der Ermittlung der Umweltbelange dienen sie vor allem der Ermittlung des Abwägungsmaterials[39].

Diese gesetzlich vorgesehenen Verfahren können und sollen dazu genutzt werden, die für die Kriminalprävention notwendigen Belange zu ermitteln und zu bewerten. Dabei kann gezielt nachgefragt werden, wenn die entsprechende Kompetenz (noch) nicht ausreichend in den Planungsämtern oder Planungsbüros vorhanden ist. So kann, wie z.B. in Augsburg, eine Kooperation mit der Polizei oder den Kreisverwaltungsbehörden gezielt gesucht werden. In Einzelfällen kann auch die Gleichstellungsbeauftragte eingeschaltet werden. Allerdings ist sie kein TÖB, ihre Beteiligung fällt unter die gemeindeinterne Abstimmung einer Planung. Auch die „auf Augenhöhe" zu beteiligende Öffentlichkeit kann maßgebend dazu bei-

---

36 Eine Anfrage beim Deutschen Städtetag, insbesondere bei der „Kommission Frauen in der Stadt", kann hilfreich sein, nicht zuletzt, weil die Mitglieder der Kommission, u.a. Amtsleiterinnen von Stadtplanungsämtern oder leitende Mitarbeiterinnen in Groß- und Mittelstädten, viel Erfahrung im Wettbewerbswesen haben und mit allen Themen des Gender Mainstreaming, damit auch der Kriminalprävention, vertraut sind.
37 Richtlinien für Planungswettbewerbe.
38 Zu den unterschiedlichen Funktionen der Öffentlichkeitbeteiligung vgl. Strunz/Wallraven-Lindl (2012, S. 1584).
39 Zu den unterschiedlichen Funktionen der Öffentlichkeitbeteiligung vgl. Strunz/Wallraven-Lindl (2012, S. 1584).

tragen, unsichere Milieus, Gegenden und Dergleichen zu benennen, und Vorstellungen zur subjektiven Sicherheit entwickeln.

Die Öffentlichkeit muss im Gegensatz zu den Behörden und TÖB gem. § 3 Abs. 2 Satz 4 BauGB über die Prüfung der fristgemäß vorgebrachten Stellungnahmen (Abwägung) informiert werden. Behörden und TÖB können/sollten aber in ihren Stellungnahmen um eine entsprechende Information bitten. Da Behörden im Gegensatz zu den TÖB gem. § 4 Abs. 3 BauGB nach dem Abschluss des Verfahrens zur Aufstellung eines Bauleitplans die Gemeinde unterrichten müssen (Bringschuld), sofern nach den ihnen vorliegenden Erkenntnissen die Durchführung des Bauleitplans erhebliche, insbesondere unvorhergesehene nachteilige Auswirkungen auf die Umwelt hat, sollten die Behörden den letzten Stand des Bauleitplans kennen und auch, warum die Gemeinde einer abgegebenen Stellungnahme nicht gefolgt ist. Ist die Behörde im Rahmen des Monitorings (§ 4 c BauGB) von der Gemeinde zur Stellungnahme aufgefordert, versteht es sich von selbst, dass sie diese Informationen braucht.

5.4 Monitoring

Gemäß § 4 c BauGB überwachen die Gemeinden die erheblichen Umweltauswirkungen, die aufgrund der Durchführung der Bauleitpläne eintreten. Sie sollen so insbesondere unvorhergesehene nachteilige Auswirkungen frühzeitig ermitteln. Die Ermittlung der unvorhergesehenen Umweltauswirkungen zielt letztlich darauf ab, dass die Gemeinde rechtzeitig Abhilfemaßnahmen ergreifen kann. Eine über das geltende Recht hinausgehende materielle Verpflichtung zur Durchführung von Abhilfemaßnahmen wird hierdurch nicht begründet.

Wie bereits unter dem Themenblock „Abwägung" dargelegt, ist das „Monitoring" eine rechtlich festgelegte Folge der Planungen, die einer Pflicht zur Umweltprüfung unterliegen. Nach Anlage I 3 b BauGB sind die Überwachungsmaßnahmen im Umweltbericht festzulegen. Dabei ist es sinnvoll, nicht nur einen Überwachungsstichtag festzulegen, sondern auch die Überwachungsdienststellen, zum Beispiel die Gemeinde mit Kreisverwaltungsbehörde und mit der örtlich zuständigen Polizeiinspektion. Als Informationsquelle kann die Kriminalstatistik herangezogen werden.

Eine Überwachungsbedürftigkeit ergibt sich entsprechend den Ausführungen bei der Abwägung (vgl. unter 3.), wenn die erwähnten Regeln zum Gender Mainstreaming nicht eingehalten werden konnten. Dann bedarf es zusätzlicher besonderer Festlegungen im Umweltbericht, die nicht immer Festsetzungen nach dem BauGB sein können, wie beispielsweise Beleuchtung oder Bewegungsmelder. Zur Wirksamkeit dieser der Selbstverpflichtung der Gemeinde unterliegenden Maßnahmen bedarf es in der Regel einer Überwachung. Diese kann unter Umständen zu einer „Nachjustierung" führen.

Das Spektrum der Abhilfemaßnahmen ist nicht auf das Planungsrecht beschränkt. Es sind sämtliche Möglichkeiten der Abhilfe in Betracht zu ziehen, die eine Gemeinde ergreifen oder bei anderen Behörden anstoßen kann. Stellt die Gemeinde z.B. fest, dass an einem ausgewiesenen, stark eingegrünten Parkplatz sehr viele Autoaufbrüche stattfinden, kann eine der Maßnahmen sein, die Büsche zu kürzen und Bewegungsmelder mit entsprechender Beleuchtung zu installieren (vgl. Schürmann 2012, S. 359).

Als Abhilfemaßnahme im weiteren Sinne ist die Optimierung der zukünftigen Planungen zu sehen. Eine Überwachung ist auch dann zielführend, wenn für den Fall, dass bestimmte unvorhergesehene Umweltauswirkungen auftreten, konkrete Maßnahmen zur Abhilfe zwar ausgeschlossen erscheinen, aber aufgrund der Falltypik in künftigen Planungen wahrscheinlich sind.

5.5 Städtebauliche Verträge

Auch der städtebauliche Vertrag, dessen Gegenstand nach § 11 Abs. 1 Nr. 1 BauGB die Ausarbeitung der Planung und soweit erforderlich der Umweltbericht und damit die Umweltprüfung sein können, kann diverse Verpflichtungen zur Kriminalprävention übernehmen. Dies kommt insbesondere dann in Betracht, wenn nicht alle der zum Thema Sicherheit in den Übersichten zu Gender Mainstreaming genannten städtebaulichen Kriterien eingehalten werden können.

Segregation und mangelnde Durchmischung der Quartiere mit Menschen verschiedener Einkommensgruppen kann nach § 11 Abs. 1 Nr. 2 BauGB verhindert werden durch die Verpflichtung der Planungsbegünstigten, einen bestimmten Anteil der Wohnbaurechte dem geförderten Wohnungsbau zur Verfügung zu stellen. In München gibt es hierzu unter dem Begriff „sozialgerechte Bodennutzung"[40] genaue Regularien, die bei allen Planungen angewandt werden, die zu einer Bodenwertsteigerung führen und bei der Kommune Kosten entstehen lassen (vgl. Wallraven-Lindl 2012, S. 347 [357]). Ebenso kann die Finanzierung der ursächlichen Infrastruktur verlangt werden, selbstverständlich mit der gesetzlichen Einschränkung, dass diese Finanzierung angemessen ist. Zeitnah errichtete Infrastruktur, z.B. Kindertagesstätten oder Kindergärten, führen dazu, dass sich die Bewohnerschaft eines Neubaugebietes rasch mit ihrem Gebiet und ihrer Gemeinde identifiziert und Verantwortung für die Umgebung übernimmt.

---

40 Landeshauptstadt München, Referat für Stadtplanung und Bauordnung, Kommunalreferat (3. Auflage 2009), www.muenchen.de/plan; Wallraven-Lindl (2000, S. 423).

6. Überörtliche Planung

In der überörtlichen räumlichen Planung ist die betroffene Gemeinde zu beteiligen. Hier kann die Gemeinde die Vorhaben auf die Einhaltung der Sicherheitsregularien hin überprüfen und vor allem mit den eigenen Planungen abstimmen und koordinieren. Eine unter kriminalpräventiven Gesichtspunkten sichere Straße zu einer unsicheren Bahnanlage verliert schnell ihre Wirkung. Festgestellte Mängel oder Defizite sind wie beim Brandschutz in die Verfahren einzubringen, und es ist auf deren Einhaltung zu bestehen. Die Gemeinden werden sich dabei oft mit Kostenargumenten konfrontiert sehen, die nach Auffassung der überörtlichen Planungsträgerinnen manche Maßnahmen nicht zulassen. Hier ist es zweifellos Aufgabe der Gemeinde, im Interesse ihrer Bürgerinnen und Bürger nicht nachzulassen mit der Forderung, die objektiven und subjektiven Sicherheitsbelange mit dem ihnen zukommenden Gewicht – es geht immerhin um Leib und Leben – in die Abwägung der Planung einzustellen. Jede Planung unterliegt dem Abwägungsgebot und hat die Kriminalprävention in der Abwägung zu beachten.

7. Fazit

Die städtebauliche Kriminalprävention ist eine Maßnahme, die in den Kommunen das Sicherheitsgefühl der Einwohnerschaft positiv beeinflussen kann. Auch wenn sie schon in vielen Städten und Gemeinden, z.B. in der Großstadt München[41], im Alltag der Stadtplanung selbstverständlich ist, kann für sie noch keine grundsätzliche rechtliche und fachliche Akzeptanz konstatiert werden. Nicht nur, dass die führenden juristischen Kommentare, wie gezeigt, keine Notiz davon nehmen. Auch eine Zeitschrift (Der Bayerische Bürgermeister), deren Ausgabe im Frühjahr 2013 (Heft 3/2013) sich als Leitthema die „Sicherheit in Kommunen" ausgesucht hatte und deren Herausgeberinnen und Herausgeber unter anderen kommunale Spitzenverbände sind, verlor hierüber kein Wort. Der bayerische Innenminister, der in der erwähnten Zeitschrift mit einem Beitrag vertreten war, betrachtete das Thema ausschließlich unter polizeilichen Gesichtspunkten. Dies verwundert umso mehr, wenn man sich vor Augen führt, dass er Chef der „Obersten Baubehörde" in seinem Ministerium ist und in Vertretung des bayerischen Ministerpräsidenten als Schirmherr des 17. Deutschen Präventionstages 2012 in München fungierte, zu dessen Themen auch die städtebauliche Kriminalprävention zählte. Mit dem 17. Deutschen Präventionstag[42] muss man fordern, dass der Sozialpolitik – und hierzu zählt die städtebauliche Kriminalprävention – immer der Vorzug vor der Kriminalpolitik eingeräumt wird. An den rechtlichen Voraussetzungen hierfür wird dies, wie gezeigt, jedenfalls nicht scheitern.

---

41 Vgl. Beschluss v. 12.10. 2011, Fn. 5.
42 Vgl. Münchner Erklärung des Deutschen Präventionstages, in: Marks/Steffen, ebenda.

Literatur

Bauer, Uta, Stephanie Bock, Ulrike Meyer und Heike Wohltmann (2007): Gender Mainstreaming in der Bauleitplanung. Eine Handreichung mit Checklisten, Berlin (Difu-Papers).

Dörhöfer, Kerstin, und Jenny Naumann (1979): Zur Lage der Frau in städtischen Wohngebieten, in: Marielouise Jansen-Jurreit (Hrsg.): Frauenprogramm gegen Diskriminierung, Reinbek.

Humpert, Gisela (2006): Gender Mainstreaming für Planungswettbewerbe. Arbeitshilfe für die Auslobung und Teilnahme, Castrop-Rauxel.

Landeshauptstadt München, Referat für Stadtplanung und Bauordnung, Kommunalreferat (2009): Die Sozialgerechte Bodennutzung. Der Münchner Weg, 3. Auflage, www.muenchen.de/plan.

Marks, Erich, und Wiebke Steffen (Hrsg.) (2013): Sicher leben in Stadt und Land. Ausgewählte Beiträge des 17. Deutschen Präventionstages, Godesberg.

Rau, Petra (1990): Gewalt gegen Frauen im Freiraum, in: Platz nehmen oder Raum greifen, Arbeitsbericht des FB Stadtplanung und Landschaftsplanung der Gesamthochschule Kassel, Heft 86, S. 74 ff.

Schreyögg, Friedel (1989): Tatorte, in: Bauwelt, S. 196.

Schürmann, Detlev (2012): Sicherheitsaudit zur städtebaulichen Kriminalprävention, in: Marks/Steffen, ebenda.

Sievers, Karen (2010): Sicherheit planen und gestalten. Grundsätzliche Überlegungen aus sozialwissenschaftlicher und stadtplanerischer Perspektive, Redemanuskript: Stadt und (Un-)Sicherheit, Fachtagung ISW München, 22.3.2010.

Simonsen, Kerstin, und Gabriele Zauke (1991): Sicherheit im öffentlichen Raum. Städtebauliche und planerische Maßnahmen zur Verminderung von Gewalt, Zürich.

Strunz, Anton, und Marie-Luis Wallraven-Lindl (2013): Die Satzungen nach dem BauGB, 3. Auflage (Difu-Arbeitshilfe).

Strunz, Anton, und Marie-Luis Wallraven-Lindl (2012): Die förmliche Öffentlichkeitbeteiligung in der Bauleitplanung in: BauR, S. 1584.

Wallraven-Lindl, Marie-Luis (2013): Pionierflächen: Von den Frauenbelangen zum Gender Mainstreaming, in: Landeshauptstadt München, Referat für Stadtplanung und Bauordnung: Von den Kasernenflächen zum Stadtquartier, München.

Wallraven-Lindl, Marie-Luis (2012): Städtebauliche Kriminalprävention, in: Marks/Steffen, ebenda.

Wallraven-Lindl, Marie-Luis (2000): Sozialgerechte Bodennutzung. Der Münchner Weg. Beteiligung an Kosten und Lasten Städtebaulicher Planung, in: Der Bayerische Bürgermeister, S. 423–426.

Wallraven-Lindl, Marie-Luis, und Ingrid Beller-Schmidt (1992): Frauenbelange in der verbindlichen Bauleitplanung, in: BauR, S. 549

Zibell, Barbara, und Anke Schröder (2007): Frauen mischen mit. Beiträge zur Planungs- und Architektursoziologie, Band 5, Frankfurt/Main

Die Autorin

Foto: Foto Reiter, München.

Dr. Marie-Luis Wallraven-Lindl

Ltd. Verwaltungsdirektorin a.D., Studium der Rechtswissenschaft in Bochum und Freiburg; nach 2. Jurist. Staatsexamen (1975) (Baden-Württemberg) wissenschaftliche Assistentin an der Juristischen Fakultät der Universität Konstanz, Lehrstuhl für Öffentliches Recht, Promotion zur Dr. jur. im Öffentlichen Recht; diverse Tätigkeiten im Referat für Stadtplanung und Bauordnung der Landeshauptstadt München; zuletzt Leiterin der Abteilung Grundsatzfragen und städtebauliche Entwicklungsmaßnahmen in der Stadtplanung (1979–2012). Bis Ende 2012 Leitung der Kommission „Frauen in der Stadt" des Deutschen Städtetages; zahlreiche Publikationen zu Baurecht, Planungsrecht und zu Frauenbelangen in diesen Rechtsgebieten; Kommentatorin in „Baurecht in Bayern" und „Bau- und Wohnungsrecht in Bayern"; Mitverfasserin einiger Arbeitshilfen des Difu und eines Lehrbuchs für Öffentliches Baurecht (2. Aufl. 2013); umfangreiche Lehr- und Vortragstätigkeiten.

Manfred Rolfes

Räumliche Beobachtung und Verräumlichung von (Un-)Sicherheit und Kriminalität

1. Einleitung

(Un-)Sicherheit und Kriminalität werden innerhalb der Gesellschaft häufig auf räumlichen Ebenen beschrieben, mit räumlichen Bezügen verbunden und/oder mit räumlichen Bedingungen erklärt. Es ist daher notwendig und lohnenswert, diesen Räumen und Verräumlichungen sowie ihren Bedeutungen, Funktionsweisen und Einsatzfeldern im Bereich der (Un-)Sicherheits- und Kriminalitätsforschung etwas systematischer auf den Grund zu gehen.

In den deutschsprachigen Kriminalwissenschaften werden die Phänomene (Un-)Sicherheit und Kriminalität bereits seit Beginn der 1970er-Jahre intensiv räumlich beobachtet und teilweise zu erklären versucht (vgl. Schwind 2013, S. 324 ff.; Eisenhardt 2012, S. 13 ff.). Dies geschah oder geschieht zum Beispiel im Rahmen von kriminalistisch-kriminalgeographischen Lagebildern, Kriminalitätsatlanten, Crime Mapping oder kriminologischen Regionalanalysen. Der räumliche Blick auf (Un-)Sicherheit und Kriminalität ist dabei häufig mit der Annahme einer gewissen Objektivität und Erklärungskraft verbunden. Insbesondere in öffentlichen und wissenschaftlichen Debatten wird in vielfältiger Form mit räumlichen Kategorien über (Un-)Sicherheit und Kriminalität kommuniziert und argumentiert.

Oftmals sind Raumbezeichnungen oder Ortsnamen Synonyme für Unsicherheit. Es lassen sich leicht sehr unterschiedliche Beispiele finden, bei denen Unsicherheit und Kriminalität verräumlicht werden: zum Beispiel das Hamburger Vergnügungsviertel St. Pauli als Synonym für lasterhafte Aktivitäten in den Bereichen Drogenhandel, Glücksspiel und Prostitution; die französischen Banlieues als Orte, an denen Konflikte um soziale Ungleichheiten gewaltsam ausgetragen werden; ländlich-periphere, ostdeutsche Landstriche, die als Rückzugs- und Aktionsräume für Rechtsextreme gelten; Berliner Zuwanderungsquartiere wie Kreuzberg und Neukölln, die als Stadtteile angesehen werden, in denen sich in diffuser Form verdeckte Parallelgesellschaften etabliert haben, oder brasilianische Favelas, die lange Zeit als Hoheitsgebiete von Drogenkartellen galten. Auch im unmittelbaren Lebensumfeld werden Unsicherheiten oft verortet, z.B. in Form so genannter Angsträume – der bei Dunkelheit gefährliche Stadtpark, unbelebte U-Bahn-Stationen oder Bushaltestellen sowie Treffpunkte lärmender Jugendcliquen auf dem Kinderspielplatz.

Ansatzpunkte bei der Bearbeitung des Raumthemas kann die Geographie bieten. Für sie ist „Raum" ein zentrales erkenntnisleitendes Strukturierungsmerkmal. Keine andere Disziplin befasst sich so systematisch mit „Räumen" und ihren Eigenschaften. In der jüngeren Disziplingeschichte ist immer deutlicher geworden, dass allerdings nicht von dem einen realen, objektiven Raum gesprochen werden kann. Vielmehr wird von mehreren Raumkonzepten ausgegangen und der Raumbegriff gesellschaftstheoretisch zu verankern versucht. Gleichzeitig ist in anderen Kultur-, Geistes- und Sozialwissenschaften festzustellen, dass dort die räumliche Perspektive seit etwa 25 Jahren, im Zuge des so genannten spatial turn, zu einem relevanten Beobachtungs- und Erklärungsschema und kommunikativen Fokus geworden ist (vgl. Belina/Michel 2011; Döring/Thielmann 2008; Günzel 2011; Kaschuba 2004; Löw 2001). Häufig wiederholt sich dabei nun außerhalb der Geographie, was das Fach selbst in den vergangenen drei Jahrzehnten zum Teil recht mühsam überwunden hat: eine simultane, diffuse und unreflektierte Nutzung veralteter Raumbegriffe. Die dabei mitgeführten, alltagsweltlichen und altgeographischen Bedeutungen dieses Begriffs haben nicht nur bei dem Geographen Hard (2008, S. 263 ff.) „intellektuelle Schwindelgefühle" ausgelöst. In der Regel sind sie nämlich untheoretisch und essentialistisch, und es kann ihnen kaum ein gemeinsamer Bedeutungskern attestiert werden (vgl. ebenda).

Im ersten Teil dieses Beitrags soll gezeigt werden, wie aus einer essentialistischen Perspektive mit Räumen operiert wird und welche impliziten Annahmen und Folgen dabei festgestellt werden können. Im zweiten Teil wird dann sowohl theoretisch diskutiert als auch an zwei Beispielen erläutert, wie Verräumlichungen sozial (re-)produziert werden und wie sie als Beobachtungsschema funktionieren. Im dritten und letzten Teil soll der Beitrag mit einigen Überlegungen über den Sinn und Zweck von Verräumlichungen abgeschlossen werden, und es sollen Hinweise auf einen anderen Umgang mit Räumen und Verräumlichungen gegeben werden.

2. Die Tücken eines räumlichen Blicks auf (Un-)Sicherheit und Kriminalität

Ein systematisches raumorientiertes Beobachten von (Un-)Sicherheit und Kriminalität findet in der polizeilichen und präventiven Praxis vor allem auf lokaler und kommunaler Ebene statt, sehr viel seltener auf einer regionalen Maßstabsebene (z.B. auf der Ebene von Landkreisen oder Regionsverbünden). In Deutschland wurden in den vergangenen 20 Jahren in ca. 50 Städten und Landkreisen raumbezogene (Un-)Sicherheits- und Kriminalitätsstudien durchgeführt (vgl. Rolfes 2014, im Erscheinen). Diese Studien tragen sehr unterschiedliche Bezeichnungen, z.B. Sozialraumanalyse (in der Stadt Wilhelmshaven), Kriminalitätslagebild (z.B. in Münster), Analyse der Sicherheitslage (z.B. in Heidelberg), Kriminalgeographische Studie (z.B. auf der Insel Usedom) oder – und die Bezeichnung scheint die größte Verbreitung gefunden zu haben – Kriminologische Regionalanalyse (z.B. in

Osnabrück, Essen oder Berlin). Auch das im angloamerikanischen Raum weit verbreitete Crime Mapping (z.B. in London, New York, Sydney) ist als eine besondere Form der raumbezogenen Beobachtung und Analyse von (Un-)Sicherheit und Kriminalität zu verstehen. Am Beispiel der Kriminologischen Regionalanalyse soll jetzt gezeigt werden, was unter einem essentialistischen Raumverständnis zu verstehen ist und mit welchen Einschränkungen und Vereinfachungen diese Raumperspektive verbunden ist. Sie kann stellvertretend für einen weiten Kranz von raumbezogenen (Un-)Sicherheits- und Kriminalitätsstudien betrachtet werden (vgl. Becker-Oehm 2010; Schwind 2013; Rolfes 2003; Steffen 1993).

Kriminologische Regionalanalysen lassen sich nach Steffen (1993, S. 47 ff.) als ein Instrument zur Messung und Analyse von Kriminalität und (Un-)Sicherheit im regionalen Bereich bezeichnen. Sie sind nicht nur eine reine Beschreibung der räumlichen Kriminalitätsverteilung, sondern sollen zur Analyse der Ursachen von Kriminalität und abweichendem Verhalten beitragen. Dazu wird ein kriminologisch angereichertes Lagebild des Kriminalitätsaufkommens und der subjektiven (Un-)Sicherheit erstellt, üblicherweise auf der Ebene von Stadtteilen, Quartieren oder Baublöcken. Ein wesentlicher analytischer Schritt besteht darin, auf dieser Ebene nach Zusammenhängen zwischen lokalem Kriminalitätsaufkommen oder Sicherheitsempfinden einerseits und sozio-ökonomischen Merkmalen andererseits zu suchen (vgl. Schwind 2013, S. 384 ff.).

Es wird also davon ausgegangen, dass Kriminalität, Kriminalitätsstrukturen und Unsicherheit in ihren Ausprägungen „ortsgebunden" sind (vgl. Steffen 1993, S. 49). „Die ‚Ortsgebundenheit' von Kriminalität wird […] daran deutlich, dass die Funktionsstruktur einer Stadt bzw. Region eine ganz bestimmte Kriminalitätsstruktur bedingt. Kriminalität hat auch deswegen einen ‚Lokalbezug', weil sie ganz maßgeblich von der ortsansässigen Bevölkerung bestimmt wird" (Steffen 1993, S. 54). „Die kriminelle Attraktivität des Raumes wird durch die ihr eigenen Tatgelegenheitsstrukturen bestimmt, d.h. durch Strukturen, die sich kriminalitätsfördernd auswirken." (Clages/Zimmermann 2010, S. 151) Beim Blick durch die „Raumbrille" haben Kriminalität und (Un-)Sicherheit räumlich mess- und fixierbare Ursachen und Quellen. Im Berliner Kriminalitätsatlas beispielsweise werden vor allen die räumliche Verteilung von touristischen Orten, die räumlichen Strukturen des Einzelhandels, die Lage von Veranstaltungsorten, die Lokalisierung von Freizeitangeboten, Verkehrsknotenpunkte und der öffentliche Personennahverkehr, Standorte von Justizvollzugsanstalten und schließlich die Sozialstruktur, also die sozio-ökonomischen räumlichen Differenzierungen als räumliche Ursachen für (Un-)Sicherheit und Kriminalität angeführt (vgl. Polizeipräsident in Berlin 2012a, S. 9 ff.). Die in Form von zahlreichen Karten dargestellten räumlichen Differenzierungen der Häufigkeitszahlen aus der Polizeilichen Kriminalstatistik (vgl. Abbildung 1) werden im Berliner Kriminalitätsatlas im Textteil auf der Grundlage dieser Ursachen zu erklären versucht: „Die übrigen Gebiete Neuköllns weisen einen eher niedrigen sozialen Status auf, was einen nicht zu vernachlässigenden

Einfluss auf die Anzahl der begangenen Straftaten hat." Oder: „Wedding zählt zu den sozial eher schwachen Ortsteilen, so dass Faktoren wie z.B. schlechtere Bildung, Arbeitslosigkeit und damit auch geringeres Einkommen deutlichen Einfluss auf die Anzahl der Straftaten haben dürften." (Polizeipräsident in Berlin 2012a, S. 14)

Abbildung 1   Raumbezogene Visualisierung der Kriminalitätsbelastung in Berlin 2011

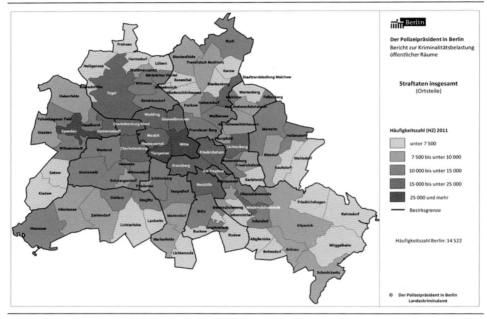

Quelle: Polizeipräsident in Berlin (2012b, S. 18).

Ein wichtiges Kennzeichen des essentialistischen Raumbegriffs wird hier sichtbar: Soziale, ökonomische, materielle oder architektonische Merkmale, die für Raumeinheiten erhoben werden oder in aggregierter Form als statistische Kennwerte vorliegen (z.B. städtebauliche Struktur, Arbeitslosenquote oder Anteile von Personen mit Migrationshintergrund), werden als Eigenschaften dieses Raumes verstanden und kommuniziert. Baublöcke, Stadtteile oder andere Raumeinheiten sind danach zweidimensionale Ausschnitte der Erdoberfläche, die durch erdräumliche oder administrative Grenzen (z.B. bei Kommunen, Landkreisen, Provinzen oder Stadtbezirken) gekennzeichnet sind. Ein so genanntes *Container- oder Behälterraummodell* ist hinterlegt (vgl. Weichhart 2008, S. 77 f.). Die Visualisierung führt zwangsläufig zum Sichtbarwerden räumlicher Differenzen der ausgewählten Merkmale. Unterschiedliche *soziale* Phänomene wie z.B. Arbeitslosenquote, Anteile von Alleinerziehenden, Migrantenanteile, Kriminalität und Unsicherheit werden über ihre räumlichen Strukturen in einen ursächlichen Zusammenhang gebracht. Statt *nur* räumlich *zu beobachten*, wird räumlich *erklärt und interpretiert*. Auf dieser Grundlage erhalten einige Räume bestimmte Etikettierungen und werden beispielsweise im öffentlichen Diskurs als „Problemviertel" oder „soziale Brennpunkte" benannt.

An zwei Beispielen aus Kriminologischen Regionalanalysen können diese raumbezogenen Argumentationen im Detail deutlich gemacht werden.

▪ Beispiel 1: Kriminologische Regionalanalyse der Stadt Rosenheim 1998

In Rosenheim wurde 1998 eine Kriminologische Regionalanalyse durchgeführt (vgl. Luff 1998a, 1998b). Im statistischen Teil der Analyse verglich der Autor auf der Ebene der statistischen Stadtbezirke unterschiedliche sozio-ökonomische Einwohnerdaten mit Kriminalitätsdaten. Dabei stellte er für die 25 Bezirke zwischen der Einwohner-dichte und der registrierten Kriminalität (Sachbeschädigungen und Rohheitsdelikte) Korrelationen von r = 0,48 bzw. 0,41 fest. Darüber hinaus erhielt er auch schwache Korrelationen zwischen den Anteilen Alleinerziehender und der registrierten Kriminalität. Diese Zusammenhänge sind wie folgt interpretiert worden:

„Je enger Menschen zusammenleben (müssen), desto mehr steigt ihre Bereitschaft zur Gewaltanwendung, da fehlende Rückzugsmöglichkeiten in Stresssituationen die Konfliktbereitschaft erhöhen." (Luff 1998a, S. 62) ... *„Eine ‚Risikogruppe' scheinen unseren Daten zufolge vor allem die Kinder von Alleinerziehenden zu sein." (Luff 1998b, S. 777)*

Auffällig ist hier erstens, dass die auf der Stadtteilebene ermittelten Zusammenhänge auf die Individualebene übertragen werden. Es wird angenommen, dass eine hohe Einwohnerdichte auf der räumlichen Ebene generell die individuelle Konfliktbereit-schaft erhöht. Merkmale eines Raumes werden auf die Charaktereigenschaften der in diesem Raum lebenden Menschen transferiert. Zweitens wird aufgrund der ermittelten Korrelationen zwischen Einwohnerdichte, Anteil von Alleinerziehenden und Kriminalitätsaufkommen eine kausale Interpretation dieser Zusammenhänge nahe gelegt. Wenn bei den Einwohnerinnen und Einwohnern ein hoher Dichtestress vorliegt oder sie in Haushalten leben, die von Alleinerziehenden geführt werden, dann würde dies das Potenzial für abweichendes Verhalten steigern. Pauschale Kausalitäten werden konstruiert, eventuell intervenierende Variablen (z.B. Immobilien- und Mietpreise) werden nicht in den Blick genommen. Schließlich wird drittens ein essentialistisches Raumverständnis sichtbar: Das Kriminalitätsaufkommen wird – vermittelt durch räumliche Strukturen anderer sozialer Variablen – auf Basis räumlicher Muster erklärt.

■ **Beispiel 2: Bevölkerungsbefragung zur Sicherheitslage in Heidelberg 2009**

Zur Analyse der subjektiven Sicherheitslage wurde 2009 in Heidelberg eine Bevölkerungsbefragung durchgeführt. Analyseeinheiten waren die 14 Heidelberger Stadtteile. Unter anderem sollte in Erfahrung gebracht werden, wie hoch seitens der Stadtteilbewohnerschaft die Wahrscheinlichkeit eingeschätzt wird, in den nächsten zwölf Monaten Opfer einer Straftat zu werden. Es wurden stadtteilspezifische Unterschiede festgestellt und wie folgt interpretiert:

„Die größte Beunruhigung geht von der Vorstellung aus, selbst von einem Einbruch in Wohnung oder Haus betroffen zu sein. 26 Prozent der Befragten sehen dies so; auf dem Emmertsgrund liegt der Prozentsatz jedoch bei 41 Prozent, in allen anderen Stadtteilen ist er deutlich niedriger. Der Unterschied ist vermutlich durch den höheren Grad an informeller Sozialkontrolle in den anderen Stadtteilen erklärbar." (Hermann 2010, S. 13)

Im Abschlussbericht der Studie sind die Autoren bemüht, den hohen Anteil von Befragten zu erklären, die im Stadtteil Emmertsgrund fürchten, in den nächsten zwölf Monaten Opfer eines Wohnungs- oder Hauseinbruchs zu werden. Erstens halten es die Verfasser für nötig *und* möglich, die räumlichen Muster dieser Straftaten zu erklären. Die Stadtteile werden von ihnen als homogene Einheiten kommuniziert. Mögliche räumliche Differenzierungen innerhalb der Stadtteile werden nicht thematisiert. Zweitens wird eine offenbar plausible Erklärungsgröße für das Ausmaß abweichenden Verhaltens eingeführt, nämlich der Grad der sozialen Kontrolle innerhalb der Stadtteile. Wie im vorherigen Beispiel wird hier eine auf der Individualebene plausible Kausalität für die gesamte Stadtteilebene generalisiert. Drittens ist bemerkenswert, dass nicht die *mangelnde* soziale Kontrolle in Emmertsgrund für die *erhöhte* Einbruchfurcht verantwortlich gemacht wird, sondern die *höhere soziale* Kontrolle in den übrigen Stadtteilen, die die dort *geringere* Einbruchfurcht bedinge.

Der in den zwei Beispielen eröffnete räumliche Blick auf Kriminalität und (Un-)Sicherheit bedarf daher einer besonderen Reflexion, um die Grenzen und Tücken dieses Beobachtungsschemas zu berücksichtigen:

1. Der gesellschaftliche Umgang mit Kriminalität und (Un-)Sicherheit ist häufig durch ein alltagssprachliches und essentialistisches Raumverständnis (Behälter- oder Containerraum) gekennzeichnet. Räumen werden soziale, ökonomische und psychische Eigenschaften zugeordnet. Im Falle starker räumlicher Korrelationen erscheinen die Merkmale dann als geeignete Größen, um Kriminalität oder Unsicherheit zu erklären. Über den räumlichen Blick werden die komplexen sozialen Phänomene Kriminalität und (Un-)Sicherheit mit Hilfe stark vereinfachender Alltagstheorien und wenig differenzierter Kausalzusammenhänge erklärt. Der Containerraum-Blick verleitet so zu einer Simplifizierung komplexer sozialer Problemlagen und zu einer sozialräumlichen Homogenisierung.

2. Der starke Fokus auf eine räumlich begründete Erklärungsperspektive verstellt damit den Blick auf die komplexen Ursachen des abweichenden Verhaltens. In Kriminologie, Soziologie, Psychologie oder Pädagogik liegen hochdifferenzierte und ausgearbeitete Theorien vor, um die Ursachen von Kriminalität und (Un-)Sicherheit zu erklären und zu verstehen. Ansätze, die Kriminalität und (Un-)Sicherheit über räumliche Korrelationen erklären, berücksichtigen diese theoretischen Ansätze oft jedoch nur selektiv oder gar nicht.

3. Aus diesen Verräumlichungen können dauerhaft wirksame Negativ-Stigmatisierungen von Straßenzügen oder Stadtteilen („soziale Brennpunkte", „Hotspot" der Kriminalität) resultieren. Einzelne Stadtquartiere und ihre Bewohnerschaft werden dann in (medien-)öffentlichen und kommunalpolitischen Diskursen Negativimages zugewiesen, die nur sehr schwer wieder aufzulösen sind (vgl. Prabel 2005, S. 102 f.). Bestehende Segregationstendenzen und Stigmatisierungen können so verstärkt werden.

4. Ein räumlicher Blick verdeckt den entterritorialisierten Netzwerk-Charakter von Kriminalität. Nur bestimmte Straftaten geraten in den räumlichen Fokus (z.B. Gewalttaten, Diebstähle, Straßenkriminalität), andere wiederum nicht (z.B. Wirtschaftskriminalität, Internetkriminalität, Korruption). Die Phänomene Kriminalität und (Un-)Sicherheit erscheinen so räumlich begrenzt. Sie treten offenbar dort nicht auf, wo sie nicht räumlich beobachtbar sind.

5. Kriminalität und Unsicherheit werden durch ihre Verräumlichung „scheinbar" bearbeitbar gemacht. Präventions- und Sanktionsmaßnahmen können so legitimiert werden. Es sollte daher kritisch geprüft werden, inwieweit räumliche Beobachtungseinheiten geeignet erscheinen, räumliche Interventionen zu begründen.

6. „Risikoräume" können entstehen, also Räume, von denen angenommen wird, dass dort die Wahrscheinlichkeit größer ist, Opfer einer Straftat zu werden. Wer solche Risikoräume „leichtsinnig" oder „unbedacht" betritt, wird dann für entstandene Schäden oder Verletzungen in einem gewissen Rahmen selbst verantwortlich gemacht.

Die beiden Beispiele sollten zeigen, welche Komplexitätsreduktionen vorgenommen werden, wenn (Un-)Sicherheit und Kriminalität räumlich dargestellt, beobachtet und interpretiert werden. In Alltagwelt und Medienöffentlichkeit ist diese Art des räumlichen Beobachtens und Argumentierens weit verbreitet. Raum ist ein Beobachtungsschema, nach dem soziale Phänomene geordnet, kommuniziert und erklärt werden. Die Praxis des Verknüpfens von sozialen Merkmalen mit räumlichen Dimensionen und die Verortung dieser sozialen Eigenschaften werden alltagsweltlich als selbstverständlich, objektiv und quasi natürlich angesehen. Redepenning argumentiert, dass dieses essentialistische Raumverständnis offenbar für viele Menschen eine sehr gute und einfache Rekonstruktion der gesellschaftlichen

Realität und der gesellschaftlichen Selbstbeschreibung bietet und deshalb so eingängig ist (vgl. Redepenning 2006, S. 140). Verräumlichungen von Kriminalität und (Un-)Sicherheit erleichtern die Kommunikation über diese komplexen gesellschaftlichen Phänomene und bieten gleichzeitig plausible Ansätze für raumbasierte Präventionsaktivitäten. Ein ausdifferenzierter und gesellschaftstheoretisch abgesicherter Blick auf die Entstehungshintergründe und Rahmenbedingungen von (Un-)Sicherheit und Kriminalität kann dadurch erschwert werden.

Um diesen Raumfallen und raumbezogenen Vereinfachungen zu entgehen, können z.B. bei der Durchführung kriminologischer Regionalanalysen und bei der Interpretation raumbasierter Kriminalitätsdaten die empirisch ermittelten Erkenntnisse mit praktischem Vor-Ort-Wissen verknüpft und bewertet werden. Dies kann beispielsweise dadurch geschehen, dass eine systematische und explizite Auseinandersetzung der Verantwortlichen (z.B. Sicherheitsbehörden und Kommunen) und der beteiligten Zielgruppen (z.B. Bürgerinnen und Bürger sowie soziale Akteure) mit den verräumlichten Ergebnisdarstellungen erfolgt. Interne und kritisch-kreative Bewertungsschleifen in Form von interaktiven Workshops können dazu beitragen, raumbezogene Kriminalitäts- und Unsicherheitsanalysen in einen praktischen Kontext zu stellen und so vereinfachte Erklärungen räumlicher Muster zu vermeiden und raumorientierte Ursache-Wirkung-Zusammenhänge zu relativieren (vgl. Rolfes/Wilhelm 2013, S. 27).

3. System- und beobachtungstheoretische Raumbegriffe und Blicke auf (Un-)Sicherheit und Kriminalität

Aus der Erkenntnis, dass ein essentialistischer Raumbegriff nur ein eingeschränktes und unvollständiges Verständnis für die soziale Welt gestattet, hat die Geographie Konsequenzen für ihren wissenschaftlichen Umgang mit „dem Raum" gezogen. Seit den 1990er-Jahren erfolgt eine stärkere Orientierung an sozialwissenschaftlichen Theoriediskursen und damit eine vermehrte Rezeption insbesondere handlungs-, system- und diskurstheoretischer Ansätze. Das in diesen Ansätzen zum Ausdruck kommende konstruktivistische Verständnis des Sozialen hat die deutschsprachige Geographie stark inspiriert. Der Fokus auf einen erkenntnistheoretischen Konstruktivismus ließ Kontextabhängigkeit, Mehrperspektivität und Relationalität auch zu Merkmalen von geographischen Forschungsfragen werden. Es geht nicht (mehr) um die Erfassung der tatsächlichen Realität und des „objektiven oder realen Raumes", sondern um die perspektiven- und beobachtungsabhängigen Konstruktionen von „Realitäten" und Räumen. Räumliches wird als soziale Spur oder soziales Produkt von Gesellschaft abgeleitet. Räume und Verräumlichungen gelten somit explizit als Ergebnisse und Herstellungsleistungen gesellschaftlicher Handlungen oder sozialer Kommunikation (vgl. Rolfes/Uhlenwinkel 2013, S. 361 ff.).

Welche Potenziale mit dieser konstruktivistischen Raumperspektive verbunden sind, soll jetzt am Beispiel des beobachtungs- und systemtheoretischen Zugangs verdeutlicht werden. Dazu sind vorweg zwei theorieorientierte Kurzinformationen not-wendig: erstens eine Konkretisierung, was unter dem Begriff der Beobachtung zu verstehen ist, und zweitens der Versuch, den Begriff der raumbezogenen Semantik etwas einzukreisen.

3.1 Einige theoretische Vorüberlegungen zum beobachtungstheoretischen Ansatz und zu raumbezogenen Semantiken

(Beobachtete) Beobachtungen

Zum Verständnis der beobachtungstheoretischen Perspektive kann eine Skizze von Luhmann herangezogen werden. Die Skizze wurde für diesen Beitrag etwas ergänzt und verdeutlicht die Grundidee des Luhmannschen Beobachtungsbegriffs (vgl. Abbildung 2): Wie werden soziale Phänomene (im Raum) von der Gesellschaft beobachtet? Für den vorliegenden Argumentationszusammenhang soll angenommen werden, es handele sich beispielsweise um die so genannten Parallelgesellschaften in Stadtteilen mit hohen Migrantenanteilen (vgl. Beispiel 1) und die brasilianischen Favelas (vgl. Beispiel 2). Beide Räume gelten gemeinhin als „unsichere Räume".

Abbildung 2   Wie werden soziale Phänomene (im Raum) von der Gesellschaft beobachtet?

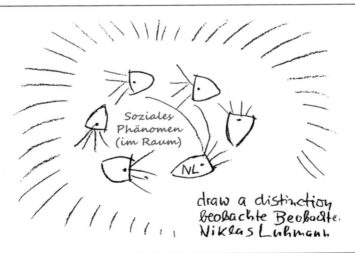

Quelle: Ergänzt nach: Luhmann (2008, S. 7).

Gesellschaft wird in Abbildung 2 durch unterschiedliche Beobachter symbolisiert, die als „Augen" dargestellt werden. Diese „Augen" sind um das soziale Phänomen kreisförmig angeordnet. Die Beobachtungen der verschiedenen „Augen" gehen nun in alle möglichen Richtungen. Die diversen Beobachterpositionen beobachten innerhalb ihrer jeweiligen Kontexte soziale Phänomene unterschiedlich. Sie unterscheiden und bezeichnen das, was für sie Relevanz hat, heben das hervor, was für ihren sozialen Kontext wichtig ist, beobachten selektiv das für sie Bedeutsame. Die Beobachter „konstruieren" gewissermaßen „ihre" Beobachtung. Das Ergebnis sind dann vermutlich sehr unterschiedliche Beobachtungen des im Zentrum der Abbildung angeordneten „sozialen Phänomens im Raum". Man kann nicht einmal davon ausgehen, dass alle Beobachter dasselbe Phänomen beobachten.

Die Rolle der Wissenschaft bzw. seine eigene Beobachtungsposition hat Luhmann nun etwas exponierter dargestellt (siehe das Auge mit dem Kürzel NL). Zum einen trifft auf diese Beobachtung dasselbe zu wie auf alle anderen Beobachter: Unterschieden und bezeichnet wird das, was für den eigenen sozialen (wissenschaftlichen) Kontext relevant ist. Zum anderen wird aber auch visualisiert, dass die wissenschaftliche Beobachtungsposition die anderen Beobachter oder Beobachtungen beobachtet. Es gibt also Beobachtungen unterschiedlicher Ordnung. Insbesondere die wissenschaftliche Beobachtung zeichnet sich dadurch aus, dass sie nicht nur soziale Phänomene beobachtet, sondern sie beobachtet explizit und bewusst, wie andere Beobachter soziale Phänomene beobachten. Diese Erkenntnis kann nun leicht auf raumbezogene Beobachtungen übertragen werden (vgl. Egner 2006, S. 95 ff.). Beispielsweise können Hypothesen darüber aufgestellt werden, wie aus unterschiedlichen Beobachtungspositionen räumlich beobachtet wird, mit welchen Attributen Räumliches aufgeladen wird und in welchen Kontexten und mit welchen Effekten räumlich argumentiert wird.

Raumbezogene Semantiken

Räume werden auf der Basis einer beobachtungs- und systemtheoretischen Perspektive als Raumabstraktionen oder raumbezogene Semantiken bezeichnet (z.B. Schurkenstaaten, sozialer Brennpunkt, Kriminalitätsschwerpunkt, Migrantenghetto, Armutsviertel, Drogenumschlagplatz). Derzeit liegen hinreichend viele Arbeiten von Geographinnen und Geographen vor, die den Import systemtheoretischer Ansätze in die Geographie dokumentieren (vgl. Pott 2007; Redepenning 2006; Lippuner 2005; Goeke 2007; Egner 2008; Wilhelm 2012). Der Begriff der „Raumbezogenen Semantik" muss hier ohne einen vertieften Einblick in die Theorie sozialer Systeme nach Luhmann eingeführt werden. Dennoch sind einige theoriebezogene Überlegungen erforderlich, um die Idee zumindest in groben Zügen zu erfassen.

Es ist ein Grundgedanke der Theorie sozialer Systeme, dass *Kommunikation* das Basiselement aller gesellschaftlichen Aktivitäten, sozialer Systeme und der in ihnen ablaufenden Vorgänge ist. Kommunikation ist die zentrale Operation, der Ausgangs- und Beobachtungspunkt und nicht – wie es für die Alltagswelt naheliegend zu sein scheint – Verhalten, Handlungen oder menschliche Aktivitäten. Der Kommunikationsbegriff ist nicht auf Schrift, Sprache, andere Zeichen oder deren Übertragung von einem Sender auf einen Empfänger begrenzt, sondern schließt beispielsweise auch Handlungen ein. Unter dieser theoretischen Prämisse werden „Räume" schließlich als Elemente sozialer Kommunikation und damit *gedankliche Konstrukte* angesehen (vgl. zuerst Hard 1986 und Klüter 1986). Sie wurden zunächst als Raumabstraktionen bezeichnet, später etablierte sich die Bezeichnung raumbezogene Semantiken (vgl. Redepenning 2006). Es sind sinnstiftende, soziale Kommunikationselemente, die mit räumlichen, flächen- oder distanzbezogenen Bezeichnungen ausgestattet sind. Raumbezogene Semantiken können als mit verräumlichten Informationen aufgeladene Kommunikationseinheiten aufgefasst werden. Soziales wird auf Räumliches projiziert, dabei Komplexität reduziert und schließlich „Soziales" mit Hilfe von „Räumlichem" kommuniziert.

Vor dem Hintergrund dieser theoretischen Überlegungen lassen sich für Fragestellungen zur (Un-)Sicherheit und Kriminalität folgende Leitfragen formulieren:

1. Wie und in welchen sozialen Kontexten werden unsichere oder mit Kriminalität belastete Räume (als raumbezogene Semantiken) sozial hergestellt bzw. in den Vordergrund gestellt?
2. Wie werden raumbezogene Semantiken mit (un-)sicheren oder kriminalitätsbezogenen Eigenschaften aufgeladen und/oder wie plausibel gemacht?
3. Zu welchem Zweck und/oder für welche Zielgruppen werden raumbezogene Semantiken erzeugt?
4. Welche unterschiedlichen oder konkurrierenden räumlichen Beobachtungen von (Un-)Sicherheit und Kriminalität treten auf?
5. Wann und zu welchem Zweck werden räumliche Beobachtungsschemata von (Un-)Sicherheit und Kriminalität aktiviert und wird mit ihnen operiert?
6. Mit welchen Folgen ist eine räumliche Beobachtung von (Un-)Sicherheit und Kriminalität verbunden?
7. Welche raumbezogenen Konsequenzen (Prävention, Repression) resultieren aus raumbezogenen Beobachtungen und Semantiken?

Mit Hilfe der Leitfragen kann nun an den beiden folgenden Beispielen herausgestellt werden, wie und mit welchen Konsequenzen die Phänomene (Un-)Sicherheit und Kriminalität verräumlicht werden (bzw. als raumbezogene Semantiken aufgeladen und kommuniziert werden).

3.2 Beispiele

Beispiel 1: Räumliche Konzentration von Parallelgesellschaften

Die Existenz so genannter Parallelgesellschaften wird sehr häufig über raumbezogene Semantiken kommuniziert, beispielsweise wenn von „Ausländerghettos", „Stadtteilen mit hohem Migrantenanteil" oder „Zuwandererviertln" die Rede ist. Populäre Beispiele sind auch „China Town" oder „Little Italy" in New York. Diskurse über die räumliche Konzentration von Parallelgesellschaften lassen sich gut heranziehen, um die unterschiedlichen Beobachterpositionen auf dieses Phänomen zu analysieren. Bei der inhaltlichen Konnotation der Bezeichnung Parallelgesellschaft lassen sich sehr deutliche Unterscheidungen identifizieren, wenn man auf der einen Seite (a) politische und (medien-)öffentliche Diskurse und auf der anderen Seite (b) wissenschaftliche Diskurse in Augenschein nimmt.

a) In den vergangenen Jahren fanden in Deutschland intensive politische und (medien-)öffentliche Diskurse über die Probleme und Gefahren statt, die von der räumlichen Konzentration von Parallelgesellschaften auszugehen scheinen. Parallelgesellschaften und die Orte, an denen sie vermeintlich zu finden sind, erscheinen darin nahezu ausschließlich in einem Bedrohungskontext (z.B. als soziale Brennpunkte, Kriminalitätsschwerpunkte oder sogar „No Go-Areas").
Zum Ersten wird die Bildung und Existenz räumlich abgrenzbarer ethnischer Enklaven oder von Parallelgesellschaften als „real" unterstellt, sozialräumliche Fragmentierungen und Polarisierungen in den Städten werden dafür als Beleg herangezogen. Zum Zweiten wird die Entstehung von Delinquenz und Kriminalität fest an den Status „Zuwanderer" gekoppelt. Stadtteile mit hohen Migrantenanteilen werden so zu gefährlichen Stadtteilen und das Fremde zur existenziellen Bedrohung (vgl. die Argumentation bei Eisner 2001, S. 630 f.). Folgerichtig werden daraus Forderungen nach einer Erhöhung der formellen Kontrolle abgeleitet, z.B. eine stärkere Polizeipräsenz in Quartieren mit hohen Migrantenanteilen vorgeschlagen; oder es wird der Status einer sozialen Benachteiligung artikuliert und begründet und so die Aufnahme in ein Städtebauförderungsprogramm, z.B. Soziale Stadt, ermöglicht.

b) Diesem öffentlich-politischen Beobachtungsschema auf die räumliche Konzentration von Parallelgesellschaften kann nun eine alternative Beobachtungsposition gegenübergestellt werden: ein wissenschaftlich argumentierender Diskurs. Danach kann in den Parallelgesellschaften und auch ihrer räumlichen Konzentration eher ein positives Potenzial für die Zuwanderergruppen gesehen werden. Aus einer integrationswissenschaftlichen Perspektive wird mit den so genannten Parallelgesellschaften weit weniger Dramatisches assoziiert. So zeige ein Blick in die Vergangenheit (z.B. die großen Zuwanderungswellen in die USA oder das Ruhrgebiet), dass von den „Einwandererviertln" aufgrund ihrer integrativen Eigenschaften eher positive Aspekte ausgehen. Die soziale und räumliche Nähe der gerade Zugezogenen zu Landsleuten und die Einbindung in deren lokale Netzwerke erleichtere die Integration in die neue Lebenssituation, verbessere die sozio-ökonomische Lage und stabilisiere die Identitätsbildung (vgl. Micus/Walther 2006, S. 215). Zudem werden Anzeichen dafür festgestellt, dass in Großstädten die interethnischen Kontakte deutlich zugenommen haben (vgl. Schönwälder 2006, S. 22), also das Gegenteil von verstärkter Abschottung oder Enklavenbildung eingetreten sei (vgl. Eisner 2001, S. 19 f.). Wir haben es also hier mit einer positiv auf-geladenen Raumsemantik zu tun. Die Konstruktion „gefährlicher" Parallelgesellschaften wird aus dieser wissenschaftlichen Perspektive in der Regel als soziales Artefakt angesehen und die pauschale Annahme der Existenz räumlicher Parallelgesellschaften als falsch betrachtet und/oder deren Gefährlichkeit in Frage gestellt.

Zwei konkurrierende räumliche Beobachtungen von Parallelgesellschaften lassen sich also unterscheiden, und die verwendeten raumbezogenen Semantiken können wie folgt gekennzeichnet werden:

- Die identifizierten Parallelgesellschaften werden in beiden Fällen vorwiegend durch ein räumliches Schema beobachtet und beschrieben. Zumindest im Fall a) gelten ihre räumlichen Konzentrationen als existent (im essentialistischen Sinne).
- Die erzeugten raumbezogenen Semantiken werden unterschiedlich aufgeladen: Im ersten Fall a) als soziale Brennpunkte, die als problematisch und gefährlich kommuniziert werden. Akteure aus Medien und Politik plausibilisieren diese Aufladung. Im zweiten Fall b) als potenzialreiche, von funktionsfähigen sozialen Netzwerken durchzogene Quartiere, die in einem sehr positiven Sinne für die Zuwanderer Integrationschancen bieten. Aus historischer wie wissenschaftlicher Perspektive wird diese alternative Raumaufladung begründet.
- Im ersten Fall werden Unsicherheit und Kriminalität explizit verräumlicht. Raumbezogene Repressions- und Präventionsmaßnahmen oder städtebauliche Interventionen erscheinen sinnvoll und notwendig, u.a. wird die Auflösung dieser räumlichen Konzentrationen als eine mögliche Lösung vorgeschlagen.

Es wird gut sichtbar, dass in beiden Fällen ein Containerraum-Konzept zum Einsatz gekommen ist. Sehr komplexe soziale Phänomene, die in erster Linie mit vielfältigen Zuwanderungskontexten, gruppenspezifischen Beziehungsnetzwerken, sozio-ökonomischer Integration, dem städtischen Immobilienmarkt oder der öffentlichen Wahrnehmung zu tun haben, werden räumlich kodiert und kommuniziert. Nimmt man die massenmedial vermittelten Reaktionen auf diese beiden raumbezogenen Semantiken zur Kenntnis, so scheint die negativ assoziierte raumbezogene Semantik zumindest in der Politik und der (Medien-)Öffentlichkeit weiter verbreitet zu sein. Dass es solche Stadtviertel und solche Parallelgesellschaften „tatsächlich" gibt, wird in den Massenmedien nur vereinzelt in Zweifel gezogen.

Beispiel 2: (Un-)sichere Favelas in Rio de Janeiro

Von den brasilianischen Favelas können ebenfalls sehr unterschiedliche Raumbilder gezeichnet werden.

a) Favelas werden in sehr vielen Kontexten als unsichere Orte kommuniziert. Drogen-handel, Unsicherheit und Kriminalität begleiten seit Jahrzehnten die Diskurse um Favelas. Vor allem die Berichterstattung in den (internationalen) Massenmedien ist eine bedeutsame Quelle, über die die Gesellschaft mit Informationen zu Unsicherheit und Kriminalität in den Favelas versorgt wird. Hinzu kommen Filme wie City of God, die das Unsicherheitsthema mit den Favelas verbinden. Auch Reiseführer reproduzieren ein negatives Image (vgl. St. Louis 2006, S. 58). Die brasilianischen Favelas werden in alltagsweltlichen und politischen Kontexten als eine mit den Attributen Gewalt, Unsicherheit und Kriminalität aufgeladene raumbezogene Semantik kommuniziert. Sie sind quasi der räumliche Platzhalter für die Unsicherheit in Brasilien (vgl. Steinbrink 2013, S. 133). Kriminalität und Gewalt in den Favelas werden oft mit Armut in einen ursächlichen Zusammenhang gebracht. Kriminalitätstheorien unterstützen diese Argumentationen: Ein hohes Gewalt- und Kriminalitätsaufkommen in Armutsvierteln lässt sich beispielsweise mit deprivations- oder anomietheoretischen Ansätzen erklären. Diese sehen insbesondere in einem Auseinanderdriften der sozio-ökonomischen Entwicklungen von (Teil-)Gesellschaften und einer (wahrgenommenen) Diskrepanz zwischen den individuell unterschiedlichen Lebensbedingungen sowie differierenden Teilhabemöglichkeiten an gesellschaftlichen Entwicklungsprozessen die wesentlichen Auslöser für kriminelles Verhalten (vgl. Curi/Knijnik/Mascarenhas 2011, S. 142 ff.). Auf dieser wissenschaftlichen Argumentationsbasis lässt sich somit die Armut breiter Bevölkerungs-schichten in den Favelas als Ausgangspunkt für die Erklärung von Konflikten und Kriminalität heranziehen. Und die skizzierte, negativ aufgeladene raumbezogene Semantik erfährt durch sie weitere Plausibilität und Glaubwürdigkeit.

Im Vorfeld der beiden Großsportereignisse in Brasilien (Fußballweltmeisterschaft 2014 und Olympische Spiele 2016) sahen sich die politischen Akteure in Rio de Janeiro in der Verantwortung, etwas gegen die Verunsicherungen zu unternehmen und unsichere Orte in sichere Orte zu transformieren (vgl. Godfrey/Arguinzoni 2012, S. 23; Freeman 2012, S. 106). Die so genannten Befriedungsaktionen der Pacification Police Units (UPP) in den Favelas von Rio de Janeiro, die seit 2010 massiv durchgeführt werden, sind ein medienwirksam inszenierter Ausdruck dieser Sicherheitspolitik. Stark bewaffnete Polizei- und Militäreinheiten haben seither ca. 70 der insgesamt 1.000 Favelas in Rio de Janeiro besetzt. Ziel dieser Befriedungsaktionen sei eine Rückgewinnung der staatlichen Kontrolle über diese Gebiete (vgl. World Bank 2012, S. 12). Angesichts des ausgeprägten Negativimages der Raumsemantik Favela waren die drakonischen Präventions- und Sanktionsmaßnahmen zur Bekämpfung von Unsicherheit und Kriminalität politisch einfach durchsetzbar, (re-)produzieren aber auch dieses Unsicherheitsimage.

b) Ein völlig anderes Bild der Favela wird im Rahmen des Favela-Tourismus konstruiert. Seit Anfang der 1990er-Jahre finden geführte Touren durch Favelas in Rio de Janeiro statt, auch durch solche Favelas, die zwischenzeitlich „befriedet" wurden. Alle Reiseunternehmen und Tour Guides weisen die Touristen darauf hin, dass das Leben und der touristische Aufenthalt in den Favelas absolut sicher seien (vgl. Freire-Medeiros 2013, S. 101 f.). Sie begründen dies auf vielfältige Weise, insbesondere weil die soziale Kontrolle in den Favelas sehr hoch und die Nachbarschaften verlässlich seien (vgl. Abbildung 3). Die Unsicherheitsdiskurse, so die Argumente der Guides, seien vor allem ein Ergebnis der (inter-)nationalen Medienberichterstattung. Die Favela-Tour hat dann explizit zum Ziel, dieses falsche Bild von der Favela zu korrigieren. Die mit den Favelas verbundenen negativen Assoziationen der Touristen, dazu zählen insbesondere Armut, Stagnation, Exklusion, Unsicherheit oder Kriminalität, werden während der Favela-Tour umfassend transformiert (vgl. Burgold/Rolfes 2013, S. 166 ff.). Präsentiert werden u.a. die Lebens- und Arbeitsbedingungen der Bewohnerinnen und Bewohner, die sozialen Disparitäten in den Favelas, Kindergärten, Schulen, Bildungseinrichtungen, soziale Institutionen, Märkte, Geschäfte, lokale Sehenswürdigkeiten, Verkaufsstände mit Souvenirs (Schmuck, Bildern usw.) oder soziale und Infrastrukturprojekte. Auch Begegnungen mit Einwohnerinnen und Einwohnern werden arrangiert, z.B. in Kneipen oder Kultureinrichtungen (vgl. Rolfes 2010, S. 437 ff.). Die Touren werden von den Touristen als authentisch wahrgenommen, dort werde das „wahre Leben" gezeigt (vgl. Burgold/Rolfes 2013, S. 169).

Abbildung 3   Künstlerische Inszenierung der Lebenssituation in den Favelas an der Escalera de Selarón in Rio de Janeiro

Foto: Manfred Rolfes.

Die Touren verfehlen ihre Wirkungen bei den Touristen nicht. Die anfangs vorherrschende negative Raumsemantik wird „gelöscht". Die Favela ist nach der Tour mit positiven Assoziationen aufgeladen: Kreativität, Kultur, Gemeinschaft und Entwicklung. Die an der Tour Teilnehmenden nehmen eine neue Beobachtungsposition ein. Eine Umdefinition der raumbezogenen Semantik hat stattgefunden.

Auch bei diesem zweiten Beispiel können zwei sehr unterschiedliche raumbezogene Semantiken identifiziert werden: zunächst eine negativ aufgeladene, unsichere Raumsemantik, die medial und politisch vermittelt wird und schließlich zur Rechtfertigung von Präventions- und Repressionsmaßnahmen herangezogen wird. Unsicherheit ist ein konstituierendes Element dieser Semantik, die politisch, medial und wissenschaftlich plausibel gemacht wird. Sichtbar wird aber auch, dass es in einem touristischen Kontext gelingen kann, die Aufladung dieser Semantik zu transformieren, nämlich durch das gezielte Verweisen auf positive Aspekte der Favelas während einer Tour. Interessant ist nun, dass einzelne Merkmale dieser Negativsemantik im Rahmen des Favela-Tourismus gleichzeitig als besondere Attraktivitätsmerkmale der Favelas vermarktet werden. Vor allem vor der Befriedung waren Drogen- und Waffenhandel sowie Kriminalität latente, nicht offen kommunizierte „Produktmerkmale" einiger Favela-Touren (vgl. Rolfes 2010: S. 434 f.). Kriminalität und Unsicherheit stellten damit explizite Reize für diese touristische Form dar. Deutlich wird also eine Überlagerung beider Raumsemantiken.

4. Konsequenzen und Schlussfolgerungen

(Un-)Sicherheit und Kriminalität sind soziale Phänomene, die, wie viele andere auch, von der Gesellschaft unter Zuhilfenahme räumlicher Kategorien beobachtet werden. Wie dieser Beitrag gezeigt hat, werden raumbezogene Formate herangezogen, um die räumliche Verteilung von (Un-)Sicherheit und Kriminalität zu *visualisieren*. Darüber hinaus werden räumliche Muster und Korrelationen aber auch genutzt, um diese sozialen Phänomene selbst oder zumindest deren räumliche Differenzierungen zu erklären. Der räumliche Blick auf (Un-)Sicherheit und Kriminalität stellt der Gesellschaft offenbar hinreichend plausible Beschreibungs- und Erklärungsheuristiken zur Verfügung, um zumindest die räumlichen Dimensionen dieser sozialen Phänomene nachvollziehen zu können. Raum ist in diesem Kontext ein hilfreiches Beobachtungsschema, weil dadurch soziale Komplexität reduziert wird – und (Un-)Sicherheit und Kriminalität sind zweifellos sehr komplexe soziale Phänomene. Es ist also zu erwarten, dass bei einer Reduktion von Komplexität auf räumliche Kategorien notgedrungen Vereinfachungen auftreten. Denn Räumliches kann Soziales nicht hinreichend erklären. Soziales kann nur durch Soziales selbst nachvollziehbar gemacht werden. Die oben diskutierten raumbezogenen Semantiken über die räumliche Konzentration so genannter Parallelgesellschaften oder die Favelas machen dies deutlich: Wenn Gesellschaft soziale Phänomene im Raum beobachtet, so erzeugt sie dabei raumbezogene Semantiken, sie (re-)produziert Verräumlichungen. Mit ihnen wird dann je nach sozialem Kontext und Interesse zweckbezogen operiert. Ob Unsicherheit oder Kriminalität als relevantes Problem eines Raumes markiert wird oder ob Sicherheit als signifikantes Merkmal eines Raums aktualisiert und kommuniziert wird, hängt davon ab, inwieweit diese Räume (besser: raumbezogenen Semantiken) in einem politischen, einem (medien-)öffentlichen, einem wissenschaftlichen oder einem tourismuswirtschaftlichen Kontext eingesetzt werden und inwieweit entsprechend über sie kommuniziert wird. Beim Umgang mit Kriminalität, Sicherheit und Raum sollte also viel stärker berücksichtigt werden, welche Personen in welchen Organisationskontexten zu welchem Zweck mit welchen räumlichen Argumentationsmustern aufwarten. Scheinbar „objektive" räumliche Zustände sollten in ihrer Mehrperspektivität interpretiert und kritisch sowie partizipativ hinterfragt werden.

Der räumliche Blick auf die Phänomene (Un-)Sicherheit und Kriminalität steht häufig in enger Wechselwirkung mit raumbezogenen Kriminal-/Sicherheitspolitiken und deren Kontroll- und Sanktionsmechanismen: Wenn Räume als Beobachtungseinheiten für (Un-)Sicherheit und Kriminalität genutzt werden, dann liegt es nahe, dass auch die daran angeschlossenen präventiven oder kontrollierenden Interventionen räumlich orientiert und organisiert sind. Aus dieser raumbezogenen Logik heraus werden z.B. auf einer administrativ-räumlichen Handlungsebene entsprechende Interventionen geplant und ausgeführt.

Seit den 1990er-Jahren folgen die von der öffentlichen Hand oder der Privatwirtschaft etablierten Kriminal-/Sicherheitspolitiken vielfach einem territorialen Präventionsansatz. Sicherheit wird dadurch produziert, dass bestimmte Orte ausgewählt werden, um dort präventiv zu intervenieren. Somit werden soziale Problemlagen in bestimmten Orten beziehungsweise räumlich bearbeitet und bekämpft. Dazu zählen dann beispielsweise die Kommunalisierung der Kriminalprävention, Betretungsverbote bestimmter Straßen und Plätze für „unerwünschte" Personengruppen, die Videoüberwachung unsicherer Orte, häufigere Streifenfahrten der Polizei in unsicheren Gegenden, Aufwertungsmaßnahmen in so genannten sozial benachteiligten Stadtteilen im Rahmen des Programms „Soziale Stadt" oder die polizeilichen und militärischen Befriedungsaktionen in den Favelas von Rio de Janeiro.

Zunächst werden unsichere oder kriminalitätsgefährdete Verräumlichungen erzeugt, um dann durch Präventions- oder sicherheitspolitische Strategien in sichere Räume überführt zu werden. Die raumorientierte Perspektive auf Kriminalität und Unsicherheit reproduziert so ihre eigene Plausibilität, weil staatliche oder private Präventionsmaßnahmen auch über räumliche Interventionen operieren. Dabei kann aus den Augen geraten, dass Kriminalität und Unsicherheit ihre Ursachen nicht in erster Linie *in den Räumen* haben. Kommunale Kriminalprävention kann nicht die gesellschaftlichen und individuellen Ursachen von abweichendem Verhalten eindämmen; durch Betretungsverbote werden unerwünschte Personengruppen zwar unsichtbar(er) gemacht, aber ihre Problemlagen nicht aufgelöst; raumbezogene Videoüberwachungen und vermehrte Polizeistreifen lösen Kriminalität nicht auf, sie verdrängen sie teilweise nur; durch städtebauliche Sanierungsmaßnahmen werden in erster Linie Räume (Quartiere) physisch aufgewertet, abweichendes oder kriminelles Verhalten kann dadurch nicht maßgeblich ausgeschaltet oder die ökonomische Situation verbessert werden. Auch die Verdrängung des Drogenhandels aus einigen Favelas wird nicht zum Verschwinden des Drogenhandels führen, sie macht ihn lediglich unsichtbar (und dies vermutlich auch nur temporär).

Es stellt sich noch die Frage, warum sich die einen raumbezogenen Semantiken gesellschaftlich leichter etablieren und durchsetzen lassen als die anderen. Gerade an den präsentierten Beispielen hat sich herauskristallisiert, dass die *Erzeugung raumbezogener Semantiken* oder von *Verräumlichungen* stets mit spezifischen Interessenkonstellationen in Zusammenhang steht. Wenn es also gesellschaftlich bedeutsamen und diskursbestimmenden Interessengruppen gelingt, Unsicherheit und Kriminalität plausibel zu verorten, können dieselben Interessengruppen Einfluss darauf nehmen, auf welche Art und Weise und mit welchen Zielsetzungen Unsicherheit und Kriminalität bearbeitet, beseitigt oder bekämpft werden. Dabei wurde in den Fallbeispielen deutlich, dass oft eine Verquickung von sicherheitspolitischen und ökonomischen Interessen festzustellen ist.

Zum Beispiel haben die Verantwortlichen in Rio de Janeiro zwar stets behauptet, dass die Befriedungspolitiken in den Favelas nicht in kausalem Zusammenhang mit den beiden Sportgroßereignissen stehen. Gleichwohl sind aus Sicht zahlreicher wissenschaftlicher Beobachter (vgl. Freeman 2012; Pellacini 2011; Carvalho/Silva 2012) die image- und tourismusbezogenen sowie ökonomischen und am Immobilienmarkt orientierten Motive dieser raumbezogenen Präventions- und Repressionspolitiken unübersehbar. Sie werden als Ausdruck einer neoliberalen Handlungslogik interpretiert: Statt eine gesamtstädtische, ganzheitliche Sicherheitspolitik zu implementieren, hätten die Befriedungsmaßnahmen vor allem den Zweck, einen reibungslosen Ablauf der Fußballweltmeisterschaft 2014 und der Olympiade 2016 sicherzustellen. Sie bedienten in erster Linie die Bedürfnisse und Interessen der Bau- und Immobilienindustrie und anderer Lobbygruppen, die in den Favelas potenzielle Märkte sähen (z.B. Einzelhandel, Tourismus) (vgl. Freeman 2012, S. 121).

Städtische Sicherheitspolitik wird vielfach als Ausdruck einer neoliberalen Regierungsweise verstanden. Sie gilt als stark von ökonomischen Prinzipien inspiriert, wodurch sich schließlich auch die Repräsentation von der „unternehmerischen Stadt" (vgl. Heeg/Rosol 2007, S. 492; Harvey 1989, S. 7 ff.) etablierte. Raumbezogene Semantiken können in ihrer Eigenschaft als Beobachtungsschema und Interventionsebene somit dazu beitragen, im „Windschatten" von Sicherheits- und

Präventionsstrategien ökonomische, politische und neoliberale Interessen (mit) durchzusetzen.

Zweifelsfrei wird es auch weiterhin diese Verräumlichungen von (Un-)Sicherheit und Kriminalität geben, und die gesellschaftlichen Gruppen werden mit ihnen operieren und sich daran orientieren. Denn raumbezogene Argumentationen sind in der Alltagswelt und der Alltagssprache weit verbreitet und eingängig. Die Kenntnis der Existenz und ein Verständnis von der Funktionsweise von Räumen als gesellschaftlichen Konstrukten können aber helfen, den suggestiven Effekten und manipulativen Instrumentalisierungen von Verräumlichungen zu begegnen. Erforderlich ist dazu eine höhere Sensibilität und stärkere Reflexion beim Umgang mit räumlichen Kategorien und räumlichen Argumentationen. Ein räumlicher Blick auf die Phänomene (Un-)Sicherheit und Kriminalität ist stets mit enträumlichten Informationen und Kausalitäten zu ergänzen, und die sozialen und politischen Kontexte dieses räumlichen Beobachtens sollten systematisch einbezogen werden. Das räumliche Beobachten und Erklären sozialer Phänomene (wie [Un-]Sicherheit und Kriminalität) neigt dazu, stark zu vereinfachen oder sogar zu verfälschen. Dies kann teilweise dadurch aufgelöst werden, dass sich die Produzierenden, Nutzenden und Betroffenen solcher Verräumlichungen diese Tatsache auf einer Metaebene bewusst machen und über Interesse, Wirkung und Nutzen von Verräumlichungen sprechen.

Literatur

Becker-Oehm, Sybille (2010): Die Kriminologische Regionalanalyse. Notwendige Ausgangsbasis für die Kommunale Kriminalprävention?, Bochum (Crime and Crime Policy – Kriminalität und Kriminalpolitik, Vol. 7).

Belina, Bernd, und Boris Michel (2011): Raumproduktionen. Beiträge der Radical Geography, Münster.

Burgold, Julia, und Manfred Rolfes (2013): Of voyeuristic Safari-Tours and responsible tourism with educational value: Observing moral communication slum and township tourism in Cape Town and Mumbai, in: Die Erde, H. 2 (2013), S. 161–174.

Carvalho, Fernanda Caixeta, und Flávia Damásio Silva (2012): Tourism and slums: A study about Favela Santa Marta and the role of the Pacification Police Units in Rio de Janeiro, in: Cadernos PROARQ, 19, S. 251–264.

Clages, Horst, und Elmar Zimmermann (2010): Kriminologie. Für Studium und Praxis, Hilden.

Curi, Martin, Jorge Knijnik und Gilmar Mascarenhas (2011): The Pan American Games in Rio de Janeiro 2007: Consequences of a sport mega-event on a BRIC country, in: International Review for the Sociology of Sport, H. 2 (2011), S. 140–156.

Döring, Jörg, und Tristan Thielmann (Hrsg.) (2008): Spatial Turn. Das Raumparadigma in den Kultur- und Geisteswissenschaften, Bielefeld.

Egner, Heike (2008): Gesellschaft, Mensch, Umwelt – beobachtet. Ein Beitrag zur Theorie der Geographie, Stuttgart (Erdkundliches Wissen Band 145).

Egner, Heike (2006): Autopoiesis, Form und Beobachtung – Moderne Systemtheorie und ihr möglicher Beitrag für eine Integration von Human- und Physiogeographie, in: Mitteilungen der Österreichischen Geographischen Gesellschaft, Bd. 148 (2006), S. 92–108.

Eisenhardt, Thilo (2012): Kriminalgeographie. Theoretische Konzepte und empirische Ergebnisse, Frankfurt/Main u.a.

Eisner, Manuel (2001): Kriminalität in der Stadt – Ist Desintegration das Problem?, in: Jörg-Martin Jehle (Hrsg): Raum und Kriminalität. Sicherheit in der Stadt – Migrationsprobleme, Godesberg, S. 3–23.

Freeman, Jim (2012): Neoliberal accumulation strategies and the visible hand of police pacification in Rio de Janeiro, in: Revista de Estudos Universitários, H. 1 (2012), S. 95–126.

Godfrey, Brian F., und Olivia M. Arguinzoni (2012): Regulating public space on the beach-fronts of Rio de Janeiro, in: The Geographical Review, H. 1 (2012), S. 17–34.

Freire-Medeiros, Bianca (2013): Touring Poverty, London/New York.

Goeke, Pascal (2007): Transnationale Migrationen. Post-jugoslawische Biografien in der Weltgesellschaft, Bielefeld.

Günzel, Stephan (Hrsg.) (2011): Raum: Ein interdisziplinäres Handbuch, Stuttgart.

Hard, Gerhard (2008): Der Spatial Turn, von der Geographie her beobachtet, in: Jörg Döring und Tristan Thielmann (Hrsg.): Spatial Turn. Das Raumparadigma in den Kultur- und Geisteswissenschaften, Bielefeld, S. 263–315.

Hard, Gerhard (1999): Raumfragen, in: Peter Meusburger (Hrsg.): Handlungszentrierte Sozialgeographie. Benno Werlens Entwurf in kritischer Diskussion, Stuttgart, S. 133–162.

Hard, Gerhard (1986): Der Raum – einmal systemtheoretisch gesehen, in: Geographica Helvetica, H. 2 (1986), S. 77–83.

Harvey, David (1989): From Managerialism to Entrepreneurialism: The Transformation in Urban Governance in Late Capitalism, in: Geografiska Annaler. Series B, Human Geography, H. 1 (1989), S. 3–17.

Heeg, Susanne, und Marit Rosol (2007): Neoliberale Stadtpolitik im globalen Kontext. Ein Überblick, in: PROKLA Zeitschrift für kritische Sozialwissenschaft. H. 4 (2007), S. 491–509.

Hermann, Dieter (2010): Sicherheitslage in Heidelberg 2009. Kommunale Kriminalprävention in Heidelberg. Evaluationsstudie zur Veränderung der Sicherheitslage in Heidelberg 2009, Heidelberg (Schriften zur Stadtentwicklung).

Kaschuba, Wolfgang (2004): Die Überwindung der Distanz. Zeit und Raum in der Europäischen Moderne, Frankfurt/Main.

Klüter, Helmut (1986): Raum als Element sozialer Kommunikation, Gießen (Gießener Geographische Schriften 60).

Lippuner, Roland (2005): Raum – Systeme – Praktiken. Zum Verhältnis von Alltag, Wissenschaft und Geographie, Stuttgart.

Löw, Martina (2001): Raumsoziologie, Frankfurt/Main.

Luhmann, Niklas (2008): Schriften zu Kunst und Literatur, Frankfurt/Main.

Luff, Johannes (1998a): Kriminologische Regionalanalyse. Beispiel Rosenheim, München.

Luff, Johannes (1998b): Regionalanalysen – Modeerscheinungen oder unverzichtbares Planungsinstrument. Die kriminologische Regionalanalyse Rosenheim, in: Kriminalistik, H. 12 (1998), S. 776–780.

Micus, Matthias, und Franz Walter (2006): Mangelt es an „Parallelgesellschaften"?, in: Der Bürger im Staat (Themenheft „Zuwanderung und Integration"), H. 4 (2006), S. 215–221.

Pellacini, Anna (2011): Sicherheitskonzepte im Vorfeld sportlicher Mega-Events. Eine Chance für Rio de Janeiro?, in: Zeitschrift für Außen- und Sicherheitspolitik, H. 4 (2011), S. 615–625.

Polizeipräsident in Berlin (Hrsg.) (2012a): Kriminalitätsbelastung in öffentlichen Räumen (Kriminalitätsatlas Berlin 2011), Berlin.

Polizeipräsident in Berlin (Hrsg.) (2012b): Kriminalitätsatlas 2006 bis 2011. Ein deliktischer Kurzüberblick, Berlin.

Pott, Andreas (2007): Orte des Tourismus. Eine raum- und gesellschaftstheoretische Untersuchung, Bielefeld.

Prabel, Regine (2005): Imageveränderung von sozial benachteiligten Stadtteilen, in: Manfred Rolfes und Hans-Joachim Wenzel (Hrsg.): Das Programm „Die Soziale Stadt" im Blickpunkt. Untersuchungen zu Belm-Powe/Landkreis Osnabrück, Osnabrück (OSG-Materialien 59), S. 13–112.

Redepenning, Marc (2006): Wozu Raum? Systemtheorie, critical geopolitics und raum-bezogene Semantiken, Leipzig (Beiträge zur Regionalen Geographie 62).

Rolfes, Manfred (2014): Kriminalität, Sicherheit und Raum. Humangeographische Perspektiven der Sicherheits- und Kriminalitätsforschung, Stuttgart (Sozialgeographie kompakt).

Rolfes, Manfred, und Anke Uhlenwinkel (2013): Konstruktivismus und Geographie, in: Manfred Rolfes und Anke Uhlenwinkel (Hrsg.): Metzler Handbuch 2.0. Geographieunterricht. Ein Leitfaden für Praxis und Ausbildung, Braunschweig, S. 358–365.

Rolfes, Manfred, und Jan Lorenz Wilhelm (2013): Gemeinsam für mehr Lebensqualität in Wilhelmshaven. Systemische Beratungsansätze in der Präventionsarbeit, in: forum kriminalprävention, H. 1 (2013), S. 22–31.

Rolfes, Manfred (2010): Poverty tourism: theoretical reflections and empirical findings regarding an extraordinary form of tourism, in: GeoJournal, H. 5 (2010), S. 421–442.

Rolfes, Manfred (2003): Sicherheit und Kriminalität in deutschen Städten. Über die Schwierigkeiten, ein soziales Phänomen räumlich zu fixieren, in: Berichte zur deutschen Landeskunde, H. 4 (2003), S. 329–348.

Schönwälder, Karin (2006): Bunter als die Politik behauptet. Abschottungstendenzen von Migranten werden überschätzt, in: WZB-Mitteilungen, Nr. 116 (2006), S. 20–24.

Schwind, Hans-Dieter (2013): Kriminologie. Eine praxisorientierte Einführung mit Beispielen, Heidelberg u.a.

St. Louis, Regis (2006): Rio de Janeiro – City Guide. Lonely Planet Publications, Melbourne u.a.

Steffen, Wiebke (1993): Kriminalitätsanalyse I: Dunkelfeldforschung und Kriminologische Regionalanalysen, Hilden (Lehr- und Studienbriefe Kriminologie, Heft 4).

Steinbrink, Malte (2013): Festifavelasation. Mega-Events, Slums and Strategic City-Staging – the Example of Rio de Janeiro, in: Die Erde, H. 2 (2013), S. 147–159.

Weichhart, Peter (2008): Entwicklungslinien der Sozialgeographie. Von Hans Bobek bis Benno Werlen, Stuttgart.

Wilhelm, Jan Lorenz (2012): Wozu Evaluation? Organisationssysteme bewerten Stadtteilförderung mit Kalkül, Potsdam (Potsdamer Geographische Praxis Bd. 2).

World Bank (2012): Bringing the state back into the favelas of Rio de Janeiro, Washington D.C.

Der Autor

Prof. Dr. Manfred Rolfes

Geb. 1960, Professor für Angewandte Humangeographie und Regionalwissenschaften, Institut für Geographie an der Universität Potsdam; Forschungs- und Projektschwerpunkte: Kriminalität, (Un-)Sicherheit und Raum; Angewandte Stadtforschung; Tourismusräume.

Foto: Karla Fritze, Universität Potsdam.

Joachim Häfele

Macht Devianz Angst? Oder: Was haben Incivilities mit sicheren Städten zu tun?

Einleitung

Überlegungen zum Einfluss von urbanen Disorder-Phänomenen (im Folgenden: Incivilities) auf die Furcht vor und Einstellungen zu Kriminalität haben in den vergangenen zwei Jahrzehnten in Wissenschaft und Praxis zunehmend an Bedeutung gewonnen. Unter Incivilities werden abweichende Handlungen wie öffentlicher Alkoholkonsum, Betteln, Prostitution oder in Gruppen herumstehende (bzw. „herumhängende") Jugendliche *(social disorder)* und Handlungsspuren wie Graffiti, Müll, Hundekot, zerstörte Telefonzellen oder Bushaltestellen sowie Erscheinungsformen physisch-materieller Verwahrlosung wie z.B. verfallene Gebäude oder Autowracks *(physical disorder)* (vgl. Skogan 1990) subsumiert. Sie können den Charakter sozial abweichender Handlungen, physisch-materieller Substrate, strafrechtlich relevanter Handlungen (z.B. Drogenhandel) und strafrechtlich nicht relevanter, aber teilweise als Ordnungswidrigkeit[1] definierter Handlungen (z.B. öffentliches Urinieren) annehmen. Vor allem die Entstehung verschiedener Incivility-Ansätze zur Erklärung personaler Kriminalitätsfurcht und/oder Kriminalität seit Mitte der 1970er-Jahre sorgte für wachsendes Interesse in unterschiedlichen sozialwissenschaftlichen Disziplinen, wie der Soziologie, Kriminologie, Sozialpsychologie, den Rechtswissenschaften und der Politologie. Gemeinsam ist diesen Ansätzen die zentrale Annahme, dass das Auftreten bzw. ein Anstieg von Incivilities im urbanen Raum zur Entstehung bzw. einem Anstieg kriminalitätsbezogener Unsicherheitsgefühle (Kriminalitätsfurcht) führt. Globale Aufmerksamkeit erreichte diese Annahme insbesondere durch den *Broken-Windows*-Aufsatz von Wilson und Kelling (1982), der bereits kurz nach seinem Erscheinen zu einem der „meistzitierten Verständigungsmedien" (Sack 1996, S. 118) einer neuen kriminalpolitischen Richtung und trotz seiner populärwissenschaftlich gehaltenen Ausführungen in kurzer Zeit auch zu einem der einflussreichsten Artikel in der Kriminologie und Kriminalsoziologie wurde (vgl. Young 1999, S. 127; Häfele 2013). Häufig unter der Bezeichnung „Soziale-Kontrolle-Ansatz" (Lewis/Salem 1986) konnte sich das Disorder-Modell in der Kriminologie und Kriminalsoziologie in den vergangenen Jahren als eines der wichtigsten theoretischen Modelle zur Erklärung personaler Kriminalitätsfurcht[2] etablieren (vgl. Häfele 2013, S. 22 ff.). Auf kriminalpolitischer Ebene kündigten die Annahmen über Incivilities als Verursacher von Kriminalitätsfurcht und Kriminalität eine Wende an, die sich seit den

---

[1] Übersichten zur behördlichen Definition von Ordnungswidrigkeiten in Hamburg finden sich bei Häfele/Sobczak (2002), Häfele/Schlepper (2006), Häfele (2006b) und Häfele (2011).
[2] In Abgrenzung zu sozialer Kriminalitätsfurcht (Einschätzung der Kriminalität als soziales Problem) bezieht sich die personale Kriminalitätsfurcht auf die Furcht, Opfer einer Gewalttat zu werden.

1980er-Jahren ununterbrochen vollzieht. Diese die Prävention von Straftaten betonende Kriminalpolitik setzt an der Herstellung von Ordnung als Grundlage innerer Sicherheit an und richtet den Fokus auf den physisch-materiellen und sozialen Zustand des Raums und die Handlungen seiner Nutzerinnen und Nutzer. Will man dieses Paradigma einer bestimmten kriminalpolitischen Phase in der Bundesrepublik zuordnen, so lässt sich diese am ehesten als „Kriminalprävention auf kommunaler Ebene" (Heinz 1997) und damit als letzte von (grob) vier Phasen der letzten vierzig Jahre in Deutschland (vgl. Walter 1999, S. 756) kennzeichnen (vgl. Übersicht 1)[3]. Die Herstellung oder Erhöhung des Sicherheitsgefühls in der Bevölkerung unter starker Bezugnahme auf *broken-windows*-theoretische Annahmen bezeichnet eine Praxis, die sich neben der Verhinderung von Kriminalität inzwischen als zentrale polizeiliche und (zunehmend auch) stadtplanerische Aufgabenstellung etabliert hat.

Übersicht 1   Hauptströmungen der Kriminalpolitik in der Bundesrepublik Deutschland seit 1960

Zeitraum	Kriminalpolitische Strömung	Theoretisches Paradigma	Schlagworte
1960er- und 70er-Jahre	Spezialpräventive Behandlung und Resozialisierung	Psychologische Theorien Sozialtherapie	Resozialisierung statt Strafe
1980er-Jahre	Diversion Vermeidung von Verurteilungen	Labeling-Ansatz (=Etikettierungsansatz)[4]	Weniger Obrigkeitsstaat
1985–1995	Täter-Opfer-Ausgleich Wiedergutmachung	Viktimologie	Schlichten statt richten
Seit 1995	Kriminalprävention auf kommunaler Ebene	Disorder-Modell Kommunitarismus Sozialkapital	Bürgersinn Eigenverantwortung Zivilgesellschaft

Quelle: Häfele (2013).

---

[3] Die anhaltend hohe politische und mediale Popularität des *Broken-Windows*-Konzepts (vgl. Wilson/Kelling 1982) ist dabei eng verknüpft mit einem ausgedehnten Diskurs um innere Unsicherheit (vgl. Sack 1995, S. 445; Sack 2003; Kreissl 2004; Birenheide 2010), der sich seit mehr als zwei Jahrzehnten auch in Deutschland einer ordnungspolitisch geprägten Rhetorik bedient (vgl. Wehrheim 2002; Siebel/Wehrheim 2003; Häfele 2003, 2011 Häfele/Schlepper 2006; Häfele/Sobczak 2002; Nissen 2003; Bauman 2000; Legnaro 1998).

[4] Innerhalb des *Labeling-Approach* wird Kriminalität verstanden als Produkt von Definition (Definitionsmacht) und Zuschreibung (Etikettierung). Kriminelle Karrieren entstehen aus dieser Perspektive insbesondere durch sekundäre Devianz (das zugeschriebene kriminelle Stigma wird verinnerlicht und schließlich der Zuschreibung entsprechend konform gehandelt).

Im vorliegenden Beitrag werden ausgewählte Ergebnisse von statistischen Mehrebenenanalysen[5] zur Überprüfung des Einflusses von Incivilities auf das wahrgenommene Viktimisierungsrisiko (subjektiv eingeschätzte Wahrscheinlichkeit, Opfer einer Straf- bzw. Gewalttat zu werden) und das kriminalitätsbezogene Unsicherheitsgefühl (Kriminalitätsfurcht) vorgestellt und diskutiert. Datengrundlage sind n = 3612 Befragte in N = 49 Hamburger Stadtteilen.

1. Theoretische und empirische Befunde

Innerhalb des Disorder-Modells werden jeweils statistisch positive Effekte von Incivilities auf die Risikoperzeption und (in der Folge) auf die Kriminalitätsfurcht vorhersagt. Erklärt werden diese Effekte zum einen dadurch, dass Incivilities einen Zusammenbruch der allgemein anerkannten moralischen Ordnung signalisieren. Ein solches Klima der Unberechenbarkeit führt dazu, dass die Bewohner ihr Viktimisierungsrisiko höher einschätzen, was zu einem Anstieg der Kriminalitätsfurcht führt (vgl. Abbildung 1). Die zweite Verbindungslinie in Abbildung 1 postuliert, dass Incivilities vorrangig als „signs of crime" (LaGrange et al. 1992) oder „signal crimes" (Innes/Fielding 2002) und damit als Zeichen einer unzureichenden informellen sozialen Kontrolle im Stadtteil interpretiert werden. Die wahrgenommene Erosion der informellen sozialen Kontrolle führt zu einem Gefühl der Macht- und Hilflosigkeit, was sich ebenfalls in einem Anstieg der Kriminalitätsfurcht niederschlägt. Mit steigender Kriminalitätsfurcht ziehen sich die Bewohner des Stadtteils, aus Angst, Opfer einer Straf- bzw. Gewalttat zu werden, sukzessive aus dem öffentlichen Raum zurück. Dieser räumliche Rückzug der Bewohner geht einher mit einem tatsächlichen Rückgang der informellen sozialen Kontrolle im Stadtteil, was in der Folge zu weiteren Incivilities und (in der Folge) zu einem weiteren Anstieg der Kriminalitätsfurcht führt.

---

5 Durch die Anwendung statistischer Mehrebenanalysen kann simultan geprüft werden, ob neben individuellen Merkmalen (z.B. Geschlecht) gleichzeitig auch Stadtteilmerkmale (z.B. Bevölkerungsdichte) Effekte auf das Sicherheitsgefühl haben.

Abbildung 1   Das Disorder-Modell

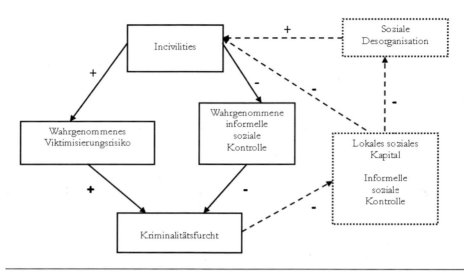

Quelle: Eigene Darstellung.

Der im Disorder-Modell (oder ähnlichen Ansätzen) postulierte positive Effekt von Incivilities auf das kriminalitätsbezogene Unsicherheitsgefühl konnte in bisher vorliegenden quantitativen Studien mehrheitlich bestätigt werden (z.B. Schneider et al. 2003; Xu et al. 2005; McCrea et al. 2005; Bals 2004; Jackson 2004; Farrall et al. 2009). Auch hinsichtlich des Zusammenhangs zwischen Incivilities und wahrgenommenem Viktimisierungsrisiko konnte für den Großteil der bisher durchgeführten Studien ein statistisch positiver Effekt nachgewiesen werden (z.B. Lewis/Salem 1986; Skogan 1990; Häfele/Lüdemann 2006; Häfele 2013; Jackson et al. 2007; Moore/Shepherd 2007), wobei die Effekte von Incivilities auf die Risikoperzeption regelmäßig stärker ausfallen als auf die Kriminalitätsfurcht (vgl. LaGrange et al. 1992; Wyant 2008; Ferguson/Mindel 2007; Nonnenmacher 2007; Jackson et al. 2007; Hirtenlehner 2008a). Mehrheitlich wurden in diesen Studien lediglich wahrgenommene Incivilities auf der Individualebene berücksichtigt. Bezogen auf den Zusammenhang zwischen subjektiv wahrgenommenen Incivilities und Kriminalitätsfurcht wurde in jüngerer Zeit jedoch immer wieder auf das Problem einer bestehenden Messfehlerkorrelation zwischen beiden Konstrukten hingewiesen, die auf eine tautologische Beziehung schließen lässt, d.h., bei beiden Konstrukten handelt es sich mit hoher Wahrscheinlichkeit um ähnliche oder verwandte soziale Kognitionen (vgl. Oberwittler 2008, S. 218). Wie bereits Garofalo und Laub (1978) postulierten, konnten entsprechende Studien zeigen, dass Befragte, deren Kriminalitätsfurcht höher war, mehr Incivilities berichteten (vgl. Covington/Taylor 1991; Boers/Kurtz 1997; Robinson et al. 2003; Taylor 2001; Markowitz et al. 2001). Einen derartigen Zusammenhang konnten Eifler et al. (2009) auch für die Risikoperzeption errechnen. Weiter konnte u.a. Hirtenlehner (2008b) zeigen, dass Kriminalitätsfurcht und die Perzeption von Incivilities nicht unabhängig voneinander betrachtet werden können, sondern gemeinsam durch abstrakte (ökonomische und soziale) Unsicherheiten (ebda., S. 157 ff.) determiniert wurden. Die Interpretation eines kausalen Zusammenhangs zwischen der Wahrnehmungsebene (Incivilities) und der emotionalen bzw. Einstellungsebene (Kriminalitätsfurcht, Risikoperzeption) muss vor dem Hintergrund dieser Ergebnisse zumindest als problematisch eingestuft werden: Menschen, die eine höhere Disposition zur Kriminalitätsfurcht aufweisen (sei es aufgrund einer erhöhten Vulnerabilität oder sei es, weil diese Menschen im Allgemeinen furchtsamer, ängstlicher oder besorgter sind), nehmen entsprechend auch mehr Situationen als bedrohlich oder als Indikatoren von Kriminalität wahr (vgl. Farrall et al. 2006, 2009) und berichten mehr Incivilities bzw. interpretieren Incivilities als problematischer (vgl. Covington/Taylor 1991; Robinson et al. 2003; Taylor 2001; Markowitz et al. 2001), weil sie ihre Wohnumgebung wesentlich sensibler wahrnehmen (vgl. Hirtenlehner 2009; Eifler et al. 2009). In ihrer Gesamtheit zeigen auch die für den deutschen Sprachraum vorliegenden Ergebnisse (z.B. Boers/Kurz 1997; Hohage 2004; Sessar et al. 2004; Kury et al. 2004; Nonnenmacher 2007; Oberwittler 2008; Kury/Obergfell-Fuchs 2008; Häfele/Lüdemann 2006; Häfele 2013) ein eher widersprüchliches und den Einfluss von wahrgenommenen Incivilities auf Kriminalitätsfurcht und Kriminalitätseinstellungen deutlich relativierendes Bild (vgl. Häfele 2013, S. 53 ff.).

Nur wenige Befunde liegen bislang zum Einfluss von systematisch beobachteten und damit von der Perzeption der Bewohner unabhängigen Incivilities auf Kriminalitätsfurcht und Risikoperzeption vor (vgl. z.B. Taylor et al. 1985; Sampson/Raudenbush 1999; Hinkle/Weisburd 2008)[6], und nur selten und teilweise mit erheblichen Einschränkungen konnte dabei ein theoriekonformer Effekt nachgewiesen werden (vgl. Maxfield 1987 [zitiert in Perkins et al. 1992]; Covington/Taylor 1991; Perkins/Taylor 1996). Andere Studien konnten die Grundannahme des Disorder-Modells nicht bestätigen (vgl. Taylor et al. 1985; Taylor 1999, 1999b, 2001) bzw. stark relativieren (vgl. Perkins et al. 1992; Wyant 2008; Hinkle/Weisburd 2008). Weiter konnten häufig lediglich schwache Beziehungen zwischen wahrgenommenen und systematisch erhobenen Incivilities nachgewiesen werden (vgl. Perkins et al. 1993; Eifler et al. 2009). In lediglich zwei der bisher in Deutschland durchgeführten (Incivility-)Studien wurden neben individuellen auch Stadtteilmerkmale (z.B. Bevölkerungsdichte, Fluktuationsrate) im Rahmen von Mehrebenenanalysen berücksichtigt (vgl. Lüdemann 2005, 2006; Häfe-

---

6   In den meisten Fällen lag der Schwerpunkt dieser Studien allerdings auf dem Zusammenhang zwischen Incivilities und Kriminalität, was insofern verwundert, als der theoretisch zentrale und am Anfang des Kreislaufs stehende Zusammenhang derjenige zwischen Incivilities und Kriminalitätsfurcht bzw. Risikoperzeption ist, d.h., ohne den Nachweis dieses Zusammenhangs können auch die zeitlich nachfolgenden Prozesse (z.B. die Entstehung von Kriminalität) nicht mehr mit dem Disorder-Modell erklärt werden.

le/Lüdemann 2006; Häfele 2006a, b; Häfele 2013; Oberwittler 2008). Geht man jedoch im Sinne der sozialökologischen Theorie (vgl. Shaw/McKay 1942; Esser 1999; Friedrichs 1995) davon aus, dass nicht nur Individualmerkmale für Wahrnehmungen, Einstellungen und Handlungen von Menschen bedeutsam sind, sondern auch Merkmale des sozial- bzw. stadträumlichen Kontextes, so ist es naheliegend, Mehrebenenanalysen durchzuführen, die es erlauben, partielle Effekte von Individual- und Kontext- bzw. Stadtteilvariablen auf eine abhängige Individualvariable (Kriminalitätsfurcht) simultan zu schätzen (vgl. Oberwittler 2003, 2008; Ditton 1998; Kreft/de Leeuw 1998; Snijders/Bosker 1999; Raudenbush/Bryk 2002; Hox 2002; Langer 2004)[7].

2. Hypothesen

Bezogen auf das Disorder-Modell und in Anlehnung an bisherige empirische Befunde sowie unter Einbeziehung theoretisch relevanter Kontrollvariablen ergeben sich folgende Messhypothesen für Mehrebenenmodelle auf der Individualebene (Level 1):

Die Kriminalitätsfurcht und die Risikoperzeption einer Person sind umso höher,

- je höher die subjektive Problembelastung durch Incivilities,
- je geringer das lokale soziale Kapital (z.B. Nachbarschaftskontakte, Vertrauen zu Nachbarn),
- je höher die direkte Viktimisierung,
- je höher die indirekte Viktimisierung (Opferwerdungen Dritter, von denen man erfahren hat),
- je geringer die Anzahl wahrgenommener Polizeistreifen,
- je älter die Person ist und wenn es sich um eine Frau handelt.

Für die Kriminalitätsfurcht wird ferner vermutet, dass diese mit zunehmender Risikoperzeption im Stadtteil steigt.

Auf der Kontextebene (Level 2) lauten die entsprechenden Messhypothesen:

Die Kriminalitätsfurcht und die Risikoperzeption einer Person sind umso höher,

- je höher die Anzahl systematisch beobachteter (d.h. durch unabhängige Beobachter gemessener) Incivilities,
- je problematischer die Sozialstruktur,

---

[7] Werden statistische Modelle trotz der Möglichkeit von Kontexteffekten lediglich auf Individualebene berechnet, so besteht eine erhöhte Wahrscheinlichkeit für einen individualistischen Fehlschluss, da mögliche Kontexteffekte nicht beachtet oder, wie häufig der Fall, lediglich als Störfaktoren betrachtet werden (vgl. Häfele 2013).

- je höher die Kriminalitätsbelastung,
- je höher die Bevölkerungsdichte und
- je höher die Fluktuationsrate im Stadtteil ist.

In den folgenden Abschnitten werden Mehrebenenmodelle zur Überprüfung der vorgestellten Hypothesen berechnet.

3. Stichprobe

Die Hansestadt Hamburg besteht aus acht Bezirken, die in 104 Stadtteile unterteilt sind. Die Einwohnerzahl beträgt insgesamt rund 1,7 Millionen. Zehn der 104 Stadtteile wurden aufgrund ihrer geringen Bevölkerungszahl vom Statistischen Landesamt in Hamburg zusammengelegt. Dabei wurden je zwei benachbarte Stadtteile zu jeweils einem Stadtteil zusammengelegt, was die Anzahl der Stadtteile um fünf reduzierte. Bei diesen Stadtteilen handelt es sich um Waltershof und Finkenwerder, Altenwerder und Moorburg, Neuland und Gut Moor, Klostertor und Hammerbrook, Kleiner Grasbrook und Steinwerder[8]. Schließlich standen 98 Stadtteile als Datengrundlage zur Verfügung. Die sozialstatistischen Angaben zu diesen Stadtteilen stammen aus dem Jahr 2002 und lassen sich den Veröffentlichungen des Statistischen Landesamtes in Hamburg (Stadtteilprofile 2003) entnehmen. Da für die Elemente der fünf artifiziellen Stadtteile in der Sozialstatistik der Stadt Hamburg keine separaten Daten vorliegen, wird jeder von ihnen als ein Stadtteil behandelt.

Zur Klärung der Frage, wie viele Einheiten mindestens auf der Stadtteilebene sowie auf der Individualebene (zu befragende Personen) auszuwählen sind, findet sich in der Literatur eine 30 x 30-„Daumenregel", die die Erhebung von mindestens 30 Einheiten auf jeder Ebene fordert (vgl. Kreft/de Leeuw 2002, S. 125; Ditton 1998, S. 124). Nach Oberwittler (2008) reichen bereits 15 bis 20 Befragte aus, um robuste Schätzungen zu berechnen (vgl. Oberwittler/Wikström 2009). Simulationsstudien (vgl. Maas/Hox 2005; Mok 1995) konnten zudem zeigen, dass sich die Qualität der Parameterschätzungen in Mehrebenenmodellen im Hinblick auf ihre Effizienz sowie Erwartungstreue eher durch relativ viele Aggregate (im vorliegenden Fall Stadtteile) mit jeweils wenigen Fällen als durch wenige Aggregate mit jeweils vielen Fällen verbessern lässt. Auf Grundlage dieser Ergebnisse wurde eine geschichtete Zufallsstichprobe von 49 Stadtteilen auf der Grundlage einer PPS-Auswahl (PPS = Probability Proportional to Size) gezogen (vgl. Diekmann 1995, S. 335; Schnell et al. 1999, S. 265 f.), d.h., größere Stadtteile mit einem höheren Bevölkerungsanteil hatten auch eine höhere Wahrscheinlichkeit, gezogen zu werden. Hierzu wurden zunächst alle 98 Hamburger Stadtteile nach den beiden

---

8 Die Insel Neuwerk, die ebenfalls zu Hamburg gehört und strenggenommen als ein eigener Stadtteil von Hamburg in das Auswahl-Sample aufgenommen werden müsste, wurde aufgrund der sehr geringen Bevölkerungszahl ausgeschlossen.

theoretisch relevanten Dimensionen Sozialstruktur und Kriminalität geschichtet. Folgende Schichtungsvariablen wurden einbezogen: Prozent Sozialhilfeempfänger im Stadtteil, Prozent Arbeitslose im Stadtteil, Prozent Sozialwohnungen im Stadtteil, Prozent ausländische Bewohner im Stadtteil, Diebstahldelikte je 1.000 Einwohner im Stadtteil, Gewaltdelikte je 1.000 Einwohner im Stadtteil. Die Aggregatdaten beruhen auf der Polizeilichen Kriminalstatistik (PKS) (vgl. Landeskriminalamt Hamburg 2003) und den Angaben des Statistischen Landesamts für 2002. In Tabelle 1 sind die Streuungen und Mittelwerte der sechs Schichtungsvariablen für alle 98 Stadtteile aufgeführt[9].

Tabelle 1   Deskriptive Statistik der Schichtungsvariablen für alle 98 Stadtteile

Variablen	Minimum	Maximum	Mittelwert	Standardabweichung
% Sozialhilfeempfänger	0,4	16,5	5,88	4,05
% Arbeitslose	2,6	16,0	6,62	2,66
% Sozialwohnungen	0	71,1	13,44	14,50
% Ausländer	1,1	73,7	15,74	12,69
Diebstahlsdelikte je 1.000	15	3150	119,66	326,60
Gewaltdelikte je 1.000	0	101	6,09	12,82

Quelle: Häfele (2013).

---

[9] Auf Grundlage der Schichtungsvariablen wurde eine oblique Faktorenanalyse (Hauptkomponentenanalyse mit Faktorextraktion nach dem Kaiser-Kriterium, Oblimin-Rotation) durchgeführt. Diese ergab eine Zwei-Faktorenlösung mit einer Einfachstruktur. Alle sozialstrukturellen Variablen luden auf dem ersten Faktor „problematische Sozialstruktur" (Eigenwert: 3,14; erklärte Varianz: 52,37 Prozent), und die Kriminalitätsvariablen luden auf dem zweiten Faktor „Kriminalitätsbelastung" (Eigenwert: 1,60; erklärte Varianz: 26,69 Prozent). Beide Faktoren lassen sich eindeutig als „Kriminalität" und „Sozialstruktur" interpretieren und erklären zusammen 79 Prozent der Varianz der ausgewählten Stadtteilvariablen (die Korrelation beider Faktoren beträgt 0.21). Auf Grundlage dieser Faktoren wurden Faktorscores für alle 98 Stadtteile berechnet und für jeden Faktor fünf Schichten gebildet, sodass eine 5 x 5-Matrix entstand, aus der 49 Stadtteile entsprechend der PPS-Auswahl gezogen wurden. Die Personenstichprobe wurde aus dem Einwohnermelderegister per systematischer Zufallsauswahl für die 49 Stadtteile gezogen. Im Anschluss an zwei Nachfassaktionen lagen 3.612 verwertbare Fragebögen (Ausschöpfungsquote: 39,5 Prozent) vor. Die Zahl der verfügbaren Fragebögen pro Stadtteil ist Tabelle 2 zu entnehmen. Ein Vergleich der eingesetzten Stichprobe mit der realisierten Stichprobe konnte zeigen, dass die eingesetzte Stichprobe durch die realisierte Stichprobe gut abgebildet werden konnte. Frauen sind in der realisierten Stichprobe etwas über- und Männer unterrepräsentiert. Jüngere Personen (≤ 34) sind leicht unter-, die 45- bis 64-Jährigen dagegen leicht überrepräsentiert. Es haben weniger nicht-deutsche als deutsche Personen teilgenommen, was unter anderem an der relativ hohen Anzahl nicht mehr aktueller Adressen auf Seiten der Nicht-Deutschen lag. Der Anteil der neutralen Ausfälle liegt bei den Nicht-Deutschen mit 26,5 Prozent um das rund Achtfache höher als bei den Deutschen. Im Vergleich zum Mikrozensus für Hamburg zeigt die realisierte Stichprobe einen für Umfrageforschungen typischen Bildungsbias (vgl. Diekmann 1995), d.h., Personen mit mittlerer Reife oder Fach- und Hochschulreife sind überrepräsentiert.

4. Messung der Individual- und Kontextvariablen

Die Messung der Risikoperzeption und des kriminalitätsbezogenen (Un-)Sicherheitsgefühls (Kriminalitätsfurcht) orientierte sich an den aus der Sozialpsychologie stammenden und innerhalb der Forschungsliteratur weit verbreiteten Dimensionen affektiv, kognitiv und konativ (vgl. Skogan 1993; Boers 1991; Boers/Kurz 1997; Gabriel/Greve 2003). Die affektive Dimension stellt die personale Kriminalitätsfurcht dar, während sich die kognitive Dimension auf das subjektive Viktimisierungsrisiko bezieht. Die konative Dimension, die sich auf unterschiedliche Schutz- und Vermeidungshandlungen bezieht, wurde aufgrund der eher geringen Relevanz für das Disorder-Modell nicht in die Analyse mit einbezogen. Die Kriminalitätsfurcht wurde in Anlehnung an das sog. Standarditem durch die Frage gemessen, wie sicher oder unsicher man sich fühlt, wenn man bei Dunkelheit alleine im eigenen Stadtteil unterwegs ist (sehr sicher = 4 bis sehr unsicher = 1)[10].

Zur Erfassung der Risikoperzeption wurden die Befragten gebeten, anzugeben, für wie wahrscheinlich sie es halten, innerhalb der nächsten zwölf Monate Opfer einer Reihe von 13 vorgegebenen Delikten zu werden. Diese wurden auf drei Dimensionen eingeschätzt. Erstens wurde die Person gefragt, ob ihr diese Tatbestände in ihrem Stadtteil innerhalb der letzten zwölf Monate schon selbst passiert sind (Ja = 1; Nein = 0). Diese Frage betrifft die persönliche Viktimisierung. Zweitens wurde danach gefragt, für wie wahrscheinlich es die Person hält, dass ihr diese Tatbestände in ihrem Stadtteil in den nächsten zwölf Monaten passieren (sehr wahrscheinlich = 3 bis sehr unwahrscheinlich = 0). Diese Frage bezieht sich auf die Risikoperzeption (Tabelle 3). Drittens wurde danach gefragt, ob die befragte Person Leute kennt, denen diese Tatbestände im Stadtteil innerhalb der letzten zwölf Monate schon passiert sind (Ja = 1; Nein = 0). Hier ging es um die indirekte Viktimisierung. Für die verschiedenen Ereignisse wurden entsprechend drei additive Indizes gebildet (persönliche Viktimisierung, erwartete persönliche Viktimisierung [Risikoperzeption], indirekte Viktimisierung).

---

10 Oberwittler (2008) konnte für das Standarditem eine hohe intersubjektive Reliabilität nachweisen. Aus sozialökologischer Perspektive erscheint die Verwendung des Standarditems daher angemessen. Darüber hinaus ist durch die Verwendung dieses Items auch eine größere internationale Vergleichbarkeit der Ergebnisse möglich (vgl. Häfele 2013).

Tabelle 2 Deskriptive Statistik für das subjektiv wahrgenommene Viktimisierungsrisiko

	M	SD	TK
Wahrscheinlichkeit ... Beschädigung des Zweirads	1.13	0.787	0.644
... Diebstahl des Zweirads	1.24	0.820	0.637
... Beschädigung des Autos	1.42	0.837	0.671
... Aufbrechen des Autos	1.25	0.752	0.690
... Diebstahl des Autos	0.92	0.692	0.675
... Einbruch in die Wohnung	1.20	0.702	0.539
... von Hund gebissen zu werden	1.10	0.667	0.481
... auf der Straße ausgeraubt zu werden	0.98	0.643	0.677
... geschlagen oder verletzt zu werden	0.92	0.634	0.680
... durch Verkehrsunfall verletzt zu werden	1.26	0.651	0.494
... sexuell tätlich angegriffen zu werden	0.66	0.632	0.604
... auf der Straße sexuell belästigt zu werden	0.76	0.672	0.593
... auf der Straße angepöbelt zu werden	1.25	0.796	0.610

Cronbachs Alpha = 0.90
M = arithmetisches Mittel;
SD = Standardabweichung
TK = Trennschärfekoeffizient

Quelle: Häfele (2013).

Zur Messung der subjektiven Problembelastung durch Incivilities im Stadtteil sollten die Befragten die wahrgenommene Häufigkeit sowie die subjektive Schwere für insgesamt 30 Incivilities im Stadtteil angeben. Zunächst wurde danach gefragt, für wie schlimm Befragte eine bestimmte Incivility halten (eher schlimm = 3 bis gar nicht schlimm = 0). Anschließend wurden sie gefragt, wie oft sie diese Incivility in ihrem Stadtteil in den letzten zwölf Monaten selbst gesehen haben (sehr oft = 4 bis nie = 0). Für jede Incivility wurde ein Produkt aus Schwere x Häufigkeit gebildet. Anschließend wurden die Produkte summiert, und es ergab sich eine Produktsumme für die subjektive Problembelastung durch *physical* und *social incivilities*[11] (Cronbach's Alpha = 0.92). Eine Incivility war für eine Person nicht von subjektiver Bedeutung, wenn das Produkt für diese Incivility den Wert 0 hatte, d.h. wenn diese Incivility als gar nicht schlimm (0) eingeschätzt wurde, wenn sie nie (0) auftrat oder wenn beides der Fall war. Die Rangfolge der Mittelwerte für die subjektive Problembelastung für alle Incivilities findet sich in Tabelle 3.

---

11 Unter *social incivilities* werden abweichende Handlungen wie öffentlicher Alkoholkonsum, Betteln, Prostitution, in Gruppen herumstehende (bzw. „herumhängende") Jugendliche oder lautes Musikhören subsumiert. Zu den *physical incivilities* zählen Handlungsspuren wie Graffiti, Müll, Hundekot, zerstörte Telefonzellen oder Bushaltestellen sowie Erscheinungsformen physisch-materieller Verwahrlosung wie z.B. verfallene Gebäude oder Autowracks. Incivilities können folglich den Charakter sozial abweichender Handlungen, physisch-materieller Substrate, strafrechtlich relevanter Handlungen (z.B. Drogenhandel) und strafrechtlich nicht relevanter, aber teilweise als Ordnungswidrigkeit definierter Handlungen (z.B. öffentliches Urinieren) annehmen (vgl. Häfele 2013, S. 21 f.).

Tabelle 3   Rangfolge der subjektiven Problembelastung (Häufigkeit x Schwere)

	N	M
Hundekot	3592	6,84
zu schnell fahrende Autofahrer	3600	6,72
Abfall	3590	6,24
demolierte Telefonzellen, Briefkästen, Haltestellen	3591	4,88
Graffiti	3588	4,34
unerlaubt parkende Autos	3591	4,30
Betrunkene	3590	3,93
abgestellte Supermarkt-Einkaufswagen	3598	3,91
unerlaubt abgestellter Sperrmüll	3589	3,73
freilaufende Hunde	3590	3,63
Kampfhunde	3577	3,50
Leute, die in der Öffentlichkeit urinieren	3567	3,48
ungepflegte Grünflächen	3587	3,26
Lärm auf der Straße	3586	3,18
kaputte Sitzgelegenheiten	3573	2,92
Drogenabhängige und Drogendealer	3583	2,77
Gruppen Jugendlicher	3595	2,63
Obdachlose oder Bettler	3587	2,60
irgendwo stehen gelassene kaputte Fahrräder	3591	2,53
Leute, die Passanten anpöbeln	3587	2,52
kaputte Straßenbeleuchtung	3585	2,50
Radfahrer oder Inlineskater auf dem Gehweg	3589	2,48
leer stehende Läden, Kioske, Gaststätten	3589	2,34
weggeworfene Kondome, Spritzen oder Kanülen	3599	2,33
zur Entsorgung abgestellte Autos	3594	2,25
Aufkleber oder Zettel an Bäumen, Laternen	3584	2,22
Streitereien oder Schlägereien	3587	2,19
verlassene oder verwahrloste Wohngebäude	3588	1,92
psychisch Kranke	3544	1,15
Prostituierte	3592	0,80

Quelle: Häfele (2013).

Das lokale soziale Kapital wurde durch die Indikatoren Kontakte zu Nachbarn, soziale Kohäsion, Vertrauen zu Nachbarn (vgl. Sampson/Groves 1989; Lowenkamp et al. 2003; Sun et al. 2004) sowie durch *collective efficacy* (Einschätzung der kollektiven Wirksamkeit informeller sozialer Kontrolle) als neuere Dimension des lokalen sozialen Kapitals (vgl. Sampson/Raudenbush 1999, 2004; De Keseredy et al. 2003; Oberwittler 2003; Brown et al. 2003; Cancino 2005) gemessen. Zur Messung nachbarschaftlicher Kontakte wurden die Personen gefragt, wie oft sie in den letzten zwölf Monaten Folgendes mit Nachbarn unternommen haben (sehr oft = 4 bis nie = 0):

- (1) Sich mit Nachbarn über Ereignisse oder Probleme unterhalten; (2) gemeinsam mit Nachbarn etwas in der Freizeit unternommen; (3) Nachbarn etwas ausgeliehen.

Zur Messung des Vertrauens in Nachbarn wurden die Personen gefragt, wie sehr sie den folgenden Items zustimmen (trifft voll und ganz zu = 4 bis trifft überhaupt nicht zu = 1):

- (1) Den meisten Nachbarn hier kann man vertrauen; (2) wenn ich längere Zeit nicht da bin, bitte ich Nachbarn darum, nach meiner Wohnung zu schauen; (3) wenn es darauf ankommen würde, könnte ich mich auf meine Nachbarn verlassen.

Zur Messung der sozialen Kohäsion wurden die Personen gefragt, wie sehr sie den folgenden Items zustimmen (trifft voll und ganz zu = 4 bis trifft überhaupt nicht zu = 1):

- (1) Die Leute in meiner Nachbarschaft kenne ich größtenteils mit Namen; (2) die Leute in meiner Nachbarschaft sind bereit, sich gegenseitig zu helfen und zu unterstützen; (3) die Leute in meiner Nachbarschaft haben oft Streitigkeiten.

Collective efficacy wurde durch die Frage gemessen, für wie wahrscheinlich es Befragte halten, dass Nachbarn gemeinsam etwas unternehmen, um bestimmte Probleme im Stadtteil zu lösen. Hierzu sollten Befragte davon ausgehen, dass folgende Probleme in ihrem Stadtteil auftreten (sehr wahrscheinlich = 3 bis sehr unwahrscheinlich = 0):

- (1) Auf einer Grünfläche liegt häufig Sperrmüll herum; (2) eine Gruppe von Jugendlichen steht abends oft draußen herum und macht Lärm; (3) Wände werden immer wieder mit Graffiti besprüht.

Eine oblique Faktorenanalyse aller Items zur Messung des lokalen Sozialkapitals (Nachbarschaftskontakte, Vertrauen, Kohäsion, *collective efficacy*) führte zunächst zu einer nicht interpretierbaren Lösung ohne Einfachstruktur. Nach Entfernung des gedrehten Items „Die Leute in meiner Nachbarschaft haben oft Streitigkeiten" ergab sich jedoch eine gut interpretierbare Einfachstruktur mit drei Faktoren. Auf dem ersten Faktor luden alle Items zur Messung von Vertrauen und die ersten beiden Items zur Messung sozialer Kohäsion. Auf dem zweiten Faktor luden alle Items zur Messung von Nachbarschaftskontakten, und auf dem dritten Faktor luden alle Items zur kollektiven Wirksamkeit informeller sozialer Kontrolle. Es wurde daher ein additiver Index Vertrauen aus den drei Items zu Vertrauen und den beiden Items zur Kohäsion (Cronbach's stand. Alpha = 0.84), ein additiver Index Nachbarschaftskontakte aus den drei Items zu nachbarschaftlichen Kontakten

(Cronbach's stand. Alpha = 0.81) und ein additiver Index kollektive Wirksamkeit informeller sozialer Kontrolle aus den drei *Efficacy*-Items (Cronbach's stand. Alpha = 0.85) gebildet. Alle drei Faktoren korrelieren positiv miteinander (r = 0.26; 0.42; 0.53).

Die wahrgenommene formelle soziale Kontrolle im Stadtteil wurde mit der Frage gemessen, wie oft Befragte in den letzten zwölf Monaten die Polizei (Streifenwagen, Motorradstreifen, Fuß- oder Fahrradstreifen) in ihrem Stadtteil gesehen haben (nie = 0; 1–2 mal = 1; 3–5 mal = 2; öfter = 3; täglich = 4). Die indirekte soziale Kontrolle im Stadtteil wurde mit der Frage gemessen, wie oft sich Befragte in den letzten zwölf Monaten wegen Problemen in ihrem Stadtteil an die Polizei gewandt haben (nie = 0; 1–2 mal = 1; 3–5 mal = 2; 6–10 mal = 3; öfter = 4). Weitere Kontrollvariablen auf der Individualebene waren Alter und Geschlecht.

Die Stadtteilvariablen (Level 2) wurden den Veröffentlichungen des Statistischen Landesamtes und der polizeilichen Kriminalstatistik (PKS) für 2002 entnommen (vgl. Landeskriminalamt Hamburg 2003). Eine oblique Faktorenanalyse der folgenden Variablen ergab dabei die gleiche Einfachstruktur wie die Faktorenanalyse, die auf Grundlage der gleichen Variablen zur Schichtung aller 98 Stadtteile für die Ziehung der PPS-Stichprobe durchgeführt wurde: Prozent Arbeitslose, Prozent Sozialhilfeempfänger, Prozent Sozialwohnungen, Prozent Ausländer, Gewaltdelikte pro 1.000 Einwohner, Diebstahldelikte pro 1.000 Einwohner. Es wurden Faktorscorevariablen für die beiden extrahierten Faktoren „problematische Sozialstruktur" sowie „Kriminalitätsbelastung im Stadtteil" berechnet. Der Faktor „problematische Sozialstruktur" entspricht hinsichtlich der verwendeten Indikatoren der Variable „concentrated disadvantage" von Sampson und Raudenbush (1999) sowie Sampson et al. (1999). Ähnliche Indikatoren werden von Friedrichs und Blasius (2000) sowie Ross et al. (2001) zur Charakterisierung benachteiligter Wohngebiete oder Nachbarschaften bzw. von Oberwittler (2004) zur Messung der sozialen Benachteiligung in Stadtteilen verwendet[12]. Weitere Variablen auf der Kontextebene sind Bevölkerungsdichte (Einwohnerzahl pro km²), Fluktuation der Wohnbevölkerung im Stadtteil = [(bereinigte Zuzüge + bereinigte Wegzüge)/Bevölkerungszahl im Stadtteil] x 1.000 sowie die beobachteten Incivilities, auf deren Erhebung im folgenden Kapitel näher eingegangen wird.

---

12 Auch innerhalb der Theorie sozialer Desorganisation spielen diese Indikatoren eine wichtige kausale Rolle für die Entstehung von Kriminalität innerhalb eines Stadtteils (vgl. Sampson/Groves 1989; Martin 2002; Triplett et al. 2003; Lowenkamp et al. 2003; Kubrin/Weitzer 2003; Sun et al. 2004).

5. Systematische Beobachtung von Incivilities

Aufgrund erwartbarer Messfehlerkorrelationen zwischen Incivilities und Kriminalitätsfurcht (vgl. Oberwittler 2008, S. 218) liegt der Fokus dieser Analyse auf den systematisch beobachteten Incivilities (SBI) als unabhängiger Variable. In Anlehnung an frühere Beobachtungsstudien soll daher die Frage geklärt werden, ob systematisch beobachtete Incivilities einen unabhängigen Einfluss auf Kriminalitätsfurcht und Risikoperzeption haben. Die Messung der objektiven Verbreitung von Incivilities erfolgte im Rahmen einer verdeckt durchgeführten systematischen Beobachtung in den ausgewählten 49 Stadtteilen. Da eine Begehung der gesamten Fläche aus forschungsökonomischen Gründen nicht realisierbar war, wurden diejenigen Räume oder Orte, Straßen und Plätze für die Beobachtung ausgewählt, die für die Befragten subjektiv relevant und daher kognitiv präsent waren. Grundlage dieses Vorgehens – im Gegensatz etwa zu einem *Random-route*-Verfahren (zufällig ausgewählte Route) – war die Annahme, dass sich Bewohner eines Stadtteils innerhalb ihres alltäglichen Aktionsradius nie flächendeckend in ihrem Stadtteil bewegen, sondern nur ganz bestimmte Wege (zur Arbeit, zum Einkaufen) routinemäßig nutzen. Diese Annahme legt den Schluss nahe, dass die Bewohner bei der Häufigkeits- und Schwereeinschätzung von Incivilities an konkrete Orte im Stadtteil denken, d.h. an Orte, die innerhalb ihres Aktionsradius liegen und die sie daher im Laufe der Zeit auch selbst beobachtet haben (vgl. Häfele/Lüdemann 2006). Zur Ermittlung dieser Incivility-Hotspots wurde im Anschluss an die geschlossene Frage zur wahrgenommenen Häufigkeit und Schwereeinschätzung unterschiedlicher Incivilities folgende offene Frage gestellt: „Gibt es in Ihrem Stadtteil Straßen oder Plätze, wo besonders störende Dinge oder Verhaltensweisen sehr häufig auftreten?" Die Befragten konnten drei Orte im Stadtteil nennen. Über eine Häufigkeitsauszählung konnte der jeweils am häufigsten genannte Hotspot pro Stadtteil ermittelt werden, wodurch sich 49 Beobachtungsgebiete ergaben. Um Vergleichbarkeit zu gewährleisten, wurden alle Incivilities, die in der Bevölkerungsbefragung abgefragt wurden, als Beobachtungskategorien in das hochstrukturierte Beobachtungsschema aufgenommen. Für den Großteil der Incivilities wurde die beobachtete absolute Häufigkeit mit Hilfe von Strichlisten ermittelt. Zur Erhebung der Kategorien „beklebte Objekte" (Bäume, Straßenlaternen, Straßenschilder, Mülltonnen) und „Abfall" (Papier, weggeworfene Flaschen, Getränkedosen, Zigarettenkippen) wurden Ratingskalen mit vier Kategorien (fast nichts = 1; wenig = 2; viel = 3; fast überall = 4) verwendet. Einige Incivilities wurden anhand zusammenfassender Beobachtungskategorien wie „Vandalismus"(demolierte Telefonzellen, Briefkästen, Haltestellen, kaputte Sitzgelegenheiten) und „aggressive Personen" (Leute, die Passanten anpöbeln, Streitereien oder Schlägereien) erhoben.

5.1 Ziehung der Beobachtungsstichprobe und Datenerhebung

Bisherige Beobachtungsstudien zeigen, dass das Auftreten von *social Incivilities* von der Tageszeit (vgl. Sampson/Raudenbush 1999, 2004), der Jahreszeit, dem Wochentag und vom Wetter abhängig ist (vgl. Perkins/Taylor 1996). Um ein zeitabhängiges Auftreten von *social incivilities* zu berücksichtigen, wurden die Beobachtungen eines Hotspots zu vier Zeiten durchgeführt, wobei zwischen verschiedenen Tageszeiten (11.30 bis 15.00; 15.00 bis 18.30; 18.30 bis 22.00; 22.00 bis 24.00 Uhr) und unterschiedlichen Wochentagen (Werktag vs. Wochenende) differenziert wurde. Drei Hotspots wurden jeweils nur einmal beobachtet, da die Antworten auf die offene Frage ergaben, dass dort nur zu schnell fahrende Auto- und Motorradfahrer störten. Damit ergaben sich insgesamt 187 Beobachtungen. Da sich die Hotspots in ihrer Fläche unterschieden, variierte die Dauer der jeweiligen Beobachtung zwischen 15 und 100 Minuten (Mittelwert: 44,1 Minuten). Für jede Beobachtungsvariable wurde der Mittelwert aus den vier Beobachtungen pro Hotspot berechnet. Die Rangfolge der Mittelwerte der absoluten Häufigkeiten beobachteter Incivilities für alle 187 Beobachtungen in den 49 Hotspots ist in Tabelle 4 dargestellt. Die beiden Beobachtungskategorien „Abfall" und „beklebte Objekte" wurden mit einer vierstufigen Ratingskala (fast nichts = 1; wenig = 2; viel = 3; fast überall = 4) gemessen und tauchen daher nicht in Tabelle 4 auf. Die Mittelwerte für „Abfall" liegen bei 1,98 und für „beklebte Objekte" bei 1,59.

Um zu überprüfen, ob bzw. wie stark die Beobachtungen der einzelnen Beobachter übereinstimmen, kodierten die Beobachter anhand von Videoaufnahmen die Auftrittshäufigkeiten von 32 unterschiedlichen Incivilities. Die Auswertung ergab eine unjustierte Intraklassen-Korrelation (ICC) für Einzelmaße von 0.85 und damit einen sehr hohen Reliabilitätswert (vgl. Wirtz/Caspar 2002, S. 232). Dieser Wert indiziert, dass die Beobachter bei der unabhängigen Kodierung der einzelnen Kategorien zu sehr ähnlichen Ergebnissen kamen, und drückt eine hohe Zuverlässigkeit der Beobachtungen aus[13].

---

13 Die bivariaten Korrelationen zwischen den durch die unterschiedlichen Methoden gemessenen Incivilities betragen 0.61 für die *physical incivilities*, 0.42 für die *social incivilities* und 0.65 für alle Incivilities. Andere Studien, in denen Incivilities durch Befragung und Beobachtungen gemessen wurden, kommen zu vergleichbaren Ergebnissen (vgl. Sampson/Raudenbush 1999, S. 623; Perkins/Taylor 1996, S. 88; Perkins et al. 1992, S. 27; Taylor 1999, S. 79 ff., 2001, S. 117 f.).

Tabelle 4 Rangfolge der Mittelwerte für die absoluten Häufigkeiten beobachteter Incivilities bei 187 Beobachtungen in 49 Hotspots[14]

	M
Graffiti	48,24
Vandalismus	15,39
ungepflegte öffentliche Grünflächen	9,29
Betrunkene	3,56
Hundekot	2,41
herrenlose Fahrräder	1,37
Radfahrer, Inlineskater, Rollschuhfahrer auf dem Gehweg	0,96
leer stehende Gebäude	0,88
herumhängende Jugendliche	0,79
freilaufende Hunde	0,73
irgendwo abgestellte Supermarkteinkaufswagen	0,68
verwahrloste Wohngebäude	0,65
Obdachlose oder Bettler	0,58
unerlaubt abgestellter Sperrmüll	0,57
zu schnell fahrende Autofahrer	0,45
kaputte Straßenbeleuchtung	0,43
unerlaubt parkende Autos	0,40
Lärm auf der Straße	0,37
Drogenabhängige oder Drogendealer	0,23
Prostituierte	0,14
Leute, die urinieren	0,07
zur Entsorgung abgestellte Autos	0,06
Kampfhunde	0,06
psychisch Kranke	0,06
aggressive Personen	0,05
weggeworfene Kondome, Spritzen, Kanülen	0,03

M = arithmetisches Mittel
Quelle: Häfele (2013).

6. Ergebnisse der Mehrebenenanalyse

Um festzustellen, ob die abhängigen Variablen Kriminalitätsfurcht, Risikoperzeption und subjektive Perzeption von Incivilities signifikant zwischen den Stadtteilen variieren, wurden für die abhängigen Variablen zunächst vollständig unkonditionierte Modelle, sog. Null-Modelle (vgl. Oberwittler 2003; Hox 2002, S. 11 ff.), ohne Prädiktoren berechnet, die nur die Regressionskonstante enthalten. Die Er-

---

[14] Dargestellt sind die Mittelwerte der jeweiligen Incivility bezogen auf alle ausgewählten Stadtteile. Der Wert 48,24 ergibt sich folglich aus der Addition der Einzelsummen (je Stadtteil) von Graffitis dividiert durch 49.

gebnisse mit den Werten für die Varianzanteile auf Befragten- und Stadtteilebene, die Intraklassen-Korrelationen (ICC) sowie die Werte für die ökologischen Reliabilitäten (Lambda) sind in Tabelle 5 dargestellt. Die ICC geben den Anteil der Varianz in der abhängigen Variablen an, der durch Strukturmerkmale des Stadtteils maximal erklärt werden kann. Es zeigt sich, dass signifikante ($p < 0.001$) Varianzanteile der abhängigen Variablen (Kriminalitätsfurcht: 12 Prozent, Risikoperzeption 9 Prozent, wahrgenommene Incivilities: 18 Prozent) der Stadtteilebene zuzurechnen sind, was wiederum bedeutet, dass sozialräumliche Kontexteffekte vorliegen und Mehrebenenanalysen angebracht sind[15].

Tabelle 5 Varianzkomponenten der Nullmodelle für die abhängigen Variablen Kriminalitätsfurcht und Risikoperzeption

	Kriminalitätsfurcht	Risikoperzeption	Subjektiv wahrgenommene Incivilities
Konstante	2.69	1.10	3.36
Varianz Level-1 zwischen Befragten	0.54	0.24	2.29
Varianz Level-2 zwischen Stadtteilen	0.07 $p < 0.001$	0.02 $p < 0.001$	0.52 $p < 0.001$
ICC	0.12	0.09	0.18
λ Lambda	0.89	0.86	0.93
Deviance	7328.57	5187.64	11684.04

Quelle: Häfele (2013).

Die Werte für die kontextbezogenen Reliabilitäten λ (Lambda) für die Gesamtpopulation bezüglich der personalen Kriminalitätseinstellungen betragen 0.89 (Kriminalitätsfurcht) und 0.86 (Risikoperzeption), d.h., die Übereinstimmungen der Befragten hinsichtlich der Kriminalitätsfurcht und Risikoperzeption bezogen auf alle ausgewählten Stadtteile sind sehr hoch, was wiederum bedeutet, dass eine sehr hohe ökologische Reliabilität der Messungen vorliegt. Die Tabellen 6 und 7 enthalten die unstandardisierten Koeffizienten für Mehrebenenmodelle in Form von Random-Intercept-Modellen mit fixierten Effekten der Individualvariablen. Die Parameter werden mit dem Programm HLM 6.0 (vgl. Raudenbush et al. 2004) mit der *Restricted-maximum-likelihood*-Methode (RML) geschätzt, und es werden asymptotische Standardfehler zugrunde gelegt. Mit Ausnahme der 0-1-kodierten Prädiktoren Geschlecht und Wohnstatus (Mieter vs. Eigentümer) wurden alle Prädiktoren *grand mean* zentriert. Die erklärten Varianzen für jede Ebene werden in Relation zum jeweiligen Nullmodell berechnet. Zur Überprüfung des Zusammen-

---

15 Oberwittler (2008, S. 222) berechnete mit der gleichen Methode für Wohngebiete in Köln, Freiburg und Gemeinden des Landkreises Breisgau-Hochschwarzwald einen sozialräumlichen Varianzanteil von 18,5 Prozent für das Konstrukt Kriminalitätsfurcht (Standarditem). Studien aus dem US-amerikanischen Raum kamen auf 12 Prozent (vgl. Wyant 2008) und 11 Prozent (vgl. Taylor 1997) des sozialräumlichen Varianzanteils der Kriminalitätsfurcht.

hangs zwischen Incivilities und Risikoperzeption wurden stufenweise Regressionsanalysen durchgeführt. So kann einerseits überprüft werden, ob Incivilities auf Individual- und Stadtteilebene bei simultaner Schätzung einen unabhängigen Einfluss auf die Risikoperzeption haben. Andererseits kann überprüft werden, ob ein *Overcontrolling*-Effekt[16] bei simultaner Aufnahme beider Variablen vorliegt. Des Weiteren ist so eine Interpretation der Varianzreduktion auf Stadtteilebene durch Einführung von Individual-Prädiktoren möglich (vgl. Oberwittler 2008). In Modell 1 werden zunächst nur die Stadtteilprädiktoren aufgenommen. Modell 2 enthält zusätzlich die individuellen Prädiktoren auf Level 1. In Modell 3 wird schließlich die subjektive Problembelastung durch Incivilities aufgenommen. Die Aufnahme der Stadtteilprädiktoren führt zu einer beträchtlichen Varianzreduktion von 0.02 im vollständig unkonditionierten (Null-)Modell auf 0.0054 im konditionalen Modell 1, was einer Reduktion von 74 Prozent entspricht. Dies macht deutlich, dass ein erheblicher Anteil der Unterschiede zwischen den Stadtteilen hinsichtlich der Risikoperzeption tatsächlich auf Stadtteilunterschiede zurückzuführen ist. Der Anteil der Varianz auf Level 2 reduziert sich nach Aufnahme der individuellen Prädiktoren um ca. 86,5 Prozent gegenüber dem unkonditionierten (Null-)Modell. Gegenüber Modell 1 reduziert sich die Level-2-Varianz immerhin um weitere rund 63 Prozent, d.h., der größte Anteil der Varianzreduktion auf Level 2 wird durch die berücksichtigten Stadtteilmerkmale erklärt. Vergleicht man aber das um individuelle Merkmale erweiterte Modell mit dem Aggregatmodell, so verringert sich die Level-2-Varianz noch einmal deutlich. Auf der Stadtteilebene fällt auf, dass der in Modell 2 auf dem Zehn-Prozent-Niveau signifikante positive Effekt der systematisch beobachteten Incivilities nach Aufnahme der Incivilities auf Level 1 seine Signifikanz verliert. Die objektive Verbreitung von Incivilities im Stadtteil hat offenbar (zumindest in ihrer Gesamtheit) keinen direkten Effekt auf die Risikoperzeption[17].

Ähnlich dem Vorgehen für die Risikoperzeption wurde auch für die Kriminalitätsfurcht als abhängige Variable vorgegangen: In Modell 1 werden zunächst nur die Stadtteilprädiktoren aufgenommen. In Modell 2 werden alle individuellen Prä-

---

[16] Ein solcher Effekt würde vorliegen, wenn die subjektive Problembelastung durch Incivilities auf Level 1 dazu führt, dass die Level-2-Incivilities nicht (mehr) signifikant auf die Kriminalitätsfurcht wirken, weil der Anteil, den die Level-2-Incivilities an der Level-2-Varianz erklären können, bereits durch die (subjektiv perzipierten) Level-1-Incivilities erklärt wird. Da es sich bei subjektiv und objektiv beobachteten Incivilities zumindest um ähnliche Dimensionen handeln dürfte, besteht die Gefahr, dass sich die jeweiligen Effekte der Incivilities auf beiden Ebenen gegenseitig auspartialisieren (vgl. Häfele 2013, S. 188).

[17] Untermauert wird diese Interpretation durch Ergebnisse zu den Determinanten der subjektiven Perzeption von Incivilities, wonach die systematisch beobachteten Incivilities einen signifikanten positiven Effekt auf die subjektive Perzeption von Incivilities haben (vgl. Häfele 2013). Denkbar ist daher auch ein *Overcontrolling*-Effekt, da inhaltlich ähnliche Dimensionen simultan wirken. Die Aufnahme der Incivilities auf Level 1 führt überdies zu einer Varianzreduktion von 0.002 in Modell 2 auf 0.001 in Modell 3, was einer Reduktion der Level-2-Varianz gegenüber Modell 2 von rund 50 Prozent entspricht. Unterschiede in der Risikoperzeption zwischen den Stadtteilen lassen sich folglich wesentlich durch die subjektive Problembelastung durch Incivilities prognostizieren.

diktoren mit Ausnahme der subjektiv wahrgenommenen Incivilities und der Risikoperzeption aufgenommen. In Modell 3 wird zusätzlich die subjektive Problembelastung durch Incivilities auf der Individualebene aufgenommen. In Modell 4 wird schließlich die Risikoperzeption aufgenommen.

Hinsichtlich der Varianzkomponenten auf Stadtteilebene führt die Aufnahme der Stadtteilprädiktoren in Modell 1 zu einer Verringerung der Varianz (im Vergleich zum Nullmodell) von 0.08 auf 0.043, was einer Varianzreduktion von rund 46 Prozent entspricht. Auch zeigt sich, dass ein beträchtlicher Teil der Varianz hinsichtlich der Kriminalitätsfurcht zwischen den Stadtteilen durch tatsächliche Unterschiede zwischen den Stadtteilen erklärt wird. Die Aufnahme der individuellen Prädiktoren führt auf Stadtteilebene zu einer Varianzreduktion im Vergleich zum Nullmodell von 0.08 auf 0.038 um rund 52,5 Prozent. Im Vergleich zu Modell 1 reduziert sich damit die Level-2-Varianz nach Aufnahme der individuellen Prädiktoren nicht mehr wesentlich. Dies bedeutet, dass die Unterschiede zwischen den Stadtteilen hinsichtlich der Kriminalitätsfurcht nicht auf die in Modell 2 repräsentierten individuellen Prädiktoren der Befragten, sondern tatsächlich auf die kollektiven Merkmale der Stadtteile (jedoch nicht auf die systematisch beobachteten Incivilities!) zurückzuführen sind.

Eine Zusammenfassung der Ergebnisse zeigt nun folgendes Bild: Bezogen auf die oben aufgeführten Hypothesen lassen sich folgende Determinanten der Risikoperzeption identifizieren (Tab. 6 – Modell 3): Die Risikoperzeption einer Person ist umso höher ausgeprägt (Level 1), je höher die subjektive Problembelastung durch Incivilities, je geringer das personale Vertrauen, je höher die Anzahl der Nachbarschaftskontakte[18], je höher die direkte Viktimisierung, je höher die indirekte Viktimisierung, je niedriger das Alter der Person ist und wenn es sich um eine Frau handelt. Auf Stadtteilebene, d.h. für die berücksichtigten Stadtteilmerkmale, lassen sich keine signifikanten Effekte auf die Risikoperzeption nachweisen.

Für das kriminalitätsbezogene Unsicherheitsgefühl lassen sich folgende Determinanten identifizieren (Tab. 7 – Modell 4): Die Kriminalitätsfurcht einer Person ist umso höher ausgeprägt (Level 1), je höher die subjektive Problembelastung durch Incivilities, je geringer das personale Vertrauen, je niedriger die *collective efficacy*, je höher die indirekte Viktimisierung, je höher die Risikoperzeption, je geringer die Anzahl wahrgenommener Polizeistreifen, je älter die Person ist und wenn es sich um eine Frau handelt. Weiter ist die Kriminalitätsfurcht einer Person umso höher ausgeprägt (Level 2), je problematischer die Sozialstruktur und je niedriger die Bevölkerungsdichte im Stadtteil ist.

---

18 Dieser zunächst unerwartete positive Effekt lässt sich damit erklären, dass häufigere Kontakte zu Nachbarn einhergehen dürften mit häufigeren Gesprächen über Probleme, Incivilities oder Kriminalität im Stadtteil oder der Nachbarschaft, was zu einer erhöhten Risikoperzeption führen dürfte (vgl. Häfele 2013, S. 206).

Die Wahrnehmung von Incivilities im Stadtteil ist umso höher ausgeprägt, je geringer das personale Vertrauen, je niedriger die *collective efficacy*, je häufiger die Nachbarschaftskontakte, je höher die direkte und indirekte Viktimisierung, je höher die Risikoperzeption, je länger die Wohndauer, wenn die Person Wohnungseigentümer (im Gegensatz zu Mieter) ist, je älter die Person ist und wenn es sich um eine Frau handelt. Auf der Kontextebene ist die Wahrnehmung von Incivilities umso höher ausgeprägt, je problematischer die Sozialstruktur ist und je mehr systematisch beobachtete Incivilities (SBI) im Stadtteil vorkommen. Für alle weiteren oben aufgeführten Hypothesen („direkte Viktimisierung", „Fluktuationsrate", „Kriminalitätsbelastung (PKS)", „systematisch beobachtete Incivilities") lassen sich keine signifikanten Effekte feststellen.

Tabelle 6 Hierarchische Lineare Regression mit Effekten von individuellen und Kontextvariablen auf die Risikoperzeption im Stadtteil; Random-Intercept-Modell mit fixierten Effekten der Individualvariablen. Unstandardisierte Koeffizienten

	Modell 1			Modell 2			Modell 3		
Level-1-Prädiktoren, N = 3149 Befragte	B	std.err.	p-Wert	B	std.err.	p-Wert	B	std.err.	p-Wert
Alter[b]	—	—	—	-0.147	0.000	0.006	-0.261	0.000	0.000
Geschlecht (Frau = 0; Mann = 1)	—	—	—	-0.060	0.01	0.000	-0.049	0.013	0.000
Incivilities	—	—	—	—	—	—	0.103	0.004	0.000
Vertrauen zu Nachbarn	—	—	—	-0.088	0.019	0.000	-0.054	0.018	0.004
Nachbarschaftsaktivitäten	—	—	—	0.045	0.010	0.000	0.029	0.00	0.003
Zahl persönlicher Viktimisierungen	—	—	—	1.383	0.077	0.000	1.11	0.074	0.000
Zahl indirekter Viktimisierungen	—	—	—	0.363	0.025	0.000	0.244	0.025	0.000
Wahrgenommene formelle soziale Kontrolle	—	—	—	0.007	0.008	0.419	-0.010	0.007	0.183
collective efficacy	—	—	—	0.008	0.010	0.413	0.010	0.010	0.328
Level-2-Prädiktoren, J = 49 Stadtteile	B	std.err.	p-Wert	B	std.err.	p-Wert	B	std.err.	p-Wert
Konstante	1.106	0.013	0.000	1.124	0.013	0.000	1.112	0.012	0.000
Problematische Sozialstruktur	0.108	0.015	0.000	0.049	0.013	0.001	0.009	0.012	0.452
Bevölkerungsdichte [a]	0.005	0.000	0.139	-0.003	0.000	0.903	0.001	0.000	0.742
Fluktuationsrate im Stadtteil [a]	0.015	0.000	0.342	0.057	0.000	0.691	0.066	0.000	0.607
Kriminalitätsbelastung im Stadtteil	-0.016	0.009	0.100	-0.024	0.010	0.018	-0.026	0.010	0.015
Systematisch beobachtete Incivilities	0.099	0.044	0.031	0.068	0.037	0.075	0.052	0.033	0.123
Varianzkomponente	Parameter	Var.diff.*	p-Wert	Parameter	Var.diff.*	p-Wert	Parameter	Var.diff.**	p-Wert
Level-1	0.218	-9	—	0.157	-25	—	0.139	-11	—
Level-2	0.0054	-73	0.000	0.002	-90 (-63**)	0.000	0.001	-50 (-95*)	0.001
ICC (Nullmodell = 9%)	2,4	—	—	1,2	—	—	0,7	—	—
Deviance	3879.827	—	—	2984.366	—	—	2644.602	—	—

[a] Koeffizient (B) wurde mit 1.000 multipliziert.
[b] Koeffizient wurde mit 100 multipliziert.
* Varianzdifferenz im Vergleich zum Null-Modell (Angaben ca. in %).
** Varianzdifferenz im Vergleich zum vorigen Modell (Angaben ca. in %).

Tabelle 7: Hierarchische Lineare Regression mit Effekten von allen Incivilities auf das kriminalitätsbezogene Unsicherheitsgefühl; Random-Intercept-Modell mit fixierten Effekten der Individualvariable. Unstandardisierte Koeffizienten

	Modell 1			Modell 2			Modell 3			Modell 4		
Level-1-Prädiktoren, N = 3149 Befragte	B	std.err.	p-Wert	B	std.err	p-Wert	B	std.err	p-Wert	B	std.err	p-Wert
Alter[b]	—	—	—	-0.431	0.000	0.000	-0.276	0.000	0.003	-0.003	0.000	0.000
Geschlecht (Frau = 0; Mann = 1)	—	—	—	0.326	0.027	0.000	0.308	0.026	0.000	0.289	0.023	0.000
Incivilities	—	—	—	—	—	—	-0.148	0.007	0.000	-0.106	0.009	0.000
Vertrauen zu Nachbarn	—	—	—	0.223	0.025	0.000	0.176	0.024	0.000	0.154	0.024	0.000
Nachbarschaftsaktivitäten	—	—	—	-0.058	0.014	0.000	-0.036	0.014	0.014	-0.024	0.014	0.094
Zahl persönlicher Viktimisierungen	—	—	—	-0.619	0.152	0.000	-0.233	0.148	0.114	0.218	0.122	0.074
Zahl indirekter Viktimisierungen	—	—	—	-0.474	0.039	0.000	-0.305	0.040	0.000	-0.206	0.036	0.000
Wahrgenommene formelle soziale Kontrolle	—	—	—	0.048	0.015	0.002	0.073	0.014	0.000	0.069	0.012	0.000
collective efficacy[a]	—	—	—	0.033	0.017	0.050	0.031	0.016	0.052	0.035	0.016	0.033
Risikoperzeption	—	—	—	—	—	—	—	—	—	-0.406	0.031	0.000
Level-2-Prädiktoren, J = 49 Stadtteile	B	std.err.	p-Wert	B	std.err.	p-Wert	B	std.err	p-Wert	B	std.err	p-Wert
Konstante	2.686	0.032	0.000	2.534	0.032	0.000	2.552	0.031	0.000	2.564	0.029	0.000
Problematische Sozialstruktur	-0.200	0.041	0.000	-0.142	0.039	0.001	-0.085	0.037	0.029	-0.081	0.033	0.018
Bevölkerungsdichte[a]	0.013	0.000	0.234	0.021	0.000	0.040	0.022	0.000	0.027	0.022	0.000	0.020
Fluktuationsrate im Stadtteil[a]	0.056	0.000	0.843	0.059	0.000	0.822	0.043	0.000	0.861	0.079	0.000	0.768
Kriminalitätsbelastung im Stadtteil	0.068	0.029	0.023	0.058	0.026	0.033	0.061	0.028	0.034	0.049	0.033	0.141
Systematisch beobachtete Incivilities	0.004	0.135	0.972	0.005	0.124	0.965	0.027	0.118	0.819	0.048	0.100	0.627
Varianzkomponente	Parameter	Var.diff.*	p-Wert	Parameter	Var.diff.*	p-Wert	Parameter	Var.diff.*	p-Wert	Parameter	Var.diff.**	p-Wert
Level-1	0.543	—	—	0.667	—	—	0.409	-24	—	0.387	-5	—
Level-2	0.043	-46	0.000	0.038	-52,5	0.000	0.032	-60	0.000	0.028	-12,5	0.000
ICC (Nullmodell = 12%)	—	—	—	5,4	—	—	7,2	—	—	6,7	—	—
Deviance	6528.421	—	—	6009.777	—	—	5773.791	—	—	5613.488	—	—

[a] Koeffizient (B) wurde mit 1.000 multipliziert.
[b] Koeffizient wurde mit 100 multipliziert.
* Varianzdifferenz im Vergleich zum Null-Modell (Angaben ca. in %).
** Varianzdifferenz im Vergleich zum vorigen Modell (Angaben ca. in %).

7. Diskussion und Ausblick

Die grundlegende Annahme des Disorder-Modells lautet, dass Risikoperzeption und (in der Folge) die Kriminalitätsfurcht bei Bewohnern eines Stadtteils umso höher ausgeprägt sind, je mehr Incivilities in diesem Stadtteil vorkommen. Alle weiteren negativen Externalitäten (sinkendes lokales Sozialkapital, sinkende formelle soziale Kontrolle, Kriminalität) ergeben sich dann als Folge einer ansteigenden Kriminalitätsfurcht. Im vorliegenden Beitrag wurde im Rahmen von Mehrebenenanalysen diese erste und gleichzeitig entscheidende Stufe des Disorder-Modells empirisch überprüft.

Für die systematisch beobachteten Incivilities kann der theoretisch postulierte Effekt weder auf die Risikoperzeption noch auf die Kriminalitätsfurcht nachgewiesen werden. Werden diese jedoch separat, d.h. getrennt nach *social* und *physical incivilities* in die Modelle eingeführt, so lässt sich ein unabhängiger Effekt von den systematisch beobachteten *social incivilities* (SbsI) auf die Risikoperzeption und (auch bei Kontrolle der Risikoperzeption) auf die Kriminalitätsfurcht nachweisen (aus Platzgründen hier nicht dargestellt!). Entsprechende Mehrebenenanalysen zeigten – auch bei Kontrolle aller weiteren theoretisch relevanten Variablen (inklusive der subjektiven Problembelastung durch *social incivilities*) – signifikante positive Effekte der SbsI auf die Risikoperzeption (vgl. ausführlich: Häfele 2013). Dieses Ergebnis erscheint zunächst insofern plausibel, als abweichend handelnde Personen Unberechenbarkeit signalisieren und (in der Folge) mit Bedrohlichkeit in Beziehung gesetzt werden können, während physische Verfallserscheinungen auch altersbedingt auftreten und außerdem zu Gewöhnungseffekten führen dürften.

Eine ansteigende öffentlichkeitswirksame politische und mediale Thematisierung von abweichendem Verhalten, wie sie seit Anfang der 1990er-Jahre im Rahmen eines ausgedehnten Sicherheits- und Ordnungsdiskurses stattfindet, dürfte jedoch ein wesentlich bedeutsamerer Faktor für das Bedrohungspotenzial von *social incivilities* darstellen. Dieser häufig in direkter Anlehnung an den *Broken-Windows*-Ansatz zur Kriminalisierung von abweichenden Handlungen tendierende „politisch-publizistische Verstärkerkreislauf" (Scheerer 1978) dürfte im Sinne der Soziale-Probleme-Perspektive zu einer erhöhten Wahrnehmung bzw. Sensibilisierung und einer problematischeren Einschätzung von „unzivilisiertem Verhalten" insgesamt und infolgedessen zu einem Anstieg der Risikoperzeption und der kriminalitätsbezogenen Unsicherheitsgefühle (vgl. Lehne 1996; Dinges/Sack 2000, S. 49 f.; Dollinger 2002, S. 157; Groenemeyer 2003; Krasmann 2003; Sack 2004, S. 39 f.) sowie der praktizierten Schutz- und Vermeidehandlungen (vgl. Birenheide 2010) führen. Diese Entwicklung lässt sich auch daran erkennen, dass „Verhaltensweisen, die vor wenigen Jahrzehnten noch unhinterfragt als Ausdruck „männlichen" oder „jugendlichen" Lebensstils galten, […] heute als Gewaltdelikte wahrgenommen [werden – J.H.] und strafrechtlich relevant [sind – J.H.]" (Glasauer 2005,

S. 207). Auf gesamtgesellschaftlicher Ebene erweisen sich diese Beobachtungen anschlussfähig an den von Elias (1994, S. 407) beschriebenen „Prozess der Zivilisation", mit dessen Fortschreiten die Menschen „allmählich immer empfindlicher [werden – J.H.] gegen alles, was an Angriff erinnert". Dabei sind es nicht die abweichenden Handlungen selbst, die ängstigen, sondern vielmehr die Angst vor der möglichen eigenen Armut oder sozialen Verwahrlosung und der damit verbundenen sozialen Exklusion. Der Zusammenhang zwischen urbanen Unsicherheitsgefühlen und einer zunehmenden Problematisierung von Abweichung und Verschmutzung deutet hin auf diese psychosozialen Veränderungen in der Gefühlswelt der Menschen (vgl. Glasauer 2005). Dass solche Ängste im öffentlichen urbanen Raum gerade in Zeiten gravierender gesellschaftlicher Transformationsprozesse deutlich zunehmen, konnte Schlör (1994) exemplarisch für die Städte London, Paris und Berlin zeigen. Die Sehnsucht nach einer umfangreichen Kontrolle scheint gerade in solchen Zeiten besonders anzusteigen und die Funktionalität von Incivilities zu offenbaren, nämlich ihre Eigenschaft, als ideale Projektionsflächen unterschiedlichster Ängste dienen zu können (vgl. Sennet 1970). Entsprechend lässt sich seit längerer Zeit auf (stadt-)räumlicher Ebene beobachten, dass Kriminalität und Unsicherheit insbesondere innerhalb der politischen und medialen Berichterstattung bestimmten Räumen oder Stadtteilen zugeschrieben werden. Eine derartige Stigmatisierung auf Stadtteilebene drückt sich beispielsweise in Begriffen wie „Kriminalitätsbrennpunkt", „No-go-Area" oder „Angstraum" aus (vgl. Glasze 2007) und führt, wie es der hier nachgewiesene Effekt der problematischen Sozialstruktur auf die Perzeption und Problematisierung von Incivilities deutlich macht, gerade bezogen auf diese Räume zu einer stärkeren Sensibilisierung gegenüber Incivilities. Gleichzeitig steigt in den Städten die Anzahl „cleaner" privatisierter Räume wie Shopping-Malls und Gated Communities oder kriminal- und ordnungspolitischer Programme, die gezielt gegen die Begegnung mit dem Fremden, dem Anderen, dem Bedrohlichen oder „Unzivilisierten" organisiert werden (vgl. Bauman 2003, S. 110); denn im politischen und medialen Diskurs wird öffentlichen Räumen ganz allgemein zunehmend Unkontrollierbarkeit und Gefährlichkeit zugeschrieben (vgl. Krasmann/de Marinis 1997).

Einen weiteren Erklärungsansatz, der mit der Soziale-Probleme-Perspektive und dem Generalisierungsansatz in einem engen Zusammenhang steht, liefert Bauman (2000). Er beschreibt den Prozess, der eine ständig wachsende Furcht vor dem Fremden, dem Abweichenden oder dem abweichenden Fremden zur Folge hat, als Übertragung einer (schwer kommunizier- oder artikulierbaren) Angst vor globaler Unsicherheit und Ungewissheit auf den Bereich „privater Geschütztheit", denn „[…] reale und vermutete Bedrohungen besitzen den Vorzug, handfest, sichtbar und greifbar zu sein […]. Es verwundert nicht, wie verbreitet diese Übertragung ist; und es verwundert auch nicht, dass als Folge dessen die allgemeine Besorgnis um Schutz unter dem Schlagwort law and order das öffentliche Interesse an den Entstehungsbedingungen von Unsicherheit und Ungewissheit und die allgemeine Bereitschaft, ihnen Einhalt zu gebieten oder sie wenigstens zu verlangsamen, schrumpfen lässt" (ebenda, S. 76 f.). Die Kovariation zwischen Incivilities und Kriminalitätsfurcht erscheint so theoretisch kompatibel mit einer wesentlich allgemeineren und diffusen existenziellen Besorgnis.

Da der Ausländeranteil ein Bestandteil der Kontextvariable problematische Sozialstruktur darstellt, ist im Sinne der *Subcultural-Diversity*-Hypothese (vgl. Covington/Taylor 1991; Perkins et al. 1992) weiter anzunehmen, dass die Wahrnehmung von bzw. das Zusammenleben mit Angehörigen von fremden Kulturen Unsicherheitsgefühle erzeugt und zu stereotypen Wahrnehmungen bzw. einer erhöhten Wahrnehmung von Incivilities führt (vgl. Sampson/Raudenbush 1999, Sampson 2009; Lüdemann 2005), was einen Teil der durch die problematische Sozialstruktur vermittelten Kriminalitätsfurcht mit erklären dürfte. Empirisch konnte belegt werden, dass größere ethnische Minderheiten im Stadtteil von den Angehörigen der (weißen) Mehrheitsgesellschaft und den Institutionen sozialer Kontrolle als Bedrohung und Indiz einer mangelhaften sozialen Kontrolle interpretiert werden (vgl. Keller 2007).

Insgesamt können die vorliegenden Befunde dem Disorder-Modell nur einen sehr begrenzten Erklärungswert attestieren. Das komplexe Zusammenspiel unterschiedlicher Wirkmechanismen auf Individual- und Stadtteilebene verweist vielmehr auf die Notwendigkeit eines ebenso komplexen Erklärungsmodells, welches die Gleichzeitigkeit von Aspekten auf der gesellschaftlichen Mikro- und Makroebene berücksichtigt und einer empirischen Überprüfung zugänglich macht. Nur ein solches „integratives Modell" (Farrall et al. 2009; Jackson et al. 2007), welches zentrale Annahmen unterschiedlicher Kriminalitätsfurcht-Ansätze (z.B. Soziale-Probleme-Ansatz, Desintegrationsansatz, Disorder-Modell) mit weiteren Dimensionen (z.B. Punitivität, politische Einstellungen) kombiniert, dürfte in der Lage sein, der Komplexität kriminalitätsbezogener Unsicherheitsgefühle in einer prinzipiell verunsicherten Gesellschaft gerecht zu werden. Besondere Aufmerksamkeit sollte dabei den Determinanten der subjektiven Perzeption von Incivilities gewidmet werden; kriminalpolitische Maßnahmen zur Reduktion der Kriminalitätsfurcht dürften vor allem dann Erfolg haben, wenn ihr Fokus auf diesen Determinanten (z.B. Förderung von lokalem sozialem Kapital, Bekämpfung von Armut und sozialräumlicher Benachteiligung) liegt. Eine ausschließlich auf die Beseitigung von Incivilities zielende Kriminalpolitik erscheint daher nicht sehr erfolgversprechend (vgl. Sampson/Raudenbush 2004; Sampson 2009), zumal es sich bei vielen *social* und *physical incivilities* (z.B. Betteln, Drogenkonsum, heruntergekommene Gebäude, leerstehende Läden) um sichtbare Erscheinungsformen von Armut handelt (vgl. Häfele/Schlepper 2006; Häfele/Sobczak 2002; Häfele 2006b), denn der Verlust an sozialer Stabilität und eine damit einhergehende ökonomische Verunsicherung werden kaum mit repressiven ordnungspolitischen Mitteln gestoppt werden.

Literatur

Bals, Nadine (2004): Kriminalität als Stress – Bedingungen der Entstehung von Kriminalitätsfurcht, in: Soziale Probleme 15, S. 54–76.

Bauman, Zygmunt (2000): Die Krise der Politik. Fluch und Chance einer neuen Öffentlichkeit, Hamburg.

Bauman, Zygmunt (2003): Liquid Love: On the Frailty of Human Bonds, Cambridge.

Bilsky, Wolfgang, und Peter Wetzels (1997): On the Relationship between Criminal Victimization and Fear of Crime, in: Psychology, Crime, and Law 3, S. 309–318.

Birenheide, Almut (2010): Private Initiativen für mehr Sicherheit als Form lokaler Vergesellschaftung am Beispiel der Bürgerinitiative „Mehr Sicherheit in Großhansdorf e.V." (Dissertation Universität Hamburg, Fachbereich Sozialwissenschaften).

Birenheide, Almut, Aldo Legnaro und Sigrid Ruschmeier (2001): Sicherheit und Recht und Freiheit. Städtisches Lebensgefühl und Globalisierung, in: Criminologische Vereinigung (Hrsg.): Retro-Perspektiven der Kriminologie: Stadt—Kriminalität—Kontrolle. Freundschaftsgabe zum 70. Geburtstag von Fritz Sack, Hamburg, S. 17–57.

Boers, Klaus (1991): Kriminalitätsfurcht. Über den Entstehungszusammenhang und die Folgen eines sozialen Problems, Pfaffenweiler.

Boers, Klaus, und Peter Kurz (1997): Kriminalitätseinstellungen, soziale Milieus und sozialer Umbruch, in: Boers, K., G. Gutsche und K. Sessar (Hrsg.): Sozialer Umbruch und Kriminalität in Deutschland, Opladen, S. 178–253.

Brown, Barbara B., Douglas D. Perkins und Graham Brown (2003): Place Attachment in a Revitalizing Neighborhood: Individual and Block Levels of Analysis, in: Journal of Environmental Psychology 23, S. 259–271.

Cancino, Jeffrey M. (2005): The Utility of Social Capital and Collective Efficacy: Social Control Policy in non-Metro-politan Settings, in: Criminal Justice Policy Review 16, S. 287–318.

Covington, Jeanette, und Ralph B. Taylor (1991): Fear of Crime in Urban Residential Neighborhoods: Implications of Between- and Within-Neighborhoods Sources for Current Models, in: The Sociological Quarterly 32, S. 231–249.

DeKeseredy, Walter S., Martin D. Schwartz, Shahid Alvi und Andreas Tomaszewski (2003): Perceived Collective Efficacy, and Women's Victimization in Public Housing, in: Criminal Justice 3, S. 5–27.

Diekmann, Andreas (1995, 2002): Empirische Sozialforschung. Grundlagen, Methoden, Anwendungen, Reinbek bei Hamburg.

Dinges, Martin, und Fritz Sack (2000) (Hrsg.): Unsichere Großstädte? Vom Mittelalter bis zur Postmoderne, Konstanz.

Ditton, Hartmut (1998): Mehrebenenanalyse. Grundlagen und Anwendungen des Hierarchischen Linearen Modells, Weinheim.

Dollinger, Bernd (2002): Drogen im sozialen Kontext. Zur gegenwärtigen Konstruktion abweichenden Verhaltens, Augsburg (Bamberger Beiträge zur Sozialpädagogik und Familienforschung, Bd. 4).

Eifler, Stefanie, Daniela Thume und Rainer Schnell (2009): Unterschiede zwischen subjektiven und objektiven Messungen von Zeichen öffentlicher Ordnung, in: Weichbold, M., J. Bacher und C. Wolf (Hrsg.): Umfrageforschung. Herausforderungen und Grenzen, Wiesbaden, S. 415–441 (Sonderheft 9 der Österreichischen Zeitschrift für Soziologie).

Elias, Norbert (1994 [1939]): Über den Prozeß der Zivilisation. Soziogenetische und psychogenetische Untersuchungen. 2 Bd., 17. Auflage, Frankfurt a. M.

Esser, Hartmut (1999): Soziologie. Spezielle Grundlagen. Band 1: Situationslogik und Handeln, Frankfurt a. M.

Farrall, Stephen, Jonathan Jackson und Elisabeth Gray (2009): Social Order and the Fear of Crime in Contemporary Times, Oxford (Clarendon Studies in Criminology).

Farrall, Stephen, Jonathan Jackson und Elisabeth Gray (2006): Everyday Emotion and the Fear of Crime: Preliminary Findings from Experience and Expression in the Fear of Crime (Working Paper No. 1).

Ferguson, Kristin M., und Charles H. Mindel (2007): Modeling Fear of Crime in Dallas Neighborhoods: A Test of Social Capital Theory, in: Crime & Delinquency 53 (2), S. 322–349.

Ferraro, Kenneth F. (1995): Fear of Crime: Interpreting Victimization Risk, Albany NY.

Friedrichs, Jürgen (1995): Stadtsoziologie, Opladen.

Friedrichs, Jürgen, und Dietrich Oberwittler (2007): Soziales Kapital in Wohngebieten, in: Franzen, A., und M. Freitag (Hrsg.): Sozialkapital, S. 450–486 (Special Issue 47, Kölner Zeitschrift für Soziologie und Sozialpsychologie).

Friedrichs, Jürgen, und Jörg Blasius (2000): Leben in benachteiligten Wohngebieten, Opladen.

Gabriel, Ute, und Werner Greve (2003): The Psychology of Fear of Crime. Conceptual and Methodological Perspectives, in: British Journal of Criminology 43, S. 600–614.

Garofalo, James, und John Laub (1978): The Fear of Crime: Broadening Our Perspective, in: Victimology 3, S. 242–253.

Glasauer, Herbert (2005): Stadt und Unsicherheit. Entschlüsselungsversuche eines vertrauten Themas in stets neuen Facetten, in: Glasze, G., R. Pütz und M. Rolfes (Hrsg.): Diskurs – Stadt – Kriminalität. Städtische (Un-)Sicherheiten aus der Perspektive von Stadtforschung und kritischer Kriminalgeographie, Bielefeld, S. 203–222.

Glasze, Georg (2007): (Un-)Sicherheit und städtische Räume, in: Gebhardt, H., R. Glaser, U. Radtke und P. Reuber (Hrsg.): Geographie. Physische Geographie und Humangeographie, München, S. 880–888.

Gray, Emily, Jonathan Jackson und Stephen Farrall (2006): Reassessing the Fear of Crime: Frequencies and Correlates of Old and New Measures (Experience & Expression in the Fear of Crime Working Paper No. 1).

Groenemeyer, Axel (2003): Soziale Probleme und politische Diskurse. Konstruktionen von Kriminalpolitik in sozialen Kontexten, Bielefeld (Soziale Probleme, Gesundheit und Sozialpolitik. Materialien und Forschungsberichte, Nr. 3).

Häfele, Joachim (2013): Die Stadt, das Fremde und die Furcht vor Kriminalität, Wiesbaden.

Häfele, Joachim (2011): Kontrollierte Konsumtionslandschaften. Beobachtungen zur sicherheitsgesellschaftlichen Organisation urbaner Räume der Gegenwart, Hamburg.

Häfele, Joachim (2006a): „Incivilities" im urbanen Raum. Eine empirische Analyse in Hamburg, in: Schulte-Ostermann, K., R. S. Heinrich und V. Kesoglou (Hrsg.): Praxis, Forschung, Kooperation – Gegenwärtige Tendenzen in der Kriminologie, Frankfurt a. M.

Häfele, Joachim (2006b): „Incivilities", Kriminalität und Kriminalpolitik. Aktuelle Tendenzen und Forschungsergebnisse, in: Neue Kriminalpolitik, 18. Jg., Heft 3, S. 104–109.

Häfele, Joachim (2003): Urbane Räume in der Kontrollgesellschaft, in: Analyse + Kritik, Jg. 33, Ausgabe 475, 15. August 2003, S. 15–16.

Häfele, Joachim, und Christian Lüdemann (2006): „Incivilities" und Kriminalitätsfurcht im urbanen Raum. Eine Untersuchung durch Befragung und Beobachtung, in: Kriminologisches Journal, 38. Jg., Heft 4, S. 273–291.

Häfele, Joachim, und Christina Schlepper (2006): Die attraktive Stadt und ihre Feinde. Neue Trends in der Hamburger Verdrängungspraxis, in: Forum Recht 24. Jg., Heft 03/2006, S. 76–78.

Häfele, Joachim, und Olaf Sobczak (2002): Der Bahnhof als Laboratorium der Sicherheitsgesellschaft? Soziale Kontrolle und Ausschließung am Hamburger Hauptbahnhof, in: Widersprüche, Zeitschrift für sozialistische Politik im Bildungs-, Gesundheits- und Sozialbereich 86, S. 71–86.

Hale, Chris (1996): Fear of Crime: A Review of the Literature, in: International Review of Victimology 4, S. 79–150.

Heinz, Wolfgang (1997): Kriminalprävention auf kommunaler Ebene – ein Überblick, in: Landesgruppe Baden-Württemberg in der Deutschen Vereinigung für Jugendgerichte und Jugendgerichtshilfen (Hrsg.): Kriminalprävention auf kommunaler Ebene – Eine aussichtsreiche „Reform von unten" in der Kriminalpolitik? INFO 1996, Heidelberg, S. 11–57.

Heinz, Wolfgang, und Gerhard Spieß (2003): Ergebnisse der Bevölkerungsbefragung in Ravensburg/Weingarten, in: Dölling, D., T. Feltes, W. Heinz und H. Kury (Hrsg.): Kommunale Kriminalprävention – Analysen und Perspektiven, Holzkirchen, S. 141–174.

Hermann, Dieter, und Dieter Dölling (2001): Kriminalprävention und Wertorientierungen in komplexen Gesellschaften. Analysen zum Einfluss von Werten und Lebensstilen auf Delinquenz, Viktimisierungen und Kriminalitätsfurcht, Mainz.

Hinkle, Joshua C., und David Weisburd (2008): The Irony of Broken Windows Policing: A Micro-place Study of the Relationship Between Disorder, Focused Police Crackdowns and Fear of Crime, in: Journal of Criminal Justice 36, S. 503–512.

Hinz, Thomas (2009): Mehrebenenanalyse, in: Kühl, S., Strodtholz, P., Taffertshofer, A. (Hrsg.): Handbuch Methoden der Organisationsforschung. Qualitative und Quantitative Methoden, Wiesbaden, S. 648–667.

Hirtenlehner, Helmut (2009): Kriminalitätsangst – klar abgrenzbare Furcht vor Straftaten oder Projektionsfläche sozialer Unsicherheitslagen? Ein Überblick über den Forschungsstand von Kriminologie und Soziologie zur Natur kriminalitätsbezogener Unsicherheitsgefühle der Bürger, in: Journal für Rechtspolitik 17, S. 13–22.

Hirtenlehner, Helmut (2008a): Disorder, Social Anxieties and Fear of Crime. Exploring the Relationship between Incivilities and Fear of Crime with a Special Focus on Generalized Insecurities, in: Kury, H. (Hrsg.): Fear of Crime – Punitivity. New Developments in Theory and Research, Bochum, S. 127–158.

Hirtenlehner, Helmut (2008b): Unwirtlichkeit, Unterstützungserwartungen, Risikoantizipation und Kriminalitätsfurcht. Eine Prüfung der Disorder-Theorie mit österreichischen Befragungsdaten, in: Monatsschrift für Kriminologie und Strafrechtsreform 91 (2), S. 112–130.Hohage, Christoph (2004): „Incivilities" und Kriminalitätsfurcht, in: Soziale Probleme 15, S. 77–95.

Hope, Tim, und Mike Hough (1988): Area, Crime and Incivilities: A Profile from the British Crime Survey, in: Hope, T., und M. Shaw (Hrsg.): Communities and Crime Reduction, London, S. 30–47.

Hox, Joop J. (2002): Multilevel Analysis. Techniques and Applications, Mahwah.

Innes, Martin, und Nigel Fielding (2002): From Community to Communicative Policing: "Signal crimes" and the Problem of Public Reassurance, in: Sociological Research Online, http://www.socresonline.org.uk/7/2/innes.html (Zugriff: 30.10.14).

Jackson, Jonathan (2004): Experience and Expression. Social and Cultural Significance in the Fear of Crime, in: British Journal of Criminology 44, S. 946–966.

Jackson, Jonathan, Stephen Farrall und Elisabeth Gray (2007): Experience and Expression in the Fear of Crime (Working Paper No. 7), http://papers.ssrn.com/sol3/papers.cfm?abstract_id=1012397 (Zugriff: 20.06.10).

Jacobs, Jane (1961): The Death and Life of Great American Cities, New York.

Keller, Wolfgang (2007): Über den Zusammenhang zwischen fremdenfeindlichen Vorurteilen und kriminalitätsbezogener Unsicherheit, in: Sessar, K., W. Stangl und R. v. Swaaningen (Hrsg.): Großstadtängste – Anxious Cities. Untersuchungen zu Unsicherheitsgefühlen und Sicherheitspolitiken in europäischen Kommunen, Wien, Berlin, S. 155–187.

Kelling, George L., und Catherine M. Coles (1996): Fixing Broken Windows. Restoring Order and Reducing Crime in Our Communities, New York.

Kerner, Hans-Jürgen (1998): Nachdenken über New York. Vorlauf zum Wahlkampf 1998? Zur ersten Phase der vom „Spiegel" ausgelösten sicherheitspolitischen Debatte in Deutschland, in: Ortner, Helmut, Arno Pilgram und Heinz Steinert (Hrsg.): Die Null-Lösung. New Yorker „Zero-Tolerance"-Politik – das Ende der urbanen Toleranz?, Baden-Baden, S. 243–258.

Klingst, Martin (1998): Sicherheit natürlich! Aber so?, in: Ortner, Helmut, Arno Pilgram und Heinz Steinert (Hrsg.): Die Null-Lösung. New Yorker „Zero-Tolerance"-Politik – das Ende der urbanen Toleranz?, Baden-Baden, S. 173–176.

Krasmann, Susanne (2003): Die Kriminalität der Gesellschaft. Zur Gouvernmentalität der Gegenwart, Konstanz.

Krasmann, Susanne, und Pablo de Marinis (1997): Machtinterventionen im urbanen Raum, in: Kriminologisches Journal, 29. Jg., Heft 3, S. 62–185.

Kreft, Ita G., G. und Jan de Leeuw (2002 [1998]): Introducing Multilevel Modeling, London.

Kreft, Ita G., G. und Jan de Leeuw (1988): Introducing Multilevel Modeling, London.

Kreissl, R. (2004): Von der Entzauberung des Kriminellen zur sich selbst verdächtigen Gesellschaft, in: Widersprüche, 24. Jg., H. 91, S. 7–16.

Kreuter, Frauke (2002): Kriminalitätsfurcht: Messung und methodische Probleme, Leverkusen.

Kubrin, Charis E., und Ronald Weitzer (2003): New Directions in Social Disorganization Theory, in: Journal of Research in Crime and Delinquency 40, S. 374–402.

Kury, Helmut, Andrea Lichtblau, André Neumaier und Joachim Obergfell-Fuchs (2004): Zur Validität der Erfassung der Kriminalitätsfurcht, in: Soziale Probleme 15, S. 139–163.

Kury, Helmut, und Joachim Obergfell-Fuchs (2003): Kriminalitätsfurcht und ihre Ursachen. Ein komplexes und schwierig zu fassendes Phänomen, in: Der Bürger im Staat 53 (1), S. 9–18.

Kury, Helmut, und Joachim Obergfell-Fuchs (2008): Measuring the Fear of Crime. How Valid are the Results?, in: Kury, Helmut (Hrsg.): Fear of Crime – Punitivity. New Developments in Theory and Research, Bochum, S. 53–84.

LaGrange, Randy, Kenneth F. Ferraro und Michael Supancic (1992): Perceived Risk and Fear of Crime: Role of Social and Physical Incivilities, in: Journal of Research in Crime and Delinquency 29, S. 311–334.

Landeskriminalamt Hamburg (Hrsg.) (2003): Polizeiliche Kriminalstatistik 2002, Hamburg.

Langer, Wolfgang (2004): Mehrebenenanalyse. Eine Einführung für Forschung und Praxis, Wiesbaden.

Legnaro, Aldo (1998): Die Stadt, der Müll und das Fremde – plurale Sicherheit, die Politik des Urbanen und die Steuerung der Subjekte, in: Kriminologisches Journal 4, S. 262–283.

Lehne, Walter (1996): Präventionsräte, Stadtteilforen, Sicherheitspartnerschaften. Die Reorganisation des Politikfeldes „Innere Sicherheit", in: Trotha, T. von (Hrsg.): Politischer Wandel, Gesellschaft und Kriminalitätsdiskurse: Beiträge zur interdisziplinären wissenschaftlichen Kriminologie. Festschrift für Fritz Sack zum 65. Geburtstag, Baden-Baden, S. 299–319.

Lewis, Dan A., und Greta W. Salem (1986): Fear of Crime: Incivility and the Production of a Social Problem, New Brunswick NJ.

Lewis, Dan A., und Michael G. Maxfield (1980): Fear in the Neighborhoods: An Investigation of the Impact of Crime, in: Journal of Research in Crime and Delinquency 17 (2), S. 160–189.

Lowenkamp, Christopher T., Francis T. Cullen und Travis C. Pratt (2003): Replicating Sampson and Groves's Test of Social Disorganization Theory: Revisiting a Criminological Classic, in: Journal of Research in Crime and Delinquency 40, S. 351–373.

Lüdemann, Christian (2006): Kriminalitätsfurcht im urbanen Raum. Eine Mehrebenenanalyse zu individuellen und sozialräumlichen Determinanten verschiedener Dimensionen von Kriminalitätsfurcht, in: Kölner Zeitschrift für Soziologie und Sozialpsychologie 58 (2), S. 285–306.

Lüdemann, Christian (2005): Benachteiligte Wohngebiete, lokales Sozialkapital und „Disorder". Eine Mehrebenenanalyse zu den individuellen und sozialräumlichen Determinanten der Perzeption von physical und social incivilities im städtischen Raum, in: Monatsschrift für Kriminologie und Strafrechtsreform 88 (4), S. 240–256.

Maas, Cora J. M., und Joop J. Hox (2005): Sufficient Sample Sizes for Multilevel Modeling. Methodology 1, S. 86–92.

Markowitz, Fred E., Paul E. Bellair, Allen E. Liska und Jianhong Liu (2001): Extending Social Disorganization Theory: Modeling the Relationship Between Cohesion, Disorder, and Fear, in: Criminology 39 (2), S. 293–320.

Martin, David (2002): Spatial Patterns in Residential Burglary. Assessing the Effect of Neighborhood Social Capital, in: Journal of Contemporary Criminal Justice 18, S. 132–146.

McCrea, Roderick P., Shyy Tung-Kai, John Western und Robert J. Stimson (2005): Fear of Crime in Brisbane. Individual, Social and Neighborhood Factors in Perspective, in: Journal of Sociology 41, S. 7–27.

Mok, Magdalena (1995): Sample Size Requirements for 2-Level-Designs in Educational Research, in: Multilevel Modelling Newsletter 7, S. 11–15.

Moore, Simon, und Jonathan Shepherd (2007): The Elements and Prevalence of Fear, in: The British Journal of Criminology, 47 (1), S. 154–162.

Nissen, Sylke (Hrsg.) (2003): Kriminalität und Sicherheitspolitik. Analysen aus London, Paris, Berlin und New York, Opladen.

Nonnenmacher, Alexandra (2007): Eignen sich Stadtteile für den Nachweis von Kontexteffekten?, in: KZfSS – Kölner Zeitschrift für Soziologie und Sozialpsychologie, 59 (3), S. 493–511.

Obergfell-Fuchs, Joachim, und Helmut Kury (1996): Sicherheitsgefühl und Persönlichkeit, in: Monatsschrift für Kriminologie und Strafrechtsreform 2, S. 97–113.

Oberwittler, Dietrich (2004): Stadtstruktur, Freundeskreise und Delinquenz: Eine Mehrebenenanalyse zu sozialökologischen Kontexteffekten auf schwere Jugenddelinquenz, in: Oberwittler, D., und S. Karstedt (Hrsg.): Soziologie der Kriminalität. Sonderheft der Kölner Zeitschrift für Soziologie und Sozialpsychologie, S. 135–170.

Oberwittler, Dietrich (2008): Armut macht Angst. Ansätze einer sozialökologischen Interpretation der Kriminalitätsfurcht, in: Groenemeyer, Axel, und Sylvia Wieseler (Hrsg.): Soziologie sozialer Probleme und sozialer Kontrolle. Realitäten, Repräsentationen und Politik. Festschrift für Günter Albrecht, Wiesbaden, S. 215–230.

Oberwittler, Dietrich (2003): Die Messung und Qualitätskontrolle kontextbezogener Befragungsdaten mithilfe der Mehrebenenanalyse – am Beispiel des Sozialkapitals von Stadtvierteln, in: ZA-Information 53, S. 11–41.

Oberwittler, Dietrich, und Per-Olof H. Wikström (2009): Why Small Is Better: Advancing the Study of the Role of Behavioral Contexts in Crime Causation, in: Weisburd, David, Wim Bernasco und Gerben Bruinsma: Putting Crime in its Place. Units of Analysis in Geographic Criminology, New York, S. 35–59.

Perkins, Douglas D., Abraham Wandersman, Richard C. Rich und Ralph B. Taylor (1993): The Physical Environment of Street Crime: Defensible Space, Territoriality, and Incivilities, in: Journal of Environmental Psychology 13, S. 29–49.

Perkins, Douglas D., und Ralph B. Taylor (1996): Ecological Assessments of Community Disorder: Their Relationship to Fear of Crime and Theoretical Implications, in: American Journal of Community Psychology 24, S. 63–107.

Perkins, Douglas D., John Meeks und Ralph B. Taylor (1992): The Physical Environment of Street Blocks and Resident Perceptions of Crime and Disorder: Implications for Theory and Measurement, in: Journal of Environmental Psychology 12, S. 21–34.

Raudenbush, Steven W., and Anthony S. Bryk (2002): Hierarchical Linear Models. Applications and Data Analysis Methods. 2nd Edition, Thousand Oaks CA.

Raudenbush, Steven W., Anthony S. Bryk, Yuk Fai Cheong und Richard Congdon (2004): HLM 6. Hierarchical Linear and Nonlinear Modeling, Lincolnwood IL.

Robinson, Jennifer B., Brian A. Lawton, Ralph B. Taylor und Douglas D. Perkins (2003): Multilevel Longitudinal Impacts of Incivilities: Fear of Crime, Expected Safety, and Block Satisfaction, in: Journal of Quantitative Criminology 19, S. 237–274.

Ross, Catherine E., John Mirowsky und Shana Pribesh (2001): Powerlessness and the Amplification of Threat: Neighborhood Disadvantage, Disorder, and Mistrust, in: American Sociological Review 66, S. 568–591.

Sack, Fritz (2004): Wie die Kriminalpolitik dem Staat aushilft. Governing Through Crime als neue politische Strategie, in: Lautmann, R., D. Klimke und F. Sack (Hrsg.): Punitivität, in: Kriminologisches Journal, 36. Jg., 8. Beiheft, S. 30–50.

Sack, Fritz (2003): Von der Nachfrage- zur Angebotspolitik auf dem Feld der Inneren Sicherheit, in: Dahme, H. J., H. U. Otto, A. Trube und N. Wohlfahrt (Hrsg.): Soziale Arbeit für den aktivierenden Staat, Opladen, S. 249–276.

Sack, Fritz (1996): Kriminologie – populär gemacht, in: Kriminologisches Journal, 28, S. 600–614.

Sack, Fritz (1995): Prävention – Ein alter Gedanke in neuem Gewand, in: Gössner, R. (Hrsg.): Mythos Sicherheit. Der hilflose Schrei nach dem starken Staat, Baden-Baden, S. 429–456.

Sack, Fritz (1968): Neue Perspektiven der Kriminologie, in: Sack, F., und R. König: Kriminalsoziologie, Wiesbaden.

Sampson, Robert J. (2009): Disparity and Diversity in the Contemporary City: Social (Dis)order Revisited, in: The British Journal of Sociology 60 (1), S. 1–31.

Sampson, Robert J., und Steven W. Raudenbush (2004): Seeing Disorder: Neighborhood Stigma and the Social Construction of Broken Windows, in: Social Psychology Quarterly 67, S. 319–342.

Sampson, Robert J., J. D. Morenoff und F. Earls (1999): Beyond Social Capital: Spatial Dynamics of Collective Efficacy for Children, in: American Sociological Review 64, S. 633–660.

Sampson, Robert J., und Steven W. Raudenbush (1999): Systematic Observation of Public Spaces: A New Look at Disorder in Urban Neighborhoods, in: American Journal of Sociology 105 (3), S. 603–651.

Sampson, Robert J., und Byron W. Groves (1989): Community Structure and Crime: Testing Social Disorganization Theory, in: American Journal of Sociology 94, S. 774–802.

Schabdach, Michael (2009): Soziale Konstruktion des Drogenkonsums und Soziale Arbeit. Historische Dimensionen und aktuelle Entwicklungen, Wiesbaden.

Scheerer, Sebastian (1978): Der politisch-publizistische Verstärkerkreislauf. Zur Beeinflussung der Massenmedien im Prozess strafrechtlicher Normgenese, in: Kriminologisches Journal 10 (3), S. 223–227.

Schlör, Joachim (1994): Über die Rede von der Unsicherheit und ihre Gefahren. Nachrichten aus vergangenen und gegenwärtigen Großstadtnächten, in: Stadtbauwelt 122, S. 1339–1345.

Schneider, Matthew C., Tom Rowell und Veh Bezdikian (2003): The Impact of Citizen Perceptions of Community Policing on Fear of Crime: Findings From Twelve Cities, in: Police Quarterly 6, S. 363–386.

Schnell, Rainer, Paul B. Hill und Elke Esser (1999): Methoden der empirischen Sozialforschung, 6. völlig überarbeitete und erweiterte Auflage, München.

Schwarz, Norbert, Fritz Strack und Hans-Jürgen Hippler (1991): Kognitionspsychologie und Umfrageforschung: Themen und Befunde eines interdisziplinären Forschungsgebietes, in: Psychologische Rundschau 42, S. 175–186.

Sennett, Richard (1970): The Uses of Disorder: Personal Identity and City Life, New York.

Sessar, Klaus (2008): Fear of Crime or Fear of Risk? Some Considerations Resulting from Fear of Crime Studies and their Political Implications, in: Kury, H. (Hrsg.): Fear of Crime – Punitivity. New Developments in Theory and Research, Bochum, S. 25–32.

Sessar, Klaus, Heike Herrmann, Wolfgang Keller, Martin Weinrich und Ingrid Breckner (2004): INSEC – Insecurities in European Cities. Crime-Related Fear Within the Context of New Anxieties and Community-Based Crime Prevention. Final Report.

Shaw, Clifford R., und Henry D. McKay (1942): Juvenile Delinquency and Urban Areas, Chicago.

Siebel, Walter, und Jan Wehrheim (2003): Sicherheit und urbane Öffentlichkeit, in: Deutsche Zeitschrift für Kommunalwissenschaften (DfK), 42. Jg., Heft 1, S. 11–30.

Skogan, Wesley G. (1993): The Various Meanings of Fear, in: Bilsky, W., C. Pfeiffer und P. Wetzels (Hrsg.): Fear of Crime and Criminal Victimization, Stuttgart.

Skogan, Wesley G. (1990): Disorder and Decline: Crime and the Spiral of Decay in American Neighborhoods, New York.

Snijders, Tom A. B., und Roel J. Boske (1999): An Introduction to Basic and Advanced Multilevel Modeling, Newbury Park CA.

Sun, Ivan Y., Ruth A. Triplett und Randy R. Gainey (2004): Neighborhood Characteristics and Crime: A Test of Sampson and Groves' Model of Social Disorganization, in: Western Criminology Review 5, S. 1–16.

Taylor, Ralph B. (2001): Breaking Away from Broken Windows: Evidence from Baltimore Neighborhoods and the Nationwide Fight Against Crime, Grime, Fear and Decline, New York.

Taylor, Ralph B. (1999a): Crime, Grime, Fear, and Decline: A Longitudinal Look, National Institute of Justice: Research in Brief.

Taylor, Ralph B. (1999b): The Incivilities Thesis: Theory, Measurement and Policy, in: Langworthy, R. H. (Hrsg.): Measuring What Matters: Proceedings from the Policing Research Institute Meetings. U.S. Department of Justice, National Institute of Justice and Office of Community-Oriented Policing Services, Washington DC, S. 65–88.

Taylor, Ralph B., Sally A. Shumaker und Stephen D. Gottfredson (1985): Neighborhood-level Links Between Physical Features and Local Sentiments. Deterioration, Fear of Crime, and Confidence, in: Journal of Architectural Planning and Research 2, S. 261–275.

Triplett, Ruth A., Randy R. Gainey und Ivan Y. Sun (2003): Institutional Strength, Social Control, and Neighborhood Crime Rates, in: Theoretical Criminology 7, S. 439–467.

Walter, Michael (1999): J. Q. Wilsons „broken windows"-Theorie als Grundlage konzeptioneller Änderungen im Jugendkriminalrecht?, in: Feuerhelm, W., H.-D. Schwind und M. Bock (Hrsg.): Festschrift für Alexander Böhm, Berlin, S. 751–764.

Wehrheim, Jan (2002): Die überwachte Stadt. Sicherheit, Segregation und Ausgrenzung, Opladen.

Wilson, James Q., und George L. Kelling (1982): Broken Windows: The Police and Neighborhood Safety, in: Atlantic Monthly, March, S. 29–38.

Wyant, Brian R. (2008): Multilevel Impacts of Perceived Incivilities and Perceptions of Crime Risk on Fear of Crime Isolating Endogenous Impacts, in: Journal of Research in Crime and Delinquency 45, S. 39–64.

Xu, Yili, Mora L. Fiedler und Karl H. Flaming (2005): Discovering the Impact of Community Policing: The Broken Windows Thesis, Collective Efficacy, and Citizens' Judgement, in: Journal of Research in Crime and Delinquency 42, S. 147–186.

Young, J. (1999): The Exclusive Society. Social Exclusion, Crime and Difference in Late Modernity, London.

Der Autor

Dr. Joachim Häfele

Soziologe und Kriminologe, seit 2012 Wissenschaftlicher Mitarbeiter (Postdoc) an der HafenCity Universität Hamburg, Arbeitsbereich Stadt- und Regionalsoziologie.

Foto: Privat.

Beispiele aus der Praxis

Bernhard Frevel

Kooperationen für sichere Städte

Einleitung

Fragen der Sicherheit werden in den Städten als besondere Herausforderung verstanden. Die Diskussionen über lokale Sicherheit, öffentliche Ordnung und inziviles Verhalten gewannen Anfang der 1990er-Jahre an Intensität und blieben mit gelegentlichen Schwankungen der Themenschwerpunkte auf der Tagesordnung sowohl der Bürgerschaft als auch der zuständigen öffentlichen Akteure, insbesondere der Polizei und der Kommunalverwaltung. Besonderes Augenmerk wurde z.B. auf die Gewaltkriminalität im öffentlichen Raum gelegt (vgl. Kilb 2009), Drogenmissbrauch und mit diesem in Verbindung stehende Kriminalität wurden thematisiert (vgl. BZgA 2004), und auch Fragen der häuslichen Gewalt wurden als Problem der lokalen Sicherheit verstanden. Die Jugendkrawalle in der Banlieue etlicher französischer Großstädte 2005 oder die Unruhen in London 2011 lenkten den Blick auf die gewaltfördernde Wirkung von Verwahrlosung, Ausgrenzung bzw. Integrationsdefizite. Kriminalitätsbrennpunkte und Angsträume werden identifiziert und zum Thema des Sicherheitsdiskurses.

Doch nicht nur die für die Stadtbewohner besonders sicht- und erfahrbaren Probleme der Straßen- und Gewaltkriminalität, sondern auch die durch die Debatte um den internationalen Terrorismus sowie die Erfahrungen mit Extremwettern (z.B. Stürme wie Kyrill, Oder- und Elbehochwasser, Schneechaos im Münsterland) in den Blick gerückte Verletzbarkeit der Städte bringt die Sicherheitsfrage auf die Tagesordnung. Die Vulnerabilität der sogenannten kritischen Infrastruktur mit Wasser- und Energieversorgung, Internet- und Telefonnetzen sowie dem öffentlichen Verkehr rückt die urbane Sicherheit in den Fokus.

Die Bundesregierung beschreibt die Herausforderung urbaner Sicherheit in ihrem Rahmenprogramm für die „Forschung für die zivile Sicherheit" wie folgt (2012, S. 13):

„Menschen wollen sich jederzeit sowohl in ihrem engsten Lebensumfeld als auch auf dem Weg zur Arbeit oder beim Besuch einer Großveranstaltung sicher fühlen. Nicht nur die terroristischen Anschläge in Madrid (2004) und London (2005), sondern auch kriminelle Übergriffe in U- oder S-Bahnen in verschiedenen deutschen Großstädten haben das Thema urbane Sicherheit stärker in das Blickfeld von Politik, Öffentlichkeit und Medien gerückt. Städte und Gemeinden stehen vor der Herausforderung, auch in Zukunft den Schutz der Bürgerinnen und Bürger zu gewährleisten."

Und sie regt an, dass sich die Forschung mit folgenden Fragestellungen und Themenkomplexen befassen solle:

- Schutz vor Kriminalität,
- resiliente Stadt,
- Sicherheit in öffentlichen Einrichtungen,
- Sicherheit im Wohnumfeld,
- Sicherheit im öffentlichen Personennahverkehr,
- Sicherheit der Versorgung der Bevölkerung.

Viele der aktuellen Sicherheitsprobleme werden auch künftig von Bedeutung sein, doch zeichnen sich noch weitere Handlungsfelder ab, die Sicherheitsrelevanz entwickeln können.

Der *demografische Wandel* nimmt vielleicht etwas Druck aus dem Thema „Jugend(gewalt)kriminalität", doch die Fragen der Sicherheit alter Menschen vor Kriminalität (Stichworte: Betrug mit „Enkeltrick", Handtaschenraub) und im Verkehr rücken ebenso auf die Agenda wie die im Alter meist zunehmende Kriminalitätsfurcht und die damit verbundenen Erwartungen an die Sicherheitsproduktion.

Reurbanisierung und Städtewachstum sind nicht für alle Städte, aber doch für viele von Bedeutung. Die Trends der Suburbanisierung sind durchbrochen, und das Leben in der Stadt wird wieder interessanter, auch weil hier die Beschäftigungs-, Bildungs-, Kultur- und Versorgungsangebote besser sind als in den Bevölkerung verlierenden ruralen Räumen. Doch diese Reurbanisierung bietet auch Konfliktpotenziale.

Vor allem steigen die Konflikte, die durch die *Segregation* ausgelöst werden. Das Auseinanderdriften der Gesellschaft – reich und arm, integriert und nicht-integriert, im Arbeitsleben stehend und arbeitslos, unterschiedliche ethnische Gruppen – drückt sich auch räumlich aus. Suchen einerseits die besser Situierten die freiwillige Segregation (bis hin zum Wohnen in *gated communities*), werden andererseits Menschen durch erzwungene Segregation in die hoch verdichteten Wohnviertel an den sozialen (und räumlichen) Rand gedrängt. Dies erzeugt Spannungen und kriminogene Strukturen.

In der Stadt vermischen sich die *öffentlichen und halb-öffentlichen Räume*. Sie sind häufig für die diese Räume nutzenden Bürgerinnen und Bürger nicht richtig unterscheidbar, was sich z.B. in den verschiedenen Strukturen von Fußgängerzonen vs. Shopping-Zentren zeigt, und auch die Zuständigkeiten für die Sicherheitsgewährung und Raumkontrolle verwischen.

Die Breite der genannten Themen macht deutlich:

- Urbane Sicherheit ist von sehr unterschiedlichen Gefahren, Bedrohungen und Risiken betroffen.

- Für den Umgang mit diesen ist ein differenziertes Spektrum an Vorsorge-, Präventions- und Interventionsmaßnahmen erforderlich.
- In dem komplexen Feld urbaner Sicherheit ist ein breites Spektrum von öffentlichen und nicht-öffentlichen Akteuren gefordert.

1. Akteure lokaler Sicherheit: Kompetenzen und Kompetenzgrenzen

„Zuständig" für die öffentliche Sicherheit und Ordnung in den Städten sind grundsätzlich zunächst deren Ordnungsbehörden. Hier sind z.B. die Ordnungsämter mit ihrer Eingriffs- und Genehmigungsverwaltung aktiv; sie setzen vermehrt auch uniformierte Mitarbeiterinnen und Mitarbeiter im öffentlichen Raum ein, um auf Ordnungsverstöße zu reagieren oder um mit ihrer Präsenz präventiv zu wirken. Doch auch andere Fachverwaltungen sind mit ordnungsbehördlichen Aufgaben betraut, so z.B. die Feuerwehr und das Grünflächenamt. Und mittelbar wirken auch die Sozial- und Jugendämter (insbesondere mit der Jugendgerichtshilfe) oder die Ausländerämter an spezifischen Themen der Ordnungsverwaltung mit.

Die Polizei ist der zweite wichtige Akteur in diesem Feld. Mit im Wesentlichen gleichem Tenor beschreiben die Länder, die in Deutschland für die Polizei zuständig sind, deren Auftrag in den Polizeigesetzen. In Nordrhein-Westfalen heißt es, dass die Polizei die Aufgabe hat,

„Gefahren für die öffentliche Sicherheit oder Ordnung abzuwehren (Gefahrenabwehr). Sie hat im Rahmen dieser Aufgabe Straftaten zu verhüten sowie vorbeugend zu bekämpfen und die erforderlichen Vorbereitungen für die Hilfeleistung und das Handeln in Gefahrenfällen zu treffen. Sind außer in den Fällen des Satzes 2 neben der Polizei andere Behörden für die Gefahrenabwehr zuständig, hat die Polizei in eigener Zuständigkeit tätig zu werden, soweit ein Handeln der anderen Behörden nicht oder nicht rechtzeitig möglich erscheint; dies gilt insbesondere für die den Ordnungsbehörden obliegende Aufgabe, gemäß § 1 Ordnungsbehördengesetz Gefahren für die öffentliche Ordnung abzuwehren" (§ 1 Polizeigesetz des Landes Nordrhein-Westfalen [PolG NRW]).

Diese Formulierung macht deutlich, dass die Polizei als Landesinstitution einerseits unabhängig von Kommunen handelt, andererseits diese im Bereich der Gefahrenabwehr unterstützt.

Neben diesen beiden Hauptakteuren sind weitere Behörden z.B. der Länder und des Bundes für Spezialbereiche zuständig; zu nennen wäre beispielsweise die Bundespolizei mit ihrer Aufgabe im Bereich der Bahn-Sicherheit.

Im engeren Sinn mit Sicherheitsfragen sind zudem Akteure der privaten Sicherheit befasst. Einerseits sind dies die Betriebssicherheitsdienste vor allem großer Unternehmen, anderseits die Vielzahl an „Securities", die für Unternehmen, Ladeninhaber, Shopping-Mall-Betreiber oder Veranstalter von Kultur- und Sportevents Streife laufen, Kontrollen durchführen, Geld- und Werttransporte übernehmen oder Räume sichern.

Doch dieses eher klassische Bild der Sicherheitsakteure hat sich verändert, weil sich auch die Anforderungen an die Sicherheitsproduktion wandeln. Nicht mehr (nur?) der Umgang mit konkreten Gefahren steht an, sondern es gewinnt die Prävention an Bedeutung, und auch die Nachsorge (im Bereich der Kriminalität wäre dies der Opferschutz) gerät zunehmend in den Blick. Je mehr diese Aspekte betrachtet werden, desto umfassender wird nun das Feld der Sicherheitsakteure. Im Rahmen dieser Pluralisierung werden auch Wohlfahrtsverbände mit ihren Akteuren in Streetwork, Drogenberatung, Familienhilfe in Sicherheitsdiskurse und Sicherheitsproduktion eingebunden. Wenn es um Früherkennung von Devianz geht, Streitschlichtung und Wertevermittlung gefordert sind, werden Schulen und ihre Lehrkräfte, Kindergärten und Sozialeinrichtungen zu Beteiligten.

Präventionsaktivitäten schließen die Zivilgesellschaft – angefangen bei Sport- und Freizeitvereinen bis hin zu Nachbarschaften – ein. Anspruchsvereinigungen wie beispielsweise Opferschutzverbände (Weißer Ring, Kinderschutzbund etc.) oder auch der lokale Einzelhändlerbund formulieren ihre Deutung von Sicherheitsproblemen, fordern Aktivitäten und beteiligen sich an Maßnahmen. Zudem werden die Justiz, sowohl die Gerichte als auch die Staatsanwaltschaften, der Strafvollzug und die Bewährungshilfe als relevante Akteure der urbanen Sicherheit verstanden.

2. Kooperation tut not

Angesichts der Vielzahl an Akteuren in der pluralisierten Sicherheitsarchitektur und vor dem Hintergrund eines erweiterten Sicherheitsbegriffs (vgl. Daase 2012, S. 24 f.) wird schnell deutlich, dass ein Handeln im eigenen Zuständigkeitsfeld zwar weiterhin erforderlich ist, dies aber kaum hinreichend sein kann. Wichtig wird es vielmehr, dass sich die verschiedenen Betroffenen und Zuständigen über die Deutung von Sicherheitsherausforderungen austauschen (Kommunikation), dass sie verhindern, aufgrund unterschiedlicher Problemdeutungen, -priorisierungen und Handlungsweisen gegeneinander zu arbeiten (Koordination), und dass sie gegebenenfalls ihre Maßnahmen aufeinander abstimmen und gemeinsam agieren (Kooperation).

Seit den frühen 1990er-Jahren entwickeln sich in Deutschland verschiedene Kooperationsformen, die sich der interinstitutionellen Bearbeitung von Sicherheitsproblemen widmen. Aus ihnen entsteht eine eigene Steuerungsform, die Verena Schulze (2013) als „Safety and Security Governance" bezeichnet. Auf der Grundlage und Weiterentwicklung der Arbeit von Ehrhart (2010, S. 25) versteht sie darunter

„die Gewährleistung von Innerer Sicherheit auf der Grundlage eines erweiterten Sicherheitsbegriffs, wobei Security auf ein engeres Verständnis[1] und Safety auf ein weiteres Verständnis von Sicherheit abstellt. Dabei agieren verschiedene staatliche und nicht-staatliche Akteure miteinander, die, in einem nicht-hierarchischen Verhältnis zueinander stehend, verschiedene Mittel, Instrumente und Methoden nutzen, um auf der Basis gemeinsamer Normen, Werte und/oder Interessen ein gemeinsames Ziel zu erreichen" (Schulze 2013, S. 93).

2.1 Formen von Sicherheitskooperationen

Der Aufbau und die Ausweitung der Formen von *Safety and Security Governance* erfolgten in sehr unterschiedlichen Gestaltungen und mit höchst unterschiedlichen Begrifflichkeiten, von denen nur einige Grundtypen kurz skizziert werden sollen:

- Einen eher breiten Ansatz verfolgen die sogenannten *Kriminalpräventiven Räte*. Für diese schlug 1993 das nordrhein-westfälische Innenministerium in einem Runderlass (IV D 2 – 2751/0 v. 18.8.1993) vor, dass sie neben der Polizei die Gemeinden mit den Organisationsgliederungen öffentliche Sicherheit, Bildung, Sport, Schule, Jugend, Soziales, Gesundheit, Gleichstellung, Verkehr, Bauen und Finanzen sowie beispielsweise Verkehrsbetriebe, Wissenschaft, Wirtschaft, Industrie- und Handelskammern, Gewerkschaften, Berufsverbände, Justiz, Medien, Kirchen, freie Träger, Bürgerinitiativen und Vertreter ausländischer Bevölkerungsgruppen umfassen könnten. Als Themenbereiche für die Gremien wurden beispielhaft Stadtplanung, Integration bestimmter Bevölkerungsgruppen, einzelne Kriminalitätsbereiche sowie Freizeitangebote genannt.
- *Ordnungspartnerschaften* bzw. *Sicherheitspartnerschaften* sind in der Regel thematisch und auch im Akteurskreis enger. Der einschlägige Erlass in NRW (IV C 2 – 600/295 v. 9.1.1998) forderte die Kommunikation, Koordination und Kooperation der Verantwortungsträger, wozu dann insbesondere die öffentlichen Akteure zählen. „In Ordnungspartnerschaften arbeitet jeder Beteiligte im Rahmen seiner Zuständigkeit, d.h. auch mit eigenen Kräften und Mitteln, am gemeinsamen Ziel der Gewährleistung von Sicherheit und Ordnung."
- Viele Polizeibehörden unterhalten *Sicherheitskonferenzen*, die vor allem mit Vertreterinnen und Vertretern der Leitungsebene von lokalen und regionalen Behörden und Organisationen mit Sicherheitsaufgaben (Gericht, Staatsanwaltschaft, Bundespolizei, Zoll) sowie gegebenenfalls ausgewählten Partnern der

---

[1] Security bezieht sich nach Schulze (2013, S. 87) auf den Schutz vor intentionalen und/oder unmittelbaren Bedrohungen und Gefährdungen.

Stadtgesellschaft besetzt sind und sich über die Grundsatzfragen der Sicherheit austauschen. Hier stehen mehr strategische Fragen wie z.B. die Erstellung eines Sicherheitsprogramms auf der Agenda.
- Vielfältige *Arbeitskreise, Runde Tische, Konferenzen* etc. arbeiten zu ausgewählten Sicherheitsthemen, wobei sie, meist ausgehend von den „Zuständigen" in Polizei und/oder Kommune, versuchen, relevante „Stakeholder" aus dem betroffenen Bereich einzubinden; dabei wirken z.B. zur häuslichen Gewalt dann Wohlfahrtsverbände, Kliniken, Frauenhäuser, Frauenberatungsstellen, Frauenvereine etc. mit.

Die Begrifflichkeiten für die Gremien sind in Deutschland nicht standardisiert und weichen auch innerhalb der Bundesländer voneinander ab, so dass nicht unbedingt von der Bezeichnung auf die Mitgliederstruktur und das Aufgabenbild geschlossen werden kann. Doch ob breit oder eng, mal stark auf Behörden konzentriert oder die Zivilgesellschaft mit einbindend, strategisch oder operativ ausgerichtet, mal eher die Leitungsebene zusammenbringend oder auf die Sachbearbeiterebene konzentriert, mal als „geschlossener" Runder Tisch oder arbeitsteilig mit Leitungsgremium und zugeordneten Arbeitskreisen organisiert – die Kooperation hat sich flächendeckend zu einem Standard der Sicherheitsarbeit entwickelt und hat *Safety and Security Governance* fest etabliert.

Auffällig ist, dass die Zusammensetzung der Akteure in den Gremien insgesamt heterogen ist. So gibt es keine Standards zur institutionellen oder personellen Besetzung, zur konkreten Aufgabenbeschreibung oder auch über Maßnahmekonzepte (vgl. Schreiber 2007). Die Bildung der Gremien erfolgt in der Regel auf der Grundlage lokaler Problemdeutungen und bestehender Netzwerke. Häufig lädt ein lokaler Akteur, der einen besonderen Handlungsbedarf zu einem Problem erkennt, weitere Personen und Institutionen zu einer Gründungssitzung ein. Das Gremium wird dann durch Kooptation von weiteren Akteuren vervollständigt (vgl. Frevel 2007, S. 140). Mit der Auswahl und Berufung der Beteiligten wird aber schon über die programmatische Ausrichtung vorentschieden. Lädt beispielsweise die Polizei ein, wird schnell ein ordnungspolitisches Konzept der Arbeit zugrundegelegt, während ein Wohlfahrtsverband als Initiator Partner „beruft", die zumeist einen gemeinwesenbezogenen Ansatz präferieren.

Eine weitere Wirkung dieser Gründungspraxis ist, dass die Gremien sich häufig auf das Zusammenbringen von „Zuständigen" und (formal) „fachlich Kompetenten" konzentrieren. Entscheider und Sachbearbeitende von Behörden und Verbänden treffen sich auf fachlicher Ebene – während der interessierte, aber mandatlose Bürger sowie nicht unmittelbar „relevante" Organisationen kaum Zugang zu den Gremien finden (vgl. ebenda, S. 172 ff.).

Unter diesen Bedingungen der Besetzung von Gremien entsteht zwar einerseits eine schnelle Arbeitsfähigkeit, andererseits werden damit aber auch strukturell verschiedene Positionen aus den Beratungen ferngehalten.

2.2 „Stolperstellen" der Sicherheitskooperationen

In verschiedenen qualitativen Studien zur kooperativen Sicherheitsarbeit (vgl. Pütter 2006; van den Brink 2005; Frevel 2007; Frevel 2012) zeigt sich, dass die Teilnehmerinnen und Teilnehmer an der Netzwerkarbeit in Interviews zunächst von einer hohen Zufriedenheit mit der Zusammenarbeit sprechen. Man begegne sich auf Augenhöhe und mit Wertschätzung, jeder könne seine Interessen einbringen und Meinungen äußern, und es gelänge gut, gemeinsame Schnittflächen zu finden, die für die Kooperation wichtig seien. In der weitergehenden Analyse wird dann jedoch auch deutlich, dass das Gelingen doch nicht so einfach ist, einige Akteure macht- und einflussreicher sind als andere, manche Partner aus den Gremien gar frustriert aussteigen und einige Konfliktpotenziale zu identifizieren sind. Die Gründe hierfür liegen nach Kober u.a. (2012) in den unterschiedlichen akteursspezifischen Merkmalen und den daraus entstehenden Handlungsbedingungen (vgl. Abbildung 1).

Abbildung 1   Merkmale von Kooperationspartnern

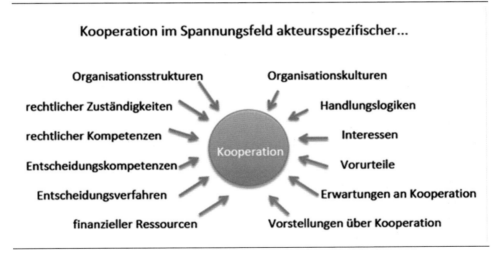

Quelle: Kober u.a. (2012, S. 62).

Die in der Regel breite Konstellation von Professionen in den Kooperationsgremien, unterschiedliche Berufssozialisationen und heterogene Nähen zu den von den thematisierten Problemen betroffenen Personengruppen bieten einerseits Chancen für die Zusammenarbeit. Andererseits sind hier Risiken für Konflikte oder Missverständnisse bereits angelegt. Frevel/Kober (2012, S. 341 ff.) identifizieren insbesondere fünf Spannungsfelder:

- *Heterogene Professionsverständnisse mit teilweise sehr konträren Problemdeutungen*: Sieht beispielsweise die Polizei im Handlungsfeld „deviante Jugendliche" die Heranwachsenden eher als Personen, die „Probleme machen", so deuten Sozialarbeiter sie als Menschen, die „Probleme haben". Dementsprechend sind auch die Vorstellungen, wie mit diesen Problemen umzugehen ist, sehr different und liegen bei der Polizei – wie auch z.B. dem kommunalen Ordnungsamt – mehr bei der konkreten Gefahrenabwehr und der Strafverfolgung, während die Soziale Arbeit mit Betreuung und Beratung ansetzen möchte. Blickt der eine mehr auf die Gefährdungen und die davon Betroffenen (z.B. als Opfer oder Geschädigte), betrachten die anderen zunächst den Gefährder in seiner sozialen Lage. Kaum geringer ist die Differenz der Professionsverständnisse zwischen Lehrerinnen und Lehrern vs. Polizei.
- *Unterschiedliche Sicherheits- und Präventionsbegriffe sowie -vorstellungen*: Sowohl aufgrund der Professionsverständnisse als auch der konkreten Handlungsmöglichkeiten unterscheiden sich die Vorstellungen zur Prävention. Hier wirken zivilgesellschaftliche Organisationen z.B. aus dem Sport- und Freizeitbereich sowie pädagogische Institutionen (Kindergarten, Schule) besonders intensiv in den Bereichen Integration, Werte- und Normenbildung, wie z.B. Toleranz, sowie der Gemeinwesenorientierung (der sog. primären Prävention), während Ordnungsbehörden die situative Kriminalprävention im Blick haben und vor allem die Justiz mit Blick auf bereits auffällige Täterinnen und Täter an tertiäre Prävention zur Vermeidung des Rückfalls in kriminelle Handlungsweisen „denkt". In Sicherheitskooperationen werden allerdings die Unterschiede im Verständnis von Prävention häufig unzureichend thematisiert, weil doch alle Beteiligten augenscheinlich gleichermaßen an der Vorbeugung teilhaben (vgl. Frevel 2007, S. 183).
- *Ungleiche Ausstattung der einzelnen Akteure mit „Tauschgütern"*: Wenn – wie in kommunalen oder Landespräventionsräten – verschiedene Akteure in Governance-Strukturen zusammenwirken, hängen die Zufriedenheit der Teilnehmenden wie auch die Effizienz der Arbeit wesentlich davon ab, dass jeder Akteur Leistungen und Ressourcen einbringt und von anderen annimmt. Allerdings ist die Ausstattung der verschiedenen Akteure mit „Tauschgütern" (wie z.B. Wissen, Zielgruppenzugang, personelle und finanzielle Ressourcen) höchst unterschiedlich. Dies kann dazu führen, dass z.B. der Tausch „polizeiliche Lageerkenntnis + Personaleinsatz" gegen „Zielgruppenanalyse + nachsorgender Opferschutz" als „ungleich" oder „ungerecht" verstanden wird. Wird der Tausch als „ungleich" gewertet und sind die Synergieeffekte der Kommunikation, Koordination und Kooperation gering, so mindert dies die Beteiligungsbereitschaft des „reicheren" Akteurs. In insgesamt zwölf Fallstudien konnte in dem Projekt „Kooperative Sicherheitspolitik in der Stadt" fest-

gestellt werden, dass die Zufriedenheit mit dem „Tausch" bei allen Akteuren insgesamt gut ist. Die befragten Kommunen gaben sogar an, dass sie einen Tauschgewinn verzeichnen, da sie zwar Infrastruktur und Geld mitunter häufiger bereitstellen als andere Akteure, aber vor allem in den Bereichen Information, Spezialwissen, Arbeitszeit und Zielgruppenzugang mehr erhalten, als sie selbst aufwenden (vgl. Frevel 2012).

- *Spannungen zwischen Profis und Laien*: Sind die Laien-Profi-Diskrepanzen in der Zusammenarbeit schon innerhalb einer Fachrichtung groß (vgl. für die Sozialarbeit z.B. Müller 2005, S. 731 ff.; Nadai u.a. 2005) und in der Differenz von Kenntnis, Fähigkeiten, Fachsprachlichkeit, aber auch Akzeptanz und Legitimierung zu erkennen, so sind interdisziplinär angelegte Planungs- und Steuerungsgremien umso stärker hiervon betroffen. Im Sektor von *Safety and Security Governance* ist die Profi-Laien-Diskrepanz vor allem bei der Bewertung der Rechts- und Eingriffsbefugnisse bedeutsam; aber auch die Ansichten von Handlungsnotwendigkeit und -möglichkeiten laufen häufig an dieser Grenze auseinander. Sichtbar werden solche Kontroversen, wenn z.B. Bürgerschaft oder Kaufmannschaft zur Eindämmung von Ladendiebstahl, Drogenhandel oder Vandalismus eine polizeiliche Videoüberwachung des öffentlichen Raumes fordern, die Polizei jedoch auf deutliche Restriktionen dieses Instruments verweist und die grundrechtlich geschützte Bewegungsfreiheit als höherrangig einordnet.

- *Anspruchsvereinigungen versus Leistungserbringer*: Gerade im Bereich von Sicherheit ist die Kluft zwischen den Anspruchsvereinigungen und den Leistungserbringern von besonderer Bedeutung. Wenn Hubert Beste (2009, S. 189) kritisch anmerkt, dass Sicherheit als „ideelles, gleichsam fiktives Gut" figuriert, von dem es „nie genug" gebe und dessen Bedarf „nie gesättigt" sei, so ist hiermit die Erwartung an die Sicherheitsproduktion bereits gut umrissen. Die Leistungserbringung kann jedoch die Ansprüche nie gänzlich befriedigen, weil einerseits die Ressourcen für eine umfassende Sicherung nicht bereitstehen und andererseits die extreme Ausweitung von Sicherheit mit Kontrollen und Einschränkungen zulasten der bürgerlichen Freiheiten ginge. Dementsprechend begrenzen die Leistungserbringer – sowohl der staatlichen Behörden als auch z.B. der Wohlfahrtsverbände – die Ansprüche, wie sie unter anderem von Nachbarschaften oder Opferschutzorganisationen formuliert werden, und lösen hiermit unter Umständen Frustrationen aus.

Dass der Bedarf an Kooperationen bei der Planung, Entscheidung und Steuerung von Sicherheitspolitik und der Implementation von Schutzhandeln groß ist, ist inzwischen unstrittig. Bei der oben skizzierten Gemengelage wird jedoch deutlich, dass *Safety and Security Governance* vor erheblichen Herausforderungen steht, die Heterogenität der Akteure, ihrer Interessen und Fähigkeiten, Ziele und Handlungsvoraussetzungen so zu managen, dass Zusammenarbeit erfolgreich sein kann.

3. Praktische Gestaltung lokaler Sicherheitskooperationen

Aus sehr unterschiedlichen Gründen können Sicherheitskooperationen eher „selbstgenügsam" angelegt sein in dem Sinne, dass sie sich stark auf das kommunikative Element konzentrieren und z.B. Lagebilder und Situationseinschätzungen austauschen, sich wechselseitig über ihre Problemdeutungen informieren oder Handlungsweisen vorstellen. In diesen Gremien steht dann häufig nicht eine konkrete Problembearbeitung oder gar -lösung an, sondern sind der Aufbau von persönlichen Beziehungen, die Ermöglichung von „kurzen Dienstwegen" sowie die Erweiterung der persönlichen Blickfelder von Bedeutung. Anders gesagt: Der Sekundärnutzen von Netzwerken steht im Vordergrund. In solchen Gremien werden auch die oben genannten Konflikte kaum auftreten. Stattdessen wird unter Beibehaltung eines eher oberflächlichen Konsenses vermieden, dass die grundlegenden Kontroversen „auftauchen" und die positive Grundstimmung stören. Dies ist auch durchaus legitim und für die tägliche Arbeit in den Behörden und Organisationen wahrscheinlich auch hilfreich.

Anders sieht es bei jenen Kooperationen aus, die mit einem weitergehenden Selbstverständnis lokale Sicherheitspolitik gestalten wollen. Sie stehen vor der Herausforderung, die Zusammenarbeit systematischer zu gestalten. In den Studien zur kooperativen Sicherheitspolitik wurde deutlich, dass hier häufig zwar ein entsprechender Wille vorlag, jedoch die konkrete Gestaltung Schwierigkeiten aufwies. Ein zentrales Problem liegt unseres Erachtens vor allem darin, dass die Partner zu häufig mit einem impliziten Verständnis der Zusammenarbeit die Kooperation starten, statt über eine explizite Diskussion und einen strukturierten Austausch eine gemeinsame Plattform zu schaffen. Kober u.a. (2012, S. 61 ff.) identifizieren sechs Kernelemente der Kooperation, von denen der Erfolg oder Misserfolg der gemeinsamen Arbeit abhängt:

- Verschiedenartigkeit der Beteiligten
  Die Handlungsvoraussetzungen der Partner unterscheiden sich insbesondere in den gesetzlichen Aufträgen, den Arbeitsprinzipien, den Zugängen zu Zielgruppen oder auch den Arbeitsansätzen und Methoden. Diese sind aber vielfach den Partnern fremd oder werden über Vorurteile und Stereotypisierungen lediglich (fehl-)interpretiert. Die Denk- und Handlungsmuster beispielsweise von Polizei und Ordnungsamt sind den Pädagogen in Sozialarbeit und Schule weitgehend unklar – und natürlich auch umgekehrt. Auch die Kompetenzgrenzen und deren Bedeutung für Aktivitäten sind in der Regel nicht bewusst. So entstehen Erwartungen an die Partner, die häufig gar nicht erfüllt werden können. Ein Lösungsweg wäre das mühsame Lernen während der gemeinsamen Arbeitssitzungen, ein anderer die Durchführung von Informationsveranstaltungen zu den einzelnen Partnern, gemeinsame Fortbildungen oder auch wechselseitige Hospitationen.

- Bestimmung von Schnittstellen
  Die Wahrnehmung von Sicherheitsproblemen und die Definition der Handlungserfordernisse sind professionsbedingt unterschiedlich bzw. weichen je nach positiver oder negativer Betroffenheit oder Zuständigkeit voneinander ab. Umso wichtiger wird es, die gemeinsamen Schnittstellen zu identifizieren und zu benennen: Dies kann z.B. Personen oder Personengruppen als Zielgruppen betreffen, kann sich auf situative Kontexte beziehen oder auch räumliche Aspekte betreffen. Es gilt zu klären, welcher Partner sich mit welchen Aufgaben und Intentionen an diesen Schnittstellen bewegt.

- Abstimmung gemeinsamer Ziele
  Eigentlich erst nach Klärung der Schnittstellen und Identifikation gemeinsamer Interessen kann es gelingen, die Ziele der Kooperation zu bestimmen. Doch anders als in hierarchischen Organisationen (wozu zweifellos die Sicherheitshauptakteure Polizei und Kommune zählen) ist die Zielbestimmung nicht „top-down" möglich, sondern sind Aushandlungsprozesse zwischen den Partnern notwendig, die zu den Zielen und auch Selbstverpflichtungen der Beteiligten führen. Die Klärung der Ziele und die Selbstverpflichtung, zu deren Erreichen beizutragen, erfordern es auch, den durch die Kooperation zu erzielenden Nutzen für das Gremium selbst und die beteiligten Organisationen zu verdeutlichen. Der Gewinn liegt beispielsweise darin, Ressourcen effizienter zu nutzen, Informationen leichter zu erhalten, schnelleren Zielgruppenzugang zu ermöglichen, Kompetenzen zu erweitern, Doppelarbeiten zu vermeiden oder Konkurrenzeffekte zu mindern.

- Entwicklung eines gemeinsamen Problemverständnisses
  Zunächst erscheinen die Grundziele solcher Gremien uneingeschränkt gut: Es gilt die Sicherheit zu erhöhen und Prävention zu betreiben. Doch schnell zeigt sich, dass das Verständnis von Sicherheit und Prävention zwischen den Beteiligten sehr unterschiedlich ist. So versteht Polizei häufig Prävention als Element der Gefahrenabwehr und deutet sie situationsorientiert oder phänomenorientiert, während Pädagogen und Sozialarbeiter sie eher personen- und ursachenorientiert interpretieren. Opferschutzvereinigungen thematisieren die Wirkungen auf die Viktimisierten, während beispielsweise Wirtschaftsbetriebe den möglichst ungestörten Ablauf von Produktions- und Handelsabläufen im Blick haben. Es ist also notwendig, sich auf eine gemeinsame Interpretation des Problems zu verständigen.

- Koordination
  Für das Gelingen der Kooperation sind zwar die gemeinsamen Arbeitsgruppensitzungen wichtig, doch eine zentrale Rolle spielt auch die Koordination. Sie hat mit einem neutralen Management die Funktion des Kommunikations- und Koordinationsknotenpunktes zu erfüllen. Diese Koordinationsrolle ist eher mit einer Stabsstelle zu vergleichen, da sie in der Regel nicht mit Weisungsbefugnissen ausgestattet ist. Themenwünsche der Partner aufzugreifen, die Tagesordnung zusammenzustellen, Informationen aufzubereiten, Protokoll

zu führen, bei Maßnahmen ein Prozessmanagement zu gestalten, Konflikte zu moderieren – all dies gehört neben anderem zu ihren Aufgaben. Eine Herausforderung für die Koordinierung besteht auch darin, die Unterschiedlichkeit und Eigenständigkeit der Akteure zu beachten und Maßnahmen zu entwickeln, die deren heterogenen Voraussetzungen gerecht werden.

- Mandat, Entscheidungsbefugnisse und strukturelle Verankerung
  Die natürlichen Personen als Vertreterinnen und Vertreter ihrer jeweiligen Organisation in den Gremien müssen mit einem formalen Mandat ausgestattet werden, damit sie in Beratungen, Verhandlungen und Entscheidungsprozessen handlungsfähig sind. Zudem ist sicherzustellen, dass die Gremienentscheidungen auch in der „Herkunfts"-Organisation als verbindlich betrachtet werden – dazu gehören die Unterstützung und Förderung durch deren Leitungsebene. Die strukturierte Verzahnung von Gremium und Organisation, Vertretung und Organisationsleitung wird damit zu einem wichtigen Erfolgsfaktor der Kooperationsarbeit. Je nach Ziel und Charakter der Arbeitskreise sind mal mehr Personen mit Entscheidungskompetenz (auch über Ressourceneinsatz) gefragt, die jedoch aufgrund ihrer hierarchischen Position nur begrenztes Detailwissen zu den Sachfragen haben, oder aber sind Vertreterinnen und Vertreter der operativen Ebene gefordert, die jedoch nur über begrenzte Macht in ihrer Herkunftsorganisation verfügen. Die Besetzung der Vertretungsposition entscheidet wesentlich mit über die Programmgestaltung der Gremien (vgl. Voelzke 2012).

Während die genannten Aspekte mehr den äußeren Rahmen der Kooperation bestimmen und ein Fundament für das Gelingen der Zusammenarbeit liefern sollen, stellen sich auf der Handlungsebene weitere Herausforderungen.

Für die sich meist an lokalen Besonderheiten von Problemlage, Akteurskonstellation und Ressourcen orientierende Präventionsarbeit ist festzustellen, dass sich die Gremien immer wieder vor der Aufgabe sehen, eigene Konzepte zu entwickeln und umzusetzen. Angespornt von dem Willen, etwas zu bewegen und zu handeln, wird jedoch mitunter die systematische Vorbereitung und Durchführung vernachlässigt. Die Rezeption einschlägiger Arbeitshilfen und Grundkonzepte, z.B. der vom Landespräventionsrat Niedersachsen im Kontext des Beccaria-Projekts entwickelten Standards, könnten jedoch gute Orientierungen liefern, um die Maßnahmen zu strukturieren und auch die Erfolge der Arbeit zu belegen. Die Beccaria-Standards[2] (http://www.beccaria-standards.net/Media/Beccaria-Standards-deutsch.pdf) umfassen sieben Arbeitsschritte:

---

2 Zu den Aktivitäten des Landespräventionsrates Niedersachsen zählt auch das Beccaria-Programm. Dessen Namensgeber, der italienische Rechtsphilosoph und Strafrechtsreformer Cesare Beccaria (1738–1794), prägte den Spruch: „Besser ist es, den Verbrechen vorzubeugen, als sie zu bestrafen". Beccaria gilt als Pionier einer modernen Kriminalpolitik.

1. Problembeschreibung,
2. Analyse der Entstehungsbedingungen des Problems,
3. Festlegung der Präventionsziele, Projektziele und Zielgruppen,
4. Festlegung der Maßnahmen für die Zielerreichung,
5. Projektkonzeption und Projektdurchführung,
6. Überprüfung der Umsetzung und Zielerreichung des Projekts (Evaluation),
7. Schlussfolgerungen und Dokumentation.

Diese hinterlegen sie jeweils mit Erläuterungen und Hinweisen, die eine Programmkonzeption und ein zielführendes Projektmanagement unterstützen.

In vieler Hinsicht sind die für die Kriminalprävention entwickelten Arbeitshilfen auch für die Sicherheitskooperation im Kontext von Ordnungspartnerschaften, bei Public-/Police-Private-Partnerships oder veranstaltungsbezogenen Kooperationen mit Fokus auf Kontrolle, Gefahrenabwehr und Strafverfolgung einzusetzen. Doch hier finden die Kooperationen häufig vor einem anderen Problemhintergrund statt und basiert die Tätigkeit der Akteure auf einem meist eindeutig definierten gesetzlichen oder vertraglichen Auftrag, zugeschriebenen Kompetenzen und abgegrenzten Handlungsspielräumen. Dementsprechend sind die Beweglichkeiten häufig enger und damit auch die Verhandlungsspielräume für die Beteiligten überschaubar. In solchen Konstellationen werden die öffentlichen Akteure, hier: Polizei und Kommune, auch nicht so sehr auf ein „nicht-hierarchisches Verhältnis" im Sinne von Schulzes *Safety-and-Security-Governance*-Definition setzen, sondern ausgehend von ihren Zuständigkeiten argumentieren und handeln.

4. Von Government zu Governance – Vier Thesen zur Weiterentwicklung der Kooperation für sichere Städte

„Kooperationen für sichere Städte" haben sich zwar zu einem weit verbreiteten Standard lokaler Sicherheitsarbeit entwickelt, aber es konnte aufgezeigt werden, dass noch deutliche Konzeptions-, Struktur- und Prozessprobleme identifizierbar sind. Angesichts der kommenden Herausforderungen der Sicherheitsproduktion besteht ein Bedarf zur Weiterentwicklung, um die Effektivität und Legitimität zu fördern. Aus den aktuellen Forschungsergebnissen sind vor allem die folgenden Bereiche identifiziert worden, die einer weiteren Bearbeitung bedürfen:

1. Angesichts der komplexen Risiken, Gefahren und Bedrohungen der Sicherheit und größer gewordener Vulnerabilität von Bevölkerung und Infrastruktur wächst die Bedeutung kooperativer Sicherheitspolitik und Sicherheitsgewährleistung. Aufgrund der verschiedenen Betroffenheiten und der Herausforderung, prophylaktisch und präventiv zu handeln, die Interventionsmöglichkeiten bei konkreten oder eintretenden Gefahren zu verbessern, die Resilienz zu stärken und die Coping-Fähigkeiten auszubauen sowie nach Schadensereignissen die Sicherheit wiederherzustellen, wird deutlich, dass ein breites Spektrum an

Stakeholdern in die Sicherheitsproduktion eingebunden ist. Um Reibungsverluste zu verhindern, Doppelarbeiten zu vermeiden und die Effektivität des Handelns zu sichern, bedarf es einer Kooperation der – im engeren und weiteren Sinn – Sicherheitsakteure.

2. Da die Gewährung von Sicherheit eine fundamentale öffentliche Aufgabe ist und das staatliche Gewaltmonopol gilt, sind die Behörden und Organisationen mit Sicherheitsaufgaben (BOS) auch bei einem erweiterten Sicherheitsbegriff in einer besonderen Verantwortung. In Verbindung mit der zuvor genannten Pluralisierung der Sicherheitsakteure wird von den BOS jedoch gefordert sein, nicht ausschließlich im klassischen Sinn der Zuständigkeiten zu handeln, also Government zu betreiben, sondern kooperative Steuerungsformen, sprich: Governance, zu entwickeln und auch operative Sicherheitsaufgaben kooperativ zu gestalten.

3. Aufgrund der räumlichen und sachlichen Zuständigkeit für eine Vielzahl der Sicherheitsbereiche, der unmittelbaren politischen Legitimierung durch die Bürgerschaft sowie der durch die Stadtpolitik und -verwaltung gegebenen Verflechtungen mit anderen Behörden, der lokalen Wirtschaft sowie zivilgesellschaftlichen Organisationen sind insbesondere die Städte (und weniger die Polizei) in der besonderen Verantwortung, die Sicherheitskooperationen aktiv zu begleiten. Das Management urbaner Sicherheit bedarf dann aber auch einer Positionierung in der Verwaltung, die genügend Entscheidungs- und Steuerungspotenzial bietet.

4. Die kooperativ geleistete Sicherheitsarbeit muss sich daran messen lassen, ob sie auch im Vergleich zur klassischen, zuständigkeitsorientierten Leistungserbringung effektiv und legitim ist. Beides hängt auch davon ab, wie es den Gremien gelingt, tatsächlich Sicherheit zu gewährleisten und hierüber nachvollziehbar Rechenschaft zu geben. Diese Rechenschaftslegung und Verantwortlichkeit erfordern einen offenen Diskurs über die Gefahren und Risiken, die Sicherheitsziele und die getroffenen Maßnahmen. Hierbei müssen sich die Beteiligten der negativen Auswirkungen von „versicherheitlichten" Diskursen bewusst sein. Bei diesen werden allzu leicht alle sozialen Phänomene unter dem Aspekt der Sicherheit gedeutet und mit einer Ordnungs- und Sicherheitsmethodik behandelt, wenn doch eigentlich sozial-, bildungs-, integrations- oder wirtschaftspolitische Maßnahmen sinnvoll wären. Urbane Sicherheitspolitik muss sich auch immer daran messen lassen, wie sie die klassischen Merkmale und Ideale der Urbanität schützt: Offenheit und Toleranz, Freiheit und Innovation.

Literatur

Beste, H. (2009): Zur Privatisierung verloren geglaubter Sicherheit in der Kontrollgesellschaft, in: Lange, H.-J., H.-P. Ohly und J. Reichertz (Hrsg.): Auf der Suche nach neuer Sicherheit. Fakten, Theorien und Folgen, Wiesbaden, S. 183–202.

BMBF – Bundesministerium für Bildung und Forschung (2012): Forschung für die zivile Sicherheit 2012–2017. Rahmenprogramm der Bundesregierung, Bonn/Berlin.

BZgA – Bundeszentrale für gesundheitliche Aufklärung (2008): Die Drogenaffinität Jugendlicher in der Bundesrepublik Deutschland 2008. Alkohol-, Tabak- und Cannabiskonsum. Erste Ergebnisse zu aktuellen Entwicklungen und Trends, Köln.

Daase, C. (2012): Sicherheitskultur als interdisziplinäres Forschungsprogramm, in: Daase, C, P. Offermann und V. Rauer: Sicherheitskultur. Soziale und politische Praktiken der Gefahrenabwehr, Frankfurt am Main/New York, S. 23–44.

Ehrhart, H.-G. (2010): Security Governance transnationaler Sicherheitsrisiken: konzeptionelle und praktische Herausforderungen, in: Ders. und M. Kahl (Hrsg.): Security Governance in und für Europa. Konzepte, Akteure, Missionen, Baden-Baden, S. 25–50.

Frevel, B. (2007): Kooperative Sicherheitspolitik in Mittelstädten. Vergleichende Fallstudien zu den Grundlagen, der Gestaltung und den Wirkungen von Ordnungspartnerschaften und Kriminalpräventiven Räten, in: Ders. (Hrsg.): Kooperative Sicherheitspolitik in Mittelstädten. Studien zu Ordnungspartnerschaften und Kriminalpräventiven Räten. Frankfurt am Main, S. 13–212.

Frevel, B. (Hrsg.) (2012): Handlungsfelder lokaler Sicherheitspolitik. Netzwerke. Politikgestaltung und Perspektiven, Frankfurt am Main.

Frevel, B. (2013): Managing Urban Safety and Security: Institutional Responsibility and Individual Competence, in: European Journal of Criminology, Issue 10 (3), S. 354–367.

Frevel, B., und M. Kober (2012): Perspektiven kooperativer Sicherheitspolitik, in: Frevel, B. (Hrsg.): Handlungsfelder lokaler Sicherheitspolitik. Netzwerke. Politikgestaltung und Perspektiven, Frankfurt am Main, S. 337–358.

Kilb, R. (2009): Jugendgewalt im städtischen Raum. Strategien und Ansätze im Umgang mit Gewalt, Wiesbaden.

Kober, M., A. Kohl und R. Wickenhäuser (2012): Fundamente kommunaler Präventionsarbeit. Ein anwenderorientiertes Handbuch, Frankfurt am Main.

Müller, B. (2005): Professionalisierung, in: Thole, W. (Hrsg.): Grundriss Soziale Arbeit. Ein einführendes Handbuch, Wiesbaden, S. 731–750.

Nadai, E., P. Sommerfeld und F. Bühlmann (2005): Fürsorgliche Verstrickung. Soziale Arbeit zwischen Profession und Freiwilligenarbeit, Wiesbaden.

Schreiber, V. (2007): Lokale Präventionsgremien in Deutschland. Forum Humangeographie 2. Frankfurt am Main, URL: webdoc.sub.gwdg.de/ebook/serien/qe/ForHum/2.pdf (abgerufen: 14.2.2014).

Schulze, V. (2013): Safety and Security Governance. Kommunale Politik der Inneren Sicherheit aus der Perspektive des Governance-Ansatzes, Frankfurt am Main.

Voelzke, N. (2012): Handlungsbedingungen von Vertretern in lokalen Sicherheitskooperationen. Eine vergleichende Analyse am Beispiel von Polizei und Kommunalverwaltung im Handlungsfeld Häusliche Gewalt, Frankfurt am Main.

Der Autor

Prof. Dr. rer. soc. habil. Bernhard Frevel, Dipl.-Päd.

Geb. 1959, Professor für Sozialwissenschaften an der Fachhochschule für öffentliche Verwaltung NRW in Münster sowie Privatdozent am Institut für Politikwissenschaft der Westfälischen Wilhelms-Universität Münster. Bernhard Frevel hat einen Arbeitsschwerpunkt in der Polizei- und Sicherheitsforschung. Von 2010 bis 2012 leitete er das vom Bundesministerium für Bildung und Forschung geförderte Forschungsprojekt „Kooperative Sicherheitspolitik in der Stadt – KoSiPol".

Foto: Privat.

Katja Striefler

Sicherheit für Fahrgäste im öffentlichen Personenverkehr

Einführung

Sicherheit im öffentlichen Personenverkehr (ÖPV) oder Personennahverkehr (ÖPNV) wird häufig auf den Schutz vor massiven Gewalttaten reduziert. Verwunderlich ist dies nicht, beherrschen doch spektakuläre Ereignisse wochenlang die Schlagzeilen und werden Bahnhöfe aufgrund von Terrordrohungen mit Maschinengewehr bestreift. Es verwundert auch nicht, dass direkt nach solchen Vorfällen schnell umsetzbare und möglichst öffentlichkeitswirksame Aktionen gefordert werden und die allgemeine Diskussion in der Forderung nach weiterer Videoüberwachung und mehr Zivilcourage mündet.

Solche Maßnahmen können vielleicht für gute Presse sorgen – nach dem Motto „Die tun etwas!". Aber tun sie das Richtige? Um das Sicherheitsempfinden der Fahrgäste nachhaltig zu verbessern, sind nach Auffassung der Autorin andere Strategien und Instrumente erforderlich. Notwendig ist stattdessen,

- das Wohlbefinden der Fahrgäste in Fahrzeugen und Stationen in den Mittelpunkt der Bemühungen zu rücken,
- die Verunsicherung der Fahrgäste durch alltägliche Situationen im öffentlichen Verkehr ernst zu nehmen,
- auf das Versprechen absoluter Sicherheit zu verzichten und
- vor allem Strategien für den Umgang mit Unsicherheit anzubieten.

Ausgangspunkt des Beitrages ist die Frage, warum Sicherheit im ÖPV/ÖPNV eine so große Bedeutung besitzt. Daraus wird eine Strategie abgeleitet und anhand ausgewählter Instrumente veranschaulicht, wie ergebnisorientierte Prävention in der Praxis aussehen kann. Als Anhaltspunkte dienen Erfahrungen in der Region Hannover sowie Diskussionen mit Sicherheitsexpertinnen und -experten aus anderen Arbeitsfeldern und Regionen.

Der Begriff „Sicherheit" ist zum einen als Schutz vor technischen oder betrieblichen Gefahren (*safety*) definiert, darüber hinaus bezieht er sich auch auf den Schutz vor absichtlicher Schädigung (*security*) durch Regelverletzungen, Ordnungswidrigkeiten und Straftaten. In diesem Beitrag werden ausschließlich die zweite Bedeutung und dazu passende Lösungen diskutiert.

Unterschieden wird häufig auch zwischen subjektiver und objektiver Sicherheit – der wahrgenommenen und der vermeintlich „tatsächlichen" Sicherheit. Gemessen wird Letztere an der Zahl von Ereignissen, die in Statistiken erfasst sind. „Objektiv sicher" wäre demnach auch eine Station, die abends als derart unsicher gilt, dass sich niemand dort aufhält. Diese Unterscheidung kann für Sicherheitsanalysen sinnvoll sein, Fahrgästen ist sie nicht vermittelbar. Für sie gibt es nur eine Sicherheit.

1. Sicher mit Bus & Bahn – Worin besteht das Problem?

1.1 Fahrgäste wollen sich sicher fühlen

Fahrgastsicherheit ist für Verkehrsunternehmen eine Daueraufgabe – weil diese Qualität für Fahrgäste wesentlich ist. In Kundenbefragungen hat „Zufriedenheit mit der Sicherheit" einen nennenswerten Einfluss auf die Zufriedenheit mit dem Unternehmen insgesamt; die Sicherheit wird häufig – vor allem abends und nachts – kritisch beurteilt[1]. Besonders wichtig ist Sicherheit für gelegentliche und für weibliche Fahrgäste. Furcht vor Übergriffen äußern insbesondere männliche Jugendliche, junge Frauen sowie Seniorinnen und Senioren. Wer sich unsicher fühlt, fährt seltener – oder gar nicht.

Im Gegensatz dazu stehen solche Darstellungen: *„In der Eingangsstatistik der Bundespolizei wurde im bahnpolizeilichen Aufgabenbereich 2009 weniger als ein Körperverletzungsdelikt pro 100.000 Reisenden registriert. Bei täglich mehr als 5 Millionen Kunden in 27.000 Zügen und an 5.700 Bahnhöfen werden bei der Bahn weniger als 30 dieser Delikte pro Tag zur Anzeige gebracht. Allein eine Stadt wie Berlin zählt beispielsweise 120 Körperverletzungen pro Tag bei jedoch nur 3,5 Millionen Einwohnern. Diese Zahlen belegen, wie sicher die Bahn schon heute im Vergleich mit anderen öffentlichen Räumen ist."* (Pressemitteilung zur DB-Sicherheitskonferenz 2010 in Potsdam, 21. Oktober 2010).

Das statistische Risiko, im öffentlichen Raum Opfer einer Gewalttat zu werden, ist tatsächlich sehr gering. Warum überzeugt viele Fahrgäste eine solche Argumentation dennoch nicht?

1.2 Unsicherheit beginnt mit Grenzverletzungen

Entscheidend für die Risikowahrnehmung ist eben nicht die tatsächliche Häufigkeit des befürchteten Angriffs, sondern die Einschätzung der zu erwartenden Folgen. Fahrgäste berechnen keine Wahrscheinlichkeit, sondern sie nehmen vorweg, wie es sich anfühlen würde, Opfer oder Zeugin eines Übergriffs zu sein. Das beginnt nicht erst bei Straftaten, sondern viel früher: bei alltäglichen „Grenzverlet-

---

[1] Kundenzufriedenheitsuntersuchungen gehören zum Standard der Qualitätssicherung im ÖPNV, die Ergebnisse werden aber in der Regel allenfalls in Auszügen veröffentlicht. Zugänglich sind diese Zahlen für die Region Hannover in: Striefler (2004), S. 60; aus Hamburg, Mannheim und Hanau in: SuSi-PLUS (2005); für Seniorinnen und Senioren in: Stiewe (2011), S. 14; aus Berlin-Brandenburg in: SuSiteam (2011).

zungen" wie Anstarren, Beleidigen oder Nachgehen. Opfer sind meist Jugendliche, Frauen und ältere Menschen, sie erleben Grenzverletzungen auf dem Schulweg, in der Freizeit oder auf der Straße.

Da sich in Bus und Bahn Fremde begegnen, liegen Missverständnisse nahe: Das Gerangel könnte ein Übergriff sein – vielleicht ist es aber auch nur eine spielerische Kabbelei unter Gleichaltrigen. Ist der lange Blick ein ungeschickter Flirtversuch oder unerwünschtes Bedrängen? Ausschlaggebend ist die Wahrnehmung oder Annahme des Opfers, dass der Täter die Regeln des respektvollen Umgangs absichtlich bricht und Seele oder Körper verletzen will.

Weil der ÖPNV ein herausragender Teil des öffentlichen Raumes ist, in dem Menschen in abgeschlossenen Fahrzeugen und Stationen auf engem Raum aufeinander treffen, geschieht es leicht, dass sich grundsätzlich vorhandene Angst zuspitzt. Stationen und Fahrzeuge sind deshalb Orte, an denen die Anforderungen an die persönliche Sicherheit besonders hoch sind. Wesentlich dafür sind persönliche Erfahrungen: Wer sich in unbekannte Räume begibt, schätzt die Sicherheit auf Grund von Medienberichten oder Hörensagen ein. Bekannte Räume dagegen werden auf Grund eigener Erlebnisse bewertet. So kann eine unangenehme Begegnung dazu führen, dass der Ort des Geschehens mit negativen Gefühlen verbunden wird. Dies kann aber auch umgekehrt funktionieren, indem zum Beispiel in einer Station bewusst positive Erlebnisse produziert werden! Dies wurde beispielsweise im Projekt „Ziel: mobil. Mädchen sicher unterwegs" erprobt: Als Teil eines Aktionstages fuhren 120 Mädchen mit Bus und Bahn zu zentralen Stationen und erkundeten diese. Die Sicherheitseinrichtungen wurden ihnen zunächst kindgerecht erklärt – was zu Fragen führte wie dieser: „Darf ich den Nothalt-Knopf auch benutzen, wenn ein Hase auf den Gleisen sitzt?" „Natürlich", antwortete der Kundenbetreuer – der bei den Mädchen nicht nur deshalb auf Begeisterung stieß. Nach den Erklärungen wurden sie ausdrücklich zum Ausprobieren ermuntert. „Ich habe jetzt keine Angst mehr", war am Ende nicht nur einmal zu hören (vgl. Striefler 2004, S. 59).

Auch bei potenziellen Täterinnen und Tätern kann persönliches Erleben Weichen stellen: Wer im ÖPNV mit einer Aggression einmal sein Ziel erreicht hat, fühlt sich bestärkt und geht möglicherweise bei nächster Gelegenheit noch einen Schritt weiter.

1.3 Objektive Lage und Sicherheitsempfinden

Menschen fürchten sich dort, wo es „dunkel" und „unordentlich" ist und wo es „Fremde" gibt. Letztere können Ortsfremde, Kulturfremde, Jugendliche sein – Menschen, die schwer einzuordnen sind und denen man misstraut, weil man nicht weiß, was von ihnen zu erwarten ist. Furcht entsteht dabei nicht durch Taten, sondern im Kopf der Betrachtenden (vgl. hierzu auch Feltes 2003).

Wenn sich Menschen in einem Viertel besonders unsicher fühlen, muss dies nicht damit zusammenhängen, dass dort besonders viele Straftaten und Übergriffe vorkommen. „Furchtorte" können sogar entstehen, wo niemals etwas vorgefallen ist. Die unzureichende Pflege einer Haltestelle beispielsweise signalisiert, dass dies ein Ort ist, für den und an dem sich niemand verantwortlich fühlt. Folglich wird dieser Ort spätestens nach Einbruch der Dunkelheit gemieden, er verwaist und wird dadurch noch mehr gemieden.

Selbst bei einer objektiv „sicheren" Lage kann das Sicherheitsempfinden von Fahrgästen negativ sein, wenn sie auf Grund eigener Erfahrungen oder Berichte damit rechnen, verunsichernden Situationen handlungsunfähig ausgesetzt zu sein. Es spricht vieles dafür, dass die Kommunikation über Unsicherheit wichtiger ist als die Unsicherheit selbst.

1.4 Schlaglichter zur Lage

Weitgehend unstrittig ist inzwischen, dass „objektive Lagebilder" allein nicht ausreichen[2]. Unterschiedliche Definitionen, Erhebungskonzepte und -arten führen dazu, dass bisher nicht einmal massive Vorfälle im ÖPNV systematisch erfasst werden. Selbst bei Straftaten wird das Anzeigeverhalten stärker durch lokale oder betriebliche Strategien bestimmt als durch die Anzahl der Vorkommnisse. Vergleiche – zum Beispiel zur Häufigkeit von Ereignisarten an verschiedenen Orten oder Regionen – führen deshalb nicht zu belastbaren Erkenntnissen.

Um zu verdeutlichen, mit welchen Phänomenen Verkehrsunternehmen umgehen müssen, seien hier dennoch einige Aspekte aus Lagebildern benannt:

- Verkehrsunternehmen beobachten zunehmende Aggressivität und Respektlosigkeit unter Fahrgästen.
- Die Anzahl der Gewaltvorfälle gegen Kunden im öffentlichen Verkehr ist nach den vorhandenen Daten gering – Tendenz: rückläufig.
- Das Personal der Verkehrsunternehmen macht zunehmend auf Übergriffe aufmerksam, vor allem im Zusammenhang mit Fahrausweis-Kontrollen.
- Übergriffe auf Beschäftigte sind nicht häufiger geworden, aber gravierender.
- Bei den meisten gravierenden Vorfällen spielen Alkohol oder andere Drogen eine Rolle.
- Die von der Bundespolizeidirektion Hannover erfassten Straftaten verteilten sich 2012 folgendermaßen: Ein Viertel der Anzeigen wurde auf Grund von

---

2 Vgl. VDV (2008); UITP (2010). Die „Allianz pro Schiene" konstatiert 2013, dass die Schere zwischen dem subjektiven Sicherheitsempfinden und den Statistiken der erfassten Vorfälle weiter auseinander geht, vgl. Allianz pro Schiene (2013), S. 7.

Diebstählen erstattet, fast genauso häufig waren Fahrgelddelikte. Körperverletzungen machten neun Prozent, Sachbeschädigungen acht Prozent der Anzeigen aus.
- Gewalttätige reisende Fußballfans bereiten vor allem den Eisenbahnverkehrsunternehmen Probleme. Alkoholisierte verursachen an Fußballtagen nicht nur erheblichen Aufwand für Müllbeseitigung und Instandsetzung, sondern auch einen immensen Imageschaden bei unbeteiligten Fahrgästen.
- Obwohl Gewaltkriminalität bei Jugendlichen stark zurückgeht, sorgten in den letzten Jahren brutale Einzeltaten für große Aufmerksamkeit. Durch die Verbreitung von Foto- oder Videoaufnahmen – beispielsweise dem Foto eines Opfers auf der Titelseite einer auflagenstarken Zeitschrift – wurde die negative Wirkung dieser Gewalttaten vervielfacht.

Im Herbst 2013 hat das Forschungsprojekt „Sicherheitskooperation für Bus und Bahn" (SKoBB) mit der Erarbeitung eines Konzeptes für ein Lagebild zur Sicherheit im ÖPV begonnen. Es handelt sich dabei um ein Verbundprojekt der Universitäten Münster und Wuppertal sowie des Europäischen Zentrums für Kriminalprävention.

2. Strategie

Fahrgastsicherheit wird durch das Handeln vieler Akteure innerhalb und außerhalb der Verkehrsunternehmen beeinflusst und ist eine typische Querschnittsaufgabe. Das dem Folgenden zugrunde liegende Konzept „Sicher mit Bus & Bahn" hat die Region Hannover 1999 entwickelt und setzt es seitdem mit den Verkehrsunternehmen um. Drei zentrale Leitlinien beschreiben die Richtung der notwendigen Prozesse:

- Wohlbefinden fördern.
- Fahrgästen Handeln ermöglichen.
- Entscheidend ist, was die Fahrgäste erreicht.

2.1 Leitlinie: Wohlbefinden fördern

„Wir wollen, dass Sie sich in unseren Stationen und Fahrzeugen wohl fühlen." Das ist viel weniger als ein Versprechen absoluter Sicherheit – und spricht dennoch eine Ebene an, die mit reaktiven Konzepten nicht erreicht werden kann. Verdeutlicht wird damit, dass Fahrgäste willkommene Gäste sind und sich das Unternehmen Mühe gibt, dass sie sich wohl fühlen können.

Eine solche Einladung sollte in Dienstleistungsunternehmen eine Selbstverständlichkeit sein. Dennoch scheint es im Nahverkehr vielen schwer zu fallen, diese

Einladung auszusprechen – vermutlich deshalb, weil sie am eigenen Produkt eher die Mängel als die Qualität wahrnehmen. Tatsache ist, dass dieser Satz bei Fahrgästen sehr gut ankommt, gelegentlich aber auch als Aufforderung verstanden wird zu benennen, wo die Praxis diesem Anspruch widerspricht. Genau dies ist die Absicht: Fahrgäste sollen störende Mängel nicht für sich behalten, sondern dem Unternehmen mitteilen, so dass sie abgestellt werden können.

Abbildung 1   Information der Region Hannover für Fahrgäste „Sicher mit Bus & Bahn"

Quelle: Region Hannover.

Ob sich Fahrgäste tatsächlich wohl fühlen, hängt von ihnen selbst ab. Dennoch kann Wohlbefinden gefördert werden – zum Beispiel

- durch die Anwesenheit angenehmer Menschen,
- durch eine Atmosphäre, die die gegenseitige Wahrnehmung der anwesenden Menschen fördert,

- indem eine Semi-Öffentlichkeit geschaffen und dadurch die Gruppenbildung zwischen denjenigen, die sich korrekt verhalten, begünstigt wird.

2.2 Leitlinie: Fahrverbot für Grenzverletzungen

Viele Menschen glauben, dass unangenehme Begegnungen und Grenzverletzungen im öffentlichen Verkehr hingenommen werden müssen. Wer nicht will, dass (potenzielle) Fahrgäste dies für den Normalzustand im ÖPNV halten, muss vermitteln, dass auch kleinere Grenzverletzungen nicht in Ordnung sind und auch nicht hingenommen werden müssen. Dabei geht es nicht darum, Probleme oder Fehlverhalten Einzelner vollkommen auszuschließen – absolute Sicherheit kann niemand versprechen. Es muss vielmehr überzeugend vermittelt werden, dass die Verkehrsunternehmen das Schutzbedürfnis von Fahrgästen ernst nehmen und sich für deren persönliche Sicherheit engagieren.

Abbildung 2   Information der Region Hannover für Fahrgäste „Wenn's doch mal heikel wird"

Quelle: Region Hannover.

2.3 Leitlinie: Fahrgästen Handeln ermöglichen

Da verunsichernde Vorfälle im Nahverkehr nicht völlig auszuschließen sind, ist immer mit Situationen zu rechnen, in denen Fahrgäste Hilfe wünschen. Wenn in einem solchen Moment nach Unterstützung gesucht und diese nicht gefunden wird, entsteht aus Verunsicherung Angst. Umgekehrt kann das Wissen darüber, wie Hilfe geholt werden kann, aus vermeintlicher Ohnmacht befreien. Auch deshalb empfiehlt es sich, Fahrgästen Handeln zu ermöglichen und nahe zu legen. Letztlich können Mitarbeiterinnen und Mitarbeiter sowie Fahrgäste nur gemeinsam erreichen, dass respektloses Verhalten zurückgedrängt wird und der Aufenthalt in Stationen und Fahrzeugen angenehm ist.

Wer Fahrgästen Mitverantwortung zugesteht, trägt damit auch zur Prävention bei, denn die meisten Konflikte können im Keim erstickt werden, wenn jemand frühzeitig eingreift. Wer Fahrgäste ermutigt, in heiklen Situationen zu reagieren oder Unterstützung zu holen, verhindert damit auch Notsituationen und Straftaten. Auch Schaden lässt sich so begrenzen: Aufmerksame Fahrgäste können helfen, mutwillige Zerstörung und herrenloses Gepäck schnell zu erkennen und Gefahren zu beseitigen.

Die *„Zusicherung, die Ursachen der Angst zu beseitigen und umfassende Sicherheit in städtischen Räumen zu installieren, ist nicht realisierbar. Im Gegenteil, sie ist sogar kontraproduktiv. Sie führt zur Steigerung des Gefühls von Unsicherheit, da die Passivität nicht nur entmündigt und die Unfähigkeit fördert, mit bedrohlichen Situationen produktiv umzugehen, sondern zugleich die Ängste stabilisiert (…) Da individuelle Angst immer wieder neu entsteht, muss das individuelle Sicherheitsgefühl auch immer wieder neu hergestellt werden."* (Glasauer/Kasper 2001, S. 153)

2.4 Entscheidend ist, was die Fahrgäste erreicht

Nur wer Ziele und Zielgruppen exakt definiert, kann vermeiden, dass Zeit und Geld in Maßnahmen investiert werden, die das eigentliche Problem gar nicht lösen. Abbildung 3 zeigt die wesentlichen Handlungsfelder und veranschaulicht, worum es in allen drei Feldern geht: Entscheidend ist, was bei Fahrgästen Wirkung zeigt! Erfolgreich ist ein Sicherheitskonzept erst, wenn sich die Fahrgäste sicher fühlen.

Abbildung 3   Handlungsfelder

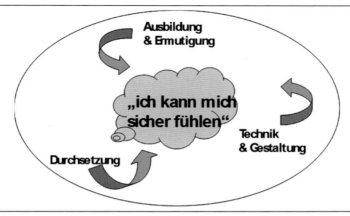

Quelle: Eigene Darstellung.

2.5 Lösungen müssen zum Problem passen: Wirkungsorientierte Prävention

Dieser Ansatz geht davon aus, dass Unsicherheit nur begegnet werden kann, wenn das Problem exakt definiert wird. Lösungen müssen genau passen, sie müssen mit den richtigen Beteiligten richtig eingesetzt werden. Anschließend ist zu prüfen, ob die ausgewählte Lösung tatsächlich zum gewünschten Ergebnis führt und ob Umfang, Zeit, Ort und Akteure die Richtigen sind. Ein Instrument sollte nur dann als erfolgreich bezeichnet werden, wenn sich ein eindeutiger Zusammenhang zwischen eingesetztem Mittel und gewünschtem Zweck nachweisen lässt. Hilfsmittel für solcherart systematisches Vorgehen wurden in der polizeilichen Kriminalprävention entwickelt und können auf den ÖPNV übertragen werden[3].

2.6 Fahrgäste wünschen sich Ansprechpartner

In Fahrgast-Befragungen wiederholt sich der Wunsch nach „Personal, das für mich da ist" – nach jemandem, der Antworten gibt, über Außerplanmäßiges informiert und bei Problemen unterstützt. „Mehr Sicherheitspersonal" wird oft gewünscht, kann allerdings sogar Unsicherheit erzeugen! Kampfbereit auftretende

---

[3] Vgl. beispielsweise: Ekblom, Paul: The 5Is Framework. Sharing Good Practice in Crime Prevention; SARA: Scanning, Analysis, Response, Assessment; Clark/Eck: Techniken für die situative Prävention; Meyer/Coester/Marks: Das Beccaria-Programm. Qualitätsmanagement in der Kriminalprävention; alle verfügbar auf der Website www.beccaria.de (Forum für Qualität in der Kriminalprävention/LandesPräventionsRat Niedersachsen), vgl. auch
http://www.beccaria.de/nano.cms/de/Qualitaetswerkzeuge/.

Sicherheitskräfte mögen geeignet sein, Gewalttäter unter Kontrolle zu bringen. Sie signalisieren aber auch, dass am jeweiligen Ort mit Gefahr zu rechnen ist.

Die Diskussion, wo und wie viel begleitendes Personal sich der Nahverkehr leisten kann und muss, welche Qualifikationen erforderlich und welche Aufgaben sinnvoll sind, ist noch lange nicht abgeschlossen. Einiges ist allerdings schon klar:

- Das Verhalten von Personal in Konfliktsituationen wird sehr aufmerksam beobachtet. „Was Sie tun oder nicht tun, hat große Wirkung – genau wie bei einem Schiedsrichter", hat es ein Trainer in einer Schulung für Fahrpersonal auf den Punkt gebracht. Wegschauen funktioniert deshalb nicht.
- Um Sicherheit vermitteln zu können, müssen Fahr- und Servicepersonal auf schwierige Situationen vorbereitet sein – und wissen, dass das Unternehmen sie nicht allein lässt.
- Ein großes Problem ist das Fehlen von klaren und durchgesetzten Regeln. Gelten die Beförderungsbedingungen oder das Recht des Rücksichtslosen? Je weniger Personal in Fahrzeugen und Stationen präsent ist, desto mehr wird die Klärung Fahrgästen überlassen. Das schafft Konflikte zwischen Fahrgästen, stößt Kunden ab und bürdet dem gelegentlich auftauchenden Personal harte Durchsetzungsarbeit auf.

2.7 Begegnungen fördern Empathie

Für viele Menschen ist der öffentliche Verkehr der einzige Ort, an dem sie mit Menschen anderen Alters, anderer Herkunft oder Lebenssituation zusammentreffen. Oft beruht scheinbare Rücksichtslosigkeit auf Nicht-Wissen; nur selten gibt es Gelegenheit, Situationen durch die Augen anderer zu sehen. Diese Unsicherheit kann abgebaut werden, indem Gelegenheiten geschaffen werden, bei denen sich unterschiedliche Fahrgäste positiv begegnen können: Junge und Alte, Mobilitätseingeschränkte und Bewegliche, Personal und Fahrgäste. So ist es möglich, gegenüber vermeintlich fremden Gruppen Empathie zu entwickeln und emotionalen Aggressionen entgegenzuwirken.

3. Ausgewählte Instrumente

Übersicht 1 veranschaulicht das Prinzip ergebnisorientierter Prävention. Beim Einsatz in Unternehmen wären weitere Faktoren zu beachten: Risiken, Kosten, Reichweite (z.B. flächendeckend/alle Schulen). Die Beispiele für Erfolgskontrolle sind Näherungen – hier gibt es noch viel Raum für Entwicklung! Ziel ist hier das richtige Maß zwischen „ungenau" und „zu viel gemessen".

Übersicht 1 Prinzipien ergebnisorientierter Prävention

Mögliche Instrumente	Ziele	Zielgruppen	Mögliche Erfolgskontrolle	Beispiele
Ausbildung & Ermutigung				
Konflikttraining für Beschäftigte im Fahrdienst	Fahrerinnen und Fahrer können mit brenzligen Situationen angemessen umgehen	Fahrerinnen und Fahrer	▪ Trainierte befragen ▪ Fahrgäste fragen, ob sie Fahrerinnen und Fahrer als ansprechbar bewerten	▪ BIUS/Vestische Straßenbahn – evaluiert vom Europäischen Zentrum für Kriminalprävention
Broschüre über Sicherheitsangebote vorhalten und bewerben	a) Einrichtungen für den Notfall sind bekannt (Gebrauchsanweisung) b) Fahrgäste erfahren, dass sich Unternehmen für Sicherheit engagiert (Image)	Interessierte Fahrgäste	▪ Fahrgäste befragen ▪ Bekanntheit Flyer/ Notruf, Zufriedenheit mit Engagement des Unternehmens	▪ Hochbahn Hamburg ▪ „Sicher mit Bus & Bahn". Region Hannover (seit 2002)
Information über Sicherheitsangebote auf Plakaten/im Fahrgastfernsehen	Einrichtungen für den Notfall – z.B. Notrufsäule – sind bekannt	Alle Fahrgäste	s.o.	▪ „Ich drück für dich", Hochbahn Hamburg (2010) ▪ üstra Hannover
Helferkarten	Fahrgäste kennen einfache Handlungsanweisungen für Notsituationen	Fahrgäste, die helfen möchten	▪ Zahl der verteilten Karten ▪ Bekanntheit der Karten/Tipps	▪ Präventionsrat Gelsenkirchen (seit 2007)
Film zum Einüben von Zivilcourage	Fahrgäste verfügen über individuelle Strategien für heikle Situationen	Gruppen, die Zivilcourage einüben wollen (Schulklassen, Seniorengruppen etc.)	▪ Verkaufte Filme ▪ Rückmeldung von Einsetzenden (Fragebogen/Workshop)	▪ „Tu was. Dann tut sich was", Region Hannover (seit 2003)
Busbegleiter (auch: Fahrzeugbegleiter, BusScouts)	Angenehmes Klima im Schulverkehr	Schülerinnen und Schüler Fahrgäste, die im Schulverkehr auch im Bus sind	▪ Zahl der beteiligten Schulen/ausgebildeten Jugendlichen ▪ Vorher-Nachher-Befragung von beteiligten Jugendlichen Medienresonanz	▪ Bogestra (seit 1998) ▪ Inzwischen vielerorts eingesetzt
Haltestellenpatenschaft	Schülerinnen und Schüler übernehmen nach Eigengestaltung Mitverantwortung für Haltestellen	Schülerinnen und Schüler 9.–10. Klasse	▪ Anzahl Vandalismusschäden zurückgegangen? ▪ Befragung zur Aufenthaltsqualität	▪ VBB (Brandenburg/Havel)
„Klassenzimmer ÖPNV" (Projekt)	Schülerinnen und Schüler sind für gesellschaftliches Eigentum, soziales Verhalten und rechtliche Konsequenzen von Vandalismus sensibilisiert	Schülerinnen und Schüler 8.–10. Klasse	▪ Anzahl Vandalismusschäden zurückgegangen? ▪ Befragung zur Aufenthaltsqualität	▪ S-Bahn Berlin ▪ OberhavelVerkehrsgesellschaft mit Bundespolizei

Übersicht 1 (Fortsetzung)   Prinzipien ergebnisorientierter Prävention

Mögliche Instrumente	Ziele	Zielgruppen	Mögliche Erfolgskontrolle	Beispiele
Kampagne „Hilfe rufen!"	Telefonnummer für den Notfall ist bekannt und präsent	Potenzielle Zeuginnen und Zeugen		▪ „Wähle 110", NRW (seit 2010)
Kampagne für Zivilcourage	Positives Klima für Zivilcourage erzeugen	Bürgerinnen und Bürger, Fahrgäste	▪ Bekanntheit der Kampagne	▪ www.gewalt-sehen-helfen.de, Frankfurt/Main (seit 1997) ▪ üstra Hannover: Zivilcourage hat viele Gesichter – zeig deins (2010)
Stiftung für Zivilcourage und Sozialen Mut	Interessierte sind ausgebildet, richtig einzugreifen	Interessierte Bürgerinnen und Bürger/ Fahrgäste		▪ MuTiger Stiftung (VRR, seit 2011)
Verhaltens-training für Zivilcourage und Selbstsicherheit	Interessierte lernen Selbstbehauptung und Zivilcourage	Interessierte Fahrgäste	▪ Trainierte befragen	▪ Aktion Münchener Fahrgäste, durchgeführt von Polizei
Durchsetzung				
Begleitung in jeder S-Bahn abends/nachts	Fahrgäste können sich darauf verlassen, dass jede S-Bahn von Servicepersonal begleitet wird	Fahrgäste und potenzielle Fahrgäste	▪ Fahrgäste fragen: ▪ Bekanntheit des Service ▪ Zufriedenheit mit Servicepersonal/ mit der Sicherheit abends im Fahrzeug	▪ VRR (S 9, seit 1996) ▪ RMV (im 1. Wagen, seit 1996) ▪ S-Bahn Hannover (seit 2006 – inzwischen von 20–6 Uhr) ▪ S-Bahn Hamburg am Wochenende (seit 2010)
Mobile Servicepunkte in U-Stationen	Fahrgäste sind mit Anwesenheit von Personal auf Bahnhöfen zufriedener	Fahrgäste		▪ BVG (Probebetrieb auf 10 U-Bahnhöfen mit hohem Fahrgast-Aufkommen seit Sommer 2013)
Regeln für den Umgang unter Beteiligung von Fahrgästen entwickeln und durchsetzen	Fahrgäste wissen, was verboten ist, und werden vom Personal unterstützt, wenn sie auf Einhaltung dringen	Alle Fahrgäste	▪ Fahrgäste fragen: Bekanntheit der Regel ▪ Zufriedenheit mit Anwendung	▪ Verbot von Essen und Trinken im Fahrzeug, EVAG (ca. 2000) ▪ Durchsetzung Rauchverbot üstra Hannover (ca. 2000)
				▪ Debatte um Alkoholkonsum-Verbot beim metronom
Einstieg vorn	a) Fahrerin bzw. Fahrer kontrolliert, ob alle Fahrgäste einen Fahrausweis haben. b) Wer keinen Fahrausweis zeigt, darf nicht einsteigen.	Fahrerinnen und Fahrer, Fahrgäste	▪ Beobachtungen der Fahrerinnen und Fahrer ▪ Fahrgäste nach Akzeptanz und Zufriedenheit fragen ▪ Medienresonanz ▪ Risiko? In Berlin anschließend mehr Übergriffe auf Personal	▪ BVG (seit 2004)
Einstieg vorn und Alkoholverbot	c) Personen mit alkoholischen Getränken fahren nicht mit			▪ RegioBus Hannover (seit 2007)
Alkoholkonsumverbot	a) In den Zügen wird kein Alkohol konsumiert b) Unternehmen signalisiert: Regeln werden durchgesetzt	Fahrgäste, Mitarbeiterinnen und Mitarbeiter	▪ Fahrgäste befragen Rückgang Müll/ Zerstörung ▪ Rückgang Übergriffe	▪ metronom (seit 2009)

Übersicht 1 (Fortsetzung)   Prinzipien ergebnisorientierter Prävention

Mögliche Instrumente	Ziele	Zielgruppen	Mögliche Erfolgskontrolle	Beispiele
Ausschluss von der Beförderung	Wiederholung von Tätlichkeiten wird verhindert, Gewalttäter dem Betrieb ferngehalten	Täterinnen und Täter, besorgte Fahrgäste		▪ VBB-Beförderungsbedingungen (seit 1999) ▪ Bogestra (Hausverbot nach dreimaligem Schwarzfahren)
SuSi-lite: Standardisierte Befragung zur subjektiven Sicherheit	Wirksamkeit einzelner Sicherheitsmaßnahmen wird gemessen	Verkehrsunternehmen/ Eisenbahnverkehrsunternehmen/ Aufgabenträger		▪ VBB (in Erprobung)
Technik & Gestaltung				
Notruf-Info-Säulen an Haltestellen (z.B. unterirdisch/ Stadtbahn/S-Bahn)	Fahrgäste können an allen Haltestellen (z.B. der Stadtbahn) jederzeit Unterstützung holen	Alle Fahrgäste		▪ U- und S-Bahn Hamburg (seit Mitte 90er-Jahre) ▪ S-Bahn und Stadtbahn Hannover (seit 2000) ▪ Alle U-Bahnhöfe in Berlin
Standards für Instandhaltung von Stationen	Stationen sind gepflegt	Alle Fahrgäste	Auflagen zur Instandhaltungspflicht in Förderbescheiden	▪ VRR
Notruf-Sprechstellen in den Fahrzeugen	Fahrgäste können davon ausgehen, dass sie im Fahrzeug jederzeit Unterstützung holen können	Alle Fahrgäste		▪ Sehr verbreitet!
Graffitiresistente Anstriche, Verkleidungen, Fensterfolien	Mutwillige Zerstörung erschweren	Potenzielle Täterinnen und Täter	Entwicklung der Instandhaltungskosten Experiment: Vergleich von Zerstörung bei Fahrzeugen mit/ohne diese Ausrüstung	▪ S-Bahn Berlin GmbH ▪ BVG
Einbau von aufzeichnenden Videokameras in Fahrzeuge bzw. Stationen	a) Von mutwilliger Zerstörung abschrecken b) Personal bei Intervention bzw. Täterverfolgung unterstützen (Beweissicherung) c) Fahrgäste fühlen sich sicherer	a) Potenzielle Täter b) Personal bzw. Polizei c) Fahrgäste	a) Entwicklung Sachbeschädigung b) Zahl von Täterinnen und Tätern, die aufgrund von Videoaufzeichnung gefasst werden c) (dieser Effekt wird häufig als Begründung angeführt, ist aber m.W. nicht belegt)	▪ Sehr verbreitet!
Leitstelle kann online auf Videokameras in Fahrzeugen aufschalten (z.B. bei Notruf)	Täterinnen und Täter verfolgen	Täterinnen und Täter	Tat wird nicht wiederholt bzw. Täter/-in identifiziert	▪ Hamburger Hochbahn (seit 2009) ▪ Vestische (seit 2010) ▪ BVG (ab 2014)

Quelle: Eigene Darstellung.

4. Qualität „Sicherheit" – Vorgaben und Rollenverteilung in der Region Hannover

Kennzeichnend für die Region Hannover ist, dass hier – anders als in vielen anderen Regionen Deutschlands – eine Gebietskörperschaft Aufgabenträger für den gesamten ÖPNV ist: Die Region Hannover plant, finanziert und organisiert den Nahverkehr. Nach den Vorgaben des Nahverkehrsplans wurden Verkehrs- und Dienstleistungsaufträge mit derzeit fünf Unternehmen abgeschlossen: mit

DB Regio, metronom und erixx für den Schienenpersonennahverkehr, mit dem kommunalen Verkehrsunternehmen üstra für die Stadtbahn und mit den kommunalen Unternehmen RegioBus und üstra für die Buslinien.

Für einheitliche Standards sorgt der Verkehrsverbund Großraum-Verkehr Hannover (GVH), in dem die Unternehmen und die Region zusammenarbeiten.

4.1 Vorgaben des Aufgabenträgers im Nahverkehrsplan[1]

Standard: Unsicherheits-Monitoring

Die Verkehrsunternehmen haben Instrumente zu entwickeln, mittels derer sie erkennen können, was Fahrgäste verunsichert. Ziel ist ein inhaltlich vollständiges Lagebild: Was genau sind die Situationen, die Fahrgäste verunsichern? Welches sind die zentralen Probleme? Es geht darum, problematische Entwicklungen so früh wie möglich wahrzunehmen und einzugrenzen. Dazu kann es sinnvoll sein, auch die Beobachtungen des Personals aufzunehmen. Da niedrigschwellige Vorfälle das Sicherheitsempfinden der Fahrgäste maßgeblich beeinflussen, sind sie einzubeziehen[2].

Die Ereignisse sind in folgende Kategorien einzuordnen:

- Handlungen gegen Personen (Belästigung, bedrohlich empfundenes Verhalten, Straftaten),
- Handlungen gegen Sachen (Beschädigungen, Störung des Betriebes).

Innerhalb der Kategorien wird weiter differenziert, z.B. bei bedrohlich empfundenem Verhalten zwischen „aggressivem Betteln" und „körperlichem Angehen gegen Fahrgäste". Auf Empfehlung der Polizei enthält das Raster auch Hinweise, bei welcher Ereignisart Anzeige möglich oder sogar empfohlen ist.

Den Verkehrsunternehmen wird damit aufgegeben, die Lage zu beobachten. Das heißt aber nicht, dass von ihnen verlangt werden könnte, alle Probleme zu lösen, die sich im ÖPNV niederschlagen! Viele Konflikte haben ihre Wurzel außerhalb. Wird beispielsweise eine Bushaltestelle mangels Alternative zum Jugendtreff oder eine Stadtbahnlinie gemieden, weil sie durch „Problemstadtteile" führt, sind die Möglichkeiten eines Verkehrsunternehmens begrenzt. Dieses kann aber negative Entwicklungen frühzeitig zur Sprache bringen, so dass Akteure wie Schulen, Sozialarbeit, Präventionsräte oder Polizei faktengestützt Strategien entwickeln und umsetzen können.

---

1 Vgl. Nahverkehrsplan Region Hannover 2008, D IV Marketingkonzept, S. 185 ff.
2 Pionier für die systematische Erfassung von (auch niedrigschwelligen) Vorfällen im ÖPNV war das Land NRW mit der Zentralstelle für regionales Sicherheitsmanagement und Prävention/ZeRP (2005).

Standard: Sicherheitskonzept für jedes Verkehrsunternehmen

Aktivitäten sind vor allem im Handlungsfeld „Ausbildung und Ermutigung" zu entfalten. Es soll rund um das Thema Fahrgastsicherheit systematisch und kontinuierlich kommuniziert werden. Die Sicherheitskonzepte enthalten

- ein Handlungskonzept
  Welche Instrumente werden eingesetzt? Welche Ziele und welche Zielgruppen will das Unternehmen damit erreichen? In welcher Intensität soll das Instrument eingesetzt werden?
- ein Kommunikationskonzept
  Welche der Instrumente werden wie kommuniziert? Hauptzielgruppe sind dabei Fahrgäste, die Grenzverletzungen als Zeugen oder Opfer erlebt haben oder zu erleben befürchten.
- Erfolgskontrollen für die eingesetzten Instrumente.

Standard: Erfolgskontrolle

Für alle eingesetzten Instrumente ist dem Aufgabenträger vorzulegen,

- auf wen das Instrument wirken soll,
- welcher Nutzen und welche Kosten entstehen,
- wann das Ziel als erreicht gelten soll,
- in welcher Intensität das Instrument eingesetzt werden soll,
- welche Effekte das Unternehmen selbst beobachtet und
- welche Effekte auf Fahrgäste festzustellen sind.

Die Ergebnisse dieser Erfolgskontrollen sollen es dem Unternehmen ermöglichen, gegebenenfalls nachzusteuern: Konnten mit dem Instrument die gesetzten Ziele erreicht werden? Dann kann es sinnvoll sein, den Einsatz zu intensivieren – zum Beispiel das Instrument „Busbegleiter" auf weitere Schulzentren auszuweiten. Hat ein Instrument nicht die beabsichtigte Wirkung erzielt, ist möglicherweise eine Modifizierung erforderlich.

Die Vorgaben aus dem Nahverkehrsplan wurden bei den Vergaben der Verkehrsleistungen an die Verkehrsunternehmen konkretisiert. Mittlerweile sind Lagebilder, Sicherheitskonzept und Erfolgskontrolle Bestandteil der regelmäßig stattfindenden Gespräche zur Überprüfung der Qualität der erbrachten Leistungen zwischen Aufgabenträger und Verkehrsunternehmen.

4.2 Verkehrsunternehmen

Im Nahverkehrsplan gibt der Aufgabenträger allen Unternehmen Leitlinien und Standards vor. Auswahl und Ausgestaltung der Instrumente sind grundsätzlich Sache des jeweiligen Unternehmens. Investitionen in die Fahrgastsicherheit werden nicht gesondert finanziert, sondern müssen bereits bei der Definition der zu erbringenden Dienstleistung abgesichert werden. So hat die Region Hannover im neuen S-Bahn-Vertrag schon bei der Ausschreibung definiert, dass jede S-Bahn in der Zeit von 20 bis 6 Uhr von Servicepersonal zu begleiten ist. Die Kosten dafür mussten die Bieter in ihre Kalkulation „einpreisen".

Die genutzten Instrumente sind so unterschiedlich wie die Situationen, denen sich die Unternehmen zu stellen haben: Das Regionalbusunternehmen RegioBus mit überwiegend jugendlichen Fahrgästen setzt einen Schwerpunkt bei der Ausbildung von Schülerinnen und Schülern als Busbegleiter, das Eisenbahn-Unternehmen metronom hat eine Debatte um ein Alkoholkonsumverbot entfacht und anschließend das Verbot ausgesprochen und durchgesetzt. Hier die derzeitige Darstellung auf der Internet-Seite des Aufgabenträgers[3]:

üstra

- Wichtigster Baustein ist der Sicherheitsdienstleister protec, der in Zweierteams die üstra-Haltestellen und Fahrzeuge kontrolliert.
- Damit Brennpunkte gar nicht erst entstehen, wird die Lage aufmerksam beobachtet und auf Veränderungen reagiert.
- In allen neu angeschafften Fahrzeugen werden Videokameras installiert, um Gewalt und Vandalismus vorzubeugen.

RegioBus

- Alle Beschäftigten im Fahrdienst haben ein zweitägiges Training zu Kommunikation und Konfliktbewältigung durchlaufen.
- Die RegioBus bildet jedes Jahr in sechs Kommunen Jugendliche als „Busbegleiter" aus – inzwischen sind über 1.100 Schülerinnen und Schüler ausgebildet.
- „Einstieg vorn": Fahrgäste dürfen in der Regel nur vorn einsteigen – das verbessert die soziale Kontrolle in den Fahrzeugen deutlich.

---

[3] www.hannover.de/Sicher mit Bus & Bahn. Was tun die Verkehrsunternehmen? Stand: 17.10.2013.

DB-Regio

- Der S-Bahn-Begleitservice wurde im Dezember 2012 ausgedehnt: Jetzt wird schon ab 20 Uhr und bis 6 Uhr jede S-Bahn von Servicepersonal begleitet.
- Anlassbezogen wird zusätzliches Sicherheits- und Servicepersonal eingesetzt, wenn Probleme zu erwarten sind.

metronom

- Sämtliche Züge sind mit Fahrgastbetreuern unterwegs, so dass immer ein Ansprechpartner für die Fahrgäste zugegen ist.
- 2009 hat metronom ein Alkoholkonsumverbot eingeführt – für das Sicherheitsgefühl der Fahrgäste, gegen Vandalismusschäden und Verschmutzung der Fahrzeuge.
- In den Abendstunden sowie bei Fußballverkehr wird Sicherheitspersonal eingesetzt.

erixx

- Das Begleitpersonal wird speziell geschult und trainiert Deeskalation.
- Fahrten zu Großveranstaltungen werden durch einen Sicherheitsdienst und Kräfte der Bundespolizei begleitet.
- Auch im erixx gilt ein Alkoholkonsumverbot.

5. Diskussion auf nationaler und internationaler Ebene

Der Dachverband der deutschen Verkehrsunternehmen (VDV) setzt sich intensiv mit dem Thema auseinander und hat 2008 einen Sicherheitsleitfaden für ÖPNV-Unternehmen herausgegeben (vgl. VDV 2008). Hier zentrale Aussagen (die Zahl in Klammern bezeichnet die Seite im Original):

VDV-Sicherheitsleitfaden für ÖPNV-Unternehmen – Safety und Security

- „Tatsächlicher Sicherheitsstandard und subjektiv empfundene Sicherheit haben sehr großen Einfluss." (ebenda, S. 4)
- „Der Begriff ‚security' umfasst auch niedrigschwellige Ereignisse: den Schutz vor absichtlicher Schädigung durch Regelverletzungen, Ordnungswidrigkeiten und Straftaten." (ebenda, S. 6)

  „Zu einer Risikoanalyse/Sicherheitsanalyse gehört
  - Ist-Zustand erheben und dokumentieren,

- ▲ Gefährdungen erfassen,
- ▲ Schwachstellen identifizieren,
- ▲ bewerten, gewichten,
- ▲ durch Kombination von Eintrittswahrscheinlichkeit und Auswirkungen Risikoportfolio aufbauen." (ebenda, S. 11)
- ■ „Sinnhaftigkeit und Ausgestaltung eines Sicherheitskonzepts hängen nicht von der Größe des Unternehmens ab." (ebenda, S. 16)

Die Bedeutung der subjektiven Sicherheit und niedrigschwelliger Vorfälle wird demzufolge anerkannt, die Notwendigkeit von vorausschauendem Sicherheitshandeln betont.

Auch auf internationaler Ebene tauschen sich Fachleute aus den Verkehrsunternehmen aus und entwickeln gemeinsam Konzepte. Der internationale Verband für öffentliches Verkehrswesen (UITP) hat sich im November 2010 positioniert (vgl. UITP 2010).

Empfehlungen aus dem Positionspapier der UITP „Sicherer ÖPNV"

- ■ „Geben Sie der Sicherheit in Ihrem Unternehmen Priorität.
- ■ Erachten Sie Sicherheit als Investition, nicht als Belastung.
- ■ Führen Sie eine Beurteilung der Sicherheitsrisiken durch.
- ■ Seien Sie vorbereitet! Durch gute Vorbereitung können (...) Risiken und Auswirkungen verringert werden – und die Fähigkeit zu reagieren steigt.
- ■ Konzentrieren Sie sich auf den Faktor Mensch.
- ■ Machen Sie die Sicherheit zum integralen Bestandteil des Kundendiensts.
- ■ Fördern Sie Beziehungen mit Partnern."

Positiv hervorzuheben ist der Anspruch, ganzheitlich heranzugehen, und der ausdrückliche Hinweis, dass es bei Sicherheit nicht nur um „Bomben, Terror, Krise" geht. Die Notwendigkeit präventiven Handelns wird erkannt, niedrigschwellige Vorfälle werden allerdings hier anscheinend noch nicht ausreichend wahrgenommen.

6. Fazit

Anders als noch vor einem Jahrzehnt spielen heute Verkehrsunternehmen die Sorge von Fahrgästen um ihre persönliche Sicherheit nicht mehr herunter. Es ist normal geworden, Fahrgäste nach ihrer Zufriedenheit zu fragen. Da liegt es nahe zu fragen, ob sie auch mit der Sicherheit zufrieden sind – und ob bestimmte Instrumente tatsächlich so wirken wie erwartet. Dieser Weg verspricht Erfolg, denn nur so kann kontrolliert werden, ob das gewünschte Ergebnis erreicht ist: Möglichst viele Menschen sind überzeugt, dass sie mit Bus und Bahn grundsätzlich gelassen unterwegs sein können.

Spannende Fragen stehen derzeit auf der Tagesordnung, zum Beispiel die nach einem angemessenen Umgang mit Alkohol und gewaltbereiten Fußballfans. Nachdem lange Zeit in den Ersatz von Personal durch Technik investiert wurde, wird nun intensiv darüber nachgedacht, wie das Bedürfnis nach Ansprechpartnern erfüllt werden kann – und wie es hinzubekommen ist, dass Haltestellen Orte bleiben (oder werden), an denen sich Fahrgäste gern aufhalten.

Auf viele Fragen wird es mehr als eine richtige Antwort geben. Was in einem Ort funktioniert, kann anderswo ins Leere laufen. Probleme können ihre Form verändern, Kunden anspruchsvoller werden, bewährte Instrumente irgendwann nicht mehr die Richtigen sein. Entscheidend ist deshalb, am Thema dranzubleiben: Probleme wahrnehmen und eingrenzen, stimmige Instrumente finden und deren Wirksamkeit nicht nur erhoffen, sondern überprüfen.

Literatur

Allianz pro Schiene (2013): Wie sicher fühlen sich die Fahrgäste im öffentlichen Verkehr? Fakten und Forderungen – ein Positionspapier, Berlin.

Becker, Ruth (2001): Riskante Sicherheiten. Von gefährlichen Orten und sicheren Räumen, in: Thabe, Sabine (Hrsg.): Raum und Sicherheit. Dortmunder Beiträge zur Raumplanung 106, Dortmund, S. 16–31.

Feltes, Thomas (2003): Vandalismus und Sicherheit im öffentlichen Personennahverkehr, in: Kriminalistik 5/2003, S. 277–284.

Glasauer, Herbert, und Birgit Kasper (2001): Ist Sicherheit im öffentlichen Raum planbar?, in: Thabe, Sabine (Hrsg.): Raum und Sicherheit. Dortmunder Beiträge zur Raumplanung 106, Dortmund, S. 148–153.

Miko, Katharina, und Jochen Kugler (2011): Subjektive Wahrnehmung von Sicherheit/Unsicherheit im öffentlichen Raum, in: Wissenschaf(f)t Sicherheit. Tagungsband Fachtagung Sicherheitsforschung, BMVIT, Wien, S. 64–72.

Region Hannover (Hrsg.) (2008a): Nahverkehrsplan 2008, Hannover.

Region Hannover (Hrsg.) (2008b): Sicherer Nahverkehr, in: Stellungnahme der Region Hannover zum Grünbuch der EU-Kommission „Hin zu einer neuen Kultur der Mobilität in der Stadt", Hannover, S. 25–28.

Stiewe, Mechthild (2011): Älter werden – mobil bleiben. Mobilitätsverhalten älterer Menschen in NRW, in: Verkehrszeichen 1/2011, S. 12–16.

Striefler, Katja (2004): Sicher mobil mit Bus und Bahn. Fahrgastorientiertes Sicherheitskonzept in der Region Hannover, in: Der Nahverkehr 6/2004, S. 57–60.

SuSi-PLUS (2005): Abschlussbericht Forschungsvorhaben SuSi-PLUS (Subjektives Sicherheitsempfinden im Personennahverkehr mit Linienbussen, U-Bahnen und Straßenbahnen), bearbeitet von Hamburger Hochbahn, Institut für Wohnen und Umwelt, RheinNeckar-Verkehrsverbund und

Hanauer Straßenbahn), gefördert mit Mitteln des Bundesministeriums für Bildung und Forschung, o.O.

SuSiteam (2011): Subjektive Sicherheit im Öffentlichen Personennahverkehr. Test und Evaluation ausgewählter Maßnahmen (Hempel, Leon, Jana Meier, Heike Rau, Claudia Steltner und Dagny Vedder), Gemeinsamer Abschlussbericht, Berlin.

UITP – Union Internationale des Transports Publics (2010): Sicherer ÖPNV in einer sich verändernden Welt. Positionspapier der UITP, Brüssel.

VDV-Sicherheitsleitfaden für ÖPNV-Unternehmen – Safety und Security. VDV-Mitteilungen Nr. 7018, 2008, Köln.

Verkehrsverbund Berlin-Brandenburg (Hrsg.) (2011): Subjektive Sicherheit im ÖPNV. Leitfaden zur fahrgastorientierten Umsetzung von Sicherheitsmaßnahmen (Projekt SuSiteam), Berlin.

Verkehrsverbund Rhein-Ruhr AöR (2013): Volkswirtschaftliche Bewertung von Personaleinsatz in den Fahrzeugen des ÖPV in NRW, Volkswirtschaftliche Studie Teil 1, Gelsenkirchen.

Verkehrsverbund Rhein-Ruhr AöR (2014): Evaluation von flächenhaftem Personaleinsatz in S-Bahnen in NRW, Volkswirtschaftliche Studie Teil 2, Gelsenkirchen (Im Erscheinen).

Die Autorin

Katja Striefler, Dipl.-Pol.

Katja Striefler war nach dem Studium zunächst Referentin für Gleichstellungsfragen. Über Projekte wie „Erreichbarkeitsanalyse aus Frauensicht" und „Bürgerinnenwerkstätten" wurde sie zur Gender-Expertin für den Nahverkehr. Seit 2001 ist sie im Team ÖPNV-Marketing der Region Hannover für Marktforschung und Strategisches Marketing verantwortlich. Sie erkundet Verkehrsverhalten und Fahrgastzufriedenheit und leitet daraus ab, was Fahrgästen geboten werden sollte – Sicherheit und Pünktlichkeitsgarantien gehören dazu.

Foto: Privat.

Michael Isselmann, Sabine Kaldun und Detlev Schürmann

Kommunale Kriminalprävention in der Praxis

1. Stadtplanung und Kriminalprävention

Auch wenn der Begriff Kriminalprävention sich nicht explizit im Rahmen setzenden Baugesetzbuch (BauGB) findet, so hat der damit akzentuierte Aspekt gleichwohl eine hohe Bedeutung, findet sich doch an prominenter Stelle (§ 1. Aufgabe, Begriff und Grundsätze der Bauleitplanung) der Anspruch in Absatz 6: „(...) *Bei der Aufstellung der Bauleitpläne sind insbesondere zu berücksichtigen die allgemeinen Anforderungen an gesunde Wohn- und Arbeitsverhältnisse und die Sicherheit der Wohn- und Arbeitsbevölkerung, (...)"*. Bereits der Vorläufer des Baugesetzbuches, das Bundesbaugesetz (BBauG), enthielt in seiner ursprünglichen Fassung 1960 diese Aussage.

Selbstverständlich umfasst der Begriff Sicherheit ein breiteres Spektrum als „Angsträume" und „Kriminalitätsbrennpunkte", aber ohne Zweifel hat das Thema der städtebaulichen Kriminalprävention in der planerischen Fachdiskussion an Bedeutung gewonnen. Handelte es sich zunächst um Pilotprojekte oder sektorale Annäherungen, z.B. im Kontext der Gestaltung des öffentlichen Raums, findet sich heute eine große Zahl umfassender Ansätze in einer Vielzahl bundesdeutscher Städte.

In der Stadt Bonn hat die intensivere Beschäftigung mit städtebaulicher Kriminalprävention nunmehr eine rund zehnjährige Geschichte. Unter dem Motto „Sicherheit als Planungsaufgabe" wurde bewusst eine facettenreiche Perspektive angelegt. Die Reflexion von Maßnahmen im Kontext des „Stadtteils mit besonderem Erneuerungsbedarf Bonn-Dransdorf", der in den 1990er-Jahren neu strukturiert und im Bestand saniert wurde, gehört ebenso dazu wie die prototypische Befassung mit der Planung eines Neubaugebiets (Im Rosenfeld) „auf der grünen Wiese" im Ortsteil Buschdorf.

Von Anfang an erklärtes Ziel waren die Verstetigung von Arbeitsprozessen und ein dynamisches Monitoring von Planung und Implementierung. Die Erarbeitung von Bebauungsplänen hat aus diesem Blickwinkel eine weitgehende – im positiven Sinne – Routine erfahren. Daneben findet die Beschäftigung mit spezifischen Fragen eine „eingespielte" Kooperationsstruktur, die es möglich macht, zielgenaue und sachgerechte Lösungen und Strategien zu entwickeln. Quasi zwangsläufig wurde damit auch im Rahmen des Programms „Soziale Stadt Bonn–Neu-Tannenbusch" explizit die städtebauliche Kriminalprävention als Aufgabenstellung bei der Erarbeitung des integrierten Entwicklungskonzepts für diesen Stadtteil benannt.

2. Polizeiliche Kriminalprävention als Querschnittsaufgabe in der Sozialen Stadt

Bei Planung und Umsetzung von integrierten Handlungskonzepten des Städtebauförderungsprogramms „Stadtteile mit besonderem Entwicklungsbedarf – Soziale Stadt" (kurz: „Soziale Stadt") des Bundesministeriums für Verkehr, Bau und Stadtentwicklung (BMVBS; heute beim Bundesministerium für Umwelt, Naturschutz, Bau und Reaktorsicherheit/BMUB angesiedelt) und der Länder sind die Kooperation und die fachliche Kompetenz der Polizei in den letzten Jahren zunehmend gefragt.

So wurde beispielsweise im Rahmen einer vergleichenden Untersuchung zweier Großwohnanlagen in NRW der Frage nachgegangen, inwieweit eine Reduzierung von Störungen und Vandalismusschäden durch eine stärkere Identifikation der Bewohner mit ihrem Wohnumfeld möglich ist – und somit wohnungswirtschaftliche Entscheidungsparameter, also geeignete Schnittmengen zum Konzept der „städtebaulichen Kriminalprävention", aufweist. Daneben wurden im Rahmen einer Examensarbeit am Lehrstuhl Kriminologie und Polizeiwissenschaft der Ruhr-Universität Bochum Interviews mit Verfahrensbeteiligten des Städtebauförderungsprogramms „Soziale Stadt" durchgeführt[1].

Im Ergebnis haben sich deutliche Hinweise darauf ergeben, dass die Sanierungsmotivation bei den Investoren eher Wert erhaltender Natur (materieller Ausrichtung) war, wogegen die Akteure der Sozial- und Gemeinwesenorientierung den Menschen (personelle Ausrichtung) im Fokus ihrer Aktivitäten hatten. Wertschätzung, Wohnzufriedenheit und Identifikation sind demnach geeignet, Werte (auch Normen) zu beachten, zu erhalten und können damit aktiv zur Reduzierung von Kriminalität beitragen. Nicht zu unterschätzen ist die Wirkung von Identifikation und Aneignung des Wohnumfeldes durch die Bewohner (bzw. Mieter) bezüglich der Vermeidung von Vandalismus.

Die in der Praxis gewonnenen Erkenntnisse könnten (im Sinne von Jellineks „normativer Kraft des Faktischen" oder hier: Praktischen) konstituierende Wirkung bei der Formulierung von Konzepten zur Kriminalprävention innerhalb des integrierten Handlungskonzeptes des Städtebauförderungsprogramms „Soziale Stadt" entfalten.

---

1 Umgestaltung von Großwohnanlagen, Schürmann (2007) in: forum kriminalprävention, H. 4/2007 – Deutsches Forum für Kriminalprävention (DFK) im Internet: http://ww.kriminalpraevention.de/literaturbox.html?task=viewBook&start=240&BookID=217 (letzter Abruf am 18.06.14).

3. Das Beispiel Bonn-Neu-Tannenbusch – Soziale Stadt NRW

Am Beispiel des laufenden Projektes in Bonn–Neu-Tannenbusch lassen sich die Konzept- und Planungs- sowie die Startphase beschreiben. Deren Bedeutung wird spätestens in der Anlaufphase deutlich, wenn aus Zuständigkeiten der beteiligten Akteure Verantwortlichkeiten erwachsen, die durch Handlungen sichtbar werden sollen.

Abbildung 1   Wohngebäude in Tannenbusch

Quelle: Sabine Kaldun.

3.1 Gebietstypologie

Das Programmgebiet liegt im Norden der Stadt, entspricht der Planungsphilosophie der 1970er-Jahre und zeigt die Gebietstypologie der monofunktionalen Großwohnsiedlung. Hinzu kommen eine Stadtrandlage, in Teilen defizitäre Infrastruktureinrichtungen und das weitgehende Fehlen von Gewerbeflächen sowie eine mangelhafte Freiraumgestaltung. Erheblicher Instandhaltungsrückstand sowie ein unzulänglich gestaltetes und ungepflegtes Wohnumfeld sind unverkennbar. Von den etwa 10.000 Bewohnerinnen und Bewohnern aus rund 120 Nationen –

hierbei ist zu berücksichtigen, dass sich im Quartier zwei Wohnanlagen für Studierende mit etwa 700 Wohneinheiten befinden – sind 19 Prozent arbeitslos; die Transferleistungsrate liegt im Durchschnitt bei 28 Prozent, bei den unter 15-Jährigen bei über 50 Prozent. Die Kinderarmut ist entsprechend hoch, ebenso die Fluktuationsrate und die Anonymität im Quartier. Im Hellfeld sind die durchschnittliche Kriminalitätsrate und die Jugendkriminalität höher als in anderen Stadtteilen Bonns.

3.2 Vorgeschichte

2007 wurde die Initiative „Tannenbusch ist besser als sein Ruf" als Folge einer Podiumsdiskussion gegründet. In den Folgejahren beantragten die Bürgerinnen und Bürger ein Entwicklungskonzept für den Stadtteil, und der Hauptausschuss der Stadt beschloss den Antrag zur Aufnahme von Teilen des Stadtteils in das Programm „Soziale Stadt". Es folgten die Beauftragung eines Büros zur Erarbeitung eines integrierten Handlungskonzeptes sowie Gesprächsrunden vor Ort zu folgenden Themen:

- Kinder, Jugend und Familie,
- Integration, Zusammenleben, Kultur und Bildung,
- Arbeitslosigkeit, Beschäftigungsförderung und Qualifizierung,
- Jugendkriminalität und Kriminalprävention.

Im Rahmen von Stadtteilkonferenzen wurde das integrative Handlungskonzept vorgestellt und erörtert. Es folgten die Bildung von Arbeitsgruppen zu den genannten Themen und im Herbst 2010 die Eröffnung des „Informationsbüros Soziale Stadt" im Einkaufszentrum des Quartiers. Der Schwerpunkt der Maßnahmen liegt auf klassischen Handlungsfeldern der Sozialen Stadt wie Hochbau und Wohnumfeldverbesserungen, Belegungsmanagement sowie Beschäftigung/Qualifizierung und lokale Ökonomie.

3.3 Strukturierung des Arbeitsprogramms

Seit Herbst 2008, also bereits während der Erarbeitungsphase des Handlungskonzepts, war der Fachberater für Städtebauliche Kriminalprävention beim Polizeipräsidenten in Bonn in die Arbeit zum Aufnahmeverfahren in das Förderprogramm eingebunden. „Ziel polizeilicher Maßnahmen der städtebaulichen Kriminalprävention ist es, die für die Gestaltung des ‚Lebensraums Stadt' Verantwortlichen zu unterstützen, Grundgedanken der städtebaulichen Kriminalprävention in ihren Verantwortungsbereichen zu berücksichtigen und in konkreten Planungs- und Bauvorhaben auf die Umsetzung Kriminalität hemmender Maßnahmen Einfluss zu nehmen. (…) Im Rahmen konkreter Planungs- und Bauvorhaben gibt die

Polizei gegenüber den verantwortlichen Ämtern sowie im Zuge der Befassung in kriminalpräventiven Gremien kriminalfachliche Stellungnahmen ab. Sie nimmt nicht zu Fragen der funktionalen oder ästhetischen Gebäudegestaltung Stellung", heißt es im aktuellen Erlass zur Polizeilichen Kriminalprävention NRW[2].

Bekanntermaßen ist Kriminalprävention eine gesamtgesellschaftliche Aufgabe, wobei die Gesellschaft – und so auch die Kommunen – der Polizei gerne die originäre Zuständigkeit zuschreiben. Mag dies für die Verkehrserziehung im Rahmen der Primärprävention noch zutreffen, sieht die Erziehung zu normtreuem und achtsamem Verhalten im Miteinander andere Betroffene in der Pflicht. Die Konzeption der primären Kriminalprävention innerhalb des integrierten Handlungskonzeptes bedurfte somit eines professionellen Partners, der diese Aufgabe für die Kommune in deren Zuständigkeit plant und koordiniert. Es wurde ein Büro gesucht, das einerseits fachliche Erfahrungen an Standorten der Sozialen Stadt vorweisen und in Kenntnis polizeilicher Aufgaben, Zuständigkeiten und Strukturen Schnittstellen in Nahtstellen umwandeln konnte. In dieser Erkenntnis band die Stadt Bonn das Fachkommissariat für Städtebauliche Kriminalprävention in die Bewerberauswahl ein und bat um eine Stellungnahme. Das ausgewählte Büro nahm mit der Beauftragung Kontakt zur Polizei auf und begann mit einer Bestandsaufnahme der schon laufenden Maßnahmen der beteiligten Akteure im Quartier.

Als hilfreich stellte sich heraus, bei der Konzepterstellung dem kriminologischen Ansatz gegenüber einem rein kriminalpolizeilichen gefolgt zu sein. Gerade in der Maßnahmenkonzeption städtebaulicher, sozialräumlicher und situativer Kriminalprävention ist die Kenntnis von Kriminalitätstheorien unverzichtbar, benennen sie doch Handlungsverantwortliche, beispielsweise in der „Broken-Windows-Theorie" oder dem „Non-Helping-Bystander-Effekt". Hier ist die Polizei gefordert, den Transfer von Lebenssachverhalten in Theorien und von Theorien in Handlungsempfehlungen zu leisten. Zonierung, Hausrechtsbereiche, (Verkehrs-)Sicherungspflichten, „Incivilities, Disorder" bzw. Zugangsregelungen, Stadtsatzungen, Public-Private-Partnership (PPP), Opportunitätsprinzip und Strafverfolgungszwang seien hier stellvertretend als Handlungsfelder genannt[3] – dies gilt auch für Bonn–Neu-Tannenbusch. Ein Blick in das integrierte Handlungskonzept lohnt. Die in diesem Zusammenhang gefertigte kriminalfachliche Stellungnahme wurde vollinhaltlich in das integrierte Handlungskonzept übernommen.

---

2   Polizeiliche Kriminalprävention – RdErl. d. Innenministeriums - 42 - 62.02.01 - vom 28.9.2006; im Internet: https://recht.nrw.de/lmi/owa/br_bes_text?anw_nr=1&gld_nr=2&ugl_nr=2051&bes_id=9724&val=9724&ver=7&sg=0&aufgehoben=N&menu=1 (letzter Abruf am 18.6.2014).

3   Schürmann: Städtebauliche Kriminalprävention – Was verbirgt sich hinter diesem abstrakten Begriff?, in: Polizei, Verkehr und Technik, Ausgabe Jan./Feb. 2008, http://eu.wien.at/urbact/files/schuermann/PTVJanFeb2009.pdf (letzter Abruf am 18.6.2014).

3.4 Das Ziel: Ein umfassendes Konzept für den gesamten Stadtteil

In Bonn–Neu-Tannenbusch besteht wegen der besonderen Sozialstruktur, der multiethnischen Bevölkerung und des stark verdichteten Wohnungsbestands in den Hochhäusern eine kritische Problemlage mit hoher Arbeitslosigkeit und hoher Kriminalitätsrate unter den Jugendlichen, die ein schnelles Handeln erforderlich macht. Die Kriminalitätsentwicklung im Stadtteil Neu-Tannenbusch hat sich in den vergangenen Jahren besorgniserregend entwickelt, insbesondere im Bereich der Straßenkriminalität. Immer wieder wurden junge Männer unter 21 Jahren aus Familien mit niedrigem Bildungsniveau, niedrigem Sozialstatus und häufig mit Migrationshintergrund als Tatverdächtige ermittelt. Zunehmende Respektlosigkeit und gesteigerte Gewaltbereitschaft manifestierten sich. Damit verbunden stieg das Unsicherheitsgefühl in der Bevölkerung immer mehr. Daher sollte ein städtebauliches und kriminalpräventives Konzept erarbeitet werden, das deutlich macht, mit welchen städtebaulichen und sozialintegrativen Maßnahmen die nachfolgend genannten Ziele erreicht werden können.

Projektziele:

- Reduzierung von Tatgelegenheiten,
- Erhöhung des Entdeckungsrisikos,
- Verhindern von Straftaten,
- Stärken des Sicherheitsgefühls,
- Stärken des Selbstschutzgedankens und Bewirken sicherheitsorientierten Verhaltens,
- Beseitigen und Mindern von Kriminalitätsursachen,
- Verhindern des Entstehens oder Verfestigens kriminogener Faktoren.

Folgende beispielhafte Maßnahmen sind dabei zu prüfen:

- Jugendkontaktarbeit sowie vernetzte Intervention und Präsenz von Jugendgerichtshilfe, Staatsanwaltschaft, städtischen Dienststellen und Polizei,
- übersichtliche Aus-/Umgestaltung von Wegeverbindungen und Freiflächen (Grünschnitt, Beleuchtung, Wegeführung, Zugangsregelungen),
- Öffnung ungenutzter oder unzugänglicher Bereiche für Aufenthalts- und Kommunikationszwecke,
- Umgestaltung der Hauseingangsbereiche, z.B. Pförtner-/Hausmeisterdienste,
- Erschließung der Orientierung im Quartier (Orientierungstafeln, gepflasterte Laufwege/Markierungen etc.),
- gegebenenfalls Videoüberwachung.

Abbildung 2   Tiefgarage in Tannenbusch

Quelle: Sabine Kaldun.

Bereits seit 2007 ist die Polizei mit Jugendkontaktarbeit, vernetzter Intervention und Präsenz in einem Konzept zur Verhütung und Bekämpfung der Jugendkriminalität in Bonn–Neu-Tannenbusch tätig[4]. Im Einzelnen umfasst dies folgende Maßnahmen:

JukoB – Die Jugendkontaktbeamten der Polizei

Aufsuchende Jugendkontaktarbeit an Deliktbrennpunkten und informellen Treffpunkten von Jugendlichen hat für die Polizei einen hohen Stellenwert. Die Jugendkontaktbeamten gewährleisten eine ständige Verbindung zu betroffenen Jugendlichen, Kindern und deren Erziehungsberechtigten mit dem Schwerpunkt der Sozialkontrolle. Man kennt sie, aber sie kennen auch ihre „Pappenheimer" und kümmern sich dabei insbesondere um die Jugendlichen, die sich im Dunstkreis der Intensiv- und Serientäter aufhalten. Dies schafft Vertrauen und gegenseitigen Respekt. Sie machen Alternativangebote zum „Abhängen", vermitteln Kontakte zu Jugendamt und Hilfsorganisationen und bauen im Gespräch mit Eltern und Ge-

---

[4] Vergleiche dazu: http://www.nrw.de/presse/konzept-zur-bekaempfung-der-jugendkriminalitaet-zeigt-erfolge-5816/ (letzter Abruf am 18.06.14).

schwistern Hemmschwellen ab. Sie führen aber auch „Gefährderansprachen" durch und sind in Strafverfolgungsmaßnahmen eingebunden, denn ihr Motto lautet: „Straftaten in TAnnen-BUsch sind tabu!"

Bezirksteam gegen eine Mauer des Schweigens

Die Polizeibeamten des Bezirksdienstes sind institutionalisierte Kontaktpersonen zu Schulen, Vereinen und anderen sozialen Einrichtungen. Sie überprüfen Personen an informellen Treffpunkten und nehmen an Jugendschutzkontrollen teil. Und sie suchen Gespräche mit Geschädigten und Opfern von Straftaten, um eine „Mauer des Schweigens" zu verhindern und Hilfsangebote zu vermitteln. Das Bezirksteam ist damit ein wichtiges Bindeglied zu den JukoB und zu den Jugendsachbearbeitern.

Jugendsachbearbeiter leisten schnelle Reaktion

Die Jugendsachbearbeiter sind mit der Bearbeitung von Straf- und Ermittlungsverfahren gegen minderjährige Tatverdächtige abschließend und primär personenorientiert befasst. Hierzu haben sie eine besondere Ausbildung genossen. Durch zeitnahe Ansprache von Tatverdächtigen unter Einbeziehung sozialer Verantwortungsträger veranlassen sie schnelle und angemessene Reaktionen auf delinquentes Verhalten und erhöhen damit die Chance, die gefährdeten Jugendlichen aus dem Fahrwasser krimineller Gruppierungen zu ziehen. Zudem regen sie das Diversionsverfahren und den Täter-Opfer-Ausgleich an.

Warnschuss mit „Gelber Karte"

Polizei, Staatsanwaltschaft und Jugendgerichtshilfe wollen erstmalig auffällig gewordenen Jugendlichen gemeinsam einen „Warnschuss" versetzen und diese am klassischen System der Strafverfolgung vorbeileiten. Instrumentarien des staatsanwaltschaftlichen Handelns im Jugendstrafverfahren sind insbesondere die Einstellung des Strafverfahrens in Verbindung mit einer erzieherischen Maßnahme oder seine Erledigung durch Ermahnung, Weisung oder Auflage.

Fallkonferenzen als vernetzte Intervention

Polizei, Staatsanwaltschaft, Jugendamt, Schulen und weitere, mit dem betroffenen Jugendlichen befasste Fachdienste entwickeln gemeinsam geeignete Interventionen für jugendliche Straftäter. Eine besondere Bedeutung kommt möglichst zeitnahen Beratungsgesprächen mit Erziehungsberechtigten und der Vermittlung von Hilfsangeboten zu. Leitgedanke der Konferenzen, die vom Stadtteilkoordinator der Stadtverwaltung Bonn einberufen werden, sind die zwei wesentlichen Aspekte von Erziehung: Konsequenz und Fürsorge.

„EGIS" – Beweiskräftige Strafverfolgung

Die „Ermittlungsgruppe zur Bekämpfung der Intensiv- und Serientäter" steht für eine beweiskräftige und gerichtsfeste Strafverfolgung. In der Ermittlungsgruppe werden Informationen gebündelt und das konzeptionelle Zusammenwirken aller an der Bekämpfung von Mehrfach- und Intensivtätern befassten internen und externen Dienststellen unterstützt. In enger Abstimmung mit der Staatsanwaltschaft soll ein beschleunigtes Verfahren mit zeitnaher Anklage und zeitnahem Strafvollzug erreicht werden.

Polizeiliches Präsenzkonzept Bonn-Tannenbusch

Die übergreifende Zusammenarbeit verschiedener Polizeidienststellen erhöht den Verfolgungsdruck und fördert die Nachhaltigkeit der Strafverfolgungsmaßnahmen. Mit sich wiederholenden und in nicht vorhersehbaren Einsätzen konsequent durchgeführten Kontrollen vor Ort wirkt die Polizei der Etablierung rechtsfreier Räume entgegen. Zusammen mit offener Streifentätigkeit und niedriger Eingriffsschwelle tragen die polizeilichen Maßnahmen auch dazu bei, das Sicherheitsempfinden der ortsansässigen Bevölkerung zu steigern.

Kriminalprävention und Opferschutz

Gezielte Aktionen der Kriminalprävention, insbesondere die Beratung zur städtebaulichen Kriminalprävention, der Gewaltprävention sowie zu Opferschutz und Opferhilfe durch das Kriminalkommissariat Kriminalprävention/Opferschutz, runden in Bonn-Tannenbusch die polizeilichen Maßnahmen ab.

Diese Maßnahmen wurden in das integrierte Handlungskonzept der „Sozialen Stadt" integriert.

4. Planung kriminalpräventiver Maßnahmen im Stadtteil Bonn-Neu-Tannenbusch

Für die konkrete Bearbeitung des kriminalpräventiven Konzeptes hat die Bundesstadt Bonn das Büro „barrio novo." beauftragt. Das Büro hat die Ist-Situation im Quartier und die erforderlichen kriminalpräventiven Maßnahmen für die konkrete Ausgangssituation und Rahmenbedingungen erarbeitet. Anlass für die Beauftragung ist der im integrierten Handlungskonzept festgestellte erhöhte Bedarf der lokalen Bevölkerung an subjektiver und objektiver Sicherheit anlässlich einer höheren Straßenkriminalität.

4.1 Soziale Ausgangssituation

Im Programmgebiet lebt eine Reihe jugendlicher Intensivtäter aus mehrfach belasteten Familien. Soziale Desintegration und strukturelle Benachteiligung sind hier häufig vorzufinden. Die Benachteiligungen beziehen sich, wie soziale Kontextindikatoren belegen, auf folgende Aspekte und sind im Hinblick auf die Ursachen für das Entstehen von Gewalt- und sonstiger Straßenkriminalität in diesen Siedlungstypen von Bedeutung:

- niedriges Bildungsniveau und geringe Bildungsteilhabe,
- Langzeitarbeitslosigkeit (Transfereinkommen wie ALG II),
- niedriges und/oder unsicheres Haushaltseinkommen,
- hohe Kinderarmut,
- geringe gesellschaftliche Teilhabe,
- beengte Wohnverhältnisse,
- homogene Belegung.

Das Gebiet ist wohnsoziologisch eine sogenannte überforderte Nachbarschaft. Die Kindheitsphase ist hier mit hohen Risiken verbunden, und viele Familien kommen oft ihren Aufgaben als primäre Sozialisationsinstanz nicht ohne die Hilfen zur Erziehung nach, wie die kommunale Statistik zeigt. Die Begleitungsintensität der Jugendgerichtshilfe in Bonn–Neu-Tannenbusch ist offenbar der hohen Jugendkriminalität der vergangenen Jahre geschuldet.

Abbildung 3   Jugendliche in Tannenbusch

Quelle: Sabine Kaldun.

Mittels Experteninterviews in den Institutionen konnte nachgewiesen werden, dass folgende Charakteristika in den Familien der Intensivtäter gehäuft vorgefunden werden:

- patriarchales Rollenverständnis von Männern und Frauen in den Familien,
- hohe Fallzahlen häuslicher Gewalt in meist traditionellen Familienstrukturen,
- Probleme in Erziehungsfragen,
- geringes Interesse der Eltern am schulischen Alltag und der Bildung der Kinder,
- verbreitete Suchtproblematik,
- hoher Fernsehkonsum,
- häufig Schulprobleme, Schulmüdigkeit und Schulverweigerung.

4.2 Zielsetzung des kriminalpräventiven Konzepts für Neu-Tannenbusch

Das Handlungsfeld Kriminalprävention in der Stadterneuerung soll neben vielen anderen Maßnahmen weitere Impulse für die Verbesserung der Sicherheit, Lebensqualität und des Stadtteilimages setzen. Das Außenimage von Neu-Tannenbusch in der Wahrnehmung der Bonner Gesamtbevölkerung wurde über die Jahre immer negativer. Vielfach findet negative Zuschreibung und Etikettierung statt. Auch die lokalen Medien berichten vermehrt über Negatives.

Mit den Handlungsempfehlungen sollen (städte-)bauliche und sozialintegrative Maßnahmen angestoßen werden, die der Abwärtstendenz des Siedlungsgebiets mit geeigneten Strategien nachhaltig entgegenwirken. Das Quartier soll für Familien und neue Bewohnergruppen attraktiver werden, damit sich eine soziale Durchmischung ergibt und Integration möglich wird. In Bonn–Neu-Tannenbusch hat man sich bewusst für einen integrierten Lösungsansatz im Sinne einer multifaktoriellen Strategie aus städtebaulichen und sozialen Maßnahmen entschieden. So werden die Aufgaben von Anfang an ämter- und institutionsübergreifend bearbeitet. Hinzukommen Aspekte der lokalen Ökonomie und Beschäftigungsförderung in Zusammenarbeit mit der Wirtschaftsförderung, um die Chancen der lokalen Bevölkerung, primär der jungen Menschen, am ersten Arbeitsmarkt zu vergrößern.

Die Erfahrungen aus anderen Programmgebieten der Sozialen Stadt zeigen: Die Ursachen für jugendliche Kriminalkarrieren und Abwärtsentwicklungen lassen sich nur minimieren, wenn verschiedene Faktoren aus baulichen, sozialen und ökonomischen Lösungsansätzen berücksichtigt werden.

Das Handlungskonzept baut auf dem bisher vorliegenden Erkenntnisstand, den sozialräumlichen Daten und Fragestellungen des integrierten Handlungskonzepts

Bonn–Neu-Tannenbusch auf. Das Handlungskonzept soll den beteiligten Akteuren konkrete Handlungsempfehlungen in drei Handlungsfeldern aufzeigen:

1) Städtebau, insbesondere Maßnahmen im öffentlichen Raum,
2) Erhöhung der Wohnsicherheit durch Gestaltung des privaten Wohnungsbestandes (Sekundärprävention),
3) ergänzende Handlungsempfehlungen zur Primärprävention im Quartier.

Der Handlungskatalog versteht sich als Empfehlung. Er soll prozesshaft vor Ort von den zuständigen Akteuren und Kooperationspartnern umgesetzt, über die Laufzeit des Programms der Sozialen Stadt hinaus fortgeschrieben und verstetigt werden, um die lokale Lebensqualität und Sicherheit der Bewohnerschaft langfristig zu verbessern und zu bewahren. Mit der lokalen Lebensqualität soll sich auch das Image von Neu-Tannenbusch in der Gesamtstadt verbessern. Zuzüge sollen für andere soziale Gruppen attraktiver gemacht werden. Nur mit einer besseren sozialen Durchmischung der Bevölkerungsstruktur kann es gelingen, dass aktuell marginalisierte Gruppen die Auswirkungen der Ausgrenzung überwinden und die Chance erhalten, gesamtgesellschaftliche Teilhabe zu erfahren. Dabei dürfen ärmere Bevölkerungsgruppen (deutsche Unterschicht und marginalisierte Zuwanderergruppen) nicht aus ihren Wohnungen verdrängt werden – beziehungsweise ist weiterhin dafür Sorge zu tragen, dass sie zukünftig auch in anderen Bonner Quartieren preiswerten Wohnraum mieten können. Dazu muss der stark segmentierte Wohnungsmarkt geöffnet werden.

4.3 Untersuchungsmethode des Integrierten Sicherheitsaudits

Zur Untersuchung des Gebiets wurden verschiedene Verfahrensschritte angewandt. Diese werden hier als Integriertes Sicherheitsaudit (vgl. Berger/Kaldun 2007, S.15 f.) bezeichnet. Mit diesem Verfahrensansatz werden (städte-)bauliche, wohnungswirtschaftliche und sozialräumliche Aspekte im Sinne eines multifaktoriellen Kontexts in die Analyse einbezogen und interpretiert. Hintergrund ist die Erfahrung in verschiedenen Stadtteilen, dass sich mit (städte-)baulichen Maßnahmen in Kombination mit sozialen und umfangreichen partizipativen Verfahren vor Ort deutlich positivere Effekte in der städtebaulichen Kriminalprävention erzielen lassen. So sanken in vielen Fällen die Vandalismusschäden, wenn Kinder und Jugendliche bei der Planung in verschiedenen Phasen teilnehmen durften. Die Identifikation der vorab beteiligten Personen mit den Veränderungen ist dann höher. Demgegenüber haben Maßnahmen ohne Beteiligung einen eher eingeschränkten Wirkungsgrad, da es keine Kontakte von Planenden und Nutzenden gibt. Die Planungen werden sozusagen ohne Absprachen und Meinungsbild isoliert umgesetzt; Akzeptanzprobleme sind vorprogrammiert.

Der Autorin und den Autoren ist an dieser Stelle bewusst, dass die kriminalpräventive Wirkung auch Begrenzungen unterliegt, da etliche mit Blick auf die Kriminalprävention erforderliche Einflussgrößen auf Landes-, Bundes- und EU-Ebene nicht unmittelbar verändert werden. Zu diesen Einflussgrößen zählen:

- Ist-Situation der übergeordneten Bildungspolitik, wie beispielsweise die Wirkung des dreigliedrigen Schulsystems;
- strukturell bedingte Nachteile von Programmen und Fördermittelvergaben, die den finanzschwachen Kommunen bürokratische Zusatzaufgaben auferlegen und durch zeitlich bedingtes „Projekthopping" kaum Kontinuität und Verstetigung ermöglichen;
- Wirkungen der nationalen Integrationspolitik, z.B. im Hinblick auf Bildung, wirtschaftliche und politische Teilhabe;
- Wirkungen der „Agenda 2010" auf Haushalte und Bedarfsgemeinschaften sowie Entwicklung der Armut in den Kommunen;
- bestehende Zugangsbarrieren am Arbeitsmarkt für zugewanderte Gruppen sowie fehlende Arbeitsplatzangebote für gering qualifizierte Personen;
- Finanzsituation der deutschen Kommunen.

4.4 Untersuchungsschritte

Im gesamten öffentlichen Raum des Programmgebiets Neu-Tannenbusch wurde (in Anlehnung an das Sicherheitsaudit) ein städtebaulicher Sicherheitscheck durchgeführt. Dies geschah anhand von Checklisten der städtebaulichen Kriminalprävention für die unterschiedlichen städtischen Räume. Diese Checklisten sind in baulich vergleichbaren Siedlungsgebieten erprobt und werden ständig optimiert. So wurden Checklisten für die privaten Wohnimmobilien und den öffentlichen Raum verwendet.

Um das Alltagswissen der Bewohnerinnen und Bewohner bei der IST-Analyse in Erfahrung zu bringen und ihr Bedürfnis nach Sicherheit im Wohnumfeld ernst zu nehmen, wurden leitfadengestützte Face-to-face-Interviews durchgeführt. Die Erkenntnisse aus den Interviews wurden in die Analyse einbezogen. Dabei wurden verschiedene Orte aufgesucht und mündliche Befragungen in Wohngebäuden, dem Wohnumfeld und bei quartierbezogenen öffentlichen Veranstaltungen durchgeführt, bei denen unterschiedliche Zielgruppen angesprochen wurden. Seitens der Polizei Bonn war ein Mitarbeiter der Kriminalprävention bei den Gruppentreffen anwesend. Damit konnte den Teilnehmenden bereits verdeutlicht werden, dass die Sicherheit ernst genommen wird.

Die IST-Analyse erfolgte zu unterschiedlichen Tages- und Wochenzeiten sowie verschiedenen Vegetationsperioden, um genaue Informationen über die Wechselbeziehungen zwischen Beleuchtung, Ausstattung und Gestaltung, Nutzungszeiten, Nutzungen und Nutzenden in Erfahrung zu bringen (Raumbeobachtung). Die Raumsituationen wurden dokumentiert und ausgewertet.

Folgende Analyseschritte wurden im multifaktoriellen Untersuchungskontext durchgeführt:

- Bestandsanalyse der IST-Situation: Müll im öffentlichen Raum,
- Bestandsanalyse der IST-Situation: Öffentliche Räume und Freifläche,
- Bestandsanalyse der IST-Situation: Wohngebäude und Tiefgaragen,
- Ortstermine Wohnungsbestandbegehungen mit Vertreterinnen und Vertretern der Wohnungsunternehmen und mit technischen Sicherheitsberatern der Polizei,
- Gespräche und Wohngebäudebegehungen mit Mieterinnen und Mietern,
- Treffen und Gruppeninterviews mit unterschiedlichen Zielgruppen,
- Begehungen mit ortsfremden Probanden,
- Gruppenveranstaltungen mit Zielgruppen zum Thema Sicherheit und Planungen,
- Ortstermine und Treffen mit Eigentümern aus den Einfamilienhäusern,
- Einzelinterviews mit Bewohnerinnen und Bewohnern bzw. Mieterinnen und Mietern,
- Experteninterviews mit Schlüsselpersonen aus verschiedenen Institutionen,
- Daten- und Dokumentenanalyse.

4.5 Beratung in laufenden Planungsprozessen

Zusätzlich wurden bei laufenden Planungsverfahren wo immer möglich die Anforderungen aus der Perspektive der städtebaulichen Kriminalprävention integriert. Dadurch war sichergestellt, dass in der Planungsphase Anregungen und Empfehlungen zum Inhalt der Planungen werden konnten. So wurden beispielsweise bei der Neuplanung einer Freifläche für Kinder und Jugendliche mehr Beleuchtung, alternative Wegeführungen und Grünflächengestaltung, mehr Müllbehälter, Sicht- und Rufbeziehungen sowie informelle Treffpunkte für Jugendliche empfohlen und in der Realisierung unmittelbar umgesetzt. Die Erfahrung in der Praxis zeigt, dass ein prozessbegleitendes Verfahren sinnvoll ist, da so Sicherheitsansätze unmittelbar inhaltlich beraten und vermeidbare Fehlplanungen minimiert werden können.

Abbildung 4   Neues Spielgelände am sog. KBE-Dreieck

Quelle: Michael Isselmann.

4.6   Auswertung ausgewählter polizeilicher Daten

Um den Zusammenhang zwischen Entwicklungsdefiziten und möglichen devianten wie auch delinquenten Folgen zu untersuchen und den hohen Zusatzbedarf von sozialintegrativen Maßnahmen gegenüber anderen Quartieren in Bonn zu belegen, war es unumgänglich, bestimmte angezeigte Straftaten und Polizeieinsätze mit ihren jeweiligen Parametern in Anlehnung an die kriminologische Regionalanalyse auszuwerten.

Selektion der Daten

In Anlehnung an die Europäische Vornorm Nr. 14.383 „Prevention of crime – Urban planning and design – Part 2: Urban planning (Vorbeugende Kriminalitätsbekämpfung – Stadt- und Gebäudeplanung – Teil 2: Stadtplanung) geht es in der Auswertung um Delikte, die in Deutschland auch als sogenannte Straßenkriminalität zusammengefasst werden. Die Daten wurden anonymisiert und lediglich intern ausgewertet, um weitere Stigmatisierungen des Quartiers zu vermeiden.

Eine gut belegte qualitative Aussage erhöht die Wahrscheinlichkeit, dass Entscheidungsträger die erforderlichen Fördermittel für primärpräventive Maßnahmen im Programmgebiet bewilligen. Dies umfasst unter anderem einen erhöhten Einsatz von pädagogischem Personal und umfangreiche zusätzliche soziale Maßnahmen:

- Sozialisation,
- Frühe Hilfen – Prävention ab Geburt,
- Freizeitangebote,
- Maßnahmen gegen Schulmüdigkeit und Schulverweigerung,
- lokale Bildungsangebote,
- Förderung demokratischer Prozesse,
- Hilfe beim Übergang von Schule zu Beruf,
- Förderung der gemeinwesenorientierten Ökonomie und lokalen Ökonomie,
- Mobilitätsförderung der Bewohnerinnen und Bewohner,
- Unterstützung bei der Integration und Schaffung von Zugängen.

4.7 Interviews mit Bewohnerinnen und Bewohnern – Zentrale Ergebnisse

Eine zentrale Erkenntnis aus den qualitativen Interviews mit Bewohnerinnen und Bewohnern besagt, dass viele von diesen bereits Opfer von Straftaten und aggressivem Verhalten im öffentlichen Raum und in Wohngebäuden geworden sind. Konkret wurden genannt:

- aggressive verbale Anmache, Einschüchterung,
- Raubdelikte im öffentlichen Raum,
- Wohnungs- und Kellereinbrüche,
- Sachbeschädigung und Straftaten in den Tiefgaragen,
- Diebstahl aus/an/von Pkw,
- Sachbeschädigungen,
- Brandstiftungen.

Unsoziales Verhalten von einigen wenigen jugendlichen Cliquen im Quartier ist an der Tagesordnung. Solche Cliquen belästigen Passanten im öffentlichen Raum verbal oder werden handgreiflich. Besonders erschreckend sind die Berichte von körperbehinderten Personen, deren Hilflosigkeit im Straßenraum mit Schikanen und Diebstahl ausgenutzt wurde. Aber auch junge männliche Erwachsene berichteten, dass sie im öffentlichen Raum Opfer von gewalttätigem Verhalten wurden.

In den öffentlichen Räumen und den Wohngebäuden werden zahlreiche Drogengeschäfte getätigt. Aus der Befragung gingen eindeutige Angaben zu den Angstorten und Orten, die umgestaltet werden sollen, hervor. Diese Angaben werden bei der Um- und Neugestaltung der öffentlichen Räume prioritär beachtet. Schwieriger stellt sich die Umsetzung in einigen Wohnungsbeständen dar.

4.8 Die Rolle der Wohnungseigentümer in der städtebaulichen Kriminalprävention

Die Stadt Bonn beabsichtigt, das kriminalpräventive Konzept gemeinsam mit den Wohnungseigentümern umzusetzen und die kriminalpräventiven Maßnahmen in den jeweiligen Mehrfamilienhäusern und im Wohnumfeld konkret zu benennen. In der Analysephase wurde die Ist-Situation in den Beständen der Wohnungsunternehmen aufgenommen. Im Verfahren gab es Ortstermine mit Vertreterinnen und Vertretern der Wohnungswirtschaft, um mit ihnen die Befunde inhaltlich zu besprechen und gemeinsam Lösungen zu entwickeln.

Abbildung 5   Unbefriedigende Erschließungssituation

Quelle: Sabine Kaldun.

Bei der Umsetzung der erforderlichen kriminalpräventiven Handlungsansätze im privaten Wohnungsbestand wird die künftige Mitwirkungsbereitschaft der Wohnungsunternehmen eine zentrale Rolle spielen, um den Wohnstandort für alte und neue Mietergruppen attraktiver zu gestalten und den baulichen und sozialen Abwärtstrend zu stoppen. Aus Erkenntnissen der Bonner Polizei, den Interviews mit Mieterinnen und Mietern sowie den Ergebnissen der Ortsbegehungen ist bekannt, dass hohe Einbruchszahlen (Wohnungs- und Kellereinbrüche), Drogenhandel in den Häusern und Konflikte in den Nachbarschaften die Wohnunsicherheit (subjektive Unsicherheit in den Mehrfamilienhäusern) maßgeblich prägen. Die Wohnungseigentümer reagieren auf die Erkenntnisse mit unterschiedlicher Mitwirkungsbereitschaft.

Interesse an der Sicherheitsthematik und der Stadtteilerneuerung ist bei den Eigentümern der Einfamilienhäuser, den Eigentümergemeinschaften und dem Bonner Studentenwerk vorhanden. Das Studentenwerk hat kürzlich ein Studentenwohnheim zurückgebaut und errichtet ein zeitgemäßes Wohngebäudeensemble auf dem Grundstück, das im Rahmen eines Wettbewerbsverfahrens im Ergebnis vom Investor favorisiert wurde. Einige Eigentümer der Einfamilienhäuser engagieren sich mittlerweile in den Nachbarschaftsprojekten des Quartiersmanagements, da sie selbst betroffene Bewohner sind. Eine Eigentümergemeinschaft hat in ihrem Wohngebäudekomplex die kriminalpräventiven Handlungsempfehlungen kurz nach dem Ortstermin umgesetzt.

Ein großes Wohnungsunternehmen hat einige Empfehlungen während der energetischen Modernisierung eines Gebäudekomplexes übernommen und plant in diesem Bereich die Umgestaltung der Hofflächen. Einige überflüssige dunkle Zugänge zu den Innenhöfen wurden zugemauert oder kriminalpräventiv umgestaltet. In den Erdgeschosswohnungen wurden einbruchsichere Fenster eingebaut.

Abbildung 6   Eingangsbereiche im Geschosswohnungsbau

Quelle: Sabine Kaldun.

Abbildung 7   Durchgangsbereiche im Geschosswohnungsbau

Quelle: Sabine Kaldun.

Den Wunsch ihrer Mieterinnen und Mieter nach höheren Sicherheitsstandards in den Wohnhäusern und den eigenen Wohnungen erfüllen die am Kapitalmarkt notierten Immobilienunternehmen bisher nicht. So war bei der Gruppe der kapitalmarktnotierten Eigentümer kaum Interesse an Information und Beratung vorhanden. Zum Teil entsandten sie nicht einmal verantwortliche Mitarbeiterinnen und Mitarbeiter zu den Terminen. Weder ist ein Interesse an den Ergebnissen noch ein investives Engagement erkennbar. Sicherheit spielt, neben zahlreichen anderen Wohnstandards, bei den kapitalmarktnotierten Unternehmen vor Ort bisher weiter keine Rolle – was nicht weiter verwundert, wenn man von den zum Teil unzumutbaren Wohnzuständen in den Mietwohnungen erfährt (feuchte Wohnungen aufgrund altersbedingter Gebäudeschäden, undichte Dächer).

Dass es auch anders geht, wurde zum Beispiel in Leverkusen–Rheindorf-Nord bewiesen. Hier haben sich ein kommunales Wohnungsunternehmen und eine industrienahe Wohnungsstiftung aktiv in den Stadtteilerneuerungsprozess eingebracht und umfangreiche Investitionen und Neubauvorhaben getätigt. Die Sicherheitsempfehlungen wurden ernst genommen und berücksichtigt, um die Mieterschaft langfristig an den Wohnraum zu binden. Hausmeisterdienste wurden umstrukturiert und mehr an Serviceleistungen ausgerichtet. In Leverkusen–Rheindorf-

Nord besteht auf Seiten der Verantwortlichen ein Interesse an langfristiger Vermietbarkeit, Verringerung der Fluktuationsrate und einer ausgewogenen sozialen Mischung durch Belegung im Quartier[5].

Aktuell ist die Investitionsbereitschaft der großen Wohnungseigentümer in Bonn–Neu-Tannenbusch noch gering, wie auch eine durchgeführte Eigentümerbefragung belegt[6]. Von ihrer kooperativen Mitwirkung bei der Stadtteilsanierung und den Investitionen am Wohnstandort in Sicherheit und den Wohnstandard hängt es maßgeblich ab, ob die bauliche und technische Wohnsicherheit nachhaltig verbessert werden kann. Zahlreiche Modernisierungsmaßnahmen sind am Standort erforderlich, da die Wohnungssubstanz in die Jahre gekommen ist. Fast an allen Mehrfamilienhäusern treten zeitlich bedingte bauliche Mängel auf (zum Teil noch Einfachverglasung, undichte Dächer, Feuchtigkeit im Mauerwerk, marode Heizungssysteme, einfacher Standard der Wohnungen, unattraktive/ungepflegte Außenbereiche, fehlendes Sicherheitskonzept im und am Gebäude).

Die kriminalpräventive Ist-Situation ist gekennzeichnet durch folgende Defizite:

- Defizite in der Gestaltung von Eingangsbereichen (Klingeltableaus, Briefkästen),
- zu wenig Beleuchtung vor den Eingangsbereichen und den Kellerabgängen,
- offene Zugangsbereiche in Hausfluren und zu privaten Innenhöfen,
- zahlreiche kriminalpräventiv kritisch gestaltete Durchgangsbereiche zwischen den Mehrfamilienhäusern,
- nicht erkennbare Trennung von privaten und öffentlichen Flächen durch Gestaltung,
- technische Defizite bei Haustüren, Wohnungtüren und Türschlössern,
- technische Sicherheitsdefizite bei Balkonen, Balkontüren und Fenstern,
- unattraktive private Freiflächen, zum Teil sehr ungepflegte Grünflächen/Abstandsgrün,
- problematische Sicherheitssituationen in den Mieterkellern (Kellereinbrüche),
- Probleme mit Müll im Bestand,
- unverschlossene Brandschutztüren,
- Brandgefahr durch „wildes" Ablagern von Sperrmüll in den Kellerräumen,
- Unsicherheit und Vandalismus in den Tiefgaragen,
- Fehlen eines Sicherheitsbewusstseins bei den meisten Vermietern.

Um Wohnsicherheit und Wohnqualität zu verbessern, sind entsprechende kriminalpräventive Maßnahmen in den oben genannten Bereichen erforderlich. Die Unternehmen wurden darüber in Kenntnis gesetzt.

---

5   Siehe dazu Stadt Leverkusen: Integriertes Handlungskonzept für Rheindorf-Nord. Antrag beim Bund-Länder-Programm der Sozialen Stadt, Stadt Leverkusen, November 2006.
6   Siehe dazu Bundesstadt Bonn: Soziale Stadt Bonn-Tannenbusch. Vorbereitende Sanierungsuntersuchung (VU) Eigentümerbefragung, Köln 2013.

5. Befunde, Empfehlungen und Lösungsansätze

So zahlreich und vielschichtig Problemlagen und Fragestellungen sind, so differenziert sind die gewonnenen Erkenntnisse und Lösungsansätze. Mögen identifizierte Konflikte vielleicht typisierbar sein, Strategien und Maßnahmen wirken nicht nachhaltig, wenn Standardlösungen unreflektiert angewandt werden.

5.1 Der öffentliche Raum

Die Bewohnerinnen und Bewohner kritisieren die mangelhafte Grünpflege und das hohe Müllaufkommen in den öffentlichen Räumen und das Fehlen von Urbanität. Für die Wohnqualität und das darin enthaltende Sicherheitsgefühl der Bewohnerschaft ist der Zustand der Freiflächen ein wichtiges Kriterium. Eine regelmäßige und kontinuierliche Grünpflege in der Vegetationsphase bedeutet sichtbares Kümmern und Ordnen. Attraktive und gepflegte Grünflächen sind für die Aufwertung und Verbesserung der öffentlichen Raumqualität von zentraler Bedeutung.

Abbildung 8   Verschmutzter öffentlicher Raum

Quelle: Sabine Kaldun.

Die allseits im Gebiet anzutreffende Müllproblematik ist kontinuierlich auf verschiedenen Ebenen zu bearbeiten. Städtebaulich wird im Rahmen der Neugestaltung der öffentlichen Freiräume neben den zahlreichen kriminalpräventiven Aspekten bei der Gestaltung auch die Verdichtung der Pflegeintervalle eine Rolle spielen.

5.2 Partizipation im kriminalpräventiven Kontext

Das kriminalpräventive Konzept empfiehlt eine umfassende niedrigschwellige Beteiligung von Bewohnerinnen und Bewohnern. Insbesondere soll Vandalismus durch die Einbindung von Kindern und Jugendlichen verringert werden. Die Dialoge und Arbeiten während der Beteiligungsverfahren sollen die Menschen für die Veränderungen interessieren und nach Möglichkeit ermutigen, ihr Wohnumfeld aktiv mitzugestalten. Dementsprechend wurden bereits Kinder und Jugendliche von den Fachleuten vor Ort angesprochen und direkt beteiligt, zum Beispiel bei der Umgestaltung eines Spielplatzes.

Abbildung 9   Bürgerwerkstatt zur Planung des öffentlichen Raums

Quelle: Michael Isselmann.

Im Rahmen der Erneuerung des öffentlichen Raums wird es viele Möglichkeiten geben, Menschen aus dem Wohnumfeld an den Verbesserungen teilhaben zu lassen und mit ihnen im Planungsprozess ins Gespräch zu kommen. Dies wird über das Quartiersmanagement gewährleistet. Auch beim städtebaulichen Workshop zur Planung des öffentlichen Raums (Rahmenplanung öffentlicher Raum) werden Teilnehmerinnen und Teilnehmer aus dem Quartier eingeladen und nach ihren Ideen und Anregungen gefragt.

Erfahrungen mit unterschiedlichen niedrigschwelligen Beteiligungsmethoden sind in benachteiligten Stadtteilen – sozialstrukturell bedingt – geringer ausgeprägt als in Wohnquartieren der Mittelschicht. Persönliche Erfahrungen mit demokratischen Entscheidungsverfahren fehlen in den benachteiligten Quartieren vielfach. So ist z.B. auch die Wahlbeteiligung in solchen Gebieten meist niedrig. Das Interesse an Politik ist in vielen Haushalten gering ausgeprägt oder aufgrund der perspektivlosen Lebenssituation erloschen. Viele der zugewanderten Bewohnerinnen und Bewohner haben keine aktiven Wahlrechte oder sind mit dem deutschen System nicht vertraut. So bieten niedrigschwellige Beteiligungserfahrungen auch für den Integrationsprozess der Bevölkerung wichtige Gelegenheiten. Auch kommen bisher anonyme Nachbarn in Kontakt miteinander. Für die Entwicklung eines attraktiven Wohnstandorts sind Beteiligung und Teilhabe an Entscheidungsprozessen unverzichtbar, da anderenfalls keine Identifikation und aktive Aneignung der Räume durch die Bevölkerung am Wohnort stattfinden kann. Jede Stadtteilerneuerung bietet kreative Möglichkeiten für Junge und Alte.

Deutliche Hinweise darauf, dass Identifikation und Anteilnahme schwach ausgeprägt sind, bieten aufgegebene Orte im Wohnumfeld und Sachbeschädigungen. Es fehlt an Urbanität; so sind die Grenzen zwischen privatem und öffentlichem Raum nicht erkennbar, da es keine entsprechende Gestaltung gibt. So sind beispielsweise im Programmgebiet kaum Vorgärten angelegt. Aneignung über Mietergärten kommt in den Mehrfamilienhäusern kaum vor. Die Innenhöfe der Wohnblöcke sind trist. Die privaten Abstandsgrünflächen wirken monoton und unattraktiv, Räume weisen keinerlei erkennbare Nutzungskonzepte auf. Kennzeichnend dafür sind Verwahrlosungserscheinungen wie defekte oder fehlende Mülleimer und Bänke, unzureichendes Spielangebot für (Klein-)Kinder hinter den Gebäuden.

Es fehlt an interessant gestalteten Freiräumen, Ruhezonen und Plätzen, auf denen sich verschiedene Gruppen aufhalten können. Besonders Jugendliche benötigen hier zahlreiche informelle Treffpunkte, da sowohl ihr Raum für das Wohnen als auch das für sie vorgesehene Freiflächenangebot sehr knapp sind (hochverdichtete Bauweise) und es folglich häufig zu Konflikten in den Nachbarschaften der Gebäude kommt.

Aktive Mitwirkung an planerischen Arbeiten und in der Umsetzung ist ein wesentlicher Baustein, um die Menschen in der Nachbarschaft für ihre Lebenswelt und ihr direktes Wohnumfeld zu aktivieren und zu interessieren. Die Stadt Bonn hat im Bereich Partizipation bereits Erfahrungen; sie hat z.B. eine Kinder- und Jugendbeauftragte, die sich für die aktive Mitwirkung einsetzt. So konnten beispielsweise Kinder und Jugendliche an dem Neubauprojekt einer Freifläche für Kinder- und Jugendliche aktiv teilhaben. Weitere Verfahren sind bei der Neuplanung von Spielplätzen, Schulhöfen und Innenhöfen vorgesehen. Hier sollen auch Anwohner beteiligt werden. Möglichkeiten, im Städtebau mitzuwirken, eröffnen sich insbesondere im gestalterischen Bereich. Hier gibt es viele Gelegenheiten, mit Kindern und Jugendlichen kreativ im Wohnumfeld aktiv zu werden:

- Urban Gardening auf unattraktiven Grünflächen,
- Spielplätze, Patenschaften,
- Schulhöfe (Gestaltung mit Schulen sowie Kindern und Jugendlichen aus dem Umfeld),
- Wohninnenhöfe (mit Mieterinnen und Mietern), Mietergärten,
- informelle Treffpunkte im öffentlichen Raum (Jugendliche und Anwohner),
- Gestaltung der tristen Versorgungskästen im Straßenraum (Jugendliche),
- temporäre Spielräume in Sackgassen.

Aber auch die Anwohnerschaft ist an den Aktivitäten zu beteiligen, wie dies bereits bei der Neugestaltung zweier Garagenhöfe geschehen ist. Dabei haben die Eigentümer der Einfamilienhäuser einer Straße mit Kindern sowie Künstlerinnen und Künstlern gemeinsam die Garagenwände neu gestaltet, die zuvor von Vandalismus betroffen waren.

Abbildung 10 Umgestaltete Garagenwand

Quelle: Sabine Kaldun.

5.3 Lokale Ökonomie und Teilhabe am Erwerbsleben

Von den beruflichen Perspektiven der Eltern und Jugendlichen hängt unter anderem die soziale Stabilität der Familien ab. Teilhabe am Arbeitsmarkt ist ein zentrales Kriterium für die Primärprävention im Stadtteil.

Die sozialen Kontextindikatoren des Programmgebiets Neu-Tannenbusch zeigen im Vergleich zu den Daten der Gesamtstadt Bonn, dass es im Programmgebiet eine deutlich erhöhte Kinderarmut und zahlreiche Haushalte mit ALG II-Bezug gibt. Marginalisierung und Stigmatisierung der rund 10.000 Bewohnerinnen und Bewohner sind in der Gesamtstadt fortgeschritten. Die Bevölkerung ist deutlich jünger als der gesamtstädtische Durchschnitt (Jugendquotient). Demgegenüber ist der Altenquotient gering, es leben weniger Seniorinnen und Senioren im Quartier.

Das Image des Quartiers hat sich seit Jahrzenten immer mehr verschlechtert. Es wird mehrfach berichtet, dass Schulabgänger aus dem Quartier am Bonner Ausbildungsmarkt geringere Chancen auf einen Ausbildungsplatz haben als solche aus einem anderen Stadtteil. So fehlen vielen Jugendlichen Vorbilder und berufliche Zukunftsperspektiven.

Zur Verbesserung der Chancen sind verschiedene Unterstützungsangebote im Quartier erforderlich, beispielsweise:

- Intensivierung der Maßnahmen zum Übergang zwischen Schule und Beruf,
- Bildungspatenschaften,
- Ausweitung des bereits bestehenden Nachhilfeangebots im Quartier,
- kommunale Beschäftigungsförderung für benachteiligte Jugendliche, z.B. durch assistierte Schulabschlüsse und Berufsausbildung,
- frühzeitige Kontakte zu Betrieben,
- Ausbildungs- und Erwerbsangebote für bildungsbenachteiligte Jugendliche,
- Dialog über die Öffnung von Institutionen und Unternehmen für Schülerinnen und Schüler mit Migrationshintergrund (im Sinne von Diversity Management und Vielfalt am Arbeitsplatz).

Die Großwohnsiedlung verfügt über wenig Gewerbeflächen und Arbeitsplätze, so dass hier mehr begleitende Angebote zur Beschäftigungsförderung im öffentlichen Raum, bei der Umgestaltung und Pflege denkbar sind. Die Mobilität der Jugendlichen soll frühzeitig unterstützt werden, damit sie auch in anderen städtischen Gebieten und Nachbarstädten einen Ausbildungsplatz finden können.

5.4 Weitere Ansätze der sozialen Primärprävention

Darüber hinaus werden den Bonner Akteuren vermehrt Angebote der frühen Elternberatung und Begleitung empfohlen, da die lokalen Bildungseinrichtungen an ihre Grenzen stoßen. Auch das Freizeitangebot für die überdurchschnittlich vielen Kinder und Jugendlichen aus prekären Familien ist noch auszuweiten. Aktuelle Ansätze der neuen Streetworker zeigen erste positive Ergebnisse. So können Kinder von bereits kriminellen Jugendlichen besser ferngehalten werden. Der Zulauf in gewalttätige und kriminelle Peer-Groups kann so verringert werden. Es bedarf aber weitaus mehr solcher positiver pädagogischer Ansätze im Quartier, wie die Experteninterviews zeigen.

6. Fazit und Ausblick

Sollen sich die Sicherheitslage und somit das Stadtteilimage langfristig nachhaltig verbessern, benötigen viele Familien und junge Menschen mehr alternative Erziehungsmethoden, Begleitung, frühe Hilfen sowie bessere biografische Entwicklungschancen und Zugänge in Schule und Beruf. Über alternative und auskömmliche Finanzierungswege für die grundlegenden Aufgaben der Primärprävention muss neu nachgedacht werden. Projektansätze sind erforderlich, um die bereits überforderten Nachbarschaften in Neu-Tannenbusch zu stabilisieren und nachhaltig zu stärken. Neben städtebaulichen Erneuerungsmaßnahmen wird eine breite gesamtstädtische und gesamtgesellschaftliche Unterstützung erforderlich sein, wenn massive verfestigte Problemlagen, wie beispielsweise in französischen oder britischen Vorstädten, zukünftig vermieden werden sollen.

Es ist zu vermuten, dass volkswirtschaftliche Rahmenbedingungen eine größere Rolle für sichere und lebenswerte Städte spielen, als in den letzten Jahrzehnten angenommen wurde. Kommunen mit einer solide finanzierten Sozialpolitik und einer langfristig planbaren Stadtentwicklung für alle sozialen Gruppen haben vermutlich die besten Chancen, stabile Lebensbedingungen und -qualitäten in den Stadtteilen zu erzielen. Dabei ist die strategische Steuerbarkeit der Wohnungsbestandsentwicklung von zentraler Bedeutung, wenn sozial-räumliche Ausgrenzung verhindert werden soll.

Städtebau vermag hierzu sicherlich einen Beitrag zu leisten. Gebaute Umwelt allein wird gesamtgesellschaftliche Problemlagen allerdings nicht aufzulösen vermögen. Dennoch: die Thematisierung und der breit angelegte Diskurs bieten eine gute Möglichkeit, Verbesserungen zu erreichen und diese zu stabilisieren.

Literatur

Berger, Till, und Sabine Kaldun (2007): Auditierung des öffentlichen Raumes für ortsspezifische Maßnahmen gegen Verunreinigungen und Unsicherheit in Stadtzentren und Quartieren, in: forum kriminalprävention. Zeitschrift der Stiftung Deutsches Forum für Kriminalprävention, H. 4/2007, S. 15–18.

Bundesstadt Bonn (2009): Soziale Stadt NRW, Bundesstadt Bonn, Integriertes Handlungskonzept Bonn–Neu-Tannenbusch, Köln.

Bundesstadt Bonn: Sachstandsbericht September 2012 – Drucksachen-Nr.1213182, Bonn 2012, http://www.bonn.de/umwelt_gesundheit_planen_bauen_wohnen/stadtplanungsamt/projekte_staedtebau/sozialestadt/00985/index.html?lang=de (letzter Abruf: 18.06.14).

Bundesstadt Bonn (2013): Soziale Stadt Bonn-Tannenbusch. Vorbereitende Sanierungsuntersuchung (VU), Eigentümerbefragung, Köln.

Landtag NRW (2010): Bericht der Enquetekommission Prävention, Düsseldorf, http://m.mik.nrw.de/fileadmin/user_upload/Redakteure/Dokumente/Themen_und_Aufgaben/Schutz_und_Sicherheit/Kurve_kriegen/EK_Praevention_Abschlussbericht.pdf.

Landtag NRW (2013): Bericht der Enquetekommission Wohnungswirtschaft, Düsseldorf, http://www.landtag.nrw.de/portal/WWW/dokumentenarchiv/Dokument/MMD16-2299.pdf (letzter Abruf: 18.06.14).

Stadt Leverkusen (2006): Integriertes Handlungskonzept für Rheindorf-Nord. Antrag beim Bund-Länder-Programm der Sozialen Stadt, Stadt Leverkusen.

Autoren und Autorin

Michael Isselmann, Dipl.-Ing.

Michael Isselmann, Dipl.-Ing. der Raumplanung, Stadtplaner, Mitglied der Architektenkammer NRW (AKNW), Leiter des Stadtplanungsamtes der Bundesstadt Bonn und Vorsitzender der Fachkommission „Stadtplanung" im Deutschen Städtetag (DST).

Foto: FONA – Forschung für Nachhaltige Entwicklungen.

Sabine Kaldun, Dipl.-Geogr.

Foto: Photo Art, Gelsenkirchen-Buer.

Sabine Kaldun, Diplom-Geographin, Büro barrio novo. (Gelsenkirchen/Meer-busch); Studium der Geographie an der Ruhr-Universität Bochum; im Auftrag von Kommunen, Institutionen und Unternehmen tätig mit den aktuellen Arbeitsschwerpunkten „Integrierte Gewalt- und Kriminalprävention in Kommunen", „Soziales Wohnungsmanagement in der Wohnungswirtschaft", „Partizipation in der Stadt", „Migration und Stadtentwicklung", Beratung und Coaching (Diversity-Management/Coaching).

Detlev Schürmann, M.A.

Detlev Schürmann, M.A., Experte für Kriminalprävention, zuletzt im Polizeipräsidium Bonn. Aktuell ist er im Auftrag des Ministeriums für Inneres und Kommunales NRW als Kriminologe und Polizeiwissenschaftler für die „Stiftung Deutsches Forum für Kriminalprävention (DFK)" des Bundes und der Länder tätig (http://www.kriminalpraevention.de/).

Foto: Dipl.-Ing. Birgit Elsner, Bornheim.

Herbert Schubert

Die Sicherheitspartnerschaft im Städtebau in Niedersachsen

1. Wandel des Sicherheitsverständnisses

Die Terroranschläge vom 11. September 2001 zeigten auf nationaler wie auf internationaler Ebene eine nachhaltige Wirkung auf die Sicherheitspolitik. Die Differenz von staatlicher und privater Sicherheitsgewährung sowie von Prävention und Repression nivelliert in der Folge zunehmend (vgl. Albrecht 2007, S. 178; Kaufmann 2011, S. 101). Das „alte" Sicherheitsverständnis, das auf Inlandereignisse, auf anerkannte Rechtsgüter und auf Angriffe durch Private fixiert war, wurde obsolet (vgl. Gusy 2012, S. 71 f.).

Sicherheit resultiert – ebenso wie Unsicherheit – „aus einem Prozess sozialer Konstruktion", wobei „gesellschaftlich akzeptierte Beschreibungen der Realität" festlegen, welche Güter schützenswert sind und inwiefern ihre Sicherheit bedroht wird (Masala 2012, S. 60). In diesem Konstruktionsprozess wurde der schützende und präventiv-vorbeugende Aspekt gegenüber dem repressiv-aufklärenden und sanktionierenden Kern des Sicherheitsbegriffs gestärkt. Während die alte Sicherheitsarchitektur auf die Behördenzuständigkeiten von Polizei, Nachrichtendiensten, Bundeswehr und Katastrophenschutz fokussiert war, basiert das veränderte Sicherheitsverständnis auf einem Konzept, das verstärkt von einer präventiven Sicherheitsgewährleistung geprägt wird und dabei alle Akteure in die Verantwortung mit einbezieht (vgl. Gusy 2012, S. 91 f.).

Sicherheit bezieht sich nicht mehr allein auf objektiv messbare Ereignisse. Das neue Verständnis enthält auch eine subjektive Komponente, womit das Sicherheitsgefühl der Bürgerinnen und Bürger gemeint ist (vgl. ebenda, S. 74 f.). Der „Securitization-Ansatz" der Kopenhagener Schule hat herausgearbeitet, dass die Konstruktion des „Sprechhandelns" nicht nur Personen und Dinge (lokutionär) beschreibt und Handlungen (illokutionär) induziert, sondern selbst eine Wirkung (perlokutionär) entfaltet. Die aktuellen Deutungsprozesse, den Bewertungsraum der Phänomene, die als sicherheitsrelevant eingeordnet werden, auszuweiten, repräsentieren das – auf einem perlokutionären Sprechakt basierende – Konzept der „Versicherheitlichung" (vgl. Masala 2012, S. 58).

Eine Rolle spielt der Einfluss des New Public Management (nach dem Neuen Steuerungsmodell der KGSt) seit Mitte der 1990er-Jahre (vgl. Lange 2012, S. 118 f.). Im Zuge der Verwaltungsreformen ist ein neues Steuerungsverständnis von innerer Sicherheit entstanden, das den Akteurskreis erweitert hat. Es ergab sich quasi ein Zusammenspiel von Personalkürzungen bei der Polizei und einer verstärkten Förderung von „Community Policing" – z.B. Aktivierung des Selbst-

und Nachbarschutzes oder Formen der Ordnungs- und Sicherheitspartnerschaften. Die Initiative ging vielfach von der Polizei als zentralem Akteur im Handlungsfeld der inneren Sicherheit aus. Basierend auf dem Leitgedanken einer Zusammenarbeit von Polizei und Zivilgesellschaft entwickelten sich neue Netzwerk- und Kooperationsstrukturen zur lokalen Sicherheitsarbeit. Dies erhöhte den Koordinierungsbedarf unter den lokalen Akteuren im Feld der inneren Sicherheit, was zu einem Bedeutungszuwachs sowohl von Partnerschaften und kriminalpräventiven Gremien als auch von Beteiligungsmodellen geführt hat (vgl. Wurtzbacher 2008).

Es findet ein Übergang von einem hierarchischen Steuerungsmodus zu einem kooperativen Netzwerkmodus statt, in dem sich staatliche Instanzen auf Regulierungsaufgaben zurückziehen. Sicherheitspolitik wird nicht mehr als Entscheidung eines singulären Akteurs betrachtet, sondern soll – wie es der „Governance"-Begriff unterstreicht – auf der Interaktion der wirkmächtigen Akteure beruhen. Denn in der neuen Sicherheitsarchitektur spielt die Kooperation staatlicher und privater Akteure nach definierten Qualitätsstandards eine besondere Rolle. Im Fachdiskurs wird die Weiterentwicklung des staatlichen Aufgabenbereiches der inneren Sicherheit zu nicht-hierarchischen Regelungsformen als „Safety and Security Governance" bezeichnet (vgl. Frevel/Schulze 2012): Die Prävention wird auf das horizontale Zusammenwirken staatlicher und nichtstaatlicher Akteure ausgedehnt.

Der New Yorker Soziologe und Kriminologe David Garland (2008) hatte darauf aufmerksam gemacht, dass sich in diesem Prozess das Verhältnis von Freiheit und Kontrolle verschiebt. Es gewinnt eine neue Theorie der Kontrolle Kontur, in der Kriminalität nicht mehr als Problem der Benachteiligung, sondern als ein Phänomen der fehlenden Selbstkontrolle (Nutzer) und situativen Kontrolle (Umwelt) betrachtet wird. Garland skizziert in diesem Kontext einen Wandel von „high crime societies" zu „high security societies". Eine Folge dieses Perspektivenwechsels ist, dass Angst vor Kriminalität zu einem Thema an sich wird, unabhängig von der tatsächlichen Kriminalitätsbelastung und Viktimisierung. Nach Garland repräsentiert die „neue Kultur der Verbrechenskontrolle" den (neoliberalen) Wandel des wohlfahrtsstaatlichen Strafens: Das kostenwirksame Management von Risiken und Ressourcen – beispielsweise durch Konzentration auf Hot Spots und Intensivtäter sowie durch die Auslagerung von Kontrollaufgaben auf Private – und die Kosteneffizienz – etwa durch Kostendruck auf Bewährungshilfe und auf Haftplätze – werden in den Vordergrund gerückt. Die aktuelle Praxis der Prävention, des polizeilichen Vorgehens, der Rechtsprechung, der privaten Sicherheit und des Ausbaus der informellen sozialen Kontrolle muss in diesem Licht betrachtet werden.

In der Folge dehnt sich der Sicherheitsbegriff aus: Daase (2012, S. 25) betont unter dem Stichwort „Wandel der Sicherheitskultur", dass nicht mehr nur der Staat als Akteur sozialer Kontrolle eine Rolle spielt, sondern vor allem auch Kontrollleistungen der Gesellschaft und der Individuen in den Blick genommen werden. Unter dem neuen Sicherheitsverständnis wird die Verantwortung folglich breiter verteilt: Während sich in den Stadtgebieten früher alle Erwartungen auf die Polizei richteten, entsteht nun eine Selbst- und Mitverantwortung für die innere Sicherheit in den verschiedenen Funktionssystemen. Danach überlassen die Wohnungswirtschaft und kommunale Fachbereiche Sicherheitsfragen im Bestand und in den öffentlichen Räumen des Wohnquartiers nicht mehr allein der Polizei – sie tragen ergänzend selbst Verantwortung für die Sicherheit in den Wohnungsbeständen und Stadträumen.

Rauer (2012, S. 87) sieht darüber hinaus die Sicherheitskultur auf dem Weg zu „Interferenzen (…) zwischen Menschen und Technologien" und konstatiert eine „neue Spaltung": Auf der einen Seite verbreiten sich neue Techniken der Prävention, der Sicherheitsproduktion sowie der Schadens- und Angstreduktion durch Sicherheitspartnerschaften auf lokaler und regionaler Ebene. Dieser Präventions- und Sicherheitsapparat vermittelt – neben Polizei und Strafjustiz – als dritter „gouvernementaler Sektor" zwischen Staat und Zivilgesellschaft. Foucault (2004) hat mit dem Begriff der „Gouvernementalität" die strukturelle Verstrickung zwischen staatlichen Agenturen und Techniken der bürgerschaftlichen Mitwirkung bezeichnet.

Auf der anderen Seite wird die übergeordnete Kontrollpolitik auf neue Formen der Systemüberwachung und Informationstechnologie ausgerichtet. Technische und soziale Kontrolle rücken enger zusammen – beispielsweise in Überwachungsansätzen, in denen Menschen, Videoapparaturen und Computer als „Akteur-Netzwerk" in Erscheinung treten (vgl. Rauer 2012, S. 87). Unter dieser Perspektive müssen nicht die Menschen integriert, sondern die sozialen und technischen Arrangements, in denen sie leben, präventiv gestaltet werden. Dies führt zur Logik der Resilienz: Interagierende Systeme wie der Wohnungsbau und die Gestaltung und Überwachung des öffentlichen Raums, die Geschäfte, der öffentliche Personennahverkehr, die Schulen und Freizeiteinrichtungen werden mit den Verhaltensweisen der Bewohnerschaft und der Nutzer in präventiven Schutzkonzepten so aufeinander bezogen, dass es zu einer erhöhten Widerstandskraft kommt und weniger Sicherheitslücken bestehen, weil flexiblere Reaktionen auf Bedrohungsszenarien möglich werden (vgl. Barnett/Bai 2007, S. 10 ff.).

2. Niedersächsische Initiative „Sicheres Wohnquartier – Gute Nachbarschaft"

In diese zeithistorische Situation des Wandels von Sicherheitsarchitektur und Sicherheitsvorstellungen ist die Initiative „Sicheres Wohnquartier – Gute Nachbarschaft" in Niedersachsen einzuordnen. In den Jahren 2002 bis 2004 suchte die Bauabteilung – zuerst als Teil des Innenministeriums, später wieder als Organisationseinheit des Sozialministeriums – Anschluss an den internationalen Diskurs der sogenannten städtebaulichen Kriminalprävention. Nach diesem Ansatz gilt der Siedlungsraum als zentraler Mittler von Kontrollmechanismen: Raum wird als „relationale (An-)Ordnung sozialer Güter und Menschen (Lebewesen) an Orten" definiert (Löw 2001, S. 224 ff.). Die Konstituierung des Raumes erfolgt in einem wechselseitigen Zusammenspiel von Handlung und Struktur: Räumliche „Strukturen sind Regeln und Ressourcen, die rekursiv in Institutionen eingelagert sind" (ebenda, S. 226) und im Handlungsverlauf von Alltagsroutinen konstruiert werden. Besondere materielle Raummuster des Einschlusses und der Ausgrenzung – z.B. Zäune, Tore und andere Zugangskontrollen oder wie etwa die Gebäudeanordnung und Gestaltung von Sichtbeziehungen – können als Raummuster aufgefasst werden, in denen Sicherheitsaspekte – durch die Assoziation sozialer und technischer Merkmale – institutionalisiert sind (vgl. Schubert 2008).

Dem neuen Kontrollparadigma entsprechend wird davon ausgegangen, dass Sicherheit im Raum auch gestalterisch durch situationsbezogene Bedingungen erzeugt werden kann (vgl. Clarke 1992). Bei den baulichen Maßnahmen werden Verbesserungen der städtebaulichen Strukturen durchgeführt, um Zugänglichkeit, Überschaubarkeit und äußeres Erscheinungsbild günstiger zu gestalten und um die Verfügungsrechte neu zu ordnen (vgl. Coaffee 2010). Vor allem die „abwehrstarke" Gestaltung („target hardening") zielt darauf, die Attraktivität der Objekte im Raum als potenzielle Angriffsziele wirkungsvoll zu verringern. Die Orte verlieren den Charakter einer Tatgelegenheit (vgl. Clarke 2003) – beispielsweise über Zugangssperren, robuste vandalismusresistente Materialien oder schadensverringernde Maßnahmen (wie etwa Graffitischutzgrundierung). Unter dieser Perspektive ist nicht der (potenzielle) Täter, sondern die mangelhafte Gestaltungsqualität des städtischen Raumes als Signal für eine „Tatgelegenheit" von Interesse (vgl. Schubert 2005).

Einer der ersten, der sich gezielt mit der Gestaltung der Sicherheit im Stadtquartier beschäftigte, war Oscar Newman. Er prägte den Begriff des „Defensible Space" (verteidigungsfähiger Raum). Vier Ansatzpunkte werden dabei hervorgehoben (vgl. Newman 1972, S. 18 f.):

1) Mit dem Ansatz der Territorialität wird eine Zonierung (privater, halbprivater, halböffentlicher, öffentlicher Raum) angestrebt, die den Bewohnern die soziale Kontrolle erleichtert. Insbesondere im halbprivaten/halböffentlichen Bereich benutzen Bewohner Symbole und Zeichen, um Ansprüche an einen Raum zu stellen. Die Gestaltung von Grenzen zu den privaten Räumen erfolgt durch reale Barrieren wie Mauern, Zäune, verschließbare Tore und Türen. Die Übergänge zum öffentlichen Raum lassen sich mit symbolischen Barrieren markieren, wie offene Torsituationen, Lichtmasten, Treppenabsätze, Bepflanzungen und Wechsel der Bodentextur.

2) In dem Ansatz der natürlichen Überwachung wird mit planerischen Mitteln Aufmerksamkeit in der Nachbarschaft erzeugt. An vorderster Stelle steht die Sichtbarkeit durch eine Ausrichtung der Fenster auf den öffentlichen Raum der Straße.

3) Der Ansatz der Imageförderung durch städtebauliche und architektonische Mittel verfolgt das Ziel, ein negatives Stigma durch ästhetisch ansprechende und akzeptierte Gebäudeformen und Umfeldgestaltungen zu vermeiden.
4) Einen hohen Stellenwert hat die städtebauliche Anordnung der Gebäude. Einheitliche (städte-)bauliche Rahmenbedingungen fördern die soziale Kohäsion und den Regelrahmen (z.B. Haustypen, Vorgärten, Dichte, Baumaterialien, Architekturstil). Dabei soll das Verhältnis einer überschaubaren Haushaltsanzahl je Hauseingang bestehen.

Durch diese Gestaltungsmerkmale soll eine natürliche Überwachung – im Sinne informeller sozialer Kontrolle – durch Bewohnerinnen und Bewohner ausgelöst werden, die „Defensible Spaces" mit Zeichen der Raumaneignung symbolhaft anzeigen (vgl. Newman 1996).

2.1 Entwicklung einer ersten Handreichung

Im Jahr 2002 fand in Niedersachsen eine intensive Auseinandersetzung statt mit dem CPTED-Ansatz der städtebaulichen Kriminalprävention (CPTED/Crime Prevention Through Environmental Design; vgl. Crowe 2000) und der zugrundeliegenden Orientierung an Territorium und Gestaltung (sogenannter CPTED-Ansatz der ersten Generation). Als Ergebnis veröffentlichte die Bauabteilung des Niedersächsischen Innenministeriums die Handreichung „Sicheres Wohnquartier – Gute Nachbarschaft" zur Förderung der Kriminalprävention im Städtebau und in der Wohnungsbewirtschaftung (Download unter http://www.sicherheit-staedtebau.de/). Sie wurde im Rahmen einer Fachtagung vorgestellt, die das Niedersächsische Innenministerium und der Verband der Wohnungs- und Immobilienwirtschaft in Niedersachsen und Bremen (vdw) am 14. November 2002 im Schloss Celle veranstalteten, um unter den verschiedenen gesellschaftlichen Gruppen, deren Aktivitäten die Kriminalprävention in den Stadtquartieren befördern können, einen Diskurs anzuregen. Es war der Auftakt zu einer interdisziplinären Auseinandersetzung mit Fragen der städtebaulichen Kriminalprävention; eingeladen waren Unternehmen und Genossenschaften der Wohnungswirtschaft, der Mieterbund, die Architektenkammer, Berufsverbände der Architektur, des Städtebaus und der Landschaftsarchitektur, Verkehrsunternehmen, Fakultäten für Architektur und Landschaft der Hochschulen und Universitäten, Akademien des Bereichs Städtebau und Planung, zivilgesellschaftliche Aktivisten der Präventionsarbeit vor Ort, die verschiedenen Fachämter der Städte, Gemeinden und Landkreise, deren Entscheidungen Einfluss haben, sowie die verschiedenen Institutionen der Polizei.

In der Handreichung werden vier Ebenen einer präventiven Sicherheitsgewährleistung im Raum herausgestellt:

1) Die erste Handlungsebene umfasst soziale Infrastrukturangebote für verschiedene Bewohnergruppen. Im Blickpunkt stehen dabei (sozial-)pädagogische In-

terventionen zur Stärkung sozialer Schutzfaktoren und zur Verminderung sozialer Risikofaktoren im Sozialraum des Gemeinwesens.

2) Auf der zweiten Handlungsebene spielt das Sozialmanagement von wohnungswirtschaftlichen Akteuren wie Wohnungsgesellschaften, Wohnungseigentümern oder Eigentümergemeinschaften eine Rolle (vgl. Schubert/Veil 2011a; Jäger u.a. 2010). Das Sozialmanagement der Wohnungswirtschaft ist – insbesondere in der Zusammenarbeit mit anderen privaten und öffentlichen Akteuren – ein wichtiger präventiver Kontrollfaktor, der in den öffentlichen Raum des Wohnquartiers ausstrahlt.

3) Bauliche und materielle Aspekte sind auf der dritten Ebene von Architektur und Städtebau im gesamten Siedlungsraum zu finden (vgl. Schubert u.a. 2009). Designer, Architekten, Freiraumplaner und Sicherheitsingenieure gestalten den städtischen Raum so, dass Tatgelegenheiten minimiert und Angst erzeugende Bereiche planerisch ausgeschlossen werden. Das Design von Wohngebiet und Architektur inkorporiert quasi Funktionen sozialer Kontrolle – zum Beispiel durch eine verbesserte Sichtbarkeit der Ereignisse im öffentlichen Raum. So stellen die architektonischen, städtebaulichen und technischen Maßnahmen effektive Impulse zur Verhinderung eines Kollapses der öffentlichen Ordnung und zur Konsolidierung der sozialen Kohäsion dar (vgl. Lukas 2010).

4) Auf der vierten Ebene repräsentieren die Bewohnerinnen und Bewohner die handelnden Akteure. Es ist die Handlungsebene der lokalen Selbstorganisation, Sicherheit durch Kontrolle im informellen Zusammenspiel der Nachbarn zu erwirken (vgl. Sampson 2012; Schubert/Veil 2011b).

2.2 Sicherheit als Grundbedürfnis

Die fachliche Auseinandersetzung mit der städtebaulichen Kriminalprävention folgte dem gewandelten Sicherheitsverständnis, indem die Bedeutung der Sicherheit für die Bewohnerschaft des Gemeinwesens in den Mittelpunkt gestellt wurde. Denn der Sicherheit kommt in kommunalen Planungen derselbe Stellenwert zu wie der umwelt- und gesundheitsbezogenen Nachhaltigkeit. Das alltägliche Gefühl, sich in der Wohnung und im unmittelbaren Wohnumfeld sicher zu fühlen, stellt ein zentrales Merkmal der Lebensqualität dar. Anthropologisch betrachtet vermittelt die Wohnung traditionell Geborgenheit, bietet Zuflucht vor den Unbilden der Witterung und schützt vor den Gefahren der Außenwelt (vgl. Bollnow 1963, S. 500).

Nach der allgemein anerkannten Bedürfnishierarchie von Abraham Maslow (1954) besitzt das Überleben auf der ersten Stufe der physiologischen Grundbedürfnisse absolute Priorität. Die Bedürfnisse dieser Stufe sind beispielsweise Nahrung, Kleidung und Behausung. Bereits auf der zweiten Stufe folgt das Sicherheitsbedürfnis. Wenn die physiologischen Bedürfnisse befriedigt sind, wird das Ziel verfolgt, die persönliche Existenz abzusichern. Schutz vor Schmerz, Angst und äußerer Bedrohung haben einen zentralen Stellenwert; erst im modernen sozialstaatlichen Verständnis wird dazu auch die finanzielle Absicherung gerechnet. Soziale Bedürfnisse, der Wunsch nach Anerkennung und autonomer Lebensführung sind demgegenüber nachgeordnet, d.h., sie können nur erfüllt werden, wenn die physiologischen Grundbedürfnisse befriedigt und die Lebensverhältnisse sicher sind. Nach der Bedürfnishierarchie von Maslow können Menschen also erst dann soziale Kontakte pflegen und sich selbst verwirklichen, wenn sie sich im Alltag in ihrer Umgebung sicher fühlen. Wohnung, Wohnumfeld und Wohnquartier repräsentieren die Orte, an denen das grundlegende Sicherheitsgefühl erlebt wird. Wenn keine persönlichen Bedrohungen zu befürchten sind und Menschen darauf vertrauen können, dass sie selbst und ihre Wohnung unversehrt bleiben, kann sich eine Identifikation mit dem Wohnstandort ausbilden.

Abbildung 1   Zum Stellenwert der „Sicherheit im Wohnquartier" bei der Standortauswahl im Falle eines Umzugs

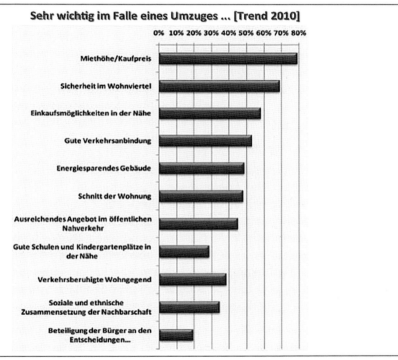

Quelle: Hallenberg, B. (2010): Wohnen in der vhw-Trendbefragung 2010, in: vhw FWS, H. 6, S. 294–299.

Vor diesem Hintergrund überrascht es nicht, dass Sicherheit in der Entscheidung für einen Wohnstandort mit ganz oben steht. In wohnungswirtschaftlichen Studien (vgl. Hallenberg 2010, S. 294 ff.) nennen Bewohnerinnen und Bewohner auf die Frage, was an der eigenen Wohnung und was im Fall eines Umzugs bei der Standortwahl sehr wichtig ist, die „Sicherheit im Wohnviertel" jeweils an zweiter

Stelle (vgl. Abbildung 1). Sicherheit stellt somit ein Merkmal der Wohnqualität dar, das Wohnungsunternehmen nicht nur bei Neubau und Modernisierung beachten sollten, sondern vor allem auch bei der alltäglichen Bewirtschaftung der Wohnungsbestände. Sicherheit in der Wohnung, im Wohnnahbereich und im öffentlichen Raum hat im menschlichen Leben einen zentralen Stellenwert und muss deshalb auch im Routinehandeln von Stadtplanung und Stadtentwicklung ausdrücklich als Bewertungsmaßstab mit einer Bedeutungspriorität versehen werden.

2.3 Unsichere Stadträume

Mit dem Wandel des Sicherheitsverständnisses wird die persönlich erlebte „Angst vor Kriminalität" besonders betont. Auch im niedersächsischen Diskurs über „Sicheres Wohnquartier – Gute Nachbarschaft" wurde zwischen objektiver – definiert als tatsächliche Kriminalitätsbelastung – und subjektiver Sicherheit – definiert als „Gefühl" unabhängig von einer realen Viktimisierung – unterschieden. Unter dem Aspekt der Selbstwahrnehmung rücken Stadtgebiete ins Blickfeld, die ein starkes Unsicherheitsgefühl erzeugen. In einer Studie des Gesamtverbandes der Wohnungswirtschaft wurden solche Stadträume als „überforderte Nachbarschaften" bezeichnet (vgl. GdW 1998): Sie weisen eine räumliche Konzentration benachteiligter Bevölkerungsgruppen auf. Die großen Probleme dieser Stadtgebiete sind einerseits die Armutsentwicklung auf Grund von Arbeitslosigkeit sowie Einwanderung und andererseits Desintegrationsgefahren auf Grund der Randständigkeit von spezifischen Bewohnergruppen. Vielen Kindern und Jugendlichen in diesen Stadtgebieten mangelt es an Perspektiven. Die Chancenlosigkeit schulmüder und kulturell desorientierter Jugendlicher auf dem Arbeitsmarkt schlägt sich beispielsweise in zunehmendem Vandalismus und wachsender Kleinkriminalität nieder. Die Nachbarschaften sind insofern „überfordert", als sich die Menschen in der Folge in ihre Wohnungen zurückziehen, die Regeln eines geordneten Miteinanders preisgeben und die Hauseingänge sowie Freiflächen der Verwahrlosung und Verschmutzung überlassen.

In der GdW-Studie über die „überforderten Nachbarschaften" (1998) werden vor allem zwei Gebietstypen herausgestellt: (1.) vernachlässigte innerstädtische oder innenstadtnahe Altbauquartiere und (2.) große Wohnsiedlungen aus der Nachkriegszeit an peripheren Standorten. Dort sind besonders häufig soziale, wohnungswirtschaftliche und städtebauliche Merkmalskombinationen zu finden, die Unsicherheit erzeugen (vgl. BMVBS/BBR 2007, S. 8 ff.):

- Die problematischen innerstädtischen oder innenstadtnahen (oft gründerzeitlichen) Quartiere weisen in der Regel den Mangel auf, dass die Bausubstanz über viele Jahrzehnte nicht modernisiert wurde und einen heruntergekommenen Eindruck macht. Ökonomisch aufstrebende jüngere Haushalte wandern deshalb aus diesen Quartieren ab, und es rücken Haushalte mit begrenzter ökonomischer Leistungsfähigkeit sowie mit geringem Integrationsvermögen nach. Solche Quartiere sind durch Zuzüge aus dem Ausland geprägt; Straßenprostitution, Alkohol- und Drogenkonsum sind keine Seltenheit. Oft werden die Quartiere auch durch sogenannte Problemhäuser und leerstehende Gebäude stark belastet (vgl. Wilson/Kelling 1996). Die hoch verdichtete Bausubstanz ist schlecht, die Materialien sind nicht robust genug, um beispielsweise Einbruchsversuchen widerstehen zu können. Die Wohnqualität wird oft zusätzlich durch Verkehrslärm beeinträchtigt. Insgesamt machen die Quartiere keinen Vertrauen erweckenden Eindruck und werden von der Bevölkerung anderer Stadtteile gemieden.

- Daneben gehören auch Großwohnsiedlungen der 60er- und 70er-Jahre am Stadtrand zu den Gebieten, die in hohem Maße Unsicherheitsgefühle auslösen. Insbesondere eintönige, wenig individuelle Architektur, hochgeschossige Bauweise und geringe Qualität des öffentlichen Raumes können emotional Unsicherheitsgefühle auslösen. Dadurch werden die Identifikation der Bewohnerschaft und die Herausbildung Schutz bietender Nachbarschaftsnetzwerke behindert – in den Hochhäusern von Großwohnsiedlungen wird tendenziell anonym gewohnt. Die belasteten Siedlungen weisen meistens hohe Anteile von öffentlich geförderten Wohnungen auf, die einseitig belegt wurden und in denen sich deshalb Haushalte sozial benachteiligter Bewohnergruppen mit Unterstützungsbedarf konzentrieren. Die fehlende Nutzungsmischung bzw. die monofunktionale Beschränkung auf das Wohnen lässt den öffentlichen Raum fast den ganzen Tag über leer und unbelebt erscheinen. Wenn Großwohnsiedlungen mit Gemeinbedarfseinrichtungen sowie mit sozialer Infrastruktur unzureichend ausgestattet worden sind, fehlen Orte, die orientierungslose Jugendliche und junge Menschen auffangen können. Diese nehmen im Alltag Nischen im öffentlichen Raum in Besitz und verunsichern Nachbarn und Passanten mit exzessivem Alkoholkonsum, unsachgemäßem Verhalten, Verunreinigungen und Aggressivität.

- Im Zusammenhang mit Unsicherheitswahrnehmungen ist für beide Gebietstypen kennzeichnend, dass relativ viele Häuser Zeichen des baulichen Verfalls aufweisen, dass der preiswerte Wohnraum eine Bewohnerschaft anzieht, die kaum Beziehungen zur Nachbarschaft pflegt, dass benachteiligte Personenkreise überrepräsentiert sind, dass sich bestimmte Formen von Kriminalität häufiger ereignen, dass die öffentlichen Räume verwahrlost sind, dass soziale Infrastruktureinrichtungen fehlen und dass in der öffentlichen Meinung ein negatives Image zugeschrieben wird.

Mit Strategien der sozialen Stadterneuerung wird versucht, die Nachbarschaften in solchen Stadträumen zu stärken, damit sich unter der Bevölkerung wieder gemeinsam akzeptierte Regeln und deren sozial breit verankerte Beachtung herausbilden können. Angefangen hatte das Land Nordrhein-Westfalen 1993 mit dem Förderprogramm „Stadtteile mit besonderem Erneuerungsbedarf". Im Jahr 1999 folgte die Bund-Länder-Gemeinschaftsinitiative „Stadtteile mit besonderem Entwicklungsbedarf – die soziale Stadt" (Programm „Soziale Stadt"). Dieses Programm verfolgt das Ziel, die Lebenssituation der betroffenen Menschen in den überforderten Stadtquartieren durch eine aktive und integrativ wirkende Stadtentwicklung nachhaltig zu verbessern. Dabei ist es jedoch nicht immer gelungen, die objektive Sicherheit und vor allem das subjektive Sicherheitsgefühl unter der Bewohnerschaft zu verbessern. Gebiete der Sozialen Stadt sind durch Kriminalitätsfurcht in der Bewohnerschaft emotional besonders belastet; in rund 87 Prozent der Programmgebiete sind Sicherheit, Gewalt und Kriminalität ein Thema für die Handlungskonzepte, und bei zwei Dritteln der Gebiete spiegelt sich dies auch in einem negativen Außenimage wider (vgl. Krings-Heckemeier/Heckenroth/Heyn 2013, S. 39). Obwohl öffentliche und private Finanzmittel auf der Stadtteilebene gebündelt wurden und das Handeln in integrierten Programmen frühzeitig abgestimmt wurde, blieben und bleiben kriminalpräventive Effekte oft aus, wenn der lokale Aktionsplan unter kriminalpräventiver Perspektive nicht tiefenscharf genug ist. Einige dieser Stadtteile haben somit den Charakter, Unsicherheitsgefühle bei der Bewohnerschaft und unter Passanten auszulösen, behalten.

Es ist ein weit verbreitetes Missverständnis, dass sich Sicherheitsstrategien auf solche benachteiligten Quartiere konzentrieren sollten. Im Gegenteil sind alle Bestände einzubeziehen. Den Hintergrund bildet die fortschreitende Heterogenisierung der Stadträume. Die Belastung steigt in allen Wohnquartieren, weil die Nutzungsanforderungen immer vielfältiger werden:

- So nimmt die Diversität der Lebenshintergründe immer mehr zu – die Kontexte von Frauen und Männern, Jungen und Alten, Armen und Reichen sowie Einheimischen und Zugewanderten weisen im Wohnumfeld eine zunehmende Komplexität auf.
- Dies zeigt sich in einer fortgesetzten Pluralisierung der Lebensformen und Lebensstile, die sowohl mit einer erweiterten kulturellen Streuung als auch mit einer fortschreitenden Individualisierung des Erlebens im Alltag einhergeht.
- Die ungebrochene Individualisierungstendenz korrespondiert mit dem Paragrafen „Jeder Jeck ist anders" aus dem sogenannten Kölschen Grundgesetz. Im Resultat nimmt die Fremdheit bei den Begegnungen im Wohnumfeld zu. Indem die Menschen dabei unterschiedliche kulturelle Wertsysteme repräsentieren, bildet sich schleichend auch eine Mehrdeutigkeit räumlicher Ordnungen heraus.

Die Wohnquartiere müssen dadurch quasi „mehr aushalten". Damit diese Vielfalt und Regeldifferenz nicht als Unordnung gewertet wird, sind robuste Raum- und Bestandsstrukturen erforderlich. Wenn die bestehenden Verhältnisse der heterogenen Nutzungs- und Raumpraxis nicht standhalten können, treten Verfallserscheinungen auf, die in der Wahrnehmung als Risikozeichen interpretiert werden.

2.4 Zur Rolle der Risiko- und Kontrollsignale

Für die Herausbildung subjektiver Unsicherheitsgefühle ist die Ebene der visuellen Kommunikation von besonderer Bedeutung, wie der SCP-Forschungsansatz (SCP = Signal Crimes Perspective) gezeigt hat. Die SCP-Logik richtet die Aufmerksamkeit auf die Wahrnehmung bestimmter Phänomene, die einerseits Unsicherheit gegenüber Personen, Orten und Ereignissen und andererseits Abwehrbereitschaft und Verantwortung erzeugen können. Verantwortlich sind dafür Risikozeichen oder Kontrollsignale.

Risikozeichen muss wirkungsvoll begegnet werden, damit sie nicht das Sicherheitsgefühl im öffentlichen Stadtraum beeinträchtigen (vgl. Innes/Jones 2006, S. VI). Signale wie Zerstörungen durch Vandalismus, Verunreinigungen, die nicht beseitigt werden, oder brach gefallene Gebäude und Flächen verändern das Verhalten der Nutzerinnen und Nutzer. Diese Situationen werden so interpretiert, dass man sich dort „gehen lassen" könne (vgl. ebenda, S. 50). Die beobachtete Zerstörung und Verwahrlosung werden als Signal der Gefahr und als Schwäche des für den Bestand verantwortlichen Wohnungsunternehmens und der lokalen Interventionsagenturen (wie z.B. die Polizei) interpretiert. Wenn die Phänomene zunehmen oder nicht schnell beseitigt werden, steigt die Wahrscheinlichkeit, dass der gesamte Bestand in eine Spirale des Niedergangs und Imageverlusts gezogen wird. Denn die Unordnung im Raum zerstört die Abwehrkräfte der Siedlung und der Bewohnerschaft – in Denken, Wahrnehmung und Handeln machen sich Resignation und Rückzug breit.

Verhaltens- und umgebungsbezogene Kontrollsignale sind wichtige Faktoren, um positive Veränderungen in Richtung einer Stärkung des Sicherheitsgefühls zu initiieren (vgl. ebenda, S. 51). Verhaltensbezogene Kontrollsignale geben beispielsweise Akteure, die am Standort eine formale soziale Kontrolle ausüben, um die alltäglichen Routinen der Bewohnerschaft und der Stadtraumnutzer positiv zu beeinflussen. Interventionen von Wohnungsunternehmen (z.B. durch Instandhaltung), der Kommune (z.B. durch Pflege) und der Polizei werden als Schutzhinweise wahrgenommen, die die Wahrnehmung von Risikosignalen neutralisieren und die Wahrnehmungen unter den Bewohnerinnen und Bewohnern positiv beeinflussen. Umgebungsbezogene Kontrollsignale können schriftliche Hinweise oder der Einsatz einer Videoüberwachung sein. Durch solche äußeren Kontrollen wird die Fähigkeit der Nutzerinnen und Nutzer zur informellen sozialen Kontrolle erhöht. Diese Verbindung von formaler und informeller sozialer Kontrolle bildet auch das veränderte Sicherheitsverständnis ab (vgl. Übersicht 1).

Übersicht 1   Beispiele für Kontrollsignale

Beispiele für Kontrollsignale	Organisiert – produziert	Organisch
Verhaltensbezogen	Gut sichtbare Streifengänge von Kontrollpersonal; Concierge in der Eingangszone von Wohnhäusern	Nutzung von Freiflächen durch Bewohner/innen und ihre Kinder (z.B. Mietergärten, Ruhe- und Aktivitätszonen)
Umgebungsbezogen	Bauliche und technische Maßnahmen, die unerwünschte Zugänge oder Nutzungen erschweren	Gepflegte Gärten und Freiflächen

Quelle: Verändert nach Innes, M./Jones, V. (2006): Neighbourhood security and urban change. Risk, resilience and recovery, York.

2.5   Interdisziplinärer Orientierungsrahmen

Die Debatte über Möglichkeiten des Städtebaus, zur Erhöhung der Sicherheit in der Stadt beizutragen, führte in Niedersachsen in den Jahren 2003 und 2004 zwangsläufig auch zu Fragen der Umsetzung. Dabei fand eine Auseinandersetzung mit dem CPTED-Ansatz der zweiten Generation statt („2nd Generation CPTED"), nach dem die baulichen Strukturen nicht isoliert betrachtet werden dürfen, weil auch die sozialkulturelle Struktur des Wohnumfeldes und die Organisationskultur der Wohnungswirtschaft für die Konstruktion von Sicherheit bedeutsam sind. Vor diesem Hintergrund reicht ein eng geführtes, rein räumlich-materiell ausgerichtetes Präventionsverständnis nicht aus; es muss auch das netzwerkartige Zusammenwirken von lokalen Akteuren und das Bündeln von Maßnahmen in den Blick genommen werden.

Im Gegensatz zur ersten Generation der städtebaulichen Kriminalprävention, die allein auf stadtplanerische, architektonische und bauliche Gestaltungsmaßnahmen setzt, werden in einem erweiterten Verständnis die sozialkulturellen Potenziale und die gebaute Umwelt in einen Zusammenhang gebracht (vgl. Sarkissian/Dunstan 2003). Es schälte sich die Einsicht heraus, dass Stadtplanung interdisziplinär mit weiteren Fachgruppen und zivilgesellschaftlichen Vereinigungen kooperieren muss. Sicherheit im Wohnumfeld wird danach sowohl durch die baulich-präventive Gestaltung des Quartiers als auch durch die Stärkung der Interaktionen und Beziehungen unter den „Stakeholders" gefördert. Dieses Verständnis der zweiten CPTED-Generation verknüpft Kriterien des kriminalpräventiven Städtebaus mit Strategien einer Förderung der Stadtteilkultur, einer Stärkung des nachbarschaftlichen Zusammenhalts und eines Netzwerkaufbaus zwischen den verschiedenen Professionellen- und Bewohnergruppen (vgl. Brassard 2003).

Im Februar 2004 veranstaltete das Niedersächsische Ministerium für Soziales, Frauen, Familie und Gesundheit – wieder gemeinsam mit dem Verband der Wohnungswirtschaft in Niedersachsen und Bremen (vdw) – in Hannover das Werkstattgespräch „Sicherheit planen und gestalten: Realisierung der städtebaulichen und wohnungswirtschaftlichen Kriminalprävention durch Leitbilder und Verfahren" (Download der Werkstattdokumentation unter http://www.sicherheit-staedtebau.de). Die Veranstaltung thematisierte einerseits die Notwendigkeit, die Leitbilder der städtebaulichen Kriminalprävention an dem breiten Ansatz der „2nd Generation CPTED" auszurichten. Andererseits wurde die Leitfrage betont, wie die Kriterien der Kriminalprävention im Wohnquartier realisiert werden können, wie sie also in der Wohnungsbewirtschaftung und in der Stadtentwicklung umgesetzt werden können.

Intensiv diskutiert wurden „Verfahren zur sicheren Gestaltung der Stadt": Die Teilnehmerinnen und Teilnehmer aus den verschiedenen Handlungsfeldern in Niedersachsen machten sich damit vertraut, wie Prüfverfahren aussehen, mit denen die Erfüllung von Prinzipien einer sicheren Wohnumwelt in Planungs-, Erneuerungs- und Bauvorhaben erreicht werden kann. Betrachtet wurden der damalige Entwurfsstand der Europäischen Richtlinie ENV 14383 (später zurückgestuft zum „Technical Report" „CEN/TR 14383 Prevention of crime – Urban planning and building design"), Checklisten zur Überprüfung von Sicherheitsbelangen in der Bauleitplanung und das Modell einer „Verträglichkeitsprüfung" in der Stadtplanung zur Schaffung sicherer Wohngebiete.

Bei der Betrachtung der verschiedenen Verfahren und interdisziplinären Leitbilder der städtebaulichen Kriminalprävention wurden auch Fragen aufgeworfen, in welcher Form die verschiedenen Institutionen und Verbände sowie Professionskreise und lokalen Handlungsgruppen bei der Umsetzung zusammenarbeiten können. Denn das anspruchsvolle Ziel, die Sicherheit in Stadtquartieren zu fördern, lässt sich nur im Rahmen interdisziplinärer Netzwerke erreichen, die sowohl auf lokaler als auch auf multiprofessioneller Kooperation beruhen. Vor diesem Hintergrund hielten Schlüsselpersonen aus den verschiedenen fachlichen Bereichen die Bildung eines Kooperationszusammenhangs auf der Landesebene für notwendig. In der Folge hat das Niedersächsische Ministerium für Soziales, Frauen, Familie und Gesundheit das Netzwerk der „Sicherheitspartnerschaft im Städtebau in Niedersachsen" initiiert. Damit soll ein Forum geboten werden, in dem sich eine Vielzahl der am Prozess der Stadt- und Wohnbauplanung Beteiligten zu Fragen der städtebaulichen Kriminalprävention engagieren kann.

3. Interdisziplinäres Netzwerk der Sicherheitspartnerschaft im Städtebau in Niedersachsen

Die „Sicherheitspartnerschaft im Städtebau in Niedersachsen" wurde am 29. Juni 2005 konstituiert. Unter der Federführung des Niedersächsischen Ministeriums für Soziales, Frauen, Familie und Gesundheit vereinbarten Repräsentanten der Wohnungswirtschaft, von Berufsverbänden der Architektur und des Städtebaus, der

Planungs- und Raumwissenschaften, der Zivilgesellschaft und der Polizei in einer gemeinsamen Erklärung Prinzipien und Ziele, die bei der Planung und Entwicklung städtebaulicher sowie wohnungswirtschaftlicher Vorhaben unter Sicherheitsgesichtspunkten verstärkt beachtet werden sollen. Damit soll die Sicherheit im Wohnumfeld und im öffentlichen Raum erhöht und langfristig zur Verbesserung der Lebensqualität aller Bürgerinnen und Bürger beigetragen werden. Es handelt sich um eine Selbstverpflichtung der beteiligten Verbände, Institutionen, Organisationen und Forschungseinrichtungen, in dem Aufgabengebiet entsprechend tätig zu werden. Die Impulse für die interdisziplinäre Positionierung und für die Erarbeitung von Leitlinien sowie Produkten setzte der Forschungsschwerpunkt „Sozial • Raum • Management" der Fachhochschule Köln als wissenschaftliche Begleitung.

Die gemeinsame Vereinbarung der „Sicherheitspartnerschaft im Städtebau in Niedersachsen" (Download unter http://www.sicherheit-staedtebau.de) lenkt die Aufmerksamkeit auf die Sicherheit fördernde Gestaltung öffentlicher Räume und auf die Beseitigung sogenannter Angsträume; denn Sicherheit gewinne für die Zukunftsfähigkeit der Städte und Gemeinden zunehmend an Bedeutung. Die Mitglieder der Sicherheitspartnerschaft wollen dazu beitragen, durch gestalterische Maßnahmen negative Entwicklungen in Stadtgebieten aufzuhalten, indem nachbarschaftliche Begegnungen und informelle soziale Kontrolle erleichtert sowie mögliche Gelegenheitsstrukturen zur Tatbegehung reduziert werden. Die Aneignung des Wohngebäudes und des Wohnumfeldes seitens der Bewohnerschaft soll erleichtert und die lokale Identifikation gefördert werden, da dies die wesentliche Voraussetzung für die Entwicklung gemeinschaftlicher und persönlicher Verantwortungsübernahme darstellt.

Die Akteure der „Sicherheitspartnerschaft im Städtebau in Niedersachsen" erklären in der Vereinbarung (im Sinne eines Leitbildes), dass zur Verbesserung der Sicherheit durch die Planung und Entwicklung im Bestand und beim Neubau elf Prinzipien Beachtung finden sollen:

1. Übersichtliche Führung der Verkehrswege und direkte Zuordnung der Gebäude mit Fenstern und Türen zu den öffentlichen Räumen
2. Nutzungsmischung der Funktionen Wohnen, Arbeiten, Verkehr, Versorgung und Freizeit sowie Mischung von Wohnformen und Eigentumsverhältnissen
3. Benutzungssicherheit auf den Wegeverbindungen innerhalb und zwischen den Quartieren
4. Förderung der Nachbarschaft durch das Sozialmanagement der Wohnungsunternehmen und die sozialen Dienstleistungen der Kommunen
5. Beteiligung der Bürgerinnen und Bürger an Planungen
6. Kooperation und Informationsaustausch zwischen Investoren der Wohnungs- und Immobilienwirtschaft, kommunalen Planungsbehörden, freien Architektinnen und Architekten, Planerinnen und Planern (der Stadtplanung, Freiraumplanung und Sozialplanung) und der Polizei

7. Erprobung neuer Verfahren zur Schaffung einer sicheren Wohnumwelt durch Stadtplanung, Wohnungswirtschaft und Polizei
8. Pflege eines Netzwerks zum Austausch von Erfahrungswissen unter den Multiplikatoren der beteiligten Verbände und Institutionen
9. Öffentlichkeitsarbeit für das Thema der städtebaulichen Sicherheit und Prävention
10. Forschung und Evaluation zur Wirksamkeit einer „präventiven Siedlungsgestaltung"
11. Thematische Angebote in der Fort- und Ausbildung von Stadtplanung, Architektur, Freiraumplanung, Verkehrsplanung und Wohnungswirtschaft

In der niedersächsischen Sicherheitspartnerschaft im Städtebau arbeiten alle Institutionen und Verbände der Stadtplanung und Stadtentwicklung zusammen, die einen Beitrag zu leisten vermögen, dass ländliche Gemeinden und Stadtgebiete in Niedersachsen sicherer werden können. Bei städtebaulichen Planungen und Gemeindeentwicklungen soll ein frühzeitiges und vernetztes Handeln aller verantwortlichen Akteure der kommunalen Stadtplanung, der Architekten, der Polizei, der Bauwirtschaft und der Wohnungsunternehmen erreicht werden.

Abbildung 2   Netzwerk der Sicherheitspartnerschaft im Städtebau in Niedersachsen im Jahr 2014

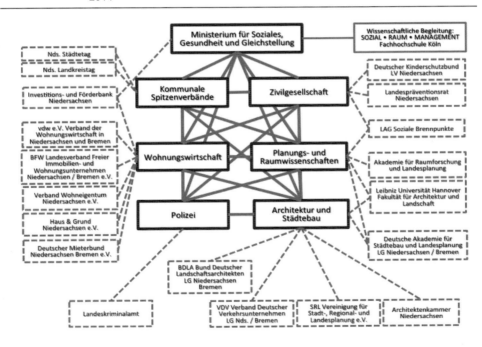

Quelle: Eigene Darstellung.

Zu Beginn – im Jahr 2005 – gehörten der „Sicherheitspartnerschaft im Städtebau in Niedersachsen" zwölf Akteure der Wohnungswirtschaft, der Verbände und Institutionen der Planungsprofessionen sowie der Polizei an. Bis zum Jahr 2012 hatte sich die Zahl der Netzwerkmitglieder auf 20 erhöht (siehe Abbildung 2); es handelt sich um

- das Ministerium für Soziales, Frauen, Familie, Gesundheit und Integration als federführende und koordinierende Institution,
- unterstützt von der Investitions- und Förderbank Niedersachsen (NBank).

Aus dem Kreis der Kommunalen Spitzenverbände gehören dazu

- der Niedersächsische Städtetag und
- der Niedersächsische Landkreistag.

Aus der Wohnungswirtschaft sind sowohl die Vermieter- als auch die Mieterseite beteiligt:

- vdw e.V. Verband der Wohnungswirtschaft in Niedersachsen und Bremen,
- BFW Landesverband Freier Immobilien- und Wohnungsunternehmen Niedersachsen/Bremen e.V.,
- Verband Wohneigentum Niedersachsen e.V.,
- Haus & Grund Niedersachsen e.V.,
- Deutscher Mieterbund Niedersachsen Bremen e.V.

Architektur und Städtebau werden vertreten durch

- Architektenkammer Niedersachsen,
- SRL – Vereinigung für Stadt-, Regional- und Landesplanung e.V.,
- BDLA – Bund Deutscher Landschaftsarchitekten, LG Niedersachsen Bremen,
- VDV – Verband Deutscher Verkehrsunternehmen LG Nds./Bremen.

Die Planungs- und Raumwissenschaften werden repräsentiert von

- Leibniz Universität Hannover, Fakultät für Architektur und Landschaft,
- ARL – Akademie für Raumforschung und Landesplanung,
- DASL – Deutsche Akademie für Städtebau und Landesplanung, LG Niedersachsen/Bremen.

Als Vertretungen der Zivilgesellschaft wirken mit

- Landespräventionsrat Niedersachsen,
- LAG Soziale Brennpunkte,
- Deutscher Kinderschutzbund, LV Niedersachsen.

Die Polizei wird vertreten durch das Landeskriminalamt.

Die wissenschaftliche Begleitung und Unterstützung des Prozesses leistete der Forschungsschwerpunkt „Sozial • Raum • Management" der Fachhochschule Köln in den Jahren von 2005 bis 2014.

3.1 Strategischer Handlungsrahmen

Bei der Entwicklung eines strategischen Handlungsrahmens wurde auf das „Kriminalitätsdreieck" der „Routine-Activity Theory" („Crime Triangle") Bezug genommen (Clarke/Eck 2003, S. 33 ff.). Die Wahrscheinlichkeit krimineller Ereignisse nimmt demnach zu, wenn ein potenzieller Täter/eine potenzielle Täterin und ein geeignetes Ziel zeitlich und räumlich zusammentreffen, ohne dass ein Schutz bietender Akteur anwesend ist (vgl. Abbildung 3).

Abbildung 3   Schutzdimensionen im Wohnbereich nach dem Kriminalitätsdreieck

Quelle: verändert nach Clarke/Eck (2003, S. 35).

Nach der Logik des Kriminalitätsdreiecks lassen sich drei Schutzdimensionen für die Stärkung des Sicherheitsgefühls in der Nachbarschaft und im Wohnquartier ableiten (vgl. Abbildung 4):

1. Technisch-gestalterische Perspektive: Schutz durch städtebauliche, architektonische Gestaltung und technische Ausstattung
2. Institutionelle Verantwortungsperspektive: Schutz durch das Management der Verantwortungsträger (wie z.B. Eigentümer und Institutionen)

3. Perspektive der verantwortlich gelebten Nutzung: Schutz durch Nutzungsverantwortung

Unter diesen Perspektiven können störende Personengruppen (zur Vermeidung potenzieller Taten) präventiv angesprochen werden, und technische sowie bauliche Maßnahmen an den Gebäuden und im öffentlichen Raum beugen vor, damit keine Gelegenheiten für unerwünschtes Verhalten entstehen. Es bietet auch Schutz, wenn Eigentümer, Bewohnerinnen und Bewohner sowie Institutionen Verantwortung für die Belange im Siedlungs- und Verkehrsraum übernehmen.

Abbildung 4   Schutzdimensionen

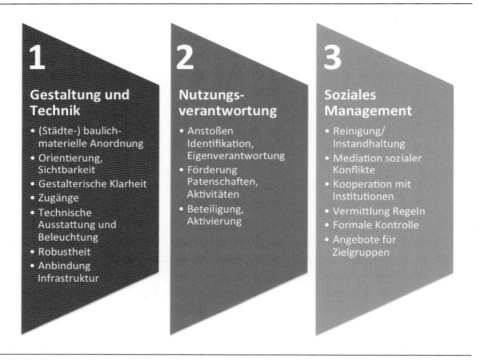

Quelle: Eigene Darstellung.

Die Qualitäten in den drei Schutzdimensionen werden über Kriterien definiert (vgl. Abbildung 4):

1) Beispielkriterien in der Dimension „Schutz durch Gestaltung und Technik"

- Orientierung und Sichtbarkeit: Die Flächen zwischen den Gebäuden sind übersichtlich geordnet und bieten freie Blickbeziehungen sowie Transparenz.

- Räumliche An- und Zuordnung: Durch die Stellung der Gebäude auf dem Grundstück und ihre Zuordnung zur Straße wird die natürliche soziale Kontrolle gefördert.
- Beleuchtung: Die Außenbeleuchtung der Wege und Gebäude ist so konzipiert, dass es keine dunklen Bereiche gibt.
- Zugänglichkeit und Zugangsbedingungen: Kontrollierte Zugänge auf das Grundstück und in das Haus besitzen einen hohen Stellenwert für das sichere Wohnen.
- Sichere Abstellmöglichkeiten: Park- und Abstellplätze im Freien sind nicht abgelegen sondern im Blickfeld der Wohnbebauung.
- Kompatibilität des Ortes mit Sicherheitsmaßnahmen
- Infrastrukturelle Anbindung, Verkehrsanbindung und Wegeführung: Der über Wege angemessene Anschluss an den öffentlichen Nahverkehr ermöglicht es, dass die Wohnung auch in den Nachtstunden sicher erreicht werden kann.

2) Beispielkriterien in der Dimension „Schutz durch soziales Management"

- Regeln für die Nutzung: Eine von allen Parteien anerkannte und gelebte Ordnung mit klar formulierten Regeln ist geeignet, um unerwünschte Ereignisse im Wohnhaus und im Wohnumfeld auszuschließen.
- Förderung von Hausgemeinschaften und Nachbarschaften: Voraussetzung für eine „gute Nachbarschaft" mit einem relativ störungsfreien Zusammenleben und mit der Bereitschaft, sich im Haus zu engagieren und aufeinander zu achten, ist eine überschaubare Anzahl von Haushalten je Wohnhaus.
- Sauberkeit und Instandhaltung: Die Instandhaltungs- und Bewirtschaftungsstrategie des Vermieters ist ein wichtiger Faktor für die Attraktivität des Raumes und für die Entstehung von Sicherheitsgefühlen unter der Bewohnerschaft.
- Kooperation in der Nachbarschaft und mit Institutionen: Die Kooperation des vermietenden Wohnungsunternehmens mit lokalen Institutionen – wie Polizei, Träger der Sozial- und Jugendhilfe, Qualifizierungsbetrieb im Garten- und Landschaftsbau – trägt zur Verbesserung der Sicherheitssituation bei.
- Partizipation.

3) Beispielkriterien in der Dimension „Schutz durch Nutzungsverantwortung"

- Beteiligung und Aktivierung: Wenn die Bewohnerschaft beteiligt wird, zeigt sie eine höhere Verantwortungsbereitschaft, sich für die Belange des Hauses und der Freiflächen auch persönlich einzusetzen.
Identifikation: Damit Bewohnerinnen und Bewohner sich selbst um Sicherheitsbelange kümmern, sind Gelegenheiten zur Eigenverantwortung und zur Übernahme nachbarschaftlicher Verantwortung zu schaffen.
- Belebung des Quartiers: Wenn das Wohnumfeld unbelebt ist, besteht das Risiko, dass sich Passanten und Bewohner nicht wohl fühlen. Sicherheit im

Stadtraum hat auch etwas mit Geschäftigkeit, mit sichtbaren Aktivitäten anderer Menschen und mit Leben auf der Straße zu tun; die Anwesenheit von Menschen und die kontinuierliche Nutzung von Stadträumen fördern die informelle soziale Kontrolle.

3.2 Niedersächsisches Qualitätssiegel für sicheres Wohnen

In den Treffen der niedersächsischen Sicherheitspartnerschaft im Städtebau kristallisierte sich die Notwendigkeit heraus, die interdisziplinäre Kooperation weiterzuentwickeln und gemeinsame Produkte für die Planungspraxis in der Stadtplanung und Wohnungswirtschaft zu erarbeiten. Zuerst wurde das „Niedersächsische Qualitätssiegel für sicheres Wohnen" mit dem Ziel konzipiert, Wohnobjekte in Städten und Gemeinden, die Kriterien der städtebaulichen Kriminalprävention entsprechen und deshalb eine hohe Lebensqualität sowie ein aktives soziales Umfeld aufweisen, mit einem Zertifikat auszuzeichnen.

Das Qualitätssiegel wurde im Zeitraum von 2008 bis 2009 im Rahmen von neun Workshops unter aktiver Beteiligung der Partner entwickelt. Die zentralen Zielgruppen des Qualitätssiegels sind Wohnungsunternehmen, Wohnungsgenossenschaften und Eigentümergemeinschaften. Das zugrundeliegende Audit-Instrument wurde nach der Entwicklungsphase im Jahr 2010 in Pretests an ausgewählten Objekten überprüft. Die Auditoren wurden für die Bewertung der Bewerbungen vor Ort qualifiziert; die Schulungen fanden in Kooperation der Architektenkammer Niedersachsen und der Niedersächsischen Polizeiakademie statt. Neben Mitgliedern der Sicherheitspartnerschaft wurden freiberufliche Architektinnen und Architekten sowie Präventionsfachkräfte der Polizei für die Audits geschult. Die Audits werden nach einem Tandemmodell durchgeführt, indem die Objekte immer durch ein interdisziplinäres Team von einer Fachkraft aus dem Feld der Planung/Architektur auf der einen Seite und von einer Fachkraft der Polizei auf der anderen Seite bewertet werden. Dadurch sollen die Qualitäten des interdisziplinären Ansatzes der Sicherheitspartnerschaft sichergestellt werden.

Seit dem Jahr 2010 wird das Verfahren des Niedersächsischen Qualitätssiegels von einer Geschäftsstelle bei der NBank organisiert. Es umfasst fünf Verfahrensschritte: Bewerbung, Vorprüfung, Audit, Entscheidung und Vergabe. Nach der Bewertung der Objekte durch die Tandems der Auditoren entscheidet eine Jury, der Mitglieder der Sicherheitspartnerschaft im Städtebau in Niedersachsen angehören, über die Vergabe des Siegels. Dabei wird eine der drei Zertifikatsstufen zugewiesen: (1) ausgezeichnete Qualität, (2) hohe Qualität und (3) gute Qualität. Erstmals verliehen wurde das Qualitätssiegel zu Beginn des Jahres 2011 (vgl. hierzu http://www.sicherheit-staedtebau.de).

Bei der Bewertung von Bewerbungen werden neben technischen, objektiven Vorkehrungen des sicheren Wohnens auch Aspekte einbezogen, die die subjektive, gefühlte Sicherheitslage betreffen. Dabei handelt es sich zum Beispiel um die Förderung von funktionierenden Nachbarschaften, die Gestaltung und Sauberkeit von Innen- und Außenanlagen sowie die Einbindung und Erreichbarkeit von Versorgungseinrichtungen und Nahverkehrsmitteln. Das niedersächsische Qualitätssiegel ist Ausdruck dafür, dass die Sicherheitspartnerschaft im Städtebau die fachliche Expertise von Architektur, Stadtplanung, Wohnungswirtschaft, Sozialplanung und Polizei interdisziplinär wirkungsvoll integriert hat. Das Siegel folgt den CPTED-Kriterien und schließt an das britische Label „Secured By Design" sowie das niederländische Label „Veilig Wonen" an. Es weist aber über deren Konzentration auf die Einbruchsprävention hinaus und stellt die gesamte Sicherheitswahrnehmung sowie die sozialräumliche Integration im Wohnumfeld als relevanten Bewertungsfaktor in den Mittelpunkt. Die Initiative der niedersächsischen Sicherheitspartnerschaft im Städtebau repräsentiert inzwischen den Referenzrahmen für die städtebauliche Kriminalprävention in Deutschland. Sie soll dazu beitragen, dass sich der zugrundeliegende Qualitätsstandard des sicheren Wohnens flächendeckend in den wohnungswirtschaftlichen Strategien der Bestandsentwicklung genauso verbreiten kann wie in den Leitlinien der kommunalen Stadt- und Sozialplanung.

Das Niedersächsische Qualitätssiegel für sicheres Wohnen wird mit einem Zertifikat vergeben, in welches das Jahr der Prüfung eingedruckt ist. Die Bewerbung durchläuft nach Eingang eine formale und fachliche Vorprüfung. Anschließend findet das Audit statt; jedes Objekt wird von einem fachlich kompetenten Auditorenteam vor Ort besichtigt und bewertet. Die Bewertung ist gegliedert nach folgenden zehn Prüfungsbereichen: (1) räumliche Anordnung der Gebäude, (2) sicherheitsorientierte Gestaltung, (3) Sicherheit fördernde Wegeführung, (4) Beleuchtung, (5) Ausstattung mit technischen Sicherheitsstandards, (6) Sauberkeit und Instandhaltung, (7) sichere Park- und Abstellmöglichkeiten, (8) Verantwortung und Nachbarschaft, (9) Beteiligung und Aktivierung der Bewohnerschaft, (10) interinstitutionelle Kooperation (vgl. hierzu http://www.sicherheit-staedtebau.de/web/bedeutung-und-verfahren.html).

Anhand einer Checkliste (mit Leitfragen) wird veranschaulicht, worauf es bei der Bewertung eines Siedlungsbestands nach diesen Kriterien ankommt. Am Qualitätssiegel Interessierte können anhand der Checkliste selbst überprüfen, ob ihr Wohnobjekt die Anforderungen für das sichere Wohnen weitgehend erfüllt (vgl. http://www.sicherheit-staedtebau.de/web/downloads.html). Die Checkliste der Fragen soll aber auch vor der Planung neuer Vorhaben genutzt werden, um die Qualitätsmerkmale strategisch in städtebaulichen und architektonischen Entwürfen zu berücksichtigen.

Besonders hervorzuheben ist der „transdisziplinäre" Charakter der Sicherheitspartnerschaft und des Qualitätssiegels. Transdisziplinarität weist über die Interdisziplinarität hinaus, weil die verschiedenen Disziplinen in einem neuen gemeinsamen terminologischen Sprachkontext und in einen systematischen Handlungskontext – nicht mehr durch disziplinäre Grenzen eingeschränkt – integriert werden (vgl. Hanschitz/Schmidt/Schwarz 2009). Bei der Sicherheitspartnerschaft erfolgte der Transfer in einem partizipativen Prozess, in dem eine gemeinsame Sprache und Praxis bei der Entwicklung des Qualitätssiegels geschaffen wurden. Ausschlaggebend war der frühe Einbezug aller Akteure, die auf Belange der städtebaulichen Kriminalprävention Einfluss haben, in die Netzwerk- und Kooperationsbildung. Im kontinuierlichen Austausch wurde gezielt angestrebt, dass die Kooperation die verschiedenen Fachgrenzen überschreitet. Es wurde nicht ein neues Wissen im Sinne „harter Wissenschaften" generiert, sondern ein innovatives nichtwissenschaftliches, „robustes" Wissen – aus dem impliziten Erfahrungswissen der beteiligten unterschiedlichen Disziplinen und Professionen – synthetisiert.

3.3 Arbeitshilfe für sichere Infrastrukturen

Seit 2011 betreibt die Sicherheitspartnerschaft im Städtebau in Niedersachsen den Wissenstransfer in die verschiedenen Regionen des Landes. Vom strategischen Landesnetzwerk sollen Multiplikationseffekte auf die kommunalen und regionalen Planungs- und Handlungsnetze ausstrahlen. Dazu wurden bestehende städtebaubezogene Sicherheitspartnerschaften und kommunale Präventionsräte in niedersächsischen Städten und Regionen befragt, die sich mit Fragen der städtebaulichen Kriminalprävention beschäftigen. Auf dieser Grundlage wurde ein Workshop zur Befähigung lokaler und regionaler Akteure im Herbst 2011 in Delmenhorst durchgeführt (siehe Dokumentation unter http://www.sicherheit-staedtebau.de/web/downloads.html/).

Im Ergebnis wurde vor Ort der Bedarf an einer kriminalpräventiven Handreichung für die Gestaltung der Schnittstellen zwischen großen Infrastrukturen, den Wohnarealen und dem öffentlichen Raum artikuliert. Beispielhaft wurde auf sicherheitssensible Gestaltungs- und Organisationsdefizite von Bahnhöfen, Haltestellen des ÖPNV, Schulen, öffentlichen Plätzen, Fußgängerzonen, Spielplätzen, Sportanlagen, Zugängen zu Parks oder auch Abstellplätzen für Fahrräder und Kraftfahrzeuge im Wohnumfeld verwiesen. Vor diesem Hintergrund hat die Sicherheitspartnerschaft im Jahr 2012 Qualitätsmerkmale der städtebaulichen Kriminalprävention für solche kommunalen Orte im interdisziplinären Dialog konkretisiert und in der Arbeitshilfe „Sicherheit für wohnbezogene Infrastrukturen in der Kommune" zusammengefasst (vgl. hierzu http://www.sicherheit-staedtebau.de/web/wohnbezogene-infrastrukturen.html).

Die Arbeitshilfe wurde im Jahr 2013 in vier Anwendungstests erprobt. In den Anwendungen passten die Kriterien gut, um örtliche Verhältnisse – nach ihrem Verbesserungsbedarf und Sicherheitspotenzial – zu bewerten. Sie erwiesen sich als anschlussfähig in zwei Richtungen: Zum einen können die Kriterien in der Auseinandersetzung mit der Kommunalpolitik als rationaler Orientierungsrahmen Verwendung finden; zum anderen lassen sich die kriterienbasierten Fragen in Beteiligungsprozesse mit Bürgerinnen und Bürgern einbeziehen. Durch die Abarbeitung der Fragen wird der Blick gezielt auf Sicherheitsbelange wohnbezogener Infrastrukturen gelenkt. Insgesamt bezeichneten die einbezogenen lokalen Planungsexpertinnen und Planungsexperten das Instrument als „praxistauglich". Aufgrund differenzierter Blickwinkel wird die notwendige Tiefenschärfe erreicht; außerdem fördert das Instrument den Dialog zwischen den Disziplinen in den Begehungen vor Ort. Der Anwendungsbereich darf aber nicht zu groß sein; es sollten eher kompakte, überschaubare und nicht zu komplexe Zonen für die Bewertung ausgewählt werden. Es zeigte sich in den Tests aber auch: Statt nur Wert auf die Gestaltung und Ästhetik zu legen, ist in der Planung eng verzahnt auch die Bewirtschaftungsperspektive angemessen zu berücksichtigen, weil dies für die spätere Sicherheitssituation von großer Bedeutung ist.

Zusammenfassung und Ausblick

Zusammenfassend lässt sich die Sicherheitspartnerschaft im Städtebau in Niedersachsen als Entwicklungsprozess darstellen. In den Jahren 2002 bis 2004 überwog eine fachliche Orientierung, musste doch zuerst eine inhaltliche Positionierung vorgenommen werden, über die verschiedene Disziplinen und Professionen sowie Verbände und Institutionen zu Fragen der städtebaulichen Kriminalprävention angesprochen werden können. Die Ergebnisse wurden in Broschüren zur Informationsvermittlung publiziert. Im darauf folgenden Zeitabschnitt von 2005 bis 2010 wurde ein verbindender Handlungsansatz gefunden und konkretisiert. Es bildete sich das Netzwerk der Sicherheitspartnerschaft im Städtebau heraus. Nach der Formulierung eines gemeinsamen Leitbildes fanden die verschiedenen beteiligten Disziplinen und Professionen eine gemeinsame Sprache und entwickelten das Niedersächsische Qualitätssiegel für sicheres Wohnen als erstes transdisziplinäres anwendungsorientiertes Instrument der städtebaulichen Kriminalprävention. In der dritten Entwicklungsstufe (2011 bis 2015) wurde als zweites Instrument die Arbeitshilfe für sichere wohnbezogene Infrastrukturen erarbeitet. Die Instrumente wurden auf die Bedarfe vor Ort in den Kommunen und Wohnungsunternehmen zugeschnitten; sie sind anschlussfähig an die kommunale Stadtplanung und an die Bewirtschaftung lokaler Infrastrukturen und Wohnungsbestände.

Der bisherige Nutzen der niedersächsischen Sicherheitspartnerschaft im Städtebau wird von den Beteiligten hoch eingeschätzt. Neben dem Nutzen für das Land Niedersachsen werden die fachlich-professionelle Weiterentwicklung der städtebaulichen Kriminalprävention und die Rückkopplungsschleifen in die beteiligten Verbände und Organisationen hervorgehoben. Dabei gelang es, den Präventionsansatz zu profilieren und die Standards des sicheren Wohnens und der sicheren Siedlung weiter zu entwickeln. Die Impulse reichen bis in lokale Projekte des Programms der „Sozialen Stadt" hinein. Im ehrenamtlichen Zusammenwirken der Institutionen, Organisationen und Verbände aus Architektur und Städtebau, Planung und Wohnungswirtschaft, Mieter- und Bewohnerorganisationen sowie Prävention und Kommunen mit dem Landeskriminalamt und mit der Bauabteilung des Ministeriums für Soziales, Gesundheit und Gleichstellung wurde ein vertieftes Verständnis erreicht, wie die Kriterien der städtebaulichen Kriminalprävention im Siedlungskontext praktisch umgesetzt werden können. Der interdisziplinäre Austausch zwischen den verschiedenen Professionen und wirtschaftlichen oder institutionellen Kontexten hat auf allen Seiten zu einer Horizonterweiterung geführt. Ein besonderer Stellenwert wird dabei der kontinuierlichen wissenschaftlichen Begleitung durch den Forschungsschwerpunkt „Sozial • Raum • Management" zugeschrieben.

In Reflexionen der niedersächsischen Sicherheitspartnerschaft wurden vermehrt Evaluationen eingefordert: Einerseits sollen damit die positiven Folgen des Niedersächsischen Qualitätssiegels für sicheres Wohnen für die Wohnquartiere nachgewiesen, andererseits die Vermeidung negativer Auswirkungen auf nichtzertifizierte Quartiere im Blick behalten werden. In diesem Zusammenhang wird häufig als Argument vorgebracht, das Qualitätssiegel dürfe von der Wohnungswirtschaft nicht eingeschränkt als Marketinginstrument wahrgenommen, sondern müsse als qualitativer Orientierungsrahmen für die Bestandsentwicklung verstanden werden.

Nach rund zehn Jahren kündigte das Niedersächsische Ministerium für Soziales, Gesundheit und Gleichstellung im Jahr 2014 an, die finanzielle Unterstützung der niedersächsischen Sicherheitspartnerschaft im Städtebau deutlich zu reduzieren. In der Konstituierungsphase und der anschließenden Phase intensiver inhaltlicher Arbeit hatten der Sicherheitspartnerschaft jährlich Projektmittel zur Verfügung gestanden, mit denen eine kontinuierliche wissenschaftliche Begleitung finanziert werden konnte. Für die Zeit ab 2015 müssen Perspektiven entwickelt werden, wie sich das Netzwerk im Land Niedersachsen ohne die Impulse der wissenschaftlichen Begleitung durch den Forschungsschwerpunkt „Sozial • Raum • Management" neu aufstellen kann. Die Arbeitshilfen und Instrumente (Niedersächsisches Qualitätssiegel für sicheres Wohnen; Arbeitshilfe „Sicherheit für wohnbezogene Infrastrukturen in der Kommune") konnten nur entwickelt, erprobt und mit mittlerer Reichweite etabliert werden, weil der Prozess durch die wissenschaftliche Begleitung fachlich angeleitet wurde. Ob der Übergang vom Status eines wissenschaftlich koordinierten Modellprojekts (Förderung mit Projektmitteln des Landes) in ein selbst organisiertes Netzwerk ohne wissenschaftliche Beratung in den Jahren ab 2015 gelingen wird, ist Mitte des Jahres 2014 noch völlig offen. Die beteiligten Verbände und Organisationen betreiben seit der Ankündigung des Niedersächsischen Ministeriums für Soziales, Gesundheit und Gleichstellung, die Unterstützung zu verringern, intensive Netzwerkarbeit hinter den Kulissen; es wird eine tragfähige Lösung gesucht, damit die Sicherheitspartnerschaft nicht nur das Niedersächsische Qualitätssiegel für sicheres Wohnen und die entwickelten Arbeitsmaterialien „verwaltet", sondern weiterhin neue Produkte und Instrumente erarbeiten und erproben kann, die auf diagnostizierte Bedarfe Antworten geben.

Wenn auf das volkswirtschaftliche Konzept des „meritorischen Guts" Bezug genommen wird, macht die Institutionalisierung in einer staatlichen Regelstruktur Sinn. Meritorische Güter sind dadurch gekennzeichnet, dass die Nachfrage der Privaten hinter dem gesellschaftlich gewünschten Ausmaß zurückbleibt (vgl. Definition unter: http://www.wirtschaftslexikon24.com/d/meritorisches-gut/meritorisches-gut.htm, 11.3.2014). Das hängt damit zusammen, dass die Orientierung der einzelnen Bürgerin und des einzelnen Bürgers bzw. des einzelnen Unternehmens vom gesellschaftlichen Nutzen abweicht. Denn bei den individuellen Entscheidungen werden andere Nutzen als der eigene nicht (genügend) berücksichtigt. Daher werden solche Güter staatlich bereitgestellt. Das Beispielspektrum reicht von Bildung bis hin zur Sicherheit. Vor diesem Hintergrund trägt die Sicherheitspartnerschaft mit der staatlichen Unterstützung des Landes Niedersachsen dazu bei, dass das meritorische Gut „Lebensqualität und Sicherheitsgefühl im Wohn- und Siedlungskontext" flächendeckend entwickelt und bereitgestellt werden kann.

Literatur

Albrecht, Hans-Jörg (2007): Perspektiven kriminologischer Forschung. Der Wandel im Konzept der Sicherheit und neue Aufgabenfelder der Kriminologie, in: Liebl, Karlhans (Hrsg.): Kriminologie im 21. Jahrhundert, Wiesbaden, S. 177–201.

Barnett, Guy, und Xuernai Bai (2007): A Research Prospectus for Urban Resilience. A Resilience Alliance Initiative for Transitioning Urban Systems towards Sustainable Futures, Canberra.

Bollnow, Otto Friedrich (1963): Der Mensch und der Raum, in: Universitas, 18 (1963), S. 499–514.

Brassard, Anna (2003): Integrating the Planning Process and Second-Generation CPTED, in: The CPTED-Journal, H. 1 (2003), S. 46–53.

BMVBS – Bundesministerium für Verkehr, Bau und Stadtentwicklung / BBR – Bundesamt für Bauwesen und Raumordnung (Hrsg.) (2007): Städtebauliche Aufwertungsstrategien in benachteiligten Stadtquartieren, BBR-Online-Publikation 05/2007, urn:nbn:de:0093-ON0507R120 (10.3.2014).

Clarke, Ronald (1992): Situational Crime Prevention. Successful Case Studies, Albany/NY.

Clarke, Ronald (2003): Situational Crime Prevention: Theory and Practice, in: Hughes, G., u.a. (Hrsg.): Criminological Perspectives. Essential Readings, London, 2. Aufl., S. 357–368.

Clarke, Ronald, und John Eck (2003): Become a Problem-Solving Crime Analyst. In 55 Small Steps, London (deutsche Übersetzung hrsg. v. Landespräventionsrat Niedersachsen: Der Weg zur Problemlösung durch Kriminalitätsanalyse. In 55 kleinen Schritten, Hannover 2007).

Coaffee, Jon (2010): Protecting Vulnerable Cities: the UK's Resilience Response to Defending Everyday Urban Infrastructure, in: International Affairs, H. 4 (2010), S. 939–954.

Crowe, Timothy (2000): Crime Prevention Through Environmental Design, Stoneham/MA.

Daase, Christopher (2012): Sicherheitskultur als interdisziplinäres Forschungsprogramm, in: Daase, Christopher, Philipp Offermann und Valentin Rauer (Hrsg.): Sicherheitskultur. Soziale und politische Praktiken der Gefahrenabwehr, Frankfurt/Main, S. 23–44.

Foucault, Michel (2004): Geschichte der Gouvernementalität I. Sicherheit, Territorium, Bevölkerung. Vorlesungen am Collège de France 1977–78, Frankfurt/Main.

Frevel, Bernd, und Verena Schulze (2012): Kooperative Sicherheitspolitik – Safety und Security Governance in Zeiten sich wandelnder Sicherheitskultur, in: Daase, Christopher, Philipp Offermann und Valentin Rauer (Hrsg.): Sicherheitskultur. Soziale und politische Praktiken der Gefahrenabwehr, Frankfurt/Main, S. 205–228.

Garland, David (2008): Kultur der Kontrolle, Frankfurt/New York.

GdW – Gesamtverband der Wohnungswirtschaft (Hrsg.) (1998): Überforderte Nachbarschaften. Zwei sozialwissenschaftliche Studien über Wohnquartiere in den alten und den neuen Bundesländern (GdW Schriften 48), Köln/Berlin.

Gusy, Christoph (2012): Vom „neuen Sicherheitsbegriff" zur „Neuen Sicherheitsarchitektur", in: Würtenberger, Thomas, Christoph Gusy und Hans-Jürgen Lange (Hrsg.): Innere Sicherheit im europäischen Vergleich. Sicherheitsdenken, Sicherheitskonzepte und Sicherheitsarchitektur im Wandel, Berlin, S. 71–106.

Hallenberg, Bernd (2010): Wohnen in der vhw-Trendbefragung 2010, in: vhw FWS, H. 6 (2010), S. 294–299.

Hanschitz, Rudolf-Christian, Esther Schmidt und Guido Schwarz (2009): Transdisziplinarität in Forschung und Praxis. Chancen und Risiken partizipativer Prozesse, Wiesbaden.

Innes, Martin, und Vanessa Jones: Neighbourhood Security and Urban Change. Risk, Resilience and Recovery, York.

Jäger, Daniela, André Kaiser, Herbert Schubert, Katja Veil und Holger Spieckermann (2010): Wirkungen sozialräumlicher Kriminalprävention. Erfolgsfaktoren von „New Governance" in Stadtteilen mit Erneuerungsbedarf. Zwei deutsche Fallbeispiele, Band 2, Köln.

Kaufmann, Stefan (2011): Zivile Sicherheit. Vom Aufstieg eines Topos, in: Hempel, Leon, Susanne Krasmann und Ulrich Bröckling (Hrsg.): Sichtbarkeitsregime. Überwachung, Sicherheit und Privatheit im 21. Jahrhundert (Leviathan Sonderheft 25), Wiesbaden, S. 101–123.

Krings-Heckemeier, Marie-Therese, Meike Heckenroth und Timo Heyn (2013): Gewalt und Kriminalprävention in der Sozialen Stadt. Entwurf Endbericht des ExWoSt-Projekts, unveröffentlichtes Typoskript, Hannover/Berlin.

Lange, Hans-Jürgen (2012): Der Wandel des föderalen Sicherheitsverbundes in Deutschland, in: Würtenberger, Thomas, Christoph Gusy und Hans-Jürgen Lange (Hrsg.): Innere Sicherheit im europäischen Vergleich. Sicherheitsdenken, Sicherheitskonzepte und Sicherheitsarchitektur im Wandel, Berlin, S. 139–148.

Löw, Martina (2001): Raumsoziologie, Frankfurt/Main.

Lukas, Tim (2010): Kriminalprävention in Großsiedlungen. Wirkungen baulicher und sozialer Maßnahmen am Beispiel der randstädtischen Neubaugebiete Marzahn Nord und Gropiusstadt, Berlin.

Masala, Carlo (2012): Innere Sicherheit im europäischen Vergleich. Die Perspektive der Europäischen Union, in: Würtenberger, Thomas, Christoph Gusy und Hans-Jürgen Lange (Hrsg.): Innere Sicherheit im europäischen Vergleich. Sicherheitsdenken, Sicherheitskonzepte und Sicherheitsarchitektur im Wandel, Berlin, S. 57–67.

Maslow, Abraham (1954): Motivation and Personality, New York.

Newman, Oscar (1972): Defensible Space, New York.

Newman, Oscar (1996): Creating Defensible Space, hrsg. v. U.S. Department of Housing and Urban Development, Office of Policy Development and Research, Center for Urban Policy Research, Rutgers University, http://www.huduser.org/publications/pdf/def.pdf (10.8.2012).

Rauer, Valentin (2012): Interobjektivität – Sicherheitskultur aus Sicht der Akteur-Netzwerk-Theorie, in: Daase, Christopher, Philipp Offermann und Valentin Rauer (Hrsg.): Sicherheitskultur. Soziale und politische Praktiken der Gefahrenabwehr, Frankfurt/Main, S. 69–92.

Sampson, Robert J. (2012): Great American City: Chicago and the Enduring Neighborhood Effect, Chicago.

Sarkissian, Wendy, und Graeme Dunstan (2003): Stories in a Park – Second-Generation CPTED in Practice. Reducing Crime and Stigma through Community Storytelling, in: The CPTED-Journal, H. 1 (2003), S. 34–45.

Schubert, Herbert (2008): Raum und Architektur der Inneren Sicherheit, in: Lange, Hans-Jürgen, H. Peter Ohly und Jo Reichertz (Hrsg.): Auf der Suche nach neuer Sicherheit, Wiesbaden, S. 281–292.

Schubert, Herbert (Hrsg.) (2005): Sicherheit durch Stadtgestaltung. Städtebauliche und wohnungswirtschaftliche Kriminalprävention: Konzepte und Verfahren, Grundlagen und Anwendungen, Köln.

Schubert, Herbert, und Katja Veil (2011a): Kriminalprävention im Sozialraum: Explorative Validierung des ISAN-Präventionsmodells, in: Monatsschrift für Kriminologie und Strafrechtsreform, H. 2 (2011), S. 83–101.

Schubert, Herbert, und Katja Veil (2011b): Nachbarlichkeit – Solidarität als Faktor der sozialräumlichen Kriminalprävention, in: Marks, Erich, und Wiebke Steffen (Hrsg.): Solidarität leben – Vielfalt sichern. Ausgewählte Beiträge des 14. Deutschen Präventionstages 2009, Mönchengladbach, S. 229–245.

Schubert, Herbert, Katja Veil, Holger Spieckermann, André Kaiser und Daniela Jäger (2009): Wirkungen sozialräumlicher Kriminalprävention. Evaluation von städtebaulichen und wohnungswirtschaftlichen Maßnahmen in zwei deutschen Großsiedlungen, Band 1, Köln.

Wilson, James Q., und George L. Kelling (1996): Polizei und Nachbarschaft. Zerbrochene Fenster, in: Kriminologisches Journal, H. 2 (1996), S. 121–137.

Wurtzbacher, Jens (2008): Urbane Sicherheit und Partizipation. Funktion und Stellenwert bürgerschaftlicher Beteiligung an lokalen Sicherheitspolitiken, Wiesbaden.

Der Autor

Prof. Dr. phil. Dr. rer. hort. habil. Herbert Schubert

Sozial- und Raumwissenschaftler, Professor für Soziologie und Sozialmanagement an der Fachhochschule Köln, Direktor des Instituts für angewandtes Management und Organisation in der Sozialen Arbeit (IMOS) und Leitung des Forschungsschwerpunkts „Sozial • Raum • Management"; apl. Prof. an der Fakultät Architektur und Landschaft der Leibniz Universität Hannover. Arbeitsschwerpunkte: Netzwerkentwicklung, Governance, Sozialplanung, Sozialraumanalyse, Architektursoziologie und städtebauliche Kriminalprävention.

Foto: Privat.

Frederick Groeger-Roth

Urbane Sicherheit durch entwicklungsorientierte Prävention

Der Ansatz von "Communities That Care" (CTC)

Einleitung

Urbane Sicherheit ist ein komplexes Themenfeld, nicht zuletzt deshalb, weil Problemwahrnehmungen, -erklärungen und Lösungsansätze von der institutionellen Zugehörigkeit der lokalen Akteure abhängen (vgl. Meier/Abt 2012). Dies spiegelt sich auch in der wissenschaftlichen Auseinandersetzung wider. Interessant ist, dass einige institutionelle Sichtweisen direkt mit wissenschaftlichen Erklärungsansätzen und Forschungslinien korrespondieren. So ist die Sichtweise z.B. von Ordnungsbehörden, die vor allem Phänomene von „Incivilities" und Unordnung im öffentlichen Raum thematisieren, sehr eng verwandt mit der Forschungsrichtung der „situativen" Kriminalprävention, die delinquentes Verhalten mit „Gelegenheitsstrukturen" oder fehlender sozialer Kontrolle in Zusammenhang bringt (vgl. z.B. Eck 2002).

Die Sichtweise von Akteuren aus Bereichen wie Kindererziehung, Schule oder Sozialarbeit korrespondiert eher mit der Forschungsrichtung der „entwicklungsorientierten" Prävention. Diese identifiziert (frühe) Risiko- und Schutzfaktoren in der sozialen Entwicklung von Kindern und Jugendlichen und überprüft, ob diese Einflussfaktoren sich verringern (Risiko) oder verstärken (Schutz) lassen. In einem frühen Versuch, „entwicklungsorientierte" Prävention zu definieren, argumentieren Tremblay und Craig (1995), dass situative Faktoren natürlich berücksichtigt werden müssen. Aber bestimmte Personen neigten öfter als andere in der gleichen Situation zu delinquentem Handeln (also z.B. einen Diebstahl in einem Geschäft ohne sichtbare Kontrollen begehen) und wiederum bestimmte Personen begeben sich öfter als andere in Situationen, in denen delinquente Handlungen vermehrt begangen werden (also z.B. sich bereits delinquente Freunde/Peergruppen aussuchen) (vgl. ebenda).

Der Beitrag der „entwicklungsorientierten" Prävention zur urbanen Sicherheit besteht also in der Thematisierung von (un)günstigen Bedingungen des Aufwachsens von Kindern und Jugendlichen in der Kommune. Viele Risiko- und Schutzfaktoren für ein sicheres Aufwachsen können lokal beeinflusst werden (s.u.). Die Verringerung des Einflusses von Risikofaktoren und die Verstärkung von Schutzfaktoren führen nachweislich zu einer geringeren Anzahl von Jugendlichen mit Verhaltensproblemen (vgl. Farrington/Welsh 2007).

Lokale Bündnisse/Netzwerke von Akteuren, die diese Faktoren beeinflussen können (Kitas, Schulen, Jugendarbeit, Familienbildungsstätten, Polizei etc.) werden vielfach als ein gutes Modell gesehen, um auf der kommunalen Ebene eine erfolgreiche Prävention zu organisieren (vgl. Butterfoss/Goodman/Wandersman 1993; Wandersman 2003). Dabei ist über die Effektivität von Präventionsgremien erstaunlich wenig bekannt. Evaluationsergebnisse aus den USA lassen vermuten, dass nicht automatisch von einer Wirksamkeit ausgegangen werden kann, auch wenn die Zusammenarbeit der Akteure als gut oder befriedigend empfunden wird (vgl. z.B. Berkowitz 2001). Entscheidend scheint die Fähigkeit der Netzwerke/Bündnisse zu sein, effektive Maßnahmen und Programme mit ausreichender Intensität und Qualität umzusetzen und auf Dauer zu stellen (vgl. Feinberg/Bontempo/Greenberg 2008).

Dazu ist es wichtig, dass im Netzwerk ein Grundkonsens über einige Kernbestandteile einer gemeinsamen Strategie vorhanden ist. Hierzu gehören neben einer gemeinsamen Definition des Präventionsverständnisses auch eine gute Bedarfsanalyse, überprüfbare zeitlich gestaffelte Ziele, eine an den vorhandenen Ressourcen ausgerichtete Maßnahmenplanung und eine Überprüfung, ob und inwieweit gemeinsame Ziele auch erreicht werden (vgl. Arthur/Blitz 2000; Chinman u.a. 2005).

Um kommunale Präventionsräte bei der Entwicklung einer entsprechenden Strategie unterstützen zu können, hat der Landespräventionsrat Niedersachsen (LPR) international nach erfolgversprechenden Ansätzen gesucht.

Der in den USA entwickelte Präventionsansatz „Communities That Care – CTC" (Hawkins/Catalano 2005) war international der erste „Community"-Ansatz, der mittels der höchsten Evaluationsstandards (randomisierter Kontrollgruppenversuch, vgl. Hawkins u.a. 2009; Oesterle u.a. 2010) nachweisen konnte, dass er zu einer Reduktion von Gewalt, Delinquenz und anderen Verhaltensproblemen (Sucht, Schulversagen) bei Kindern und Jugendlichen nicht nur individuell, sondern auf der Ebene der gesamten Kommune („community-wide") beitragen kann.

1. Die Methode von "Communities That Care"

Communities That Care – CTC ist ein strategischer Ansatz, um Kommunen und kommunale Akteure dabei zu unterstützen, die Erkenntnisse der Präventionsforschung systematischer anzuwenden und ihre Präventionsaktivitäten dementsprechend besser zu organisieren. Das Steuerungsprogramm CTC wurde zu diesem Zweck von der interdisziplinären Forschungsgruppe „Social Development Research Group" (www.sdrg.org) um die Professoren David Hawkins und Richard Catalano an der Washington State Universität in Seattle entwickelt. Dieser Ansatz und ein Modellversuch zur Adaption in Deutschland werden nun im Folgenden vorgestellt (vgl. Hawkins 1999; Hawkins/Catalano 2005; Hawkins u.a. 1992,

2002; ausführlichere Informationen auf www.ctc-info.de; siehe auch Groeger-Roth 2010).

Ausgangspunkt von CTC ist, dass sich der Kenntnisstand in der entwicklungsorientierten Prävention in den letzten Jahren vor allem im anglo-amerikanischen Raum stark verbessert hat. Fortschritte sind insbesondere zu verzeichnen bei der Forschung über Risiko- und Schutzfaktoren sowie über effektive Präventionsprogramme.

1.1 Risiko- und Schutzfaktoren

Auswertungen von Längsschnittstudien (die Kinder und Jugendliche über viele Jahre, teilweise Jahrzehnte, beobachten) zeigen, dass z.T. bemerkenswert große Überschneidungen in den Studien darüber vorliegen, welche Umstände („Faktoren") die Wahrscheinlichkeit dafür steigern oder senken, dass in der späteren Entwicklung der Kinder und Jugendlichen schwerwiegende Verhaltensprobleme auftreten (vgl. z.B. Hawkins/Catalano/Miller 1992; Hawkins u.a. 1998 u. 2000; Lipsey/Derzon 1998). Diese Ergebnisse sind so konsistent, dass sie eine gute Grundlage für unterschiedliche Präventionsbereiche darstellen (vgl. Coie u.a. 1993; Farrington/Welsh 2007) – weil sich auf dieser Basis genauer sagen lässt, welche Umstände eine Präventionsstrategie in Angriff nehmen müsste, um erfolgreich zu sein. Zudem wirken die untersuchten Risiko- und Schutzfaktoren in einer prädiktiven („vorhersagenden") Weise für eine ganze Reihe von Verhaltensproblemen. Neben Gewalt und Delinquenz sind auch (früher) Alkoholkonsum, Suchtproblematiken, schulisches Scheitern und nach innen gerichtete Reaktionen wie Depressionen und Ängste zu nennen. Derzeit getrennt arbeitende Präventionsbereiche könnten auf dieser Basis zusammenarbeiten und ihre Ressourcen bündeln.

Im Bereich der Familie sind bekannte Risikofaktoren beispielsweise inkonsistente oder übermäßig hart bestrafende Erziehungspraktiken, unklare Regeln oder mangelnde Beaufsichtigung (Eltern wissen nicht, wo sich ihre Kinder aufhalten oder mit wem sie Umgang haben). Dauernde Konflikte in der Familie gehören ebenso dazu wie Elternteile, die selber in ein Problemverhalten involviert sind. Im Bereich der Schule gehören Lernrückstände, die sich seit der Grundschule entwickelt haben, zu den Risikofaktoren, ebenso wie eine fehlende Bindung an die Schule. Wenn mehrere Probleme zusammenkommen – etwa schlechtes Management und didaktische Mängel, häufige Bestrafungen, fehlende Wertschätzung für die Schülerinnen und Schüler und eine schwache Führung von Seiten der Schulleitung oder der Schulverwaltung –, erhöht sich die Wahrscheinlichkeit der Entwicklung eines Problemverhaltens zusätzlich. Im Bereich der Gleichaltrigen ist der Umgang mit Peer-Gruppen, die selber schon ein Problemverhalten zeigen, einer der einflussreichsten Risikofaktoren überhaupt. Die Wahrscheinlichkeit, delinquenten Peers zu begegnen, nimmt in benachteiligten Quartieren stark zu; dies scheint einer der Mechanismen zu sein, wie sich „Gebietseffekte" auf die Verhaltensebene übertragen. Auf der Ebene der Nachbarschaft selbst gehören neben der Verfügbarkeit von Drogen und Waffen und der häufigen Bewohnerfluktuation die soziale Desorganisation und die geringe Bindung unter den Nachbarn zu den risikoerhöhenden Bedingungen. (Eine ausführliche Beschreibung und Erläuterung der Forschungsergebnisse zu den Risikofaktoren findet sich auf www.ctc-info.de.)

Die Wirkung von Schutzfaktoren ist längst nicht so gut untersucht wie die der Risikofaktoren. Ein Schutzfaktor bedeutet nicht das Gegenteil oder die Abwesenheit eines Risikofaktors, sondern soll ein „Puffer" sein, der bei einer gegebenen Risikobelastung Kinder und Jugendliche davor schützen kann, ein Problemverhalten zu zeigen. (Einen guten Überblick über die aktuelle Forschungslage zu Schutzfaktoren liefern Bengel/Meinders-Lücking/Rottmann 2009.)

Die Ergebnisse der Forschung zu Schutzfaktoren werden bei CTC in der sogenannten Sozialen Entwicklungsstrategie zusammengefasst (vgl. Hawkins/Weis 1985; Catalano/Hawkins 1996). Dieses Modell beschreibt weniger einzelne Faktoren, sondern bietet vielmehr einen konzeptionellen Ansatz, der erklären soll, wieso und auf welche Weise einzelne Schutzfaktoren in der Entwicklung von Kindern und Jugendlichen wirksam sind. Kinder können sich demnach positiv entwickeln, wenn die Erwachsenen in ihrer Umgebung gesunde Auffassungen vermitteln und klare Verhaltensnormen anwenden. Kinder und Jugendliche übernehmen Normen und Auffassungen eher, wenn sie sich mit ihrer Familie, der Schule und der Nachbarschaft bzw. dem Gebiet, in dem sie leben, stark verbunden fühlen. Diese Bindungen stellen sich eher her, wenn sie Chancen bekommen, einen sinnvollen Beitrag dazu zu leisten, und beteiligt werden. Dies setzt voraus, dass sie entsprechende soziale Fähigkeiten entwickeln können und Anerkennung für ihre Beteiligung erhalten. In diesem Prozess haben manche Kinder und Jugendliche mehr individuelle Eigenschaften (z.B. ein resilientes Temperament) mit schützender Wirkung als andere Kinder und Jugendliche. Diese ungleichen Voraussetzungen müssen bei der Entwicklung von Maßnahmen berücksichtigt werden.

Es bleibt hierbei abschließend zu betonen, dass das Begehen von Gesetzesübertretungen im Jugendalter weitverbreitet ist („Ubiquität") und bei den meisten Jugendlichen eine episodenhafte Entwicklung zu beobachten ist, bei der nach einer Phase die Gesetzesübertretungen wieder eingestellt werden („Spontanbewährung"). Für eine kleine Gruppe gilt dies nicht, hier wird gewalttätiges oder delinquentes Verhalten über einen längeren Zeitraum aufrechterhalten. Eine zentrale Erkenntnis der Längsschnittforschung ist es, dass es gerade die Häufung von Risikofaktoren ist, welche die Wahrscheinlichkeit von anhaltenden und besonders schädigenden Verhaltensweisen erhöht.

1.2 Effektive Präventionsprogramme

Insbesondere in den USA liegt mittlerweile eine Fülle an Studien – und Übersichten über solche Studien – vor, die sich mit der Wirksamkeit von Präventionsprogrammen beschäftigen. Auf dieser Basis ist es möglich, diejenigen Ansätze (in Bereichen wie der Frühförderung, Elternbildung, Sozialkompetenzförderung bei Kindern, Schulentwicklung etc.) zu identifizieren, die sich in hochwertigen Evaluationsstudien (mit Zufallszuweisung in Interventions- und Kontrollgruppen, mit Follow-up-Studien in Bezug auf langfristige Ergebnisse) als wirksam herausgestellt haben – oder auch nicht (vgl. z.B. Sherman u.a. 1994, 2002; Hawkins/Catalano 2004).

Zu den als wirksam identifizierten Programmen gehören beispielsweise in der Frühförderung das „Nurse Family Partnership Program", das Elterntraining „Strengthening Families Program", das Programm zur Förderung sozialen und emotionalen Lernens bei Kindern „Promoting Alternative Thinking Strategies – PATHS" oder im Bereich der weiterführenden Schulen das „LifeSkills Training" und das „Olweus Bullying Prevention Program". Einen Überblick über die am besten evaluierten Programme liefert die „Blueprint"-Initiative (vgl. www.blueprintsprograms.com/). Als unwirksam haben sich z.B. Gefängnisbesuchsprogramme („Scared Straight") und andere Maßnahmen, die auf Abschreckung oder Einschüchterung setzen, herausgestellt (vgl. Petrosino u.a. 2013).

In einer Meta-Analyse haben M. Nation u.a. (2003) die Eigenschaften herausgearbeitet, die wirksame Programme auszeichnen und die eine Erklärung für deren Wirksamkeit liefern können. Wirksame Programme zeichnen sich demnach vor allem durch folgende Charakteristika aus:

- übergreifender Ansatz (Risiko- und Schutzfaktoren werden in mehreren sozialen Bereichen zugleich angegangen)
- Methodenvielfalt (mehr als eine Lern-, Lehr- oder Interventionsmethode wird verwendet)
- ausreichende Intensität (je größer die Risikobelastung bei der Zielgruppe ist, desto intensiver ist die Maßnahme)
- theoretische Untermauerung (wissenschaftlich begründetes Wirkmodell)
- Förderung eines positiven Beziehungsaufbaus (zu Rollenvorbildern aus dem sozialen Umfeld)
- passende Interventionszeitpunkte (dem jeweiligen Entwicklungsstand der Altersgruppe angemessen)
- soziokulturelle Passung zu den kulturellen Normen und Einstellungen der Zielgruppe(n)
- vorhandene Wirkungsevaluierungen
- gut ausgebildetes, qualifiziertes und motiviertes Personal

In Deutschland ist – im Gegensatz zur Fülle der Angebote – nur eine sehr kleine Zahl der bestehenden Programme in diesen Bereichen ähnlich gut überprüft wie in den USA (siehe auch Beelmann/Raabe 2007; Beelmann 2010; Scheithauer u.a. 2008; für einen aktuellen Überblick siehe Beelmann/Pfost/Schmidt 2013). Aber diese Zahl wächst langsam, und die Frage stellt sich, wie in der Praxis verstärkt diejenigen Ansätze zur Anwendung kommen können, die sich als wirksam erwiesen haben oder doch zumindest erfolgversprechend sind.

Allerdings ist es als eine große Herausforderung für kommunale Akteure zu betrachten, aus der Vielzahl von Präventionsprogrammen, die derzeit auf dem Markt angepriesen werden, diejenigen auszuwählen, die ihre Wirksamkeit auch tatsächlich nachweisen können und die gut in den kommunalen Kontext passen. Ebenso herausfordernd ist es, diese Programme und Maßnahmen sinnvoll in eine Gesamtstrategie zur Entwicklung einer aufeinander aufbauenden „Präventionskette" zu integrieren. Communities That Care arbeitet daher mit klaren „Empfehlungslisten" zu denjenigen Präventionsprogrammen, die sich in hochwertigen Evaluationsstudien als wirksam herausgestellt haben. Bei den Programmen wird jeweils dargestellt, welche Risikofaktoren sie absenken und welche Schutzfaktoren sie stärken können (zur „Grünen Liste Prävention" für Deutschland s.u.).

2.   "Communities That Care" in der Praxis

Bei „Communities That Care" werden kommunalen Akteuren verschiedene Instrumente angeboten, um eine kommunale Rahmenstrategie auszuarbeiten. Der Beitrag von CTC, um Kommunen bzw. Netzwerke und Bündnisse auf kommunaler Ebene bei der Entwicklung einer effektiven Präventionsstrategie zu unterstützen, besteht in der Vermittlung von Hilfestellungen, um

a) kommunale Präventionsaktivitäten auf die in der Forschung ermittelten Risiko- und Schutzfaktoren zu konzentrieren.
CTC verwendet dafür eine Übersicht über die Forschungsergebnisse zu Risikofaktoren und eine ausgearbeitete Strategie zur Stärkung der diesen Risiken entgegenwirkenden Schutzfaktoren („Soziale Entwicklungsstrategie", s.o.). Diese Faktoren sind gleichermaßen in den sozialen Bereichen „Familie", „Schule", „Gleichaltrige" und „Nachbarschaft" zu finden. Untersuchungen haben gezeigt, dass unterschiedliche „Communities" – worunter wir uns hier Nachbarschaften, Stadtteile, „Sozialräume" oder kleinere Gemeinden vorstellen können – verschiedene Profile bezüglich der wichtigsten Faktoren aufweisen (örtlich unterschiedlich erhöhte Risikofaktoren bzw. schwache Schutzfaktoren; siehe auch Hawkins/van Horn/Arthur 2004). Es geht also darum, eine lokal „maßgeschneiderte" Strategie zu entwickeln, die je nach Stadtteil oder Gemeinde anders ausfallen kann. Um ein lokales Profil der Risiko- und Schutzfaktoren zu ermitteln, wird bei CTC vor allem mit einer eigens für diesen Zweck entwickelten repräsentativen Schülerbefragung (vgl. Arthur u.a. 2002 u.

2007; Glaser u.a. 2005; Pollard/Hawkins/Arthur 1999) gearbeitet, die durch weitere vorhandene lokale Daten und Indikatoren ergänzt wird. Die Ergebnisse werden so aufbereitet, dass lokale Netzwerke und Bündnisse einen Konsens über die wichtigsten Risiko- und Schutzfaktoren herstellen und ihre weiteren Aktivitäten auf diese priorisierten Faktoren konzentrieren können (siehe auch Böttger/Groeger-Roth 2010). Die regelmäßige Wiederholung der Schülerbefragung (ca. alle 3 bis 4 Jahre) ermöglicht ein Monitoring der Präventionsanstrengungen und eine Messung von möglichen Wirkungen (Gibt es weniger Delinquenz? Wird weniger Alkohol getrunken? etc.);

b) lokale Netzwerke und Partnerschaften in der Präventionsarbeit zu qualifizieren.
CTC beteiligt sowohl die kommunale Leitungsebene (zuständige Ämter und Träger) in einer „Lenkungsgruppe" als auch die Stadtteil-/Sozialraumebene („Gebietsteam") derjenigen Akteure, die vor Ort mit Familien, Kindern und Jugendlichen z.B. an Kitas, Schulen und Einrichtungen arbeiten. In einem aufeinander aufbauenden Schulungs- und Ablaufkonzept („CTC-Training") mit fünf Modulen bzw. Phasen werden die lokalen Akteure Schritt für Schritt zuerst mit den Ergebnissen der Präventionsforschung vertraut gemacht. Anschließend werden Methoden vermittelt, aus vorhandenen und im Schülersurvey erhobenen Daten ein spezifisches Stadtteilprofil mit priorisierten Risiko- und Schutzfaktoren zu erstellen und die vorhandene Angebotsstruktur auf Lücken in Bezug auf die priorisierten Faktoren zu analysieren. Daraufhin werden aus dem bestehenden Pool an effektiven Präventionsprogrammen diejenigen ausgewählt, die zu den identifizierten Lücken passen. Auf dieser Basis wird ein strategischer Stadtteil-Plan zur Weiterentwicklung der Angebotsstruktur entwickelt bzw. werden bereits bestehende Pläne und Konzepte um diesen Aspekt ergänzt. Dieser Plan enthält konkrete (Ziel-)Vereinbarungen für die Umsetzung der Maßnahmen. Für das Qualifizierungskonzept liegen Trainingsmodule, Handbücher, Checklisten und Materialien zur Selbstevaluation vor;

c) die lokale Angebotsstruktur im Bereich der Prävention von Verhaltensproblemen durch den Einsatz effektiver und geprüfter Präventionsprogramme qualitativ weiter zu entwickeln.
CTC bietet eine Gesamtübersicht von präventiven Programmen und Maßnahmen, die in den verschiedenen Entwicklungsstadien (von der Schwangerschaft bis zum Jugendalter) und Bereichen (in Familie, Schule, Freundeskreis, auf der Ebene der Nachbarschaft und des sozialen Umfeldes) angewendet werden können. Dafür wurden klare Kriterien entwickelt, um festzustellen, welche der bestehenden Programme effektiv und erfolgversprechend sind und welche nicht. Darüber hinaus geht es auch um die Weiterentwicklung der bestehenden Angebotsstruktur mittels ihrer Abstimmung auf die priorisierten Risiko- und Schutzfaktoren und eine Qualitätsverbesserung der bereits laufenden Angebote durch eine Orientierung an den Standards für effektive Programme. Zusätzlich beinhaltet CTC auch Methoden für ein strategisches Monitoring der

eingesetzten Maßnahmen und Ansätze zur Nachsteuerung, um eine qualitativ hochwertige Umsetzung zu ermöglichen.

Im Rahmen der CTC-Methode wird davon ausgegangen, dass in den meisten Kommunen schon zahlreiche Maßnahmen zur Zusammenarbeit im Bereich der Prävention bei Kindern und Jugendlichen verfolgt wurden und werden. Die Strategie basiert deshalb so weit wie möglich auf bestehenden zusammenarbeitenden Teams, bereits erstellten Plänen, vorhandenen Strukturen, Datenprofilen, Programmen und Aktivitäten des jeweiligen Gebietes. Eine der Stärken von CTC ist, dass es einen verbindlichen Rahmen bietet, um die verschiedenen Aktivitäten zur positiven Entwicklung von Kindern und Jugendlichen an einem Standort miteinander zu verknüpfen.

Eine erfolgreiche Umsetzung von „Communities That Care" resultiert also

- in einem datengestützten Profil der Stärken und Herausforderungen für die Prävention in einer Kommune bzw. einem Sozialraum;
- in der Etablierung von Handlungsprioritäten, basierend auf den Daten, welche die örtlichen Bedürfnisse sichtbar machen;
- in der Mobilisierung und dem verstärkten Engagement von vielen Akteuren auf kommunaler Ebene, die sich für eine positive Entwicklung von Kindern und Jugendlichen einsetzen – mit einer geteilten Vision, einer gemeinsamen Sprache und einer kooperativen Planungskultur;
- in einem zielgerichteten Einsatz der knappen Ressourcen;
- in der Einrichtung einer klaren Entscheidungsstruktur zum Einsatz von Ressourcen und Finanzierungsmöglichkeiten;
- in der Entwicklung von klaren und messbaren Zielvorgaben, die über den Zeitverlauf überprüft werden können, um Erfolg sichtbar zu machen.

3. Der CTC-Modellversuch in Niedersachsen

Um den CTC-Ansatz auf seine Übertragbarkeit nach Deutschland zu testen, haben der Landespräventionsrat Niedersachsen (LPR) und die LAG Soziale Brennpunkte Niedersachsen von 2009 bis 2012 ein Pilotprojekt an drei Standorten unter dem Namen „SPIN – Sozialräumliche Prävention in Netzwerken" durchgeführt. Die Übertragbarkeit von CTC sollte unter „Realbedingungen" überprüft werden, um die CTC-Instrumente zu adaptieren, gegebenenfalls weiterzuentwickeln und in Deutschland einsetzbar zu machen. Da die Niederlande mittlerweile über eine langjährige Erfahrung mit dem Ansatz verfügen (vgl. Jonkman/Vergeer 2002; Jonkman u.a. 2005, 2008), fand im Rahmen von SPIN eine enge Zusammenarbeit mit dem zuständigen Niederländischen Jugendinstitut NJI statt. (Umfassend über den Modellversuch in Niedersachsen informieren kann man sich auf www.spin-niedersachsen.de.)

Das Projekt wurde von der Fachhochschule Köln, Forschungsschwerpunkt Sozial • Raum • Management, extern (sowohl prozessbegleitend als auch summativ) evaluiert und wissenschaftlich begleitet. Das arpos institut in Hannover führte den Schülersurvey durch.

Die drei Modellstandorte (Landeshauptstadt Hannover, Stadt Göttingen und Landkreis Emsland) bildeten in ihrer Struktur sehr unterschiedliche Ausgangsbedingungen ab. CTC konnte so an den einzelnen Standorten jeweils in bestimmten Stadtteilen oder Gemeinden in andere institutionelle Kontexte eingebunden und unter verschiedenen Rahmenbedingungen auf seine Übertragbarkeit hin getestet werden.

Der Modellversuch hat gezeigt, dass CTC an den Modellstandorten jeweils implementiert werden konnte (s.u. die Evaluationsergebnisse), wenn auch in unterschiedlichem Umfang und mit mehr oder weniger großem Aufwand. Leichter fiel es im ländlichen Raum (Landkreis Emsland), im großstädtischen Raum ist das Verfahren mit größeren Herausforderungen konfrontiert: vor allem die ausdifferenziertere Trägerlandschaft und unübersichtlichere Zuständigkeiten auf Verwaltungsebene sind hier zu nennen. Die inhaltliche Stärke von CTC (der breite Ansatz mit einer integrierten Sichtweise auf verschiedene Problemfelder wie Gewalt, Alkohol-, Substanzmissbrauch, Schulversagen) kann sich schnell in eine operative Schwäche verwandeln, wenn klare institutionelle Zuständigkeiten für Entscheidungen über Ressourcen benötigt werden. Ein entscheidender Erfolgsfaktor waren allerdings aus unserer Sicht die fünf prozessbegleitenden CTC-Trainings für die beteiligten Akteure. Hier wurde nicht nur das notwendige Know-how vermittelt; auch auftretende Umsetzungsprobleme konnten mit erfahrenen CTC-Trainern aus den Niederlanden erörtert werden (mehr zu den praktischen Erfahrungen mit CTC siehe auch Groeger-Roth 2012).

Im Rahmen des Modellversuchs wurde auch eine Übersicht über erfolgversprechende und effektive Präventionsprogramme in Deutschland entlang der CTC-Kriterien erstellt. Die Empfehlungsliste wurde unter dem Namen „Grüne Liste Prävention" als Online-Datenbank veröffentlicht
(siehe www.grüne-liste-prävention.de).

Die identifizierten Programme werden entsprechend der Aussagekraft ihrer Evaluation in drei Empfehlungsstufen eingeteilt („Effektivität theoretisch gut begründet" – „Effektivität wahrscheinlich" – Effektivität nachgewiesen"). Die Programme werden in der Grünen Liste nach einem einheitlichen Schema beschrieben und sind in Bezug auf die Risiko- und Schutzfaktoren, auf die sie sich richten, die Zielgruppen, Einsatzorte etc. online recherchierbar. Der Landespräventionsrat Niedersachsen hat derzeit 45 Programme positiv bewertet und in die Grüne Liste aufgenommen (zur Konzeption der Grünen Liste ausführlich siehe Groeger-Roth/Hasenpusch 2011). Übersicht 1 zeigt die bisher aufgenommenen Programme.

Übersicht 1   Grüne Liste

Aktion Glasklar, ALF, Be smart – don't start, EFFEKT, ELTERN-AG, fairplayer.manual, GO!, JobFit-Training, KlasseKinderSpiel, IPSY, Medienhelden, Opstapje, PAPILIO, PFADe, Triple P, unplugged	**Effektivität nachgewiesen** ⇒ **Stufe 3**
Balu und Du, Big Brothers Big Sisters, buddY, Eigenständig werden, fairplayer.sport, Faustlos, Fit for Life, FREUNDE für Kinder, Gordon-Familien-Training, Klasse 2000, Lions Quest, Lubo aus dem All, Mobbingfreie Schule, Olweus, PaC, Starke Eltern – Starke Kinder, STEEP, STEP, Training mit Jugendlichen, wellcome	**Effektivität wahrscheinlich** ⇒ **Stufe 2**
Familienhebammen, FREUNDE, FuN, HaLT, HIPPY, KESS, Konflikt-Kultur, Rucksack-KiTa, Selbstwert stärken – Gesundheit fördern, Wir kümmern uns selbst	**Effektivität theoretisch gut begründet** ⇒ **Stufe 1**
Griffbereit	**Auf der Schwelle**

Quelle: Landespräventionsrat Niedersachsen.

Das Ziel des Modellversuches SPIN bestand darin herauszufinden, ob CTC unter den Bedingungen in Deutschland bzw. Niedersachsen praktisch umzusetzen ist. Für den Landespräventionsrat Niedersachsen standen dabei die Fragen nach den notwendigen Anpassungen der CTC-Instrumente (Schülerbefragung, Menü der evaluierten Präventionsprogramme, CTC-Implementationsmodell) im Vordergrund, ebenso die Frage, ob Kommunen und kommunale Akteure bereit sind, diese Instrumente auch praktisch anzuwenden.

Ausgangspunkt der Überlegungen war, dass bei der Anpassung der Methode sorgfältig darauf zu achten ist, die Kernelemente beizubehalten, die sich schließlich in bisherigen Evaluationen als entscheidend herausgestellt hatten (vgl. Jonkman u.a. 2008). Im Rahmen von SPIN soll CTC also weiterhin

a) ein Ansatz zur Aktivierung kommunaler Schlüsselakteure bleiben,
b) epidemiologische Daten aus Befragungen von Jugendlichen zu Grunde legen,
c) den Einsatz von wirkungsüberprüften Programmen empfehlen und
d) als andauernder Prozess der (Nach-)Steuerung der Präventionsaktivitäten auf der Basis messbarer Ergebnisse verstanden werden.

Konzeptionelle Unterschiede zu den USA wurden hauptsächlich bei der Akteursstruktur vor Ort gesehen: So dominiert in den USA die ehrenamtliche Form der Beteiligung in den „community boards" (Gebietsteams) – natürlich auch aufgrund der kaum vorhandenen professionellen Strukturen in der Prävention. Ebenso wie in den Niederlanden (vgl. Jonkman u.a. 2005) bestehen in Deutschland in diesem

Feld komplexe professionelle Strukturen – diesen Unterschieden musste Rechnung getragen werden. Auswirkungen haben diese Unterschiede z.B. in der Konzeption der begleitenden Schulungen (CTC-Trainings), die für diese Zielgruppe angepasst werden mussten. Die zentrale Frage, die sich im Rahmen des Modellversuchs stellte, ist aber, ob dieser Unterschied zu einem Hemmschuh für die Umsetzung werden würde – oder ob hier nicht auch Potenziale für eine bessere Umsetzbarkeit liegen, wenn sich das CTC-Verfahren als anschlussfähig an die rechtlichen Grundlagen, professionellen Einstellungen und Handlungsroutinen erweisen sollte.

Die Einführung von CTC wurde auf Basis einer vierjährigen Rahmenpartnerschaftsvereinbarung des Landespräventionsrates mit der Europäischen Kommission durchgeführt. SPIN wurde finanziert aus Mitteln niedersächsischer Ministerien (Justiz und Soziales), der Europäischen Union (Programm „Prevention of and Fight Against Crime") sowie der Klosterkammer Hannover.

Die Befragungsergebnisse des CTC-Schülersurveys aus den Modellstandorten in Niedersachsen (n = 4.364 Schülerinnen und Schüler aus 47 Schulen im Alter von 11 bis 18 Jahren wurden dafür befragt) bestätigen die Annahme, dass sich unterschiedliche Raten an Belastungen mit Jugendgewalt, -kriminalität sowie Alkohol- und Drogenkonsum erklären lassen mit der Wirkung von bestimmten Risiko- und Schutzfaktoren – und dass für eine zielgerichtete Prävention in einer Kommune die wichtigsten Faktoren auf diese Weise gemessen werden können. Die Profile für die Modellstandorte fielen jeweils sehr unterschiedlich aus. Die Standorte priorisierten entlang ihres Profils die zwei bis drei Risikofaktoren, die besonders erhöht sind, und ein bis zwei Schutzfaktoren, die besonders niedrig ausfallen und von deren Stärkung am meisten Wirkung zu erwarten ist.

Auf der Basis von Interviews und Befragungen der Projektteilnehmerinnen und Projektteilnehmer in den Modellstandorten, teilnehmenden Beobachtungen und der Analyse der vorliegenden Dokumente (Protokolle, Berichte etc.) kommt die Evaluation zu folgendem Ergebnis (alle Zitate aus Abels u.a. 2012; siehe auch Schubert u.a. 2013):

- „CTC (lässt sich) als Steuerungsprogramm vor Ort gut initiieren (…), wenn die lokal verfügbaren Ressourcen – im Rahmen einer entsprechenden Prioritätensetzung – darauf ausgerichtet werden" (S. 91).
- „Im Bereich der Sozial- und Jugendhilfeverwaltung verfügen die Kommunen über administrative Strukturen, die sich für die Anwendung von CTC eignen. (…) In diesem Kontext wurden administrative Strukturen aufgebaut, die mit der CTC-Logik kompatibel sind" (ebenda).
- „Die Grüne Liste wird von vielen Akteuren sowohl in den Gebietsteams als auch in den Lenkungsgruppen als hilfreich wahrgenommen und zum Ende des Projekts als ein zielführendes Instrument hervorgehoben.
Mit der Grünen Liste greift das CTC-Programm aktuelle Entwicklungen in der

Professionalisierung der Sozialen Arbeit auf, indem es mit der modernen Benchmarking-Logik harmoniert" (S. 95).
- „CTC wird somit (von den Projektbeteiligten) als eine Möglichkeit gesehen, eine Bestandsaufnahme vorzunehmen und einen Überblick über die vorhandenen Ressourcen im Gebiet zu erhalten. Auch die evidenzbasierte Vorgehensweise sowie die Ergebnis- und Zielorientierung im Rahmen der CTC-Programmlogik geben dem Vorgehen eine Qualität, die von allen Beteiligten zum Projektende hervorgehoben und wertgeschätzt wird" (S. 99).
- „Seitens der lokalen Koordination und der Gebietsteams ist eine hohe Akzeptanz und Identifikation mit dem CTC-Ansatz zu beobachten. Dies ist einerseits auf die Einbindung und Information über die Trainings und die gemeinsamen Treffen zurückzuführen. Andererseits liefert das systematische und strukturierte CTC-Verfahren klare Handlungsanweisungen und Praxishilfen, deren Bearbeitung als eine zweckmäßige Unterstützungsleistung für die lokale Praxis wahrgenommen wird" (S. 100).

Über diese positive Bewertung hinaus macht die Evaluation viele praktische Vorschläge, wie die Umsetzung von CTC in Zukunft weiter verbessert werden kann. Diese Vorschläge werden bei der weiteren Umsetzung von CTC im Rahmen des LPR-Förderschwerpunktes 2013–2014 aufgegriffen (siehe Abschnitt 5 Perspektiven).

Übersicht 2   Risikofaktoren-Profile für die Modellstandorte

Ausgewählte Risikofaktoren (aus 19 insgesamt)	Hannover Mühlenberg	Göttingen Weststadt	Sögel/ Werlte	Freren/ Spelle
Probleme mit dem Familienmanagement		X	X	X
Konflikte in der Familie		X		
Lernrückstände beginnend in der Grundschule		X		
Früher Beginn des antisozialen Verhaltens	X			
Früher Beginn des Substanzkonsums			X	X
Umgang mit Freunden, die Problemverhalten zeigen		X		
Peer-Anerkennung für antisoziales Verhalten				X (nur Freren)

Quelle: Eigene Darstellung.

4. Wirkungen

In den USA wurde CTC seit 1990 an mehr als 500 Standorten eingeführt. Evaluationsstudien über den Einsatz von CTC (in USA, Großbritannien und den Niederlanden, mittlerweile wurde CTC auch in Australien, Kanada, Zypern und Kroatien eingeführt) bestätigen die Wirksamkeit der gewählten Methoden und Instrumente (vgl. z.B. Greenberg/Feinberg 2002; Feinberg u.a. 2010; Hawkins u.a. 2008, 2009). Dies bezieht sich sowohl auf die Prozessebene (die Qualität von Zusammenarbeit, Planung und Beschlussfassung nimmt zu) als auch die Wirkungsebene (Verringerung von Risikofaktoren, Verstärkung von Schutzfaktoren, messbare Reduzierung von Verhaltensproblemen bei Kindern und Jugendlichen).

Aus der Einführung von CTC in anderen Ländern ist bekannt, dass dies keine einfache Aufgabe darstellt, da viel Überzeugungsarbeit auf verschiedenen Ebenen geleistet werden muss und sich messbare Erfolge nicht kurzfristig einstellen können. Auch die begleitenden Evaluationen aus den Niederlanden (vgl. van Dijk u.a. 2004; Jonkman/Junger-Tas/van Dyk 2005) bestätigen, dass mit dieser Herangehensweise

- die Zusammenarbeit von Organisationen, Trägern und Ämtern im Bereich der Prävention von Entwicklungsproblemen von Kindern und Jugendlichen verbessert wird. Die Konzentration auf die wichtigsten Risiken und die Entwicklung gemeinsamer Zielsetzungen ist dabei hilfreich;
- die Wirkungen eingesetzter Maßnahmen und Programme besser beurteilt und Ressourcen zielgerichteter eingesetzt werden können;
- der Stellenwert von Prävention im kommunalen Gesamtgefüge gestärkt werden kann, da mit überprüfbaren Methoden und messbaren Risiko- und Schutzfaktoren gearbeitet wird;
- diejenigen Programme und Ansätze, die ihre Effektivität nachgewiesen haben oder als erfolgversprechend gelten können, in den teilnehmenden Kommunen verstärkt eingesetzt werden. Auch die Qualität der Umsetzung der jeweiligen Programme nimmt zu, unter anderem weil ihr Einsatz auf einem von vielen Akteuren getragenen Konzept beruht.

Eine Wirkungsevaluation von CTC in den USA mit einer Zufallszuweisung zu zwölf Interventions-Kommunen und zwölf Kontroll-Kommunen konnte zeigen, dass mit der CTC-Strategie nicht nur Prozesse besser gestaltet werden können, sondern Verhaltensprobleme von Kindern und Jugendlichen messbar reduziert werden können (vgl. Hawkins u.a. 2009; Oesterle u.a. 2010). Beispielsweise zeigten die Jugendlichen als Achtklässler in den CTC-Kommunen nach drei Jahren (bei gleichen Ausgangsbedingungen) 31 Prozent weniger delinquente Handlungen und 37 Prozent weniger „Binge-Drinking" („Rausch-Trinken") als in den Kontrollkommunen.

5. Perspektiven

Der Landespräventionsrat Niedersachsen hat als ein Fazit aus dem positiven Verlauf des Modellversuchs beschlossen, ab 2013 neue Standorte in Niedersachsen im Rahmen seiner Förderrichtlinie bei der Einführung von CTC zu unterstützen und so weitere Erfahrungen über die Möglichkeiten dieser Methode zu sammeln.

In der Förderperiode 2013–2014 werden fünf Kommunen bei der CTC-Umsetzung gefördert (Hameln, Nordstemmen, Oldenburg, Landkreis Osnabrück, Stadthagen), eine weitere Kommune (Landkreis Nienburg) führt CTC mit Beratung, aber ohne finanzielle Förderung durch den LPR ein.

Der CTC-Fragebogen wurde in einer Kooperation des LPR mit der Universität Hildesheim überarbeitet und weiterentwickelt. Dazu gehörten unter anderem ein Test an Förderschulen, eine Übersetzung in „Leichte Sprache" und die Verwendung eines webbasierten Vorlesesystems, um auch Schülerinnen und Schülern mit Leseschwächen eine Teilnahme an der Befragung zu ermöglichen. Zeitgleich zur Schülerbefragung in den Förderstandorten wurde (mit finanzieller Unterstützung durch das Niedersächsische Kultusministerium) eine landesweite Repräsentativerhebung mit dem CTC-Fragebogen in Niedersachsen durchgeführt. CTC-Kommunen stehen jetzt zur Auswahl der Risiko- und Schutzfaktoren jeweils landesweite Referenzwerte zur Verfügung.

Das Interesse an CTC ist auch außerhalb von Niedersachsen gewachsen. Der LPR Niedersachsen hat im Jahr 2013 eine Kooperationsvereinbarung mit dem Landespräventionsrat Sachsen zum Transfer von CTC abgeschlossen. Derzeit wird der Einsatz von CTC in zwei Pilotstandorten in Sachsen vorbereitet. Die Stadt Augsburg hat einen Ratsbeschluss zur Einführung von „Communities That Care" gefasst. Der LPR Niedersachsen unterstützt die neuen Standorte durch die Ausbildung von Multiplikatoren (zertifizierte CTC-Trainer).

Auch im deutschsprachigen Ausland orientieren sich Akteure an der niedersächsischen CTC-Adaption. In der Schweiz bereitet die Stiftung zur Gesundheitsförderung RADIX einen Pilot zur Einführung von CTC vor, in Österreich hat das Institut für Suchtprävention in Linz den CTC-Survey in einer Gemeinde eingesetzt.

Auf europäischer Ebene besteht ein enger Austausch der Länder, die mit CTC arbeiten. In einem aktuellen, von der EU geförderten Projekt („Making CTC work at the European level", 2013–2015) arbeiten unter der Koordination des LPR Niedersachsen Akteure aus sieben Ländern (Deutschland, Großbritannien, Kroatien, Niederlande, Österreich, Schweden) zusammen. Drei Projektschwerpunkte wurden festgelegt:

- Vergleich von CTC-Jugendbefragungs-Ergebnissen, Erforschung von Gemeinsamkeiten und Unterschieden in der Wirkung von Risiko- und Schutzfaktoren, Entwicklung eines europäischen CTC-Fragebogens;

- Entwicklung einer europäischen Datenbank effektiver Präventionsprogramme entlang der Kriterien der „Blueprints" aus den USA;
- Vergleich europäischer CTC-Evaluationsergebnisse, Entwicklung eines europäischen CTC-Implementationsleitfadens.

Um die Diskussion darüber zu erleichtern, was CTC im Kern ausmacht und wie es sich lokal ausgestalten lässt, hat der LPR Niedersachsen Qualitätsstandards für die Arbeit mit CTC formuliert (siehe http://www.lpr.niedersachsen.de/Landespraeventionsrat/Module/Publikationen/Dokumente/Standards_CTC_1477.pdf).

6. Fazit

Im Zuge der Entwicklung von Kindern und Jugendlichen werden im Lebenslauf in verschiedenen Stadien unterschiedliche Risiken oder schützende Bedingungen relevant, so dass ein bereichsübergreifender Präventionsansatz geeignet erscheint. Mit der „Community"-Perspektive wählt „Communities That Care" eine Herangehensweise, die nicht auf der individuellen Ebene einzelne „Hochrisiko"-Kinder identifizieren (und damit möglicherweise stigmatisieren) will, sondern auf der Ebene von Familien, sozialen Einrichtungen, Schulen, der Nachbarschaft und des sozialen Umfeldes das „aggregierte" Niveau von Risiko und Schutz bestimmen will. Der integrative Charakter von Familien, Schulen und Nachbarschaften für eine positive Entwicklung auch von Kindern und Jugendlichen mit höheren Risikobelastungen soll über geeignete Maßnahmen gestärkt werden. Das Eröffnen von Beteiligungschancen und das Fördern von sozialen Kompetenzen stehen dabei meist im Mittelpunkt. Welche Maßnahmen und Programme für eine Kommune, einen Stadtteil oder eine Gemeinde besonders geeignet sind, kann entlang des jeweiligen lokalen Profils der Risiko- und Schutzfaktoren entschieden werden. Vorhandene Daten z.B. über die Kriminalitätsbelastung fließen in den CTC-Prozess mit ein, reichen aber allein dafür nicht aus. Die meisten der aus der Forschung bekannten Risiko- und Schutzfaktoren lassen sich durch Befragungen von Jugendlichen selbst gut ermitteln. Das Instrument der CTC-Schülerbefragung ist im Rahmen des CTC-Modellversuchs in Niedersachsen erstmals erfolgreich auf Übertragbarkeit getestet worden. Auf Wirksamkeit überprüfte Programme sind in Deutschland zwar nicht für alle Faktoren verfügbar, in den letzten Jahren sind in diesem Bereich aber viele empfehlenswerte Programme hinzugekommen.

Die beschriebene sozialräumliche Perspektive in der Prävention von Jugendgewalt und Jugendkriminalität setzt die Zusammenarbeit möglichst vieler Akteure voraus, die mit der sozialen Entwicklung, Bildung und Erziehung von Kindern und Jugendlichen in einem Sozialraum befasst sind. Knappe (bzw. knapper werdende) Ressourcen gezielt auf wirkungsüberprüfte Ansätze zu konzentrieren, die an den lokal schwerwiegendsten Entwicklungsrisiken für Kinder und Jugendliche ansetzen, ist eine erfolgversprechende, aber auf eine eher langfristige Wirkung setzende Strategie. Die vorliegenden Untersuchungsergebnisse deuten darauf hin, dass sich auf diese Weise Delinquenzbelastungen in Kommunen nachhaltig verringern lassen. Einige Risikofaktoren, wie Verfügbarkeit von Alkohol, soziale Desorganisation von Nachbarschaften oder problematische lokale Normen (z.B. exzessiver Alkoholkonsum auf öffentlichen Festen und Veranstaltungen) fallen auch in den Kompetenzbereich von Akteuren, die eher auf der situativen Seite der lokalen Sicherheitsproduktion angesiedelt sind (z.B. Ordnungsbehörden) – Grund genug also, in lokalen Netzwerken die bereichsübergreifende Zusammenarbeit weiter zu pflegen und zu intensivieren.

Literatur

Abels, S., H. Schubert, H. Spieckermann und K. Veil (2012): Sozialräumliche Prävention in Netzwerken (SPIN): Implementierung des Programms „Communities That Care (CTC)" in Niedersachsen. Vierter Evaluationsbericht für die Phasen 4 bis 5 (SRM-Arbeitspapier 46).

Arthur, M. W., und C. Blitz (2000): Bridging the gap between science and practice in drug abuse prevention through needs assessment and strategic community planning, in: Journal of Community Psychology 28, S. 241–255.

Arthur, M. W., J. D. Hawkins, J. A. Pollard, R. F. Catalano und A. J. Baglioni Jr. (2002): Measuring risk and protective factors for substance use, delinquency, and other adolescent problem behaviors: The Communities That Care Youth Survey, in: Evaluation Review 26, S. 575–601.

Arthur, M. W., J. S. Briney, J. D. Hawkins, R. D. Abbott, B. L. Brooke-Weiss und R. F. Catalano (2007): Measuring risk and protection in communities using the Communities That Care Youth Survey, in: Evaluation and Program Planning 30, S. 197–211.

Beelmann, A., und T. Raabe (2007): Dissoziales Verhalten von Kindern und Jugendlichen, Göttingen.

Beelmann, A. (2010): Kann man Aggression, Gewalt, Delinquenz und Kriminalität bei Kindern und Jugendlichen frühzeitig verhindern? Eine kritische Bilanz der Präventionsforschung, in: Schwarzenegger/Müller (Hrsg.): 2. Zürcher Präventionsforum – Jugendkriminalität und Prävention.

Beelmann, A., M. Pfost und C. Schmitt (2013): Prävention und Gesundheitsförderung bei Kindern und Jugendlichen: Eine Meta-Analyse der deutschsprachigen Wirksamkeitsforschung, in: Zeitschrift für Gesundheitspsychologie 4/2013.

Bengel, J., F. Meinders-Lücking und N. Rottmann (2009): Schutzfaktoren bei Kindern und Jugendlichen. Stand der Forschung zu psychosozialen Schutzfaktoren für Gesundheit, (Bundeszentrale für gesundheitliche Aufklärung: Forschung und Praxis der Gesundheitsförderung, Band 35).

Berkowitz, B. (2001): Studying the Outcomes of Community-Based Coalitions, in: American Journal of Community Psychology 39/2001, S. 213–227.

Böttger, A., und F. Groeger-Roth (2010): Lokale Messung von Risiko- und Schutzfaktoren für jugendliches Problemverhalten, in: Kerner, Hans-Jürgen, und Erich Marks (Hrsg.): Internetdokumentation des Deutschen Präventionstages, Hannover 2010.

Butterfoss, F. D., R. M. Goodman und A. Wandersman (1993): Community coalitions for prevention and health promotion, in: Health Education Research 8/1993, S. 315–330.

Catalano, R. F., und J. D. Hawkins (1996): The social development model: A theory of antisocial behavior, in J. D. Hawkins (Ed.): Delinquency and Crime: Current theories, New York, S. 149–197.

Chinman, M., G. Hannah, A. Wandersman, P. Ebener, S. B. Hunter, P. Imm et al. (2005): Developing a community science research agenda for building community capacity for effective preventive interventions, in: American Journal of Community Psychology 35/2005, S. 143–157.

Coie, J. D., N. F. Watt, S. G. West, J. D. Hawkins, J. R. Asarnow, H. J. Markman, S. L. Ramey, M. B. Shure und B. Long (1993): The Science of Prevention: A Conceptual Framework and Some Directions for a National Research Program, in: American Psychologist 48/1993, S. 1013–1022.

van Dijk, B., S. Flight, M. Geldorp und H. Tullner (2004): Eindrapportage vier pilotprojecten Amsterdam, Arnhem, Rotterdam, Zwolle. Amsterdam, DSP-groep.

Eck, J. (2002): Preventing crime at places, in: Sherman, L. W., D. P. Farrington, B. C. Welsh und D. L. MacKenzie (Eds.) (2002): Evidence-Based Crime Prevention, London, S. 241–294.

Farrington, D. P., und B. C. Welsh (2007): Saving Children from a Life of Crime. Early Risk Factors and Effective Interventions, Oxford.

Feinberg, M. E., D. E. Bontempo und M. T. Greenberg (2008): Predictors and Level of Sustainability of Community Prevention Coalitions, in: American Journal of Preventive Medicine 34/2008, S. 495–501.

Feinberg, M. E., D. Jones, M. T. Greenberg, D. W. Osgood und D. Bontempo (2010): Effects of the Communities That Care Model in Pennsylvania on Change in Adolescent Risk and Problem Behavior, in: Prevention Science 11/2010, S. 163–171.

Glaser, R. R., M. L. van Horn, M. W. Arthur, J. D. Hawkins und R. F. Catalano (2005): Measurement properties of the Communities That Care Youth Survey across demographic groups, in: Journal of Quantitative Criminology 21/2005, S. 73–102.

Greenberg, M., and M. Feinberg (2002): An Evaluation of PCCD's Communities that Care Delinquency Prevention Initiative. Final Report, Pennsylvania State University.

Groeger-Roth, F. (2010): Wie kann eine effektive Präventionsstrategie auf kommunaler Ebene befördert werden? Der Ansatz von „Communities That Care – CTC" und ein Modellversuch in Niedersachsen, in: forum kriminalprävention 4/2010.

Groeger-Roth, F. (2012): "Communities That Care – CTC" in der Praxis. Ergebnisse und Erfahrungen aus dem Modellversuch SPIN in Niedersachsen, in: forum kriminalprävention 3/2012.

Groeger-Roth, F., und B. Hasenpusch (2011): Die „Grüne Liste Prävention". Effektive und erfolgversprechende Präventionsprogramme im Blick, in: forum kriminalprävention 4/2011, S. 52–58.

Hawkins, J. D: (1999): Preventing Crime and Violence through Communities That Care, in: European Journal on Criminal Policy and Research, Volume 7, Number 4, S. 443–458.

Hawkins, J. D., R. F. Catalano und Associates (1992): Communities That Care: Action For Drug Abuse Prevention, San Francisco.

Hawkins J. D., R. F. Catalano und M. W. Arthur (2002): Promoting science-based prevention in communities, in: Addictive Behaviors 27/2002, S. 951–976.

Hawkins, J. D., und R. F. Catalano (2004): Communities That Care Prevention Strategies Guide, South Deerfield, MA.

Hawkins, J. D., und R. F. Catalano (2005): Investing in Your Community's Youth: An Introduction to the Communities That Care System, South Deerfield, MA.

Hawkins, J. D., M. L. van Horn und M. W. Arthur (2004): Community variation in risk and protective factors and substance use outcomes, in: Prevention Science 5/2004, S. 213–220.

Hawkins, J. D., R. F. Catalano und J. Y. Miller (1992): Risk and protective factors for alcohol and other drug problems in adolescence and early adulthood: Implications for substance abuse prevention. Psychological Bulletin 112 (1), S. 64–105.

Hawkins, J. D., T. Herrenkohl, D. P. Farrington, D. Brewer, R. F. Catalano und T. W. Harachi (1998): A review of predictors of youth violence, in: Serious and violent juvenile offenders: Risk factors and successful interventions (edited by R. Loeber and D. P. Farrington), Thousand Oaks, CA, S. 106–146.

Hawkins, J. D., T. Herrenkohl, D. P. Farrington, D. Brewer, R. F. Catalano, T. W. Harachi und L. Cother (2000): Predictors of Youth Violence, Office of Juvenile Justice and Delinquency Prevention.

Hawkins, J. D., R. F. Catalano, M. W. Arthur, E. Egan und E. C. Brown (2008): Testing Communities That Care: The Rationale, Design and Behavioral Baseline Equivalence of the Community Youth Development Study, in: Prevention Science 9/2008, S. 178–190.

Hawkins, J. D., S. Oesterle, E. C. Brown, M. W. Arthur, R. D. Abbott, A. A. Fagan und R. F. Catalano (2009): Results of a type 2 transnational research trial to prevent adolescent drug use and delinquency: A test of Communities That Care, in: Archives of Pediatrics and Adolescent Medicine 163/2009, S. 789–798.

Hawkins, J. D., und J. G. Weis (1985): The social development model: An integrated approach to delinquency prevention, in: Journal of Primary Prevention 6/1085, S. 73–97.

Jonkman, H., und M. Vergeer (2002): Communities that Care: Das Prinzip, die Grundlagen und das Ziel, in: Arbeitsstelle Kinder- und Jugendkriminalitätsprävention (Hrsg.): Nachbarn lernen voneinander. Modelle gegen Jungenddelinquenz in den Niederlanden und in Deutschland, München.

Jonkman, H., J. Junger-Tas und B. van Dyk (2005): From Behind Dikes and Dunes: Communities that Care in the Netherlands, in: Children & Society Volume 19/2005, S. 105–116.

Jonkman, H., K. P. Haggerty, M. Steketee, A. Fagan, K. Hanson und J. D. Hawkins (2008): Communities That Care. Core Elements and Context: Research of Implementation in Two Countries, in: Social Development Issues 30 (3), S. 42–57.

Lipsey, M. W., und J. H. Derzon (1998): Predictors of violent or serious delinquency in adolescence and early adulthood: A synthesis of longitudinal research, in: Serious and violent juvenile offenders: Risk factors and successful interventions (edited by R. Loeber and D. P. Farrington), Thousand Oaks, CA, S. 86–105.

Meier, J., und J. Abt (2012): Urbane Sicherheit. DynASS – Dynamische Arrangements städtischer Sicherheitskultur. Ein Forschungsprojekt im Rahmen des Programms „Forschung für die zivile Sicherheit" des Bundesministeriums für Bildung und Forschung, in: forum kriminalprävention 1/2012.

Nation, M., C. Crusto, A. Wandersman, K. L. Kumpfer, D. Seybolt, E. Morrissey-Kane und K. Davino (2003): What Works in Prevention. Principles of Effective Prevention Programs, in: American Psychologist, 58 (6/7), S. 449–456.

Oesterle, S., J. D. Hawkins, A. A. Fagan, R. D. Abbott und R. F. Catalano (2010): Testing the Universality of the Effects of the Communities That Care Prevention System of Preventing Adolescent Drug Use and Delinquency, in: Prevention Science 11 (4), S. 411–423.

Petrosino, A., C. Turpin-Petrosino, M. Hollis-Peel und J. G. Lavenberg (2013): Scared Straight and Other Juvenile Awareness Programs for Preventing Juvenile Delinquency: A Systematic Reviev, in: Campbell Systematic Reviews 2013, S. 5.

Pollard, J. A., J. D. Hawkins und M. W. Arthur (1999): Risk and protection: Are both necessary to understand diverse behavioral outcomes in adolescence?, in: Social Work Research 23 (8), S. 145–158.

Scheithauer, H., C. Rosenbach und K. Niebank (2008): Gelingensbedingungen für die Prävention von interpersonaler Gewalt im Kindes- und Jugendalter. Expertise zur Vorlage bei der Stiftung Deutsches Forum für Kriminalprävention (DFK), Bonn.

Schubert, H., K. Veil, H. Spieckermann und S. Abels (2013): Evaluation des Modellprojektes „Communities That Care" in Niedersachsen: Theoretische Grundlagen und empirische Befunde zur sozialräumlichen Prävention in Netzwerken, Köln.

Sherman, L. W., D. Gottfredson, D. MacKenzie, J. Eck, P. Reuter und S. Bushway (1994): Preventing Crime: What Works, What Doesn't, What's Promising. A Report to The United States Congress, Prepared for the National Institute of Justice.

Sherman, L. W., D. P. Farrington, B. C. Welsh und D. L. MacKenzie (Eds.) (2002): Evidence-Based Crime Prevention, London.

Tremblay, R. E., und W. M. Craig (1995): Developmental Crime Prevention, in: Tonry, M., und D. Farrington: Building a safer society. Strategic approaches to crime prevention, Chicago.

Wandersman, A. (2003): Community Science: Bridging the Gap between Science and Practice with Community-Centered Models, in: American Journal of Community Psychology 31/2003, S. 227–242.

Der Autor

Frederick Groeger-Roth

Foto: LPR Niedersachsen.

Studium der Soziologie, Psychologie und Politikwissenschaft in Bielefeld und Berlin, 1997–2002 Forschung an der FU Berlin, u.a. zu Jugendgewalt, Urban Underclass und Sport in sozialen Brennpunkten, 2002–2008 Referent bei der LAG Soziale Brennpunkte Niedersachsen e.V., 2004–2008 Geschäftsführer der Bundesarbeitsgemeinschaft (BAG) Soziale Stadtentwicklung und Gemeinwesenarbeit e.V., 2009–2012 Projektleiter „Sozialräumliche Prävention in Netzwerken" (SPIN) beim Landespräventionsrat (LPR) Niedersachsen, seit 2013 Leiter des Arbeitsbereiches „Prävention nach Maß" im LPR Niedersachsen.

Erfahrungen aus anderen Ländern

Caroline L. Davey und Andrew. B. Wootton

„Design for Security" in Greater Manchester

Entwicklung eines Dienstes zur Integration von Kriminalitätsprävention in Urban Design und Stadtplanung

1. Kurzbeschreibung

Europäische Städte versuchen – jenseits individueller Projekte zum Umgang mit Sicherheitsproblemen –, die Kriminalitätsprävention in weiter gefasste Prozesse des Urban Design und der Stadtplanung einzugliedern. In Großbritannien untersuchen *Police Architectural Liaison Officers* Gebäudepläne, die den Planungsabteilungen der Stadtgemeinde zur Baugenehmigung vorgelegt werden. Somit hat die Polizei die Möglichkeit, ein Feedback zu Entwicklungsplänen abzugeben, jedoch oft erst, nachdem die genaue Planungsarbeit abgeschlossen wurde. Dieser Beitrag schildert die Neustrukturierung des *Architectural Liaison Service* der Polizei von Greater Manchester – der im Jahr 2009 unter dem Markenzeichen *Design for Security* neu organisiert wurde – und lenkt die Aufmerksamkeit auf die besonderen Bedingungen und Zusammenhänge, die diese Entwicklung unterstützt haben. Der Beratungsdienst *Design for Security*, der sich aus eigenen Einnahmen finanziert, wurde auf die Bedürfnisse von Architekten, Bauträgern und Planern zugeschnitten und ermöglicht es Architekten, während früher Phasen des Designprozesses eine Beratung durch Berater des *Design for Security* in Anspruch zu nehmen. Die frühzeitige Beratung macht es Architekten möglich, Kriminalitätsprävention effizienter in ihr Gestaltungskonzept einzubeziehen und intelligentere Lösungen zu entwickeln, die das Auftreten von Kriminalität und Sicherheitsproblemen verhindern. Die Bauträger profitieren von einem pünktlichen und professionellen Dienst, der durch das frühe Festlegen des Entwurfs in der Gestaltungsphase das Risiko von Verzögerungen minimiert, wenn der Entwurf für die Baugenehmigung eingereicht wird. Die Verfasser versuchen Eigenschaften zu ermitteln, die sich auf andere Regionen übertragen lassen, sind sich jedoch bewusst, dass ein Modell zur Kriminalitätsprävention, das in Manchester entwickelt wurde, nicht umstandslos von anderen Polizei-Organisationseinheiten in Großbritannien oder andernorts übernommen werden kann.

2. Einführung

Politiker und Fachleute in ganz Europa erkennen zunehmend den Wert der Berücksichtigung von Kriminalitätsprävention bei Urban Design, Planung und Erschließung von Städten. Das Ziel ist es, alltägliche Orte und Produkte/Objekte weniger anfällig für Kriminalität zu machen, indem Kriminalitätsprävention in den

Planungsprozess eingebunden wird, anstatt einfach Sicherheitsausrüstung nachzurüsten, wenn ein Problem aufgetreten ist. In der Designphase kann Sicherheit einfacher erreicht werden, ohne die Angst vor Kriminalität oder die Unannehmlichkeiten für den Betreiber etc. zu erhöhen. Leider bleibt der Einsatz „designgeführter" Kriminalitätsprävention eher fragmentarisch. Letztere wird oft in Form eines einmaligen Projekts angegangen, das sich auf ein bestimmtes Problem in einem bestimmten Bereich konzentriert (z.B. ein Gebäude, das ein „Kriminalitäts-Hotspot" geworden ist, eine bestimmte Gegend, in der Einbrüche vorkommen, oder ein bestimmter Teil eines Ortes oder einer Stadt, der unter einem erhöhten Kriminalitätsaufkommen leidet). Fallstudienbeispiele sind eine nützliche Quelle für Ideen und können als Inspiration für ähnliche Projekte dienen. Wenn sie jedoch zukünftiges Handeln bestimmen sollen, ist es nötig, dass man die spezifischen Rahmenbedingungen kennt, die dazu geführt haben, dass ein Projekt entwickelt und erfolgreich umgesetzt werden konnte. Des Weiteren streben Stakeholder zunehmend danach, über das einmalige Ad-hoc-Projekt hinauszugehen und integrierte, nachhaltige Ansätze zu entwickeln, in denen die Kriminalitätsprävention in Urban Design und Planung der Stadt eingebunden ist.

Dieser Beitrag beschreibt die Neugestaltung der *Architectural Liaison Unit* der Polizei von Greater Manchester (GMP), die im Jahr 2009 unter dem Markenzeichen *Design for Security* neu organisiert wurde (www.designforsecurity.org). GMP hat einen einzigartigen Ansatz – in Großbritannien als das Manchester-Modell bekannt – realisiert, der Sicherheitsaspekte in die frühen Phasen eines Stadtgestaltungsprojekts integriert und somit Kriminalitätsprävention in Urban Design und Planung von Stadt einbindet. Design for Security wird als ein Best-Practice-Beispiel angesehen, das von 43 Polizei-Organisationseinheiten in England und Wales übernommen werden soll. Stakeholder in ganz Europa, darunter Dänemark, Deutschland und Italien, haben Manchester und Salford besucht, um mehr über den Dienst zur Kriminalitätsprävention der GMP zu erfahren.

Designforschung, die durch das *Design Against Crime Solution Centre* der Universität Salford durchgeführt wurde, unterstützte die Kriminalitätspräventionsdienste der *Architectural Liaison Unit* der GMP – und bot den Verfassern einen einzigartigen Einblick in dessen Entwicklung, Umsetzung und laufenden Betrieb. Dieser Beitrag identifiziert regionale Rahmenbedingungen und Möglichkeiten, die zur Entwicklung und zum Erfolg von *Design for Security* beitrugen – Faktoren, die bedacht werden sollten, wenn Entwicklung und Übertragbarkeit des Ansatzes diskutiert werden. Er zeigt auch die Hauptmerkmale des Ansatzes auf, die als Good Practice angesehen werden sollten, einschließlich der Neustrukturierung des Dienstes durch GMP. Diese Neugestaltung soll die Bedarfe und Anforderungen seitens der *development industry* (etwa Projekt- und Grundstücksentwickler) erfüllen und frühzeitige Beratung zwischen Experten für Kriminalitätsprävention und Architekten fördern.

3. Theoretischer Ansatz

Im städtischen Umfeld werden Kriminalität, antisoziales Verhalten und Unsicherheit grundsätzlich mit einem Ansatz namens *Crime Prevention Through Environmental Design* (CPTED, Kriminalitätsprävention durch Umfeldgestaltung) angegangen. CPTED, in den 1970er-Jahren in den USA ausgearbeitet, zielt darauf ab, Kriminalität aus dem städtischen Umfeld herauszuhalten, und wurde in verschiedenem Ausmaß weltweit umgesetzt. In Großbritannien konzentrierte sich die Forschung des Innenministeriums auf den *decision-making approach of criminals*, was dazu führte, dass in den 1980er-Jahren die Theorie der *Situational Crime Prevention* (SCP) (Cozens/Saville/Hillier 2005) übernommen wurde. Sowohl CPTED als auch SCP basieren auf der wissenschaftlichen Erkenntnis, dass die Kriminalität zurückgeht, wenn man die Tatgelegenheiten reduziert, wobei die Tatgelegenheit als grundlegender, auslösender Faktor beim Auftreten von Kriminalität erkannt wurde (Felson/Clarke 1998; Farrell 2013).

Die Menge wissenschaftlicher Befunde, welche die Bedeutung von Design bei der Kriminalitätsprävention unterstreichen, ist über die vergangenen zwei Jahrzehnte stark angestiegen. Die verbesserte Sicherheit ist der Umkehr des dramatischen Anstiegs der Kriminalität zwischen den 1960er- und 1990er-Jahren zuzuschreiben, der die Länder der industrialisierten Welt mehr oder weniger stark betraf. Besseres Design und verbesserte Sicherheit von Gebäuden haben dazu geführt, dass gewöhnliche Kriminalität, wie Kfz-Kriminalität und Einbrüche, deutlich gesenkt werden konnte (Farrell 2013; van Dijk u.a. 2007; van Dijk 2012/13).

4. Einheitliche Grundsätze, Strategien und Leitlinien

Die angewandte Forschung hat Gestaltungsgrundsätze und -praktiken für städtische Sicherheit im Hinblick auf Aspekte wie *natural surveillance*, *access control*, *territoriality* sowie *management and maintenance* festgelegt (Cozens/Saville/Hillier 2005). Diese Grundsätze werden häufig mit Good-Practice-Beispielen aus bestimmten Entwicklungsprojekten veranschaulicht. Solche Fallstudien können jedoch städtische Entscheidungsträger dazu verleiten, Lösungen, die andernorts funktionieren, umstandslos zu übernehmen, anstatt die Mechanismen und Strukturen zu verstehen, die es erst ermöglichen, zu solchen Lösungen zu kommen. In Bezug auf das städtische Umfeld kommt Richtlinien und Praktiken von Design und Planung der Stadt und der Kriminalitätsprävention eine wichtige Rolle zu, wenn es festzulegen gilt, in welchem Umfang Architekten Aspekte der Sicherheit der Nutzer von Gebäuden und Umgebungen, die sie entwerfen, berücksichtigen.

Es existieren Anleitungen für Ansätze, die Kriminalitätsaspekte innerhalb von Stadtgestaltung und Stadtplanung aufgreifen (z.B. Großbritanniens *Safer Places*-Dokument, das im Jahr 2004 durch das *Office of the Deputy Prime Minister* veröffentlicht wurde). Deren Abhängigkeit von spezifischen nationalen Planungs- und Entwicklungsverfahren macht ihre Anwendung in anderen Länder-Kontexten problematisch. Dies schränkt die praktische Übertragbarkeit von solchen kontextgebundenen Maßnahmen zur Kriminalitätsprävention stark ein.

In Europa wurden Ressourcen in die Entwicklung eines europäischen Standards für die (bauliche) Gestaltung und Planung von Stadt (Urban Design und Urban Planning) (Technischer Bericht CEN TR 14383-2) investiert. Der freiwillige Standard wird jedoch nicht in ganz Europa akzeptiert und muss noch in eine verpflichtende „Norm" umgewandelt werden. Im Jahr 2007 wurde er formell als „technisches Dokument" akzeptiert, mit der Intention, eine Anleitung für Good Practice zu sein (CEN 2007). Um verschiedene Stakeholder besser einbinden zu können, wurde das Handbuch *Planning Urban Design and Management for Crime Prevention* (2007) in Englisch, Französisch, Italienisch und Spanisch herausgegeben (Politecnico di Milano 2010). Der Standard schreibt keine Lösungen vor, legt jedoch prozessbasierte Grundsätze für Gestaltung, Planung und Management städtischer Umfelder dar. Mit seinem traditionellen Projektmanagementansatz liefert er eine Anleitung für das Einsetzen eines Projektteams, für Problemerkennung sowie für die Entwicklung und Implementierung von Lösungen. Während der Europäische Standard (CEN 2007; van Soomeren 2007) ein potenziell nützliches Werkzeug ist, um ein Team von Stakeholdern darin zu unterstützen, ein bestimmtes, bereits bestehendes Kriminalitätsproblem anzugehen, scheint er weniger dazu geeignet, Kriminalitätsprävention in alltägliche Stadtgestaltungs- und -planungsaufgaben zu integrieren.

5. Anwendung von CPTED in Europa

In ganz Europa wurden Entwicklungsprojekte mit Fokus Kriminalität und/oder Unsicherheiten umgesetzt, wenn auch in Ad-hoc-Manier. Fallstudienbeispiele, die Entwicklungsprojekte beschreiben, beziehen sich häufig auf Theorien und Praktiken des CPTED, erwähnen jedoch selten den EU-Standard. Die Idee eines „Standards" oder einer „Norm" scheint für Polizei-Organisationseinheiten und städtische Behörden, die den örtlichen Bedürfnissen und Gegebenheiten entsprechend angemessen handeln wollen, nicht passend zu sein. Tatsächlich lehnen einige den Ansatz weiterhin ab.

In Europa wird Kriminalitätsprävention im Rahmen einer Reihe von Durchführungsmechanismen umgesetzt, darunter:

- Akkreditierungssysteme (Großbritannien, Niederlande, Deutschland); hier werden Entwicklungen im Sinne der Übereinstimmung mit den Grundsätzen der CPTED und/oder nach Kriterien bewertet;

- Kriminalitätspräventionsdienste; sie überprüfen Bebauungspläne, wenn diese für die Baugenehmigung eingereicht werden (Großbritannien, Niederlande, Frankreich, Österreich); hier beeinflusst die Kriminalitätsprävention Entscheidungen bezüglich der Baugenehmigung/-erlaubnis;
- Beratungsdienste für Architekten, Bauträger und Planer, die in den Prozess der baulichen Planung und Gestaltung von Stadt integriert sind (Großbritannien, Frankreich).

Dieser Beitrag konzentriert sich auf die Entwicklung und Implementation des Kriminalitätspräventionsdienstes der Polizei von Greater Manchester (GMP) im Stadtgebiet Greater Manchester (GB). Der Ansatz hat das Interesse von Akteuren aus ganz Europa gefunden, die daran interessiert sind, die Charakteristika des GMP-Dienstes kennenzulernen, darunter den Partnerschaftsansatz bei der Kriminalitätsprävention, die engen Verbindungen zwischen der GMP und Planungsabteilungen, das aktive Engagement der GMP in der *development industry*, die Finanzierung des Kriminalitätspräventionsdienstes der GMP durch eine Beratungsgebühr, die von den Bauträgern entrichtet wird, den Einsatz geographiebezogener (GIS-)Kriminalitätsdaten zur Identifikation von Kriminalitäts-„Hotspots". Dieser Beitrag stellt eine Fallstudie vor, die sich auf den Kriminalitätspräventionsdienst der GMP sowie die Bedingungen und Möglichkeiten, die seine Entwicklung und Implementierung unterstützten, konzentriert.

6. Methodik

Diese Fallstudie beruht auf Forschungsergebnissen des *Design Against Crime Solution Centre* der Universität Salford und umfasst mehrere Komponenten: (1) „Aktionsforschung", um den Kriminalitätspräventionsdienst der GMP zu evaluieren und neu zu entwerfen (Wootton et al. 2007a, b, c); (2) Forschung zur Auswertung der Kriminalitätspräventionsdienste von 43 Polizei-Organisationseinheiten in England und Wales und zur Generierung von Empfehlungen für einen Kriminalitätspräventionsdienst der nationalen Polizeibehörden (Wootton et al. 2009); (3) Präsentationen zur Vorstellung des Dienstes für Akteure in ganz Europa, zur Verfügung gestellt durch das Solution Centre, die GMP und den Stadtrat von Manchester.

An dieser Stelle ist es angebracht, den Hintergrund des *Design Against Crime Solution Centre* ein wenig zu beleuchten. *Design Against Crime* begann als eine Initiative Großbritanniens, um die Sicherheit zu erhöhen, indem man Kriminalitätsprävention in die Ausbildung und Praxis im Bereich „Design/Entwerfen" integriert, um alltägliche Produkte und Orte weniger anfällig für Kriminalität zu machen. Die Universität Salford war in die anfängliche *Design Against Crime*-Initiative eingebunden und lieferte weiterhin Forschungsprojekte zur städtischen Sicherheit aus ganz Europa zu. Im Jahr 2003 wurde das *Design Against Crime Solution Centre* gegründet – eine Partnerschaft zwischen der Universität Salford, der Greater Manchester Police (GMP) (GB) und der DSP-groep, einer Planungs- und Unternehmensberatung (NL). Das *Design Against Crime Solution Centre* übernahm Aufgaben, um Dienstleistungen zu unterstützen und die Kriminalitätsprävention in Design/Entwurf, Planung, Verwaltung und die Polizeiarbeit in der Stadt zu integrieren. Im Jahr 2007 wurde das *Solution Centre* von der GMP damit beauftragt, deren Kriminalitätspräventionsdienst zu bewerten und zu optimieren. Das Solution Centre wurde in der Folge von der britischen *Association of Chief Police Officers* (ACPO) mit der Aufgabe betraut, die Kriminalitätspräventionsdienste, die von 43 Polizei-Organisationseinheiten in England und Wales genutzt werden, zu bewerten. Diese Forschungsprojekte boten dem Team einen einmaligen Einblick in die Entwicklung des Kriminalitätspräventionsdienstes der GMP und Zugang zu Forschungsdaten über die Eigenschaften und Kapazitäten des Dienstes, die einen Vergleich mit den Diensten anderer Polizei-Organisationseinheiten in England und Wales erlaubten.

7. Fallstudie: Polizei von Greater Manchester

Der Durchführungsmechanismus, der von der Polizei von Greater Manchester (GMP) implementiert wurde, ist für den Kontext Manchester einmalig. Seine Entwicklung wurde durch nationale und lokale Bedingungen und Gegebenheiten gefördert.

Hintergrund – Polizeiarbeit und Planung in Großbritannien

In Großbritannien stehen Kommunalbehörden unter dem Druck, Themen mit Bezug zu Kriminalität zu berücksichtigen. Absatz 17 des *Crime and Disorder Act* (Großbritannien 1998) besagt Folgendes:

„*Es ist die Pflicht der Behörde, ihre verschiedenen Aufgaben mit gewissenhafter Berücksichtigung der wahrscheinlichen Auswirkungen auf Kriminalität und Störungen ('disorder') in ihrem Bereich auszuüben und alles zu tun, was in angemessenem Rahmen unternommen werden kann, um Kriminalität und Störungen in ihrem Bereich vorzubeugen.*"

Obwohl die Formulierung relativ vage ist, war das Ergebnis, dass alle Kommunalbehörden und Anbieter von öffentlichen Diensten auf ihre Verantwortung, Kriminalität und Störungen vorzubeugen, aufmerksam wurden. Infolge des Gesetzes wurden Partnerschaften zur Senkung von Kriminalität und Störungen (*Crime and Disorder Reduction Partnerships,* CDRP) gegründet. Dadurch wurden Polizei, Kommunalbehörden (einschließlich Planer und Stadtverwaltung), Feuerwehr, Gesundheitsämter, öffentliche Verkehrsdienste, nicht gewinnorientierte Wohnungsbaugesellschaften (wie Baugenossenschaften), der Freiwilligensektor, Unternehmen und Anwohner zusammengebracht. Diese verschiedenen Akteure arbeiten gemeinsam daran, Probleme der Kriminalität und des antisozialen Verhaltens in der Gemeinde anzugehen. Im Jahr 2010 wurden die CDRPs in *Community Safety Partnerships* umbenannt. 2010 gab es auch einen Strategiewechsel, auf den man sich konzentrieren musste.

„... Vertrauen der Nachbarschaft in die Polizeiarbeit ('policing') und Kriminalitätsprävention"

Die Leistungen der Polizei wurden anhand des Kriteriums *öffentliches Vertrauen* beurteilt. Dies trug zu einer erhöhten Aufmerksamkeit für die Angst vor Kriminalität und für Gefühle von Unsicherheit bei. Seit 1998 wurden in Großbritannien Regelungen ('government policies') eingeführt, die sich auf „antisoziales Verhalten" konzentrieren. Dieses wird wie folgt definiert:

„Handeln auf eine Weise, die Belästigung, Angst oder Bedrängnis bei einer oder mehreren Personen, die nicht demselben Haushalt angehören [wie der Beklagte], auslöst oder auslösen könnte." (Crime and Disorder Act, Großbritannien 1998)

Dies deckt eine ganze Reihe von Verhaltensweisen ab, einschließlich Alkoholkonsum in der Öffentlichkeit und allgemein lautes und rücksichtsloses Trunkenheitsverhalten (Innenministerium Großbritannien 2004). Anordnungen gegen antisoziales Verhalten *(Anti-social Behaviour Orders, ASBOs)* verhindern bestimmte Handlungen oder den Zugang zu Plätzen und werden gegen Personen ausgesprochen, die bei anderen Personen Angst auslösen oder diese bedrängen.

Es wird erwartet, dass Kommunalbehörden die Prävention von Kriminalität und Störungen im gesamten Planungsprozess berücksichtigen. Im Allgemeinen gilt die Kriminalitätsprävention als berücksichtigt, wenn die „Baugenehmigung" erteilt wird – d.h. als Teil der Kontrolle der Entwicklung. Bebauungen, die als anfällig für Kriminalität angesehen werden, müssen eventuell neu gestaltet werden oder ihnen darf keine Baugenehmigung erteilt werden. Im Jahr 2004 veröffentlichte das Büro des Stellvertretenden Premierministers *Safer Places. The Planning System and Crime Prevention*. Diese Publikation legte klare Grundsätze fest, die aus dem *Planning Policy Statement* 1 hervorgingen, mit dem Ziel, nachhaltige Gemeinden zu schaffen, welche „die Kriminalitätsprävention in das Zentrum des Planungsprozesses stellen" (S. 45). Dies lenkte die Aufmerksamkeit auf die Wichtigkeit des Ausräumens von Kriminalität und der Integration der allgemeinen Sicherheit in den Planungsprozess, die in der *Planning Policy Guidance* (PPG), einschließlich PPG 3 (Wohnungsbau), PPG 6 (Stadtzentren und Einzelhandelsentwicklungen), PPG 13 (Transport) und PPG 17 (Freiflächen, Sport und Erholung), genannt werden.

Großbritanniens *Secured by Design*-Schema

Im Jahr 1989 etablierte die *Association of Chief Police Officers* (ACPO) *Secured by Design*. Hierbei handelt es sich um ein Akkreditierungssystem für Wohn- und Geschäftsimmobilien. Das System unterstützt Kriminalitätsprävention durch Umfeldgestaltung *(Crime Prevention Through Environmental Design*, CPTED), indem es effiziente Kriminalitätspräventions- und Sicherheitsstandards festlegt. *Secured by Design* wird durch einen *Architectural Liaison Officer* (ALO) der Polizei zur Verfügung gestellt. Alle 43 Polizei-Organisationseinheiten in England und Wales beschäftigen *Architectural Liaison Officers*.

„Bei dem *Architectural Liaison Officer* handelt es sich um einen Spezialisten für Sicherheit und Kriminalitätsrisikomanagement, der eine ortsspezifische Risikoanalyse anfertigt und passende Maßnahmen zum ‚design out crime' vorschlägt." (SBD website, www.securedbydesign.com)

Hierbei handelt es sich üblicherweise um eine Position, die darüber hinaus auch noch mit anderen Polizeiaufgaben betraut ist.

Anfänglich boten ALOs Beratungen für große Gebäude-Entwicklungsprojekte und berieten hauptsächlich lokale Planungsbehörden. Es ist vermutlich fair zu behaupten, dass es sich dabei damals nicht um einen sonderlich „hoch entwickelten" Dienst handelte und die Planer nicht wirklich auf das Angebot eingingen. Mitte der 1990er-Jahre führte das Planungsrundschreiben der Regierung von Mai 1994 dazu, dass Kriminalitätsprävention bei der Planung eine substanzielle Berücksichtigung fand – d.h. Kriminalitätsprävention muss bei der Vergabe der Baugenehmigung berücksichtigt werden. Entwicklungspläne begannen nun, Politiken *to design out crime* zu enthalten.

Der *Architectural Liaison Service* der GMP

Im Jahr 1991 ernannte die GMP einen ALO – einen Architekten. Die Gründe für die Ernennung eines Architekten anstatt eines Polizeibeamten, wie es bei anderen Polizei-Organisationseinheiten üblich war, können nicht rekonstruiert werden. Das Verfahren wurde jedoch beibehalten und legte den Grundstein für die Entwicklung eines vollkommen anderen Dienstes. In den späten 1990er-Jahren bildete die GMP eine *Architectural Liaison Unit* aus einem Architekten und zwei Bausachverständigen/Gutachtern. Ab Mitte der 2000er-Jahre (2004 bis 2005) gab es vier ALOs, alle mit einem Hintergrund in der Gebäude-Entwicklung der Bauindustrie. Die ALOs überprüften in der Planungsausschussphase mehr als 2.000 Anträge. Im Jahr 2003 wurde eine Partnerschaft zwischen der GMP und der Universität Salford geschlossen – das *Design Against Crime Solution Centre*.

Neugestaltung des ALO-Service der GMP

Der Stadtrat von Manchester setzte eine Planungsbedingung für *Secured by Design* fest, wonach alle Planungen dem Standard des Akkreditierungssystems Großbritanniens entsprechen müssen. Hierbei handelte es sich um einen Akt, der eine „Lücke" in der Fähigkeit der GMP aufdeckte, die Voraussetzungen für *Secured by Design* zu erfüllen. Zu diesem Zeitpunkt gab es ein Treffen (1) des stellvertretenden Polizeipräsidenten der GMP, (2) des Leiters der Orga-Einheit der ALOs der GMP, (3) des Leiters des Stadtbaurats, der für die Planung innerhalb des Borough Manchester – einem von zehn Boroughs in Greater Manchester – zuständig war, und (4) des *Solution Centre*. Die Idee war:

„Schaffung einer innovativen Organisationseinheit von ALOs, die den Nutzen und die Effizienz ‚design-geführter' Kriminalitätsprävention in ganz Greater Manchester erhöht und zu einem Fokus für Innovation und Best-Practice im Nordwesten wird."

Die Arbeit war umfänglicher, als das Team vernünftigerweise bewältigen konnte, und so wuchs die Erkenntnis der Notwendigkeit,

- professionelle Designer viel früher in den Design-Prozess einzubeziehen;
- CPTED-Beratung formal in den Planungsprozess zu integrieren;
- Fördermittel zu erwirtschaften und zusätzliches Personal einzustellen, um die zusätzliche Nachfrage nach dem Dienstleistungsangebot zu bewältigen.

Dies führte zur Entwicklung des *Crime Impact Statement* (CIS). Das CIS passte zum *Impact Statement-Modell* für zu berücksichtigende Probleme in der Gebäudeentwicklung wie dem *Environmental Impact Statement* und dem *Traffic Impact Statement*.

Das *Design Against Crime Solution Centre* betrieb Forschung, um die ALOs beim Erreichen ihrer Ziele zu unterstützen und um Strategien zu entwickeln, welche die polizeiliche Kriminalitätsprävention in ganz England und Wales verbessern. Im Zuge dessen führte das *Solution Centre* im Jahr 2008 eine Umfrage bei allen 43 Polizei-Organisationseinheiten in England und Wales durch, mit einem Rücklauf von 78 Prozent. In der Umfrage wurde nach dem zeitlichen Umfang gefragt, welcher der ALO-Rolle zugewiesen war. Die Ergebnisse zeigten, dass lediglich 14 Prozent der ALOs nur die genuine ALO-Aufgabe erfüllten und dass 86 Prozent auch für Nicht-ALO-Aufgaben eingesetzt wurden. Des Weiteren war die Zeit, die für ALO-Arbeiten aufgewendet wurde, oft relativ gering. Sechzig Prozent der ALOs verbringen demnach weniger als die Hälfte ihrer Zeit mit genuinen ALO-Aufgaben.

Die Umfrage untersuchte die frühzeitige Beratung und fragte den ungefähren Prozentsatz von Bauanträgen ab, bei denen der ALO um Rat gefragt wird, bevor der Antrag auf Baugenehmigung eingereicht wird. Der Großteil der ALOs (64 Prozent) wurde selten in einem frühen Stadium befragt – d.h. in weniger als zehn Prozent der Fälle. Das Ergebnis der Umfrage war wichtig, denn es zeigte klar die Verortung des Großteils der ALOs im Planungsprozess. Einfach ausgedrückt, kann man sich den Entwicklungsprozess in drei Hauptphasen vorstellen: (1) Einführung, (2) Konzeptdesign und (3) Detailliertes Design. Diese drei Phasen, die sechs Monate bis zwei Jahre (oder länger) dauern, finden statt, bevor ein Bauantrag gestellt wird. Wenn der Antrag eine Baugenehmigung erhält, kann der Bau ab Erhalt der offiziellen Genehmigung beginnen. Die Phase, in der der Großteil der ALOs Großbritanniens Gestaltungsvorschläge überprüft, fällt unter die Bauantragsphase. Im Allgemeinen wurden die ALOs von den Planern über Anträge informiert, aber dieses Verfahren hing von lokalen Vorgaben/Protokollen ab. Zum Beispiel könnte eine Kommunalbehörde bestimmen, dass der ALO nur Pläne für „große Entwicklungen" prüft.

Im Gegensatz dazu beraten die ALOs der GMP in der Konzeptdesign-Phase. Den Mechanismus für diese frühzeitige Beratung legt das *Crime Impact Statement* (CIS) fest. Das CIS wurde im Jahr 2006 eingeführt, jedoch anfangs nur für wichtige Siedlungsentwicklungen angewendet. Das CIS ist in zwei Teile aufgeteilt:

TEIL A: Bewertung der Auswirkungen von Kriminalität (*Crime Impact Assessment*)

- 12-monatige Analyse der Kriminalitätsmuster in einem Umkreis von 1 km um den Baugrund
- grundlegende Risikobewertung in Bezug auf die Gebäudeart und die Verwendung(en)
- Ortsbesuch und ortsspezifische Risikobewertung

TEIL B: Vorschläge zur Kriminalitätsprävention (*Crime Prevention Recommendations*)

- Der ALO kommentiert und bewertet Pläne/Zeichnungen (Anordnung und räumliche Beziehungen)
- *Secured by Design* (z.B. *Target hardening*)
- Folgerungen

Bauträger beantragen das CIS und bezahlen für dieses. Bauträger bezahlen für einen pünktlichen und professionellen Beratungsdienst. Sie profitieren aufgrund von weniger „Last-Minute-Überraschungen" und kostspieligen Planungsverzögerungen. Die Erfahrung zeigt, dass Architekten sich den Herausforderungen stellen, sobald die Anforderung verstanden wurde, Kriminalität und Sicherheit zu berücksichtigen.

Das *Solution Centre* benannte den *GMP Architectural Liaison Service* um in *Design for Security* und die ALOs in *Design for Security Consultants*. Das CIS und die ALO-Informationsbroschüre wurden ebenfalls neu gestaltet, um einen professionelleren, designbasierten Beratungsdienst zu kommunizieren.

Der Dienst wurde angepasst, um den Bedürfnissen von Architekten, professionellen Gestaltern und Bauträgern besser zu entsprechen. Das CIS wurde eingeführt, indem es in die „lokale Liste" der kommunalen Planungsbehörden als erforderliche Information, die alle wichtigen Bauanträge begleiten muss, eingefügt wurde. Ein *Design-for-Security-Berater*, der als „kritischer Freund" fungiert, liefert eine Kritik der Gestaltung aus der Betrachtung von Sicherheit, Kriminalität und Angst vor Kriminalität. *Design for Security* berechnet Bauträgern den CIS-Dienst basierend auf dem Prinzip „Der Verursacher/Auftraggeber zahlt". Hierdurch werden Finanzmittel erwirtschaftet, um zusätzliche ALO-Ressourcen, die durch das CIS benötigt werden, abzudecken. Dies ermöglicht einen deutlich professionelleren, stärker kundenorientierten Beratungsansatz und bessere Ausbildung. Hierdurch bieten sich auch erweitere Möglichkeiten für Forschung und Evaluierung.

8. Aufkommende Probleme und zukünftige Entwicklungen

Wirtschaftliche und politische Faktoren wirken sich auf Form und Ausmaß der Kriminalitätsprävention aus. In Großbritannien wurde der Planungsprozess verändert. Der *Localism Act* 2011 und das *National Planning Policy Framework* führten zur Straffung des Bauantragsverfahrens *(„Streamlining the Planning Application Process";* DCLG 2013).

„Ein effizientes Planungssystem spielt eine wichtige Rolle in der Unterstützung von Wachstum/Entwicklung – es fördert und ermöglicht Wohnungen, Arbeitsplätze und Angebote, welche die Gemeinden benötigen, und minimiert Unsicherheit und Verzögerungen für Antragsteller oder Personen, die durch die Entwicklung betroffen sind."

Der Fokus liegt auf der „Förderung eines nachhaltigen Wachstums". Ziel ist es, Unsicherheiten und Verzögerungen für Privatpersonen und Organisationen, die eine Baugenehmigung beantragen, zu minimieren. Das gegenwärtige Planungssystem ist als von „unnötiger Bürokratie belastet" anzusehen. Das Straffen von *Design and Access Statements* ist im Gange. Ein *Design and Access Statement* erklärt die Design-Prinzipien und Konzepte, die für bestimmte Aspekte der geplanten Entwicklung angewendet wurden. Der Fokus wird auf größeren Entwicklungen sowie historischen Gebieten und Räumen liegen. Die Macht kommunaler Behörden, Informationen von den Antragstellern für eine Baugenehmigung zu verlangen, wird begrenzt sein, und Planungskontrollen werden gelockert werden. Es ist absehbar, dass es zu einem Anstieg erlaubter Entwicklungsrechte kommt und bestimmte Entwicklungsvorhaben ohne Baugenehmigung realisiert werden können.

Zudem wird die finanzielle Unterstützung der Polizei Vorhersagen zufolge bis 2014/15 als Antwort auf die weltweite Finanzkrise von 2008 um zwanzig Prozent gekürzt werden (HMIC 2011). Der Fokus liegt auf dem Erhalt der „an der Front tätigen" Polizei, der so genannten *warranted officers*, welche die rechtliche Befugnis haben, Straftäter zu verhaften. Effektiv führt dies zu einem deutlichen Rückgang der Personalstärke der Polizei. Es wird vorhergesagt, dass zwischen März 2010 und März 2015 ca. 34.000 Arbeitnehmer der Polizei entlassen werden, davon werden etwa 16.000 *Police staff* sein (d.h. *non-warranted*-Polizeibeamte) – die Gruppe, die traditionell den *Architectural Liaison Officer Service* der britischen Polizei gestellt hat.

Tabelle 1   Vorhergesagte Reduzierung des Polizeipersonals in Großbritannien

Reduzierung des Polizeipersonals (März 2010 bis März 2015)	
Police officers	16.200
Police Community Safety Officers (PCSOs)	1.800
Police staff	16.100
Gesamt	34.100

Quelle: HMIC report *Adapting to Austerity*, Juli 2011.

Die Ergebnisse des *International Crime Victimization Survey* zeigen die Effizienz des Einsatzes von Gestaltungsmaßnahmen zur Kriminalitätsprävention (van Dijk 2012/13). In Großbritannien vollzieht sich ein Wandel im politischen Fokus, seitdem die Verbrechensraten zurückgehen. Dies wirft eine wichtige Frage auf: Läuft die Kriminalitätsprävention Gefahr, Opfer ihres eigenen Erfolges zu werden?

9.   Fazit

Bewertung *design-geführter* Kriminalitätsprävention

Der Beratungsdienst *Design for Security*, der von der GMP angeboten wird, versucht aktiv, Kriminalitätsprävention in das Urban Design zu integrieren. Die Berater überprüfen alle wichtigen Bauvorhaben, für die ein Baugenehmigungsantrag gestellt wird. Da die Kommunalbehörden es zur Bedingung für Antragsteller gemacht haben, zusammen mit dem Baugenehmigungsantrag ein *Crime Impact Statement* (CIS) einzureichen, ziehen Architekten und Bauträger zu einem frühen Stadium des Gestaltungsprozesses die Berater von *Design for Security* zu Rate und beziehen deren Expertise in die endgültige Gestaltung mit ein. Eine frühzeitige Beratung kommt Architekten und Bauträgern zugute; die Expertise kann relativ einfach in die Design-Prozesse integriert werden und die Entwicklung noch beeinflussen.

Ratschläge zur Kriminalitätsprävention frühzeitig in Design-Prozesse zu integrieren bietet Vorteile. Urban-Design-Professionals sind dann in der Lage, allen Bedarfen und Anforderungen gerecht zu werden, ihre Kreativität zu nutzen, um Lösungen zu entwickeln und diese besser in das Design einzubringen. Solcherart frühzeitige Integration ist weitaus besser, als ungeeignete Sicherheitsmaßnahmen nach Vollendung einer gewählten Design-Lösung „nachzurüsten".

Ein nachhaltiger Ansatz

Die Möglichkeit, Finanzmittel zu erwirtschaften, schützte den Kriminalitätspräventionsdienst der GMP vor Personalkürzungen als Folge reduzierter Finanzmittel für die Polizei in Großbritannien. Daher scheint das „Manchester-Modell" ein nachhaltiger Ansatz zur Kriminalitätsprävention für die Polizeikräfte in Großbritannien zu sein. Das Bereitstellen des Dienstes hängt jedoch von Partnerschaften mit den Kommunalbehörden und der Integration in den Planungsprozess ab. Aktuelle Veränderungen der Planungsverfahren zeigen, dass die Bereitstellung des Dienstes möglicherweise durch Gesetze und durch Richtlinien gefährdet wird, welche die Planungsverfahren zu „straffen" suchen. Der genaue Einfluss neuer Planungsrichtlinien auf den Kriminalitätspräventionsdienst der GMP ist noch nicht klar. Trotz Initiativen der Zentralregierung zur Lockerung von Planungsbestimmungen bleibt das Engagement der Planungsbehörden von Greater Manchester, Sicherheit in die Planung zu integrieren, stark. Damit dies auch in Zukunft so bleibt, erhalten die Behörden in Greater Manchester ihre lokalen Planungsrichtlinien aufrecht, um sicherzugehen, dass Sicherheit auch künftig zu den Planungsprioritäten gehört.

Ein kontextbezogener Ansatz

Das *Solution Centre* schreibt nicht einen einzelnen Ansatz oder eine einzelne Methode vor, um Kriminalitätsprävention zu erreichen. Für die Kriminalitätsprävention geeignete Methoden entstehen oft aus spezifischen lokalen Bedingungen und Zusammenhängen, und die Übertragbarkeit auf andere Orte ist nicht immer möglich oder gar nicht immer erstrebenswert. Der Dienst *Design for Security* der GMP wurde als Antwort auf bestimmte kontextbezogene Probleme und Gelegenheiten entwickelt, sodass die Möglichkeit der Annahme seitens anderer Länder aufgrund verschiedener kontextbezogener Faktoren eingeschränkt sein kann. Letztere können etwa Regelungen sein, die verhindern, dass Polizeibedienstete als bezahlte

Berater agieren, oder etwa ein Mangel an praktischen Fähigkeiten bei der designgeführten Kriminalitätsprävention.

Eine sich weiter entwickelnde Praxis

Das *Solution Centre* arbeitete mit dem Landeskriminalamt (LKA) in Niedersachsen und Projektpartnern zusammen, um Beispiele guter Praxis in Städten der EU zu ermitteln und einen Weg zu finden, diese zu klassifizieren. Dieses von der EU finanzierte Projekt nannte sich *Planning Urban Security* (PLuS). In seiner Folge wurde das *Crime Prevention Maturity Model* entwickelt; es wird verwendet, um dabei zu helfen, die zukünftige Praxis zu leiten. In diesem Modell illustriert der von der GMP bereitgestellte Dienst die Ansätze, die darauf abzielen, Kriminalitätsprävention in die Praxis und das Management von Urban Design zu integrieren. Die Erfahrung aus der Arbeit am PLuS-Projekt zeigte, wie wichtig es ist, detailliert die Zusammenhänge von Kriminalitätsprävention, Gestaltung und Planung zu erforschen und festzulegen, wie stark sich die Kriminalitätsprävention auf die Praxis auswirken soll. Auch wenn sich Good Practice nicht einfach von einem Kontext auf den anderen übertragen lässt, wird die Gelegenheit, Erfahrungen auszutauschen und zukünftige Strategien zu besprechen, von den in der Praxis Tätigen doch begrüßt. Konzeptionelle Modelle und Fallstudien helfen diesen, Sprachgrenzen zu überwinden, Unterschiede im Einsatz von Terminologie aufzuklären, Unterschiede in Praxis und Kontext der einzelnen Staaten zu identifizieren und sich für den Diskurs zu künftigen Strategien einzusetzen. Strategien und Verfahren in ganz Europa werden durch ein europäisches Programm – *COST Action TU1203 on Crime Prevention Through Urban Design and Planning* (www.cost.eu/domains_actions/tud/Actions/TU1203) – weiter untersucht und fortentwickelt.

Literatur

Cozens, P. M., G. Saville und D. Hillier (2005): Crime Prevention through Environmental Design (CPTED): A Review and Modern Bibliography, in: Property Management, H. 23 (5), S. 328–356.

Davey, C. L. (2008): Design Against Crime Exchange Tool. Guidance for Designing Against Crime across Europe, University of Salford, Salford.

DCLG – Department for Communities and Local Government (2013): Streamlining the Planning Application Process. Januar 2013, London, https://www.gov.uk/government/uploads/system/uploads/attachment_data/file/66061/Streamlining_the_planning_application_process_consultation.pdf

Farrell, G. (2013): Five Tests for a Theory of the Crime Drops. Paper Presented at International Symposium on Environmental Criminology and Crime Analysis (ECCA), Philadelphia.

Felson, M., und R. V. Clarke (1998): Opportunity Makes the Thief: Practical Theory for Crime Prevention, in: Police Research Paper 98, London, Home Office.

Great Britain (1998): Crime and Disorder Act 1998, Section 17. London, HMSO.

HMIC – Her Majesty's Inspectorate of Constabulary (2011): Adapting to Austerity, London.

MCC – Manchester City Council: One Team. Manchester Crime and Anti-social Behaviour Strategy, 2011–2014, Manchester, http://www.manchester.gov.uk/info/200030/crime_antisocial_behaviour_and_nuisance/720/manchester_community_safety_partnership/2

ODPM – Office of the Deputy Prime Minister (2004): Safer Places. The Planning System and Crime Prevention, Tonbridge.

Politecnico di Milano (2010): Planning Urban Design and Management for Crime Prevention Handbook. Politecnico di Milano, Laboratorio Qualita Urbana e Sicurezza's SAFEPOLIS project.

Van Soomeren, P. (2007): Annex 15 – The European Standard for the Reduction of Crime and Fear of Crime by Urban Planning and Building Design: ENV 14383-2, Technical Report CEN/TR 14383-2, October 2007.

Van Dijk, J. (2012/13): The International Crime Victims Survey. The Latest Results and Prospects, in: Criminology in Europe. Newsletter of the European Society of Criminology, Vol. 11, S. 24–33, http://escnewsletter.org/node/108

Van Dijk, J., J. van Kesteren und P. Smit (2007): Criminal Victimisation in International Perspective. Key findings from the 2004–2005 ICVS and EU ICS, Den Haag.

Wootton, A. B., und C. L. Davey (2012): Embedding Crime Prevention within Design, in: Ekblom, P. (Hrsg.): Design Against Crime. Crime Proofing Everyday Products (Crime Prevention Series, Vol. 27).

Wootton, A. B., M. Marselle, C. L. Davey, R. Armitage und L. Monchuk (2009): National Police Crime Prevention Service. Implementation Planning Research Project. DAC Solution Centre: Salford, www.npcps.org

Wootton, A. B., und C. L. Davey (2007): Crime LifeCycle. Leitfaden zur Entwicklung von Design Against Crime Ideen. Design Against Crime Solution Centre: Salford.

Wootton, A. B., R. Armitage und L. Monchuck (2007): Greater Manchester Police, Architectual Liaison Service Evaluation, Work Package 3 Report, Improvement & Development Recommendations. Confidential Report prepared by the Design Against Crime Solution Centre, University of Salford, Salford.

Websites

Planning Urban Security (PLuS). Berichte zum Download:
http://www.lka.niedersachsen.de/praevention/vorbeugung_themen_und_tipps/staedtebau-152.html

COST Action TU1203. Weitere Informationen:
http://www.cost.eu/domains_actions/tud/Actions/TU1203

10. Dank

Die Verfasser bedanken sich bei den Personen und Organisationen, die Informationen über die Kriminalitätsprävention in Greater Manchester zur Verfügung gestellt haben, darunter: Mike Hodge, Adrian Murphy und Susan Fletcher, Polizei von Greater Manchester; Antony Mitchell, Stadtrat von Manchester; Melissa Marselle, Design Against Crime Solution Centre. Vielen Dank auch für den Beitrag zur Kriminalitätsprävention in Deutschland an das LKA Niedersachsen, insbesondere an Dr. Anke Schröder, Dirk Behrmann und Hartmut Pfeiffer.

11. Anhang

Hintergrund von Design Against Crime

Im Jahr 1999 wurde das erste *Design Against Crime*-Projekt von der Universität Salford (und der Universität Sheffield Hallam) zusammen mit dem *Design Council* und dem britischen Innenministerium entwickelt, sein Ergebnis: ein *Evidence Pack* von 20 Fallstudien und Richtlinien für professionelle Gestalter/Designer, das *Think Thief*. Der Erfolg dieses anfänglichen *Design Against Crime*-Projekts trug dazu bei, dass das *Design Council* Designansätze für weitere gesellschaftliche Herausforderungen befürwortete, einschließlich solcher in den Bereichen Gesundheit, Altern und Bildung. Im Jahr 2007 gründeten das *Design Council* und das Innenministerium die *Design & Technology Alliance Against Crime*, um Designprofis dazu anzuregen, im Designprozess „Kriminalitätsprävention mitzudenken". Um dies zu unterstützen, wurde eine Anleitung in Form eines Dokuments mit dem Titel *A designer's guide to crime prevention* entwickelt, das Inhalte nutzt, die von Davey & Wootton entwickelt wurden.

Im Jahr 2003 wurde das *Design Against Crime Solution Centre* an der Universität Salford gegründet – eine Partnerschaft mit der Greater Manchester Police (GMP) (GB) und der DSP-groep (NL). GMP lieferte den meisten Input, um die Kriminalitätsprävention in ganz Greater Manchester (GB) zu verbessern. Paul van Soomeren, DSP-groep, ist der Vorsitzende der *European Designing Out Crime Association* (EDOCA). Das *Solution Centre* entwickelt und realisiert Forschungsprojekte, um Designer und Nicht-Designer für *Design Against Crime* zu interessieren, entwickelt Methoden und Ressourcen, die es ermöglichen, Kriminalprävention innerhalb des Designprozesses zu berücksichtigen.

Das *Solution Centre* arbeitet auch mit Privatpersonen und Organisationen zusammen, um die Kriminalitätsprävention in Gestaltung, Planung und Management zu integrieren und eine bessere Performanz entsprechender Dienste zu fördern.

Autorin und Autor

Dr. Caroline L. Davey und *Andrew B. Wootton*

Fotos: Privat.

Direktoren des *Design Against Crime Solution Centre* an der Universität Salford (GB). Caroline Davey ist Organisationspsychologin und Lektorin für *Design, Innovation & Society*. Andrew B. Wootton ist *Industrial Designer* und *Senior Research Fellow*.

Sie haben unter anderem zahlreiche wissenschaftliche Beiträge zur Rolle von Design im Rahmen der Kriminalitätsprävention veröffentlicht und an vier EU-geförderten Projekten zu *Design Against Crime* (Hippokrates 2001, 2002, Agis 2003, 2006) mitgearbeitet. Zu ihren jüngsten Projekten zählen: *City Centre Crime*; *National Police Crime Prevention Service*; *Planning Urban Security* (PLuS) – ein EU-gefördertes Projekt unter Leitung des Landeskriminalamts Niedersachsen. Das *Design Against Crime Solution Centre* ist der Vertreter des Vereinigten Königreichs in der *EU COST Action TU1203 Crime Prevention through Urban Design & Planning*. Derzeitige Forschungsinteressen: Sicherheitskonzepte; Implementierung von Kriminalprävention; Kriminalitätsfurcht; Design und Wohlbefinden; Design in sozialer Verantwortung.

Udo W. Häberlin und Barbara Kopetzky

Die sichere Stadt – Sicherheit und Lebensqualität in Wien

Öffentlicher Raum: Aufgabe der Stadtplanung und Stadtentwicklung

Die Stadt ist ein hoch komplexes, historisch geprägtes und dadurch nachhaltig strukturiertes System. Sie verspricht urbane Freiheit (Anonymität), aber kein risikoloses Leben. Eine Konstante stellt die bauliche Gestaltung des Stadtraums dar. Eine besondere Rolle hierbei nehmen die öffentlichen Räume ein, da sie den gemeinsamen Aktionsraum der Stadtgesellschaft darstellen. Die Lesbarkeit und Konstanz des physisch-materiellen Raums ist eine Vorbedingung für die Entwicklung der Ich-Identität in Bezug auf den Aspekt der Sicherheit.

Abbildung 1   Belebte öffentliche Räume in Wien

Fotos: Udo W. Häberlin.

Diese physischen Räume können alle Nutzenden durch deren subjektive Wahrnehmung spürbar, erfahrbar und erlebbar prägen (vgl. Weichhart 1990). „In diesem System vernetzen die Öffentlichen Räume die eigene Lebenswelt mit der Gemeinschaft des Menschen" (Häberlin 2003, S. 23).

Öffentliche Räume werden von allen geprägt und prägen beziehungsweise konditionieren wiederum jeden einzelnen Menschen durch die Interaktion in und mit ihnen. Öffentliche Räume bieten eine Bühne für die Stadtöffentlichkeit und fördern die Identifikation mit dem Stadtraum und die Integration in die Gemeinschaft. Dies schafft nicht nur eine Möglichkeit, eventuell vorhandene Defizite aus dem privaten Leben(-sraum) zu kompensieren, sondern bewirkt auch mehr Lebensqualität und ein Lernfeld für die Bewohnerinnen und Bewohner im sozialen Raum.

1. Was können und sollen öffentliche Räume leisten?

Öffentliche Räume sollen Durchgangsorte, Verweilorte, Erholungsorte, Treffpunkte, Bildungsräume, Begegnungsräume, Bewegungsräume, Präsentationsräume, Beobachtungsräume, Flaniermeilen und vieles mehr sein. Den vielfältigen Funktionsleistungen des öffentlichen Raumes stehen umfassender und vielfältiger werdende Nutzungsansprüche sowie eine stärkere Inanspruchnahme gegenüber. Diese ergeben sich z.B. aus kleinen Wohnungen, der noch immer zunehmenden Zahl von Single-Haushalten, aber auch durch die Nutzung des Raums vor rauchfreien Lokalen.

Bei Um- und Rückbauten sollten die Stadtverwaltung respektive alle Planungsabteilungen in ihren Strategien Erschließungsqualität, Übersichtlichkeit, Komfort, Zweckmäßigkeit (Funktionalität) und Gastlichkeit verbessern (vgl. Cost 2010). Diese technisch-sozialen Faktoren (auch latente Gesellschaftsfragen) sind problem- und lösungsorientiert zu verdeutlichen und im stadträumlichen Kontext zu beheben[1]. Dann besteht die Chance, die ehemalige technische Dominanz in der Freiraum- und Stadtplanung stärker auf eine freie Nutzbarkeit und erhöhte Lebensqualität des Wohlfühlens auszubalancieren.

Die Wahrnehmung der Umwelt und die dabei empfundene (Un-)Sicherheit bestimmen das Lebensgefühl der Menschen in der Stadt mit. Doch die Wahrnehmung von subjektiver Sicherheit ist seitens der Bürgerinnen und Bürger (sowie der Medien) höchst unterschiedlich. Jeder Mensch hat eine eigene Vorstellung von Sicherheit. Das soziale Klima und das (friedliche) Miteinander spielen hierbei eine zentrale Rolle.

---

1   Zu beachten ist, dass sich österreichische Städte von deutschen Städten in der Größe, aber auch in der Verwaltungsstruktur unterscheiden. Diese Unterschiede reichen von den Instrumenten der Stadtplanung bis hin zu der Organisationsform der Ordnungsämter.

Der Begriff der Sicherheit meint in diesem Zusammenhang die Sicherheit vor Belästigungen und kriminellen Handlungen. Die Statistik zeigt zwar, dass Räume, in denen das Gefühl von Unsicherheit und Bedrohung herrscht, nicht zwangsläufig Tatorte (von Kriminalität) sind. „Trotzdem hat dieses Angstgefühl durchaus weitreichende (…) Konsequenzen für den Alltag der Betroffenen. Um bedrohlichen Situationen aus dem Weg zu gehen, nehmen sie Umwege in Kauf oder lassen sich in ihrer Mobilität und ihren Aktivitäten einschränken." (Stadt Wien o.J., S. 1) Wenn dieses Vermeidungsverhalten vermehrt auftritt, sind auch das Management und die Planung des öffentlichen Raums angesprochen. Der enge Rahmen der Planung muss mit Blick auf (sozial-)psychologische, medienanalytische und kulturtheoretische Ansätze bewusst überwunden und im Sinne eines facettenreichen Blicks auf das Phänomen Angst – in und gegenüber der Stadt – erweitert werden.

Der öffentliche Raum leistet einen Beitrag zur Lebensqualität, wenn sich die Menschen in ihm wohlfühlen und ihn beleben. Der lebendige öffentliche Raum ist geprägt von Begegnungen zwischen Menschen und vom Kennenlernen von Unbekanntem in einer Großstadt. Dabei sind die belebten öffentlichen Räume Kommunikationsflächen, Orte des sozialen Austausches und der Bildung von Nachbarschaften, und sie sind ein Spiegel der dynamischen Gesellschaft. Das eigene Ich kann gefestigt, Anregungen (auch zur Abgrenzung) der Persönlichkeit können deutlich werden.

Abbildung 2   Dimensionen von Identität und Raum

Dimensionen von Identität und Raum		
den Raum identifizieren - gedankliches Erfassen - Eigenschaften identifizieren - Unterschiede bewusst werden **Gestalt, Wahrnehmung**	**mit dem Raum identifiziert werden** - Kategorisierungen von Außen - kognitive Bewertung **Bedeutung, Image & Vermarktung**	**sich mit dem Raum identifizieren** - mit Werten, Ideen, Objekten identifizieren **Soziale Prozesse**

Quelle: Rode 2014.

Belebung des öffentlichen Raums entsteht durch die Menschen auf den Straßen und Plätzen. Es müssen nicht Häuser, sondern Menschen und Ereignisse versammelt werden, um belebte Treffpunkte beziehungsweise eine urbane, lebenswerte Stadt zu erhalten (vgl. Gehl 2012, S. 81). Je öfter und je länger sie sich auf einem Platz aufhalten, desto belebter wird dieser sein. Häufigkeit und Dauer des Aufenthaltes im öffentlichen Raum hängen von den Aktivitäten der Menschen ab. Dies ist ein gestaltbarer Prozess, der mit der Dauer der Aufenthalte das tatsächliche Aktivitätsniveau bestimmt.

Voraussetzung dafür ist ein möglichst kompaktes „System öffentlicher Räume, damit die Distanzen für Fußgänger und Sinneswahrnehmungen so kurz wie möglich sind" (Gehl 2012, S. 85). Hierzu sind die Begrenzungen der menschlichen Fortbewegungs- und Wahrnehmungsfähigkeit ausschlaggebend. Es gilt die grundlegenden psychologisch wirksamen Elemente der Planung und Gestaltung zu erkennen, beispielsweise die Wirkung von Belebung: Wenn mehr Menschen unterwegs sind, werden die Straßen unterhaltsamer, und der gegenseitige Schutz nimmt zu. Doch der gesellschaftliche Wandel sowie veränderte ökonomische Rahmenbedingungen (wie Singularisierung der Lebensstile, soziale Bewegungen, demografischer Wandel, Internationalisierung etc.) verstärken die Ausdifferenzierung der Gesellschaft. Dies hat zunehmend Auswirkungen auf das Zusammenleben (vgl. König/Manolakos 2012) im Sozialraum der Stadt, und es entstehen Verunsicherungen. Diese Auswirkungen können die Auflösung traditioneller Familienstrukturen, Individualisierung, Unsicherheit der Lebensplanung, Verminderung von sozialen Kontakten, Verlust von Vollbeschäftigung, Armutsgefährdung und Kriminalitätsentwicklung umfassen.

Die Meinung der Bewohnerinnen und Bewohner zur Attraktivität der Stadt und das persönliche Sicherheitsgefühl sind ein großes Thema für die Stadtplanung. Dabei kommt zum Tragen, dass Sicherheit nicht per se existiert, sondern hergestellt werden muss. Faktisch unterscheiden sich dabei die als unsicher geltenden Orte, an denen „nur" Nutzungskonflikte auftreten, die ungepflegt oder zerstört sind, und andere Orte, die in der Kriminalstatistik auftauchen, erheblich voneinander. Das, was die meisten „furchterregend" finden, betrifft überwiegend die soziale Ordnung (Schmutz, Graffitis, das Fremde, Armut, Übernutzung, Konflikte oder Krisen). Ebenfalls verunsichernd wirken eine zu hohe Inanspruchnahme/„Übernutzung" des öffentlichen Raums und daraus resultierende Nutzungskonflikte. Ein Nutzungskonflikt entsteht, wenn unterschiedliche Nutzerinnen und Nutzer aufeinandertreffen und ihre Nutzungsinteressen sowie -bedürfnisse unvereinbar sind oder wenn der öffentliche Raum neue, unbekannte, jedoch gesellschaftlich erwünschte Nutzungen nicht aufnehmen kann.

Auch Entfernung und Breite der Wege sowie deren Nutzungsfrequenz sind in ihrer psychologischen Wirkung zu berücksichtigen. „Akzeptable Entfernungen zu Fuß sind also ein Zusammenspiel von Länge und Qualität unter Berücksichtigung von Schutz und Stimulation." (Gehl 2012, S. 137) Es könnte der Eindruck von langweiligen Orten oder gar unangenehmen (Angst-)Räumen hervorgerufen werden. Diese Angst existiert beispielsweise, wenn Parkplätze große Leerräume in der Stadtfläche darstellen. Auch wenn nicht gleich das Thema „No-go-Areas" im Raum steht: Psychologische Effekte des Sozialraums sind ebenso wichtig wie grundsätzliche Kriterien für mehr Verweil- und Lebensqualität. Die vielfältigen Wechselwirkungen, die sich in einer Positiv- oder Negativspirale gegenseitig beeinflussen, gehen über die Attraktivität, die belebte Nutzung wieder in eine (gesteigerte) Motivation zur Nutzung über.

Abbildung 3   Wirkungskette im öffentlichen Raum

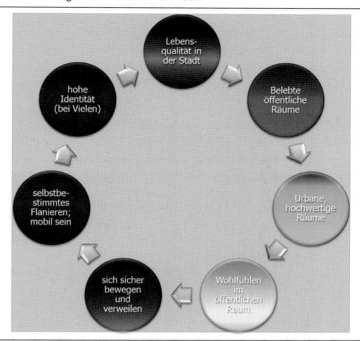

Quelle: MA 18, Udo Häberlin.

Weitere Kriterien sind Attraktivität, Mikroklima und Ästhetik sowie zusammenfassend Kriterien, welche die „belebende" Funktion unterstützen.

Qualitätssicherung ist in der Wiener Stadtplanung ein großes Thema. Es gilt die ausgezeichnete Lebensqualität in Wien zu erhalten. Diese wiederum drückt sich im lokalen Raum durch Wohlfühlen und Sicherheit aus, die aus vielen interdisziplinären Maßnahmen erzeugt werden.

2. Eingehen der Planung auf die Nutzungsanforderungen mit Hilfe von Grundlagenanalysen

Es ist wichtig, vor der Planung praxisorientierte Stadtforschung, also sozialwissenschaftliche Grundlagenanalysen, durchzuführen. Bevor die (gestalterischen) Entwürfe entstehen, sind viele funktionale Determinanten zu fixieren. Zu diesem Zweck kommen in Wien Umfragen zum Einsatz, aber auch Funktions- und Sozialraumanalysen (vgl. Damyanovic 2012), um die konkrete Nutzerperspektive zu erheben. Es werden quantitative und qualitative sozialwissenschaftliche Methoden mit planerischen Erhebungen kombiniert. Somit können sowohl baulich-infrastrukturelle Merkmale eines Planungsumfeldes als auch dessen soziale Komponenten konkret betrachtet werden. In der Analyse werden die Ergebnisse aus den planerischen und sozialwissenschaftlichen Zugängen miteinander verschnitten. Mit diesem quantitativen und aufbauend qualitativen Analyseinstrument kann die Stadtplanung auch in Zukunft die Nutzungsbedürfnisse sensibel und jeweils bedarfsgerecht eruieren. Mit einer entsprechenden Schwerpunktsetzung lässt sich die Methode auch für Fragen der subjektiven Sicherheit verfeinern.

Umbaumaßnahmen sind ein Anlass, um mit Hilfe von Sozialraumanalysen bestehende Funktionsweisen zu ergründen und durch Neuplanungen Stadträume zu verbessern. Ein Beispiel hierfür ist der Wiener Schwedenplatz, für den eine solche Analyse durchgeführt wurde. Der Schwedenplatz liegt im Zentrum Wiens und ist ein bedeutender Verkehrsknotenpunkt (U- und Straßenbahn, Schiffsanleger, Touristenbusse, Flughafentransfer, zahlreiche Pkw) der Stadt. Von Fußgängerinnen und Fußgängern und vom Radverkehr wird er als Eingangstor in die Innenstadt genutzt. Besonderheiten des Platzes sind seine Offenheit als „Raum für alle", das Großstadtflair und die dichte Nutzung rund um die Uhr. Viele unterschiedliche Nutzungsgruppen (wie die Anwohnerschaft, ältere Menschen, Kinder und ihre Begleitpersonen, Beschäftigte, Gäste) identifizieren sich mit diesem Raum. Die funktionale Qualität ist sehr gut, obwohl die Ästhetik veraltet ist und auch kritisiert wird. Im Rahmen der Analyse vor der Planung für die Umgestaltung des Schwedenplatzes wurden stigmatisierte Nutzerinnen und Nutzer mituntersucht und konnten falsche Zuschreibungen bezüglich Alkohol konsumierenden nächtlichen Besucherinnen und Besuchern aufgezeigt werden (vgl. Breitfuss 2012). Das Thema Sicherheit konnte in diesem Zusammenhang mit erforscht werden: Es wurden auch Interviews mit Expertinnen und Experten der Wiener Polizei geführt und konkrete Probleme aufgedeckt (Konflikte zwischen unterschiedlichen Mobilitätsformen und -geschwindigkeiten; Alkoholkonsum und Nutzungsansprüche zwischen Partyzone und [nächtlichem] Ruhebedürfnis). Genauere Erkenntnisse hinsichtlich Gestaltung und Management konnten im Leitbild festgehalten werden und sollen auch in einem kommenden Wettbewerb als Anforderungskriterien zugrunde gelegt werden. Kriterien für die (Wettbewerbs-)Ausschreibung wie beispielsweise Funktionsmischung, Einrichtung nichtkommerzieller Zonen oder allgemeine Zugänglichkeit für alle können fundiert gefordert werden.

2.1 Befragungsergebnis zum individuell wahrgenommenen Sicherheitsempfinden

In Österreich nimmt die Anzahl der strafbaren Handlungen dem Bundeskriminalamt zufolge im Zeitverlauf ab. Während im ersten halben Jahr 2004 314.501 Anzeigen registriert wurden, waren es im Vergleichszeitraum 2013 265.533 Anzeigen. In der Landeshauptstadt Wien zeigt sich ein ähnliches Bild. Von Jänner bis

Juni 2004 wurden insgesamt 123.029 Delikte angezeigt, im ersten halben Jahr des Jahres 2013 hingegen nur 104.260. Die Kriminalstatistik zeigt weiters, dass sich nicht nur die Anzahl der strafbaren Handlungen ändert, sondern auch neue Formen von Kriminalität an Bedeutung gewinnen (Stichwort Computer- und Internetzeitalter).

Auch die Analyse der Kriminalitätsdaten der Statistik Austria weist auf eine deutliche Abnahme von Verurteilungen hin. Besonders zu erwähnen ist diese Abnahme bei zwei Deliktgruppen: den strafbaren Handlungen gegen fremdes Vermögen (2003: 5.235, 2012: 3.982) und den strafbaren Handlungen gegen Leib und Leben (2003: 2.340, 2012: 1.414). Einen Anstieg gab es hingegen bei einer Deliktgruppe – den strafbaren Handlungen nach dem Suchtgift- bzw. Suchtmittelgesetz (2003: 1.553, 2005: 2.737, 2012: 1.731).

Der Rückgang der Kriminalität spiegelt sich auch in einem zunehmenden Sicherheitsgefühl der Wienerinnen und Wiener wider. Die Stadt Wien erhebt in der zweitgrößten repräsentativen Umfrage Österreichs die Zufriedenheit der Wiener Bevölkerung mit ihrer Lebensqualität. Diese „Sozialwissenschaftliche Grundlagenforschung" (SoWi) wird in regelmäßigen Abständen durchgeführt und bietet für ein Monitoring verschiedene Zeitreihen. So wurde die Situation von 1995, 2003, 2008 und 2013 verglichen. Gegenstand der Erhebungen waren auch der Aspekt Sicherheit und die Frage nach der subjektiv empfundenen Sicherheit im Wohngebiet.

Abbildung 4 zeigt exemplarisch die Entwicklung der Einschätzung der Zufriedenheit mit der Sicherheit im Wohngebiet im Jahr 2008 und 2013.

Besonders deutlich zeigt sich das zunehmende Sicherheitsgefühl im Zentrum sowie im Westen Wiens. Für den Untersuchungsraum Zentrum gaben im Jahr 2008 insgesamt 67,5 Prozent der Befragten an, sehr zufrieden bzw. zufrieden mit der Sicherheit in ihrem Wohngebiet zu sein. Im Jahr 2013 stieg dieser Wert auf 75,8 Prozent. Im Westen Wiens lag die Zufriedenheit 2008 bei 67,4 Prozent, im Jahr 2013 bei 73,6 Prozent.

Tabelle 1 zeigt ausgewählte Delikte in der Wohnumgebung von betroffenen Personen im Jahr 2013.

Abbildung 4 Entwicklung der Zufriedenheit mit der Sicherheit im Wohngebiet 2008 bis 2013 (in Prozent)

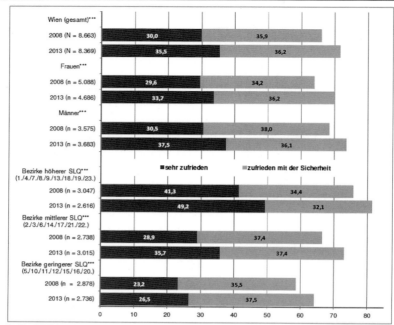

Zitiert nach: IFES 2014, S. 10.

Tabelle 1 Delikte in der Wohnumgebung im Jahr 2013 (Anteil betroffener Personen in Prozent)

Wohngebiet: Delikt:	Wien			Bezirke nach SLQ		
	Gesamt	Frauen	Männer	höher	mittel	geringer
Diebstahl	6,1	6,7	5,5	5,8	6,1	6,4
Einbruch	3,9	3,9	3,9	3,7	4,2	3,8
Körperlicher Angriff, Handgreiflichkeiten	1,6	1,4	1,8	1,3	1,2	2,1
sexuelle Übergriffe	0,5	0,9	0,1	0,4	0,6	0,5
Person wurde verfolgt	0,6	1,0	0,2	0,4	0,7	0,7
Person wurde aufgelauert	0,3	0,4	0,1	0,3	0,3	0,3
Person wurde angepöbelt, verbal beschimpft	4,9	5,1	4,7	4,4	4,9	5,3
andere Delikte	2,2	1,9	2,6	2,3	2,3	2,1
zumindest ein Delikt	16,8	17,6	15,9	15,4	17,2	17,2

Quelle: SOWI II (2013). Anmerkung: Dargestellt wird der Anteil der befragten Personen im jeweiligen Wohngebiet, die innerhalb des letzten Jahres zumindest einmal Opfer eines solchen Vorfalles waren. SLQ steht für subjektive Lebensqualität. Unterschieden wird zwischen Bezirken mit höherer (1., 4., 7., 8., 9., 13., 18., 19., 23), mittlerer (2., 3., 6., 14., 17., 21., 22.) und geringerer subjektiver Lebensqualität (5., 10., 11., 12., 15., 16., 20.). Zur Einteilung der Bezirke nach SLQ siehe auch Tabelle A.4 im Anhang. Fallzahlen: n liegt zwischen 2.629 (Bezirke höherer SLQ) und 3.021 (Bezirke mittlerer SLQ). Seriöse Tests auf Unterschiede in der Betroffenheit von Delikten sind aufgrund der geringen Anzahl der betroffenen Personen nicht möglich. Daher wurde hier darauf verzichtet.

Zitiert nach: IFES 2014, S. 11.

Jene Delikte, von denen Personen am meisten betroffen sind, sind Diebstahl und Anpöbelungen bzw. verbale Beschimpfungen. Auch Einbrüche sind in diesem Zusammenhang zu nennen. Generell kann auch festgestellt werden, dass der Anteil der von kriminellem Verhalten betroffenen Personen im Zentrum am höchsten ist.

Diese Auswertungen zeigen: Das durchschnittliche Sicherheitsempfinden der Bewohnerinnen und Bewohner hängt von der subjektiven Lebensqualität des Stadtteils ab. Je höher das durchschnittliche Sicherheitsempfinden der Bewohnerschaft ist, desto höher die subjektive Lebensqualität des Stadtteils und umgekehrt. Jedoch ist zu berücksichtigen, dass bestimmte Arten von Delikten eine unterschiedlich hohe Betroffenheit auslösen. Bei Einbrüchen oder sexuellen Übergriffen spielt es kaum eine Rolle, ob die Lebensqualität des Stadtteils hoch, mittel oder gering ist. Hingegen ist die Betroffenheit bei Stadtteilen mit geringer Lebensqualität mehr von Bedeutung, wenn es sich um Delikte wie Diebstähle und Beschimpfungen handelt. Bestimmte Delikte (Handgreiflichkeiten und körperliche Angriffe) sind seltener in Stadtteilen mit höherer und mittlerer Lebensqualität zu verzeichnen, während sie in Gebieten mit geringerer Lebensqualität häufiger vorkommen.

2.2 Implikationen und Maßnahmen der Stadt Wien auf Basis der Untersuchung

Die Stadt wird durch neue Trends in der Wahrnehmung und Beanspruchung öffentlicher Freiräume, aber auch durch demografische und soziale Veränderungen vor neue Herausforderungen gestellt, die z.B. die Sicherheit in der Stadt betreffen. Das Bestreben der Stadt Wien, mit der Präventionsabteilung des Bundeskriminalamts zu kooperieren, ist sehr groß. Eine interdisziplinäre Betrachtung und der fachliche Austausch zur Qualitätssicherung sind für die Stadtplanung und -entwicklung von hoher Relevanz. Im Rahmen einer Sicherheitsplattform mit Polizei und anderen Stakeholdern im öffentlichen Raum sollen Erfahrungen aus der Praxis gesammelt werden. Ziel der Plattform ist es, Know-how auszutauschen und gemeinsam einen Konsens zum Umgang mit dem Thema Sicherheit in der Stadt(entwicklung) zu erarbeiten. Einen wichtigen inhaltlichen Input stellen die Studien und Projekte (z.B. Sozialraumanalyse Schwedenplatz) der Stadtverwaltung dar. Die neuen Trends zur Planung im öffentlichen Raum, die im Zuge der Erarbeitung des Stadtentwicklungsplans angesprochen wurden, sollen rezipiert, in Hinblick auf den künftigen Umgang in Wien diskutiert und darauf aufbauend Maßnahmen beraten werden. Dabei soll auf den Erfahrungen der Plattform-Teilnehmerinnen und -Teilnehmer aufgebaut bzw. von den Problemstellungen aus der Arbeit in den jeweiligen Fachbereichen ausgegangen werden. Der Austausch von Expertinnen und Experten soll in den folgenden Jahren fortgesetzt werden. Vor allem bei angespannten finanziellen Möglichkeiten sollen Ressourcen besser abgestimmt und vernetzt genutzt werden können.

2.3 Weitere Analysen gegenständlicher/ortsbezogener Untersuchungen seitens der Stadt

Beim Thema Sicherheit ist neben der sozialen auch die physische Umwelt in den Blick zu nehmen. Es geht um „Disorder"-Phänomene wie Verschmutzung, um starke Abnutzung oder Aspekte der Freiraumpflege. Unsicherheit kann mit kleinen, liegengebliebenen Müllresten beginnen, durch abgenutzte Materialien verstärkt werden und bis zu unsicheren Orten reichen, die letztlich den Ruf einer „No-go-Area" erhalten.

In einer sich an die (quantitative) Umfrage anschließenden qualitativen Studie wurden Faktoren von Verunsicherung an vier exemplarischen Orten Wiens – einem Bahnhof, einem Markt, einem Bezirkshauptplatz und einem öffentlichen Platz mit übergeordneter Bedeutung – erforscht. Unter dem Titel „Physische und soziale Verunsicherungsphänomene – wie kann die Stadtplanung ihnen begegnen?" (Queraum 2012) wurden Ursachen herausgearbeitet, die einen Einfluss auf das Sicherheitsempfinden im öffentlichen Raum haben. Da diese Ursachen komplex sind, müssen sie mit einem sozialwissenschaftlichen und planerischen Methodenmix erfasst werden. Dazu wurden Fachinterviews und Erhebungen vor Ort (Vignettenanalyse) durchgeführt.

Konkret wurden die Aspekte Menschen/Dinge/Bewegung am Platz sowie Image und Identität bearbeitet: Zu „Menschen am Platz" zählen gender-relevante Ansprüche, vielfältige Gesellschaft (Diversität), aber auch marginalisierte oder deviante Gruppen.

Bei den „Dingen am Platz" können Verschmutzung und Licht eine Rolle spielen, aber auch die Materialien- und Pflanzenwahl. Ein Kiosk kann die Sicht behindern oder auch den Weg verstellen, er kann jedoch ebenso die Belebung in den Abendstunden gewährleisten. Es geht bei Einrichtungen im öffentlichen Raum um die Balance zwischen der Einschränkung von Einsehbarkeit (z.B. transparente Erdgeschoßzonen und verglaste Kioske) einerseits und Übersicht andererseits. Ein Schlüssel zur Sicherheit – auch nachts – kann die Belebung mit Menschen im öffentlichen Raum sein. Das Licht und der differenzierte Umgang mit der Ausleuchtung stellen einen wichtigen gestalterischen Faktor dar – nicht immer bringt viel Licht auch viel Sicherheit. Grundsätzliche Bedingungen bei allen Planungen im öffentlichen Raum sind Sauberkeit, Einsehbarkeit und Übersichtlichkeit.

Die „Bewegung am Platz" beinhaltet das Spannungsfeld zwischen Verweilraum und transitorischem Raum. Plätze müssen (ausreichend) Raum, das heißt auch Rückzugs- und Ausweichmöglichkeiten gewährleisten, um potenzielle Nutzungskonflikte einzuschränken sowie Vermeidungsverhalten zu ermöglichen. Ausreichende Flächen für Fußwege sichern eine freie Auswahl an Wegelinien und ermöglichen ein Ausweichen bei Gefahren oder vor verunsichernden Situationen. Die Stadtplanung schafft Grundlagen dafür, dass sowohl die Wege als auch die urbanen Begegnungsorte grundsätzlich ein entspanntes Leben in der Stadt ermöglichen. Menschen unterschiedlichen Alters, unterschiedlichen Geschlechts und in den unterschiedlichsten Lebensphasen können unterschiedliche Geschwindigkeiten haben. Zu große Geschwindigkeitsdifferenzen auf zu engem Raum beeinträchtigen leicht das Sicherheitsgefühl. Dies ärgert diejenigen, die zielstrebig strömen wollen, beeinträchtigt hingegen jene, die langsamer gehen und flanieren oder verunsichert jene, deren Mobilität eingeschränkt ist (Kinder, alte und mobilitätseingeschränkte Menschen).

Image und Identität umfassen die Wahrnehmungen und Zuschreibungen des jeweiligen Raumes. Die Raumwahrnehmungen werden durch den menschlichen Maßstab, verständliche Raumeinheiten, Erfassbarkeit und Orientierung in der Gestaltung hergestellt. Sich mit Räumen identifizieren zu können ist wichtig. Das heißt, dass die Menschen einen Bezug zum lokalen Raum aufbauen können. Hierzu zählt einerseits die Alltagsnutzung, also die Nutzbarkeit durch nutzungsoffene, vielschichtige und flexible Ausstattung öffentlicher Räume. Andererseits sind die sozialen Prozesse der Menschen sehr relevant. Dies kann durch eine Demokratisierung der Planung – Aktivierung und Partizipation von Bürgerinnen und Bürgern – hergestellt werden. Zuschreibungen (urbane, narrative) können jedoch positiv wie negativ wirken und dadurch einem Viertel bestimmte Merkmale (wie z.B. Trendviertel versus Ghetto) zuschreiben. Es kann zu Wechselwirkungen kommen, die einen guten oder schlechten Ruf verursachen und verstärken können. Daher ist es auch in der Auseinandersetzung mit Themen, die Verbesserungspotenziale enthalten, wichtig, die Orte nicht zu stigmatisieren oder ihren Ruf nicht durch veraltete oder (nur) konstruierte Problemlagen zu schädigen. Die (lokale) Identität sowie deren Raumbezug wirken in diesem Zusammenhang mit. Damit sind auch die Meinungsmacher angesprochen. Es geht ebenso um kollektive Erinnerungen und tradierte Geschichten (Narrationen). Die (negativen) Einflüsse, beispielsweise durch mediale Zuschreibungen, sind oft folgenschwer. Kunst und Kultur gelten als wichtige Identitätsfaktoren. Daher können kommunale Maßnahmen, auch die Planung, den bisherigen Ruf eines Ortes ändern. Für die Stärkung der Identität sind lokale und funktionale Teilräume zu berücksichtigen und durch Planung zu fördern.

Solche Studien dienen in der Stadtplanung Wiens als vertiefendes Element von Planungsempfehlungen vor Umgestaltungen (z.B. Anforderungen für Leitbilder, Kriterien für Ausschreibungen oder Zieldefinitionen für Wettbewerbe) und führen zu mehr Sorgfalt bei Detailplanungen. Die Ergebnisse umfassen somit das baulich-infrastrukturelle Umfeld des Raumes wie auch dessen soziale Komponenten. Die physische Umwelt besteht aus vielen Elementen, die mehr oder minder „designt" sind und in einem (veränderbaren) Setting unsere Umgebung bilden. Diese Umgebung sollte bewusst „konfiguriert" werden. Die Profession der Planung ist dabei nicht nur technisch, sondern auch sozial gefordert.

3. Die sichere Stadt – Physische und soziale Herausforderungen

Dass Menschen unterschiedlichen Alters, unterschiedlichen Geschlechts und in unterschiedlichen Lebensphasen auch unterschiedliche Empfindungen bei der Nutzung von Straßen und Plätzen haben, ist heutzutage in der Planung „state of the art". Die Beurteilung öffentlicher Räume lediglich nach Kriterien der Sicherheit, Leichtigkeit und Flüssigkeit des Verkehrs blendet wichtige Teilkomponenten des Systems Stadt aus. Der Betrachtungswinkel muss geöffnet werden. Der öffentliche Raum ist nicht bloße Restfläche und Verbindungsfunktion zwischen zwei Orten. Der öffentliche Raum ist ein Ort für sich. Er sollte daher nicht mehr ausschließlich als physisch, sondern auch als sozial von den Menschen hergestellt angesehen werden. Technische Sicherheitssysteme sind oft nur die zweitbeste Lösung. Optimal ist es, wenn die soziale Funktion stimmt. Je mehr Menschen sich auf einem Platz aufhalten, desto attraktiver und belebter wird er von den Menschen wahrgenommen. Je monofunktionaler ein Raum wahrgenommen wird, desto höher ist die Wahrscheinlichkeit, dass er zum Angstraum wird. Folge ist dann, dass ihn weniger Menschen nutzen und er somit „ausgestorben" und trist wirkt.

Obwohl es sich bei den oben aufgeführten physischen und sozialen Phänomenen in erster Linie um Alltagsirritationen handelt, hinterlassen sie bei vielen Bürgerinnen und Bürgern ganz erhebliche Verunsicherungen. Beispielsweise steigen immer wieder eigene Abstiegsängste auf, etwa wenn die Diskussion rund um das Thema „Betteln in der Fußgängerzone" in den Medien aufgegriffen wird. Dennoch ist es wichtig, diese mehr oder weniger großen Ärgernisse, teilweise Ordnungswidrigkeiten und nonkonformistischen Verhaltensweisen von wirklich strafrechtlich relevanten Delikten zu unterscheiden.

„Die stark verunsichernde Wirkung resultiert aus unterschiedlichen Faktoren. Alltagsirritationen sind häufig Indikatoren für weitreichendere ökonomische, soziale oder kulturelle Defizite in den Kommunen. (…) [Sie] sind in der Regel Dauerprobleme. Bei Alltagsirritationen ist oftmals nicht eindeutig, wer sie verursacht bzw. die Schuld für das Ärgernis trägt. Die Beseitigung von Alltagsirritationen lässt sich in vielen Fällen nicht aus eigener Kraft bewältigen und gleichzeitig existiert oftmals keine Institution, welche die Irritation schnell und dauerhaft zu beseitigen vermag. Das heißt, die Beseitigung von Alltagsirritationen ist für den einzelnen oftmals nicht zufriedenstellend leistbar, was bei vielen Bürgern in einem Gefühl von Ohnmacht und resignierendem Vermeide-Verhalten resultiert." (Bösebeck 2001, S. 165 f.)

3.1 Soziale Umwelt im öffentlichen Raum: Verunsicherung durch Randgruppen und Restflächen

Urbane Räume sind nicht denkbar ohne die Vielfalt der Menschen, die sie beleben. Je mehr Leben auf Straßen und Plätzen stattfindet, desto attraktiver werden die öffentlichen Räume. Das Zu-Fuß-Gehen ermöglicht Begegnung, schafft aber auch die Konfrontation mit Ungewohntem. „Sehen und Gesehen-werden" wird zu einer Motivation, den Raum zu bevölkern. Die Anzahl von „sozialen Augen" wird größer, und die Einzelnen fühlen sich sicherer.

Da das wichtigste Merkmal der öffentlichen Räume ihre Zugänglichkeit für alle ist, treffen hier die verschiedensten Gruppen der Bevölkerung, mit zum Teil unterschiedlichen Lebenskonzepten[2], aufeinander: Junge, Alte, Berufstätige, Nichtberufstätige, unterschiedliche Kulturen und Lebensstile oder auch marginalisierte Menschen wie z.B. Obdachlose. Präsenz und Sichtbarkeit mancher Gruppen im öffentlichen Raum sind nicht allen angenehm. Beispielsweise sind Menschen, deren Wohnungen überbelegt und/oder schlecht ausgestattet sind, besonders auf die Nutzung des öffentlichen Raumes als „Verlängerung" des eigenen Wohnraumes angewiesen. Diese gleichsam „nach draußen getriebenen" Gruppen haben aber sehr unterschiedliche Möglichkeiten und Praktiken, vom öffentlichen Raum Besitz zu ergreifen. Unter ihnen wirken besonders jene ausgrenzend, die anderen Gruppen „gefährlich" oder „unbehaglich" erscheinen und die den Raum lange besetzen. Insbesondere männliche Jugendliche mit Zuwanderungshintergrund, Konsumentinnen und Konsumenten legaler und illegaler Drogen, Straßenprostituierte und Punks sind solche Gruppen. Es fürchten sich insbesondere ältere Menschen, Kinder und Frauen (vgl. Breitfuss u.a. 2006, S. 25).

3.2 Integration im öffentlichen Raum

„Ein öffentlicher Raum (mit seiner Ausstattung, Nutzung und Konstruktion) wirkt dann exkludierend (desintegrativ), wenn er – entsprechend dem auf ihm lastenden Nutzungsdruck – destruktive Konflikte fördert, einzelne Gruppen (aktiv) ausgrenzt und/oder die Befriedigung ihrer Nutzungsansprüche im öffentlichen Raum verhindert." Ebenso wirkt er dann „integrativ, wenn er – entsprechend dem auf ihm lastenden Nutzungsdruck und seiner Potenziale – geeignet ist, die Nutzungsansprüche der vorhandenen Gruppen so weit wie möglich zu befriedigen. Dies kann durch bauliche Angebote und/oder durch zeitliche und räumliche Arrangements geschehen." (Breitfuss u.a. 2006 S. 32 f.) Eine Gegenüberstellung von integrativ und desintegrativ wirksamen Faktoren im öffentlichen Raum verdeutlicht die zu-

---

2 Siehe auch Sensibilisierungskampagne „tschuldigen", eine Initiative der Stadt Wien und ihrer Verkehrspartner: http://www.tschuldigen.at/

grundeliegenden Mechanismen (siehe Übersicht 1 „Integration im öffentlichen Raum").

Übersicht 1   Integration im öffentlichen Raum

Integrativ wirkender öffentlicher Raum	Exkludierender, desintegrativ wirkender öffentlicher Raum
Miteinander oder friedfertiges, zivilisiertes Nebeneinander im öffentlichen Raum	Konflikthaftes Nebeneinander und Gegeneinander im öffentlichen Raum
Konflikte führen zu Arrangements (Miteinander, Regeln des raum-zeitlichen Ausweichens)	Gewaltvolle Konflikte oder Ausgrenzung von sozialen Gruppen („voice"- oder „exit"- Strategien)
unterstützt Integrationsprozesse im öffentlichen Raum	Unterstützt/provoziert Exklusionsprozesse im öffentlichen Raum

Quelle: Breitfuss u.a. 2006, S. 33.

Die wahrgenommenen Konflikte betreffen Aushandlungsprozesse, bei denen es primär um Fragen der Aneignungsform oder -macht im öffentlichen Raum geht.

Wie in den Abschnitten 2.2 und 2.3 erläutert, sind in disziplinübergreifender Weise die vielfältigen Ursachen geäußerter Ängste zu untersuchen, bevor ordnungspolitischer Aktionismus seitens der Planung oder Verwaltung gesetzt wird (vgl. Kasper 1996/1997; Thabe 2001; Glasauer 2002a; Glasauer 2002b).

Obgleich viele Ängste die private Sphäre und nicht den öffentlichen Raum betreffen, wird vieles in Letzteren hineinprojiziert. Auch Alltagsirritationen, z.B. der Anblick des Fremden und vom eigenen Lebenskonzept Abweichenden (also nicht strafrechtlich relevante Delikte), provozieren den Ruf aus Bürgerschaft, Medien und Politik nach vermehrtem Einsatz von Polizei und die Forderung, die Kriminalität zu reduzieren.

4. Der öffentliche Raum als stabiler Stadtraum – Neue konzeptionelle Ansätze in Wien

Der Ruf nach Bewachung („Sheriffs"), nach patrouillierenden Ordnungsdiensten oder (neuen) Kontrollorganen ist nicht geeignet, das friedliche Nebeneinander der Menschen mit ihren Ängsten zu stärken, sondern schürt nur Misstrauen und Furcht. Vorausschauende Konzepte und Strategien sind gefragt. Ein funktionierender Wohlfahrtsstaat trägt am besten zur Reduktion von Lebensrisiken bei – „somit ist eine gute Sozialpolitik die beste Sicherheitspolitik" (Wiens Bürgermeister Häupl 2013 beim österreichischen Städtetag). Ebenso bekennt sich Wien in einer Rahmenstrategie zu „Smart City", in der nicht nur reine Umweltziele definiert, sondern sämtliche Lebenswelten der Stadtbewohnerinnen und -bewohner mitgedacht werden. Unter den drei Dimensionen der Smart City Wien (Ressourcen, Lebensqualität und Innovation) ist dabei die soziale Inklusion von großer Wichtigkeit

In der Stadtplanung ist es wichtig, vorausschauend die sozialen Entwicklungen als Rahmenbedingung zu betrachten und das Grundbedürfnis nach Lebensqualität und Wohnzufriedenheit ernst zu nehmen. Wien erfährt mit seiner derzeit großen Wachstumsdynamik, dass auch Sicherheit zunehmend ein gewichtiger Standortfaktor ist. Infolgedessen sind neben den technischen die sozialen Anforderungen an die Stadtplanung wichtig. Denn urbane Räume sind nicht denkbar ohne „Menschen am Platz" (Queraum 2012). Je besser „Image und Identität" (ebenda, S. 78 ff.) sind und je mehr Leben im öffentlichen Raum stattfindet, desto attraktiver und sicherer wird dieser. Dennoch sind Konflikte in dichten Städten nicht zu vermeiden. Diese sind jedoch nicht vorschnell zu kriminalisieren, sondern Anlass für gesellschaftliche Aushandlungsprozesse (vgl. Tillner/Licka 1995).

Soziale Arbeit, Gemeinwesenarbeit und Partizipation leisten (lokal) einen wesentlichen Beitrag zur friedlichen und sicheren Stadt. Präventive Planung/Politik sollte in den öffentlichen Raum sowie Jugend- und Sozialarbeit (Streetwork) investieren. In Wien haben sich z.B. „fair play", Parkbetreuung, „help U" sowie „SAM" etabliert und als äußerst wirksam erwiesen (siehe unten). Als besonders relevant für die subjektive Sicherheit wird die Sichtbarkeit von „Fachkräften vor Ort" erachtet (vgl. Queraum 2012, S. 28 ff.). Sie ist besonders bei Großveranstaltungen (mit Alkohol konsumierenden Gästen) und an „hot spots" oder in der Nacht sinnvoll.

Angebote und Konzepte außerschulischer Jugendbetreuung sind wichtig, um präventiv zu wirken und frühzeitig Gefahrenpotenzial zu erkennen. Eigens eingerichtete Jugendinstitutionen bieten das ganze Jahr über spannende Freizeitaktivitäten für Kinder, Familien und Jugendliche. Zusätzlich bieten sie Beratung und Information zu verschiedensten Themen und Fortbildung.

Ein funktionierender Sozialstaat kann vieles abfedern, die Leistungen müssten daher erhalten bleiben. „Wir brauchen heute einen Ansatz, der Sicherheit breit und integral versteht und ebenso die Lebensqualität mitdenkt" (Stadler 2013, S. 28 f.).

Die sog. Nulltoleranz-Strategie richtet sich auch explizit gegen Menschen, die lediglich durch ihr abweichendes Aussehen oder Verhalten Irritationen auslösen. „Es müssen nicht unbedingt gewalttätige oder kriminelle Personen sein, sondern solche mit schlechtem Ruf, lärmender Aufdringlich- oder Unberechenbarkeit: Bettler, Betrunkene, Süchtige, randalierende Jugendliche, Prostituierte, Herumhängende und psychisch Kranke" (Kelling/Wilson 1982, S. 44). Um die Angst vor solchen Menschen und um deren soziale Hilfsbedürftigkeit kümmern sich in Wien spezielle Einrichtungen oder Organisationen. Diese Fachkräfte (Streetworker, Parkbetreuung bis zu Polizeiorganen) nehmen die Angst vor Unbekanntem und sichern gleichzeitig die öffentliche Ordnung. Unter öffentlicher Ordnung werden in diesem Beitrag die von der Gemeinschaft nicht festgeschriebenen Normen und Werthaltungen verstanden, die für den Einzelnen in der Öffentlichkeit gelten. Die Eingrenzung festgeschriebener Verhaltensregeln wurde in einem eigenen Leitfaden für Menschen, die sich im öffentlichen Raum aufhalten, zusammengestellt (vgl. Suchthilfe Wien 2012).

Wien-spezifische Strategien zur Diversität in der Gesellschaft und die Sozialprävention durch soziale Integration und Gemeinwesenarbeit leisten hier sehr wertvolle Dienste zur Gestaltung stabiler öffentlicher Räume. Das Zusammenleben im öffentlichen Raum erfordert Akzeptanz von Differenzen. Sollen Exklusionsmechanismen gering gehalten werden, sind solche Aspekte zu stärken, die Unterschiede als Potenzial einer Gesellschaft begreifbar machen. Besondere Bedeutung kommt dabei der „Anwaltsplanung" (Bösebeck 2001) zu. Deren zentrales Anliegen ist die Stärkung von Interessen marginalisierter Bevölkerungsgruppen. Zu diesem Zweck ist es notwendig, dass sich Anwaltsplaner über die planerischen Belange Marginalisierter eingehend informieren, die Marginalisierten über Ziele und Folgen kommunaler Maßnahmen aufklären und Alternativen im Interesse der Marginalisierten gegenüber der Kommunalverwaltung einfordern. Eine Voraussetzung dieser Planungsstrategie ist dabei die finanzielle und institutionelle Unabhängigkeit des Anwaltsplaners gegenüber der Kommune (vgl. Bösebeck 2001, S. 171). Funktions- und Sozialraumanalysen sind ein wichtiger Schritt, um Marginalisierte grundsätzlich zu identifizieren, und auch geeignet, soziale Ansprüche der eher „leisen Stimmen" in die Planungsergebnisse zu transportieren.

4.1 „Die Stadt lässt Sie nicht alleine" – Management im öffentlichen Raum

Um den Bewohnerinnen und Bewohnern eine Vielzahl an unterschiedlichen Nutzungen unter Berücksichtigung verschiedener Lebensweisen im öffentlichen Raum zu ermöglichen, bietet ihnen die Stadt Wien – neben Vorsorge, Gestaltung und Erhaltung – erfolgreich präventive soziale Angebote zur Steigerung der Lebensqualität. Gegen subjektive Unsicherheitsgefühle, Devastierungen und Konflikte im öffentlichen Raum wurde nicht etwa mit Bürgerwehren oder Parksheriffs reagiert, sondern mit zeitgemäßen Ansätzen der Sozialpädagogik und (offener) Jugendarbeit.

4.1.1 Zivilgesellschaftliche Nutzung

Immer stärker findet das Leben im öffentlichen Raum statt, erobern sich Menschen diesen Stadtraum für ihre sozialen Kontakte und Aktivitäten (zurück). Unter dem

Motto „Die Stadt gehört allen" äußern vermehrt zivilgesellschaftliche Initiativen ein Mitspracherecht bei der Nutzung des öffentlichen Raums. Gemeinschaftliche Projekte (Agendagruppen, Gemeinschaftsgärten usw.) können Nachbarschaften unterstützen, Vertrautheit generieren und dadurch zu einem besseren Sicherheitsgefühl beitragen. Es bilden sich Initiativen wie „Asphaltpiraten", „Gehsteig-Guerilleros", es werden „Frühstücke am Gehsteig" oder „Lange Tafeln" im Straßenraum ausgerichtet, „Rasen am Ring" wird ausgelegt und auch sofort von vielen beansprucht. Solche Initiativen werden von privaten Personen oder Vereinen gegründet, um die Bewohnerinnen und Bewohner für andere Nutzungen von Straßenräumen als das Abstellen von Autos zu sensibilisieren. Durch temporäre Halte- und Parkverbote in ausgewählten Straßen Wiens rücken Aktivitäten wie Spielen, Picknicken, Grillen, Es-sich-im-Liegenstuhl-unter-einem-Sonnenschirm-auf-einem-Rasenteppich-gemütlich-Machen und viele mehr in den Vordergrund. Ziel ist es dabei, den öffentlichen Raum als Lebensraum zu erobern, ihn zu verbessern und umzugestalten. Das Abbauen von Hürden bei der privatrechtlichen Nutzung des öffentlichen Raums („Bewilligung light") sowie eine niederschwellige Aneignung (Wiener Spielstraßen – eine Initiative, bei der Straßenabschnitte für den motorisierten Verkehr gesperrt und Kindern zusätzliche Spielräume zur Verfügung gestellt werden) sollten vereinfacht und verbessert werden.

4.1.2 Fair-play-Teams

Zweierteams (400 Mitarbeiterinnen und Mitarbeiter insgesamt aus rund 20 gemeinnützigen Vereinen) ziehen ganzjährig in den Abend- und Nachtstunden durch den öffentlichen Raum – 130 Parks und andere (teil-)öffentliche Flächen –, um das Gespräch mit den Menschen im Grätzel (österreichisch für Quartier) zu suchen. Das Angebot richtet sich an alle Altersgruppen, an Erwachsene genauso wie an Kinder und Jugendliche. Die Teams zeichnet eine Vielfalt an Berufs- und Ausbildungshintergründen aus; so sprechen die Teammitglieder insgesamt mehr als 15 Sprachen. Die Gesamtkosten für das Projekt werden aus Mitteln der Stadt Wien (60 Prozent aus dem jeweiligen Bezirksbudget, 40 Prozent aus Zentralmitteln) getragen.

Die Fair-play-Teams fördern gegenseitiges Verständnis und Rücksichtnahme, interessieren sich für Anliegen und Bedürfnisse der Menschen, unterstützen bei Konfliktbewältigung und vermitteln, wenn nötig. Damit werden ein faires Miteinander und die Zufriedenheit im öffentlichen Raum verbessert. Die aufzusuchenden Orte werden flexibel – je nach Bedarfslage – ausgewählt. Die Teams regen zur rücksichtsvollen Nutzung des öffentlichen Raumes und zum gemeinsamen Tun an. Bei Ideen und Wünschen zur Veränderung von Parks wird die Eigeninitiative gefördert, wird mit Einrichtungen der Stadt Wien eng und rasch kooperiert. Durch das Wahrnehmen von Bedürfnissen tragen die Fair-play-Teams ihren Teil dazu bei, dass bei den Nutzenden und Anrainern von Parks die Zufriedenheit im eigenen

Lebensumfeld steigt. Ein wichtiges Anliegen der Teams ist es, Alltagsrassismen und Vorurteile aufzugreifen, zu thematisieren und ihnen entgegenzuwirken.

4.1.3 Parkbetreuung

Daneben gibt es in der Stadt Wien animative, freizeitpädagogische Betreuung – kurz Parkbetreuung. Dieses Angebot entstand aus dem Ansatz, ein konfliktfreieres Zusammenleben unterschiedlicher Generationen im öffentlichen Raum zu ermöglichen. Seither bietet man Kindern und Jugendlichen – outdoor in der warmen Jahreszeit, indoor ganzjährig – altersgerechte attraktive Freizeitangebote an. Die Wiener Parkbetreuung ist stadtteilorientiert an rund 200 Standorten in ganz Wien organisiert und findet somit im unmittelbaren Wohnumfeld der Kinder und Jugendlichen statt. Angesprochen werden sollen vor allem die Sechs- bis Dreizehnjährigen, wobei es mittlerweile in den meisten Bezirken auch bedürfnisorientierte Angebote für ältere Jugendliche gibt. Darüber hinaus werden auch andere Dialoggruppen im Park – wie Eltern oder ältere Menschen – einbezogen. Mit dieser gemeinsamen Interaktion wird eine nachhaltige Verbesserung des sozialen Klimas am Aktionsort angestrebt. Das Angebot soll dazu beitragen, dass sich die jungen Menschen stärker mit dem öffentlichen Raum identifizieren.

Mitmachen bringt den Kindern nicht nur neue, kostenlose Spielmöglichkeiten, sondern auch persönliche Unterstützung und soziale Sicherheit. Die Betreuerinnen und Betreuer sind Vertrauenspersonen, die sich für die Bedürfnisse und Interessen der Kinder und Jugendlichen einsetzen und ihnen individuelle Entfaltungsmöglichkeiten bieten. Auch der Abbau von Vorurteilen zwischen den Kulturen und Generationen sowie Chancengleichheit durch Mädchen- und Burschenförderung sind wesentliche Ziele der Parkbetreuung. Ermöglicht wird dieses Freizeitangebot durch das finanzielle Engagement der einzelnen Bezirke, die die Parkbetreuung finanzieren.

4.2 Ergebnisse

Die gewonnenen (strategischen) Erkenntnisse untermauern die Strategie, Orte in der Stadt zu beleben, um auch das Sicherheitsempfinden zu verbessern. In der Planung gilt es, gemischte Nutzungen in einer qualitätsvollen Dichte der Bebauung sowie „überschaubare" Dimensionen anzustreben. Wichtig ist das Vermeiden von monofunktionalen Gebieten. Planung hat auf vielen Ebenen vielfältige Planungs- und Gestaltungsmöglichkeiten, die positiv wirken und eine gute Basis für Ruf (Image, Identität) und Sicherheit in der Stadt schaffen können.

Die Erkenntnis, dass die Planung mit dem Aufbau von (interdisziplinären) Kooperationen, durch die frühzeitige Abstimmung auch mit den Ordnungsdiensten sowie durch gemeinsame Konzepte Erfolge erzielen kann, ist zwar nicht neu, muss jedoch noch stärker in die Prozesse integriert werden. Generell ist auf Steuerung der Prozesse (Monitoring) und „lernende Planung" (Evaluierung des Planungsprozesses) Wert zu legen. Inhaltlich sind Stadtforschung, Analysen vor der Planung und die Eruierung von (potenziellen) Nutzungsbedürfnissen wichtig.

Bei hochfrequentierten Räumen (etwa Bahnhofsvorplätzen) ist ausreichend (transitorischer) Raum und Verweilraum zu gewährleisten. Auch ist auf eine ausgewogene Bewirtschaftung einschließlich konsumfreier Räume zu achten. Für kommerzielle Nutzungen von öffentlichem Raum ist möglichst ein Ausgleich herzustellen. Auch die Nutzungsansprüche schwächerer Gruppen sollten berücksichtigt werden.

Bezüglich der Geschwindigkeiten sind ausreichend transitorischer Raum und Verweilraum zu sichern und Verweilqualitäten auch für ruhigere öffentliche Räume zu schaffen (Funktionsgliederung).

Die Beachtung von Sichtbeziehungen, d.h. freien Sichtachsen, ist am Tag und in der Nacht existenziell. Abseits liegende Orte sollten durch Anziehungspunkte (Attraktoren) Interesse wecken. Beim Herstellen oder Umgestalten von öffentlichen Räumen ist die Entwicklung von nutzungsoffenen Angeboten (auch deren Realisierung in Schritten) mit zu planen.

Um konkrete und kleinräumige Anforderungen von Menschen (Nutzungsorientierung) bei (Um-)Gestaltungsmaßnahmen zu berücksichtigen, ist das Instrument der „Funktions- und Sozialraumanalyse" noch mehr zu implementieren (siehe oben Abschnitt 2).

Besondere Berücksichtigung verdienen hierbei die weitreichenden und nachhaltigen Zukunftsplanungen, die kommunale Präventionsarbeit und die gemeinwesenbezogene (Polizei-)Arbeit (Community Policing). Die interdisziplinäre Zusammenarbeit soll zwischen Sicherheitsforschung, Gemeinwesensarbeit, Landschafts- und Raumplanung sowie Stadtentwicklung weitergeführt und in ihrer Wissensbasis vertieft werden.

Aus Sicht der Wiener Stadtentwicklung und -planung ist es ein ernst zu nehmendes Problem, wenn der öffentliche Raum und seine freie und ungehinderte Nutzung strukturell eingeschränkt oder in Frage gestellt werden – schließlich ist die urbane und offene Stadt ein wesentliches Leitbild der Profession der Stadtentwicklung und -planung. Neu ist auch die Rahmenstrategie zur Smart City, die nicht nur technologische Intelligenz berücksichtigt, sondern auch die soziale Intelligenz hin zu einer Stadt für alle, des Miteinanders, einsetzen möchte.

Literatur

Bösebeck, Ulrich (2001): Stadtluft macht frei – und unsicher. Beiträge der Stadtplanungsprofession für mehr Sicherheit in der Innenstadt, Kassel (Arbeitsberichte des Fachbereichs Stadtplanung, Landschaftsplanung, Heft 146).

Breitfuss, Andrea, und andere (2006): Integration im Öffentlichen Raum, Wien (MA18, Werkstattbericht 82).

Breitfuss, Andrea (2012): Funktions- und Sozialraumanalyse Schwedenplatz, Wien (MA18, unveröffentlicht).

Chen, Jing Hui Denny, Jessica McInally: Übernutzung des öffentlichen Raumes, PLANERIN Heft 5/2013, Kompatkte Stadt vs. Umwelt, S. 3-4

COST – European Cooperation in Science and Technology (2010): COST 358 Pedestrians´s Quality Needs final Report 2010, Cheltenham.

Damyanovic, Doris (2012: „Raum erfassen" – Überblick und Wegweiser zu Funktions- und Sozialraumanalysen für den öffentlichen Raum, Wien (MA18, Werkstattbericht 128).

Frauenbüro der Stadt Wien (Hrsg.) (1996): „draußen einfach sicher – Mehr Bewegungsraum für Frauen in der Stadt", Wien.

Gehl, Jan (2012): „Leben zwischen den Häusern", Berlin.

Glasauer Herbert (2002a): Emanzipation bedarf „urbaner Kompetenz" – Überlegungen zum weiblichen Unsicherheitsempfinden in öffentlichen Stadträumen, in: Caroline Kramer (Hrsg.): FREI-Räume und FREI-Zeiten: Raum-Nutzung und Zeit-Verwendung im Geschlechterverhältnis, Baden-Baden (Schriften des Heidelberger Instituts für Interdisziplinäre Frauen- und Geschlechterforschung/HIFI e.V., Band 5).

Glasauer, Herbert (2002b): Wem gehört der Öffentliche Raum in einer sozialen Stadt?, in: Hessische Gemeinschaftsinitiative Soziale Stadt/HEGISS: Lernort Soziale Stadt, Frankfurt/Main (HEGISS-Materialien, Veranstaltungen 1).

Häupl, Michael, Bürgermeister Wien (2013), mündlich beim Städtetag und in: Österreichische Gemeinde-Zeitung, ÖGZ 2013, S. 13 f.

Häberlin, Udo W. (2003): Der Öffentliche Raum als Bühne – Öffentlichkeit im städtischen Raum. Am Schottentor. Nutzungsanalyse und Rezeption, Wien.

Häberlin, Udo W. (2013): Einladende Orte für soziale Aktivitäten – Wie öffentliche Räume entstehen... in: derive, http://www.derive.at/index.php?p_case=2&id_cont=1172&issue_No=51 (Abruf am 03.09.2014).

IFES – Institut für Empirische Sozialforschung (2014): Lebensqualität in Wien im 21. Jahrhundert – Stadtentwicklung: Infrastruktur, Umwelt und Verkehr. Sozialwissenschaftliche Grundlagenforschung II, Wien.

Kasper, Birgit (1996/1997): Angst ausRäumen – Untersuchung von Angst in den Städten und von kommunalen Strategien zur Auseinandersetzung mit städtischen Angsträumen, Kassel.

Kelling, George L., und James Q. Wilson (1982): Broken Windows. The Police and Neighborhood Safety, in: The Atlantic, March 1982 (Übs. B. Paul, S. 44).

König, Karin, und Theodora Manolakos (2012): Integrations- und Diversitätsmonitor der Stadt Wien 2009 bis 2011, Wien.

Queraum (2012): planen – aber sicher! – Physische und soziale Verunsicherungsphänomene – Wie kann die Stadtplanung ihnen begegnen, Wien (MA18, Werkstattbericht 125).

Rode und andere (2014): Identität und Raum, Wien (MA18, unveröffentlicht).

Stadler, Matthias, Bürgermeister St. Pölten (2013) in: Österreichische Gemeinde-Zeitung, ÖGZ, 7/8/2013, S. 28 f.

Stadt Wien, Magistratsdirektion – Geschäftsbereich Bauten und Technik (o.J.): Sicherheit im öffentlichen und halböffentlichen Raum, Stadt Wien, Magistratsdirektion – Geschäftsbereich Bauten und Technik, http://www.wien.gv.at/stadtentwicklung/alltagundfrauen/pdf/sicherheit-la.pdf (Abruf am 03.09.2014).

Suchthilfe Wien gemeinnützige GmbH (2012): „Derf i des?". Ein Leitfaden für Menschen, die sich im öffentlichen Raum aufhalten, Wien.

Thabe, Sabine (2001): Raum und Sicherheit, Dortmund (Dortmunder Beiträge zur Raumplanung, Blaue Reihe 106).

Tillner, Silja, und Kose Licka/Stadt Wien, MA 57 – Frauenbüro (Hrsg.) (1995): Richtlinien für eine sichere Stadt! Beispiele für eine Planung und Gestaltung sicherer öffentlicher Räume, Wien.

Weichhart, Peter (1990): Raumbezogene Identität – Bausteine zu einer Theorie räumlich-sozialer Kognition und Identifikation, Stuttgart.

Autor und Autorin

DI Udo W. Häberlin

Foto: Stadt Wien, MA 18.

Geb. in Freiburg/Breisgau, studierte Stadt- und Raumplanung (Kassel/Wien). Seit seiner Diplomarbeit „Sustainable Urban Development und Partizipation" (1997) beschäftigt er sich mit Urbanität und Stadtsoziologie. Themen wie individuelle Wahrnehmung und gesellschaftliche Prozesse vertiefte er auch in der Stadtforschung und in der Magistratsabteilung für Stadtentwicklung und Stadtplanung der Stadt Wien. Daten aus dem internationalen Forschungsprogramm „INSEC – Insecurities in European Cities" implementierte er gemeinsam mit dem Institut für Rechts- und Kriminalitätssoziologie (IRKS) in die Stadtentwicklung Wiens 2008. 2012 Leitung eines Projekts zur Erhebung von physischen und sozialen Verunsicherungsphänomenen; organisiert seither eine regelmäßige (lokale) Sicherheitsplattform zum Austausch von Wissen in der Stadtentwicklung/im Planungsbereich.

Mag.[a] Barbara Kopetzky

Geb. 1986 in Wien, studierte Geographie mit der Spezialisierung Raumforschung und Raumordnung (Wien und Münster), Diplomarbeit „Kriminalitätsanalyse Wiens vor dem Hintergrund der Planung von Wohnhausanlagen (2011). Seit Beendigung ihres Studiums arbeitet sie bei der Stadt Wien; derzeit im Büro der Vizebürgermeisterin und Landeshauptmann-Stellvertreterin Mag.[a] Maria Vassilakou. Im Rahmen ihrer beruflichen Tätigkeit Beschäftigung mit Themen wie Stadtplanung, Öffentlicher Raum und Kriminalität. Projekte, die sie geleitet hat: z.B. „Bedarf und Potentiale – Eine Strategie öffentlicher Räume Wiens" sowie „Arbeitsgruppe Öffentlicher Raum", in der wesentliche Inhalte für den Stadtentwicklungsplan 2025 erarbeitet wurden.

Foto: Stadt Wien, MA 18.

Julia Mölck

Sicherheitshäuser als Baustein urbaner Sicherheit

Einleitung

Sicherheitshäuser sind in den letzten fünfzehn Jahren in jeder Kommune der Niederlande gegründet worden. Dies überrascht nicht, zählen doch Sicherheitshäuser in den Niederlanden zur sogenannten *Best Practice*, um Kriminalität zu bekämpfen, Opfern zu helfen und die Sicherheit in der Wohnumgebung zu verbessern.

Warum heißt das Konzept „Sicherheitshaus"? Der Begriff erscheint nicht besonders logisch. Das niederländische Wort ist „Veiligheidshuis" und wird oft verwechselt mit „Safety house" oder auch „Frauenhaus". Der Begriff „Sicherheitshaus" ist Anfang des Jahres 2000 entstanden und hat sich inzwischen in der (niederländischen) Fachsprache etabliert.

Das erste Sicherheitshaus entstand 2001 in Tilburg. 2012 lancierte Hirsch Ballin, Justizminister von 2006 bis 2010 und im Jahre 2011 demissionierter Innenminister, den sogenannten Plan der weißen Flecken. Mit diesem Plan forderte er die Politikerinnen und Politiker großer Städte, die noch kein Sicherheitshaus hatten, dazu auf, ein solches zu gründen. In Alkmaar wurde daraufhin überprüft, worin der Mehrwert eines Sicherheitshauses bestehen könnte, und schließlich im Jahre 2009 ein Sicherheitshaus gegründet. Nach dem Regierungswechsel der Landesregierung im Jahr 2011 war es erstmals unsicher, ob die Sicherheitshäuser weiterhin unterstützt werden würden. Einer der ersten Beschlüsse des damals neuen Justizministers, Ivo Opstelten, sah vor, die Sicherheitshäuser weiterhin durch die Regierung zu fördern.

Ein wichtiger Teil der Arbeit in Sicherheitshäusern besteht in der Beschäftigung mit Menschen, die komplexe Probleme in mehreren Lebensbereichen haben, oft sind damit auch psychische Probleme gemeint, häufig verbunden mit abweichendem oder strafbarem Verhalten wie Randale, Bedrohung, Belästigung oder Kleinkriminalität. Eine Kombination aus strafrechtlichen Maßnahmen und Hilfsangeboten kann diesen Personen helfen, nicht wieder straffällig zu werden.

Das Sicherheitshaus der Region Alkmaar, das ich im Auftrag der Stadtverwaltung, der Polizei, der Staatsanwaltschaft und der Gesundheitsbehörde im Jahr 2009 aufgebaut und bis 2013 geleitet habe, beschäftigt sich unter anderem mit fünf äußerst schwierigen Jugendbanden. Fachleute schließen sich im Sicherheitshaus zusammen, um Kriminalität, Vandalismus und Belästigungen seitens dieser Banden zu stoppen. In diesem Beitrag konzentriere ich mich auf die Erläuterung und die ersten Erfolge der Netzwerkorganisation „Sicherheitshaus".

1. Das Konzept

Die kommunale Einrichtung Sicherheitshaus verbessert die Sicherheitslage der Bevölkerung durch eine institutionalisierte Kooperation zwischen Justiz, Polizei, Ordnungs- und Jugendämtern und anderen. In den Niederlanden war in den ersten Jahren die Staatsanwaltschaft verantwortlich für Aufbau und Leitung der Sicherheitshäuser. Seit 2009 wurden immer mehr Sicherheitshäuser der Stadtverwaltung unterstellt – so auch, als eines der ersten, das Sicherheitshaus in Alkmaar. Einzigartig war die frühe Beteiligung der Jugendfürsorge und des Gesundheitswesens. Die Organisationen saßen schon beim Aufbau des Sicherheitshauses mit am Tisch. Andere Sicherheitshäuser haben diese Partner erst in einer späteren Phase einbezogen, mussten dabei erst das Vertrauen dieser Partner gewinnen. So waren die Fachkräfte des Jugendschutzes und der Bewährungshilfe beispielsweise sehr reserviert gegenüber dem Austausch von Informationen. Man befürchtete, das Vertrauen des Klienten/Patienten zu verlieren. Erst im Laufe der Zusammenarbeit gewannen diese Berufsgruppen das Vertrauen, dass ein ganzheitlicher Ansatz ihren Klienten/Patienten mehr Chancen auf eine positive Zukunft sichert als einseitige Hilfe. Inzwischen gibt es in jeder Kommune ein Sicherheitshaus.

Das Budget eines Sicherheitshauses einer mittelgroßen Kommune beträgt jährlich 300.000 bis 400.000 Euro. Die Zusammenarbeit wird mit ungefähr 150.000 bis 200.000 Euro durch das Justizministerium unterstützt. Von der Kommune wird eine Ko-Finanzierung erwartet. Von diesem Betrag, 300.000 bis 400.000 Euro, werden Miete und Bürokosten bezahlt. Auch die Personalkosten für Regie und Sekretariat werden übernommen. Teilnahme an den Besprechungen sowie Tätigkeiten im Sicherheitshaus werden nicht extra berechnet. Die Fachkräfte werden also weiter von den Fachdienststellen bezahlt.

Die Zielgruppen des Sicherheitshauses sind Jugendliche mit Strafverfahren, kriminelle Jugendbanden, Opfer und Täter von Gewalt im Privatbereich, Straffällige, die wieder in die Gesellschaft eingegliedert werden sollen (niederl.: „Revisionisten"), Intensivstraftäter. Zusätzliche Zielgruppen sind „Risikobürger"[1] , Opfer und Täter von Menschenhandel, Jugendliche, die sogenannten Loverboys (in der Regel junge Männer, die vor allem Mädchen systematisch von Familie und Freundeskreis entfernen und in die Prostitution führen) zum Opfer fallen.

---

1   Diesen Begriff haben wir im ersten Jahr des Sicherheitshauses eingeführt. Risikobürger sind Personen, die für sich selber und für ihre Umgebung ein großes Sicherheitsrisiko darstellen. So hatte zum Beispiel ein einzelner Bewohner eines Hochhauses Campinggasflaschen in seiner Wohnung gesammelt und anderen Bewohnern mit einer Explosion gedroht.

Existenzberechtigung

Vor dem Entstehen der Sicherheitshäuser arbeitete das Fachpersonal aus unterschiedlichen Bereichen, die sich mit Fragen der Sicherheit beschäftigen, oft gleichzeitig oder nacheinander an denselben Fällen, ohne voneinander zu wissen. Oftmals wurde kein gemeinsamer Interventionsplan erarbeitet, es arbeitete vielmehr jede/r für sich.

Ein Beispiel: Handelt es sich um einen jugendlichen Straftäter, so ist der Vertrauensdozent der Schule involviert. Mit der ersten Verhaltensauffälligkeit werden weitere Fachleute einbezogen: Polizei, Jugendschutz und Jugendamt; in drastischen Fällen auch Staatsanwaltschaft, Gerichte und schließlich die Bewährungshilfe. Wahrscheinlich kommen hier sogar noch mehr als die genannten Fachkräfte zum Einsatz. Die meisten Fachleute wollen sich ihr eigenes Bild machen, einige werden Kontakt mit den Eltern aufnehmen. Dieser Prozess von „Helfen und Strafen" kann sich über Monate, ja sogar Jahre hinziehen und ist oft für alle Betroffenen ermüdend.

Wer macht was?

Das Sicherheitshaus ist ein Netzwerk vieler Organisationen aus Justiz, Gesundheitsfürsorge, sozialen Organisationen und der Stadtverwaltung. Alle Organisationen haben ihre eigenen Arbeitsbereiche und Befugnisse. Bei der Bekämpfung von Menschenhandel beispielsweise arbeiten Polizei und Staatsanwaltschaft mit Schulen und Verbänden aus dem Gesundheitswesen und Interessenverbänden von Prostituierten zusammen mit dem Ziel, den Menschenhandel einzudämmen.

Beispiel A: In der Schule wird ein Mädchen auffällig: Plötzlich besitzt es teure Markenware, bleibt der Schule fern, zeigt Anzeichen von Drogenkonsum, die schulischen Leistungen sacken plötzlich ab. Der Vertrauenslehrer wird aktiv, die Schülerin ist Thema einer Lehrerkonferenz. Zum Glück hat der Hausmeister das Kennzeichen des Autos notiert, mit dem dieses Mädchen regelmäßig abgeholt wird. Hiervon weiß der Jugendschutz leider nichts. Der Jugendschutz kontrolliert zweimal im Jahr bei der Kleinfamilie zu Hause, da Meldungen eingegangen sind, dass der kleine Bruder vermutlich vernachlässigt wird. In diesem Fall kann eine Fallbesprechung der ganzen Familie helfen. Erst dadurch, dass alle Probleme sichtbar gemacht werden und diese dann integral, also mit einem individuell abgestimmten Maßnahmenpaket angegangen werden, können die Probleme des gesamten Systems nachhaltig gelöst werden. Ziel der Fallkonferenz im Sicherheitshaus ist bei diesem Fall, ein weiteres Abgleiten zu verhindern, also Prävention.

Beispiel B: Ein anderer Fall betrifft einen Vielfachtäter, der auf Bewährung ist. Er wurde rückfällig, und die Staatsanwaltschaft bereitet ein neues Verfahren gegen ihn vor. Wartezeiten von einem Jahr pro Verfahren sind keine Seltenheit. Neue

Straftaten oder aktuelle Maßnahmen in der Betreuung werden bei den Strafen nicht berücksichtigt. Die Staatsanwaltschaft nimmt an den strukturellen Fallbesprechungen[2] für Intensiv- und Vielfachtäter im Sicherheitshaus teil. Hier wird die neue Situation besprochen und schnell gehandelt. Der neue Tatbestand kann sofort vor Gericht kommen, da der Auflage der Bewährungshilfe nicht nachgekommen wurde.

Auch für die Polizei bieten sich neue Perspektiven bei der Bekämpfung von kriminellen Jugendlichen. Die Polizei greift jugendliche Straftäter immer wieder auf und muss auch Bürgerinnen und Bürger unterstützen, die keine Anzeige mehr erstatten, weil sie denken „Es bringt ja doch nichts" oder weil sie Angst vor Repressalien haben.

Unabhängig davon, ob es Jugendliche als Opfer oder Täter betrifft, versuchen viele der Organisationen, mit den Eltern und dem Jugendlichen selbst ins Gespräch zu kommen. Bei zu viel widersprüchlichem Input wissen Eltern nicht mehr, wem sie glauben und vertrauen sollen. Auch hierbei fehlt der traditionellen Arbeitsweise die Koordination, die während der Fallbesprechungen im Sicherheitshaus gewährleistet wird.

Wie funktioniert das Konzept Sicherheitshaus?

Das Konzept Sicherheitshaus funktioniert mit erweitertem Fallmanagement. Die Informationsgrundlagen der einzelnen Fachleute sind oft unzureichend, da Polizei, Jugendamt und Lehrkräfte („Schule schwänzen") oft nur ein Puzzlestück der Fragestellung in der Hand haben. Ein sogenanntes Foto[3] des Quartiers bietet Übersicht über die Jugendlichen mit übermäßigem Alkoholkonsum bis hin zu Familien, „über die wir uns echt Sorgen machen müssen". Das Puzzle ist herkömmlicherweise häufig deshalb nicht komplett, weil das Analyseniveau eingeschränkt ist und die Erkenntnisse und Maßnahmen nicht miteinander in Zusammenhang gebracht werden, kurzum: keine Regie geführt wird. Der Zusammenarbeitsverband Sicherheitshaus bietet für dieses Problem eine Lösung mit dem Ziel, für die betreffende(n) Person(en) (oder Familie/n) effektive und nachhaltige Hilfe zu organisieren oder auf die Straftaten zu reagieren.

---

2   Im Sicherheitshaus gibt es regelmäßige und inzidentelle Fallbesprechungen. Zu den regelmäßigen Fallbesprechungen kommt eine feste Gruppe Professioneller zusammen, um Fälle eines Themenbereiches zu besprechen, zum Beispiel Intensiv- und Mehrfachtäter, jugendliche Straftäter, Menschenhandel und die „Loverboy"-Problematik. Neben diesen regelmäßigen Fallbesprechungen findet eine Vielzahl individueller Fallbesprechungen statt. Hierbei kommen Fachkräfte zusammen, die bei diesen speziellen Einzelfällen beteiligt sind.

3   Das sogenannte Foto ist eine Momentaufnahme des Gesamtbildes, zusammengetragen durch alle beteiligten Fachleute. Bei Beginn der Fallbesprechung wird jedes Mal kurz gefragt, ob es noch weitere Entwicklungen gibt. Das Foto wird dann um die eventuell anfallende Information ergänzt.

Sicherheitshaus der Kommune Alkmaar

Das Sicherheitshaus der Kommune Alkmaar bedient ein Gebiet mit sechs Gemeinden und zwei Städten mit insgesamt 240.000 Einwohnern. Das Sicherheitshaus ist aktiv vor allem im Umgang mit Menschenhandel und Bandenkriminalität. Alle wichtigen Netzwerkpartner wurden schon in der Gründungsphase miteinbezogen und sind bis heute auf allen Organisationsstufen des Sicherheitshauses vertreten:

- strategisch – Leitgruppe,
- taktisch – Regiegruppe,
- operationell – Fallbesprechungen.

Die Fallbesprechungen, auch Fallkonferenzen genannt, sind das „Kerngeschäft" des Sicherheitshauses. Zu den Besonderheiten des Sicherheitshauses in Alkmaar zählen das Investieren in Kommunikationsmittel sowie die ambitionierte Website, der Newsletter und die vielen Angebote für Fachleute, die sich mit Fragen der Sicherheit beschäftigen. Sowohl die Politik als auch praxisbezogene Fachkräfte schätzen das Sicherheitshaus als Plattform für Diskussionen und die fachliche Weiterentwicklung. Das Sicherheitshaus bezeichnet sich zu Recht als Expertise-Zentrum. Es ist Anspruch des Sicherheitshauses, alle Fachleute an der Weiterentwicklung mitwirken zu lassen. Das wird unter anderem durch regelmäßige Evaluation der Prozesse in den verschiedenen Themengebieten erreicht. Vierteljährlich füllen die Teilnehmerinnen und Teilnehmer der Fallkonferenzen einen Fragebogen aus. Vor Beginn der nächstfolgenden Fallkonferenz werden die Ergebnisse der Umfrage präsentiert und herausragende Punkte ergänzt und diskutiert. Zusammen wird – falls notwendig – der Prozess angepasst. Häufig werden Signale Richtung Politik mit Blick auf fehlende Interventionsmaßnahmen oder auf die Strafverfolgung behindernde Maßnahmen gegeben. Das Sicherheitshaus der Kommune Alkmaar erfüllt noch eine weitere Funktion: Es unterstützt Mitarbeiterinnen und Mitarbeiter der Partnerorganisationen. Im Sicherheitshaus gibt es flexibel besetzbare Arbeitsplätze für (externe) Mitarbeiterinnen und Mitarbeiter, Besprechungsräume für kleine und große Gruppen sowie Sprechzimmer für Gespräche mit Klienten[4].

---

4 Diese Möglichkeiten gestalten den Aufenthalt im Sicherheitshaus attraktiv. Es ist eine simple und effektive Art und Weise, um Partner an sich zu binden und miteinander in Kontakt zu bringen.

2. Methode Fallbesprechungen/erweitertes Fallmanagement

Die methodische Basis im Sicherheitshaus ist die integrale Arbeitsweise. Die Partnerorganisationen arbeiten in sogenannten Ketten: Innerhalb einer Organisation werden auf verschiedenen Stufen Entscheidungen getroffen, die schließlich zur Wahl der Intervention führen.

Die herkömmliche Arbeitsweise bei einer Mehrfachproblematik ist im untenstehenden Schema wiedergegeben[5].

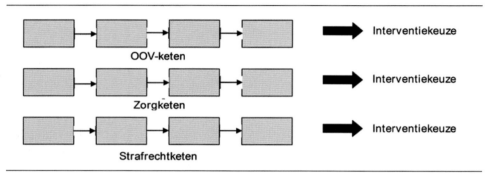

Die integrale Arbeitsweise der Netzwerkorganisation „Sicherheitshaus" nutzt das Potenzial aller Partner, um zusammen Interventionen zu bestimmen und so ein aufeinander abgestimmtes, individuelles Maßnahmenpaket zu erstellen. Die Partnerorganisationen arbeiten auch schon im Vorfeld zusammen und nicht erst, nachdem eine Teilentscheidung gefallen ist (siehe Schema).

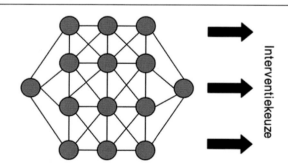

---

5   Niederländische Bezeichnungen, frei übersetzt:
    OOV = Ordnungsamt und Stelle für integrale Sicherheit,
    Zorg = soziale Träger,
    Strafrecht = Polizei und Staatsanwaltschaft,
    Keten = Ketten,
    Interventiekeuze = Wahl der Intervention.

Das Erfolgskonzept des Sicherheitshauses besteht darin, dass man Schritt für Schritt vorgeht. Ein typischer Fehler von Fachleuten ist es, sofort Lösungen finden zu wollen, auch wenn das eigentliche Problem noch gar nicht vollständig analysiert wurde. Die Methode der 3x3-Schritte wird deshalb strikt eingehalten.

Methode: 3x3-Schritte

1. Informationen werden zusammengetragen, vor dem ersten Treffen gesammelt und in eine Fallkarte eingetragen.
2. Erste Besprechung. Fachleute aller relevanten Organisationen treffen sich. Einige Organisationen vertreten Partnerorganisationen (Organisationen mit ähnlicher Zielsetzung). Die Fachleute beraten über den Fall (z.B. den jugendlichen Straftäter).
3. Die gesammelte Information wird gegebenenfalls an Ort und Stelle ergänzt. Die Fallkarte wird während der Besprechung für alle sichtbar an die Wand projiziert.
4. Gemeinsame Problemanalyse. Man analysiert den Fall zusammen und beurteilt ihn auf Härtegrad und Dringlichkeit.
5. Gemeinsamer Interventionsplan. Maßnahmen werden inhaltlich und zeitlich aufeinander abgestimmt.
6. Gemeinsames Ziel/Resultat.
7. Eventuell: Entwicklung alternativer Szenarios.
8. Monitoring und Anpassen des Interventionsplanes.
9. „Abrunden" des Falles und Archivieren der Fallkarte. Dossier schließen.

Welche Information?

Ausgangspunkt der Fallbesprechung ist die Erstellung eines vollständigen Bildes. Erst einmal ist jegliche Information relevant und wird in der sogenannten Fallkarte notiert. In diesem Stadium kann es nicht zu viel Information geben, alle Details sind wichtig. Die Karte umfasst mindestens Detailinformationen zu folgenden Themen:

- Strafrechtlicher Lebenslauf,
- Schulden/Einkommen,
- Wohnsituation: Wohnung vorhanden/obdachlos, verschiedene Adressen, unfreiwillig wohnhaft bei Eltern/Verwandten?
- Familie/Freunde,
- Gesundheit: eventuelle psychische Probleme, Drogenabhängigkeit, Süchte (Alkohol, Geldspiel), IQ,
- Beschäftigung: Schule, Ausbildung, Arbeit.

In diesem Zusammenhang wird das Thema Datenschutz relevant. Das Datenschutzgesetz ist komplex, dies gilt für die Niederlande wie für Deutschland. Oftmals wissen Fachleute wenig über Datenschutz und geben deshalb aus Angst vor einem eventuellen Verstoß gegen dieses Gesetz eher zu wenige Informationen preis. Das Sicherheitshaus unterzeichnet mit allen Netzwerkpartnern einen Vertrag, in dem genau festgelegt wird, wann welche Informationen gemäß dem Datenschutzgesetz ausgetauscht werden dürfen. Die Zielsetzung der spezifischen Besprechung bestimmt, welche Informationen ausgetauscht werden dürfen. Die teilnehmenden Fachleute müssen also eine exakt definierte Zielsetzung haben, die dem individuellen Fall entspricht. Wer keine Informationen zum entsprechenden Fall oder beim nächsten Schritt nichts zu den Interventionen beitragen kann, verlässt die Besprechung.

Wer macht mit?

Neben den Organisationen, die den Klienten kennen, nehmen auch die Polizei und die Stadtverwaltung an den Fallkonferenzen teil. Auch die Staatsanwaltschaft ist – wenn auch nicht immer, so doch meistens – anwesend. Zu den weiteren Partnerorganisationen zählen:

- Jugendamt/Jugendschutz/Kinderschutz,
- Stadtplanung, Ordnungsamt, Kulturbehörde,
- Arbeitsamt, Sozialamt, Schuldenhilfe,
- Gesundheitsamt,
- Suchthilfe,
- Bewährungshilfe,
- Opferschutz,
- Schulen,
- Nachbarschaftsheime, Sportvereine.

Welche Interventionen?

Die gesamte Bandbreite von Interventionen wird genutzt, um ein individuelles Maßnahmenpaket zusammenzustellen. Grundsätzlich lassen sich zwei Arten einander verstärkender Maßnahmen unterscheiden: strafrechtliche Schritte und Hilfsangebote. Letztere sorgen für Perspektive, es geht hier beispielsweise um Schritte der Gesundheitsfürsorge und der Lebensführung. Zusätzlich können Ordnungsfragen eine Rolle spielen. Dann kommen Bußgelder und Auflagen durch die Stadtverwaltung zum Zuge, wobei die Ausführung teilweise bei der Polizei liegt. Bei der Zusammenstellung des individuellen Maßnahmenpaketes sind unorthodoxe Vorgehensweisen und Lösungen willkommen, es geht schließlich um Fälle, die meist schon lange „auf dem Tisch" liegen und oftmals „ausbehandelt" sind[6].

---

6 In einigen Fällen werden Personen tatsächlich „aufgegeben". Man kann dann nur darauf warten, dass die Person „ertappt" wird und wieder „hinter Gittern" landet. So hat die Gesellschaft erst einmal Ruhe, bis die Person wieder aus der Haft entlassen wird und der Kreislauf erneut beginnt. Dies ist nicht nur teuer (Polizeieinsatz und Haftaufenthalt), sondern m.E. auch

3. Revision in 2011 und allgemeine Richtlinien in 2013

Im Jahr 2011 wurde das Konzept „Sicherheitshaus" intern und extern revidiert. Vier Sicherheitshäuser der ersten Stunde evaluierten ihre eigene Arbeit, ein Team aus drei unabhängigen Wissenschaftlerinnen und Wissenschaftlern sowie drei Führungskräften untersuchte die Arbeit der Sicherheitshäuser der Niederlande. Die Ergebnisse waren eindeutig positiv: Die Sicherheitshäuser haben sich bewährt und bewiesen, dass ihr Ansatz sinnvoll ist. Die Untersuchungen führten nicht nur zu einem positiven Ergebnis, es wurden auch Empfehlungen auf der nationalen, regionalen und lokalen Ebene ausgesprochen. National wurde empfohlen, mehr in die Fortbildung des Managements zu investieren. Auch sollte das Management eines Sicherheitshauses am Ende der Handlungskette stehen und befugt sein, im Zweifelsfall eine bestimmte Maßnahme zu erlassen. Das Forscherteam stellte fest, dass es für die verschiedenen Akteure des Sicherheitshauses keine eindeutige Tätigkeitsbeschreibung gibt. Eine wichtige Empfehlung lautet: Konzentration auf die wirklich schweren Fälle.

Daraufhin wurden folgende Korrekturen im „Kurs" der Sicherheitshäuser eingeleitet:

- Die Finanzierung durch Fördergelder wird reglementiert.
- Die Forschung hinsichtlich Effektivität der Maßnahmen wird fortgesetzt.
- Durch das Ministerium für Sicherheit wird eine Fortbildung der Führungskräfte initiiert.
- Die Regionalisierung wird durch Fusion der kleinen Sicherheitshäuser zu großen vorangetrieben.
- Innovationen sollen stimuliert werden.
- Alle Sicherheitshäuser werden politisch geleitet durch den (Ober-)Bürgermeister.

Im Jahr 2013 führte das Justizministerium allgemeine Richtlinien für Sicherheitshäuser ein. Die zwei wichtigsten Richtlinien betreffen zum Ersten das Filtern der Fälle durch Partner der Justiz, Stadtverwaltung und Gesundheitsfürsorge/Jugendschutz. Nur wenn alle drei Organisationen den Fall im Sicherheitshaus besprechen wollen, wird eine Fallkonferenz organisiert. Zum Zweiten geht es um das Fusionieren der bestehenden Sicherheitshäuser. Dahinter steht der Gedanke, dass ein Sicherheitshaus ein großes Gebiet abdecken kann. Es hat sich als weniger effizient erwiesen, wenn es mehrere Sicherheitshäuser für jeweils kleinere Gebiete gibt.

---

menschenverachtend. Es erscheint mir ethisch erstrebenswert, stattdessen eine nachhaltige Lösung zu finden.

4. Resultate und Effekte

Die Ergebnisse der Zusammenarbeit im Sicherheitshaus in Noord-Holland Noord lassen sich an einer Reihe von Fakten dokumentieren:

- Viele Klienten werden „bedient".
- Die Dienste selbst haben eine gute Qualität.
- Die Maßnahmen sind aufeinander abgestimmt.
- Es werden zusammenhängende individuelle Maßnahmenpakete entwickelt.

Die Fachleute sind besser informiert als bei der herkömmlichen Arbeitsweise. Sie erkennen schnell, wann Klienten Hilfe brauchen, entscheiden sich für die effektivste Maßnahme, wobei sie Strafen und Helfen kombinieren, und verkürzen zusätzlich die Behandlungszeit. Man spricht deshalb von einem adäquaten *Input, Throughput* und *Output*.

Neben den genannten direkten Resultaten haben die Sicherheitshäuser einen beachtlichen gesellschaftlichen Wert. Es entsteht mehr Sicherheit für die Bewohnerinnen und Bewohner. Diese gewinnen ihr Vertrauen in Autoritäten zurück, die Rückfallquote von Straftätern (niederl.: „Rezidive") nimmt ab, und es ist eine deutliche Zunahme der Lebensqualität zu verzeichnen. Besondere Resultate verbucht das Sicherheitshaus in Alkmaar mit seinem Ansatz gegen Banden: Drei Jugendbanden wurden 2012 aufgelöst, und zwei Gruppen verhalten sich deutlich weniger kriminell und aggressiv, ohne dass ein „Wasserbett"-Effekt[7] aufgetreten ist.

Die Resultate und Effekte von Zusammenarbeit sind schwer zu messen. Was wäre, wenn rund um einen bestimmten Fall nicht im Sicherheitshaus zusammengearbeitet werden würde? Und wie misst man die Resultate und Effekte: mit einer Vergleichsgruppe? Trotz dieser Schwierigkeiten beim Messen gibt es einige belastbare Zahlen und auch Aussagen von Experten. Im Jahr 2011 hat der Wissenschaftler Ben Rovers seinen Bericht „Ergebnisse von Sicherheitshäusern" vorgelegt. Rovers untersuchte sehr sorgfältig nach wissenschaftlichen Kriterien und konnte erstaunliche Beweise liefern. Ich komme im Weiteren hierauf zurück.

Resultate landesweit

Landesweit sind positive Entwicklungen vor allem auf dem Gebiet der Jugendkriminalität festzustellen. Ein Teil dieser positiven Entwicklung ist sicherlich zurückzuführen auf den integralen Ansatz des Sicherheitshauses bei der Bekämpfung von Kriminalität dieser Zielgruppe. Die Zahl der verdächtigen Jugendlichen ist rückläufig (2005: 99.000; 2011: 54.000), die Jugendkriminalität geht leicht zurück (von mehr als 5 Prozent 2008 auf 4,5 Prozent 2011; 100 Prozent sind alle Delik-

---

7   Die Gruppen werden also nicht in anderen Gebieten oder gar außerhalb der Kommune aktiv.

te), die Jugendhaft zeigt sich in Bezug auf die Fallzahlen halbiert. Leider ist ein entsprechend positives Resultat bei jugendlichen Intensivstraftätern nicht festzustellen: Im Jahr 2009 ist die Zahl der Intensivstraftäter verglichen mit 2003 um 28 Prozent gestiegen. Und es gibt noch eine weitere erstaunliche Entwicklung: Trotz des positiven Trends sehen sich die Bürgerinnen und Bürger genauso von Kriminalität bedroht wie in den Jahren 2008 und 2011[8].

Ergebnisse wissenschaftlicher Untersuchungen

Inzwischen ist deutlich, dass es sich lohnt, in Sicherheitshäuser zu investieren. Jugendliche Täter fallen weniger häufig und weniger schnell zurück in alte Verhaltensmuster, die sie wieder straffällig werden lassen. Besonders gute Ergebnisse sind beim Umgang mit Bandenkriminalität zu konstatieren. Sobald die leitenden Köpfe einer Bande „hinter Gittern" sind, werden keine Nachwuchsmitglieder mehr rekrutiert und besinnen sich Mitläufer auf Alternativen zur kriminellen Karriere: Schule, Ausbildung oder Arbeit. Gerade bei der Bekämpfung von Banden ist schnelles und integrales Handeln, wie Sicherheitshäuser es ermöglichen, wichtig. Strafen und Helfen müssen aufeinander abgestimmt sein und möglichst zeitgleich eingesetzt werden. Sobald an der Spitze einer Bande eine Lücke entsteht, wird diese sich „organisch" füllen; dem muss man zuvorkommen. Dies gelingt ausschließlich durch die gut koordinierte Zusammenarbeit der Fachleute.

Auch die Rückfallquote Strafentlassener (niederl.: „Revisionisten") ist in denjenigen Gebieten, in denen die Sicherheitshäuser tätig sind, deutlich zurückgegangen. Statistische Datenerhebungen sind teuer, und Praktikerinnen und Praktiker wollen Energie und Mittel lieber in aktives Handeln investieren als in Evaluation. Viele Untersuchungen richten sich vor allem auf die Prozesse im Sicherheitshaus und nicht so sehr auf die Resultate. Auch werden eher Anzahl und Laufzeit der Verfahren evaluiert als Effekte und Ergebnisse. Die Kausalität ist bei Ergebnissen schwierig nachzuweisen. Ähnlich wie beim Einsatz prophylaktischer Maßnahmen weiß man nicht, was passiert wäre, wenn kein integraler Plan gemacht und der Straftäter über den regulären Weg behandelt worden wäre[9]. Inzwischen gibt es mehrere Studien über die Rückfallquote Strafentlassener: Die Lebensumstände entlassener Straftäter sind besser und die Rückfälle in altes Verhalten geringer. Die Polizei meldet, dass im Jahr nach der Haftentlassung deutlich weniger Delikte von solchen entlassenen Straftätern verübt wurden, die von einem Sicherheitshaus betreut wurden. Mehr als die Hälfte befindet sich in diesem Zeitraum nicht wieder in Haft[10]. Dieses Ergebnis kann als Indiz für die Verminderung von Rückfällen

---

8 Nach Angaben von CBS (2012), CBS, frei übersetzt: Zentrales Büro für Statistik.
9 Vgl. Ben Rovers (2011): Resultaten van veiligheidshuizen. Een inventarisatie van beschikbaar onderzoek, `S-Hertogenbosch.
10 Vgl. H.M.E. Derks (2012): Nazorg aan (ex-)gedetineerden. Een evaluatie naar de werkwijze en effectiviteit van de nazorg aan (ex-)gedetineerden op lokaal en regionaal niveau vanuit het Veiligheidshuis Leiden en omstreken, Leiden.

durch die Zusammenarbeit im Sicherheitshaus gesehen werden, nicht aber als unwiderlegbarer Beweis, da beim Rückfall in die Kriminalität viele Faktoren eine Rolle spielen.

Peter Nelissen erstellte ein wissenschaftliches Gutachten über die Sicherheitshäuser in Limburg. Er kommt zu dem Ergebnis, dass mit jedem in ein Sicherheitshaus investierten Euro der Staat drei Euro spart. Gespart wird vor allem beim Gefängniswesen und bei Gerichtsverhandlungen. Die Untersuchung hebt auch die ethischen Werte der Arbeit in den Sicherheitshäusern hervor: „Niemand wird aufgegeben, selbst die ‚schwierigsten' Fälle werden behandelt – in jede Person wird investiert."[11]

In Twente gibt es drei Sicherheitshäuser: Amelo, Hengelo und Enschede. Die Anzahl der Intensivstraftäter ist dort im Zeitraum 2004 bis 2009 um 20 Prozent, 31 Prozent bzw. 41 Prozent zurückgegangen. Die absolute Abnahme von Straftaten von Vielfachstraftätern und Intensivstraftätern beträgt 2004 bis 2009 74 Prozent bzw. 84 Prozent. Es kommen also weniger Personen ins Gefängnis, und es werden weniger Straftaten verübt. Letztlich fühlen sich Bewohnerinnen und Bewohner in ihrer Wohnumgebung sicherer. Dieser Effekt ist zurückzuführen auf den individuellen Interventionsplan im Sicherheitshaus.

Wie stellt sich das Kosten-Nutzen-Verhältnis dar? Es zeigt sich: Die Fälle sind derart unterschiedlich, dass die Fachleute ihre eingesetzten Arbeitsstunden und die damit verbundenen Kosten nicht abschätzen können. Insgesamt wurden in der Kommune Twente 750.000 Euro für 215 Fälle ausgegeben, d.h. 3.500 Euro pro Person. Die durchschnittlichen Kosten pro Haft eines Intensivtäters liegen bei ungefähr 7.700 Euro. Die Kommune hat also 903.000 Euro pro Jahr gespart[12].

Politikerinnen und Politiker sprechen von einem ausgezeichneten Kosten-Nutzen-Verhältnis und setzen sich für Aufbau und Erhalt der Sicherheitshäuser ein. Auch die Niederlande sind von der ökonomischen Krise betroffen und reagieren mit massiven Einsparungen. Wichtige Kooperationspartner von Sicherheitshäusern sehen sich vor der Herausforderung, enorme Kürzungen durchzuführen. Die Reorganisationen sind noch in vollem Gang, dennoch kristallisiert sich bereits jetzt heraus, dass die Netzwerkpartner die Zusammenarbeit im Sicherheitshaus schätzen und fortsetzen wollen.

Vorteile

Die Vorteile der Zusammenarbeit im Sicherheitshaus und der integralen Arbeitsweise lassen sich wie folgt zusammenfassen:

---

11 Vgl. Peter Nelissen: Limburgse veiligheidshuizen. Vastpakken en niet meer loslaten.
12 Vgl. Lysias (2010): Meerwaarde van de Twentse veiligheidshuizen groeit.

- Es wird tatzeitnah gehandelt.
- Der Zeitraum vor der Hauptverhandlung wird bewusst genutzt.
- Der Straftäter oder die gefährdete Person wird in seiner bzw. ihrer Gesamtheit wahrgenommen.

Dies wird erreicht durch

- Kooperation von Justiz, Diensten, Behörden und freien Trägern,
- Nutzung lokaler/kommunaler Netzwerke,
- Wirksamkeitskontrolle und modernes Projektmanagement.

Gesellschaftliche Effekte sind die verbesserte Lebensqualität des Klienten (dieser erreicht eine Verbesserung in mehreren Lebensbereichen). Dadurch wird der Klient wesentlich weniger rückfällig. Bewohnerinnen und Bewohner fühlen sich sicherer in ihrem Quartier als Folge der Verminderung von Rückfällen in Straffälligkeit und Kriminalität. Es konnte wissenschaftlich belegt werden[13], dass sich die Kosten der Sicherheitshäuser durch die Verminderung von Wiederholungsstraftaten rechnerisch mehr als ausgleichen lassen. Die Kosten-Nutzen-Bilanz ist ausgezeichnet.

Geld einzusparen ist in Zeiten der ökonomischen Krise immer gut, bessere Qualität zu erreichen auch. Es gibt aber noch einen Aspekt, den ich nach drei Jahren Tätigkeit als Managerin eines Sicherheitshauses zu schätzen gelernt habe: Mitarbeiterinnen und Mitarbeiter rieben sich an zu vielen Fällen auf und wurden dadurch mutlos. Obwohl das Engagement häufig sehr groß war, blieben die Erfolge leider oft nur sehr gering. Dies führte in einigen Fällen zum Burnout. Nach meiner Erfahrung im Sicherheitshaus wirkt die integrale Arbeitsweise hier Wunder: Fachkräfte werden wieder motiviert; Erfolge werden verbucht und miteinander geteilt.

5. Hinweise für den Transfer nach Deutschland

Als „Ursprungsdeutscher" fallen der Autorin im niederländischen System Besonderheiten auf, die aus deutscher Sicht möglicherweise als typisch niederländisch eingeordnet werden können.

Das Konzept „Sicherheitshaus" wurde in den Niederlanden nach einer relativ kurzen Pilotphase institutionalisiert und verankert. Es ist demnach weder Programm noch Projekt, sondern wurde als fester Bestandteil in die jeweiligen Jahresplanungen der Partnerorganisationen aufgenommen und ist damit auch finanziell gesichert. Dieser Prozess der Implementierung könnte meines Erachtens in

---

13 Siehe oben Rovers.

Deutschland beim „Gang durch die Institutionen" viel Geduld und Durchhaltevermögen erfordern.

Weitere Anregungen und Hinweise: Der Aufbau eines Sicherheitshauses beginnt mit einem Plan, für den ein „Botschafter" gefunden werden sollte. Dies kann beispielsweise die Oberbürgermeisterin der Kommune oder ein anderer relevanter Politiker sein. Ein Tandem aus Politik und Mitarbeiterin oder Mitarbeiter der Stadtverwaltung sowie Leiterin oder Leiter einer Partnerorganisation trägt die Idee in die Öffentlichkeit, erweitert sich um Mitstreiterinnen und Mitstreiter. Der Plan wird dann weiter ausgearbeitet und schließlich implementiert. Wichtig ist, die Kernpartner in einem frühen Stadium des Aufbaus mit einzubeziehen und Abmachungen zu dokumentieren. Vor dem eigentlichen Start sollte mit den wichtigsten Kooperationspartnern eine Art Vertrag oder Vereinbarung geschlossen werden. Diese Vereinbarung sollte grundsätzliche Fragen der Zusammenarbeit klären mit Blick auf Zeitplan, Kooperationspartner, Budget, Datenschutz, Register (Archiv des Sicherheitshauses), Standort (Ort des zukünftigen Sicherheitshauses) sowie Organisationsform.

Grundvoraussetzungen

Einige wichtige Aspekte lassen sich nicht vertraglich vereinbaren. Der Initiator muss die Fähigkeit haben, folgende Grundvoraussetzungen zu schaffen: Die Kooperationspartner respektieren die Fähigkeiten und das Wissen der jeweils anderen Partner. Sie akzeptieren Kulturunterschiede und sind dazu bereit, verbindliche Abmachungen zu treffen. Wichtig sind auch das Timing und eine gewisse Hartnäckigkeit, das „Dranbleiben". Der Initiator sollte sich immer wieder im Klaren sein, dass es sowohl um Gruppen als auch um Individuen geht. Zweifel werden geäußert werden, Widerstand ist durchaus zu erwarten.

Erfolgsfaktoren

Der Erfolg des Sicherheitshauses wird durch mehrere Faktoren bestimmt:

- Alle Kooperationspartner haben Vertrauen in das Konzept.
- Es gibt eine gemeinsame Zielsetzung.
- Das Sicherheitshaus ist *lean and mean* eingerichtet: Es gibt ein sehr kleines festes Team, das über Fallmanagement und Innovationen Regie führt.
- Positive Resultate sind immer gemeinsam erreichte Erfolge. Sie werden dokumentiert und gegebenenfalls kommuniziert.
- Die Prozesse werden regelmäßig evaluiert und verbessert. Die Arbeitsweise des Sicherheitshauses hat feste Regeln („3x3 Schritte"). Innerhalb dieses Rahmens gehören Verbesserungen zum Alltag.

6. Fazit

Produkte des Sicherheitshauses sind Zusammenarbeit, Problemanalyse und Interventionsplan. Dabei spielt die Methode eine große Rolle. Die Methode ist ideal für Fälle von Bandenkriminalität und für „Multiproblemfälle". Das feste Team des Sicherheitshauses führt Regie über die Problemanalysen und Interventionspläne, die Organisationen bleiben verantwortlich für ihre (eigenen) Interventionen.

Das Kosten-Nutzen-Verhältnis ist ausgezeichnet.

Auch in Zukunft wird es immer wieder neue Entwicklungen geben. Meines Erachtens wird eine einheitliche Arbeitsweise in allen Sicherheitshäusern angestrebt werden. Dabei wird die Herausforderung darin bestehen, weiterhin zu unorthodoxen Maßnahmen greifen zu können. Es wird flexibel mit Mitarbeiterinnen und Mitarbeitern umgegangen werden: Nach ungefähr zwei Jahren im Sicherheitshaus wird der eigene Platz einem anderen Mitarbeiter aus der eigenen Organisation überlassen werden. So wird sich die integrale Arbeitsweise verbreitern und werden die Partnerorganisationen nach und nach von den Möglichkeiten durchdrungen, die eine Vernetzung bietet. Dies bringt uns zu der letzten Entwicklung. Sicherheitshäuser sollten überflüssig werden, da sich die Organisationen so intensiv und nachhaltig miteinander vernetzen, dass eine andere Arbeitsweise als die integrale undenkbar wäre – Zukunftsmusik, Utopie oder demnächst Realität?

Die Autorin

Julia Mölck, Dipl.-Ing.

Foto: Privat.

Managerin bei der Stadtverwaltung Alkmaar, seit Kurzem Interim-Managerin in der Leitung von Organisationsveränderungen. Nach dem Studium (TU Berlin) Spezialisierung auf „Sicherheit im öffentlichen Raum"; Arbeit als Landschaftsplanerin und Sicherheitsexpertin. 1996 Umzug nach Amsterdam; zehn Jahre Arbeit als Gutachterin, Projektleiterin und Programmmanagerin in der Kriminalitätsprävention; Projektbeispiele: Qualitätsbuch Lebensqualität und Sicherheit im Utrecht City Projekt, Sicherheitsscans für Schulen, Sicherheitsverträglichkeitsprüfungen. (Mit-)Autorin von Handbüchern: Normierung von Sicherheitsaspekten bei unterirdischen Bauwerken, Gütezeichen Sicheres Unternehmen, Polizeigütezeichen Sicheres Wohnen. Im Auftrag der Stadtverwaltung, Polizei, Staatsanwaltschaft und des Gesundheitswesens lancierte Frau Mölck 2009 die Idee des Konzeptes „Sicherheitshaus" in Alkmaar. Dieses kommunale Sicherheitshaus entwickelte sich unter ihrer Leitung zu einem außergewöhnlich erfolgreichen Programm und expandierte im Zuge dieser Entwicklung 2013 zum Sicherheitshaus Noord-Holland Noord mit inzwischen gut 50 angeschlossenen Partnerorganisationen.

Tillmann Schulze, Lilian Blaser und Maurice Illi

Die Luzerner Sicherheitsberichte: umfassend, integral und praxisbezogen

Das „Blue Balls Festival", eines der grössten Musik- und Kunstfestivals in der Schweiz. Mehr als 100.000 Gäste besuchen die Veranstaltung an den verschiedenen Tagen. 2012 ist die Gasflasche eines mobilen Verpflegungsstandes defekt, Gas tritt unkontrolliert aus. Die Stichflamme verletzt fünf Mitarbeiter des Standes.

Das Kultur- und Kongresszentrum (KKL), ein architektonisch herausragendes Gebäude direkt am Vierwaldstättersee mit Bekanntheit weit über die Stadt- und Landesgrenzen hinaus, Veranstaltungsort für festliche Konzerte und Anlässe. Vor dem KKL liegt der Europaplatz: ein öffentlicher Raum, aber auch ein Treffpunkt für Angehörige der „Szene", die gern provoziert. Verbale Auseinandersetzungen zwischen KKL-Gästen einerseits und Nutzerinnen und Nutzern des Platzes andererseits gibt es immer wieder.

Das Eidgenössische Jodlerfest, ein Fest von nationaler Bedeutung mit vielen tausend Besuchern, findet 2008 in Luzern statt. Gegen Ende des Festes zieht ein Gewitter auf. Nur kurz nach dem offiziellen Schluss, als sich das Festgelände schon geleert hat, entlädt es sich mit voller Wucht über dem Festgelände.

Was, wenn die Gasflasche explodiert, es zu Verletzten auf dem Europaplatz gekommen oder das Gewitter früher über die Stadt hinweg gezogen wäre? Aber auch schon ohne solche Eskalationen zeigen die Beispiele das breite Spektrum von Sicherheit in einer Stadt. Sie zeigen, dass Sicherheit mehr ist als nur Schutz vor Kriminalität und Verkehrssicherheit, die klassischen Bereiche polizeilicher Sicherheit. Will eine Stadt möglichst umfassend sicher sein, muss sie sich auf alle Formen von Gefährdungen vorbereiten: natur-, technik- und gesellschaftlich bedingte. Doch welches sind die wirklich relevanten Gefährdungen? Wie lässt sich die Sicherheitslage einer Stadt bei solch unterschiedlichen Gefährdungen beurteilen? Und welche Handlungsoptionen haben die Verantwortlichen, um die Sicherheit zu verbessern?

Die Sicherheitsberichte der Stadt Luzern geben auf diese und viele weitere Fragen städtischer Sicherheitsplanung die erforderlichen Antworten.

1. Die Geschichte

1.1 Der Auftrag: die Sicherheit in der Stadt neu beurteilen

Im Januar 2006 beauftragte das Parlament der Stadt Luzern den Stadtrat damit, einen neuen Sicherheitsbericht zu erarbeiten. Der letzte Bericht datierte aus dem

Jahr 1997, er stützte sich damals ausschliesslich auf die polizeiliche Kriminalstatistik und machte Aussagen zum Sicherheitsgefühl der Bevölkerung.

Mitte der 2000er-Jahre fiel auf, dass die Sicherheitsverantwortlichen von Luzern die Stadt als sicher bezeichneten – dafür sprachen die geringen Kriminalitätszahlen –, gleichzeitig aber das Sicherheitsgefühl der Bevölkerung abnahm. Ursula Stämmer-Horst, die damalige Sicherheitsdirektorin, nahm den parlamentarischen Auftrag zum Anlass, um auch auf gesellschaftliche Trends und deren Auswirkungen auf die Sicherheit in Städten einzugehen – wurde doch schon länger beispielsweise über den Einfluss der Liberalisierung von Öffnungszeiten, der steigenden Nutzung öffentlicher Räume zu allen Tages- und Nachtzeiten, der zunehmenden Individualisierung oder der erhöhten Mobilität diskutiert. Es waren gerade diese Entwicklungen, die die Luzerner Bevölkerung zunehmend als Bedrohung empfanden. Der Ruf nach mehr Sicherheit wurde in Luzern lauter.

Ziel war es deshalb, einen Bericht zu verfassen, der die tatsächliche Sicherheitslage der Stadt analysiert, gleichzeitig aber auch auf subjektive Wahrnehmungen von Sicherheit eingeht und zudem ein Arbeitsinstrument für die zuständigen Fachpersonen in der Stadt darstellt.

In der Privatwirtschaft hatte die Sicherheitsdirektorin Erfahrung mit einem Risikomanagement gemacht. Ihre Vorstellung war es, etwas Vergleichbares für Luzern aufzubauen – auch wenn dies in Städten für den Bereich der urbanen Sicherheit bislang noch nie zur Anwendung gekommen war. Die Stadt Luzern sollte künftig die Möglichkeit haben, sicherheitsrelevante Probleme zu identifizieren und zu priorisieren, geeignete Massnahmen umzusetzen und deren Wirksamkeit zu messen. Zudem sollte die Sicherheitslage periodisch überprüft werden.

Parallel zum Sicherheitsbericht gab die Sicherheitsdirektion gemeinsam mit der Kantonspolizei Luzern eine Bevölkerungsbefragung zum Thema „Subjektive Sicherheit" in Auftrag. Vergleichbare Umfragen hatten schon in den Jahren 2000 und 2003 stattgefunden. Die Umfrageresultate waren später eine zentrale Grundlage für den Sicherheitsbericht.

Die Sicherheitsdirektion vergab den Auftrag zur Erarbeitung des Sicherheitsberichts extern und führte dazu ein Einladungsverfahren durch. Den Auftrag erhielt die Firma Ernst Basler + Partner (EBP), ein international tätiges Planungs-, Beratungs- und Ingenieurunternehmen aus Zollikon bei Zürich, das auf langjährige Erfahrungen im Sicherheitsbereich zurückblicken kann.

1.2 Der Turnus: Neubeurteilungen in regelmäßigen Abständen

Sicherheit ist dynamisch: Gesellschaftliche Veränderungen, neue Gesetze oder beispielsweise auch neue Technologien können sich auf die Sicherheitslage auswirken. Der Luzerner Stadtrat beantragte deshalb beim Parlament im Sommer 2007, als der erste Sicherheitsbericht erschien, in einem Turnus von drei Jahren die Sicherheitslage in der Stadt zu überprüfen. Alle sechs Jahre sollte der Bericht zudem grundlegend neu erarbeitet werden. Die Sicherheitslage sollte dann auf Veränderungen überprüft und es sollten gegebenenfalls Anpassungen für die Sicherheitsplanungen abgeleitet werden. Das Parlament hiess den Antrag gut: 2010 fand eine Aktualisierung des ersten Sicherheitsberichts statt, der Sicherheitsbericht 2013 beurteilte die Sicherheitslage der Stadt Luzern von Grund auf neu.

1.3 Die Koordination: die Stelle für Sicherheitsmanagement

Der Sicherheitsbericht 2007 schlug rund 60 Massnahmen zur Umsetzung vor. Eine der Massnahmen war es, eine Stelle für Sicherheitsmanagement zu schaffen. Der Sicherheitsmanager sollte die Umsetzung der Massnahmen koordinieren und dazu Behördenvertreterinnen und Behördenvertreter aus verschiedensten Disziplinen vernetzen. Der Stadtrat unterstützte diesen Vorschlag, im November 2007 nahm der Sicherheitsmanager seine Tätigkeit auf. Die Stelle für Sicherheitsmanagement ist beim Stab der Direktion Umwelt, Verkehr und Sicherheit angegliedert. Der Sicherheitsmanager ist direkt dem Direktionsvorsteher unterstellt. Er hat keine politische Entscheidungsbefugnis, übernimmt jedoch in beratender Funktion eine wichtige Rolle für die Sicherheitsplanung der Stadt Luzern. Die neu geschaffene Stelle zeigte Wirkung: Fünf Jahre später war der Grossteil der zur Umsetzung empfohlenen Massnahmen umgesetzt, wenige befanden sich noch in Planung. Der Sicherheitsmanager leitete später auch die Arbeiten zu den Sicherheitsberichten 2010 und 2013.

2. Die Berichte

2.1 Die Adressaten: Sicherheitsverbund, Politik und Bevölkerung

Der Luzerner Sicherheitsbericht richtet sich primär an die verschiedenen Partner des Sicherheitsverbundes der Stadt Luzern. Als solche Partner gelten beispielsweise die kantonal organisierte Polizei, die verschiedenen städtischen Organisationen wie Feuerwehr und Zivilschutz oder die Mitarbeitenden der Direktion für Umwelt, Verkehr und Sicherheit, aber auch Fachpersonen aus städtischen Organisationen, die auf den ersten Blick vielleicht weniger im Sicherheitsbereich zu verorten sind, so beispielsweise aus der Bau- oder der Sozialdirektion. Diese Fachpersonen aus sicherheitsfernen Bereichen schlägt die Projektleitung der Projektsteuerung vor; sie werden anschließend zur Mitarbeit am Sicherheitsbericht angefragt. Die Rückmeldungen der Vertreterinnen und Vertreter dieser verschiedenen Organisationen während der Arbeiten zum Bericht von 2013 zeigten deutlich:

Die Berichte von 2007 und 2010 hatten sich als Arbeitsgrundlage etabliert. Ähnlich einem Kompass dienten und dienen die Dokumente zur Orientierung in der komplexen Thematik urbaner Sicherheit und halten mit ihren umfangreichen Massnahmenkatalogen Lösungsvorschläge für die Praxis bereit.

Der Sicherheitsbericht richtet sich aber auch an Entscheidungsträgerinnen und Entscheidungsträger in der Politik, in dem er einfach und verständlich die verschiedenen Sicherheitsaspekte beleuchtet. Und trotzdem bleibt der Bericht „technisch" genug, damit die Fachverantwortlichen mit ihm arbeiten können. Die fundierte Analyse der Sicherheitslage und insbesondere der Vergleich ganz unterschiedlicher Gefährdungen liefern grundlegende Informationen für politische Entscheidungen, beispielsweise bei der Priorisierung der knappen verfügbaren Mittel im Sicherheitsbereich. Der Luzerner Sicherheitsbericht hilft somit nicht zuletzt den politisch Verantwortlichen dabei zu entscheiden, in welchen Bereichen in Sicherheit investiert wird und wo man bereit ist, Unsicherheiten zu akzeptieren.

Schliesslich soll der Sicherheitsbericht auch für die interessierte Luzerner Bevölkerung verständlich sein. Es wird Wert darauf gelegt, den städtischen Sicherheitsverbund, dessen Aufgaben und Verantwortlichkeiten klar aufzuzeigen sowie die Sicherheitslage in der Stadt insgesamt allen Interessierten nachvollziehbar zu vermitteln.

2.2 Der Inhalt: Analyse der Sicherheitslage, Controlling und Blick in die Zukunft

Der erste Luzerner Sicherheitsbericht von 2007 hatte das Ziel, die für die Stadt relevanten Gefährdungen zu identifizieren und miteinander zu vergleichen. Der erste Sicherheitsbericht umfasste zudem einen umfangreichen Katalog möglicher Massnahmen, die danach beurteilt wurden, inwiefern sie geeignet sind, die Sicherheitslage in der Stadt zu verbessern.

Die ursprünglich sehr knapp geplante Aktualisierung drei Jahre nach Erscheinen des ersten Berichts fiel dann wesentlich umfangreicher aus, da sich das Stadtgebiet von Luzern durch die Fusion mit der angrenzenden Gemeinde Littau wesentlich verändert hatte. Der Schwerpunkt lag 2010 entsprechend auf der Überprüfung der Sicherheitslage im neuen Stadtteil.

Der 2013 veröffentliche Sicherheitsbericht setzt einerseits auf methodische Kontinuität, um die Vergleichbarkeit der verschiedenen Berichte bestmöglich gewährleisten und damit Veränderungen in der Sicherheitslage von Luzern darstellen zu können. Andererseits umfasst der aktuelle Bericht mit einem „Controlling" und einem „Blick in die Zukunft" zwei neue innovative Elemente: Der 2013er-Bericht zeigt auf, inwiefern die 2007 und 2010 empfohlenen Massnahmen umgesetzt wurden und welche Wirkung diese erzielen konnten. Und der „Blick in die Zukunft" ermöglicht es abzuschätzen, wie sich Trends und Entwicklungen, die auf die Stadt Luzern zukommen, auf die künftige Sicherheitslage auswirken. Damit schafft die Stadt Luzern Grundlagen für ein weitsichtiges und nachhaltiges Sicherheitsmanagement.

Abbildung 1 skizziert sicherheitsrelevante Vorkommnisse rund um die drei Sicherheitsberichte der Stadt Luzern seit der Initiierung des ersten Berichts sowie die verschiedenen Elemente des aktuellsten Berichts 2013.

2.3 Das Rückgrat: Luzerner Fachpersonen sowie interessierte Luzernerinnen und Luzerner

Ein Erfolgsfaktor aller drei Sicherheitsberichte war die enge Zusammenarbeit der Projektleitung der Direktion Umwelt, Verkehr und Sicherheit mit der Arbeitsgruppe. Sämtliche zentralen Partner des städtischen Sicherheitsverbundes waren hier vertreten. Ein Grossteil der Arbeitsgruppen-Mitglieder des Berichts von 2013 war auch schon in die Arbeiten zum Bericht von 2007 eingebunden. Vor allem auch durch diese personelle Konstante war es möglich, einen differenzierten Blick auf die Veränderungen der Sicherheitslage sowie Erfolge und Misserfolge bei den Sicherheitsplanungen zu werfen. Die Arbeitsgruppe brachte in regelmässigen Workshops ihr Fachwissen und ihre Erfahrungen ein, tauschte sich aus und stärkte so den Zusammenhalt des Sicherheitsverbunds.

Für die Analyse der verschiedenen relevanten Gefährdungen wurde zudem in allen drei Sicherheitsberichten eine Vielzahl an Experten eingeladen. An den Interviews nahmen neben Fachpersonen der Stadt auch solche des Kantons Luzern, des Bundes sowie aus der Privatwirtschaft teil.

Um das Sicherheitsempfinden in der Stadt gezielt zu erheben, zog der 2013er-Bericht zudem eine sogenannte Echogruppe hinzu. Diese setzte sich aus Vertreterinnen und Vertretern des städtischen Kinder- und Jugendparlaments, der Seniorenvereinigung, der Quartiervereine, der Agglomerationsgemeinden, des Luzerner Tourismusverbands, des lokalen Wirtschaftsverbands, des öffentlichen Nahverkehrs sowie der kirchlichen Gassenarbeit (Streetwork) zusammen. Die Echogruppe vertrat damit die verschiedenen Ansichten der städtischen Bevölkerung beziehungsweise der Personen, die sich täglich in der Stadt aufhalten, und konnte ihre Erfahrungen und Erwartungen mit ins Projekt einbringen.

Abbildung 1   Konzept für den Sicherheitsbericht 2013

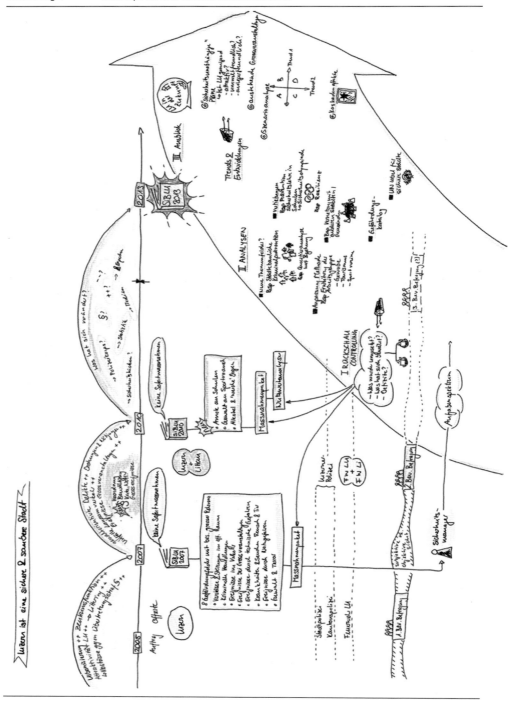

Quelle: Ernst Basler + Partner.

2.4 Der Überblick: die Sicherheitslage heute

Die Stadt Luzern bildet das urbane Zentrum der Zentralschweiz. Sie ist eine Stadt mit vielen Facetten. Durch ihre Lage am Rand der Alpen und direkt am Vierwaldstättersee ist die Stadt bei Touristen sehr beliebt. Luzern ist aber auch ein wirtschaftliches Zentrum mit Arbeitsplätzen für Bewohnerinnen und Bewohner der gesamten Zentralschweiz und darüber hinaus. Auch findet eine Vielzahl an Grossveranstaltungen aus den Bereichen Sport und Kultur dort statt.

So facettenreich das Profil der Stadt, so breit auch das Spektrum relevanter Gefährdungen. In einem moderierten Prozess legte die Arbeitsgruppe für den jeweiligen Sicherheitsbericht fest, welche Gefährdungen für die Stadt Luzern relevant sind. Übersicht 1 zeigt dies für den Sicherheitsbericht 2013.

Auch wenn dieser „Katalog" sehr umfassend ist, so gibt es doch auch Gefährdungen, die der Luzerner Sicherheitsbericht nicht weiter thematisiert, beispielsweise Hitzewellen. Deren Folgen gelten aufgrund der gegenwärtigen klimatischen Verhältnisse für Luzern noch nicht als gravierend. Oder Zugunfälle; diese liegen primär im Verantwortungsbereich der Schweizerischen Bundesbahnen (SBB). Auch Sport- und Freizeitunfälle sowie Suchtgefahren liegen nicht primär im Verantwortungsbereich der Stadt.

Übersicht 1   Gefährdungen der Sicherheit in Luzern

Gefährdungsbereich	Gefährdung
Naturgefahren	Hochwasser, Überflutung
	Erdbeben
	Hangrutschungen/Sturzprozesse
	Extreme Wetterereignisse
Technische Gefährdungen	Grossbrände/Explosionen
	Freisetzung von Gefahrgütern
	KKW-Störfall
	Stromausfall
	Ausfall Informations-/Kommunikationsinfrastruktur
	Ausfall Wasser- oder Gasversorgung
Ereignisse im Verkehr	Unfälle im Langsamverkehr
	Unfälle mit Motorfahrzeugen
	Schiffs- und Bootsunfälle
	Flugzeugabsturz
	Helikopterabsturz
Grossveranstaltungen	Massenpanik
	Gewalt bei Grossveranstaltung und Hooliganismus
	Feuerwerk/Pyros
	Weiche Auswirkungen einer Grossveranstaltung

Übersicht 1 (Fortsetzung): Gefährdungen der Sicherheit in Luzern

Verstösse und Störungen im öffentlichen Raum	Littering
	Ruhestörungen
	Belästigungen
	Alkoholmissbrauch in der Öffentlichkeit
	Strassenprostitution
	Drogenkonsum in der Öffentlichkeit
Kriminelle Handlungen	Vermögensdelikte
	Sachbeschädigungen (Vandalismus)
	Gewaltorientierte Delikte
	Betäubungsmitteldelikte
	Organisierte Kriminalität
	Cyber-Kriminalität
Gewalt und Terror	Terroranschlag
	Extremistische Gewalttat
	Amoklauf
	Bombenanschlag
Krankheiten	Menschliche Epidemie/Pandemie
	Tierseuchen

Quelle: Sicherheitsbericht der Stadt Luzern 2013.

Im Ergebnis lag zu jedem Bereich eine detaillierte Übersicht vor, die genau aufzeigt, warum die Arbeitsgruppe eine Gefährdung als relevant einschätzt oder nicht. Die Ergebnisse wurden abschliessend der Projektsteuerung, der unter anderem der Sicherheitsdirektor angehörte, vorgelegt und von dieser verabschiedet.

Hinsichtlich des Gefährdungsspektrums ist es interessant, dass die Anzahl der relevanten Gefährdungen von 2007 bis 2013 deutlich zunahm. 2007 wurden insgesamt 22 Gefährdungen analysiert. 2010 kamen drei weitere hinzu. Im vorliegenden Bericht sind es nun 37 Gefährdungen. Hier liegt die Vermutung nahe, Luzern sei unsicherer geworden, da mehr Gefährdungen als relevant gelten. Dies ist aber nicht der Fall. Vielmehr ist diese Zunahme dadurch zu erklären, dass man in Luzern 2007 mit dem ersten Sicherheitsbericht noch über keine Erfahrungen im Bereich einer umfassenden Gefährdungsanalyse hatte. Man analysierte die Gefährdungen in unterschiedlichem Detaillierungsgrad. Für einige Gefährdungen wurde lediglich überprüft, ob Notfallplanungen vorhanden waren, ohne die Gefährdung weiterführend zu analysieren. Sechs Jahre später konnte nun die detaillierte Analyse bei allen relevanten Gefährdungen angewendet und so das analysierte Gefährdungsspektrum deutlich erweitert werden.

2.5 Der Vergleich der Gefährdungen: Risikoanalyse und Risikomatrix

Wie lassen sich so unterschiedliche Gefährdungen wie ein Wohnungseinbruch, ein Erdbeben und ein Amoklauf miteinander vergleichen? Ein risikobasierter Ansatz macht dies möglich. Das Risiko einer Gefährdung beziehungsweise eines aus dieser abgeleiteten repräsentativen Szenarios lässt sich aus der Häufigkeit ihres Eintretens und dem resultierenden Schadensausmass abschätzen. Risikobasierte Beurteilungen konnten sich in den letzten Jahren in Unternehmen, aber auch in Verwaltungen mehr und mehr durchsetzen.

Für die Analyse der Sicherheitslage in einer Stadt bietet ein solches Vorgehen vor allem den Vorteil, dass auch die Bedeutung von selten auftretenden Gefährdungen, die aber ein grosses Schadenspotenzial haben, deutlich wird. Denn befragt nach den für sie relevanten Gefährdungen wird der Grossteil der städtischen Bevölkerung Ereignisse nennen, die sich häufig oder in ihrem Umfeld ereignen, beispielsweise Diebstähle oder Verkehrsunfälle. Der jeweilige Schaden eines solchen einzelnen Ereignisses ist aber vergleichsweise gering, es gibt primär Sachschäden oder leichte Verletzungen. Andere Gefährdungen wie ein Hochwasser oder gar eine Massenpanik ereignen sich deutlich seltener. Treten sie ein, sind die Schäden jedoch gross. Und genau deshalb sind die Sicherheitsverantwortlichen in einer Stadt auch gefordert, diese seltenen Ereignisse in ihre Planungen mit einzubeziehen.

Für die Gefährdungen, die im Rahmen des Sicherheitsberichts als für die Stadt Luzern relevant eingestuft wurden, schätzten die Arbeitsgruppe und die befragten Fachexperten ein, wie oft es in Luzern zu einem entsprechenden Ereignis kommt und zu welchem Schaden dies führt. Basis für diese Einschätzungen ist für jede Gefährdung ein auf die Begebenheiten in der Stadt Luzern zugeschnittenes, repräsentatives „Referenzszenario", das Ablauf und Folgen eines Ereignisses skizziert. Die Ergebnisse lassen sich dann auf einer sogenannten Risikomatrix eintragen. Diese ermöglicht es, die Risiken der für die Stadt Luzern relevanten Gefährdungen direkt visuell zu vergleichen. Gefährdungen im Bereich links unten der Matrix weisen ein deutlich geringeres Risiko auf als Gefährdungen rechts oben. Verdeutlicht wird dies zudem mit den Hintergrundfarben, die von grün links unten über gelb nach rot rechts oben wechseln.

Abbildung 2   Risikomatrix mit den 2013 für die Stadt Luzern relevanten Gefährdungen

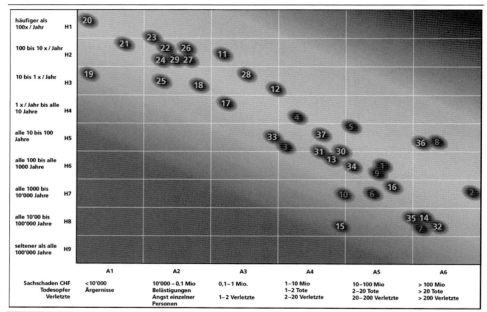

Quelle: Sicherheitsbericht der Stadt Luzern 2013.

Die Ergebnisse der Risikomatrix 2013 unterscheiden sich nicht grundsätzlich von denen des Sicherheitsberichts von 2007. Bei keiner der im Jahr 2007 analysierten Gefährdungen ist es zu einer markanten Zu- oder Abnahme hinsichtlich Eintretenshäufigkeit oder Schadenausmass gekommen.

Eine leichte Verringerung der Risiken zeigte sich jedoch bei folgenden Gefährdungen:

- *„Weiche" Auswirkungen wie Abfall und Lärm im Zusammenhang mit Grossveranstaltungen* beispielsweise aufgrund von klaren Regelungen für die Lautstärke von Events
- *Drogenkonsum in der Öffentlichkeit* beispielsweise durch Einrichtung eines Fixerraums
- *Hochwasser* vor allem aufgrund eines neuen Wehrs für den Fluss Reuss, in den der Vierwaldstättersee mündet
- *Massenpanik und -verletzungen* beispielsweise aufgrund neuer Notfallkonzepte
- *Pandemie* beispielsweise aufgrund eines städtischen Pandemieplanes und von Vorsorgeplanungen in der Stadtverwaltung.

Tendenziell zugenommen haben die Risiken folgender Gefährdungen:

- *Ruhestörungen* beispielsweise aufgrund von mehr nächtlichen Angeboten in der Kernstadt
- *Alkoholmissbrauch in der Öffentlichkeit* beispielswiese aufgrund des Trends, mit Billig-Alkohol „vorzuglühen", bevor man teure Clubs besucht
- *Vermögensdelikte* beispielsweise aufgrund eines zunehmenden „Kriminaltourismus", der Einbrüche und ähnliche Delikte durch ausländische Kriminelle zur Folge hat.

Fazit: Die Sicherheitslage in der Stadt Luzern konnte in den vergangenen sechs Jahren stabil auf hohem Niveau gehalten werden – dies obwohl die Bevölkerungsanzahl weiter gewachsen ist und gleichzeitig das verfügbare Budget verschiedener im Sicherheitsverbund beteiligter Partner gekürzt wurde.

2.6 Die Grundlage zum Handeln: der Maßnahmen-Katalog

Der Luzerner Sicherheitsbericht hat nicht nur den Anspruch, die Sicherheitslage in der Stadt zu analysieren und differenziert darzustellen. Es war immer auch ein Anliegen der zuständigen Direktion, Handlungsoptionen zu erarbeiten, um bestehende Defizite in der Sicherheitsplanung zu beseitigen. Dementsprechend haben Massnahmen zur Verbesserung der Sicherheit in der Stadt Luzern in den Sicherheitsberichten einen grossen Stellenwert.

Im Rahmen der Gespräche zu den verschiedenen Gefährdungen wurden die Fachpersonen jeweils danach befragt, welche Massnahmen sich aus ihrer Sicht eignen, um die Situation in der Stadt Luzern künftig zu verbessern. Diese Massnahmennennungen sammelte das Projektteam, beschrieb sie kurz und prüfte sie anschliessend mit einer pragmatischen Nutzwertanalyse. Mittels verschiedener Kriterien schätzte das Projektteam ab, welche Massnahmen in jedem Fall umzusetzen sind, wo noch Abklärungsbedarf besteht und wo es möglicherweise nicht zweckmässig erscheint, die Massnahme umzusetzen.

Dieses Vorgehen der Massnahmenplanung hat sich in der Stadt Luzern bewährt. So wurden von den 86 im Sicherheitsbericht von 2007 vorgeschlagenen Massnahmen bis heute 59 umgesetzt, 14 weitere sind teilweise umgesetzt oder befinden sich in der Planung. Der Sicherheitsbericht 2013 nennt nun 74 neue zur Umsetzung empfohlene Massnahmen. Von den in den Berichten von 2007 und 2010 zur Umsetzung empfohlenen Massnahmen wurden bis heute unter anderen realisiert:

- Das Reusswehr (Flussnadelwehr) ist saniert, der Hochwasserschutz der historischen Luzerner Altstadt damit deutlich verbessert.
- Ein Hochwasserfrühwarnsystem kontrolliert die Zuflüsse zum Vierwaldstättersee.
- Eine spektrale Mikrozonierung zeigt erdbebengefährdete Stadtgebiete.

- Für alle Grossveranstaltungen ist ein Sicherheitskonzept obligatorisch.
- Ein Mehrweg-System ist bei Grossveranstaltungen zur Abfallvermeidung verbindlich.
- Die Organisation SIP (Sicherheit, Intervention, Prävention; thematisch einzugliedern zwischen Polizei und Sozialarbeit) ist nach einer Pilotphase definitiv eingeführt.
- Verkaufsstellen von Alkohol werden stärker hinsichtlich der Einhaltung des Jugendschutzes kontrolliert.
- Jugendgewaltprävention ist als Thema an Schulen eingeführt.
- Die Beleuchtung im öffentlichen Raum wird nach und nach optimiert.
- In der Innenstadt findet eine verstärkte Reinigung statt.

In der Direktion für Umwelt, Verkehr und Sicherheit wie auch bei den anderen Partnern des Luzerner Sicherheitsverbunds ist man überzeugt: Wenn es gelingt, auch jetzt wieder einen Grossteil dieser Massnahmen umzusetzen, wird es möglich sein, die Sicherheit der Stadt Luzern weiterhin auf hohem Niveau zu halten.

2.7 Der Blick nach vorn: die künftige Sicherheitslage

Die für Sicherheit Verantwortlichen in einer Stadt wären froh, sie hätten eine Glaskugel, um zu sehen, wie sich die Stadt in den nächsten Jahren verändert und welche Auswirkungen dies auf die Sicherheitslage hat. Das Fehlen solcher Hilfsmittel bedeutet aber nicht, dass es völlig unmöglich wäre, einen Blick in die Zukunft zu werfen. Auch wenn man kein eindeutiges Bild der nächsten Jahre erhalten kann, so gibt es doch schon heute einige Trends und Entwicklungen, die sich vorhersagen lassen. Beziehungsweise es lässt sich vergleichsweise gut abschätzen, welche Veränderungen in den nächsten Jahren anstehen; so beispielsweise das Bevölkerungswachstum oder die veränderte Altersstruktur der Bevölkerung. Die Grenzen liegen dabei sicherlich darin, wie weit man in die Zukunft schauen möchte. So nimmt die Schärfe mit jedem weiteren Jahr in die Zukunft ab. Doch für einen Zeitraum von zehn bis fünfzehn Jahren lassen sich recht gute Annahmen treffen.

Die Arbeitsgruppe diskutierte in einem Workshop verschiedene Szenarien für die Stadt Luzern. Als Ergebnis waren verschiedene Aussagen möglich, die künftig auch eine zentrale Bedeutung für die Sicherheitslage in der Stadt haben werden:

- Das Bevölkerungswachstum führt zu erhöhter Verletzlichkeit, da bei einem sicherheitsrelevanten Ereignis in der Stadt mehr Menschen davon betroffen sein können und in der Stadt eine erhöhte Wertekonzentration besteht.
- Die städtebauliche Verdichtung beeinträchtigt das Sicherheitsgefühl der Bevölkerung, da mehr Menschen im städtischen Raum zusammenleben und es damit zu mehr Konflikten kommen kann.

- Die Verteuerung des städtischen Wohnraums führt zu Segregation, da einkommensschwache Teile der Bevölkerung sich diesen Wohnraum nicht mehr leisten können und an die Stadtränder sowie in die Agglomeration ausweichen müssen.
- Die Alterung der Bevölkerung verändert die Erwartungshaltung gegenüber der Sicherheitslage in der Stadt, da ältere Menschen Unsicherheiten anders wahrnehmen als jüngere und tendenziell eher ein Gefühl von Unsicherheit verspüren.
- Die Zunahme an Verkehr fordert verstärkte Sicherheitsvorkehrungen, da es aufgrund des begrenzten Platzes auf den städtischen Verkehrswegen zu mehr Konflikten zwischen den verschiedenen Verkehrsteilnehmern (Fussgänger, Fahrradfahrer, öffentlicher Verkehr, motorisierter Individualverkehr) kommt.
- Die Abhängigkeit von Technologien verringert die Widerstandsfähigkeit der Stadt und ihrer Bevölkerung, da Ereignisse bei sogenannten kritischen Infrastrukturen wie der Strom-, der Wasser- oder der Geldversorgung, deren Funktion von Technologien abhängig ist, zu weitreichenden Folgen in allen gesellschaftlichen Bereichen führen.
- Der Wertewandel führt zu Individualisierung und weniger Freiwilligenarbeit, sodass Organisationen wie die Feuerwehr, die auf freiwillige Beiträge zugunsten der Gemeinschaft angewiesen sind, Probleme bekommen, ausreichend Nachwuchs zu finden.

Kritische Stimmen könnten nun anführen, diese Aussagen seien nicht wirklich Überraschungen. Solche herauszufinden war aber auch nicht das Ziel des Blicks in die Zukunft. Vielmehr galt es die Mitglieder der Arbeitsgruppe für künftige Trends und Entwicklungen, die auch die eigene Arbeit betreffen, zu sensibilisieren. Und der Luzerner Stadtrat sollte für seine Planungen Hinweise zur Beantwortung der Frage erhalten, welche Faktoren künftig die Sicherheitslage in der Stadt beeinflussen. Beide Ziele wurden erreicht. Damit ist eine Grundlage dafür geschaffen, frühzeitig und vorausschauend auf sicherheitsrelevante Veränderungen Einfluss zu nehmen und auf diese nicht nur zu reagieren.

2.8 Die Ergebnisse: Erkenntnisse, Empfehlungen

Die Sicherheitsberichte der Stadt Luzern von 2007, 2010 und 2013 zeichnen nicht nur ein differenziertes Bild der Sicherheitslage in diesen Jahren und liefern nicht nur Einschätzungen, welche Massnahmen geeignet sind, um die Sicherheit in der Stadt zu verbessern. Zusätzlich kommen sie auch zu übergreifenden Erkenntnissen zur Sicherheitslage in der Stadt. Nachfolgend sind einige zentrale Aspekte aufgeführt.

Das richtige Mass an Sicherheit ist erforderlich

Sicherheit ist und bleibt ein zentraler Standortfaktor. Städte werden immer in ihre Sicherheit investieren müssen. Dabei ist aber auch zu bedenken: Zu viel Sicherheit schränkt Freiheit und Vielfalt ein. Daher gilt es immer auch abzuwägen, in welchem Bereich welches Mass an Sicherheit gewünscht ist und wo man bereit ist, Unsicherheit zu akzeptieren.

Sicherheit verändert sich laufend

Die Sicherheitslage in einer Stadt wie Luzern ist einem ständigen Wandel unterworfen. Es gibt kontinuierliche Entwicklungen wie die Erhöhung des Freizeitangebots in der Stadt oder das Wachsen der Einwohnerzahl, die Einfluss auf die Sicherheit haben. Aber es gibt auch Trends und Entwicklungen, die zu neuen Gefährdungen führen: beispielsweise der rapide Anstieg an E-Bikes und die damit verbundenen deutlich höheren Geschwindigkeiten von Fahrradfahrern oder auch die (spontane) Organisation von Events und Demonstrationen durch soziale Netzwerke und mit modernen Kommunikationsmitteln. Auf diese Entwicklungen müssen die Sicherheitsverantwortlichen einer Stadt reagieren. Im Idealfall antizipieren sie entsprechende Veränderungen und ziehen daraus Konsequenzen. Entsprechend wird es in den nächsten Jahren aber auch noch anspruchsvoller als bisher sein, in Städten das gewünschte Mass an Sicherheit zu erzielen. Der Koordinationsaufwand steigt.

Gefährdungen hängen voneinander ab

Die Risikomatrix für die Stadt Luzern zeigt einzelne Gefährdungen. Mögliche Zusammenhänge oder Abhängigkeiten der Gefährdungen wurden dabei nicht vertieft betrachtet. Doch es gilt zu bedenken: Gefährdungen können andere Gefährdungen auslösen oder begünstigen. So zieht z.B. der Stromausfall den Ausfall von Informations- und Kommunikationssystemen nach sich, es kann zu Bränden und Explosionen kommen, und bei längerem Stromunterbruch ist mit Plünderungen und eventuell sogar mit inneren Unruhen zu rechnen. Die nachfolgende Abbildung skizziert die wichtigsten Abhängigkeiten zwischen den im Sicherheitsbericht von 2013 untersuchten Gefährdungen.

Abbildung 3   Modell der gegenseitigen Abhängigkeiten der für Luzern relevanten Gefährdungen

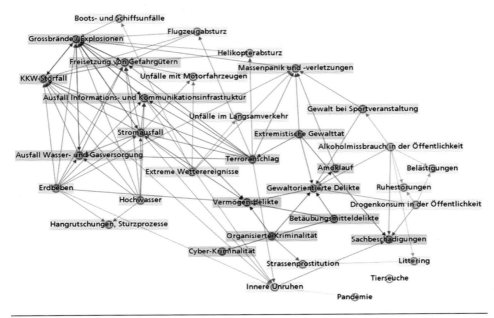

Quelle: Sicherheitsbericht der Stadt Luzern 2013, Ernst Basler + Partner.

Das Sicherheitsempfinden der Bevölkerung ist immer zu berücksichtigen

Bevölkerungsumfragen zeigen immer wieder Abweichungen zwischen dem Sicherheitsempfinden der Bevölkerung und der tatsächlichen Sicherheitslage. Da Sicherheit ein zentrales Kriterium für die Lebensqualität in Städten ist, muss die subjektive Beurteilung Bestandteil jeder Sicherheitsbetrachtung in einer Stadt sein. Wichtig ist dabei: Künftig wird es wohl zu einer Verschiebung beim Sicherheitsempfinden kommen. Die demografische Zunahme Älterer in der Gesellschaft führt dazu, dass der Anteil der Personen, die sich eher unsicher fühlen, steigt – unabhängig von der Entwicklung der tatsächlichen Sicherheit.

Kooperationen ausbauen

Netzwerke innerhalb einer Stadt sind unerlässlich, wenn es darum geht, die Sicherheitslage zu verbessern. Es sind in die verschiedenen Planungen möglichst alle relevanten Akteure einzubeziehen. Im Rahmen der Luzerner Sicherheitsberichte hat es sich dabei bewährt, auch mit Interessengruppen zu sprechen, die keine „Sicherheitsprofis" sind, die aber Sicherheit aus ganz unterschiedlichen Blickwinkeln wahrnehmen. Zudem ist zu überlegen, inwieweit sich Städte künftig untereinander stärker vernetzen. Denn die Sicherheitsfragen sind für alle Städte im Grossen und Ganzen vergleichbar. Ein Austausch hilft, von den Erfahrungen anderer Städte zu lernen und gemeinsam Wege für sichere und damit lebenswerte Städte zu finden.

3. Das Fazit

3.1 Fazit I: die Sicht der externen Projektbegleitung

Mit ihren Sicherheitsberichten hat die Stadt Luzern Neuland betreten. Vergleichbar umfassende, integrale und risikobasierte Analysen der Sicherheitslage in einer Stadt sind bislang nicht bekannt. Ein solcher Schritt brauchte Mut, skeptische Stimmen gab es durchaus. Immer wieder kam beispielsweise die Frage auf, warum man denn auch technische und naturbedingte Gefährdungen anschauen müsse. Sicherheit sei schliesslich in einer Stadt vor allem dann gegeben, wenn man sich uneingeschränkt bewegen könne und man nicht Gefahr laufe, Opfer einer Straftat zu werden.

Doch die Verantwortlichen für Sicherheit in einer Stadt sind für mehr Aufgaben zuständig als dafür zu sorgen, dass es zu möglichst wenig kriminellen Delikten kommt. Hinterlässt ein Unwetter Schäden oder breitet sich eine Krankheit aus, dann hat dies genauso Auswirkungen auf die Sicherheit. Das Bewusstsein der Bevölkerung mag ein anderes sein, aber jedes sicherheitsrelevante Ereignis hinterlässt Schäden – Sachschäden, Schäden an Leib und Leben oder an der Umwelt.

Genau diese Erkenntnis gab es 2005 in der Luzerner Sicherheitsdirektion, als die ersten Überlegungen zum Sicherheitsbericht entstanden. Und diese Erkenntnis hat sich durchgesetzt. Der Sicherheitsbericht hat sich etabliert und ist für immer mehr Akteure zu einer unverzichtbaren Planungsgrundlage geworden. Die kritischen Stimmen sind leiser geworden.

In der Stadt Luzern hat man erkannt, dass der Sicherheitsbericht die Möglichkeit bietet, einzuschätzen, wo die grössten Risiken für das städtische Gemeinwesen liegen. Die breit abgestützte Arbeitsgruppe wie auch die Projektsteuerung sorgten zudem dafür, dass zu den Ergebnissen Konsens besteht. Somit verfügt die Stadt nun über eine Planungsgrundlage, die es ihr ermöglicht, zu entscheiden, in welchen Bereichen in die Sicherheit investiert werden soll, um die städtische Bevölkerung, die Infrastrukturen wie auch die Umwelt bestmöglich zu schützen – eine Grundlage, die vor allem dann von Wert ist, wenn – wie in den meisten Kommunen in den letzten Jahren – die finanziellen Mittel immer geringer werden.

Mit ihrem Vorgehen scheint die Stadt Luzern auf dem richtigen Weg zu sein. So wählte auch die Studie „Sichere Schweizer Städte 2025" des Schweizerischen Städteverbandes, die 2013 veröffentlicht wurde, ein integrales und risikobasiertes Vorgehen. Insgesamt 33 Schweizer Städte, die sich als Pilotstädte an der Studie beteiligten, trugen die gewählte Methode mit. Und auch international stösst der Luzerner Sicherheitsbericht mit seinem Vorgehen auf Interesse: Schon mehrfach wurden Vertreterinnen und Vertreter der Direktion für Umwelt, Verkehr und Sicherheit aus dem Ausland angefragt, um den Sicherheitsbericht zu präsentieren. Deutsch- und englischsprachige Fachmagazine wie „forum kriminalprävention" oder „Homeland Security", aber auch grosse Zeitungen wie die Neue Zürcher Zeitung (NZZ) haben die Luzerner Arbeiten aufgegriffen. Und nicht zuletzt empfiehlt das Europäische Forum für Urbane Sicherheit (EFUS) in seinem Manifest von Aubervilliers und Saint-Denis, das anlässlich des letzten EFUS-Kongresses Ende 2012 erschien, auf städtischer Ebene für die Sicherheitsplanungen einen integrierten Risikomanagementansatz zu verwenden.

Das für die Stadt Luzern gewählte Vorgehen lässt sich grundsätzlich für alle Städte anwenden – egal ob groß oder klein, egal in welchem Land. Und nicht nur das: Die Methodik lässt sich auch für Stadtteile, für einzelne öffentliche Räume oder auch nur ein Objekt anwenden. Abhängig von den spezifischen Bedürfnissen lassen sich Breite und Tiefe der erforderlichen Arbeiten nahezu beliebig anpassen.

3.2 Fazit II: die Sicht der Stadt Luzern

Die drei Sicherheitsberichte der Stadt Luzern haben die Verantwortlichen für Sicherheit in der Stadt noch enger vernetzt sowie die bereits gute Zusammenarbeit vereinfacht und folglich weiter verbessert. Auch sind Personen aus dem Sozialbereich, dem Strassenunterhalt und dem Städtebau, die nicht aus dem „klassischen" Sicherheitsbereich stammen, in den Prozess integriert. Es ist in der Stadt ein sehr breit abgestützter Sicherheitsverbund mit einer gemeinsamen Sicherheitskultur entstanden, zu der darüber hinaus auch externe Stellen von Kanton, Bund und privaten Institutionen zählen. Das Motto „In Krisen Köpfe (und deren Kompetenzen) kennen" kommt in Luzern stark zum Tragen.

Die drei Sicherheitsberichte waren und sind wichtige Nachschlagewerke und Arbeitsinstrumente in Sicherheitsfragen. Sie konnten zu einem höheren Wissensstand bei verschiedenen Themen beitragen, Diskussionen finden sachlicher und auf höherem Niveau statt.

Zudem waren und sind die Sicherheitsberichte keine „Papiertiger": Der Grossteil der Massnahmen aus den Berichten von 2007 und 2010 ist bis heute umgesetzt und trägt zur Stabilisierung und teilweise zur Verbesserung des Luzerner Sicherheitsniveaus bei – dies obwohl die Stadt weiter wächst und immer mehr Menschen in Luzern leben, arbeiten oder ihre Freizeit verbringen. Gemäss aktuellen Umfragen fühlt sich die Luzerner Bevölkerung sehr sicher.

Die Umsetzung der Massnahmen kostet Geld. Die finanzielle Lage der Stadt Luzern ist zurzeit angespannt, Sparmassnahmen betreffen auch den Sicherheitsbereich und werden dies auch künftig tun. Von zu grossen Einschnitten bei Investitionen in die Sicherheit sollte jedoch abgesehen werden. Viele Massnahmen, insbesondere in der Prävention, zielen auf die Vermeidung oder Verminderung von Ereignissen, die ansonsten oftmals langfristig noch höhere Kosten nach sich ziehen würden. Dazu braucht es auch den Mut der Politik, in Sicherheit zu investieren – selbst wenn die Bedrohungslage noch nicht akut ist. Ein Blick in die Zukunft und entsprechendes Vorbeugen werden sich mit Gewissheit auch finanziell lohnen. Die Stadt Luzern wird auch mit dem aktuellen Sicherheitsbericht 2013 arbeiten, die darin vorgeschlagenen Massnahmen prüfen und wenn möglich umsetzen. Sie ist bereit, sich dann in drei Jahren mit dem Bericht von 2016 wieder einer kritischen Überprüfung des Erreichten zu stellen.

4. Exkurs: Sicherheit in Schweizer Städten

Die Schweiz ist in den letzten Jahren deutlich urbaner geworden. Die Bevölkerung ist stetig gewachsen und wird auch in den nächsten Jahren weiter wachsen. Dieses Wachstum findet vor allem in den städtischen Zentren statt. Mit der Urbanität nimmt auch die Vielfalt in den Städten zu, und die Attraktivität wächst. So ist das städtische Nachtleben von Luzern attraktiv für Besucherinnen und Besucher aus der gesamten Zentralschweiz und der weiteren Umgebung. Doch Urbanität hat auch ihre „Schattenseiten": mehr Nutzungskonflikte im öffentlichen Raum, mehr Abfall, mehr Verkehr oder höhere Verletzlichkeit durch eine erhöhte Wertekonzentration in städtischen Räumen.

Grosse Schweizer Städte wie Zürich, Genf oder Basel befassen sich seit Langem mit diesen Schattenseiten und haben dazu in ihrer Verwaltung entsprechende Organisationen aufgebaut. Aber es sind vor allem die kleinen Städte mit rund 10.000 Einwohnern, die in den letzten Jahren deutlich urbaner geworden sind und mit dieser Entwicklung zu kämpfen haben. Dort vermisst man den teilweise verloren gegangenen dörflichen Charakter mit seiner Überschaubarkeit, der sozialen Kontrolle, der Sauberkeit. Für die Verantwortlichen ist es oftmals nicht leicht, den Sicherheitsbedürfnissen der Bevölkerung gerecht zu werden.

4.1 Beispiele für aktuelle Arbeiten

Doch das Sicherheitsbewusstsein in Schweizer Städten wächst. Man erkennt die Relevanz von Sicherheit als Standortfaktor – für die Bevölkerung, die Wirtschaft und für Gäste. Und in den letzten Jahren nehmen die Projekte zu, die sich gezielt mit Fragen urbaner Sicherheit befassen. Nachfolgend eine Auswahl:

Sichere Schweizer Städte 2025

Der Schweizerische Städteverband hat zusammen mit der Firma Ernst Basler + Partner sowie insgesamt 33 Städten aus der gesamten Schweiz eine Studie erstellt. In dieser wird den Fragen nachgegangen, wie sich die Sicherheitslage in Schweizer Städten künftig gestalten wird, welche Herausforderungen daraus resultieren und welche Handlungsoptionen die Städte haben. Der eigens für die Studie entwickelten Methode liegt wie auch beim Luzerner Sicherheitsbericht ein integraler und risikobasierter Ansatz zugrunde. Bei der Beurteilung, welche Gefährdungen heute und künftig für Schweizer Städte relevant sein werden, werden verschiedene Kriterien berücksichtigt, insbesondere auch das Sicherheitsempfinden der Bevölkerung[1].

Risikoanalysen im Bevölkerungsschutz

Verschiedene Städte und Gemeinden befassten sich mit der Frage, welche Katastrophen und Notlagen für sie welche Bedeutung haben und wie sie sich am besten auf diese bevölkerungsschutzrelevanten Ereignisse vorbereiten. Entsprechende Arbeiten haben grosse Städte wie beispielsweise Bern[2] und Basel[3], aber auch kleine Gemeinden wie das 8.000-Einwohner-Dorf Maur am Greifensee im Kanton Zürich in Angriff genommen.

Sicherheitsbericht Stadt Zürich 2013

Nicht nur Luzern hat 2013 einen Sicherheitsbericht veröffentlicht, auch die Stadt Zürich publizierte im Frühjahr einen Sicherheitsbericht. Der Fokus liegt hier auf unterschiedlichen Aspekten polizeilicher Sicherheit, ergänzt um Aspekte aus den Bereichen Rettungs- und Feuerwehrwesen[4].

Studie Städtisches Nachtleben

Der Schweizerische Städteverband befasste sich zusammen mit verschiedenen Mitgliedsstädten mit dem städtischen Nachtleben und dessen Folgen. Die Studie gibt Anregungen zum strategischen Umgang mit dem Thema, zudem zeigt ein zweiter Studienteil erfolgreiche Beispiele aus verschiedenen Städten für eine konfliktfreie und vielfältige Nutzung einer Stadt bei Nacht. Die Studie macht deutlich, dass nur ein integraler Ansatz, der alle relevanten Akteure und verschiedene

---

1 Schweizerischer Städteverband und BaslerFonds: Sichere Schweizer Städte 2025. Gefährdungen, Strategien, Handlungsoptionen. Schlussbericht – Mai 2013, Bern und Zürich 2013.
2 http://www.feuerwehr-bern.ch/startseite/organisation/
3 http://www.krisenorganisation.bs.ch/themenundprojekte/einsatzplanung.htm
4 Polizeidepartement Stadt Zürich: Sicherheit in der Stadt Zürich 2012. Ein Bericht zur allgemeinen Sicherheitslage in der Stadt Zürich, Zürich 2013.

Themenfelder einbindet, erfolgreich sein kann, um Lösungen für die Herausforderungen zu finden, die aus dem städtischen Nachtleben entstehen[5].

Projekte zur städtebaulichen Kriminalprävention

Während die städtebauliche Kriminalprävention in Ländern wie Grossbritannien, den Niederlanden oder Deutschland schon seit Jahren bis Jahrzehnten etabliert ist, befinden sich entsprechende Überlegungen in der Schweiz noch in der Anfangsphase. Die „Schweizerische Kriminalprävention" (SKP) innerhalb der „Konferenz der kantonalen Justiz- und Polizeidirektorinnen und -direktoren" will hier nun einen Schritt tun. Sie prüft derzeit die Einführung eines Labels für sicheres Wohnen vergleichbar „Veilig Wonen" in den Niederlanden oder „Zuhause sicher" in Deutschland. Zudem ist ein Projekt „Urbane Sicherheit" angedacht, das die künftigen Themenfelder der SKP für mehr Sicherheit in den Städten klären soll[6].

4.2 Gesamteinschätzung

Im Vergleich zu vielen Städten im Ausland haben Schweizer Städte einen grossen Vorteil: Sie sind vergleichsweise klein und überschaubar. In der Kernstadt von Zürich, der grössten Schweizer Stadt, lebten Ende 2012 knapp 380.000 Einwohner, Genf und Basel als nächstgrössere Städte mit knapp 180.000 und etwas mehr als 160.000 Einwohnern fallen hier schon deutlich ab. Diese Kleinräumigkeit erleichtert es den für Sicherheit Verantwortlichen noch, gezielt Massnahmen zu ergreifen und mögliche „Hot-spots" zu überschauen. Da zudem – verglichen zumindest mit deutschen Kommunen – die finanzielle Lage der Schweizer Städte und Gemeinden noch mehr Handlungsmöglichkeiten bietet, dürfte das Sicherheitsniveau in Schweizer Städten auch in den nächsten Jahren noch eher hoch bleiben.

Das Bewusstsein für die Bedeutung urbaner Sicherheit ist in den letzten Jahren in Schweizer Städten in jedem Fall deutlich gestiegen. Sichere Städte sind lebenswerte Städte, dessen ist man sich mehr und mehr bewusst. Und man ist bereit, in die Sicherheit zu investieren, um die Voraussetzungen dafür zu schaffen, dass die Städte auch künftig noch sicher sind – so wie in der Stadt Luzern mit dem Sicherheitsbericht.

---

5   Schweizerischer Städteverband: Städtisches Nachtleben. Situationsanalyse und mögliche Vorgehensweisen, Bern 2012.
6   www.skppsc.ch

Info-Box „Luzern"

Die Stadt Luzern ist mit rund 76.000 Einwohnern die siebtgrösste Stadt der Schweiz und Hauptstadt des Kantons Luzern. Luzern ist das gesellschaftliche, kulturelle und wirtschaftliche Zentrum der Region Zentralschweiz. Fünf Stadträte regieren die Stadt, sie stehen den fünf Direktionen der Verwaltung vor. Der Grosse Stadtrat mit 48 Sitzen bildet das Parlament. Die Stadt Luzern hat zudem ein Kinder- und ein Jugendparlament.

Die attraktive geografische Lage am Vierwaldstättersee zwischen den beiden Bergen Rigi und Pilatus macht Luzern zu einem sehr beliebten Tourismusziel. Luzern wird jährlich von fünf Millionen Gästen besucht und zählt 1,2 Millionen Übernachtungen.

Luzern liegt an der kürzesten Verbindung zwischen Nord- und Südeuropa (Gotthardstrecke). Dies ist der Hauptgrund dafür, dass im Mittelalter eine Siedlung entstand, die sich schnell zum Handelszentrum entwickelte. Heute sind in Luzern 5.000 kleinere und mittlere Unternehmen angesiedelt. Insgesamt verzeichnet Luzern rund 50.000 Arbeitsplätze. Die wichtigsten Sektoren sind Finanzdienstleistungen (Banken und v.a. Versicherungen), Detailhandel und Tourismus.

Internationale Ausstrahlungskraft hat Luzern durch die farbenfrohe Fasnacht (Karneval), durch das Verkehrshaus der Schweiz, das vielfältigste Verkehrs- und Kommunikationsmuseum Europas, und durch das Kultur- und Kongresszentrum (KKL Luzern) mit den jährlich stattfindenden Musikfestspielen Lucerne Festival, u.a. mit dem Lucerne Festival Orchestra unter der Leitung von Claudio Abbado.

Luzern ist Schauplatz der Schweizer Ausgabe der TV-Krimiserie „Tatort".

Autorin und Autoren

Dr. Tillmann Schulze

Foto: Ernst Basler + Partner.

Geb. 1977, studierte Politikwissenschaft, Geschichte und Kommunikationswissenschaft an der Universität Münster sowie am Dartmouth College in New Hampshire, USA, und schloss sein Studium als Magister Artium ab. Er arbeitete anschliessend als Referent im Bundesamt für Sicherheit in der Informationstechnik in Bonn und promovierte währenddessen zum Schutz kritischer Informations-Infrastrukturen. Seit 2006 arbeitet Tillmann Schulze für das Planungs- und Beratungsunternehmen Ernst Basler + Partner in Zollikon, Schweiz. Dort leitet er im Geschäftsbereich Sicherheit das Tätigkeitsfeld „Urbane Sicherheit + Bevölkerungsschutz". Für das deutsche Bundesministerium für Bildung und Forschung ist Tillmann Schulze als Gutachter im Bereich „Zivile Sicherheit" tätig, und er ist Mitglied der Sicherheitskommission in seiner Wohngemeinde Maur am Greifensee.

Dr. Lilian Blaser

Geb. 1981, absolvierte das Diplomstudium der rechnergestützten Wissenschaften an der ETH Zürich und promovierte anschliessend an der Universität Potsdam in Geophysik. Seit 2011 arbeitet sie im Geschäftsbereich Sicherheit bei der Firma Ernst Basler + Partner. Ihre Arbeitsschwerpunkte liegen in den Bereichen Bevölkerungsschutz und Urbane Sicherheit, auch als Expertin für Erdbebensicherheit und Frühwarnung. Sie war Projektleiterin für den Sicherheitsbericht der Stadt Luzern im Jahre 2013.

Foto: Ernst Basler + Partner.

Maurice Illi

Foto: Privat.

Geb. 1977, studierte Soziologie und Geschichte an der Universität Zürich. Seine Lizentiatsarbeit verfasste er zum Thema „Hooliganismus in der Schweiz". Bei der UEFA EURO 2004 in Portugal und der FIFA WM 2006 in Deutschland war er Fanbetreuer der Schweizer Fussballfans. Seit 2007 leitet er die Stelle für Sicherheitsmanagement der Stadt Luzern. Er betreute seitens der Stadt die Sicherheitsberichte der Stadt Luzern in den Jahren 2010 und 2013. Ab September 2014 ist Maurice Illi zusätzlich als Dozent an der Universität Fribourg im Bereich Soziale Arbeit und Sozialpolitik tätig.